寧鄉年鑒

NINGXIANG YEARBOOK

·2020·

宁乡市地方志编纂室◎编

方志出版社
Publishing House of Local Records

图书在版编目（CIP）数据

宁乡年鉴. 2020/宁乡市地方志编纂室编. —北京：方志出版社，2020.9

ISBN 978-7-5144-4449-0

Ⅰ.①宁… Ⅱ.①宁… Ⅲ.①宁乡—2020—年鉴
Ⅳ.①Z526.44

中国版本图书馆 CIP 数据核字（2020）第 249110 号

宁乡年鉴（2020）

编　　者：宁乡市地方志编纂室编
责任编辑：顾　洁

出 版 者：方志出版社
地址　北京市朝阳区潘家园东里 9 号（国家方志馆 4 层）
邮编　100021
网址　http：//www.zgfzcb.cn
发　　行：方志出版社图书经销中心
电话（010）67110500
经　　销：各地新华书店
印　　刷：长沙市雅高彩印有限公司

开　　本：889×1194　1/16
印　　张：19.5
字　　数：591 千字
版　　次：2020 年 9 月第 1 版　2020 年 9 月第 1 次印刷
印　　数：001～1000 册

ISBN 978-7-5144-4449-0　定价：180.00 元

《宁乡年鉴（2020）》编纂委员会

主　　任　蒋　君

副 主 任　张　莹　陈德奇　李　纯

编　　委　熊佑新　杨正文　陈永胜　苏剑波

　　　　　彭智勇　王春林　杨新貌　段志斌

《宁乡年鉴(2020)》编辑部

主　　编　彭智勇

副 主 编　姜小平　姜治国　高　丽

编　　辑　蔡水林　李　岚　杨彭鼎

编辑说明

一、《宁乡年鉴》是中共宁乡市委、宁乡市人民政府主办，宁乡市地方志编纂室承办的年度资料性文献，2004年创刊，每年出版一卷，是社会各界了解宁乡的权威性工具书。

二、《宁乡年鉴（2020）》坚持以马克思列宁主义、毛泽东思想、邓小平理论、“三个代表”重要思想、科学发展观、习近平新时代中国特色社会主义思想为指导，坚持辩证唯物主义和历史唯物主义的立场、观点和方法，围绕中共宁乡市委、宁乡市人民政府决策部署，全面、客观、系统地记载宁乡市自然、政治、经济、文化、社会和生态等方面概貌和发展情况。记述时限为2019年1月1日至12月31日。

三、《宁乡年鉴（2020）》采用分类编辑法，设类目、分目、条目三个层次。全书设有28个类目，书中插排彩色专版，图片由各相关单位和融媒体中心提供。

四、本年鉴所载资料均由全市各部门专人撰写、领导审核、年鉴编辑部编辑加工、编委会审定。统计资料由市统计局提供，文稿中有些地域性、部门性数据，由于口径不同等原因，与统计局公布的可能不完全一致，请读者在查阅和引用时注意。

五、本年鉴收录市直单位和乡镇（街道）负责人名单，均以2019年在职者为准，有任免的分别予以注明。名单由市直各单位和各乡镇（街道）提供，年鉴编辑部初审，市委组织部审定。

宁乡市行政区划简图

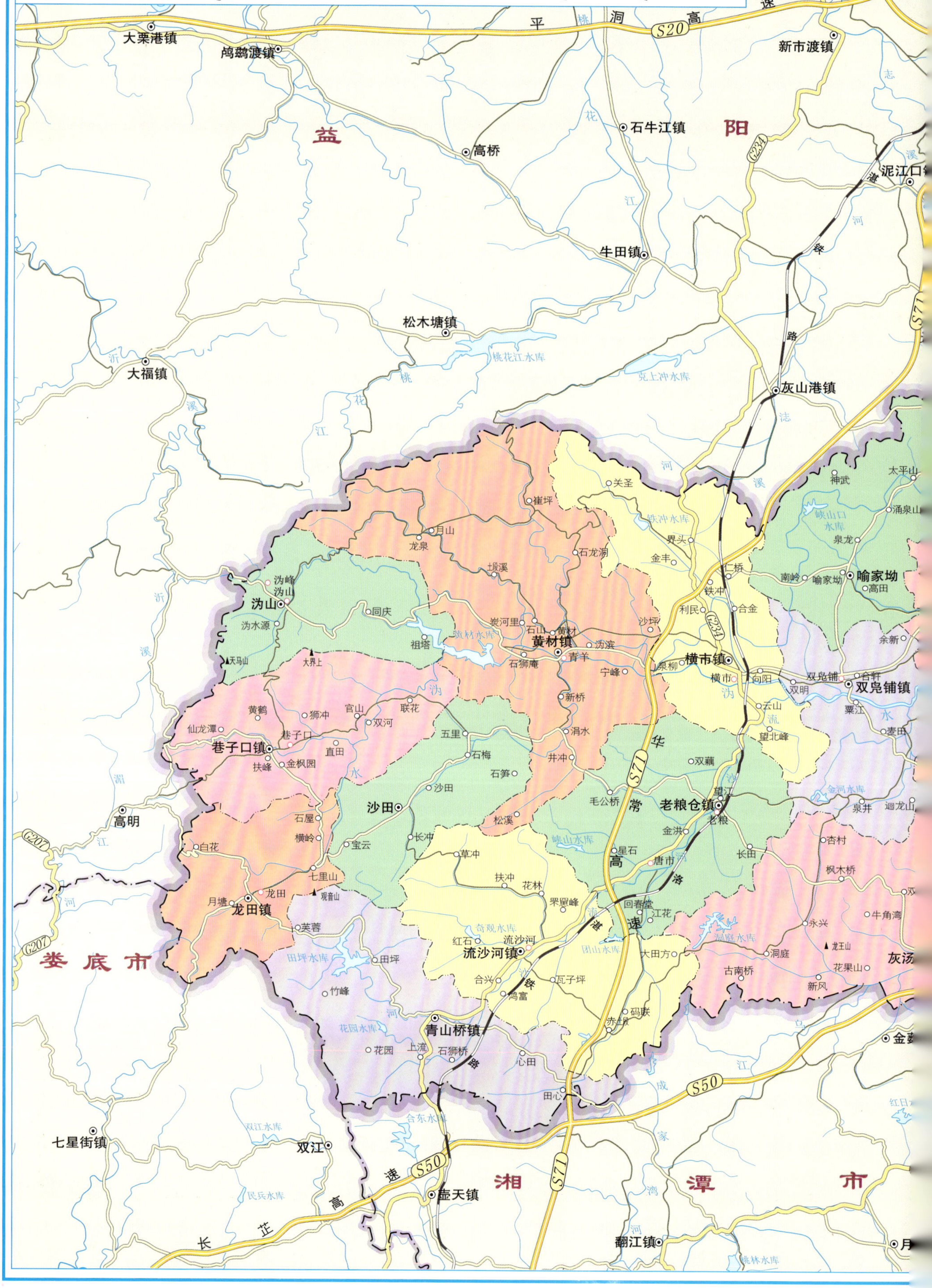

审图号 湘S（2019）182号

湖南省自然资源厅 监制　湖南省第三测绘院 编制　二〇二〇年十一月

2019 · 宁乡荣誉

2019 Ningxiang Honors

1月3日	大成桥镇鹊山村获评全国乡村振兴示范村
5月	宁乡市“一件事一次办”改革获评湖南省2019年度真抓实干成效明显的县市
5月	星邦重工获评工信部第一批专精特新“小巨人”企业
9月21日	楚天科技董事长兼总裁唐岳获颁“庆祝中华人民共和国成立70周年”纪念章
10月25日	宁乡市获评“四好农村路”省级示范县
12月	宁乡市获评“2019年度中国全面小康十大示范县市”
12月13日	宁乡市成功入选湖南省生态文明建设示范市
12月16日	宁乡市县域经济基本竞争力全国排名第25位
12月20日	宁乡市获2019中国智慧城市创新成果奖
12月27日	宁乡现代农业产业园升级为国家现代农业产业园

2019·宁乡数字

2019.Ningxiang Datas

区域总面积：2906 平方千米
耕地面积：95834.42 公顷
年末户籍人口总户数：45.20 万户
总人数：142.89 万人
全市常住人口：133.84 万人
人口出生率：10.26‰
死亡率：8.87‰
自然增长率：1.39‰

年内最高温：39.1℃（8 月 18 日）
最低温：−1.5（1 月 1 日）
年降水量：1329 毫米

地区生产总值（GDP）：1069.10 亿元
第一产业增加值：111.54 亿元
第二产业增加值：455.73 亿元
第三产业增加值：501.83 亿元
人均 GDP：80889 元

一般公共预算收入：88.03 亿元
地方一般公共预算收入;53.81 亿元
税收收入：74.26 亿元
公共财政预算支出：105.21 亿元
全年城乡居民人均可支配收入：38168 元
城镇居民人均可支配收入：46900 元
农村居民人均可支配收入：29338 元

农林牧渔业总产值：188.41 亿元
农业产值：110.92 亿元
林业产值：7.36 亿元
牧业产值：53.62 亿元
渔业产值：5.02 亿元
农林牧渔服务业产值：11.49 亿元
粮食种植面积：104906.67 公顷
粮食总产量：68.18 万吨

规模工业主营业务收入：1381.02 亿元
全社会建筑业增加值：41.0 亿元
房屋建筑施工面积：112.68 万平方米
竣工面积：195.66 万平方米

社会消费品零售总额：401.43 亿元
邮政行业业务总量：1.22 亿元
邮政业全年完成邮政函件业务：7.29 万件
快递业务量：156.80 万件

电信业务总量：1.78 亿元
年末全市电话用户总数：116.68 万户
旅游收入：310.26 亿元
全年客运量：920.31 万人
货运量：583.90 万吨
年末实有出租汽车数：468 台
公交车数：439 台
其中新能源公交车：374 台

高新技术企业和生产高新技术产品的企业：246 家
高新技术产值：1061.10 亿元
申请专利：2528 件
国家级高新技术产业化基地：1 个
国家级农业科技园区：1 个
国家级科技企业孵化器 ：1 个
博士后科研工作站：4 家
院士工作站：5 家
国家级工业设计中心：1 家
国家级企业技术中心：4 家

普通中小学：306 所
中职学校：8 所
特教学校：1 所
在校中小学生：159861 人
高中学生：38750 人（含中职学生 14921 人）
初中学生：38703 人
小学学生：82110 人
特教学生：298 人
全市中小学教职工：10215 人
其中专任教师：9641 人
幼儿园：341 所
在园幼儿：39855 人

医院、卫生院：56 个
市直医卫单位：8 个
乡镇卫生院：29 个
街道卫生服务中心：4 个
民营医院：17 个
全市医疗机构床位总数：8153 张
体育场馆：14 座

参加城镇职工基本养老保险人数：17.03 万人
参加城乡居民基本养老保险人数：77.66 万人
城镇职工基本医疗保险人数：12.05 万人
城乡居民基本医疗保险人数：107.27 万人

庆祝中华人民共和国成立70周年

国庆期间，宁乡市政府前摆放的主题景观雕塑

2019年9月29日，宁乡市庆祝中华人民共和国成立70周年暨群众性精神文明创建系列评选展演在宁乡市大剧院举行

宁乡各景点举行了丰富多彩的国庆活动。图为方特国庆节合唱快闪

2019 年 9 月 29 日，庆祝中华人民共和国成立 70 周年暨群众性精神文明创建系列评选展演活动中，10 名“最美奋斗者”荣誉获得者上台受奖

蝶变寧鄉

1949 年，宁乡县人民政府成立时的县政府门楼

2007 年新建的宁乡市政府

20 世纪 80 年代的沩江两岸老照片

2019 年拍摄的沩江两岸

2002 年，富豪山庄项目一期首发，是宁乡开发较早的高档住宅区（邓兴　摄）

2019 年，宁乡高档楼盘林立

2002 年，宁乡大道竣工通车，创下了当时宁乡城市道路建设史上里程最长、标准最高、投资最多、速度最快的纪录（邓兴　摄）

2019 年拍摄的宁乡行政板块

2001 年，新宁乡人民医院建设前

2019 年拍摄的人民医院

2001 年拍摄的一环西路（邓兴　摄）

2019 年拍摄的三环路

新时代文明实践

2019 年 12 月 11 日，全省建设新时代文明实践中心试点工作推进会在宁乡市召开

新时代文明实践志愿服务窗口及文明实践展示

2019 年 1 月 5 日，宁乡市新时代文明实践中心和新时代文明实践志愿服务队总队揭牌

2019 年 1 月 5 日，宁乡市新时代文明实践动员部署大会上，志愿者宣誓

2019 年 3 月，煤炭坝社区妇女志愿者为照顾社区老人

2019 年 3 月 7 日，由市委宣传部、市新时代文明实践中心办公室主办的 2019 年新时代文明实践乡村振兴志愿服务行动暨“三下乡”活动在青山桥镇举行

2019 年 7 月，玉潭街道新康社区盛翠豪庭小区新时代文明实践点在新时代文明实践点开展的“童萌心向党，礼赞新时代”活动

2019 年 7 月 30 日，宁乡市新时代文明实践文明劝导志愿服务集中宣传教育活动启动，志愿者团队在现场用口号表达决心

2019 年 9 月，巷子口镇志愿者帮助贫困群众收割稻谷

2019 年 10 月 22 日，爱泽郊扬志愿服务队与老兵共庆中华人民共和国成立 70 周年

总　目

目 录

特 载

大事记

宁乡概览

中国共产党宁乡市委员会

宁乡市人民代表大会

宁乡市人民政府

中国人民政治协商会议宁乡市委员会

中共宁乡市纪律检查委员会

民主党派·工商联

群众团体

军　事

法　治

综合监督管理

城乡建设·环境保护

园区经济

农业·农村发展

工　业

交通·邮政·通信

商贸服务业

旅游业

财税·金融

科技·教育

文化事业

卫生·健康

人 物

附 录

特　载

责任编辑・姜小平

全面推进“三无城市”创建

宁乡市积极推进“无证明城市”“无收费园区”“无跑腿审批”创建，着力疏通破解企业投资生产经营中的“堵点”和“痛点”。今年以来，市民之家政务服务大厅共接待办事群众150万人次，接受咨询65万余人次，受理事项116万余件，办结率99.69%，满意度99.17%。

审批服务以“简”为则，做好“加减法”实现企业群众办事“零证明”。按照减证便民的原则，坚持没有法律法规规定的证明事项一律取消，打造“无证明城市”。**一是做好减法，减证更“简政”。**清理公布299项证明材料清单，实现“证明材料清单化，清单之外无证明”，群众、企业办事过程中无需再提交。对于44项必须开具的证明材料，开发“无证明城市”系统，辅以工作人员主动上门核查、内部核查等，变“群众跑腿”为“数据+工作人员跑路”，实现证明材料电子化流转、群众办事无需证明。5月运行以来，通过无证明城市系统受理并办结证明5200份。**二是做好加法，严管促“优管”。**建立问责机制，对于仍向申请人索要清单外证明或应及时取消证明材料而未取消的，严肃追究单位及相关工作人员责任。建立动态调整机制，对暂时保留的证明材料，根据设定依据取消或数据实现互联互通等情况及时进行调整。建立容错机制，大胆改革，允许试错，给改革创新者撑腰鼓劲，让广大干部愿干事、敢干事、能干成事。

涉企费用以“降”为准，打好“组合拳”实现园区工业项目“零收费”

加快推进涉企行政事业性收费零收费，降低企业成本，创建“无收费园区”。**一是调整两项收费。**调整城市基础设施配套费和城市生活垃圾处理费两项政府性基金和行政事业性收费征收标准和适用范围，自5月起，宁乡经开区和宁乡高新区不再收取。截止目前，惠及33个项目，预计每年可为企业减少生产成本5000万元。**二是代缴两项费用。**防空地下室易地建设费由园区实行“一项目一代缴”，园区工业企业不再承担。水土保持补偿费则由园区实行区域水土保持方案报批并一次性缴纳，单个工业项目不再缴纳，达到既不违背法律法规，又实现“零收费”的双赢目标。截止目前，园区共代缴两项收费164万元。**三是购买一批服务。**将施工图审查费用、规划要素审查费用、防雷装置检测等审批中介服务费由政府购买服务。在此基础上，进一步扩大“无费”范围，将工业项目建设阶段所涉及的环评、能评、安评等所有中介服务全部由园区购买服务，工业企业不再负担。**四是水电气无偿接入。**对工业项目必需的水电气等公用服务，由园区列入基础设施建设，根据项目的具体需求建设至企业用地红线，相关费用由园区负责，工业项目无偿接入。

项目审批以“快”为先，当好“店小二”实现工业项目审批“零跑腿”

借力“互联网+政务服务”改革，着力为工业项目提供保姆式服务，探索“无跑腿审批”。**一是做实材料瘦身。**进一步落实减时限、减材料、减环节等要求，通过流程再造，将工业项目审批涉及的7个部门15个审批事项精简为10项，实现报建流程及材料清单精简瘦身。**二是做细技术优化。**依托“智慧宁乡”微信、APP，开发“掌上园区”平台，内设企业商事登记、企业投资项目审批、涉企政策信息发布、企业支持政策兑现等四个版块，使平台贯穿注册、投资、发展等企业生命周期，真正实现企业“一端受理”、“全程网办”、“一次办成”。**三是做好服务帮代办。**宁乡经开区、宁乡高新区企业服务中心对工业项目行政审批实行全程免费代办包办，全面实现招商引资项目从洽谈、签约、建设到投产全过程“店小二”服务。今年以来，共计完成代办事项600余人次，加速了项目落地。

（行政审批服务局）

从“心”出发　服务到家

——宁乡新时代文明实践中心建设的“四个一”经验

党的十九届四中全会指出，发展社会主义先进文化，广泛凝聚人民精神力量，是国家治理体系和治理能力现代化的深厚支撑，特别强调，要坚持以社会主义核心价值观引领文化建设制度，推进新时代文明实践中心建设。宁乡市是湖南省会副中心，历史传承悠久，文化底蕴深厚，被誉为“南中国青铜文化中心”。近年来，宁乡借助撤县设市的东风，各项工作齐头并进，2018年县域经济基本竞争力居全国百强县第28位，获评中国全面小康十大示范县市，“互联网+政务服务”改革获国务院通报表彰。宁乡文明创建工作取得了显著成效，先后荣获全国文明城市提名（县级）、全国卫生县城、全国绿化先进县、全国生态示范区、中国旅游强县等20多项国家级荣誉。推选获评“中国好人”16名、“湖南好人”14名，充分发挥了精神感召、示范引领作用。今年以来，宁乡作为全国第二批、全省第一批建设新时代文明实践中心试点单位，坚持高起点定位、高标准谋划、高效率落实，走出了一条具有宁乡特色的“四个一”新时代文明实践之路。一批工作经验得到“学习强国”总平台推介、中宣部《每日要情》以及全国宣传干部学院简报刊发。

一、布好一张大网，融合构建全社会共同参与的新时代文明实践体系，着力提升中心的组织力

宁乡高度重视顶层设计，吃透中央和省委精神，紧紧结合本地实际，以新时代文明实践中心建设为基础，构建起了社会各方积极参与、线上线下全面覆盖的工作网络。**一是精准设置三级机构。**利用现有的场所和力量，市里成立新时代文明实践中心，市委书记周辉担任实践中心主任，所有常委与副市长担任副主任；成立文明实践中心办公室，负责全市上下的统筹安排；明确将文明实践工作纳入市级领导联系乡镇工作的重要内容，纳入财政预算、年度目标责任考核和意识形态述职评议。29个乡镇（街道）成立新时代文明实践所，278个村（社区）成立新时代文明实践站，各级书记担任主任，分级明确责任，层层抓好落实。**二是精细盘活阵地资源。**充分整合市民之家、纪念馆、博物馆、体育馆、图书馆，以及“天天学习吧”“新风庭院”“新时代农民讲习所”、文化站、农家书屋、农村文化广场、科普活动中心、乡村学校少年宫、家长学校、晨晚练体育活动点、“千手爱心”驿站等现有基层公共服务阵地资源，着力建设500多个新时代文明实践基地，分别打造理论宣讲平台、教育服务平台、文化旅游服务平台、科技与科普服务平台、健身体育服务平台，让各项资源统筹使用，协同运行。**三是精密建设线上平台。**建立新时代文明实践指挥中心，开发新时代文明实践云和融媒体调度平台，探索“学习强国”学习平台、“新时代文明实践中心”“县级融媒体中心”和“城市运营中心”融合建设，升级“智慧宁乡”手机APP客户端，推动文明实践信息互联互通、资源共享。创新线上“四单”机制，即依托调度平台，建立群众“点单”、中心、所、站“派单”、志愿者队伍“接单”、群众“评单”于一体的志愿服务供需机制，截止目前，实现志愿服务供求网上对接和实践产品定向推广3000多次，群众的参与率和满意度明显提升。**四是精巧融合推进“316”。**着力把新时代文明实践中心工作与“316”群众工作新格局融合推进，提升实践中心建设的工作层次和水平。宁乡“316”群众工作新格局是获评中国十大社会治理的创新案例，“3”指的是三大机制，即“领导联点、十联十到”的督办机制、“赋权到镇、强责到村”的责任机制、“乡街吹哨、部门报到”的工作机制；“1”指的是一个体系，即构建“1+5+29+N”的常态化、长效化为民服务体系，归集政务办理、民声受理、纠纷处理、信访代理、依法治理五项职能；“6”指的是六项举措，即编印一本《群众工作指引》，公开党政负责人手机号码，拆除行政中心门禁系统，开设《问政宁乡》电视栏目，倾听群众呼声、办好民生实事，针对群众反映问题突出的部门和乡镇（街道）开展专项巡察和机动式巡察。2019年来共收到各类诉求8万多件，成功解决了一批群众关注的琐事、难事、烦心事。

二、学好一个理论，把新时代理论政策给群众讲深讲透，着力提升中心的凝聚力

凝聚群众、引导群众，以文化人、成风化俗，是新时代文明实践中心建设的根本任务。宁乡在习近平新时代中国特色社会主义思想和党的政策方针宣传宣讲上下足功夫，加强传播手段和话语方式创新，切实让党的创新理论政策飞入寻常百姓家。**一是既讲“普通话”，又讲“宁乡话”。**组建各类宣讲团1000多个，在基层开展巡回宣讲，认真把习近平新时代中国特色社会主义思想、党中央大政方针和决策部署的思想精髓、核心要义原原本本传递给党员干部和群众。紧密结合宁乡传统文化和优秀人物故事，开展“理论微宣讲”进园区、进学校、进机关、进社区、进村组“五进”活动，融通

理论话语与百姓话语，提升实践效果，将新时代的理论政策真正讲到群众的心坎里，让他们更真切地领悟思想，更好地用于指导生产生活实际。**二是既有领导干部讲，又有普通群众讲。**市委书记带头，在市委、村组等多个场合逐字逐句领学了《习近平关于“不忘初心、牢记使命”论述摘编》等重要文献，其他常委深入街道、村组讲了10多场党课。党校老师和党政机关以及乡镇（街道）、村（社区）干部，自觉承担宣传宣讲习近平新时代中国特色社会主义思想的重要任务，同时积极邀请年轻农民群众参与宣讲，形成了“领导干部带头讲、聘请专家学者讲、职能部门专题讲、百姓宣讲员灵活讲”的良好氛围，目前，各类宣讲已达300多场。**三是既在白天讲，也在晚上讲。**在充分利用上班时间讲理论政策的基础上，党政机关干部也把休息时间利用起来，深入到城市小区、农村屋场中创新开展“屋场夜话”1万多场，与市民和村民们促膝长谈，讲政策、谈建设、听民声、解民忧、破难题，在打通党的理论服务基层党员群众“最后一公里”的同时，也解决了群众4500多个实际问题。

三、炼好一支精兵，把志愿者队伍的主力军作用真正发挥起来，着力提升中心的战斗力

新时代文明实践中心（所、站）的主体力量是志愿者，主要活动方式是志愿服务。宁乡着力打造了一支受群众欢迎的志愿者队伍，形成了一批效果良好的志愿服务“品牌”，先后有6个志愿服务项目在全省、全长沙市志愿服务优秀项目评选活动中获奖。**一是积极参与起来。**推行“书记志愿”项目，市委书记率先垂范带头参加志愿服务，动员党政机关、企事业单位在职人员踊跃加入志愿服务队伍，形成干部职工积极主动参与志愿服务的良好氛围。依托志愿服务联合会和社会组织孵化基地，吸纳乡土文化人才、科技能人、科技特派员、律师、“五老”人员、退休文化工作者、先进人物、文艺志愿者、大学生志愿者、创业返乡人员等加入志愿服务队伍，推动志愿服务队伍专业化社会化。截止目前，宁乡志愿者服务平台累计注册志愿者近19万人，占全市常住人口的13%。**二是有序管理起来。**从单位部门看，构建“1+10+29+278”四级新时代文明实践志愿服务体系，即成立1个新时代文明实践志愿服务总队，组建理论宣讲、文体艺术、科学普及、教育教学、社会慈善、普法宣传、农业技术、医疗卫生、文明劝导、网络文明10支专业分队，29个乡镇（街道）所成立大队，278个村（社区）站成立中队；市长、行政单位一把手、乡镇长（街道办事处主任）、村（居）委会主任分别任队长。从社会民间看，大力培育民间志愿服务组织，成立新时代文明实践志愿服务联合会，建立备案与挂靠相结合的登记管理制度，引导符合登记条件的志愿服务组织依法登记，将社区志愿服务组织、专业志愿服务组织、自发的社会组织纳入管理范畴，指导志愿服务组织完善内部管理制度，确保健康有序发展。**三是活动丰富起来。**新时代文明实践中心联合公安、城管等部门以及有关乡镇（街道），先后举办“全民志愿·红动宁乡”文明劝导、“乡村振兴行动”“移风易俗宣讲”等活动；深入社区（村），组织开展“美力计划乡村行”“环保知识大讲堂”“居家养老”“惠宁关爱空巢银发”“国旗下的讲话”“互帮互助亲帮亲、互助脱贫奔小康”“发起认领微心愿，争当圆梦人”“百企联百村、千企联千户”“千手相牵·爱心相连”“姐妹守望、邻里互助”等志愿服务。截止目前，共开展志愿服务活动3000余场，参与活动8万人次，其中“千手相牵·爱心相连”慈善志愿服务募集爱心款物6000余万元，发放救助款物5300万元。四是潜力发挥起来。充分把志愿者队伍的作用挖掘和发挥出来，社会的认可度和群众的满意度大幅提高。比如，成立市网络文明志愿服务分队，登记志愿者198人，拥有的网络平台覆盖粉丝量达200多万，主动围绕市委市政府中心工作开展正面宣传，积极抵制网络谣言，凝聚了网上正能量，在网络信息比较复杂的今天，确保了宁乡的网络空间风清气爽。再比如，在全市20个乡镇成立环保志愿服务站及“百姓河长”办公室，负责调查水环境污染，掌握全市水质变化，目前已开展各项调研及活动307次，有5822人次参与志愿服务活动，总服务时长34932小时。

四、用好一个考评，把群众身边小事办成让群众有更多获得感幸福感的大事，着力提升中心的号召力

工作好不好，群众说了算。宁乡坚持以人民为中心、以基层为重点、以群众评价为标准，创新考评机制，有力推动习近平新时代中国特色社会主义思想在基层落地生根、结出丰硕果实。2019年全市信访总量同比下降39.6%，群众满意度上升到97.4%。**一是考评机制更实。**结合实际，创新“‘心’‘星’相印”考评机制。机制做到以群众满意度为重要依据，建立积分评价体系，把“齐心共建、爱心帮扶、贴心服务、暖心传播、精心呈现、连心桥梁”的“六心”作为主要工作指标，评定“星级实践志愿服务队伍、星级实践志愿者、星级实践基地、星级实践产品、星级实践活动、星级实践站所”六个“五星”项目，以评促建，建标立杆，示范带动，全面推动新时代文明实践工作有章可循、有制可依。**二是干事氛围更浓。**以考评推动中心工作，让党员干部和普通群众积极行动起来。中心编印发放15万多册《新时代文明实践宣传手册》，在融媒体开辟“从心出发，向星而行”新时代文明实践专题专栏，不间断主题报道200多篇；精心设计号召全体干部群众体现宁乡特色的“宁”字标识，标识以青铜色为主色调，从四羊方尊衍化，寓意青铜文化之乡延续文明、实践文明的蓬勃活力；各级所站按照“八有、五统一”标准，做到“有场所、有计划、有队伍、有制度、有课程、有教材、有记录、有成效；统一机构牌、统一LOGO标识、统一主题目标、统一管理制度、统一调配使用”。通过近一年的宣传发动，全市新时代文明实践的氛围十分浓厚。**三是社会风气更好。**考评机制既考中心工作，又带动新风转变。按照班子队伍好、阵地建设好、工作体制好、道德氛围好、文明风尚好“五好”

要求，以及“新风广场”“新风厅堂”“新风评议站”“新风承诺墙”“新风红黑榜”“新风日记”“新风海报”“新风喇叭”等“八个一”标准，推进全市65个村（社区）开展“新风庭院”创建，引导群众摒除陈规陋习，争做时代新人。深入开展“不排队”、“闯红灯”、“随手扔”三大不文明行为专项整治行动，组织志愿者在主要交通路口、街道和人流量大的公交站点，开展排队礼让劝导工作，通过“争做文明小市民，排队礼让我先行”“小手拉大手”、交通违法“随手拍”、有奖举报、“红黑榜”以及舆论监督等活动开展实践教育，着力强化文明意识，大力弘扬时代新风。

（市委政策研究室）

整市推进农村人居环境整治
致力打造人民美好生活家园

——宁乡市推动农村人居环境治理成效与做法

近年来，宁乡深入学习贯彻习近平总书记关于改善农村人居环境的重要指示精神，牢固树立以人民为中心的发展思想，准确把握中央、省市关于实施乡村振兴战略、改善农村人居环境的决策部署，以农村“五治”为主抓手，大力实施全域洁净、秩序整治、设施夯实、乡风文明等四大行动。“绿水青山就是金山银山”的理念深入人心，农村人居环境展现出生产美、生活美、生态美的崭新面貌，全市乡村正朝着“产业兴旺、生态宜居、乡风文明、治理有效、生活富裕”的美好愿景阔步前行。

一、聚焦干干净净，实施全域洁净行动

从农村环境卫生入手，推进厕所革命、垃圾分类和小微水体整治工作。**一是突出分类减量推进垃圾治理。**按照生活垃圾源头减量、分类回收、资源化利用和无害化处理的工作路径，推广实施“交一点、卖一点、沤一点、填一点”的四点工作法，全面建立“农户源头分类减量、保洁人员上门回收、村镇集中二次细分、全市统筹分类处理”工作机制。探索试点农村餐余垃圾就地处置体系，根据沼气池原理改造建设沤肥池，实现村组垃圾减量80%以上。2019年278个村（社区）全部实施垃圾分类，对比2018年同期，总体减量34.7%。**二是以超常规力度推进厕所革命。**制定“五统一、四不准、三必改、两底线、一原则”的工作标准，全面建立“市级统筹、部门指导、乡镇主体、村（社区）为单元、群众筹工酬劳”的工作体系，以1400元/座的奖补标准完成农村改厕78000座，年底可望完成改厕10万座以上。**三是分类施策推进污水治理。**坚持黑臭水体治理、小微水体管护、河湖“清五乱”和禁养区畜禽退养等工作统筹推进，完成黑臭水体治理42处，有效管护小微水体4万多处，完成河湖“清五乱”241处，腾退规模养殖场1371家，养殖粪污排放同比减少16.8%、废弃物资源化利用率达90%。

二、聚焦整整齐齐，实施秩序整治行动

坚持规划引领，规范建房秩序，提升村容村貌。**一是规范建房秩序。**制定出台《宁乡市村民住房建设管理暂行办法》，启动243个村庄规划编制工作，坚持建新拆旧、一户一宅，累计拆除空心房10379户，村民建房实现了科学合理、规范有序。**二是加强道路管理。**围绕农村公路“畅、安、舒、美”的工作目标，将市域内4394.79千米的国、省、县、乡道路全面纳入“路长制”管理范围，全域推广“五边”管理，着力打造示范公路，形成全民共建共管共享的工作格局。**三是推进绿化美化。**创新实施“政府送树、群众栽树”工作模式，引导群众在道路边、房屋旁、河渠侧因地制宜植树增绿，义务植树123万棵，让“绿色”成为宁乡的底色。**四是开展农户庭院整治。**按照房前屋后无杂物、庭院内外码整齐、家禽家畜全圈养的标准，开展庭院治乱行动，累计发放《庭院房前屋后治乱》倡议书37万余份，使庭院治乱理念深入千家万户。农村呈现出建房规规矩矩、道路顺顺畅畅、林木郁郁葱葱、庭院整整齐齐的良好风貌。

三、聚焦清清爽爽，实施设施夯实行动

围绕补短板、强弱项，不断完善农村基础设施配套。**一是加强“四好农村路”建设。**创新推行“群众投工、政府投料”的农村公路建设模式。新硬化农村公路750千米、改造危桥33座、新建农村危险地段安全防护工程150千米，农村路网进一步优化、群众出行条件得到明显改善。**二是加强农村安全饮水工程建设。**全面加强农村饮用水源水质保护监测，推进城乡供水一体化建设，加快乡、村自来水管道延伸“最后一千米”、入户管道改造升级等工程建设，巩固提升农村饮水安全。全市饮用水水质达标率100%，农村地区日供水能力达7.8万吨/天，农村自来水普及率达85%。**三是加强农村污水处理设施建设。**规划建设城乡排水一体化PPP工程，新建乡镇污水处理厂27座、污水管网248千米，全市农村生活污水处理率达85%。**四是加强乡镇基础设施配套建设。**新建停车场130座、新增停车位40211个；新增节能路灯1.2万盏；改（扩）建乡镇卫生院10所、新增住院床位1118张；改（扩）建农村学校135所、新增学位3500个；改（扩）建农村敬老院15所、新增养老床位1400张；新建乡镇群众性体育设施170处。

四、聚焦和和美美，实施乡风文明行动

注重淳化乡风、文明乡风，突出由环境美向生活美转变、外在美向内涵美提升。**一是大力推进移风易俗。**深入开展全国文明城市创建活动，全省率先启动新时代文明实践中心及站、所建设。成立村级红白理事会、订立村规民约、推出“新风庭院”评选、开展“屋场夜

话”交流、组建乡贤五老宣讲队、青年志愿者服务队等有力举措，破除陈规陋习，提倡新事新办，使新时代文明新风蔚然成风。**二是加强文化服务体系建设。**按照“七个一”建设标准，建成村（社区）综合文化服务中心68个，基本实现村民茶余饭后有去处、健康娱乐有乐趣、休闲交流有平台。**三是着力提升镇村政务服务水平。**持续推进政务服务便民化工作，下放424项政务审批服务事项至乡镇（街道）、133项至村（社区）；全面推广“智慧宁乡”微信公众号，推进不见面审批，391项政务服务事项实现掌上办；通过“窗口前移、网端推送、网上审批、现场领证”等方式，农村群众办事有效实现就近办或网上办。

五、统筹调动各方积极性，有效推动工作落实落地

坚持强化政府主导作用，整合各方资源，调动城乡居民主体力量，推动人居环境整治工作落实落地。**一是坚持高位推动。**成立城乡人居环境管理委员会，由市委书记任顾问，市长任委员会主任，市直各有关部门单位、各乡镇任成员单位。每月召开全市城乡人居环境综合整治讲评调度会议，由分管副市长讲评；每季度召开城乡人居环境综合整治讲评大会，书记、市长到会讲评。全市上下形成了党政“一把手”亲自抓、分管领导直接抓、一级抓一级、层层抓落实的工作推进机制。**二是强化考核督办。**将农村人居环境整治工作纳入绩效考核，实行每月一考评、一排名、一通报、一讲评，对月度考核为先进的乡镇（街道）和村（社区）给予奖补；季度考核综合排名最末位的单位在全市季度讲评大会上作表态发言。人居环境管理委员会办公室成立督查暗访工作小组，每日对各乡镇（街道）、村（社区）推进洁净行动情况明查暗访，发现问题及时交办有关乡镇（街道）、村（社区）整改，建立问题清单销号台账机制，没有按时整改到位的纳入当月评比扣分。**三是推动全民共治共享。**全面落实机关和企事业单位、临街门店、住户“门前三包”（包环境卫生、包绿化美化、包公共秩序）制度，广泛开展“逢十”全民环境卫生清扫日、志愿者“红袖章在行动”、学生“小手牵大手”、“回家乡、见老乡，我是党员我有责，人居环境我带头”等主题活动，宣讲政策，形成了全社会共同参与人居环境整治的良好氛围。（市委政策研究室）

大事记

责任编辑·高　丽

大事记

1 月

3 日 宁乡经开区党工委书记、市委书记周辉主持召开 2019 年第 1 次市委常委会（扩大）会议暨宁乡经开区党工委会议，传达学习和贯彻落实中央、省委、长沙市委一系列会议精神。

▲ 市人大常委会召开乡镇（街道）人大四季度工作联席会暨年终述职评价会，总结盘点 2018 年人大工作，谋划部署 2019 年人大工作。

4 日 省工信厅副厅长张治平一行到宁乡经开区调研绿色园区建设情况。

5 日 中国邮政发行第四轮《己亥年》生肖猪年邮票，宁乡市“宁乡花猪”邮局入选全国“己亥”生肖猪年邮票原地，长沙地区的《己亥年》生肖猪年邮票首发式在宁乡市举行。

▲湖南省委宣传部副部长、省文明办主任刘进能，长沙市委常委、宣传部长高山，宁乡市委书记周辉，市委副书记、市长付旭明为宁乡市新时代文明实践中心和新时代文明实践志愿服务队总队揭牌，这也是长沙首个“新时代文明实践中心”。

8 日 省委常委、长沙市委书记胡衡华来到长沙市十五届人大四次会议宁乡市代表团，参加审议政府工作报告。

11 日 2018 年宁乡市建筑行业“沩水杯”系列评选活动颁奖晚会举行，16 个由宁乡本土建筑企业承建的项目获评“沩水杯”优质工程奖，10 名在全国、省、长沙市技能比武中获得优异成绩的砌筑工受到表彰。

12 日 宁乡市基层社会治理工作经验交流会召开，市领导周辉、刘永红、彭韬、刘俊武、李佑明、黄勇和 29 个乡镇（街道）党（工）委书记、相关部门负责人参加。

由省政协经科委组织的湖南长潭五县市区合作建设乡村振兴示范引领区调研座谈会在宁乡市召开，省政协副主席、九三学社省委主委张大方参加会议。

17 日 在长全国人大代表和省人大代表长沙代表联组第三小组成员到宁乡市开展会前集中视察活动，来到楚天科技、松井新材、加加食品实地调研，并召开座谈会听取宁乡市经济社会发展情况汇报。

▲致公党湖南省委专职副主委向佐谊，致公党湖南省委副主委、致公党长沙市委主委、长沙市人大常委会副主任王国海，率长沙市委统战部、长沙市人大常委会等部门相关负责人以及致公党“爱心妈妈”团队部分成员到宁乡市资福镇珊瑚村调研“同心致富村”建设。

▲市委统战部召开新的社会阶层人士服务团成立大会，乃长沙首个新的社会阶层人士服务团。

19 日 中国（湖南）气候旅游胜地创建活动启动仪式暨十佳冬季气候旅游目的地评选结果发布会在长沙举行，沩山获评湖南首批“十佳冬季气候旅游目的地”。

22 日 由人民网、中国科技产业化促进会小康村创新战略联盟联合举办的 2018 全国乡村振兴示范推介活动颁奖典礼暨首届乡村振兴发展论坛在人民网一号演播厅举行。大成桥镇鹊山村获评 2018 全国乡村振兴示范村。

▲湘潭市雨湖区委书记白云峰率党政代表团到宁乡市考察乡村振兴、园区建设等工作。

24 日 宁乡市委、市政府举行 2019 年新年茶话会，全市社会各界人士代表共话发展。全体在家市领导参加。

25 日 “美好宁乡市欢乐过大年”2019“年味宁乡”喜乐会在宁乡市新时代文明实践中心启动。

28 日 2019 宁乡市春节联欢晚会在宁乡大剧院上演，全体在家市领导与来自全市各界的近千名市民一同观看晚会。

▲ 湖南省政府办公厅印发的《关于对 2018 年度真抓实干成效明显地区予以表扬激励的通报》，宁乡深化“放管服”改革受表扬激励，宁乡高新技术产业园区获嘉奖。

30 日 中国共产党宁乡市第一届纪律检查委员会第二次全体会议完成各项议程，胜利闭幕。

▲ 市精准扶贫工作领导小组召开 2019 年第一次会议，回顾总结 2018 年全市脱贫攻坚工作，安排部署 2019 年脱贫攻坚工作。

2 月

4 日 国家发改委等七部门联合发布《关于印发首批国家农村产业融合发展示范园名单的通知》，宁乡农科园获评国家农村产业融合发展示范园。

13 日 在长沙市“产业项目建设年”暨“营商环境优化年”工作推进大会上，宁乡高新区帮扶小分队获评“千人帮千企百日大行动”优秀集体。

18 日 “辉煌历程——美好宁乡岁月如歌”原创作品音乐会在宁乡大剧院举行。

▲ 省委政法工作会议公布全省十大“平安园区”示范单位，宁乡经济技术开发区位居榜首。

19 日 三一 SAC16000S 全地面起重机在宁乡产业园成功下线，标志着全球最大吊高、最大吊重的超大吨位起重机正式面世。

20 日 胡衡华参加并指导宁乡市委常委班子 2018 年度民主生活会。

21 日 加加食品被中华全国总工会授予“全国模范职工之家”称号。

22 日 宁乡市召开 2018 年度乡镇（街道）和市直单位党（工）委（党组）书记履行基层党建和意识形态工作责任述职评议会议，周辉出席并逐一进行点评，全体在家市领导参加会议。

25 日　省委第四巡视组向宁乡市委反馈巡视情况。

27 日　2019 固态电池技术、智能装备与市场应用研讨会在宁乡高新区举行，150 多位业界精英参加。

3 月

6 日　宁乡市政府与国网长沙供电公司电网建设推进协议签约仪式举行。

7 日　以“巾帼心向党，建功新时代”为主题的 2019 年宁乡市纪念“三八”国际妇女节大会召开。

14 日　2019 年湖南省消费品工业工作会议在宁乡市召开。省工信厅党组成员、副厅长黄宝林，省工信厅副巡视员倪东海，全省 14 个市州工信局、各行业协会、园区以及近 40 家重点消费品企业相关负责人参加会议。副市长冯智君代表宁乡市在会上作全国消费品工业“三品”战略示范城市创建经验推介。

18 日　城郊街道获全省信访工作“百佳业务规范单位”称号，是长沙市获此荣誉的唯一一个乡镇街道。

▲ 中共长沙市委追授群星村党总支书记周丙坤“长沙市优秀共产党员”称号。

18 日至 4 月 26 日　省委组织部在宁乡市委党校、长沙县委党校、浏阳市委党校、湘潭县委党校 4 个基地同时举办 2019 年全省贫困村暨民族地区和革命老区村党支部书记培训班，来自常德市的 110 名贫困村暨民族地区和革命老区村党支部书记参加宁乡市培训基地培训。

19 日　宁乡市委一届三次全体（扩大）会议暨市委经济工作会议召开。

▲ 全市党政机构组建大会召开，会议宣布市委关于涉改单位党组（党委）设置和有关干部调整的决定，在此次党政机构改革中，市直单位党组（党委）设置调整情况为，设立党组（党委）14 家、更名党组（党委）9 家、撤销党组（党委）23 家、保持不变党组（党委）11 家。

21 日　宁乡市在历经铺街道沙河市场商圈服务点举行“商圈商户优化营商环境”服务启动仪式，省发改委优化处处长贺亮辉出席仪式并为沙河市场商圈服务点揭牌。

▲ 胡衡华到宁乡市调研经济社会发展情况，了解全年工作铺排推进情况及防汛治水工作。长沙市委常委、市委秘书长夏建平，宁乡市领导周辉、张毅、付旭明、刘永红、彭韬、郑旗、刘骥扬、文平参加调研。

26 日　宁乡市举办“最美扶贫人”首场宣讲会暨就业扶贫政策发布会。省扶贫开发办公室党组成员、副主任黎仁寅出席会议，会议对 100 名“最美扶贫人”进行表彰并授予证书。

▲ 长沙市委组织部主办的 2019 年第一期网络讲习课堂在宁乡市玉潭街道新城社区开课，特邀全国人大代表、楚天科技股份有限公司董事长（总裁）唐岳授课，近 200 人在直播现场听课。长沙市近 20 万党员干部群众通过长沙市委组织部“先锋潮”网站、“长沙党建”微信平台在远教站点同步收看学习。

29 日　“宁静花开·亲乡自来”2019 宁乡市文化旅游节暨灰汤第九届灰汤桃花节在灰汤镇开幕。

29 至 30 日　由艾力彼医院管理研究中心主办的 2019 中国医院竞争力大会发布“2018 中国医院竞争力排行榜”系列榜单，宁乡市人民医院入榜中国县级医院排行 30 强，居湖南省县（市）级医院第 1 位，同时，该院 11 个专科入选专科排名 30 强。

4 月

3 日　宁乡市第一届人民代表大会第三次会议完成所有议程胜利闭幕。

4 日　宁乡市在刘少奇铜像广场举行“缅怀革命先辈、学习光辉榜样”清明缅怀活动。市领导周辉、刘永红、喻亚军、王湘云、刘强、彭韬、钟利仁、李佑明、郑旗、刘继帅、李纯以及社会各界代表参加活动。

10 日　中央党史和文献研究院院务委员陈理到宁乡市调研党史工作。省委党史研究院副院长王文珍，长沙市委党史研究室主任宋俊湘一同调研。

17 日　长沙格力暖通制冷设备有限公司获评“湖南省五一劳动奖状”。

18 日　宁乡市第 30 届春季马路赛暨第二届“万步有约”活动启动式举行，主题是“运动·健康·快乐”，在市文体中心和全市各学校同步举行，来自园区、乡镇（街道）、市直各单位、企业及社会团体的 120 多支队伍 8000 余人参加市文体中心主会场比赛。

18 日至 19 日　《中国信息年鉴》2019 年会暨第四届新型智慧城市建设创新实践大会在宁乡市举行。

20 日至 22 日　进驻长沙市开展实地督导的中央扫黑除恶第 16 督导组第 3 小组下沉宁乡市开展督导。第 3 小组组长李京率小组成员通过听取汇报、明察暗访、座谈交流、查阅台账等形式，实地了解扫黑除恶专项斗争开展情况。

23 日　省政协主席李微微带队到宁乡经开区围绕省政协年度重点调研协商监督课题“推进民营经济发展政策落实与完善”进行调研。长沙市政协主席文树勋，宁乡市领导周辉、张毅参加调研。

5 月

5 日　宁乡市工会举行“六送进企业”流动服务三年行动启动仪式暨第一次志愿服务活动。省总工会党组成员、副主席彭晛丹，长沙市总工会党组书记、副主席周宏兆出席活动。

▲ 以“比干劲、看项目，比服务、看企业，比实力、看贡献”为主题的“三比三看”大竞赛活动全面拉开战幕。

6日　宁乡第一家高端汽车轮毂项目——湖南云轮科技镁合金轮毂项目开工。

9日　“千手”爱心基金慈善志愿服务站授牌仪式在市人民医院举行。

14日　由潇湘电影集团公司、宁乡市委宣传部、煤炭坝镇政府主办，湖南潇影第二影业有限公司、湖南宁乡周影文化传播有限公司、湖南爱旅人旅游管理有限公司联合承办的“我们走在大路上”电影音乐会暨潇影煤炭坝影视基地揭幕仪式在煤炭坝镇竹山塘文化园举行。省政协原副主席、省文联原主席谭仲池，宁乡市领导周辉、彭娟，以及潇湘电影集团相关负责人出席活动。

16日至17日　全国主流媒体长沙“四好农村路”集中采访团到宁乡市进行采访，宣传推介“四好农村路”建设与管护的“宁乡经验”。

16至19日　由国家卫生健康委脑卒中防治工程委员会、中国老年保健医学研究会等单位联合主办的“2019中国脑卒中大会暨第九届全国心脑血管病论坛”在北京举行，宁乡市人民医院被授予“国家级示范防治卒中中心”称号。

19日　中国信息协会信用专业委员会、竞争力智库等机构在京联合发布《2018中国县域旅游竞争力报告》，宁乡被评为中国县域旅游竞争力百强县。

22日　国家第一批专精特新“小巨人”企业名单于公示，星邦重工名列其中。

▲来自阿联酋、乌克兰、俄罗斯、马来西亚、伊朗、巴基斯坦等“一带一路”沿线18个国家的主流媒体派资深编辑、记者组成采访团来到宁乡市，实地了解宁乡在乡村旅游、产业发展等方面取得的成果。

24日　省政协副主席戴道晋、长沙市政协副主席邓自力率调研组一行到宁乡市道林镇，就“改善人居环境，推动乡村振兴”课题开展专题调研。

28日　一期计划投资约50亿元的比亚迪宁乡动力电池生产基地项目在宁乡高新区开工建设。当天，宁乡高新区同时开工的还有三一塔机、天威电气、中邦陶粒、盛晨科技项目，5个项目总投资61.2亿元。

29日　长沙市“5·29”计生协会员日活动暨生育关怀优秀志愿者（团队）表彰大会在宁乡经开区蓝月谷工人文化宫多功能厅举行。

31日　由潇湘电影集团公司、宁乡市委宣传部、湖南红网新媒体集团、湖南宁影文化传媒有限公司共同拍摄的纪录片《何叔衡》在沙田乡何叔衡故居举行启动仪式。

6月

4日　“宁乡花猪”号高铁冠名列车首发仪式在长沙高铁南站举行。

▲宁乡市2019年“安全生产月”活动在宁邦广场启动，活动期间将在全市范围内开展主题宣讲、安全警示教育和科普宣传、应急预案演练等活动。

5日　民进长沙市委在宁乡市双江口镇山园村山桥小学举办创建同心美丽乡村推进会暨湖南省文艺志愿者走进山园村专场惠民演出活动。民进湖南省委副主委、长沙市政协副主席、民进市委主委李平参加活动。

11日　国家教育部职成司副司长采守宽、教育部职成司中职德育与学校管理处主任科员卢昊率队来到宁乡经开区科技工业学校开展专项调研。

12日　国家人力资源和社会保障部、中国机械工业联合会联合发布《关于表彰全国机械工业先进集体劳动模范和先进工作者的决定》，楚天科技执行总裁曾凡云被授予“全国机械工业劳动模范”称号。

13日至14日　湖南卫视《乡村合伙人》拍摄组走进大成桥镇永盛村、鹊山村进行为期2天的拍摄采访。

15日　宁乡市首届“湖溪龙虾”美食节在喻家坳乡湖溪塘村稻虾基地开幕。本次活动以“实施消费扶贫助力乡村振兴”为主题。当天，楚天科技、俏小楚科技以及市幼儿园、长宁炭素和湘宁矿业等8家爱心企业现场与喻家坳乡党委政府进行签约授牌，成为该乡消费扶贫协作单位，他们将采购该乡贫困户和农业产业合作社生产的各类农特产品，预计贫困户增收可达200万元以上。

17日　长沙市政协主席会议成员到宁乡市就“改善营商环境，促进工业企业发展”开展视察。

19日　由长沙市委组织部和长沙市委老干部局联合开展的长沙市“五老”金牌讲师团“百场报告进基层，携手奋进新时代”宣讲活动启动式暨首场报告会在宁乡市巷子口镇举行。长沙市委常委、组织部长张宏益，市“五老”金牌讲师团团长刘耀杰出席活动。

▲市妇联系统参与建设新时代文明实践中心工作暨“美家美妇共建美丽宁乡”活动动员会举行。

22日　沩山首届康养避暑文化节启动式举行，活动为期4个月。省民政厅副厅长杨薇，宁乡市领导贺立权、周明山及1200多名游客参加启动式。

29日　宁乡河湖长和环保志愿者开启对沩江117.2千米巡河查勘大行动。

7月

1日　《我的祖国》大型快闪活动在市民之家上演，近千名党员干部、青年学生、志愿服务者和普通群众参与活动。

▲宁乡市“庆七一·学习强国”故事分享会在玉潭街道举行，来自各乡镇（街道）及市直部门的16名学习达人，现场分享他们与“学习强国”的故事。

6日　长沙方特东方神画主题乐园举行开园仪式。

7日　宁乡市召开装备制造产业专家指导委员会成立会议。

8日　“智汇宁乡引领未来”宁乡英才大会——装备制造专家对接会举行。80余名院士、专家与宁乡工商企业界人士代表出席活动。

▲省林业局、长沙市林业局组织专家组对位于城大林场的湖南省森林航空消防直升机机场（临时起降点）建设项目进行评审，并原则同意项目选址建设。该项目建成后，将重点航护森林面积约12万平方千米。

9日　胡衡华到宁乡市部分乡镇走访看望贫困群众，指导基层党建工作，开展“不忘初心、牢记使命”主题教育调研，并深入宁乡园区，对“产业项目建设年”“营商环境优化年”工作推进情况开展调研。

16日　三一风电宁乡龙田风电场项目举行开工仪式，项目规划总投资4.24亿元。

18日　宁乡市四套班子领导率领工业人代表、园区和部门负责人现场观摩“三比三看”竞赛参赛项目，并召开项目建设百日大会战动员会。

25日　“壮丽七十年·奋进新时代——沩江行”大型融媒体专题报道活动正式启动。

24日　胡衡华到宁乡高新区调研先进储能材料产业链发展工作。

▲长沙市“一府两院”向市十五届人大代表宁乡联组通报2019年上半年工作会议召开，长沙市委常委、市委秘书长、常务副市长夏建平，长沙市人大常委会党组成员、秘书长柳美景出席会议，湖南湘江新区管委会副巡视员戴中亚，宁乡市委副书记、市长付旭明等56名长沙市十五届人大代表宁乡联组代表参加会议。

28日　宁乡市英才大会第二场“制造强市——生物制造专家对接会”在市民之家举行。中南林业科技大学与宁乡市人民政府签订合作协议，宁乡市生物制造产业专家指导委员会成立。中南林业科技大学党委副书记秦立春参加活动。

31日　“全民志愿，红动宁乡”宁乡市新时代文明实践文明劝导志愿服务集中宣传教育活动启动。

▲长沙市委副书记、市长、湖南湘江新区党工委书记胡忠雄到宁乡督查非洲猪瘟防控、山洪地质灾害防治、森林资源问题整改和农村“五治”工作。

8月

1日　市住建局组织召开2019年上半年宁乡市建筑工程质量安全情况通报暨标准化示范工地观摩会。

7日　邵东县人大常委会主任王定松，县政协主席申桂荣，县委常委、县纪委书记、县监委主任欧阳学率邵东县考察团到宁乡市考察撤县设市相关工作及经济社会发展情况。

10日　第六届“安琪酵母杯”中华发酵面食大赛总决赛在宁乡市举行。来自海内外多个赛区的29名个人选手、30个团体代表队参加总决赛。中国粮油学会理事长张桂凤、副理事长兼秘书长王莉蓉、首席专家王瑞元、监事长胡承森等出席大赛开幕式。

15日至16日　刘少奇之子、全国人大财经委副主任委员刘源到宁乡考察花明楼红色文旅小镇开发建设情况，见证湘江集团与宁乡市签订战略合作协议。胡衡华、胡忠雄出席相关活动。

16日　央视九套《中国有戏》栏目组到沩山拍摄地方小戏——宁乡花鼓戏。

19日　第十五届精神文明建设“五个一工程”表彰座谈会在北京召开，由中央电视台、中国中共文献研究会、湖南省委宣传部、长沙市委宣传部、宁乡市委、宁乡市人民政府等单位联合出品，湖南和光传媒有限责任公司、刘少奇纪念馆等单位联合摄制的大型革命题材电视剧《共产党人刘少奇》获优秀作品奖。

20日　2019年“育才行动”奖助学金发放大会举行，圣得西、加加集团、见明眼镜3家爱心企业23万元现金奖学助学130名学子。

21日　宁乡市新时代文明实践中心“以舞筑梦”2019年全民（职工）健身广场舞第一场大赛活动在玉潭街道人人乐广场启动。

▲宁乡市“践行新使命、忠诚保大庆”安保维稳誓师大会举行。全体在家市领导，以及各乡镇（街道）、市委政法委、市人武部、市人民法院、市人民检察院、市公安局等部门单位650余人参加活动。

28日　宁乡高新区园区内循环线免费巴士投入运行。该园区此次开通的免费巴士设A、B两条线路，每天发车32趟。

29日　宁乡市2019年“千手”爱心基金募捐倡议活动启动暨长沙市希望工程圆梦行动助学金发放仪式举行，宁乡市智慧慈善APP、“99公益日”筹款活动正式启动。活动现场，47名贫困大学生接受来自“千手”爱心基金高等教育助学项目和长沙市希望工程圆梦行动给予的23.5万元入学资助。

30日　南雅·蓝月谷学校举行竣工交付仪式，学校揭牌，并于29日开学。

31日　宁邦大信·新都汇购物中心开业。省政协港澳台侨和外事委主任王玉立，长沙市政协主席文树勋，宁乡市领导周辉、付旭明、周泽祥、贺立权、李磊、彭曦明出席开业活动。

9月

2日　工业和信息化部办公厅关于公布第四批绿色制造名单，三一重起、加加集团获批国家绿色工厂。

3日　由市残联选送的虎山特教学生成宁、潘振鑫、黄命林，在全国第十届残运会暨第七届特奥会上，夺得3金5银2铜。

6日　四川省邻水县委书记赵璞率党政代表团到宁乡市就政务服务相关工作进行考察。

8日　宁乡市人民医院举行2019首届县域医院发展高峰论坛暨宁乡市人民医院建院80周年成果展示会，并进行直升机救援演练，标志着宁乡具备“空中救援”能力。

▲出席第五届亚太农机检测网培训班的技术专家

及相关工作人员共50余人到宁乡市参观调研。

9日　宁乡高新区与湖南国天电子成功签约，三航（湖南）融合发展促进中心落户宁乡高新区。

10日　全市上万名干部群众参与的庆祝中华人民共和国成立70周年快闪宣传片《我的祖国》推出。

14日　国务院发展研究中心资源与环境政策研究所常务副所长常纪文率调研组来到菁华铺乡陈家桥村调研农村人居环境整治工作。

17日　全省一类县农村改厕工作推进会在宁乡市召开，省委农办主任、省农业农村厅党组书记、厅长袁延文，省委农办副主任、省农业农村厅党组副书记、副厅长陈冬贵，省农业农村厅副巡视员袁正乔，宁乡市领导付旭明、刘永红、文平，全省一类县相关部门负责人参加活动。会议播放宁乡市人居环境整治助推乡村振兴工作纪实以及湖南省农村厕所革命信息系统演示。付旭明向大会介绍宁乡市农村改厕经验做法。

18日　为期3天的宁乡市委、宁乡经开区党工委“不忘初心、牢记使命”主题教育读书班开班。

23日　胡衡华到宁乡市开展“不忘初心、牢记使命”主题教育调研，围绕“化解债务风险，推动高质量发展”进行座谈交流，并检查安全生产工作。

24日　国家卫生健康委员会副主任李斌一行到宁乡市调研医改和健康扶贫工作，详细了解医共体建设、急救体系、村医培训基地、家庭医生签约等工作。

26日　宁乡市举行“庆祝中华人民共和国成立70周年”纪念章颁发仪式，向83名建国前参加革命工作的老战士、老同志和建国后参战立一等战功奖励的退役军人颁发纪念章。

▲宁乡市举行庆祝中华人民共和国成立70周年“我和我的祖国”群众书法、美术、摄影、文学作品颁奖活动，对公开评选出的4个金奖、12个银奖、20个铜奖优秀作品获得者给予表彰。

29日　宁乡市庆祝中华人民共和国成立70周年暨群众性精神文明创建系列评选展演在宁乡市大剧院举行。

9月　沩山乡通过“国家卫生乡”复审。

▲楚天科技董事长兼总裁唐岳被授予“庆祝中华人民共和国成立70周年”纪念章。

10月

8日　位于沩东新城香山教育城的长沙卫生职业学院新校区正式建成开学，迎来2672名大一新生。

9日　2019年“敬老月”及欢庆老年节开幕式活动在人人乐广场正式启动。

▲庆祝中华人民共和国成立70周年共度九九重阳节暨湖南宁乡军休第二届“乐享银龄”活动在宁乡市军队离休退休干部休养所举行。原广州军区副司令员宋文汉，湖南省委原常委、省军区原司令员黄跃进参加活动。

12日　省政协组织部分省政协委员，围绕国务院办公厅《关于稳定生猪生产促进转型升级的意见》和省政府办公厅相关政策的落实情况，到宁乡市宁乡花猪养殖示范场等地对生猪养殖工作进行视察。省政协主席李微微，省政协副主席戴道晋，省政协秘书长卿渐伟，长沙市政协党组书记、主席文树勋，长沙市政协副主席邓自力、李平，宁乡市领导周辉、付旭明、刘永红、蒋君、文平、杨志武参加视察。

15日　新化县委书记朱前明带队到宁乡市开展“携手奔小康”对接与交流活动。

19日　“时代新力量，青春正能量”宁乡市产业工人暨宁乡高新区首届运动会在宁乡职业中专举行。

24日　国家卫健委食品司副司长田建新一行专题调研宁乡市食品安全和预防食用野生蘑菇中毒工作。省卫健委副主任彭振国参加调研。

29日　省委“不忘初心、牢记使命”主题教育第一巡回指导组到宁乡市调研主题教育开展情况。省委主题教育第一巡回指导组副组长、省人民政府办公厅巡视员首建中，长沙市委主题教育第四指导组副组长徐西锋出席会议并讲话；周辉作主题教育开展情况汇报，市领导彭娟、刘强、李佑明、蒋君、黄瑶等参加会议。

30日　国家科技部官网发布《农村司关于第七批国家农业科技园区验收结果公示的公告》，宁乡国家农业科技园区通过验收。

31日　宁乡市第十届廉政文化周之“廉政辩论明初心”活动在宁乡大剧院举行，检察院代表队夺得“明初心·担使命”主题辩论赛决赛冠军。省、长沙市纪委监委相关负责人，长沙市委主题教育第四指导副组长徐西锋及指导组成员出席活动。

▲省人大常委会副主任、省总工会主席周农一行到宁乡市调研基层工会工作和职工文化活动阵地建设。

11月

13日　中国县域工业经济发展论坛（2019）公布《中国工业百强县（市）、百强区发展报告》，宁乡位列2019年工业百强县第13位。

15日　宁乡市“四大家”实职县处级离退休干部对全市经济社会发展情况进行参观考察。

18日　2019宁乡英才大会·新材料制造产业专家委员会成立大会举行，大会通过宁乡市新材料制造产业专家委员会委员名单和规程，周辉为宁乡市新材料制造产业专家委员会主任、副主任、秘书长颁发聘书，宁乡市新材料制造专家委员会正式成立。

19日　2019中国（宁乡）新能源企业家年度峰会暨固态电池技术高峰论坛、宁乡新材料制造产业专家对接会在宁乡市举行，60多位专家教授和企业高层出席。

▲长沙格力电器冰箱洗衣机生产基地开工，项目总投资52亿元，规划年产冰箱200万台、年产洗衣机250万台。胡衡华宣布项目开工，珠海格力电器股份有

限公司董事长、总裁董明珠，长沙市领导胡忠雄、邱继兴，宁乡市领导周辉、张毅、付旭明、喻亚军、刘永红等出席活动。

▲ 胡衡华主持2019年第三期长沙大讲堂专题讲座，董明珠围绕“企业的创新与发展”作专题辅导讲座。

▲（当地时间） 全球智慧城市大会在西班牙巴塞罗那举办，宁乡市获评全球智慧城市大会信息惠民与城市服务提名奖。

20日 长沙市“不忘初心、牢记使命”主题教育先进典型巡回报告会（宁乡市专场）在宁乡大剧院开讲。

21日 长沙蓝月谷智能制造产业园在宁乡经开区正式开工。

24日 刘少奇诞辰121周年，由中国中共文献研究会刘少奇思想生平研究分会主办、刘少奇纪念馆承办的“刘少奇与新中国”座谈会在花明楼举行。全国政协委员、中央党史和文献研究院原院务委员张宏志，以及来自全国各地的50多位专家学者参加座谈。

▲ 刘少奇工运历程专题馆揭牌仪式举行。省人大常委会副主任、省总工会主席周农现场揭牌。长沙市委副书记朱健，长沙市人大常委会副主任、长沙市总工会主席芮英姿，宁乡市领导付旭明、周泽祥，刘少奇亲属代表刘庆等出席揭牌仪式。

27日 来自全球50多个国家（地区）的140余位侨领侨商齐聚宁乡市，开展“海外侨胞故乡行——走进湖南宁乡”活动。省侨联宣联处副处长向行军，长沙市侨联主席陈慧参加活动。

11月，宁乡市获评“2019年度中国营商环境百佳试点县市”。

12月

3日 “与宁携手共襄未来”2019年宁乡市重大合作项目集中签约暨地产推介活动举行，30个重大产业项目集中签约，总投资额224.1亿元。国家开发银行、建设银行、中信银行、长沙银行、华融湘江银行5家银行与宁乡市达成战略合作协议。

11日 全省建设新时代文明实践中心试点工作推进会在宁乡市召开，省委常委、省委宣传部部长张宏森出席会议并讲话。长沙市委常委、市委统战部部长谭小平，宁乡市领导周辉、彭娟参加。

12日 全国首家数字王国·绿洲大型数字主题乐园在炭河古城举行奠基仪式。

▲ 在长沙重大产业项目流动观摩现场点评会上，宁乡市获评区县（市）组第一、宁乡经开区获国家级园区组第一、格力中央空调获单个项目第一。

13日 全省生态文明建设示范创建推进会在宁乡市召开。省生态环境厅党组成员、副厅长刘群，宁乡市领导付旭明、李磊，各地（市）生态环境局相关负责人参加会议。省生态环境厅授予13个县（市、区）“首批省级生态文明建设示范县（市、区）”的称号，宁乡市成功获评。

16日 全国县域经济与县域发展专业研究机构、社会智库中郡研究所正式发布《2019县域经济与县域发展监测评价报告》，宁乡市居全国第25位、中部第3位。

17日 周辉主持召开宁乡市领导干部2020年工作务虚会，重点围绕中央经济工作会议精神，研究宁乡市2020年贯彻落实举措。

19日 湖南省最大的化妆品生产企业湖南欧标化妆品有限公司正式投产。

▲ 市人大常委会组织驻宁省人大代表、长沙市人大代表开展会前集中视察邦普五期、三一重起、航天天麓等企业。

20日至21日 “第十届中国物联网产业与智慧城市发展年会”在北京举行，宁乡获评2019中国智慧城市创新成果奖。

25日 2019宁乡市首届“最美退役军人”发布，后大为、尹学军、冯幸子、陈赛、姜菊东、刘克武、姜细年、喻文斌、沈康、胡妙获评美退役军人”。

26日 2019年“学习强国”知识竞赛决赛在宁乡经开区蓝月谷工人文化宫举行，高新区管委会办公室主任唐文滔获冠军。

▲ 长沙市生态环境局宁乡分局正式挂牌成立。

27日 “一封家书”主题活动在市民之家新时代文明实践基地正式启动。

▲ 市委一届五次全体会议暨经济工作会议召开，会议回顾总结2019年工作，分析当前经济形势，部署2020年经济工作。周辉受市委常委会委托向全会作工作报告。

▲ 湖南省发展民营经济和中小企业工作暨表彰大会举行，楚天科技董事长兼总裁唐岳、湖南松井新材料股份有限公司董事长凌云剑、湖南星邦重工有限公司等企业及个人被湖南省委、省政府授予“湖南省发展非公有制经济和中小企业先进单位和先进个人”荣誉，唐岳应邀在会上发言。

28日 “楚沩之夜·乐享灰汤”暨第八届灰汤温泉节在灰汤国家级旅游度假区开幕。

▲ 长沙市宁商公益促进会2019年感恩年会暨长沙市项目推介会、宁乡市招商推介会在长沙梅溪湖举行。

31日 政协宁乡市第一届委员会第四次会议第一次全体会议在市会议中心开幕。市政协党组书记、主席提名候选人刘永红代表政协宁乡市第一届委员会常务委员会作工作报告。

12月 宁乡文体南路项目竣工通车。

▲ 第二批国家现代农业产业园认定名单公示结束，宁乡现代农业产业园被认定为国家现代农业产业园。

▲ 2019第十四届中国全面小康论坛在广东举行。宁乡市连续三年入选“2019年度中国全面小康十大示范县市”。

注：“▲”表示同月同日。

宁乡概览

责任编辑·高　丽

自然地理

【区域位置】 宁乡市位于湖南东北部、长沙西部，地处湘江下游西侧和湘东偏北的洞庭湖南缘地区，地理上介于北纬27°55′—28°29′，东经111°53′—112°46′之间，东邻望城，南接湘潭、湘乡，西与涟源、安化交界，北与益阳、桃江毗连，东西跨度88千米，南北纵长69千米。2019年，全市总面积2906平方千米，其中耕地面积95834.42公顷。

【地质地貌】 宁乡市是雪峰山余脉向东北滨湖平原过渡地带，境内地貌有山地、丘冈、平原。地表轮廓大体是北、西、南缘山地环绕，东南丘陵起伏，北部冈地平缓，东北低平开阔，整个地势由西向东呈阶梯状逐级倾斜。西部有瓦子寨、扶王山、尖峰顶等13座海拔800米以上的山峰，其中瓦子寨海拔1070.8米，为境内最高点。东北部海拔多在100米以下。其中双江口镇团头湖海拔28.7米，为境内最低点。

【自然资源】 宁乡域内地层齐全，地质构造和岩浆岩发育，矿物资源比较丰富。已探明的矿产有40多种，开发利用的有煤、铁、锰、铀、金刚石、海泡石、花岗岩等20多种。

【水文气候】 宁乡境内气候属亚热带大陆性季风湿润区，四季分明，雨量充沛，日照适中。境内有沩水、乌江、楚江、靳江四条主要河流，其中沩水、靳江为湘江一级支流，楚江、乌江是沩水一级支流，黄材水库为全国三大土坝水利工程之一。年内最高温39.1℃（8月18日），最低温-1.5（1月1日），年降水量1329毫米。

人口·民族

【人口分布及变动】 2019年年末，全市常住人口总户数43.18万户，总人数133.84万人，城镇化率63.2%；户籍人口总户数45.20万户，总人数142.89万人，人口密度为每平方千米492人。户籍人口中，人口性别比为102.5：100，人口出生率10.26‰，死亡率8.87‰，自然增长率为1.39‰。

【民族】 宁乡市是少数民族散居市，少数民族人口以外地婚嫁到宁乡为主。2019年，全市共有苗族、土家族、侗族、壮族、白族、回族、瑶族、哈萨克族、维吾尔族、藏族、黎族、傣族、水族、哈尼族、畲族、朝鲜族、拉祜族、仡佬族、仫佬族、怒族、赫哲族、傈僳族、毛南族、锡伯族、京族等32个少数民族居民共11359人。

建置·区划

【建置沿革】 夏、商、周三代宁乡为荆楚地。春秋战国时属楚国黔中郡。秦属长沙郡，汉为益阳县地。汉献帝建安十三年（208年）孙、刘破曹后属刘，建安二十四年（219年）关羽败死后属吴。吴会稽王太平二年（257年）始设县，称新阳，设治于长桥（今横市）属衡阳郡。西晋武帝太康元年（280年）改称新康县，治所迁于冷水铺（今冷水铺与万寿山之间）。隋文帝开皇九年（589年）并入益阳县，改属长沙郡。唐高祖武德四年（621年）再从益阳析出置新康县，七年又省入益阳。宋太宗太平兴国二年（977年）析益阳、长沙、湘乡部分地置宁乡县，治所迁今玉潭街道，属潭州长沙郡。元初属湖广行中书省湖南道宣慰司潭州路，元文宗天历二年（1329年）改属湖广行中书省湖南道宣慰司天临路。明隶湖广布政使司长沙府。清隶湖南省长沙府。1914年属湘江道，1922年直属湖南省，1938年属湖南省第一行政督察区，1940年改属湖南省第五行政督察区。中华人民共和国成立后，宁乡归属益阳专区，1952年属湘潭专区，1962年复归益阳专区，1983年划归长沙市辖。2017年4月10日，民政部发布（民函〔2017〕73号）批复：经国务院批准，同意撤销宁乡县，设立县级宁乡市，以原宁乡县的行政区域为宁乡市的行政区域，宁乡市人民政府驻玉潭街道金洲大道5段398号。宁乡市由湖南省直辖，长沙市代管。2017年12月3日，宁乡市成立大会举行，宁乡市委、市政府、市人大、市政协、市纪委正式揭牌，标志着千年古邑宁乡正式迈入新纪元。

【行政区划】 1983年，宁乡县辖12区，3镇、74公社，909大队、7委，12873生产队，38居民组。

1990年划分12区1区级镇，下辖72个乡4个乡级镇，914个行政村和16个居民委员会，12420个村民小组和98个居民小组。

1995年撤区并乡建镇，撤销12个区公所，实行县直管乡镇，将原77个乡镇并为32个乡镇，即15乡17镇。

2002年，回龙铺乡和偕乐桥乡分别撤乡建镇，宁乡辖18镇17乡。

2005年，祖塔乡与沩山乡合并设立沩山乡，崔坪乡与黄材镇合并设立黄材镇，调整后，宁乡县辖18镇15乡。

2007年，湖南省民政厅（湘民行发〔2007〕10号）批复同意：将宁乡县全民乡更名为金洲乡。同年，撤销大成桥乡设立大成桥镇，撤销青山桥乡设立青山桥镇。

2009年，金洲乡撤乡设镇。调整后，宁乡县辖21镇、12乡。

2013年，省民政厅（湘民行发〔2013〕14号）批复同意：撤销大屯营乡，设立大屯营镇。省民政厅（湘民行发〔2013〕18号）批复同意：撤销玉潭镇、城郊乡、白马桥乡、历经铺乡，分别设立玉潭、城郊、白马桥、历经铺4个街道。

2014年，省民政厅（湘民行发〔2014〕2号）批复同意撤销资福乡，设立资福镇。

2015年11月19日，省民政厅（湘民行发〔2015〕40号）批复同意：1. 同意宁乡县乡镇区划调整方案。2. 同意将枫木桥乡、偕乐桥镇和灰汤镇成建制合并设立灰汤镇；将坝塘镇和南田坪乡成建制合并设立坝塘镇；将双江口镇和朱良桥乡成建制合并设立双江口镇。

2019年，宁乡市辖菁华铺、喻家坳、沩山、沙田4个乡，道林、大屯营、花明楼、东湖塘、夏铎铺、金洲、双江口、煤炭坝、回龙铺、坝塘、资福、灰汤、双凫铺、大成桥、老粮仓、流沙河、青山桥、横市、黄材、巷子口、龙田21个镇，白马桥、历经铺、城郊、玉潭4个街道。共220个村，54个社区。

经济社会发展

【概况】 全年实现地区生产总值（GDP）1069.10亿元，比上年增长9.1%。其中，第一产业增加值111.54亿元，增长3.5%；第二产业增加值455.73亿元，增长10.7%；第三产业增加值501.83亿元，增长8.6%。三次产业结构由上年的10.5∶42.9∶46.6调整为10.4∶42.6∶46.9。按常住人口计算，人均GDP80889元。全年完成一般公共预算收入88.03亿元，比上年增长9.2%。其中地方一般公共预算收入53.81亿元，增长13.8%；税收收入74.26亿元，增长11.5%。公共财政预算支出105.21亿元，增长9.6%。全年城乡居民人均可支配收入38168元，比上年增长9.4%。城镇居民人均可支配收入46900元，增长8.4%；农村居民人均可支配收入29338元，增长8.7%。第十九届县域经济基本竞争力排名前移3位，居全国百强第25位，中部第3位；县域经济与县域综合发展排名前移5位，居第18位。

全年新引进产业项目126个，合同引资670.96亿元；其中工业项目100个，合同引资463.16亿元。实际到位省外境内资金113.74亿元，增长16.6%；实际到位境外资金4.14亿美元，增长9.6%。

2019年，宁乡市再次获评中国全面小康十大示范县市。成功获批国家现代农业产业园、国家农业科技园、国家农村产业融合发展示范园和湖南省农产品标准化示范县。沩山乡获评省农业产业强乡。全国文明城市创建通过省级测评，获批全国新时代文明实践中心建设试点县。智慧城市建设获评全球智慧城市大会提名奖，综合影响力位列全国百强县第14名。大成桥镇入选全国乡村治理示范镇，夏铎铺镇获评国家卫生乡镇，流沙河镇获评省卫生镇。成功创建全国健康素养促进示范县，全国基层中医药工作先进单位。

【农业】 全年实现农林牧渔业总产值188.41亿元，比上年增长3.4%。其中农业产值110.92亿元，增长4.4%；林业产值7.36亿元，增长6.3%；牧业产值53.62亿元，下降0.4%；渔业产值5.02亿元，增长3.0%；农林牧渔服务业产值11.49亿元，增长7.5%。

全年粮食种植面积104906.67公顷，比上年下降0.2%，其中稻谷播种面积96500公顷，下降0.4%，优质稻种植面积所占比重为75%；蔬菜种植面积44053.33公顷，增长3.2%；烟叶种植面积2453.33公顷，下降5.6%。

全年粮食总产量68.18万吨，比上年增长0.5%；烟叶0.51万吨，下降5.6%；蔬菜156.29万吨，增长3.2%；出栏肉猪112.8万头，下降19.4%；出笼家禽3301万羽，增长15.4%。

全市年末农机总动力181.3万千瓦，比上年增长2.1%。水稻耕、种、收综合机械化水平79.80%，比上年提高1%。

农村环境不断改善，全面开展垃圾分类示范村创建，全市垃圾减量35%。深化黑臭水体治理、河湖“清五乱”行动，有效管护小微水体4万处，打造样板河30条，实现河（湖）长制全覆盖。整治非法采砂洗砂点172处。拆除空心房5964户。打造美丽屋场65个，创建陈家桥村、靳江村等一批“五治”示范村。大成桥镇入选全国乡村治理示范镇，夏铎铺镇获评国家卫生乡镇，流沙河镇获评省卫生镇。新型村级集体经济不断壮大。稳步推进农村集体产权制度改革，清理核实集体资产22.57亿元。流转土地43333.33公顷，新增土地合作社81家、农业合作社202家，培养新型职业农民3000人，建成供销惠农服务中心（社）223家。全市涉农村（社区）全部实现去薄脱空，59个村集体收入超15万元。基础设施不断完善。处险小型水库9座，加固小型水闸40座，整修山塘168口，清淤维修干渠160千米。新增农村通自来水人口3.9万人，农村改水改厕103127座。提质农村道路1154千米，改造危桥33座，建成安防工程150千米，成功创建省级四好农村路示范县。实施“政府送树、群众栽树”造绿行动，生态复绿533.33公顷，义务植树300万株。新增节能路灯1.2万盏。

全力防控非洲猪瘟，推进宁乡花猪百亿产业，改扩建万头花猪养殖场5家，出栏花猪22万头，宁乡花猪品牌价值达19亿元。建成高标准农田1640公顷、循环农业示范点43个，新认证农产品“三品一标”88个。

【工业】 全年工业增加值比上年增长11.4%，其中规模工业增加值增长11.7%。全市规模工业实现主营业务收入1381.02亿元，比上年增长15.1%；利润总额131.52亿元，增长6.7%；利税总额168.82亿元，增长7.2%。举办对话西线工业走廊论坛2期、英才大会4场，举办首届宁乡市长质量奖评选活动，完成第四次全国经济普查。新增智能化改造企业（车间）120家、高新技术企业75家。新增规模工业企业73家、税收过千万元企业10家；格力大型中央空调建成投产，三一重起年产值突破100亿元，邦普循环建成国家级企业技术中心，星邦重工获评国家小巨人企业。经开区获批省工业项目承诺制审批改革示范试点，高新区获批省级储能材料特色产业园。

全市园区（三区五园）规模以上工业产值比上年增长11.7%，占全部规模工业的90.5%；增加值增长16.2%，占全部规模工业的90.7%。食品加工、储能材料、智能终端、装备制造、新材料、孕婴童及时尚鞋服六大主导产业产值比上年增长15.2%，占全部规模工业比重81.2%；增加值比上年增长14.6%，占全部规模工业比重81.2%。

全社会建筑业增加值41.0亿元，比上年增长2.0%。44家具有资质等级的总承包和专业承包建筑业企业实现总产值89.53亿元，增长10.9%；房屋建筑施工面积112.68万平方米，下降76.3%；竣工面积195.66万平方米，增长10.5%。

【第三产业】 全年社会消费品零售总额401.43亿元，比上年增长11.5%。完成邮政行业业务总量1.22亿元，比上年增长11.9%。邮政业全年完成邮政函件业务7.29万件，包裹业务1.0万件，快递业务量156.80万件，快递业务收入0.2亿元。全年完成电信业务总量1.78亿元，比上年增长7.2%。年末全市电话用户总数116.68万户。推进灰汤国家旅游度假区和A级旅游景区整改，成功举办年味宁乡等系列节会活动。华强方特盛大开园，宁邦广场建成营业，沩山获评夏季避暑旅游目的地。全年共接待海内外游客2300.55万人次，比上年增长4.1%；实现旅游收入310.26亿元，增长2.5%。房地产业增加值74.45亿元，增长2.2%。房地产开发投资比上年下降3.5%；商品房销售面积235.9万平方米，下降11.6%。新建商品房销售210万平方米。新增服务业限上企业115家，实现服务业增加值390亿元。年末金融机构本外币各项存款余额831.44亿元，比年初增加91.88亿元，同比增长12.4%。外贸进出口总额首次突破10亿美元。

【全社会固定资产投资】 全年全社会固定资产投资比上年增长10.2%。年末市内公路建设通车里程16451.53千米，其中国道161.65千米，省道403.57千米；境内铁路里程84千米；境内通车高速里程171.93千米。全年客运量920.31万人，客运周转量4.26亿人/千米，旅客周转量比上年下降9.3%；货运量583.90万吨，货运周转量3.8036亿吨/千米，货物周转量增长2.8%。年末实有出租汽车数468台，公交车数439台，其中新能源公交车374台。

【基础设施建设】 启动国土空间总体规划，编制金洲新城及六大片区规划，完成城市消防、电力和中小学建设布点专项规划。推进沩水45.6千米堤防建设，完成沩丰水坝拆除重建和东沩溪、朝阳溪、历泉河防洪闸等防洪工程。长益高速复线、金唐公路二期等重点工程加快推进。文体南路、华强大道、流沙巷公路和老毛公路竣工通车。推进“一圈两场三道”建设，完善15分钟生活圈20个，新改建农贸市场3家、生鲜门店5家、停车场11处，建设“三道”32.9千米。启动物业小区垃圾分类和餐厨垃圾收运。创建文明停车示范街10条、市容精品示范路6条；拆除违建11.4万平方米，整治违规广告牌234处，维修市政道路4万平方米，栽植花卉苗木95.5万株。治超工作获省治超办通报表扬。全市全年城镇生活垃圾无害化处理率100%，饮用水源水质达标率100%。全市万元GDP能耗比上年下降5.45%。

【科技】 全市拥有高新技术企业和生产高新技术产品的企业246家，全年实现高新技术产值1061.10亿元，比上年增长9.7%。全年申请专利2528件，增长4.2%，其中发明专利625件；授权专利1571件，增长5.0%，其中发明专利授权153件。成功申报国家、省市各级科技项目259项，转化科技成果355项。年末全市有国家级高新技术产业化基地1个、国家级农业科技园区1个、国家级科技企业孵化器1个、博士后科研工作站4家、院士工作站5家、国家级工业设计中心1家、国家级企业技术中心4家，省级重点实验室1个、省级科技企业孵化器3个、省级企业技术中心27家、省级工程技术研究中心16家、省市众创空间4个。

【教育】 全市共有普通中小学306所，中职学校8所，特教学校1所。在校中小学生159861人，其中高中学生38750人（含中职学生14921人），初中学生38703人，小学学生82110人，特教学生298人。全市中小学教职工10215人，其中专任教师9641人。全市共有幼儿园341所，在园幼儿39855人，教职工3472人，其中专任教师1600人。2019年适龄儿童入学率达到100%，九年义务教育完成率100%，小学升学率100%。高考一本上线1553人，上线率18.7%；二本上线3995人，上线率48.2%，上线人数、上线率、录取人数、录取率居全省农村县市前列。中考合格率96.3%，比上年提高0.2个百分点。

【文化】 全市拥有广播电台1座，电视发射台和转播台1座，广播、电视综合人口覆盖率99.5%，有线电视用户9万户。公共图书馆1座，藏书量25万册；24小时自助图书馆3个。提质村（社区）综合文化服务中心20家，更新农家书屋书籍1万余册，开展送戏下乡活动77次、图书流动服务200余场、公益电影放映4480场次；开展“你读书·我买单”“文化艺术健康科普进万家”等读者活动63场，举办2019“年味宁乡”喜乐会启动式、“辉煌历程 美好宁乡 岁月如歌”原创音乐作品会、“我和我的祖国”文艺惠民巡演、庆祝中华人民共和国成立70周年系列群众文体活动等大型活动。创作《红色宁乡我的家》《宁乡剁辣椒红》等作品40

余个。年末共有160余家群众文艺团队。

【卫生】 全市拥有医院、卫生院56个，市直医卫单位8个，乡镇卫生院29个，街道卫生服务中心4个，民营医院17个。全市医疗机构床位总数8153张，其中市直医疗单位3800张，乡镇卫生院3283张。在编在岗卫生工作人员3801人，执业医师及执业助理医师3123人（含临聘人员），注册护士3221人（含临聘人员）。全年孕产妇住院分娩率100%，死亡率15.49/10万，5岁以下儿童死亡率5.5‰。

【体育】 全市共有体育场馆14座，400米田径场16个，乡镇门球场20个，拥有20个体育协会；新建80处全民健身工程点、1个智慧健身驿站。举办第30届春季马路赛、干职工篮球赛、广场舞大赛、气排球大赛、乒乓球大赛等大型赛事；承办NBL全国男子篮球联赛宁乡赛区赛事。体育彩票全年销量5600万元。

【社会保障】 全年完成35项省市重点民生实事。完成棚改900户。建成村级居家养老中心4所，提质乡镇敬老院9所。年末全市参加城镇职工基本养老保险人数17.03万人，参加城乡居民基本养老保险人数77.66万人；参加城镇职工基本医疗保险人数12.05万人，参加城乡居民基本医疗保险人数107.27万人；参加失业保险人数7.28万人，领取失业保险金人数0.11万人；参加工伤保险人数11.06万人，其中参加工伤保险的农民工4.56万人；参加生育保险人数9.52万人。年末全市共有1072人享受城市居民最低生活保障，15575人享受农村居民最低生活保障，10754人享受农村特困人员救助供养，全年临时救助5188户。新增城镇就业11208人，新增农村劳动力转移就业7450人，失业人员再就业3434人，其中就业困难人员再就业1287人，零就业家庭实现动态清零，就业援助率100%。年末城镇登记失业率为2.88%。

【社会治理】 推进“扫黑除恶”专项斗争，开展“三贷三霸”和通信网络诈骗犯罪专项打击、娱乐场所黄赌毒专项整治，成功摧毁黑社会性质组织犯罪团伙1个、恶势力犯罪集团3个、恶势力犯罪团伙12个。调处各类矛盾纠纷7026件。全市各类安全生产事故共18起，死亡18人，未发生较大及以上安全生产责任事故，获评全省安全生产优秀县。强化食品安全监管，改造透明厨房200家，农村集体聚餐信息化管理、食品生产企业专家体验式预警检查工作获全省推广，野生蘑菇中毒防控工作得到国家卫健委肯定。

【三大攻坚战】 积极筹措化债资金，债务总额减少55亿元。获批财政部建制县隐性债务风险防控试点县，争取置换债券41.5亿元，政府隐性债务平均利率降至5.22%，减少利息支出1.8亿元。四家国有平台公司市场化转型稳步推进，实现经营收入78.41亿元、利税8.43亿元。严打非法金融活动，依法处置高风险机构19家，清退资金9000万元。污染防治取得成效。关停“散乱污”企业131家，整顿混凝土搅拌站21家，提质改造加油站52座，实施垃圾秸秆禁烧、烟花鞭炮禁燃限放，全年优良天数318天，优良率为87.1%。建成经开区回用水厂、高新区工业污水处理厂和3座乡镇污水处理厂，完成城区生活污水处理厂和东城污水处理厂扩容，污水日处理能力达到22.7万吨。新改建化粪池327座，疏浚下水道170千米，整治“四溪一渠”劣V类入沩排口108个，基本实现城区化粪池、黑臭水体和劣V类排口整治动态清零，饮用水水源地水质100%达标，沩水、靳江水质全年稳定在Ⅲ类以上。整改环保督察反馈问题225个。非煤矿山整治有序推进；治理重金属污染耕地666.67公顷、调整种植结构6566.67公顷。获评首批省级生态文明建设示范市。精准脱贫扎实推进。突出产业扶贫和就业扶贫，建成扶贫车间76个，实施产业扶贫项目168个，新增贫困劳动力转移就业420人，改造贫困户危房1578户，新增脱贫960户2108人。对口帮扶新化县、龙山县咱果乡取得新成效。

中国共产党宁乡市委员会

责任编辑·姜小平

综　述

2019年，宁乡市委坚持以习近平新时代中国特色社会主义思想为指导，认真贯彻落实中共十九大和十九届二中、三中、四中全会精神，始终坚持干在一线、干到一起、干出一流，干出丰硕成果、显著成效。

经济运行保持稳中向好。2019年，宁乡市地区生产总值比2018年增长9.1%；地方一般公共预算收入增长13.8%；规模工业增加值增长11.7%；固定资产投资增长10.2%，产业投资占比63.3%以上；社会消费品零售总额增长11.5%；全社会研发经费支出占地区生产总值比重达2%；城乡居民人均可支配收入增长9.4%，城镇登记失业率为2.9%。县域经济与县域综合发展提升到第18位、县域经济基本竞争力提升至第25位，挺进县域营商环境百强县第34强、工业百强县第13强，获评中国全面小康十大示范县市。

“两个年”实现落地见效。在长沙市产业项目建设考评中获得“3个第一名”，即宁乡市获县（市）区组第一名，宁乡经开区获国家级园区组第一名，格力中央空调项目获14个观摩项目第一名。市场主体加速突破10万户大关。宁乡高新区跻身全省外贸十强园区。智慧宁乡建设获全球智慧城市大会“信息惠民与城市服务”提名奖、中国智慧城市创新成果奖，“宁乡工业企业专才探索”入围第四届全国人才工作创新案例。

三大攻坚战取得关键进展。成功获批财政部隐性债务风险防控试点县，县级财政管理绩效综合评价工作进入财政部先进县行列，牢牢守住不发生系统性金融风险的底线。在2019年长期干旱和黄材水库空库加固的不利条件下，确保沩江出境断面水质持续稳定在Ⅲ类以上，以全省第一的成绩获评首批省级生态文明建设示范县。农村集体经济薄弱村、贫困户住危房问题全面清零，脱贫攻坚成果进一步巩固。

多项工作获得各级肯定。国家现代农业产业园创建获得正式认定，国家农业科技园以优异成绩通过复核评估，灰汤国家级旅游度假区复核迎检工作得到认可，新时代文明实践中心建设进入全国试点县行列，创成全国健康促进示范县、全省“四好农村公路”示范县，县域治理探索、农村人居环境整治、平台公司市场化转型等工作得到全省专题推介，迎接中央一号文件贯彻落实情况督查组对湖南的督查获肯定和好评。深化“放管服”改革一件事一次办、制造强市、质量强市、农村人居环境治理、双创基地建设等五个方面获评省政府真抓实干成效明显地区。连续85个月没有发生较大及以上事故，安全生产工作获评全省优秀。

党的建设全面加强。着力推动习近平新时代中国特色社会主义思想往深里走、往心里走、往实里走，深入开展“不忘初心、牢记使命”主题教育，坚持主题不变、标准不变、力度不变，形成宁乡主题教育着力在基层、成效在基层、亮点在基层的良好局面；把政治标准和政治要求贯穿党的建设和各项工作之中，选拔一批干劲充足、敢于担当、实绩突出的干部，牢固树立讲担当、重担当的鲜明导向，干部队伍精气神呈现崭新风貌；坚持深化全面从严治党，推动宁乡市不敢腐、不能腐、不想腐的格局形成，政治生态实现根本性好转；加强对党管意识形态、党管武装和民族宗教工作的领导，为宁乡市高质量发展提供有力保障。

聚焦产业项目建设和营商环境优化。决战决胜脱贫攻坚，把“贫困户不住危房”作为坚中之坚，改造近1600户贫困户的危房。致力于打赢打好污染防治攻坚战。城区除臭剿劣实现“三个清零”。全面推进农村厕所革命、扎实抓好“五治”示范屋场的创建。大力推进棚户区和城中村改造。巩固深化“316”群众工作新格局，众多群众的操心事烦心事揪心事真正得到了解决。坚持“小切口、实措施、准发力”推动主题教育专项整治。城区新建的9所小区门口的学校如期开学，新增学位超过1.2万个。（市委办政研室）

重要会议

【市委一届三次全体（扩大）会议】 市委一届三次全体（扩大）会议暨市委经济工作会议于2019年3月19日在会议中心一会议室召开，市委委员、市委候补委员，市纪委委员，不是市委委员、市委候补委员、市纪委委员的市领导、部办委排名第一的副职、乡镇（街道）党（工）委书记、乡镇长（办事处主任）、宁乡一中、宁乡四中、宁乡职业中专党政主要负责同志，市直单位党政主要负责同志、涉及2018年市绩效考核但在此次机构改革中改为正科级二级事业单位的现任党政主要负责同志、垂直管理单位行政一把手，市人大、市政协委室主任，2018年度纳税过100万元以上的六大产业链企业负责人，授奖企业负责人，纳入“三抓两促”经济服务活动的产业项目负责人参加会议。

周辉号召全市上下埋头苦干，负重奋进，励志图强，克难制胜，聚精会神建设更加富饶美丽幸福的现代化强市。他要求，全市上下要旗帜鲜明地倡导真抓实干，要把实干作为2019年的旗帜高高地举起来。

【市委一届四次全体（扩大）会议】 市委一届四次全体（扩大）会议于2019年10月10日在会议中心二会议室召开，市委委员、市委候补委员，不是市委委员、市委候补委员、市纪委委员的市领导、部办委排名第一的副职、乡镇（街道）党（工）委书记、乡镇长（办事处主任）、市直部门单位党政正职，驻宁单位和垂直管理单位主要负责人，不是市委委员、市委候补委员的市纪委委员、监委委员参加会议。

周辉受市委常委会委托向全会报告工作并发表讲话。

全会认为，制造业是强国之基、立国之本。宁乡作为湖南的“一带一部”、省会长沙的西线工业走廊和工业区，以制造业的高质量发展带动全市的高质量发展，这是全市经济工作的一条主线、一个大逻辑。全市上下要提升政治站位、统一思想认识，始终把推进先进制造业发展当成一项重要的政治任务，推动《宁乡市坚持制造业立市推动高质量发展实施方案》《宁乡市人民政府办公室〈关于印发宁乡市促进先进制造业企业降本增效若干措施（试行）〉的通知》落地见效，奋力开创制造业立市的崭新局面。

【市委一届五次全体会议】 市委一届五次全体会议暨经济工作会议于2019年12月27日在会议中心二会议室召开，市委委员、市委候补委员，不是市委委员、市委候补委员的市领导、市纪委监委委员和市委巡察办（组）主要负责同志，不是市委委员、市委候补委员、市纪委委员、监委委员的部办委排名第一的副职，市人大常委会、市政协各委室主要负责同志、有关市直单位及“两办”督查室主要负责同志、乡镇（街道）党（工）委书记、乡镇长（办事处主任），市党代表中的部分基层一线代表参加会议。

周辉受市委常委会委托向全会作工作报告，并就学习贯彻党的十九届四中全会精神、做好明年经济工作作出要求。

会议明确，2020年经济工作的主要任务是：一、大力推动制造业高质量发展。二、坚决打好三大攻坚战。三、加快打造一流中等城市。四、加快推进乡村振兴步伐。五、用心用情办好民生实事。

（市委办政研室）

【市委常委会会议】 2019年共召开市委常委会会议34次。

关于经济工作。会议传达学习省委经济工作会议、长沙市委经济工作会议及湖南湘江新区经济工作会议精神。会议强调，全市要深刻学习领会各级经济工作会议精神，结合自身实际抓好贯彻落实。市委常委会会议组成人员要坚决克服“怨妇心态、乞丐心态、看险心态”，更多的要看到经验、看到优势、看到机遇、看到利好，坚定信心抓好全年各项工作，要一以贯之抓落实、一鼓作气抓项目、一往无前抓开局。

关于农业农村工作。会议传达学习中央农村工作会议精神。会议要求，要贯彻落实好中央农业农村工作会议精神，做好农业农村工作。一、要以实施乡村振兴战略为支撑。二、要以打造全域旅游景区为抓手。三、要以培育新型经营主体为重点。四、要以农村综合配套改革为动力。五、要以强化基层党建引领为保障。

关于基层党建工作。会议传达学习习近平总书记关于支部工作条例的有关讲话精神，学习《中国共产党支部工作条例（试行）》。会议要求，要以基层党建引领扶贫、产业振兴和基层社会治理。要坚持在实践中发现、培养和锻炼干部，把年轻干部多放到一线锻炼，提升干部抓产业、抓项目、抓治理的能力。

关于机构改革工作。会议传达学习习近平总书记关于机构改革重要讲话精神，中央省市相关会议精神。会议指出，全市要深入学习贯彻习近平总书记关于深化党和国家机构改革的重要论述，进一步提高政治站位，对标中央、省委和长沙市委要求，以高度的政治自觉抓好全市机构改革工作。

关于安全生产工作。会议传达学习中央省市相关会议精神。会议要求，要深入贯彻习近平总书记关于安全生产的重要论述和上级安全生产相关会议精神。一、提高政治站位，深化思想认识；二、突出工作重点，提升监管水平；三、强化责任担当，筑牢安全防线；切实承担起“促一方发展，保一方平安”的政治责任。

关于加强党的政治建设工作。会议传达学习了中央省市相关文件精神。会议要求，党的政治建设是党的根本性建设，决定党的建设方向和效果。一、要提高政治站位，切实理解党的政治建设的要求。二、要全面加强学习，认真落实中央、省委、长沙市委相关文件的具体要求。三、要加强组织领导，确保相关措施落实落地，做到以上率下，做好监督问责工作。

关于“两个年”工作。会议传达学习长沙市产业项目建设年暨营商环境优化年工作推进大会精神。会议要求，一、要提高政治站位，增强全面推进“两年”活动的紧迫感和使命感。二、要注重持续发力，切实提高“两年”活动的精准性和科学性。三、要凝聚全市合力，形成“两年”活动的大格局和大氛围。

关于扶贫工作。会议传达学习习近平总书记关于扶贫工作的重要论述精神，中央省市相关会议精神。会议要求，要严格对照省委巡视反馈脱贫攻坚领域存在的问题和自身查找出来的相关问题，查摆不足，剖析根源，研究制定整改落实方案和举措。一、要聚焦突出问题抓整改。二、要健全长效机制促巩固。三、要加强组织领导强责任。

关于巡视整改工作。会议指出，抓好省委巡视反馈意见的整改落实。一、要提高抓整改的政治站位。二、要压实抓整改的政治责任。三、要强化抓整改的政治担当。会议明确，对标长沙市委规格，成立宁乡市委巡视整改工作领导小组和宁乡市委巡视整改督查工作领导小组。

关于政法工作。会议传达学习了中央省市相关会议精神。会议强调，一、要进一步强化政法工作的政治担当，切实把思想和行动统一到习近平总书记的重要讲话精神和党中央、省委和长沙市委的部署要求上来，全面深入地做好新时代政法各项工作。二、要进一步聚焦政法工作的使命任务，牢牢把握“稳定压倒一切”的总要求，扎实推进政法领域的全面深化改革。

关于基层减负工作。会议传达学习了《中共中央办公厅印发关于解决形式主义突出问题为基层减负的通知》《习近平关于狠抓落实做好督查工作论述摘编》。会议要求，一、要坚持政治督查的新定位。二、要把握基层减负的新要求。三、要展现敢于斗争的新担当。全市上下要雷厉风行抓好中央和省、长沙市相关要求的贯彻落实，领导干部要改变工作方法，到一线去办公、去调研、去解决问题，和一线干部干在一起、谋在一起、挺在一起。

关于防汛工作。会议指出，要牢固树立以人民为中心的发展思想，始终把保障人民群众生命财产安全放在首位。一、要认真分析形势，牢牢把握2019年防汛工作的主动权。二、重点抓好防洪除涝工程、防御体系、山洪灾害、城市防洪以及队伍的组建、群众的转移安置等工作。三、做好预案、避险措施、统筹调度、物资准备、监测预警预报等工作。四、要加强领导，重点到一线抓督促落实，坚决打赢打好2019年的防汛攻坚战。

关于宣传思想工作。会议传达学习了习近平总书记关于宣传思想工作的重要论述，中央、省市宣传部长会议精神。会议要求，要加快推进融媒体中心建设。一、要重点突出“产业项目建设年、营商环境优化年”主题活动。二、要组织开展好形势宣传、政策宣传、成就宣传和典型宣传等主题宣传活动。三、要加强宣传思想队伍建设。会议强调，要扎实推进全国文明城市的创建工作，要善于整合与归纳全市宣传思想文化工作资源，全方位展现和推动文明创建工作。

关于“不忘初心、牢记使命”主题教育。会议强调，“不忘初心、牢记使命”主题教育活动是以习近平为核心的党中央统揽“四个伟大”作出的重大部署，是当前和今后一个时期全市各级党组织的重大政治任务。全市上下要深入学习贯彻习近平总书记在“不忘初心、牢记使命”主题教育工作会议上的重要讲话精神，认真落实党中央、省委、长沙市委和市委的部署要求，精益求精抓好谋划，真正确保主题教育覆盖到每个支部，并取得实实在在成效。

关于盘活“三资”工作。会议传达学习了长沙市盘活“三资”工作调度会精神。会议强调，盘活“三资”工作是抓经济工作的有效做法，有利于做实平台公司抵押物、扩大平滑债务现金流、形成县域经济增长点、实现公共利益最大化，必须在用活存量资金、激活闲置资产、放活优质资源上下功夫，促进县域经济高质量发展。（市委办政研室）

重大决策

【市委发文目录】

文　号	标　题
▲宁发〔2019〕1号	宁乡市委印发《关于大力提倡求真务实真抓实干集中整治形式主义官僚主义的若干措施》的通知
▲宁发〔2019〕2号	宁乡市委关于转发《宁乡市人大常委会2019年工作要点》的通知
▲宁发〔2019〕3号	宁乡市委关于转发《政协宁乡市第一届委员会2019年工作要点》的通知
▲宁发〔2019〕4号	宁乡市委关于转发《2019年全市党风廉政建设和反腐败工作要点》的通知
▲宁发〔2019〕7号	宁乡市委宁乡市人民政府关于向三一重起和孙新良学习的决定
▲宁发〔2019〕9号	宁乡市委印发《关于进一步加强党的政治建设优化政治生态的若干措施》的通知
▲宁发〔2019〕11号	宁乡市委关于向周炳坤学习的决定
▲宁发〔2019〕13号	宁乡市委宁乡市人民政府印发《关于加强和完善城乡社区治理的实施方案》的通知
▲宁发〔2019〕14号	宁乡市委宁乡市人民政府印发《关于加强教师队伍建设的实施意见》的通知
▲宁发〔2019〕16号	宁乡市委印发《关于开展“不忘初心、牢记使命”主题教育的实施方案》的通知
▲宁发〔2019〕17号	宁乡市委关于印发《宁乡市坚持制造业立市推动高质量发展实施方案》的通知
▲宁发〔2019〕18号	宁乡市委印发《关于加强新形势下基层统战工作的实施意见》的通知

市委办公室

【政研工作】 2019年机构改革以后，政研室挂市委办综调科、市委政研室、市委财经办3块牌子，主要承担市委主要领导讲话材料起草、全市综合性汇报、重大课题调研、对外典型推介、录音整理、会议记录及纪要、新闻宣传、市委财经办工作、参与中心工作等20余项具体工作任务。

围绕中心工作，完成文字材料撰写工作。根据市委领导的会议活动、调研活动等安排撰写讲话、报告、专题汇报等各类材料730余篇，包括两次市委全会、32次市委常委会等大型会议材料，较好地完成以文辅政的职责，发挥参谋助手的作用。其中部分决定文件、领导致辞、警示教育党课、“316”群众工作格局综述等材料，得到市委主要领导的肯定。

深入实际调研，形成一批有参考价值的调研报告。围绕市委、政府工作部署，紧扣全市各个阶段的重点工作和中心工作，共组织支部十项工作、小区党建、农村集居点建设、制造业立市、格力精益文化5次专题调研，形成专题调研报告供市委主要领导参考，其中制造业立市的调研报告形成政策在全市范围内推广实行，格力精益文化的调研报告在全市部门单位兴起学习热潮。

提升录音材料质量，形成一套顺畅、高效的录音转录机制。2019年，为将领导的重要思想、重要讲话、重要精神进行传达，将重要部署以及重点工作进行推广，围绕市委主要领导的会议活动、调研活动、重要活动的讲话进行文字转录，明确两名工作人员专职进行录音转录工作，政研室主任进行审核，实现录音整理3天整理完成。截至2019年底，共完成录音整理182万余字，特别是市委常委会录音材料，当天开完会，办公室各成员分工合作，当天出录音初稿，高效高质的完成文字转录工作。

注重经验总结，将特色亮点工作形成宁乡经验进行宣传推介。围绕市委政府中心工作，将全市范围内的特色亮点工作进行总结提炼，形成宁乡工作经验进行宣传推广。其中，产业项目建设、优化营商环境、制造业发展、“316”群众工作新格局工作综述及评论员文章等稿件，在《湖南日报》《长沙晚报》的重要版面发表，反响强烈，中央一号文件贯彻落实汇报材料得到中央督导组赞许。

进行公开选录，平稳完成干部更替。6月，为充实政研室队伍，公开遴选2名干部、借调4名干部，初步解决人员短缺问题。至年底，政研室共有干部9人，包括政研室主任一名，专职副主任一名，负责文字撰写工作的副主任一名，文字撰写人员4名，录音转录人员2名。

坚持分工协作，有针对性的构建运管机制。政研室构建分工负责、共同协作的机制，制定《市委政研室、文电科工作手册》，明确工作目标和任务要求、10条工作制度、录音整理20条，坚持每月召开例会。探索实施“六步”人才培养计划，采用早晚半小时、政研夜校、每月一谈、榜上有名等方式，力争让干部基本成熟时间缩短到半年。

（市委办政研室）

【改革工作】 2019年是改革持续深化攻坚之年。宁乡认真贯彻中央、省委、长沙市委改革部署，坚持规定动作抓落实、自选动作积极突破、试点工作大胆创新，统筹推进各领域重点改革事项，持续推出一批有力度、有分量的改革成果，各项改革任务顺利推进、落地显效，促进全市经济社会又好又快发展。

抓好谋划部署。坚持以问题为导向，从征集梳理的100多项改革事项中，筛选提炼出10项重点攻坚改革事项和32项统筹实施改革事项。强化统筹调度。对市委要点改革任务、试点示范改革事项、基层探索改革事项实施全部进台账，全年要点部署的42项改革任务全部完成。注重经验推介。深化“放管服”改革工作经验做法获省政府通报表扬推广，并在“互联网+政务服务”省级专项工作经费中予以奖励。在全省全面小康提升幅度得分排名一类县中排名第三，获评2019年度全省全面小康推进工作先进县、2019年度中国全面小康十大示范县市，中国营商环境百佳示范县市、小康工作以“聚焦关键领域 实现更高水平小康”为主题获全省典型推介。

（伍　芳）

【督查工作】 2019年，宁乡市督查工作全面实施“互联网+抓落实”的智慧督查新模式，对市委重大决策部署第一时间进行任务分解，明确牵头市领导、责任部门、工作要求、完成时限，并形成问题清单及时交办到分管市领导和责任单位。坚持以人民为出发点和落脚点，聚焦民生领域对涉及人民群众切身利益的实事、难事作为督查工作的重要抓手。全年市委常委会会议、议事协调会会议及市委主要领导调研指示精神等交办工作任务共计367件，已完成327件，完成率为89.1%。共收到省市领导及批示件3件，年内办结2件；收到宁乡市委领导批示件146件，办结134件；办理红网《问政湖南》胡衡华书记、周辉书记信箱栏目网友留言203件，办结率100%。

围绕全局中心工作，督查落实每一项决策部署。对省、长沙市重要领导批示，宁乡市委常委会会议、议事协调会议，市委主要领导调研指示等重要决策部署第一时间按“一单四制”要求进行任务分解交办。对照年初制定的《宁乡市2019年督查检查考核年度计划》，主要围绕产业项目建设、三大攻坚战、优化营商环境、征地拆迁、农村住房安全保障等市委重点工作狠抓落实。共刊发宁乡督查9期，市委督查专报17期，有力地促进市委重大决策部署和重点工作的落实落地。严格落实“基层减负年”要求，扎实推进形式主义、官僚主义整治工作，2019年保留督查检查考核事项33项，相比2018年减少275项，精简率89.3%。切实精简“责任状”和“一票否决”事项数量，排查“一票否决”事项5项，撤销处理3项。牵头抓好“不忘初心牢记使命”主题教育专项整治工作，根据市委主题教育专项整治工作推进会会议精神，交办工作任务55个。

聚焦民生实事，坚持以人民为中心开展督查工作。把督办好涉及人民群众切身利益的实事、难事作为督查工作的重要出发点。紧紧围绕提高效率、解决诉求、群众满意的工作要求，建立网上群众工作督办制度，严格办理答复程序，实现线上线下联动。2019年共督查办理红网《问政湖南》栏目长沙市委书记胡衡华、宁乡市委书记周辉信箱留言件233件，其中民本民生类留言143件，咨询建议类留言36件，作风建设类留言36件。市委督查室通过查看联系电话、分析留言内容、督促责任单位实地调查走访等方式，与留言的责任单位与网友见面或电话沟通，网友对处理答复情况均表示满意或理解接受。对网络问政留言办理落实情况跟踪问效和暗访“回头看”，解决一批与群众息息相关的难点、热点问题，得到省市领导及群众高度认可。

突出问题导向，创新工作机制提升督查新实效。突出实效意识，坚持问题导向，紧盯政令畅通“中梗阻”，全力打通决策执行“神经末梢”。健全“一单四制”工作机制，全面推广实施“互联网+抓落实”的智慧督查新模式，对市委重大决策部署第一时间进行任务分解，并形成问题清单及时交办到分管市领导和责任单位，将每项决策或者工作任务的贯彻落实纳入全生命周期管理，要求责任单位形成办理台账，接到任务2天内进行初报，以后每5天一次续报，直到任务最终完成，责任单位向市委办申请销号为止。对于进度滞后、政令不畅等问题，进行见人见事见细节的通报。对于重难点问题开展多轮督查、回溯督查，问题解决一个销号一个。务实推进巡视整改工作，将省委巡视反馈意见指出的和市委自查自纠主动认领的问题划分到47家部门单位，17名牵头市领导，主动认领问题104条次，有针对性地列出177条整改措施，实行“挂图作战”，层层传到压力，逐条对账销号。突出问题导向，创新督查工作新机制切实提高督查工作成效，有效推动市委、市政府重大决策部署的贯彻落实。

（曾海波）

【机关工委工作】2019年，市直机关工委紧扣“围绕中心、建设队伍、服务群众”的职责定位，注重在创新做实上下功夫。坚持以政治建设为统领。组织市直机关党组织深入学习贯彻习总书记在中央和国家机关党的建设工作会议上的重要讲话精神。开展“三表率一模范”主题活动，规范机关工作。首次对市直部门单位进行政治建设考察。举办市直机关单位“初心和使命”主题微宣讲比赛和机关党组织书记主题教育培训班。切实强化机关党组织建设。持续推进机关党支部“五化”建设，对60多家机关示范化党支部进行验收，对64家市直单位党组织设置进行调整优化。严格落实“三会一课”、主题党日等党内组织生活制度，扎实抓好党支部书记“双述双评”工作，建立健全机关党建“清单管理”制度，进一步压实机关党建工作责任。狠抓责任担当。聚焦市委中心大局，促进机关党建与业务深度融合，扎实开展“三亮三比三评”“机关党建工作示范点”创建和在职党员进社区小区报到等活动，在服务“三大攻坚战”“两个主题年”“四城同创”等中心工作中彰显广大机关党员干部的定力、担当和作为。严肃执纪问责。全年加大教育管理和执纪问责力度，推动机关作风建设常态化、长效化。全年共开除党籍5人、留党察看1人、党内严重警告11人、党内警告21人。

（范献军）

【接待工作】2019年，宁乡市接待服务中心严格执行中央八项规定及实施细则，夯实公务接待的辅政职能，齐心协力、精诚合作，完成各项接待服务保障工作。2019年宁乡市共接待来宾159批次。其中，党中央、国家各部委7批次；省级领导、省直各部门接待19批次；市级领导、市直各部门接待54批次；外地考察团队10批次；重要客商9批次；专家学者、新闻媒体记者及各界知名人士8批次；其他接待52批次。其中接待中央一号文件督查组、中央扫黑除恶第16督导组、国家卫健委领导及省市领导，完成湖南省建设新时代文明实践中心试点工作推进会、华强方特开园等重大活动。注重勤俭节约，接待工作规范有序。认真贯彻落实中央八项规定及实施细则精神，坚持“厉行节约、热情周到、树立形象、服务大局、严格审批”的原则，在花少钱办大事上下工夫，真正做到务实节俭又不失热情周到。突出细节服务，重宾接待优质高效。用细心、细致统领重宾接待，用热心、精心把握服务细节，仔细了解接待对象特点，充分考虑接待对象民族、地域和饮食习惯，实现公务接待安排“零失误”“零差错”。打造宁乡特色，日常接待精细规范。充分发挥本地资源优势，将大龙畜牧的宁乡花猪肉、乐福来出口的培根和火腿，湘粮水饺、优卓鲜奶、优氏酸奶、王老吉龟苓膏等搬上餐桌，向客人推介宁乡本土品牌，既节约成本，又给客人留下深刻印象，凸显宁乡接待特色。

（陈　芳）

【外事工作】2019年，宁乡市贯彻落实机构改革工作，组建宁乡市委外事工作委员会，市委外事办设市委办公室。宁乡市委外事办坚持以习近平新时代中国特色社会主义外交思想和中共十九大精神为指导，紧扣“产业项目建设年和营商环境优化年”目标任务，发挥好外事的“开放服务器”作用。

深入学习贯彻习近平总书记外交思想。增强“四个意识”，坚定“四个自信”，践行“两个维护”，在外事工作中讲政治、讲大局。市委常委会传达学习中央、省委、长沙市委外事工作委员会第一次会议精神，结合宁乡市委外事委员会第一次会议，研究宁乡市委外事工作，审议《宁乡市委外事工作委员会工作规则》、宁乡市因公出国（境）审批流程及市委外事工作八件实事等5个文件。

扎实做好宁乡外事新篇章。全面统筹调度，高标准做好“‘一带一路’媒体湖南行”活动宁乡市接待工作，在活动行程安排、餐饮服务、沟通翻译、宣传推介、交通保畅、市容市貌、安全保卫等方面做细做精，外媒记者纷纷给予高度评价。做好西班牙瓜达拉哈拉省政府参访团、韩国居昌郡政府参访团到宁乡访问交流有关接待工作，“安琪酵母杯”发酵面食国际大赛有关组织协调工作等。

聚焦外资外企引进走出，助力“两个年”工作。做好宁乡市外资企业和涉外企业的调查摸底和服务工作，推动企业对外合作。推动企业成立海外子公司、研发中心、办事处等，2019年，星邦重工除韩国、日本以外的第三个海外营销网点欧洲营销研发中心在法国正式落成，百川超硬拟在西班牙、智利成立子公司，松井化学拟在东南亚成立子公司，江海环保拟在日本东京设立办事处。做好企业外事服务工作。省外事办相关领导和负责同志为宁乡经开区为涉外企业进行外事政策规定、APEC商务旅行卡的申办手续、领事保护和海外安保措施等政策宣讲，增强园区企业走出去和引进高端国外人才的信心和决心，助力“两个年”工作。

（钟胜蓝）

【对台工作】2019年，宁乡市委台办以服务台胞为主线，以强化对台宣传为抓手，以对台经济工作为重点，在对台工作中干出实效。

学习宣传贯彻对台工作大政方针，务实推动涉台宣传教育。市委台办深入贯彻中共十九大精神和习近平总书记关于对台工作的重要论述、党中央对台工作大政方针和决策部署，并落实到宁乡市对台工作实践，为推动两岸关系和平发展贡献宁乡力量。协助台湾“中国电视”大陆寻奇栏目采访拍摄麻山锣鼓等省级、长沙市级非物质文化遗产。白马桥中学和玉潭街道楚沩社区两个长沙市涉台教育基地，开展“我与祖国共奋进”征文比赛、“台湾知识进社区”等活动，结合70周年国庆开展涉台板报宣传等，把涉台教育纳入爱国主义和思想品德教育的必修内容。

统筹服务联络台商台企，重点助力“两个年”工作。促进对台经贸合作。组织回龙铺镇现代休闲农业参访团就“蘑菇王国”观光旅游项目赴台进行实地考察交流；积极协助开展招商引资活动，做好台湾富士康集团、光群集团等重要企业到宁乡投资考察服务，重点助力“产业项目建设年、营商环境优化年”工作。勤走访联系，勤协调服务。2019年，结合中央31条和湘版59条惠台措施落实情况，以及“不忘初心、牢记使命”主题教育活动，对全市台企进行多次走访调研和座谈，了解台企在生活及生产经营中的困难，及时统筹协调相关职能部门，以高度的责任感为台商台企办实事。对中央31条和湘版59条惠台措施，逐条对标省市要求，明确任务分解到各相关部门单位，严格抓好落地落实。

用心倾情做好对台联络联谊。先后组织“阅读·梦飞翔”文化教育参访交流等，接待台湾青年企业家到宁乡经开区考察，接待高雄市议会成员、宁乡旅台同乡联谊会、台北市湖南省同乡会等来访交流。（钟胜蓝）

【信息工作】2019年，市委办信息科牢固树立“四个意识”，深入践行“五个坚持”，充分发挥党委信息主渠道作用，较好地完成全年工作任务。

积极向上级党委加强对接，结合宁乡实际，全面反映新宁乡建设的生动实践。2019年，组织向上级党委报送信息216篇，被采用96篇，其中《农机购置补贴存在三大问题值得关注》被中央办公厅单条采用，《电动自行车恐成“脱缰野马”》被《要情汇报（专报）》采用，获省委书记杜家毫、省长许达哲批示。

发挥信息工作服务市委决策和推动落实的重要作用，办好《宁乡要情》《宁乡信息》等刊物。2019年，共收集各类信息共计2357条，编报《宁乡要情》216期、《宁乡信息》16期，为市委谋划全局、制定方针政策、推动工作落实，发挥信息支撑作用。

提高紧急信息报送时效和规范化水平，始终把紧急信息报送放在信息工作突出位置，将紧急信息报送工作纳入全市绩效考核、党委信息工作考评，印发《进一步加强重大紧急信息报送工作的通知》《宁乡市党委信息工作考评办法》等系列信息报送规范制度，组织重点部门、单位召开紧急信息报送工作调度会，对报什么、怎么报、报给谁、谁来报、谁负责等进一步予以明确，全年未发生迟报、漏报、瞒报、谎报现象。

（黄　奕）

组　织

2019年，宁乡市委组织部认真落实全国、省市组织工作会议有关要求，切实践行新时代党的建设总要求和组织路线，聚焦“两个主题年”、三大攻坚战等中心工作，严抓严管、务实作为，为宁乡经济社会的高质量发展提供坚强的组织保证。

【主题教育】2019年，宁乡市委组织部将贯彻学习习近平新时代中国特色社会主义思想作为根本任务，融合推进学习教育、调查研究、检视问题、整改落实四项标准动作。全市2080个基层党支部、6万余名党员实现主题教育全覆盖，9月起分三期对全市约2500名党（总）支部书记进行“不忘初心、牢记使命”主题教育轮训；抓实思想政治教育，深入宁乡独特红色资源，讲好本地优秀党员先进典型事迹，推出5个精品红色党课、3条红色精品线路；深入基层一线开展调研，撰写调研报告600余篇；各级领导班子、领导干部查摆顽瘴痼疾3353个，领办专项整治问题582个，对1000多个巡视巡察问题的整改情况进行回头看；解决群众反应强烈问题2553个，党员为群众做好事实事6万余件。

【巡视整改】2019年，宁乡市委组织部在巡视整改中主动担当责任，敢于自我革命，对选人用人方面存在的问题逐一分析整改，针对选人用人满意度不高的问题，出台《宁乡市科级领导班子和干部队伍建设五年规划（2019年—2024年）》；针对干部队伍专业化建设有待加强的问题，制定《专业型干部优化配备的近期规划》；针对干部人事档案方面的问题，下发《干部人事档案专项深度审核工作实施方案》，开展干部人事档案专项审核整改深度复核工作；针对考察程序不到位的问题，建立考察组组长审核把关制度等，通过整章建制着力提高选人用人制度化、规范化水平。省委巡视反馈意见由组织部牵头负责9项问题均已整改落实到位。省委组织部反馈宁乡选人用人巡视检查49项具

2019年9月27日，“不忘初心、牢记使命”主题教育基层党支部书记专题轮训班（第二期）开班

体问题线索已全面整改销号。

【基层党建】 2019年，宁乡市委组织部发挥党建引领作用，持续开展“五星”村（社区）党组织创建，评选39个“五星”村（社区）党组织。推进党支部“五化”建设，创建120个宁乡市“五化”示范化党支部，全市党支部达标率超过三分之二。村党组织领办179个合作社，村级集体经济全面实现“去薄脱壳”。做好驻村帮扶工作，配齐配强驻村第一书记，调整驻村第一书记10名，提拔重用2名。推进扫黑除恶专项斗争，开展违纪违法、涉黑涉恶村干部排查整顿，处置违纪违法村干部87名。扎实整顿32个软弱涣散村（社区）党组织，全部实现转化提升。创新建立基层党建“整乡推进、整体提升”机制，建立问题清单、销号管理制度，推进包村联户、“书记项目”。对2014年以来发展5698名党员“回头看”，清查发展党员涉嫌违规违纪问题253余条。加强村干部队伍建设，出台和落实关于加强村干部队伍相关文件精神，选优配强党组织书记30名，选拔3名村（社区）书记到乡镇领导班子，储备后备村干部1320名。全面推广玉潭街道“5431”小区党建模式，进一步推进在职党员进社区报到。83个离退休干部党支部申报创建省市示范点。

【干部工作】 2019年，宁乡市委组织部分四批对乡镇（街道）和市直单位开展政治建设考察，对领导班子和领导干部政治表现进行精准画像，实现政治建设考察全覆盖。选优配强领导班子。平稳高效完成机构改革和涉改单位干部配备。结合机构改革，2019年共调整干部5批次，涉及476人，其中提拔64人、重用36人。公平公正开展“三方面人员”和选调生比选，有22名基层一线干部通过比选走上乡镇领导岗位，充分激励干部新时代新担当新作为。大力培养优秀年轻干部。采取“一线淬炼+理论教学”模式，开展年轻干部理想信念宗旨教育培训班，将年轻干部安排到征地拆迁、脱贫攻坚、信访、巡察和优化营商环境5个中心工作一线岗位实践锻炼。有序推进公务员工作管理。有序开展公务员职务与职级并行，核定二级调研员职数57个、三四级调研员职数289个、一至四级主任科员职数1739个，完成2110名公务员职级套转。从严抓好干部管理监督。建立完善干部联席会议制度，全年开展领导干部违规在企业兼职（任职）清理整治357人次，提醒、函询、诫勉266人次，信访核查办理21件。落实《干部人事档案工作条例》，不断提升干部信息化管理水平。优化绩效考核管理。健全五级长沙市考指标工作责任链，紧密开展跟踪监测和分析调度，抓好长沙市对宁乡市绩效考核。按照“不加项、不扩面、不增压”原则，优化推进本级绩效考核管理。稳妥有序推进退出现职领导干部管理工作。老干部服务管理水平进一步提高。不断完善老干部大学软硬条件，有83个离退休干部党支部申报创建省市示范点。开展丰富多彩的老年活动，引导更多老干部在围绕中心、服务大局中发挥余热。

【人才工作】 2019年，宁乡市委组织部围绕落实“芙蓉人才行动计划”和“长沙人才政策22条”，培育科技创业领军人才1人、长沙市高层次人才35人。引进全日制硕士研究生学历的工业企业专才17名，引才模式获评2019年第四届全国人才工作优秀案例。推进乡村振兴战略人才振兴工作，支持教育系统、卫健系统通过公开招聘、定向委培等方式分别引进259人和77人，派驻至乡镇中小学、乡镇卫生院，面向社会公开组织招募36人的农业科技专家服务团队，向31个省定贫困村和5个特色产业示范乡镇进行派驻，引导人才向乡镇一线流动。不断提升人才服务保障水平，发放在宁创新创业青年人才租房和生活补贴262.2万元、职业技能晋级奖励补贴53.4万元，加强人才服务中心、人才驿站、人才公寓等建设，组建楚沩英才俱乐部，把人才留在宁乡。

【自身建设】 2019年，宁乡市委组织部着力建设模范部门、打造过硬队伍，在部机关实施特色亮点工作项目化推进，各科室申报特色亮点工作20项，形成调研报告8篇，在各级媒体发表宣传稿件121篇，全面激发组工干部干事创业的热情。各乡镇（街道）、市直部门党组织也结合实际，创建高新区“双强双力”、司法局律师行业党建、花明楼镇党建引领农村“五治”、菁华铺乡党建引领美丽乡村建设、喻家坳乡“党建+能人+合作社+农户”发展模式、沙河市场党支部“文明经营劝导活动”等一批特色亮点。 （黎天伦）

宣 传

【概况】 2019年，宁乡市委宣传部有干职工23人，其中公务员12人，事业人员10人，机关工人1人。内设办公室、文明科、理教科（社科联）、意识形态科、文化科、外宣科、未成科7个科室，下设全额拨款事业单位文化产业发展服务中心、新闻中心（副科级）。2019年，宁乡市宣传思想工作以学习宣传贯彻习近平新时代中国特色社会主义思想为主线，认真落实全国、全省宣传思想工作会议精神，自觉承担起举旗帜、聚民心、育新人、兴文化、展形象的使命任务，聚焦庆祝中华人民共和国成立70周年，正确处理好四对关系，用心、用情、用功做好宣传思想工作，奋力拼搏为中心工作鼓与呼，汇聚人心唱响宁乡发展主旋律。

【理论武装】 出台《2019年全市党组（党委、工委）理论学习中心组专题学习重点内容安排》，以市委理论中心组学习为“模范班”，坚持一月一学习，带领全市开展理论中心组学习10次，把理论学习成果转化为推动宁乡高质量发展的政策和措施。开展7轮“学习新思想、礼赞新中国、奋进新时代”理论微宣讲，让理论热点与广大群众面对面。开展“学习强国”优秀管理员和学习达人评选，举办“学习强国”积分竞赛、知识竞赛、组织竞赛，抓实注册全覆盖、使用全动员、学习全参与，打通宣传思想工作到达群众的“最后一千米”，10月、11月平均参与度在九区县（市）连续排名第一。

【意识形态】 2019年，成立意识形态科，明确专人负责意识形态工作。对4个乡镇及19个市直部门进行意识形态专项巡察，针对省委巡视反馈的21个问题，完成整改清零，意识形态整体平稳可控。加强网络生态综合治理，约谈打击发布不实信息25人。“网络减负”工作经验得到中央省市媒体推介20多次。

【舆论引导】 加大对外宣传力度，截至2019年11月底，共计在中央、省、市主流传统媒体发稿2174篇（电视931，报纸1243），网络推稿3166条。其中，在人民网、新湖南、红网、掌上长沙、星辰在线等新媒体阵地发稿频率显著提升，宣传形式、传播方式更加多样化。主动邀请中央电视台、新华社、中国日报、人民日报对智慧城市、乡村振兴、基层党建等主题进行采访。短视频《70年70城：记住宁乡！在这里，厚重文化与全域旅游交相辉映》全网总播放量520多万次，庆祝中华人民共和国成立70周年快闪宣传片《我的祖国》被“学习强国”总平台首屏推介。

【文明实践】 2019年，成立新时代文明实践中心、融媒体中心，深入推进“两大中心”融合发展。新闻策划贯穿全局，做到有主题策划、重点安排，深入报道宁乡70年来经济社会发展取得的显著成效。29个乡镇（街道）、278个村（社区）全面建立新时代文明实践所、站，探索“‘心’‘星’相印”实践路径和“四单”运行机制，推进“一平台三中心”融合建设，开展各类文明实践志愿服务活动3000多场次，工作经验获“学习强国”总平台、中央宣传部《每日要情》、省委政研室《送阅件》推介共4次。承办全省建设新时代文明实践中心试点推进会，获省委常委、宣传部长张宏森点名表扬。

【文明创建】 2019年，召开文明委全会，明确创建目标、创建内容和责任分工，确保创建责任心中熟知、创建任务常抓在手。开展群众性精神文明创建系列评选活动，举行庆祝中华人民共和国成立70周年暨群众性精神文明创建系列评选展演，评选表彰70位优秀个人。深化志愿服务，组织开展“户帮户亲帮亲·互助脱贫奔小康”主题日活动、“全民志愿·红动宁乡”等大型活动。以教育党建“五个一”工程为载体，推进未成年人思想政治教育，工作经验在中国文明网首屏要闻推介。龙田中小作为全省唯一学校代表参加全国未成年人思想道德建设工作大会，并在全国乡村学校少年宫项目建设工作调研座谈会上发言。

2019年7月1日，《我的祖国》大型快闪活动拍摄现场

【文化事业】 2019年，组织开展“年味宁乡喜乐会”“春节联欢晚会”“原创音乐会”“我和我的祖国”群众书法、美术、摄影、文学作品进园区、乡镇系列活动，掀起群文热潮。启动文创中心建设，出台《宁乡市红色文化建设三年行动计划（2019—2021）》，竭力创作文艺精品《青铜魅影》《奋斗者之歌》《红色宁乡我的家》《宁乡剁辣椒红》《英雄归来》等35个作品，展现深厚文化底蕴，彰显经济活力。（谢石泉）

统　战

【概况】 宁乡市委统战部于2019年5月进行机构改革，明确为宁乡市委主管统一战线工作的正科级职能部门，对外加挂市民族宗教事务局、市人民政府侨务办公室牌子。市民族宗教事务局整体并入市委统战部，市人民政府侨务办公室职能职责从市政府办划入市委统战部，市台湾事务办公室职能职责从市委统战部移交市委办。市委统战部机关核定行政编制16个，设部长1名，副部长3名，其中分管日常工作的副部长为正科职。市侨联与市委统战部合署办公，设主席1名，为正科职。市新的社会阶层人士服务中心为市委统战部下属二级事业单位（非财务独立单位），核定全额事业编制11个，设主任1名，为副科职。市委统战部内设办公室、研究室（加挂宣传科）、党派干部科、民族宗教工作科、港澳台海外工作科（加挂侨务工作科）、非公有制经济工作科6个科室。

2019年，宁乡市委统战部始终坚持以习近平新时代中国特色社会主义思想为指导，深入学习贯彻党的十九届四中全会精神和中央、省委、长沙市委、宁乡市委关于统一战线系列重大决策部署。坚持和加强党对统战工作的集中统一领导，深入贯彻落实《中国共产党统一战线工作条例（试行）》，落实好“四个纳入”（纳入党委重要议事日程，纳入党政领导班子考核内容，纳入宣传工作计划，纳入党校、行政学院、干部学院、社会

主义学院的重要教学内容)，开展“不忘初心、牢记使命”主题教育，举办政策理论、统战业务、非公经济、民族宗教、民主党派、无党派等主题培训班8期。市委出台《加强新形势下基层统战工作的实施意见》，市委常委与27名党外代表人士开展联谊交友，市委书记主持召开市委统战工作领导小组会议、民主党派代表人士座谈会等会议。

【非公经济统战】 2019年，市委统战部为非公有制企业高质量发展提供智慧和人才，组建装备制造、生物制造、新材料制造、食品及农产品加工4个与宁乡6大优势产业链建设紧密联系的专家指导委员会。135位专家教授成为宁乡市人民政府聘任的专家委员会主任、副主任、秘书长和委员，其中俄罗斯工程院外籍院士1名(周祖德院士)，中国工程院院士4名(宋君强院士、周祖德院士、印遇龙院士、刘仲华院士)，为宁乡工业企业与国内27所著名高校院所之间的精准对接架起桥梁。服务营商环境优化，成立亿元企业家俱乐部，组织举办第四期非公经济大讲堂，开发政企服务平台。牵头组织召开六大产业链企业代表座谈会，推进“一件事一次办”改革、“三无”城市创建等工作，协调解决企业相关问题。牵头组织召开“营商环境优化年”工作任务交办会、工作推进会、宁乡市优化营商环境工作推进大会暨体验官开展营商环境评价启动仪式。

【社会扶贫】 2019年，市委统战部推进“百企帮百村”“千企联千户”深度扶贫活动，共991户深度贫困户得到833家帮扶单位认领帮扶，累计投入帮扶资金约210万元。选派2名扶贫第一书记驻守夏铎铺镇长龙新村和双江口镇兴桂村。市委常委、统战部长钟利仁带队到新化县对接产业协作和社会扶贫工作，与新化3家企业签订消费扶贫和产业协作协议，涉及消费扶贫金额170万元。金海教育集团、百灵鸟集团、金砺集团联合帮扶新化特殊教育学校困难学生5万元，金海教育集团捐赠价值2万元书籍。

【民族宗教】 2019年，宁乡市委统战部全面贯彻党的民族政策和宗教工作基本方针，着力巩固党同民族宗教界的爱国统一战线，全市民族宗教领域和谐稳定。组织学习习近平总书记关于民族宗教工作重要论述及新修订的《宗教事务条例》。落实三级网络两级责任，提高宗教工作法治化水平。整治乱建滥塑9处，移除非法造像6处，严控宗教活动场所过多过滥。推进宗教活动场所“五进五好”和“四型”场所创建活动，引导宗教与社会主义社会相适应，出台加强宗教场所管理10项制度和宗教界队伍建设工作要点，建立宗教活动场所财务管理、消防安全等制度。沩山密印寺和回龙山白云寺的去商业化问题得到彻底整治。主动为流动少数民族人群服务，加强对20余名贫困少数民族人口的帮扶慰问，围绕少数民族重点乡镇，着力帮扶打造一批“民族团结进步同心创建示范基地”。

【同心创建】 2019年，宁乡市委统战部做实做特同心项目，提炼提升同心文化内涵。2019年，资福镇珊瑚村获评省级“同心美丽乡村”。宁乡市东湖塘镇陶家湾村、“巷子花开”同心项目获评长沙统一战线同心创建示范点，宁乡市“公司+农户”千亩有机茶园精准扶贫项目获评长沙市级“同心项目”，明源土地专业合作社民族团结进步同心创建示范基地和宁乡丰源油茶专业合作社优质油茶种植加工基地获评长沙市级“同心基地”。

2019年，宁乡市委统战部探索新时代统一战线参与同心美丽乡村创建、乡村振兴、社会治理的新途径，在巷子口镇同心村庄和联花村张家滩屋场试点实施“巷子花开”同心项目。打造一个平台、三个基地(同心汇公益服务平台、新的社会阶层人士统战工作实践创新基地、公益组织互助实践基地、志愿者素质提升基地)。开展居民星级评定活动和物资兑换活动，激励引导广大居民群众积极参与乡村治理。邀请9家社会公益组织为居民开展就业帮扶、环境整治、社区减防灾、党群服务等9个专项社会组织服务和垃圾分类、文明新风、才艺培训等爱心志愿服务，发挥“志愿服务、公益互助、共建共享”理念“播种机”作用，大力培养和发展本地志愿者，形成可复制可推广的经验模式，进而将更广泛更全面的社会服务在全镇乃至全市推广。

【信息工作】 2019年，宁乡市委统战部把信息工作列入重要议事日程，准确、及时、全面报送统一战线各领域工作动态和成就，推动信息工作规范化、科学化建设。获评全省统战信息工作一等奖，位列长沙市区县统战信息工作第二名，湖南宁乡市实施“千企联千户·就业扶贫车间”深度扶贫活动信息被中央统战部《每日汇报》采用，共14条信息被湖南省委统战部、湖南省委办公厅采用。

【民主党派】 2019年，宁乡市委统战部始终坚持和加强中国共产党对民主党派的领导，增进民主党派对中国共产党和中国特色社会主义的政治认同。印发《宁乡市各领域党外代表人士综合评价实施方案(试行)》。开展对党外正科职、副科职干部的综合评价工作和履职报告工作。印发《关于开展2019年党派专题调研活动的通知》，引导民主党派围绕产业项目建设、营商环境优化和乡村振兴战略等开展调查研究。组织中国民主促进会宁乡市工委和中国农工民主党宁乡基层工作委员会的47名成员在湖南大学举办宁乡市民主党派“不忘合作初心 继续携手前进”主题教育培训班。中国民主促进会宁乡市工委邀请律师到10个村社区开展法律讲座，组织到学校和社区举办“幸福宁乡，智慧父母大讲堂”30多堂次。中国致公党宁乡经开区支部积极对接中国致公党湖南省委、长沙市委，支持资福镇珊瑚村美丽乡村建设，打造“同心致福村”。邀请湖南省政府参事张志初开展专题授课，组织宁乡市党外正、副科级干部、党外知识分子联谊会会员参加学习。

【新的社会阶层】 2019年，宁乡市委统战部新的社会阶层人士服务中心升格为副科级事业单位，新增全额拨款事业编制3个总数达到7个。2020年1月17日，宁乡市委统战部召开新的社会阶层人士服务团成立大会，正式成立新的社会阶层人士服务团。推荐刘雨菲、任泉成为湖南省新的社会阶层人士联合会成员，刘雨菲担任湖南省新的社会阶层人士联合会理事。巷子口镇同心村庄获评长沙市新的社会阶层人士实践创新基地。

【港澳台海外统战】 2019 年，宁乡市委统战部举办“海外侨胞故乡行·走进湖南宁乡”活动，来自全球 50 多个国家（地区）的 140 余名侨胞侨领到宁乡，走新兴企业，看营商环境，赏美丽乡村。召开宁乡市侨联第一届委员会，选举周常青为宁乡市第一届归侨侨眷联合会主席。推荐刘舜武为省侨商会第三届会员，推荐双凫铺镇双凫铺社区为长沙市侨联侨法宣传社区，接待中华两岸青年企业协会到宁乡考察。

【统战队伍建设】 2019 年，宁乡市委统战部持续深入开展“不忘初心，牢记使命”主题教育，抓好中心组学习、支部集中学习。加强统战干部理论武装、党性教育和教育培训工作，严把党风廉政建设关，严格落实意识形态工作责任。以“学习强国”学习平台为载体，引导统战干部完善知识结构、改进工作作风。2019 年，宁乡市 29 个乡镇（街道）都设立统战委员和统战干事。

【宁乡市英才大会】 为发挥统一战线的资源优势、智力优势和人才优势，为企业搭建技术和人才需求平台，进一步推动非公有制经济转型升级，宁乡市积极组织英才大会及系列专家对接会。2019 年 7 月 7—8 日，主题为“智汇宁乡·引领未来”的宁乡英才大会·装备制造专家对接会举行，成立由俄罗斯工程院外籍院士周祖德先生及其团队领衔的 71 人规模的装备制造产业专家指导委员会。2019 年 7 月 28 日，宁乡英才大会·生物制造专家对接会举行，成立由美籍华人、生物科学家刘志明先生领衔的 24 人规模的生物制造产业专家指导委员会。2019 年 11 月 18 日，宁乡英才大会·新材料制造专家对接会大会举行，成立由中科院宁波材料技术与工程研究所所长黄政仁先生及其团队领衔的 24 人规模的新材料制造产业专家指导委员会。2019 年 12 月 4 日，宁乡英才大会·食品及农产品加工制造专家对接会举行，成立由中国工程院院士、国防科大宋君强先生领衔的 24 人规模的食品及农产品加工产业专家指导委员会。（陶　仁）

2019 年 7 月 28 日，2019“宁乡英才大会·生物制造专家对接会”现场

网　信

【概况】 2019 年 3 月 11 日，宁乡市委网络安全和信息化委员会办公室（简称市委网信办），正式成立对外加挂宁乡市互联网信息办公室。市委网信办 2019 年有干部职工 6 人，其中公务员 3 人，事业人员 3 人。内设综合科、网络管理与执法科、网络宣传科 3 个科室，下设全额拨款事业单位网络舆情中心。

全年全市网信工作始终坚持“正能量是总要求、管得住是硬道理、用得好是真本事”，全面落实网络意识形态责任制和网络安全工作责任制，完善网信工作体系，依法依规管网治网，凝聚市域发展合力，为建设现代化新宁乡营造良好的网上舆论环境。

网络正面宣传。在中央网信办内刊网信动态刊载稿件《湖南宁乡推进“互联网+政务服务”融合发展》；组织“这里不一样——网络名人大 V 煤炭坝门业小镇行”“湖南微信公众号联盟大 V 看宁乡营商环境”等宣传报道活动，推介宁乡市高质量发展；全年在网络媒体推送各类稿件 3500 余条，在省委网信办官微“网信湖南”头条刊发 7 篇经验性文章。

网络生态治理。定期组织新媒体协会成员开展网络法律法规学习、网络文明志愿服务活动，全年协会平台无一例造谣、传谣，行业自律进一步提升。推进“净网 2019”专项治理行动，约谈违规自媒体平台 5 家。依法打击利用网络寻衅滋事事件 25 起，其中 15 人行政拘留。全年发现和上报各类不实和有害信息 27000 余条，获评 2019 年湖南省网络舆情信息工作先进单位。

网络舆情处置。全力保障庆祝中华人民共和国成立 70 周年、扫黑除恶等多项重点工作和重要节点网上政治安全。快速有效处置各类突发敏感舆 60 余起，全年全市网上舆情总体平稳。

【宁乡市人民记忆专题视频获中央网信办来信表扬】 2019 年，宁乡市委网信办围绕庆祝中华人民共和国成立 70 周年这条主线，结合宁乡市委市政府中心工作，制作出品《70 年 70 城：记住宁乡！在这里，厚重文化与全域旅游交相辉映》短视频，视频内容精选宁乡各行各业生于 1949 年的代表人物，从城市建设、交通格局、产业发展、文化旅游等角度切入，以个体成长和城市发展的真实历程，反映中华人民共和国成立70年以来，宁乡人民顽强拼搏、砥砺奋进所取得的成就和巨变，举目可见、触手可摸的是宁乡人民的精气神和自心底涌出的幸福感。该短视频在央视网震撼上线，引发强烈反响，好评如潮，阅读量达7500万，中央网信办来信表扬。

【宁乡市委网信办报送案例获评湖南省网信系统优秀创新案例二等奖】 在2019年湖南省网信系统创新案例征集活动中，宁乡市委网信办报送的“党委引导，部门支持，自媒自治，报团发展——宁乡积极探索网络综合治理新途径”获评2019年度湖南省网信系统优秀创新案例二等奖。宁乡新媒体协会报送的《“社会人”到“组织人”——宁乡巧借新媒体东风，做好新时代网信工作》，获评2019年度湖南省网信系统优秀创新案例三等奖。

宁乡市委网信办自2019年3月成立以来，认真贯彻落实党的十九届四中全会精神和湖南省委网络安全和信息化委员会第二次、第三次会议精神，始终坚持“正能量是总要求、管得住是硬道理、用得好是真本事”，统筹谋划、系统推进，积极探索网络综合治理的新路径。引导和规范自媒体发展，打造更加清朗的网络空间，最大限度地激发网络正能量，不断壮大网络文明志愿服务分队队伍，2019年注册登记的网络文明志愿者398人。宁乡市网络文明志愿服务分队成立以来始终坚持党委引导、部门支持、自治自律、抱团发展的科学思路，让“社会人”变为“组织人”，让“满天星”凝成“一团火”，共谋发展之策，共聚进步之力，为助力宁乡市高质量发展贡献力量。

【宁乡市委网络安全和信息化委员会第一次会议】 2019年7月22日，宁乡市委书记、市委网络安全和信息化委员会主任周辉主持召开市委网络安全和信息化委员会第一次会议。他强调，要全面对标看齐习近平总书记关于网络强国的重要讲话精神，从中明方向、学方法、找答案，以高度的政治自觉和行动自觉推动新时代宁乡市网信事业高质量发展。

9月20日，宁乡市网络文明志愿服务分队开展“文明新媒体，传播正能量”主题活动

会议传达学习中央、湖南省委、长沙市委网信委会议和文件精神；听取全市网信工作情况汇报；审议《宁乡市委网络安全和信息化委员会工作规则（审议稿）》《宁乡市委网络安全和信息化委员会办公室工作细则（审议稿）》等文件。

【宁乡市网络文明志愿服务分队工作】 2019年，宁乡市网络文明志愿服务分队，以传播网络文明、打造清朗空间、传递社会正能量、营造时代新风尚为目标，为网络空间和经济社会发展注入新鲜活力。

抵制谣言，强化正面宣传。宁乡市网络文明志愿服务分队队员所拥有的网络平台覆盖粉丝量达200多万，平台影响力大，队伍致力于做正面宣传的传播者、网络谣言的抵制者。一方面，对网络谣言、未经核实的信息不转发、不跟评，不当传谣者，不做标题党，为宁乡的网络空间清风正气，为全市经济社会文化发展营造良好的网络舆论氛围；另一方面，运用短视频、动漫、H5、VR航拍等新技术，讲好宁乡故事、唱好宁乡声音、树好宁乡形象，打造真正有思想、有温度、有品质的网络精品。

丰富学习，促进自律自强。定期组织优秀队员赴外地培训、学习，坚持一月一主题培训活动，提升队员素质。通过组织开展抖音视频达人大赛、新媒体抖音沙龙、新媒体大咖走读宁乡、新媒体大咖基层行、杭州乌镇学习考察、新媒体协会年会等活动，搭建新媒体平台与党委政府交流互通的桥梁，满足网络志愿队员从业人员共同进步、共享发展的需求。

热心公益，创新网络扶贫。分队队员主动开展网络扶贫，打造“微爱集市”公益品牌。每到收获季节，宁乡市网络文明志愿服务分队各大网络平台负责人总是冲在帮贫困户售卖特色农产品一线，以视频直播、微信推广等方式打通农产品的销售渠道，每场“微爱集市”活动直播人气都在10万+。2019年7月，为帮助偏远山区贫困户售卖黄桃，队员们运用“吃喝玩乐”电商平台累计销售黄桃50余万元。

【国家网络安全宣传周宁乡“七个一”系列活动】 2019年9月16日，国家网络安全宣传周宁乡“七个一”系列活动启动仪式在行政中心6楼会议室举行。2019年国家网络安全宣传周的主题是“网络安全为人民，网络安全靠人民”，宁乡市结合实际，认真开展“七个一”系列活动，即一次网络安全座谈会、一个净网主题H5、一份文明上网倡议书、一本网络安全知识宣传折页、一系列网络安全知识新媒体展播、开展一次网络文明志愿服务活动、一次自媒体行业业务培训，多举并措营造文明上网、安全用网、依法治网的浓厚氛围。

（唐亚军）

机构编制

【概况】 2019年，机构改革全面推进落实，机构编制部门调整为党委工作机关。宁乡市委机构编制委员会办公室（以下简称市委编办）坚持以习近平新时代中国特色社会主义思想为指导，贯彻落实中共十九大和十九届二中、三中、四中全会精神，服从服务于全市经济社会发展大局，聚力改革攻坚，着力优化职能配置，提高效率效能，完成各项工作任务。

【机构改革】 严格落实中央、省、长沙市关于机构改革部署要求，实现组织架构重建，职能调整到位。3月底基本完成党政机构和乡镇（街道）改革任务，做到“班子、牌子、章子、房子”四子到位；4月印发市直党政机构和直属事业单位“三定”规定；5月印发乡镇（街道）“三定”规定。注重优化协同高效。规定动作和自选动作相结合，优化党政机构设置。市本级设置党政机构37个，其中，市委机构9个（纪检监察机关1个，工作机关8个），市政府工作部门28个，清理限额外副科级行政机构1个。同步推进乡镇（街道）机构改革，全市乡镇（街道）在机构限额内统一设置党政机构6个、直属事业单位3个、执法机构1个。改革后，乡镇（街道）精减事业单位58个。结合宁乡实际，自选设置市委网信办、市水利局、市行政审批服务局、市林业局。注重保发展重民生。把有限的机构编制资源向经济发展、民生领域倾斜，优先设置市政府发展研究中心、农村集体经济发展事务中心、征地服务中心、高新技术发展中心、乡村宜居建设事务中心、扶贫开发事务中心、市政设施维护中心、河长制工作事务中心、城区排水事务中心、营商环境优化协调事务中心等机构。注重规范机构设置职能配置。调优职能配置，统筹规范事业机构设置，进一步突出和强化事业单位公益属性。设置直属事业单位7个，精减副处级事业机构1个、正科级事业机构2个，消化整改未经审批的科级机构5个，整合撤并外派劳务服务中心等13个副科级以下事业机构。全面推进承担行政职能事业单位改革，完成41家承担行政职能事业单位改革；除行政执法机构外，不再保留或新设承担行政职能的事业单位。注重理顺运行机制。全面推进部门所属事业单位改革，侧重理顺工作职能，推行一个系统一个运行方案。调整优化住房保障服务中心、畜牧水产事务中心、农村集体经济发展事务中心等8家部门所属正科级事业单位运行机制，较好的解决改革过渡期内统与分、上与下的关系，确保新机构运行高效顺畅。注重统筹综合行政执法改革。深入领会中央、省、长沙市关于市场监管等“五个领域”综合执法改革政策精神，积极协调争取上级支持，在12次实地调研、7次集中调度基础上，做实做细改革预案，为综合执法改革落地做好充分准备。落实相关领域改革。牵头推进集体土地征收与国有土地上房屋征收“一体化”改革，实现征地征收统一工作调度、统一办公、统一考核“三个统一”和征地征收业务政策研究协同、项目铺排协同、实施推进协同“三个协同”。配合做好法院、检察院内设机构改革。按照上级要求做好省以下环保机构监测监察执法垂直管理改革所涉机构编制事项调整。配合理顺灰汤管理局、灰汤镇“局镇合一”管理体制。配合做好事业单位公车改革、国有平台公司整合转型发展相关工作。

【机构编制资源保障】 2019年，市编办严守机构编制政策红线。全市总体超编人员比2017年底减少501人（2017年底超编798人；2019年底超编297人）。盘活有限编制资源，通过职责理顺划转、机构整合撤并等途径，收回市政务服务中心、市粮食局等单位编制198名。优化编制资源配置，坚持保重点、保刚需，增核市征地服务中心、高新技术发展中心、应急事务中心等单位编制91名。科学制定编制使用计划，核定招聘、招录（选调）编制使用计划475名。做好政策性安置编制保障，深入调研分析部门（乡镇、街道）现有人员情况，核定政策性安置编制使用计划145名。

【事业单位登记管理】 2019年，市编办落实“互联网+政务服务”改革，事业单位法人年度报告实现“不见面”“零跑腿”，2018年度560家事业单位报告率100%，并按规定公示，接受社会监督。制作《机关、群团统一社会信用代码证书办理服务指南》和《事业单位法人证书办理教程》，办理机关群团、事业单位设立登记23家，变更登记153家，注销登记112家。做好中文域名注册和网站挂标工作，完成新域名注册204家，域名变更142家。对标国家和省目录，及时将事业单位登记事项录入省一体化平台。做好宁乡市信用平台信息公示工作，报送机关群团和事业单位基础信息612条。（周　杰）

巡　察

【概况】 2019年，宁乡市委巡察办认真贯彻中央、省委、长沙市委巡视巡察工作系列会议精神，聚焦“两个维护”根本政治任务，坚持“稳中求进”工作总基调，牢牢把握巡视巡察专项检查整改契机，注重巡前巡后齐头并进，高质量推进巡察全覆盖。

【巡察全覆盖推进】 2019年，宁乡共部署三轮巡察。一届市委第五轮巡察4个乡镇和4个村党组织，完成对29个乡镇（街道）的巡察，全覆盖取得阶段性成果；一届市委第六轮巡察聚焦4个信访突出单位，坚持以人民为中心，推动解决一批群众反映强烈的突出问题；一届市委第七轮巡察对17个市直单位开展常规巡察，同时紧密结合宁乡实际，探索市委统筹、片区联动、乡镇参的交叉巡察模式，巡察48个村级党组织。2019年巡察发现并反馈问题578个，移送问题线索65条，给予党纪政务处分23

人，其中副科职以上领导干部8人，移送司法机关2人，另有2名党员干部迫于巡察震慑，主动到市纪委监委投案。截止2019年底，本届宁乡市委巡察全覆盖进度56.7%。

【巡视巡察整改】 2019年，宁乡市委巡察办认真做好省委第四巡视组对长沙市委巡察工作专项检查反馈意见的整改工作，接受长沙市委巡察工作领导小组对宁乡巡察工作的专项检查调研，主动认领16项具体问题，认真开展整改落实，逐项对账销号清零。巡察办统筹协调，强化市纪委监委、市委组织部、市委宣传部的整改日常监督职责，不断压实被巡察单位整改主体责任，对照问题清单、任务清单、责任清单，严格按整改时限要求对账销号。2019年反馈问题578个，整改549个，整改率95%，边巡边改45个问题全部整改到位。进一步深化巡察成果运用，根据巡察提出的意见建议，市纪委监委对惠农资金及生态公益林补贴方面问题开展专项整治行动，仅一个乡镇就向群众退还资金21万余元；市财政局对廉政风险大的岗位开展有针对性机关轮岗，统筹乡镇财政干部轮岗15人次。

【巡察队伍建设】 2019年，市委巡察办通过公开选调调入巡察干部6人，增配1名副主任、2名主任科员。先后组织开展巡察业务集中培训3次，专项培训10余次。进一步强化巡察培养锻炼干部的平台作用，安排4名理想信念宗旨教育培训班的学员到巡察岗位一线淬炼，2名抽调巡察锻炼的干部提拔到领导岗位，结合实际压减巡察组长库和人才库人数，彻底杜绝照顾性安排。开展优秀团队评比和优秀巡察报告评选，不断提高巡察组专业化水平。全年共获“新湖南”“三湘风纪”和红网等省级新闻媒体推介9次，获“长沙晚报”“掌上长沙”和长沙电视台等市级媒体推介6次，接待国内兄弟单位交流学习1次，省内交流学习1次，编印内部刊物《宁乡巡察》4期。

2019年9月16日，召开一届宁乡市委第七轮巡察工作动员部署会

党校教育

【概况】 2019年，宁乡市委党校在职干部职工23人（年内辞职1人，新进2人，调出2人），其中教学人员10人。内设办公室、教务科、教研室、后勤科四个科室。党校坚持以习近平新时代中国特色社会主义思想、中共十九大和十九届二中、三中、四中全会精神为引领，发挥干部培训、思想引领、理论建设、决策咨询作用，以培养造就忠诚干净担当的高素质专业化干部队伍为主要目标，紧扣中心大局，聚焦主业主课，突出工作重点，凝心聚力，奋发有为，各项工作取得新收获。

【干部培训】 2019年，市委党校坚持党校姓党原则，坚守宣讲理论政策的“主阵地”，做好强化党性锻炼的“大熔炉”，当好补足干部能力短板的“充电器”，努力夯实干部教育培训这一先导性、基础性、战略性工程。先后举办城管局新入职队员岗前培训暨城管系统法制培训班、玉潭片区党员专题培训班、4期全省贫困村暨民族地区和革命老区村党支部书记培训班、第3期年轻干部理想信念宗旨教育培训班、2期老龄协会老龄工作从业人员培训班、扫黑除恶专项斗争业务培训班、2期村（社区）党组织书记及下设党支部书记培训班、乡镇（街道）纪检监察干部2019年度实战业务培训班、乡村振兴专题研习培训班、女干部能力提升培训班以及宁乡市委“不忘初心、牢记使命”读书班等各类培训班次31期，培训学员5000余人。在完成上级交付的干部培训任务同时，党校围绕中共十九大、十九届四中全会精神解读、习近平新时代中国特色社会主义思想等内容，开发宣讲新课题30多个，深入全市各机关、企事业单位和村（社区）共宣讲221场次，受众人数25000余人。

【队伍建设】 2019年，党校始终把干职工特别是教师队伍综合素质提升作为重中之重，持续开展“五个一”学习工程，先后选派10人次到上级党校和培训机构参加学习，经常性组织教师集体备课、听课、评课，开展校内教学比赛，推动青年教师上讲台，队伍建设取得新成效。

中心工作。抽派两名工作负责、勇于担当的党员到龙田社区开展驻村扶贫工作，工作队员坚持工作日吃住在社区，住村每月超过20天，《驻村工作日志》《驻村工作台帐》规范完整，记录详实。党校班子成员每月深入社区、组调研并指导扶贫工作。其他干部职工每季度入户走访1次以上，帮助贫困户理清发展思路、找准发展方向、选准致富产业、制定增收措施。干部对接率达100%。在“七一”

宁乡市党建工作表彰大会上，龙田社区党总支连续两年被授予“五星总支”光荣称号。响应市委号召，做好“三抓两促”，责任人经常深入企业帮扶解困，做到企业有求必有回应，得到联点企业认可。

精品党课。2019年先后打造出《不断开启“中国之治”的新境界——学习党的十九届四中全会精神》《初心如故——刘少奇和党性修养》《做事不辞牛荷重——学习何叔衡的孺子牛精神》《牢记共产党人的初心和使命》等精品课程，其中在4月长沙市党校系统教学比武中，《做事不辞牛荷重——学习何叔衡的孺子牛精神》《牢记共产党人的初心和使命》两堂课获得三等奖、优胜奖的优异成绩。此外，“礼赞新中国”微党课，在主体班、部门班课堂推出，受到学员的高度认可和好评。

加强党员队伍建设。机关党支部先后组织新年读书报告会、党课比赛、组织生活会、“不忘初心、牢记使命”主题教育读书班等活动，并带领全体党员到左宗棠故居开展“传承良好家风”的主题教育活动，组织全体党员及部分离退休党员赴刘少奇纪念馆、云山书院、何叔衡故居、谢觉哉故居开展追寻红色足迹、筑牢初心使命的主题党日活动；组织党员参与在职党员进社区、新时代文明实践中心、文明劝导等活动；抓好党建带团建、工建，组织干职工到香山公园开展爬山比赛活动，不断提高党员党性意识和修养，进一步团结人心、凝聚力量。

【科研咨政】2019年，党校将科研咨政工作作为发挥党校职能的重要途径，坚持“三个聚焦”提升科研咨政水平，强化为民导向、问题导向和需求导向，突出时代性、实际性、地方性，让基层党校科研接地气、见实效，以科研促进教学、提升影响，努力服务宁乡市域经济社会发展。

聚焦时政热点。围绕习近平新时代中国特色社会主义思想、中共十九大和十九届四中全会精神、“不忘初心 牢记使命”主题教育、中华人民共和国成立70周年、乡村振兴、建设更加富饶美丽幸福的现代化宁乡等主题，在国家级、省级以上刊物公开发表9篇科研论文。其中《推进全域人居环境整治 更好满足人民美好生活需要》被湖南省人民政府办公厅《调查与研究》刊载；《乡村振兴战略实施中农村土地资本化问题研究——基于湖南省宁乡市“鹊山模式”的实践》在湖南省党校理论研讨会中获一等奖。此外，继续与《今日宁乡》联合创办“学习与思考”专栏，让基层干部发声有平台、议政有阵地，学校教师在此栏目发表文章多篇。

聚焦中心工作。围绕市委市政府中心工作，精心遴选重点课题，明确咨政研究方向，形成一批领导关注、反映社会热点的咨政文章。搭建教研咨一体化平台，利用学员优势，组建学员科研团队，深入基层一线，开展重大市情专题研究。围绕“四个打造”战略的课程开发和课题研究，分别成立四个课题组，制定《关于推进“四个打造”战略课程开发和课题研究的实施方案》，形成4本教材、5个课件和4篇高质量的调研报告，获市委、市政府相关领导的批示和好评。承接宁乡市乡村振兴战略规划（2020—2022年），年底形成初稿。

聚焦基层实际。学校班子成员带队，成立学校科研小组，深入乡镇和部门单位走访蹲点调研，引导教研人员关注地方亮点和特色，总结提炼基层实践经验，提升课题质量。年内多次组织到陈家桥村、鹊山村、石仑关村、乡镇村、社区、园区、企业等地调研，掌握详细的第一手素材。成功立项《乡村振兴战略中农村产业融合问题研究——基于湖南省宁乡市花猪产业发展的实践》《以智能家电为核心建设宁乡智能家居产业链——以长沙格力为例》《宁乡市工业新兴及优势产业链发展现状及对策研究》等3个省级课题，完成《乡村振兴战略实施中农村土地资本化问题研究——基于湖南省宁乡市“鹊山模式”的实践》《宁乡市建设全国教育培训基地的优劣势分析与对策建议》2个省级课题结项。

【新校建设】根据2019年11月28日宁乡市委常委会研究决定，拟启动新党校建设，并纳入“百年百项”党建引领标志性工程。项目建设地点位于宁乡市玉潭街道新城社区。规划总用地面积78917平方米，建设内容为3栋教学楼（1栋5F、1栋3+1F、1栋1F）、1栋党史陈列馆（2F）、1栋食堂、1栋图书馆、2栋宿舍（均为5F）以及室外道路及硬质铺装、室外运动场、地面停车场等附属配套工程。党校新建项目由市城投集团作为建设主体负责实施，项目预算控制在1.5亿元以内。各项前期工作如征地、拆迁、规划设计等已完成，预计2020年启动建设，2021年7月1日前建成。建成后可满足全市6.76万名党员、2万名干部和教师的培训任务。（符义和）

信　访

【概况】2019年，宁乡市信访局认真贯彻落实中央、省、市关于信访工作决策部署，坚持稳中求进的工作总基调，认真履职，全面落实各项工作举措，全市信访工作呈现出“四降一升”的良好态势，即进京非访、赴省上访、到长沙和宁乡上访稳步下降，网上信访占比明显上升。2019年，宁乡市获评“2019年度长沙市信访工作目标管理考核优秀单位”和“2019年度长沙市驻京维稳劝返工作先进单位”。

【群众来访】2019年，宁乡市信访局共接待群众来访146批246人次，比2018年批次减少65.1%，人数减少73.7%；到长沙市上访166批273人次，同比批次减少14.9%，人数减少26.4%；赴省上访453批767人次，同比批次减少4.2%，人数减少6.5%；进京153人次，同比人数减少35.2%。

【网上信访】2019年，宁乡市信访局全力推动信访代理与网上信访深度融合，着力把网上信访打造成群众反映问题的主渠道，让“群众动手，数据跑腿”。全年组织开展2次网上信访业务培训，办理网上来信553件，网上投诉1520件，网信占比由原来的27%提升到64.8%。

【信访积案化解】 2019年，宁乡市信访局组织开展“百日会战”专项行动，推动“四重攻坚”重点信访案件化解，综合运用经济、行政、法律等手段，分类分批化解信访积案。全市共化解信访积案37件，其中全年化解国家信访局、省信访局交办的“四重攻坚”重点信访事项各1件；16件长沙交办的重点信访案件中，7件要求化解的案件已全部化解，9件要求稳控的案件也已成功化解1件。

【信访代理工作】 2019年，宁乡市信访局按照市委提出的构建316群众工作新格局要求，在全市开展信访代理工作，推动信访工作“关口前移，重心下沉”，打通服务群众“最后一千米”。29个乡镇（街道）、18个重点部门单位和278个村（社区）均设立信访接待中心（室、点），明确信访代理员，构建市（县）、乡、村三级信访代理工作机制。

【依法治访】 2019年，宁乡市信访局结合“信访法治化”建设，在全市积极组织开展“法治宣传月”和“依法治访主题宣传季”活动，着力规范信访秩序，引导群众依法逐级上访。对在信访过程中有违法犯罪行为的重点对象，配合公安部门做好证据确定工作。2019年有4人被法院以寻衅滋事罪一审判处刑罚，另有4人被刑事拘留（逮捕3人，取保候审1人），治安拘留24人。

【“三无”创建活动】 2019年宁乡市信访局继续开展信访“三无”乡镇（街道）、村（社区）创建活动，通过严格月通报排名、开展专项巡察，压实信访工作责任。2019年全市有10个乡镇达到“三无”创建标准（龙田镇、巷子口镇、喻家坳乡、大屯营镇、菁华铺乡、历经铺街道、坝塘镇、大成桥镇、回龙铺镇、流沙河镇），115个村（社区）实现到长赴省进京“零上访”。（李星宇）

3月27日，宁乡市档案馆正式挂牌成立。图为揭牌仪式现场

史志档案

【概况】 2019年，根据宁乡市机构改革方案，原宁乡市史志档案局的行政职责划归市委办，在宁乡市委办加挂宁乡市档案局牌子；宁乡市档案馆作为市委办所属正科级事业单位，加挂中共宁乡市委党史研究室、宁乡市地方志编纂室牌子，内设机构包括办公室、查阅利用部、技术保护部、党史部和方志部等5个部室，人员编制为全额拨款事业编制20名；领导职数为馆长1名，副馆长2名。3月27日，宁乡市档案馆正式挂牌成立。

【档案工作】 培训管理。2019年7月，组织20名档案从业人员参加长沙市档案学会联合苏州大学举办的档案业务培训班。组建工作网络。年初，市委市政府将史、志、档案工作纳入绩效考核，市档案馆（原史志档案局）要求，各乡镇（街道）、市直各单位明确分管办公室工作的同志为档案工作分管领导，同时明确一名档案管理员，确保档案工作有人抓、有人管，形成了有效的档案工作网络等等。档案收集。2019年，共接收市编办、人社局、统战部、民政局等40家单位档案近4万件（卷）。设立宁乡撤县设市专题档案，对各部门发放《关于收集宁乡撤县设市专题档案有关事项的通知》的通知，接收宁乡撤县设市后市直单位及乡镇（街道）原单位印鉴资料37套。搭建全市统一的档案软件平台。通过招投标，采用中信档案管理软件（湖南省档案局指定软件），解决档案管理软件系统老化、各部门单位之间的档案管理软件不能兼容等问题。查阅利用。全年，市档案馆共接待利用者1.4万余人次，查阅档案2万多卷（件），与往年度相比人数猛增。业务指导。全年，深入经开区、高新区、财政局、民政局、玉潭街道等40多家单位开展业务指导30多次。收到指导单位的一致好评。法制宣传。2019年6月，举办“新中国记忆”为主题的“6·9”档案日宣传活动。以展板展示，赠送党史、地方志书籍，发放《档案法律法规手册》《家庭建档指南》等档案宣传资料，开展主题征文活动等形式进行宣传和巡，向民众普及档案法律法规知识。机构改革中史志档案处置工作。针对机构改革中出现的各种对档案保管保护不利情况，1月28日发放《关于进一步做好史志档案工作的紧急通知》，并邀请国土局、税务局、规建局、人社局、财政局等单位的分管领导开展座谈会，商讨机构改革中如何做好档案的保管保护。申请两办发放《关于做好全市机构改革中档案处置工作的通知》，组织业务骨干及时深入撤销、合并、新建、分流的涉改单位进行指导。全年，全市涉改档案整理已经按部就班全部完成，没有发生一起档案丢失、损坏的情况。清理未按时移交档案的单位。建立档案移交台帐，对未按时如质如量移交档案的单位进行督促，上门指导，查找问题，协商解决。农村土地确权档案服务。先后15次深入农村土地确权档案整理现场进行业务指导及监督。协调使用水利局、市民之家4楼共3间库房作为土地确权档案库房，解决4万多盒土地确权档案存放问题。

【党史工作】 支持长沙党史馆建设。宁乡市委常委、市委办主任彭韬亲自调度党史文物征集工作，按时按点按量完成党史文物征集工作，2019年，市档案馆共向长沙党史馆捐献党史文物60余件，《长沙晚报》2次对宁乡党史文物征集工作进行大版面报道。6月26日受长沙市委党史研究室特邀，宁乡市档案馆组织党建、文化、史志方面的专家20余人，前往清水塘参观学习中国共产党长沙历史馆预展，针对宁乡布展内容提出了具体的完善建议，并得到采纳。参与宁乡红色文化建设。多次深入何叔衡、谢觉哉故里，云山书院等红色基地进行实地调研，形成调研报告，在红色文化建设研讨会提出建议，并被采纳。党史育人工作。协助文史电视节目《沩水春秋》制作和文化历史资源普查。开展乡友联谊。组织北京行，拜访宁乡革命家后代及宁乡在京乡友，不仅加强乡友联谊，并征集到《毛主席与周震鳞》的照片、《江泽民与周锡卿》的照片、李鹏签发给周周锡卿的国务院参事证书、《毛泽东致周世钊的书信手迹》影印本等珍贵档案资料，极大的丰富了宁乡党史文物。宣传推介。2019年，接待中央党史和文献研究院院务委员陈理、中共长沙市地方志编纂室党组书记、主任王习加等上级领导指导调研3批次，向上级业务部门推送宣传文稿6篇，在今日宁乡、宁乡电视台宣传报道6次。

【地方志工作】 年鉴工作。2019年4月，《宁乡年鉴（2018）》正式印刷出版，并得到广大群众的一致好评。《宁乡年鉴（2018）》获评湖南省第六届年鉴奖二等奖。《宁乡年鉴（2019）》，将从宁乡市元年的记载开始，对《宁乡年鉴》进行改版升级。配合《长沙市志》编修。积极配合《长沙市志》·人物篇编修，为确保人物信息真实及详实，多次深入青山桥竹峰村、沙田石梅村等基层进行实地调研，对30个人物传记进行核实修改，对20个烈士名录信息进行完善，受到长沙市志办高度赞扬。推进名村名镇志编修。指导《大沩山志》编纂，并邀请省、市地方志20余名专家进行第二次评审，提出具体修改建议500多条，是近年到宁乡地方志工作最重大的一次活动。积极向上推广宁乡。向《长沙年鉴》《湖南年鉴》宁乡部分组稿工作，向《长沙年鉴》申报2017年度事件1件、年度人物4个，2018年度事件3件、年度人物2个。 （杨彭鼎）

宁乡市人民代表大会

责任编辑 · 姜小平

综　述

【概述】 2019 年，宁乡市人大共组织召开 1 次，人大常委会会议 11 次、主任会议 13 次，听取和审议“一府一委两院”专项工作报告 21 个，开展视察调研 35 次，专题询问 1 次，作出决议决定 6 项，发出审议意见书 16 份，依法任免“一府一委两院”工作人员 109 人次。全年，依法完成《中华人民共和国城乡规划法》《宗教事务条例》《中华人民共和国食品安全法》《中华人民共和国安全生产法》4 部法律法规实施情况的执法检查，并对食品安全法贯彻实施情况开展专题询问；开展对法院专项工作评议，出台《宁乡市人大常委会关于监督支持市人民检察院开展公益诉讼工作的决议》，对部分员额法官和员额检察官开展述职测评；对“十三五”规划纲要实施情况开展中期评估、对计划和财政预决算的执行情况进行监督，开展财政预算及同级审计，设立预算联网监督中心，预算联网监督正式上线运行；对乡村振兴专题询问整改的 22 个问题开展“回头看”，随机抽取餐厨垃圾无害化处理、2018—2019 年退耕还林还湿试点以及残疾人事业专项经费三个项目开展专项检查，对 2018 年环境状况及环境保护目标完成情况、沩江流域综合治理、VOCs 污染防治攻坚开展调查研究；加大建议督办力度，持续跟进学前教育健康发展议案办理情况；开展纪念地方人大设立常委会 40 周年系列活动。

重要会议

【宁乡市第一届人民代表大会第三次会议】 宁乡市第一届人民代表大会第三次会议于 2019 年 4 月 2 日至 3 日在玉潭街道召开，会议共有 3 项议程，补选宁乡市监察委员会主任；补选宁乡市第一届人民代表大会常务委员会委员；决定设立宁乡市第一届人民代表大会有关专门委员会，通过宁乡市第一届人民代表大会有关专门委员会主任委员、副主任委员及委员名单。大会投票选举刘强为宁乡市监察委员会主任，投票选举杨靓雯、张立金、喻宏建为宁乡市第一届人大常委会委员，依法设立市人大民族华侨外事委员会、监察和司法委员会、财政经济委员会、教育科学文化卫生委员会、环境与资源保护委员会、农业与农村委员会、社会建设委员会，通过宁乡市第一届人民代表大会有关专门委员会主任委员、副主任委员、委员名单。会议完成各项议程，标志着宁乡市深化机构改革工作取得阶段性成效。

2019 年 4 月 2 日至 3 日，宁乡市第一届人民代表大会第三次会议在玉潭街道召开

会议指出，这次会议是深化全市机构改革的一次法定的重要会议，是新时代全面深化改革的一项重大举措，是一场系统性、整体性、重构性的变革，意义重大，影响深远。会议号召，全市每一位领导、每一名干部、每一个党员，都要有习近平总书记“我将无我，不负人民”的情怀和境界、责任和担当，不负人民、不负职责、不负时代，奋力建设更加富饶美丽幸福高质量发展的现代化强市。

【宁乡市第一届人大代表大会常务委员会会议】 2019 年，市人大常委会共召开会议 11 次。

2019 年 2 月 25 日召开宁乡市第一届人大常委会第十次会议。会议听取和审议市人民政府关于 2018 年环境状况和环境保护目标完成情况的报告；听取和审议宁乡市人大常委会主任会议关于提请审议决定接受刘干健等同志辞去宁乡市第一届人民代表大会代表职务请求的议案；通过相关人事任免；审议宁乡市人民政府关于打击整治地下六合彩专项工作报告的审议意见办理情况的报告（书面）。

2019 年 3 月 15 日召开宁乡市第一届人大常委会第十一次会议。会议听取和审议宁乡市第一届人民代表大会第三次会议筹备方案（草案）；听取和审议宁乡市人民代表大会常务委员会主任会议关于提请审议决定接受彭荣杰等同志辞去宁乡市第一届人民代表大会代表职务请求的议案；听取和审议宁乡市人民代表大会常务委员会主任会议关于提请审议决定补选 12 名宁乡市第一届人民代表大会代表的议案；听取和审议宁乡市人民大会常务委员会主任会议关于提请决定黎正明等同志职务任免的议案；听取和审议宁乡市人民政府关于提请决定刘寄华等同志职务任免的议案。

2019 年 4 月 1 日召开宁乡市第一届人大常委会第十二次会议，听取和审议《宁乡市人大常委会代表资格审查委员会关于部分市人大代表资格审查的报告》。

2019 年 4 月 25 日召开宁乡市第一届人大常委会第十三次会议。会议听取和审议市人民政府关于《宁乡市国民经济和社会发展计划第十三个五年规划纲要》中期评估及调整的报告；听取和审议《宁乡市人大常委会关于开展预算联网监督工作的实施方案（草案）》；听取和审议《宁乡市人大常委会关于监督支持市人民检察院开展公益诉讼工作的决议（草案）》；听取《宁乡市人民政府关于〈中华人民共和国残疾人保障法〉执法检查报告审议意见办理情况的报告》（书面）。

2019年6月26日召开宁乡市第一届人大常委会第十四次会议。会议听取和审查2018年宁乡市财政决算（草案）的报告；批准2018年宁乡市财政决算（草案）；听取和审议2018年宁乡市同级预算执行审计情况的报告；听取和审议市人民政府关于服务企业用工情况的报告；听取和审议人事任免相关议案；听取和审议宁乡市人大常委会主任会议《关于提请审议决定接受蔡跃武等同志辞去宁乡市第一届人民代表大会代表职务请求的议案》；听取和审议宁乡市人大常委会主任会议关于提请许可对宁乡市第一届人民代表大会代表孟强采取行政强制措施的议案；听取和审议市人民法院专项工作评议报告；听取和审议市人民政府关于《中华人民共和国城乡规划法》贯彻实施情况的报告。

2019年7月12日召开宁乡市第一届人大常委会第十五次会议。听取和审议《宁乡市人大常委会代表资格审查委员会关于罢免邓杰平市一届人民代表大会代表职务的审查报告》。

2019年8月30日召开宁乡市第一届人大常委会第十六次会议。会议听取市人民政府上半年工作情况汇报；听取市人民法院上半年工作情况汇报（书面）；听取了市人民检察院上半年工作情况汇报（书面）；审议2019年上半年宁乡市国民经济发展计划执行情况的报告（书面）；审议2019年上半年宁乡市财政预算执行情况的报告（书面）；听取和审议市人民政府关于沩江流域综合治理情况的报告。

2019年9月25日召开宁乡市第一届人大常委会第十七次会议，听取和审议《宁乡市人民政府关于〈中华人民共和国食品安全法〉实施情况的报告》，并组织专题询问。

2019年10月29日召开宁乡市第一届人大常委会第十八次会议。会议听取和审议2019年元至9月市财政预算执行情况及2019年财政预案调整方案（草案）的报告；通过2019年财政预算调整方案（草案）；听取和审议市人民政府关于2019年部分重大建设项目预算资金和专项资金使用情况的报告；听取和审议市人民政府关于实施乡村振兴战略专题询问问题落实情况的报告；听取和审议市人民政府关于《宗教事务条例》贯彻实施情况的报告；听取和审议市“一府两院”关于扫黑除恶专项工作的情况报告；听取和审议市人民政府关于代表建议办理工作情况的报告；听取和审议市人民政府关于《中华人民共和国安全生产法》贯彻实施情况的报告；听取和审议市一届人大四次会议大会筹备方案（草案）。

2019年12月6日召开宁乡市第一届人大常委会第十九次会议。会议听取和审议宁乡市人大常委会主任会议《关于提请审议决定何赞兵等同志免职的议案》；听取和审议市人民政府《关于提请审议决定喻尚等同志职务任免的议案》；听取和审议宁乡市监察委员会《关于提请审议冯毅等同志职务任免的议案》；听取和审议市人民法院《关于提请撤销胡勇红职务的议案》；对市人民政府工作部门主要负责人述职测评；听取和审议宁乡市人大常委会主任会议《关于提请审议决定接受廖娜等同志辞去宁乡市第一届人民代表大会代表职务请求的议案》；听取和审议市人大常委会主任会议《关于提请审议决定补选15名宁乡市第一届人民代表大会代表的议案》。

2019年12月23日召开宁乡市第一届人大常委会第二十次会议。会议听取和审议市人民政府关于2019年宁乡市国民经济和社会发展计划执行情况及2020年国民经济和社会发展计划（草案）的报告；听取和审议市人民政府关于2019年宁乡市财政预算执行情况及2020年财政预算（草案）的报告；听取和审议2018年宁乡市同级预算执行审计查出问题整改落实情况的报告；听取和审议市人民政府关于促进学前教育健康发展议案办理进展情况的报告（书面）；听取和审议市一届人大四次会议人大常委会工作报告（草案）及2020年工作要点（草案）；听取和审议宁乡市人大常委会关于表彰2019年度优秀人大代表和优秀代表建议的决定（草案）；听取和审议宁乡市第一届人民代表大会常务委员会代表资格审查委员会关于黎宇等15位同志代表资格的审查报告；听取和审议宁乡市人大常委会主任会议关于补选吴欣等同志为长沙市第十五届人大代表的议案。

依法行权

【监督工作】 2019年，宁乡市人大聚焦财政经济开展监督，依法对十三五规划纲要实施情况开展中期评估。依法审查2018年财政决算、2019年国民经济和社会发展计划执行、财政预算执行以及预算调整方案等。设立预算联网监督中心，预算联网监督正式上线运行。注重同级预算执行审计监督，就审计查出的6类74个问题进行跟踪督办，问题整改率达88%，听取15个部门单位的整改落实情况开展满意度测。聚焦“三大攻坚战”开展监督，围绕乡村振兴专题询问整改的22个问题开展“回头看”，专题调研精准扶贫、农民专业合作社发展情况。对2018年环境状况和环境保护目标完成情况、沩江河流域综合治理、落实湖南省VOCS（挥发性有机物）污染防治等工作开展专项监督。对全市2019年部分重大建设项目预算资金和专项资金使用情况开展检查，随机抽取餐厨垃圾无害化处理、2018—2019年退耕还林还湿试点以及残疾人事业专项经费三个项目开展专项检查。聚焦民生实事开展监督，持续跟进关于促进学前教育健康发展的议案办理情况，对医保基金监管和支付方式、动物防疫检疫、扫黑除恶专项行动等开展调研。开展食品安全法贯彻实施情况的专题询问。聚焦公正司法开展监督，开展“国家宪法日”集中宣传活动，专项评议市人民法院工作，出台《宁乡市人大常委会关于监督支持市人民检察院开展公益诉讼的决议》，开展法院开放日、检察开放日等活动，进行宗教事务条例、城乡规划法、安全生产法执法检查，完成规范性文件备案审查9件。

【人事任免】 2019年，宁乡市人大始终坚持党管干部与人大依法任免干部相统一，全年依法任免“一府一委两院”工作人员109人次，接受26名代表辞去代表职务、6名人大常委会委员辞去委员职务，罢免1名本级人大代表，补选代表27名。配合做好机构改革，专题召开市一届人大三次会议，决定六个专门委员会的设立及其组成人员的人选。加强任后监督，27名政府工作部门主要负责人集中向人大常委会述职，接受满意度测评。

依法履职

【代表工作】 截至2019年12月，宁乡全市共有五级人大代表2207人，其中全国人大代表1人、省人大代表5人、长沙市人大代表71人、本级人大代表367人、乡镇人大代表1763人。为切实激发代表活动，发挥代表主体作用，开展纪念地方人大设立常委会四十周年系列活动，组织召开座谈会，进行主题征文和知识竞赛。组织全体代表视察重大项目建设，参加长沙市及宁乡市“一府两院”半年度工作通报会，服务国、省、长沙市代表开展活动12次，邀请和组织代表列席人大常委会会议、参与视察调研、专项评议、专题询问等工作，评选优秀代表30名。对食品安全法开展市乡两级联动执法，持续深化乡镇人大“三化”建设，指导25个乡镇全部召开年内第二次人民代表大会。

【议案建议办理】 继续落实宁乡市人大常委会正副主任牵头督办重点建议的机制，召开专题会议集中交办代表建议，重点督办18件重点建议。市一届人大二次会议以来，共办理代表建议146件，其中老旧小区改造、人居环境综合整治、工业高质量发展、加大民生实事投入、优化营商环境等99件建议得到全面推动和解决，建议办结率100%，解决或基本解决率69.8%，比2018年提高7%。评选优秀建议10条。

【食品安全法贯彻实施情况的专题询问】 2019年9月25日，市人大常委会召开第十七次会议，听取和审议《宁乡市人民政府关于〈中华人民共和国食品安全法〉实施情况的报告》，并组织进行专题询问。从2019年5月开始，市人大常委会执法检查组分为五个检查小组，分别由市人大常委会副主任带队，赴2个园区、29个乡镇（街道）和26个部门单位，采取听取汇报、召开座谈、征求意见、实地察看、问卷调查、开展测评等方式进行执法检查。本次执法检查深入食品企业、单位食堂、餐饮店等一线现场117处，实地调研走访523人，发放调查问卷795份，召开座谈会36次，汇总建议102条，最终形成专题调研报告5份和综合调研报告1份。各乡镇（街道）人大主席团（工委）组织人大代表同步开展执法检查，全方位了解全市食品安全法贯彻实施情况，为专题询问奠定扎实的基础。整个专题询问历时3个多小时，18位市人大常委会委员分别围绕打击食品安全违法犯罪、保障在校学生食品安全、农村饮用水安全、“三小”整治等人民群众和社会各界普遍关注的热点难点问题现场提问，市人民政府副市长等3位市“一府两院”有关负责人、12位园区及相关政府组成部门负责人现场一一作答。

【正式设立预算联网监督中心】 为充分运用“互联网+大数据”的监督模式，市人大常委会设立预算联网监督中心，配备专门设备、专业人员，2019年12月30日正式上线运行。

【对2019年部分重大建设项目预算资金和专项资金使用开展专项检查】 2019年9-10月，市人大常委会分管委室副主任带队，市人大农业农村委、环资委、社会建设委牵头，组成三个专项检查组，对2019年1-8月财政预算安排资金（含上级资金）实施的重大专项资金（500万元以上）项目库中抽取的餐厨垃圾无害化处理、2018—2019年退耕还林还湿试点以及残疾人事业专项经费三个项目开展专项检查。检查组深入到市林业局、市城管局、市残联等主管部门及建设项目现场进行调研，最终形成3份专项调研报告和1份综合调研报告。

人大自身建设

【纪念地方人大设立常委会40周年】 2019年是地方人大设立常委会40周年，市人大常委会开展纪念系列活动。6至9月，在全市各级人大代表、离退休老同志、人大工作者以及机关各委室中开展纪念地方人大设立

2019年10月22日，宁乡召开纪念地方人大设立常委会40周年座谈会

常委会四十周年主题作品征集评选活动，组织专家对征集的71篇（幅）作品进行评审。10月22日，召开纪念地方人大设立常委会40周年座谈会。围绕习近平总书记坚持和完善人民代表大会制度的重要思想，开展专题学习60多场次。10月24日，开展知识竞赛，评选奖励一批优秀选手。成立专门工作小组，编撰《宁乡市人大常委会四十年大事记》，生动展现人大工作成效和人大制度的优越性。

【服务中心大局】 2019年，市人大全面开展“不忘初心、牢记使命”主题教育，以习近平新时代中国特色社会主义思想、党的十九届四中全会精神、习近平总书记关于坚持和完善人民代表大会制度的重要论述等为主要内容，开展专题学习22次，集中听取讲座8次、进行交流研讨3次。自觉把坚持党的领导贯穿人大依法履职全过程。落实及时向市委请示报告制度，先后就工作要点、代表补选、人事任免、专题询问等向市委请示汇报30余次。围绕市委中心服务大局，积极参与工业新兴及优势产业链建设、房地产遗留问题处理、除臭剿劣攻坚战等重点工作，深入开展“三抓两促”“服务代表企业”活动，帮扶企业27家，上门服务90次，解决问题26个。聚焦发展农村集体经济、城区停车难、农村“五治”、服务企业用工、健康宁乡建设等主题深入调查研究，为市委科学决策贡献人大智慧。 （张 丹）

宁乡市第一届人民代表大会

2019年度优秀人大代表名单（30名）
（按姓氏笔画排序）

姓 名	单位及职务
王贵宁	伟亿建材法人代表
文 献	大屯营镇党委委员、人大主席
王贵宁	伟亿建材法人代表
文 献	大屯营镇党委委员、人大主席
邓四清	横市镇金丰村党总支书记
成凤强	花明楼镇敬老院院长
刘 陵	楚天科技股份有限公司行政总监
刘 敏	宁乡一中教师
刘义军	长沙洁美鞋业有限公司
刘吉兵	宁乡市向日葵爱心会会长
刘俐华	回龙铺镇党委委员、人大主席
李建军	市公安局城郊派出所所长
余新辉	双江口镇云济村党总支书记
宋志宏	玉潭街道茆田社区党总支副书记
周 志	长沙桑铼特农业机械设备有限公司董事长
周立军	喻家坳乡南岭村党总支书记
周宏斌	流沙河镇党委委员、人大主席
周拥军	长沙骑龙驾校、中南驾校董事长
周顺全	夏铎铺镇香山新村党总支副书记、村主任
姜雄伟	宁乡市“田庄美食”餐饮服务有限公司董事
洪敏强	市财政局企业科科长
贺国祥	龙田镇七里山村村委会主任
聂 花	沩印电子商务有限公司经理

续表

姓　名	单位及职务
贾命春	黄材镇党委委员、人大主席
徐曼冬	深圳市国安珠宝首饰有限公司长沙分公司负责人
喻彩飞	长沙市雪皇粮油有限公司总经理
童　华	历经铺街道历经铺村党总支书记
谢永忠	老粮仓镇老粮社区支委委员
谢谦舜	市公安局沙田派出所教导员
廖丽娟	白马桥街道龙江小学校长
潘继斌	湖南华程建设工程有限公司董事长
戴瑞春	金洲镇中心小学校长

宁乡市第一届人民代表大会2019年
优秀代表建议（10条）

代表建议号	建议内容	建议人
13	关于优化营商环境的建议	林依坤
34	关于加快推进“最多跑一次”行政审批制度改革的建议	李拥华　邓　英　赵聪明
47	关于加强S206公路省道（刘家老屋至煤炭坝段）两超工作的建议	贺荣辉　刘俐华
58	让宁乡市民早日分享粪污环保化处理改革红利—关于迅速启动宁乡城区粪污环保化处理的建议	赵胜华　周群玲　刘立亚
67	关于推进乡村振兴的几点建议	陶文英　贺超胜
68	关于设立破产费用保障基金和府院协调机制的代表建议	李潇潇　贺术峰　彭正伟　王贵宁　刘建新　谢　平　吴文灿
77	打造百亿产业，推动万家致富——关于发展宁乡花猪产业助力乡村振兴的建议	李述初　陈　鑫
93	关于请求取消在城区主干道学车、驾考的建议	张红斌　钟　峰　潘建辉
117	关于受工业污染区域尽快安装自来水的建议	姜　健　黄玉军　戴瑞春
135	关于请求市人民政府重视使用沙田红色文化资源，牵头打造红色文化旅游小镇的建议	谈江波　姜晋阳　苏金堂

宁乡市人民政府

责任编辑・姜小平

综　述

【概述】 2019年，宁乡市人民政府高举习近平新时代中国特色社会主义思想伟大旗帜，全面贯彻中共十九大和十九届二中、三中、四中全会精神，突出城乡人居环境综合整治，聚焦产业项目建设和营商环境优化，紧盯“三大攻坚战”，持续推进“四个打造”，真抓实干、开拓创新，较好地完成市一届人大二次会议确定的各项目标任务，以扎实的工作成效庆祝中华人民共和国成立70周年。全市地区生产总值增长8.5%；地方一般公共预算收入增长13.8%；规模工业增加值增长11.5%；固定资产投资增长10%，产业投资占比60%以上；社会消费品零售总额增长11.6%；全社会研发经费支出占地区生产总值比重达2%；城乡居民人均可支配收入增长9%，城镇登记失业率控制在3%以内。县域经济基本竞争力由全国第28位提升至第25位，再次获评中国全面小康十大示范县市。

三大攻坚战。债务风险得到有效防控。积极筹措化债资金，债务总额减少55亿元。获批财政部建制县隐性债务风险防控试点县，争取置换债券41.5亿元，政府隐性债务平均利率降至5.22%，减少利息支出1.8亿元。四家国有平台公司市场化转型稳步推进，实现经营收入78.41亿元、利税8.43亿元。确保了债务总量不增加、偿债资金不断链、“三保”坚实有力。严打非法金融活动，依法处置高风险机构19家，清退资金9000万元。污染防治取得阶段性成效。深入推进“六控十禁”，关停“散乱污”企业131家，整顿混凝土搅拌站21家，提质改造加油站52座，实施垃圾秸秆禁烧、烟花鞭炮禁燃限放，全年优良天数318天，优良率为87.1%。建成经开区回用水厂、高新区工业污水处理厂和3座乡镇污水处理厂，完成城区生活污水处理厂和东城污水处理厂扩容，污水日处理能力达到22.7万吨。新改建化粪池327座，疏浚下水道170千米，整治“四溪一渠”劣Ⅴ类入沩排口108个，基本实现城区化粪池、黑臭水体和劣Ⅴ类排口整治动态清零，饮用水水源地水质100%达标，沩水、靳江水质全年稳定在Ⅲ类以上。整改环保督察反馈问题225个。非煤矿山整治有序推进；治理重金属污染耕地666.67公顷、调整种植结构6566.67公顷。获评首批省级生态文明建设示范市。精准脱贫扎实推进。聚焦落实“两不愁三保障”，狠抓扶贫作风建设，突出产业扶贫和就业扶贫，建成扶贫车间76个，实施产业扶贫项目168个，新增贫困劳动力转移就业420人，改造贫困户危房1578户，新增脱贫960户2108人。对口帮扶新化县、龙山县咱果乡取得新成效。

实体经济。先进制造业蓬勃发展。确立制造业立市战略，推动制造业向高端化、智能化、绿色化发展。强化招大引强，全年引进产业项目126个，合同引资670亿元。强化创新驱动，举办对话西线工业走廊论坛2期、英才大会4场；新增智能化改造企业（车间）120家、高新技术企业75家，新增专利授权1560件、每万人有效发明专利拥有量达7.6件。强化培优扶强，全年新增规模工业企业73家、税收过千万元企业10家，工业税收增幅达22%；格力大型中央空调建成投产，三一重起年产值突破100亿元，邦普循环建成国家级企业技术中心，星邦重工获评国家小巨人企业。强化园区建设，经开区获批省工业项目承诺制审批改革示范试点，高新区获批省级储能材料特色产业园，园区规模工业增加值贡献率达84%，工业税收贡献率达81%。强化产业链建设，六大产业链规模工业增加值增长16%。成功举办首届宁乡市长质量奖评选活动。圆满完成第四次全国经济普查。现代服务业加快发展。全面实施“14830”全域旅游示范区创建规划，扎实推进灰汤国家旅游度假区和A级旅游景区整改，成功举办年味宁乡等系列节会活动。华强方特盛大开园，宁邦广场建成营业，沩山获评夏季避暑旅游目的地，实现旅游综合收入310亿元。外贸进出口总额首次突破10亿美元。新建商品房销售210万平方米。新增服务业限上企业115家，实现服务业增加值390亿元。现代农业提质发展。全力防控非洲猪瘟，坚定不移推进宁乡花猪百亿产业，深入实施八大工程，新改扩建万头花猪养殖场5家，出栏花猪22万头，宁乡花猪品牌价值达19亿元。科学组织防汛抗旱，成功应对夏秋连旱等极端天气。森林防火和虫病害防治成效明显。生产粮食68万吨、烟叶7.03万担，茶叶、蔬菜、水果等农作物喜获丰收。建成高标准农田1640公顷、循环农业示范点43个，新认证农产品“三品一标”88个。成功获批国家现代农业产业园、国家农业科技园、国家农村产业融合发展示范园和湖南省农产品标准化示范县。沩山乡获评省农业产业强乡。

营商环境。减税降费落实到位。全年减税降费11亿元，惠及全市2.84万单位纳税人和20.9万自然人，以真金白银为企业和群众带来实实在在的获得感。“三无城市”创新打造。精简证明材料299项，公布“一件事一次办”事项345项，实现“不见面审批”事项590项；推行“三印”免费服务，实施工业企业开办零收费，为企业和群众直接减负8500万元。新增市场主体2.7万户，总数突破10万户。县域营商环境位列全国第34位。要素保障支撑有力。拆迁房屋3229户72.6万平方米，盘活僵尸企业16家、闲置用地23宗74公顷，新批建设用地866.67公顷，完成第三次国土调查。新建供水管网25千米、燃气管网30千米。新建110kV变电站3座，完成500kV复艾线杆迁，全市供电能力提升至80万千瓦。举办人才招聘活动50场次，为81家企业零成本引进人才近5000人。帮促服务扎实有效。深入开展三抓两促、三比三看和产业项目建设百日大会战，持续掀起产业项目建设热潮。实施营商环境十大专项行动，办结营商环境相关问题115个。深入开展“新官不理旧账”专项整治，解决历史遗留问题5批次98个。

城市建管。城市规划更加精准。强化规划引领，启动国土空间总体规划，编制金洲新城及六大片区规划，完成城市消防、电力和中小学建设布

2019年6月，付旭明（中）调研宁邦项目安全生产情况

点专项规划。城市建设更加精致。全力推进沩水45.6千米堤防建设，完成沩丰水坝拆除重建和东沩溪、朝阳溪、历泉河防洪闸等防洪工程。长益高速复线、金唐公路二期等重点工程加快推进。文体南路、华强大道、流沙巷公路和老毛公路竣工通车。1121工程稳步推进。有序推进“一圈两场三道”建设，完善15分钟生活圈20个，新改建农贸市场3家、生鲜门店5家、停车场11处，建设“三道”32.9千米。智慧城市建设获全球智慧城市大会提名奖，综合影响力位列全国百强县第14名。城市管理更加精细。全面启动物业小区垃圾分类和餐厨垃圾收运。创建文明停车示范街10条、市容精品示范路6条；拆除违建11.4万平方米，整治违规广告牌234处，维修市政道路4万平方米，栽植花卉苗木95.5万株。治超工作获省治超办通报表扬，全国文明城市创建通过省级测评，获批全国新时代文明实践中心建设试点县。

乡村振兴。“五治”工作成效明显。整市推进无害化厕所改造，完成改厕10万座，农村群众如厕条件明显改善。全面开展垃圾分类示范村创建，全市垃圾减量35%。深化黑臭水体治理、河湖“清五乱”行动，有效管护小微水体4万处，打造样板河30条，实现河（湖）长制全覆盖。整治非法采砂洗砂点172处。拆除空心房5964户。打造美丽屋场65个，涌现出陈家桥村、靳江村等一批“五治”示范村。大成桥镇入选全国乡村治理示范镇，夏铎铺镇获评国家卫生乡镇，流沙河镇获评省卫生镇。新型村级集体经济不断壮大。稳步推进农村集体产权制度改革，清理核实集体资产22.57亿元。流转土地4.33万公顷，新增土地合作社81家、农业合作社202家，培养新型职业农民3000人，建成供销惠农服务中心（社）223家。全市涉农村（社区）全部实现去薄脱空，59个村集体收入超15万元。基础设施不断完善。处险小型水库9座，加固小型水闸40座，整修山塘168口，清淤维修干渠160千米。新增农村通自来水人口3.9万人。提质农村道路1154千米，改造危桥33座，建成安防工程150千米，成功创建省级四好农村路示范县。持续实施“政府送树、群众栽树”造绿行动，生态复绿533.3公顷，义务植树300万株。新增节能路灯1.2万盏。避险搬迁安置有序推进。

民生福祉。社会保障不断加强。全年民生支出占财政总支出的76%，28项省市重点民生实事全面完成。新增城镇就业1.12万人，转移农村劳动力就业7450人。城乡低保标准、养老保险基础金分别提升至650元/月、198元/月。完成棚改900户。新增失地农民社保6056人。建成村级居家养老中心4所，提质乡镇敬老院9所。教育投入持续加大。落实市人大关于促进学前教育健康发展的议案，新改建公办幼儿园12所，新增普惠性幼儿园15所3730个学位。完成宁乡一中提质改造。建成标准化学校55所。新建城区学校9所，新增学位12870个。长沙卫职院建成开学。健康宁乡深入推进。建成市人民医院急诊楼，改扩建乡镇卫生院3家、标准化村卫生室29家。成功创建全国健康素养促进示范县，获评全国基层中医药工作先进单位。文体事业日益繁荣。实施文化惠民工程，送戏下乡77场次，放映公益电影4620场次，提质村（社区）综合文化服务中心20家，新建全民健身点80处。成功举办庆祝中华人民共和国成立70周年系列活动。社会治理强力推进。纵深推进“扫黑除恶”专项斗争，深入开展“三贷三霸”和通信网络诈骗犯罪专项打击、娱乐场所黄赌毒专项整治，成功摧毁黑社会性质组织犯罪团伙1个、恶势力犯罪集团3个、恶势力犯罪团伙12个。深入开展禁毒工作，吸毒人群戒断三年未复吸人数同比增长33%。聚焦信访积案和矛盾纠纷化解，积极探索新时代“枫桥经验”宁乡路径，调处各类矛盾纠纷7026件。压实安全生产责任，全年未发生较大及以上安全生产责任事故，事故起数和死亡人数同比下降17.7%、13.3%，获评全省安全生产优秀县。强化食品安全监管，改造透明厨房200家，农村集体聚餐信息化管理、食品生产企业专家体验式预警检查工作获全省推广，野生蘑菇中毒防控工作得到国家卫健委充分肯定。

自身建设。始终坚持以人民为中心的发展理念，深入开展“不忘初心、牢记使命”主题教育，全面落实党风廉政建设和意识形态工作主体责任，政府自身建设取得新进展。实行市领导领办民生建议和重点提案，办理人大代表建议、批评、意见172件，政协提案128件，办复率100%。始终坚持科学、民主、依法决策，审查政府性文件380份，审查备案政府合同873份，办结行政复议39件、化解行政争议5件，市政府没有发生行政败诉案件。深入推进“316”群众工作机制，通过基层民主协商对话、12345市长热线和电视问政等方式，办理群众来电来访来信 103844 件，回访满意率达 98.1%。完成政府系统机构改革。坚持厉行节约，一般性支出同比下降 10%。

重要会议

【市政府常务会议研究事项】 2019 年，宁乡市人民政府共召开常务会议 14 次。

1 月 28 日，审议市项目办关于《关于开展三抓两促经济服务活动的通知（送审稿）》，市城管局关于违建整治，市城发集团关于城区路灯资产市场化运营、建筑固废集中分类资源化利用、《有效保护、利用、处置因项目工程建设所产生的砂石资源的管理意见（试行）（送审稿）》及与社会资本合作经营加油加气站项目竞争性磋商方案，市政投办关于宁乡市政投项目遗留问题处理方案，市招商引资服务中心关于《招商引资中介人奖励实施办法（送审稿）》，市国土局关于《宁乡市征收农村集体土地地上附着物及青苗补偿标准（送审稿）》，市农业局关于“大棚房”专项清理整治、《2018 年宁乡市种植结构调整长沙市级专项资金补贴方案（送审稿）》。

2 月 19 日，集中传达学习习近平总书记关于统计工作的重要思想论述和全国及湖南省统计工作会议、《湖南省高质量发展监测评价指标体系（试行）》精神，听取市发改局关于《宁乡市“营商环境优化年”推进方案（送审稿）》、市项目办关于《宁乡市“产业项目建设年”推进方案（送审稿）》、市安监局关于全市安全生产工作、市经信局关于兑现 2018 年度工业经济奖励工作、市规建局关于《宁乡市住宅楼盘配建中小学校（幼儿园）成本分摊办法（送审稿）》。

3 月 18 日，集中学习《省委第四巡视组关于巡视宁乡市的反馈意见》和李宗文讲话及周辉表态发言、《中共中央办公厅关于解决形式主义突出问题为基层减负的通知》、全国“两会”《政府工作报告》、习近平总书记在全国“两会”中参加各代表团讨论时的重要讲话、《中共中央国务院关于坚持农业农村优先发展做好“三农”工作的若干意见》精神，研究省委第四巡视组关于巡视宁乡市反馈意见的整改措施，听取市政府办关于《宁乡市城乡人居环境综合整治整县推进工作方案（送审稿）》、2019 年“一圈两场三道”项目计划，市农业农村局关于“大棚房”问题专项清理整治工作、农业保险工作方案，市畜牧水产事务中心关于《宁乡市畜禽粪污资源化利用整市推进项目的实施意见（送审稿）》《宁乡市畜禽粪污资源化利用整市推进项目资金分配方案（试行）（送审稿）》，黄材水库灌区管理局关于陶公水闸防汛抗旱抢险设施建设项目，市文化旅游广电体育局关于解决宁乡剧院遗留问题工作方案，宁乡生态环境分局关于《2019 年宁乡市“除臭剿劣”攻坚战三年行动计划（送审稿）》《宁乡市 2019 年大气、水、土壤和噪声污染防治工作方案的通知（送审稿）》，市金融事务中心关于《宁乡市转贷应急周转资金管理办法（送审稿）》，市应急管理局关于《2019 年宁乡市安全生产工作要点（送审稿）》。

4 月 4 日，集中学习《省委第四巡视组关于巡视长沙市的反馈意见》和李宗文讲话及胡衡华表态讲话精神，听取市自然资源局关于《宁乡市 2019 年度地质灾害防治方案（送审稿）》《关于宁乡市县级发证采矿权出让收益市场基准价的通知（送审稿）》，市农业农村局关于“大棚房”问题专项清理整治工作进展情况、《宁乡市 2019 年种植结构调整补贴实施方案（送审稿）》，市城乡人居环境委员会办公室关于《宁乡市 2019 年农村改厕实施方案（送审稿）》《宁乡市生活垃圾分类工作方案（送审稿）》，市卫生健康局关于《宁乡市基层医疗卫生机构规范化建设三年行动方案（2019－2021 年）（送审稿）》，市教育局关于《宁乡市城区学校和农村集镇寄宿制学校建设三年行动方案（2019－2021 年）（送审稿）》，市国资集团关于湖南省福宁房地产开发公司土地退回事项，市委政法委关于扫黑除恶、禁毒的工作汇报。

4 月 23 日，集体学习《关于贯彻落实习近平总书记等中央领导对湖南脱贫攻坚工作重要指示批示精神的实施方案》、省委通报第 12 期、长公密发〔2019〕126 号、《关于着力整治形式主义强化真抓实干作风的实施方案》精神，听取市政府办关于《中共宁乡市人民政府党组贯彻落实“三重一大”事项集体决策制度的实施办法（送审稿）》《宁乡市人民政府党组“三重一大”事项请示报告清单（送审稿）》，市工信局关于《宁乡市工业“僵尸企业”清理整顿工作方案（送审稿）》，市农业农村局关于 2019 年脱贫攻坚预算计划，市发改局关于《关于宁乡市国民经济和社会发展“十三五”规划纲要实施中期评估情况的报告（送审稿）》，市机关后勤服务中心关于《关于进一步规范宁乡市节庆活动管理有关事项的通知（送审稿）》。

5 月 22 日，传达学习杜家毫在省委扶贫工作会议上的讲话、中央第四生态环境保护督察组对湖南开展“回头看”反馈意见和生态环境机构监测监察执法垂直管理制度改革精神，听取市扶贫办关于当前宁乡市脱贫攻坚工作进展情况，市农村农村局关于《宁乡市加快推进乡村振兴重点任务责任分解表（送审稿）》《宁乡市农村公共资源交易实施办法（送审稿）》，市自然资源局、市住建局、市水利局、市城市管理和综合执法局、市文明办、市畜牧水产事务中心、市治砂办、市改厕办、市人居委关于城乡人居环境综合整治进展情况，市政府办、市人社局关于宁乡市 2019 年“一圈两场三道”建设及重点民生实事办理情况，市政府办关于“四个政府”建设进展情况，市畜牧水产事务中心关于非洲猪瘟防控工作，市公安局、市信访局关于全国公安工作会议精神和当前信访工作，市水利局、市应急管理局关于当前防汛抗旱和安全生产工作，市行政审批服务局关于《宁乡市推进“一件事一次办”改革进一步提高行政审批服务效能实施方案（送审稿）》，市政投办关于华强大道、岳宁大道辅道及配套建设项目工程变更问题，市矿整办关于《宁乡市非煤矿山整治三年行动计划（送审稿）》。

6月14日，集中学习《政府投资条例》、全省总河长会议以及许达哲调研省应急厅时的讲话精神，听取市行政审批服务局关于《宁乡市推行“三即”承诺制的十二条意见（送审稿）》，市民政局关于《关于加强和完善城乡社区治理的实施办法（送审稿）》，市审计局关于2018年度本级财政预算及其他财政收支审计情况，市水利局关于河长制实施情况，市水利局、市应急管理局关于防汛抗旱和主汛期安全生产，市统计局关于“双过半”情况及“四经普”质量抽查准备工作，市财政局关于近期化债情况、2018年财政决算，市发改局关于投资运行和营商环境优化工作，市畜牧水产事务中心关于非洲猪瘟防控情况的汇报。

6月28日，传达学习习近平总书记关于垃圾分类工作的重要批示指示、关于民政工作的重要批示及第十四次全国民政会议、2019年5月9日杜家毫调研长沙市产业项目建设时的讲话精神，听取市人居委办公室关于全市垃圾分类工作，市民政局关于住宅式墓地整治和地名整治工作，市发改局关于全市“五个100”项目建设和6条产业链建设进展情况，市招商引资服务中心关于招商引资工作，市商务局关于支持外资外贸发展措施，市国有资产管理局关于《宁乡市改革国有资本授权经营体制方案（送审稿）》《关于支持国有平台公司市场化转型高质量发展的实施意见（送审稿）》，市税务局关于全市减税降费政策落实情况，市住建局关于污水处理厂建设进展情况，市教育局关于2019年学校建设及大班额化解、秋季招生准备工作和学前教育改革进展情况，市供电公司关于电力“630”攻坚进展情况，市农业农村局关于《宁乡市2019年高标准农田建设实施方案（送审稿）》，市委编办关于集体土地征收与国有土地上房屋征收“一体化”工作机制，市文旅投公司关于湖南财润投资有限公司灰汤项目用地情况，市住房保障服务中心关于《龙溪公租房建设项目房屋征收决定的通告（送审稿）》《东沩溪片区棚户区改造项目一期第一批房屋征收决定的通告（送审稿）》。

7月12日，传达学习《习近平关于“三农”工作论述摘编》、中办和国办关于做好地方政府专项债券发行及项目配套融资工作的通知和关于做好当前财政收支预算管理支持落实减税降费政策的通知、全省违建别墅问题清查整治专项行动部署电视电话会议精神，听取市财政局关于宁乡市专项债券发行工作分解落实方案、关于减税降费相关工作措施、关于企业职工养老保险相关落实措施，市农业农村局关于《宁乡市2019年农业支持保护补贴实施方案（送审稿）》，市发改局关于《宁乡市事业单位公务用车制度改革实施意见（送审稿）》，市住建局关于宁乡市城乡排水一体化PPP项目工作情况，市金融事务中心关于《关于鼓励和支持企业上市的实施办法（送审稿）》，市绩效办关于长沙市对宁乡市领导班子绩效考核方案以及宁乡市落实方案，市工信局关于《宁乡市标准厂房补贴实施细则（送审稿）》，市征地服务中心关于六大片区征拆工作计划的汇报。

8月29日，传达学习习近平总书记近期关于安全生产工作的重要批示、《国务院办公厅关于加强非洲猪瘟防控的意见》精神，听取市应急管理局关于全市“防风险、保安全、迎大庆”工作安排、《宁乡市突发事件总体应急预案（送审稿）》，市信访局关于全市信访稳定工作，市教育局关于《关于加强教师队伍建设的十条意见（送审稿）》《关于加快推进宁乡教育现代化实施方案（2019－2022年）（送审稿）》，市自然资源局关于土地卫片执法检查有关问题整改工作，市林业局关于2018年森林督查有关问题整改工作，市畜牧水产事务中心关于全市非洲猪瘟疫情防控工作，市交通运输局关于《2019年宁乡市“路长制”实施方案（送审稿）》，市工业和信息化局关于《宁乡市促进先进制造业企业降本增效若干措施（试行）（送审稿）》，市财政局关于《宁乡市国有土地出让收支管理暂行办法（送审稿）》，市科技局关于《宁乡市高新技术企业认定补助办法（送审稿）》，市水利技术服务中心关于《宁乡市农村饮水安全工程运行管理办法（送审稿）》。

10月23日，集中学习统计法律法规及相关文件，听取市政府办、市人社局关于一圈两场三道建设及重点民生实事办理工作，市扫黑办关于扫黑除恶工作，市环保局关于《宁乡市燃气锅炉（设施）低氮改造工作方案（试行）》，市财政局关于《关于2019年1–9月财政预算执行情况和2019年财政预算调整方案（草案）的报告》，市国资局关于《宁乡市行政事业单位资产管理实施办法（送审稿）》，市市监局关于《“让世界爱上宁乡造”宁乡市品牌强市战略推进方案（送审稿）》《关于加强证照清理促进市场主体规范发展工作方案（送审稿）》，市民政局关于低保提标，市城发集团关于流沙河商业步行街项目变更及结算情况的汇报。

11月21日，集体学习习近平总书记关于林业工作、食品安全工作的重要指示批示以及中央与湖南省关于食品安全的重要文件、《湖南省优化经济发展环境规定》精神，听取市林业局关于森林督查问题整改进展，市市监局关于食品安全工作，市发改局关于营商环境优化年工作，市信访局关于信访工作，市自然资源局关于国土卫片执法和违建别墅整改工作，市政府办、市财政局、宁乡生态环境分局、市征地服务中心、市教育局、市卫生健康局关于省委巡视整改工作，市政府办关于政府工作报告目标任务完成情况，市绩效办关于绩效考核目标任务完成情况，市农业农村局关于脱贫攻坚进展情况的汇报。

11月29日，会议学习习近平在中央政治局第十八次集体学习时的讲话和《重大行政决策程序暂行条例》精神，听取市司法局关于法治政府建设，宁乡生态环境分局关于污染防治攻坚战、蓝天保卫战，市住建局关于“三个清零”推进，市应急局关于安全生产，市公安交警大队关于道路交通安全，市城管局关于城区停车秩序专项整治，市人社局关于省市重点民生实事推进、根治拖欠农民工工资、机关事业单位获得省部级以上劳模等荣誉称号工作人员退休时发放一次性退休补贴，市政府办关于“一圈两场三道”推进，市城发集团关于曾家河片区一期项目实施方案，市行政审批服务局关于宁乡市政务服务“六个清单”、《宁乡市第二批“一件事一次办”事项清单（送审稿）》，市科技局关于宁乡市创建省级创新型县（市），市退役军人事务局关于2019年符合政府安排工作条件退役士兵、2019年军转干部及随调家属安置计划的汇报。

12月19日，会议学习国家林草局驻贵阳专员办到宁乡督查工作指示精神，听取宁乡生态环境分局关于《宁乡市城市规划区声环境功能区划分工作方案（送审稿）》，市教育局关于推进教育集团化办学情况，市卫健局关于紧密型县域医共体建设情况，市政投办关于第五批政府投资项目历史遗留问题审查情况，市发改局关于《宁乡市2019年国民经济和社会发展计划执行情况及2020年国民经济和社会发展计划草案的报告（送审稿）》，市审计局关于《关于2018年市本级预算执行和其他财政收支情况审计查出问题整改情况的报告（送审稿）》，市财政局关于《关于宁乡市2019年财政预算执行情况及2020年财政预算（草案）的报告（送审稿）》，市政府办关于《政府工作报告（送审稿）》起草工作情况。

【市长办公会议研究事项】 2019年，宁乡市人民政府召开市长办公会议40次。

1月3日，听取市城乡人居环境管理委员会关于《宁乡市2019年城乡人居环境管理工作考核办法（送审稿）》、市林业局关于省级森林城市创建工作、市农科园关于2018年度农业产业化基地建设奖补工作汇报。

1月15日，会议听取市治超办关于《关于建立健全治超工作长效机制的方案（送审稿）》，市交运局关于《农村道路客运班线通行条件联合审核办法（送审稿）》、开通岳宁大道（宁乡-长沙）公交线路、白马桥街道磨石桥改建工程施工方案调整，市电政办关于2019年智慧城市（信息化）项目建设，夏铎铺镇关于天诚包装等项目权证办理，市水务局关于采煤沉陷区渠道及河坝加固改造规划，市公路局关于煤城大道与S206线连接路口重大道路交通安全隐患治理的工作汇报。

1月17日，会议听取双江口镇关于创建长沙市乡村振兴示范镇的工作汇报。

1月18日，会议听取市发改局关于《2019年争资工作计划（送审稿）》，市城发集团关于湘中南物流园有关问题，市处遗办关于金林时代广场办证等遗留问题和宁乡一中集资房办证情况，龙田镇关于修复钒矿历史遗留污染土壤项目配套资金的工作汇报。

2月21日，会议听取沩东新城、长沙炎黄文化科技有限公司关于长沙·方特东方神画项目建设的工作汇报。

2月21日，会议听取三一汽车起重机械有限公司关于三一集团云数据中心落户宁乡的工作汇报。

2月25日，会议听取市卫计局关于退还4家医药公司药品配送押金、市城发集团关于市妇幼保健院项目建设、市教育局关于市直学校债务化解的工作汇报。

2月1日，会议听取市规建局关于城乡供排水一体化PPP项目、市规划办关于有关规划遗留问题处理的工作汇报。

3月15日，会议听取长沙蓝月谷实业集团有限公司关于经开区三大产业片区开发建设的工作汇报。

3月26日，会议听取市城发集团关于与社会资本合作经营智慧社区项目、关于引进社会资本开发利用矿产资源，宁乡经开区关于智能制造科研产业园项目的工作汇报。

4月11日，会议听取市住房保障服务中心关于部分房地产企业相关问题的情况汇报。

4月19日，会议听取市发改局关于政府投资项目建设历史遗留问题（第一批）的情况汇报。

4月23日，会议听取市环卫局关于城区道路清扫保洁市场化相关工作、环卫设备设施“三改”行动方案有关工作的汇报。

4月17日，会议听取黄材水库灌区管理局关于采煤沉陷区渠道及河坝加固改造项目、煤炭坝镇关于煤炭坝九年制学校建设项目的工作汇报。

4月25日，会议听取双江口镇关于创建长沙市乡村振兴示范点推进工作的汇报。

5月15日，会议听取市自然资源局关于全市国土工作的汇报。

5月16日，会议听取沩山风景名胜区管理委员会关于沩山风景名胜区承包林地问题的工作汇报。

5月15日，会议听取市住建局关于《宁乡市2019年农村危房改造实施方案（送审稿）》、市住房保障服务中心关于《关于强化物业监管提升物业服务的实施方案（送审稿）》、市城乡人居环境管理委员会关于《宁乡市生活垃圾分类工作方案（送审稿）》

6月3日、6月5日，会议听取市供电公司关于2019年电网“630攻坚”、市畜牧水产事务中心关于全市非洲猪瘟疫情防控的工作汇报。

5月20日、5月28日，会议听取市城发集团《关于有效保护利用处置因项目工程建设产生的砂石资源相关工作实施细则（暂行）》，长沙市黄材水库灌区管理局关于陶公水闸工程建设资金问题、刁子潭和檀树湾泵站经费问题、八家湾水库管理问题，市交通运输局关于交通运输工作的汇报。

6月11日，会议听取市城发集团、市卫生健康局关于宁乡市人民医院流沙河分院项目建设的工作汇报。

6月19日，会议传达学习习近平总书记关于对国家综合性消防救援队伍的训词，听取市消防大队关于全市消防工作的汇报。

6月6日，会议听取市住房和城乡建设局关于城区化粪池整治、宁乡市城乡排水一体化PPP项目的工作汇报。

5月21日，会议听取双江口镇关于创建长沙市乡村振兴示范镇的工作汇报。

7月4日、7月8日，会议听取市老干局关于老年大学建设、市处遗办关于金林时代广场不动产权证办理、宁邦置业公司关于宁邦广场项目开业的工作汇报。

7 月 19 日，会议听取市职业中专学校相关工作汇报。

7 月 15 日，会议听取宁乡高新区关于金洲片区建设的情况汇报。

7 月 29 日、7 月 30 日，会议听取市水利技术服务中心关于《宁乡市 2019 年度农村饮水安全巩固提升工作方案（送审稿）》、市教育局关于《宁乡市 2020 年城区和农村集镇学校建设方案（送审稿）》的汇报。

8 月 19 日，会议听取市矿整办关于非煤矿山整治，市政府办关于市人居委办、市改厕办、市重大动物疫病防治指挥部办公室抽调人员工资待遇问题，市中医医院关于申请建设重症医学科（ICU）及购置医疗设备事宜的汇报。

10 月 7 日，会议听取双凫铺镇关于湖南洁美鞋业有限公司发展有关问题的汇报。

8 月 26 日、8 月 28 日，会议分别听取市治超办关于全市治超工作、市城市管理和综合执法局关于市政设施日常维护工作的汇报。

10 月 1 日、10 月 9 日，会议分别听取宁乡高新区、宁乡经开区及市化债办关于园区债务风险防控的工作汇报

10 月 19 日、10 月 20 日，会议分别听取市国资集团、市城发集团关于化债工作的汇报。

10 月 18 日、10 月 22 日，会议分别听取市交通运输局关于余迴公路和北横线项目建设，巷子口镇关于沩源里步行街项目规划建设手续及不动产证办理相关工作，市数据资源中心关于教育城域网和教育国库集中支付链路相关工作，市住房城乡建设局关于城市公益事业用水预算支付及追加建设工程施工图审查政府购买服务经费的情况汇报。

10 月 25 日、11 月 5 日，会议听取市烟办关于《关于2019-2021 年烟叶生产若干政策调整的通知（送审稿）》、市水利局关于《宁乡市 2019-2020 年度冬春水利建设实施方案（送审稿）》《沩水双江口段行洪安全专项整治行动实施方案（送审稿）》、市住建局关于“除臭剿劣”工作、市畜牧水产事务中心关于《宁乡市畜禽养殖禁养区划定和管理办法（修正稿）》《促进宁乡花猪生产保障市场供应的若干意见（送审稿）》。

11 月 10 日，会议听取市人社局关于根治拖欠农民工工资、市城发集团关于原市国税局机关片区拆迁、市工信局关于公共 WIFI 平台的工作汇报。

11 月 14 日、11 月 15 日，会议听取市商务局关于杉木桥农贸市场第二期提质改造、市行政审批服务局关于调整工程建设项目竣工验收阶段牵头单位、煤炭坝镇关于煤炭坝镇避险搬迁安置、市科技局关于《关于促进宁乡市企业研发经费增长服务工作方案（送审稿）》、双江口镇关于兴桂村集居点建设及朱良桥污水处理厂预算调整，市教育局关于教育工作，市商务局、市城发集团关于国有平台公司建设、加油加气站项目工作的汇报。

10 月 9 日，会议听取市矿整办关于非煤矿山整治的工作汇报。

11 月 27 日，会议听取市交运局关于交通运输工作、市公路养护中心关于公路养护工作的汇报。

12 月 6 日、12 月 9 日，会议听取市住建局关于减免中南艺术学校城市基础设施配套费用问题、市处遗办关于金林时代广场相关问题、市教育局关于新高考综合服务信息平台项目建设及校园安全的工作汇报。

【2019 年宁乡市政府（宁政发）文件目录】

文号	标题
宁政发〔2019〕1 号	宁乡市支持现代服务业发展若干政策措施
宁政发〔2019〕3 号	宁乡市关于征收农村集体土地地上附着物及青苗补偿标准的通知
宁政发〔2019〕9 号	关于印发宁乡市突发事件总体应急预案的通知
宁政发〔2019〕10 号	关于开展无证无照经营集中清理规范市场主体发展的通告
宁政发〔2019〕11 号	关于划定楚江等 22 条河湖管理范围的通告

市政府办

【概况】 2019 年以来，市政府办在市委、市政府的坚强领导下，紧紧围绕全市中心工作，积极履行办公室参谋助手、综合协调、督查督办、服务保障四大职能，围绕中心、服务大局，积极担当、务实作为，圆满完成年初确定的、组织安排的、领导交办的各项工作任务，为促进全市经济社会发展作出积极贡献。

综合协调快速有力。办公室始终把落实市委、政府各项决策部署作为第一要务来抓，确保全市政令畅通。强化重点工作协调推进，用习近平新时代中国特色社会主义思想武装头脑、指导实践、推动工作，主动参与推动实体经济、招商引资、人居环境、拆迁腾地、项目建设、精准扶贫、文明创建、信访、安全生产等重点工作，特别是在政府化债、农村“五治”、乡村振兴、为民办实事、办理人大建议政协委员提案等具体事务上，力求做到吃透政策精神、掌握实际情况，确保工作方向明、措施实、效果好。强化重要任务推动落实，切实做好市政府常务会、专题会议定的重要事项、重大文件、重点工作落实落地。加强纵向联络和横向沟通，注重与长沙市政府办、兄弟区县（市）、四大家办公室加强沟通衔接，

确保市人大、政协“两会”胜利召开。强化重大活动组织协调，圆满完成省精准脱贫考核组等80多批次重大接待任务。

以文辅政卓有成效。主动开展调查研究，围绕市委、市政府中心工作，科学谋划开展各类调研，形成科学化债推动高质量发展、提升宁乡市用地水平、园林绿化、市政基础设施管理维护、探索教育集团化发展加快推进宁乡教育现代化等9个质量较高的调研报告，为破解难题、指导工作提供针对性的可行方案。坚持站在全局高度、领导者角度来思考问题，贯彻“短、实、新”要求，认真做好文稿起草工作，不断提高文稿的高度、广度、深度。全年按时按质完成各类讲话稿200余篇、重要汇报材料50余篇、各类主持词和致辞30余篇。精心起草胡衡华、中央党校中青班到宁乡调研情况汇报等10多篇重大文稿，高质量完成2019年《市政府工作报告》、全省改厕工作现场会等系列重要会议材料，发表市政府主要领导署名文章8篇，得到省市相关领导的充分肯定和社会各界一致好评。政务督查彰显实效。建立健全督查机制。紧扣中心工作，通过健全书面督查、加强现场督查、重抓协调督查三种形式，认真履行中心工作为主督查、重点工作会同督查、专项工作专职督查三项职责，不断拓展深化政务督查格局，着力推动政府各项工作落地，全年组织开展专题督查12次，编印督查通报10期，圆满完成中央一号文件督察、省政府大督查等上级督查12次，有力推动各项重点工作落地落实。升信息调研质量，全年共撰写《防范化解债务风险推动宁乡高质量发展》等调研报告20多个，逐月编印《主要经济指标运行情况》《经济数据汇总情况》，为领导决策提供重要参考。高度重视政务信息标准化建设，出台《关于进一步加强政务信息的通知》，采纳及上报省市有效信息135条，其中被长沙市采用26条，省办、国办采用24条，政务信息考核位居长沙市前列。

体制机制不断完善。进一步规范办文程序，实行统一归口办理，有效杜绝“多头收文”“公文倒流”“体外运行”等现象，同时及时做好文件归档、保密工作，切实做到不拖、不漏、不误。进一步提升办会效率，实行政府常务会、市长办公会议题预报制度，改进议题申报、议题审核机制，坚持议题不成熟不上会、资料不齐全不上会、程序不符合不上会“三不”原则。通过上述措施，坚决反对“四风”特别是力戒形式主义、官僚主义，严控发文数量和会议数量，不该发的公文坚决不发，能合并的会议合并召开，有效提高文件、会议质量和工作效率，全年减少会议、文件均达40%。进一步规范财务和办公用品管理，严格经费支出审批，落实公务刷卡制度，“三公经费”较上年度压减近30%。强化值班值守工作，全年共收发各类通知文件1200余个，处理群众诉求电话5000多个，报送值班信息200余条。

自身建设不断加强。坚持把深入学习习近平新时代中国特色社会主义思想作为首要的政治任务，不断提升党组班子的理论水平、思维层次和工作能力。全年共召开民主生活会2次，专题集中学习研讨7次，班子成员到所联系支部讲党课11堂。认真履行党风廉政建设责任制，组织开展市政府办党总支委员补选和党支部委员补选工作，完善“三会一课”、民主生活会、组织生活会、民主评议党员、谈心谈话、集体学习等制度，积极开展主题党日和党支部活动，带头采用和包支付按月缴纳党费。全年组织召开党组会5次、支部会12次、党员大会4次。坚决落实办公用房清理、公车改革等有关工作，强对外交流、因公出国（境）管理、涉外安全管理，全面落实精准扶贫结对帮扶，积极参与文明城市创建，统筹做好财务、工会、计生、老干、信访等工作。

【政府经济研究】2019年，市政府研究室深入学习贯彻习近平新时代中国特色社会主义思想，坚持“围绕中心、突出重点、服务决策”原则，紧紧围绕市政府重大决策部署，立足中心工作，扎实做好经济研究、报告起草、综合调研、信息收集等工作，圆满完成各项目标任务。

综合调研。认真贯彻落实中央大政方针政策、省委省政府和市委市政府决策部署，充分发挥“参谋部”“智囊团”作用，紧紧围绕市政府中心工作和重点、难点、热点问题，深入组织开展调查研究，先后开展防范化解债务风险、城区排水、市场主体、红色文化、治砂等10余次专题调研，形成一批调研成果，得到市政府主要领导的高度肯定及详细批示。

文稿起草。坚持站在全局高度、领导者角度来思考问题，贯彻“短、实、新”要求，认真做好文稿起草工作，不断提高文稿的高度、广度、深度。全年按时按质完成各类讲话稿200余篇、重要汇报材料50余篇、各类主持词和致辞30余篇。

信息报送准确及时。突出数据意识，强化分析研判，逐月编印《主要经济指标运行情况》《经济数据汇总情况》，为市政府掌握情况、科学决策提供有效的决策参考。进一步加强和改进政务信息报送，高度重视政务信息标准化建设，出台《关于进一步加强政务信息报送的通知》。上报省市有效信息135条，其中被长沙市采用26条，省办、国办采用24条，“三无城市”建设等经验获得国办推介，政务信息考核位居长沙市前列，研究室刘孟雄获长沙市政务信息先进个人。及时整理市政府主要领导讲话录音1200万字。

完善制度。抓好“学习机制、保密机制、共享平台机制”三项机制建设。每周日定期组织学习研讨会，交流心得体会，查找困难问题，探讨破解办法。牢固树立保密观念，认真学习保密规定，严格遵守保密制度，定期开展电脑安全防护检查。创新打造文稿资料共享平台，推进线上平台和线下资料库建设，建立科室文稿资料库，为进一步提升文稿撰写效率奠定基础。同时，切实加强研究室自身建设，统筹抓好党风廉政、意识形态、脱贫攻坚和作风效能等工作。

【政务督查】2019年，宁乡市人民政府督查室在省政府督查室及长沙市政府督查室的正确指导下，围绕市委、市政府中心工作，奋勇担当、主动作为，将落实“基层减负年”与强化政务督查力有机结合，深入践行“1233”督查工作法，有力地推动决策部署的落地、落实。

市政府督查室在督查内容上坚持“一个中心，即以政府工作报告、政府常务会议、市长办公会议、领导批示件为中心，开展月督查、季回顾。全年共开展专项督查10次，以督查专报的形式反馈中心工作的落实情况，即时并持续跟进市委、市政府中心工作落实。11月21日召开的宁乡市第31次政府常务会议专题听取市政府督查室关于2019年政府工作报告落实情况汇报。

聚焦重点，持续跟进求突破。市政府督查室在督查形式上坚持“两个并重”，全面督查与重点督查并重，常规工作开展“面”上督查，重点、热点、难点工作开展“点”上专题督查；坚持结果督查与过程督查并重，常规性工作侧重于阶段性结果督查，持续跟进的重点工作侧重于过程督促。通过以上督查方式，实现政府工作全过程督促、全结果掌握。2019年，围绕市委、市政府部署的阶段性重点工作以“四不两直”的方式开展跟踪式督查15余次，有力地推动“一圈两场三道”建设、重点民生实事、城乡人居环境整治、乡村振兴示范点创建、秸秆禁烧、国旗悬挂规范等重点事项的落实。

创新方式，多措并举促实效。市政府督查室在督查方法上坚持“三个具化”，“一单四制”目标化，建立督查任务清单，实行台账管理和跟踪销号，督查事项落实情况纳入各单位年度绩效考核，并作为干部评优评先及提拔重用的重要参考。任务明确可量化，对督查事项实行任务化、量化管理，建立督查事项明晰的量化目标，逐步深化推进。如农村“五治”工作，督查室将“五治”工作目标量化，分乡镇、街道明确农村改厕、“空心房”整治等年度任务，每周进行进度排名。2019年宁乡市农村人居环境整治工作被省政府评为年度真抓实干成效明显县市区，并被农业农村部、财政部纳入国务院农村人居环境整治成效明显县市区候选名单。挂图作战节点化，在跟进项目建设的督查中，有效引入“甘特图”工作方法，对项目实施节点管理。如“一圈两场三道”项目建设，将项目建设分为三个主要阶段：前期手续、施工阶段和验收交付，并根据项目性质的不同，明确每个阶段关键的时间节点。2019年，宁乡市在“15分钟生活圈”中新建学校8所，通过挂图作战的节点化跟进督查，8所新建学校全部实现“当年开工、当年建成、当年开学”的目标。

2019年，市政府承办各级建议提案300件，其中承办长沙市建议30件、提案10件，承办宁乡市建议142件、提案118件，均已按时办结。142件宁乡市人大代表建议中得到解决或基本解决的99件，占比69.72%，同比去年提高7.68个百分点，118件宁乡市政协委员提案得到解决或基本解决的81件，占68.64%，同比去年提高13.6个百分点，建议提案办理满意率均较高。宁乡市人民政府获评长沙市建议提案一类先进单位。

行政审批服务

【概况】 2019年3月，宁乡市行政审批服务局正式挂牌成立，成为新组建的政府工作部门。2019年，宁乡政务服务综合标准化试点项目通过国家标准委、国家市监总局考核评估，345项企业个人高频事项实现“一件事一次办”，590项事项不见面审批，“不见面”审批事项达到“最多跑一次”清单的53%。在全省率先创建“无证明城市、无收费园区、无跑腿审批”，“一件事一次办”改革成效明显，获得省政府2019年度真抓实干成效明显通报表彰。“挥动减证减负大手笔，打造政务服务升级版”、“三无城市”创建等改革经验获中央、省市推介。市民之家政务大厅累计接待办事群众241.1万人次，接受咨询51.2万人次，受理事项189.9万余件，办结率99.72%，满意度99.18%。

“放管服”改革。推进四级九统，做实事项标准。梳理引用全市35个单位5209条目录清单，完成1726项依申请类事项和3892项依职权类实施清单填报发布。2019年，宁乡依申请6类政务服务事项网上办比例100%，一次办比例98%。梳理六类清单，强化清单管理。按照省、长沙市要求，梳理公布宁乡市权力清单4428项，宁乡市公共服务事项清单304项，宁乡市“最多跑一次”事项清单1661项，宁乡市“四办”事项清单中“马上办”378项、“网上办”1693项、“就近办”351项、“一次办”1661项，宁乡市中介服务事项清单67项，宁乡市特别程序事项清单176项。全部清单参照《长沙市政务服务事项动态管理办法》进行动态调整。

“一件事一次办”改革。落实联办事项，做实“一件事一次办”基础工作。按照一事（事项）、一码（二维码）、一单（材料清单）、一表（一次表单）、一图（流程图）的总体架构，对单个“一件事”和联办“一件事”进行分类梳理，共梳理公布“一件事一次办”事项345项，其中省定第一批100项事项落地94项、省定第二批100项事项落地85项（另21项县级无权限）。结合宁乡实际，围绕个人和企业的生命周期以及即来即办的高频事项，宁乡新增事项166项，其中联办事项35项、单事项131项。推进综合窗改革。设置“一件事一次办”咨询导办台和“一件事一次办”综合窗口，将“一件事”全链条审批向综合窗口集中。申请人只需将材料一次性提交接件窗口，接件窗口通过系统分类推送至相应部门，部门在后台办结，结果推送至出证窗口，实现“前台综合受理、后台分类审批、综合窗口出件”。率先全省推出“出生一件事一次办”。申请人在全市9家助产机构即可一站式申请办理包括出生医学证明、户口登记、医疗保险参保登记等5个事项，有效解决全市新生儿家庭办事多环节、多处跑、多次跑等问题。2019年，“一件事一次办”累计受理事项601346件，办结率99.96%，其中出生“一件事”受理办件1227件。创建“三无城市”，提速“一件事一次办”审批效能。推行无证明城市，精简“一件事一次办”材料。全面清理取消“奇葩证明”、循环证明、重复证明，累计减少证明材料255项，暂时保留的44项证明由无证明城市系统进行开具。2019年系统共办结并沉淀证明13000余份，形成材料“调用-入库-沉淀-复用”的共享机制，实现申请人证明材料零提交。推进“无收费园区”，降低“一件事一次办”成本。实行“三印”免费服务，降低市民办事成本。从6月1日起，实行打印、复印、印章免费服务，企业开办实现“证、照、章”同发，一年减少成本约270万元。实行建设阶段“零收费”，降低工业企业开办成本。从2019年5月1日起，宁乡通过“调整两项收费、代缴两项收费、购买多项服务”三种方式，切实降低园区工业项目前期投入成本，实现建设阶段“零收费”，已惠及企业32家，每年可为企业减少生产成本约8500万元。推动无跑腿审批，实现“一件事一次办”快办。上线“一件事一次办”手机端，企业群众通过手机端就能线上自助申报预审，办事指南扫码“一次阅知”、线上办理“一次登录”、申请材料“一次提交”。依托“智慧宁乡”微信公众号/APP，上线运行园区工业项目网上审批系统，实现工业项目审批“零跑腿”，2019年有219家企业通过平台办件344件。在两个园区建立企业代办服务中心，提供全流程帮代办服务，累计代办项目116个。推行“三即”改革，不断优化营商环境。出台《宁乡市推行“三即”承诺制的十二条意见》，通过设立综合窗口、一般后置许可事项“承诺准营”、企业设立首套印章免费等措施，实现24960家市场主体“领照即开业”。通过园区提前服务、承诺制审批和容缺审批、强化“见章盖章”等措施，两个园区10个项目实现“交地即开工”。通过修改商品房买卖合同、明确开发单位主体责任、调整优化各事项办理流程等措施，243户商品房业主实现“交房即交证”。

2019年3月20日，宁乡市行政审批服务局正式挂牌成立。图为揭牌仪式现场

政务服务体系标准化建设。推进落实“四个一”。一张表精细管理。按照长沙市“四级九统”标准化梳理工作要求，及时发布并实时调整政务服务事项目录清单和实施清单。一张网上下联动。完成与长沙市“一网通办”平台对接。启用新版宁乡政务服务系统，实现向镇村两级延伸。一个厅集成高效。根据机构改革要求，重新梳理确认入驻市民之家33家单位，1083项事项。推行综合窗口，实现“市场准入类”“不动产登记类”“工程建设项目类”综合窗设置并运行。跑一次优化升级。梳理公布“最多跑一次”事项清单1106项，占比96.6%。优化升级“四个办”。扩面升级“网上办”“一次办”。宁乡政务服务网上可办率达100%。通过双向邮寄、网站链接、个性化开发等方式，实现590项事项不见面审批，占“最多跑一次”事项53%。持续发力“就近办”“帮代办”。推进424项政务服务事项下沉至乡镇（街道），113项公共服务事项下延至村（社区），梳理确认赋予乡镇（街道）经济社会管理权限共308项，推进赋权升级。2019年，乡镇（街道）办件量11629件，村（社区）办件量为20149件。建立乡镇帮代办队伍，健全帮代办制度，明确镇村两级帮代办员，为镇村两级提供帮代办服务，累计代办事项9万余件。

效能监督。坚持一个平台严管。湖南省行政效能电子监管系统今年8月份上线试运行，10月份开始正式统计数据，2019年宁乡所有办件都在承诺时限办结，暂无红黄牌情况发生。强化一个号码督办。创新民声受理服务，将书记信箱、市长信箱、红网问政、网络舆情等各类群众诉求渠道归集到“12345”热线平台，实现“归口受理、分类办理、全面回访、跟踪督办”的闭环管理，真正做到“一个号码管呼处、一个平台管交办”。同时，针对群众反映的突出问题，逢“6”进行一次集中调度和交办，成功解决一批热点难点问题。2019年累计召开调度会30批次，直接交办突出问题300件，通过“互联网+抓落实”系统交办疑难工单162个；累计收到各类诉求122362件，其中12345市民服务热线共接听来电119457个，按时办结率100%，群众满意度上升到98.1%。实现一个网站公开。推进阳光政府建设，及时公开政府信息，保障群众的知情权和参与权。以宁乡市公众信息网为桥梁纽带，依法推进政务公开，完成市本级信息公开年报；在市政府门户网站设立公益事业建设领域政府信息公开专栏，设置7大领域24个子栏目，累计上传相关政府信息705条，实现信息统一打包、集中直达；依法依规受办理市本级依申请公开事项46件，政府公信力进一步增强。

窗口建设。坚持党建引领。扎实开展“不忘初心、牢记使命”主题教育，理论政策和业务学习同步开展，先后26次组织开展集中学习，4次上专题党课，认真学习十九大、十九届四中全会精神和习近平新时代中国特色社会主义思想，促进学习教育融入日常、抓在经常、形成常态。认真召开民主生活会、开展中心组学习和谈心谈话，班子凝聚力和战斗力不断提升。坚持“三重一大”制度，全年召开局党组（扩大）会议21次，研究和讨论党风廉政建设、意识形态和人员调整等重大事项。强化大厅管理。修订和完善政务大厅考勤、绩效考核、投诉处理等19项管理制度，形成完整的制度体系和考核体系，使窗口管理更加规范化、标准化。坚持日常巡查、联合巡查、领导巡查，对发现的问题即时指出并督促纠正，对没有即时改正或屡犯及时下发《工作交办通知》15期，从小处着手，防微杜渐，大厅3名工作人员由于服务态度问题被辞退或调换。加强对不满意评价、群众投诉和反映的热点、难点问题的监督、检查、管理，对不满意评价进行回访，建立投诉台账，严格按程序进行查实，不断提高窗口满意率。树立服务标杆，积极开展微笑服务评选和“三亮三比三评”主题活动，共评选“政务服务之星”80人，“党员示范标兵”16人，“红旗窗口”18个，“共产党员示范岗”8个，营造比学赶超的良好氛围。

【宁乡市政务服务标准化试点合格单位授牌】 2019年1月22日，国家市场监管总局办公厅发布《关于北京市东城区居家养老服务标准化等94个社会管理和公共服务综合标准化试点项目考核评估情况的通报》，宁乡市政务服务综合标准化试点项目通过考核评估，获评“政务服务标准化试点合格单位”。

【宁乡市行政审批服务局挂牌成立】 2019年3月20日，宁乡市行政审批服务局正式挂牌成立。根据《宁乡市机构改革实施方案》，宁乡将市政务服务中心的职责，市机构编制委员会办公室的行政审批制度改革工作职责，市优化经济发展环境工作办公司的职责，以及市直其他有关单位的政务服务职责整合，组建市行政审批服务局，作为市政府工作部门。不再保留市政务服务中心。原市政务服务中心所属事业单位调整为市行政审批服务局所属事业单位。

【央视新闻联播报道宁乡“三无城市”建设】 2019年5月27日晚上7：00，CCTV-1综合频道新闻联播以“奋斗新时代、推进高质量调研行”湖南长沙全力构筑营商环境新高地为主题报道宁乡。报道中提到宁乡通过“三无城市”（无证明城市、无收费园区、无跑腿审批）建设，让企业通过一根网线就能办结审批、报建等手续，工业项目审批时间节省约50%的时间，行政审批中介服务为企业节省审批成本约3000万元左右。

【宁乡市103项“一件事一次办”事项全面实施】 2019年7月1日，宁乡公布103项“一件事一次办”目录清单，涉及开店、办证、办事、领钱等与企业群众密切相关的高频事项。对涉及多部门办理的联办事项，通过梳理事项清单、再造审批流程、精简审批环节、整合填报要素，形成一张办事清单、一个二维码向社会公示，实现联办事项“一码阅知、一表申请、一窗受理”。

【宁乡实现出生“一件事一次办”】 2019年10月8日，出生“一件事一次办”正式在宁乡市人民医院、宁乡市妇幼保健院等医院试点。改革后，申请人在全市9家助产机构即可一站式申请办理包括出生医学证明、户口登记、医疗保险参保登记等5个事项，有效解决全市新生儿家庭办事多环节、多处跑、多次跑等问题。

【宁乡商品房“交房即交证”落地】 2019年10月31日，中建·亮月湖项目一期首批230户业主在收房领取钥匙的同时领到所购房屋的不动产权证，宁乡“交房即交证”工作正式落地见效。此次新政实施的17个试点项目中，“中建．亮月湖”项目是首个“交房即交证”项目。

（洪　巧）

数据资源中心

【概述】 根据《中共长沙市委办公厅长沙市人民政府办公厅关于印发〈宁乡市机构改革方案〉的通知》《中共长沙市委机构编制委员会关于宁乡市机构改革涉改科级事业单位调整的批复》和《宁乡市委办公室宁乡市人民政府办公室关于印发〈宁乡市机构改革实施方案〉的通知》，经宁乡市委机构编制委员会办公室批准，2019年4月30日，原宁乡市电子政务管理办公室变更为宁乡市数据资源中心。

宁乡市数据资源中心是市人民政府直属公益一类事业单位，为正科级，加挂宁乡市智慧城市建设事务中心牌子。主要职责：贯彻落实大数据战略，执行国家、省、长沙市有关数据资源建设、应用的法律法规和方针政策，协助行政主管部门组织拟订全市大数据和政务信息化发展规划、年度计划、评价体系，协助行政主管部门组织制定、组织实施全市大数据和政务信息化标准规范。参与政府投资信息化项目的规划、协调、服务。参与全市智慧城市建设项目中期评估及竣工验收、运行使用评价等工作。参与全市政府投资信息化项目可行性研究和投资估算、初步设计和投资概算。参与全市共性应用建设，参与指导园区和市直单位业务应用系统建设。指导全市政务数据安全保障体系建设。负责大数据中心的建设与运维工作。协助行政主管部门对政府与企业合作共同投资建设及企业利用公共资源建设的信息化项目和社会投资的数据中心建设进行统筹规划和业务指导。负责全市政务数据和公共数据平台建设和运维。负责数据资源目录拟订、统一归集、统筹利用、共享开放，开展数据治理，统筹数据应用。负责数据资源在政府治理、政务服务和社会治理等领域的开发利用工作，参与指导全市数据资源交易工作。负责全市数据资源、政务信息化领域的对外交流合作，会同有关部门做好全市大数据、政务信息化人才培养等工作。承办全市政府网站集群的相关工作，落实网站主办单位的相关要求，负责政府网站集约化建设。承担市政府网上信息公开平台和数据开放平台的建设、运维和保障工作以及网站政务服务平台的建设和保障工作。负责全市经济社会各领域的数据开发利用工作，助推大数据产业发展。承担市人民政府电子政务外网、电子政务专网（党政工作专网）骨干的建设、运行维护和网络安全工作。承办市委、市人民政府交办的其他任务。

2019 年，宁乡市数据资源中心全额拨款事业编制 12 名，其中主任 1 名、副主任 2 名。

2019 年，宁乡被评为 2018—2019 年度中国转型升级优秀智慧城市，2018—2019 年中国新型智慧城市建设与发展综合影响力评估排名 14 名（区县级）。

【新型智慧城市建设】 2019 年，宁乡新型智慧城市建设以“优政、兴业、惠民”为目标，以“一盘棋来抓、一本帐来投、一张网来建”为原则，重点推进智慧城市云平台、城市运营中心、智慧政务、智慧交通、平安城市、智慧城管（综合网格化）、协同制造（智慧园区）、智慧旅游、智慧医疗、智慧教育等项目建设。截至年末，智慧城市云平台、城市运营中心、智慧政务、平安城市、智慧交通、协同制造（智慧园区）等项目建设已取得实质性进展，智慧城管（综合网格化）、智慧医疗、智慧旅游、智慧教育等项目建设已取得突破性进展。截至 2019 年底，通过新型智慧城市建设，有效整合全市各类业务系统 52 套，有效归集结构化数据 680 余万条、非结构化数据 3 万余条，为宁乡市“互联网+政务服务”“三无城市”“掌上园区”等重点工作提供数据支撑；建成公安指挥（情报）作战平台、立体防控云防高点、微卡口系统、治安卡口系统、人脸卡口系统、电子围栏系统、多维信息感知门系统等内容，有效提高市域社会治安综合管理能力；建设宁乡大道、金洲大道等城区主干道绿波带及全市 240 台绿色公交车载视频监控系统、公交扫码支付系统及公交电子站牌建设，有效缓解市民出行难、支付难等问题；开发集便民应用、本地资讯、行政审批、生活服务于一体的“智慧宁乡”微信公众号、APP 及智慧党建、智慧乡村、智慧教育微信缴费、普惠金融等一系列便民利企应用；有效审核智慧城市（信息化）项目 109 个，有效避免重复投入，节约财政资金 3740 万元；成功接待各级考察学习 400 余批次，提升和宣传宁乡城市形象。

2019 年 3 月 6 日，开通乘坐公交车手机支付功能

宁乡新型智慧城市建设成效及经验得到社会各界和市民的高度肯定，获评湖南省首个县级智慧城市建设试点市、“互联网+监督”试点、“互联网+政务”试点及“公安警务大数据”试点；智慧政务项目建设成果被写入《湖南省加快推进“互联网+政务服务”工作实施方案》，建设经验被“中国政府网”头条报道，并获国务院全国大督查通报表扬；先后获评“中国政务网站领先奖”“中国智慧政务民生奖”“中国新型智慧城市优秀惠民案例”“中国新型智慧城市优秀创新案例”“腾讯大湘网民生服务奖”“全球智慧城市信息惠民与城市服务奖”等殊荣；举办“中国信息年鉴 2019 年会暨第四届新型智慧城市建设创新实践大会”。

【网站服务水平提升】 截至 2019 年 12 月 31 日，宁乡市政府对外公开政务信息 10745 条，乡镇、市直各单位对外公开政务信息 15524 条，在市政府网站上公开政务信息 2352 条。本年网上办事大厅累计收件 147.97 万件，累计办结 142.530 万件，办件满意度达 99.6%。

【网络管理】 2019 年，继续整合优化网络资源，根据宁乡市机关大一统后各单位办公地点的调整，把原有电子政务专网 110 条 2M 数字链路整合至 59 条并提速（市直各单位及 29 个街道（乡镇）提升至 10MSDH 数字电路接入，12 个行政办公区采用 100M 裸光纤接入，至年末，连入近 130 家单位，节约财政资金约 46 万元/年。对电子政务外网出口进行扩容，共享互联网出口带宽 3.4G（电信 1.4G、移动 1G、联通 1G），实现电子政务外网全面提速且不限速，形成一个覆盖全市各单位的政务网络外网平台，日均联入计算机等 PC 终端近 7000 台。根据上级相关文件要求对宁乡市电子政务内网环境进行升级改造，保障省、市电子政务内网业务的正常运行。对宁乡市政务云（虚拟化）平台进行扩容，建设物理宿主机 32 台（外网云平台物理机 22 台，内网云平台物理机 10 台），使用虚拟主机 369 台（外网 296 台，内网 73 台）节约财政资金约 2900 万。整合迁入政务服务系统、12345 信息平台、市民之家微信平台、政府门户网站、智慧纪检平台、国土 APP、公卫系统、电子公文系统、人社局企业养老系统、视频会议系统等各类应用系统 52 个。

【互联网+政务服务】 2019 年，宁乡市公布 345 项“一件事一次办”事项目录清单，上线运行“一件事一次办”平台。依托智慧宁乡微信公众号，推出“残疾人二项补贴不见面审批”、“烟草专卖零售许可”、“企业养老金资格认证”、“不动产非税微信缴费”、“老年大学微信报名缴费”等 590 项一般事项的应用。开发手机微信端“一件事一次办”申报页面，企业群众在手机端就能轻松办理业务，真正实现“数据多跑路、群众少跑腿”。建设完成“掌上园区”平台，实现用地规划许可证、工程规划许可证、工程施工许可证、企业装备补贴项目申报等事项全程网办。

【全程网办技术服务】 2019 年，市数据资源中心通过大数据共享交换平台、统一数字认证平台、生物识别身份认证平台、统一支付平台、统一物流平台、电子证照管理平台等技术手段，开通“双向邮寄”“电子签章”“网上缴费”“证照复用”“一表填报”等在线审批功能，为网上预审、全程网办提供深度技术服务，实现残疾人生活补贴申请，企业退休人员养老认证等590个全程不见面审批事项办理。

【解决新生儿“一站式服务”上线】2019年10月，为解决新生儿“出生一件事”多环节、多处跑、多次跑问题，率先在全省推出新生儿出生“一站式服务”，通过出生相关信息动态共享，多部门协作等机制，实现出生医学证明申领、落户、参保、医保参保缴费、生育保险申领等多证联办。

【打造“三无”城市】2019年，宁乡以行政审批服务效能提速为目标，推进“三无城市”创建（无证明城市、无收费园区、无跑腿审批）。6月1日，宁乡市“无证明城市”平台上线运行，实现后台推送证明开具业务，无需群众跑腿，证明一次开具，有效期内重复使用。7月1日，“一件事一次办”系统上线试运行。年内分两批实现345项事项一次告知、一窗受理、一端办结。2019年“一件事一次办”共受理办件61万余件，办结率100%。推行“无证明城市”，精简“一件事一次办”材料。累计精简证明材料299项，通过无证明系统开具证明13000余份。构建人口信息、法人信息、宏观经济、证照等基础库，覆盖140万自然人、9万多法人的基本信息，编制136类证照目录，归集32万余份电子证照。开发近100个实时接口，支撑“一件事一次办”所涉及的不同业务系统的协同处理。在业务办理过程中，系统自动归集用户所有证明材料，形成“调用-入库-沉淀-复用”的共享机制，实现证明材料一次入库、随调随用、重复使用。推进“无收费园区”，降低“一件事一次办”成本。从6月1日起，实行打印、复印免费服务，每年可为办事群众节约费用约90万元；实行企业开办首套印章免费，企业开办实现“证、照、章”同发，每年可为企业节约成本约180万元。实行婚姻登记和公安照相业务免费，每年可减少群众办事费用约110万元。590项“不见面审批”事项免费快递送达，占“最多跑一次”事项53%，每年可为群众办事减少费用30万元。5月1日起，宁乡经开区和高新区不再向企业收取任何有关涉企费用，预计每年可为企业减少生产成本5000万元。实行“联合勘验”，压缩审批时间1/3以上。推动“无跑腿审批”，实现“一件事一次办”快办。实行线上“一次登录、一网通办”和线下“一窗受理”，实现工业项目审批网办、快办。通过“智慧宁乡”APP和微信公众号，实现预约查询、证照寄送、在线支付等功能，2019年注册使用人数达20余万，覆盖市民日常生活的方方面面。开发掌上园区平台，设置“工业项目审批、政策兑现、分类办事、涉企政策”4个板块。成立市本级和园区企业服务中心，建立乡镇帮代办队伍，为企业和群众提供全流程帮代办服务，实现一个项目、一员代办、一次办结，企业办事“零跑腿”，群众办事“零距离”。湖南省政府网站以“宁乡在全国率先打造‘三无城市’”为题，推介宁乡作法。

2019年4月，“中国信息年鉴2019年会暨第四届新型智慧城市建设创新实践大会”在宁乡市举办

【举办“中国信息年鉴2019年会暨第四届新型智慧城市建设创新实践大会”】2019年4月，“中国信息年鉴2019年会暨第四届新型智慧城市建设创新实践大会”在宁乡市成功举办，会议在国家信息中心、湖南省网信办、长沙市人民政府指导下，由《中国信息年鉴》期刊社、宁乡市人民政府主办，国家信息中心副主任张学颖，国家信息中心首席信息师、分享经济研究中心主任张新红，国家信息中心信息化和产业发展部主任、中国智慧城市发展研究中心主任单志广，中国科学院信息工程研究所研究员刘勇，国家电子政务工程建设项目指导专家，国家大数据发展专家咨询委员会委员周德铭，《中国信息年鉴》期刊社主编王超，国家信息中心信息化和产业发展部智慧城市处副处长王威，国家信息中心信息化和产业发展部战略规划处副处长唐斯斯，湖南省人民政府副秘书长张银桥，湖南省政府发展研究中心副主任邓仕军，湖南省政务管理服务局副局长鲁明，长沙市人民政府副市长刘明理，长沙市行政审批局局长魏华松，长沙市数据资源管理局局长张武和宁乡市市长付旭明等领导和嘉宾出席会议。来自全国各地的400余人齐聚宁乡，进一步宣传宁乡形象，推介宁乡品牌，扩大宁乡影响力。

【全球智慧城市大会宁乡获奖】2019年当地时间11月19日，在西班牙巴塞罗那举办的全球智慧城市大会上，宁乡市获评全球智慧城市大会信息惠民与城市服务提名奖。标志着宁乡在新型智慧城市建设中的经验获国际认可。

【宁乡市智慧党建平台上线运行】2019年4月，宁乡市智慧党建平台在“智慧宁乡”APP上线，该平台以“互联网+党建”引领美丽乡村建设、脱贫攻坚和乡村治理，把全市

278个村、社区全部“串连”起来，打造为党员发挥先锋作用的平台和互联网村务管理工具，同时也为群众提供政务办事、村务、综合信息、商务等服务。

【宁乡首次设立“会议材料电子平台”】2019年5月，宁乡首次在全市性会议上设立“会议材料电子平台”，与会人员用手机扫描二维码之后，就可以登录进入电子平台，可以查阅到会议方案、发言材料、相关公文等，并可逐一下载，让数字化服务代替传统的会议资料。

【宁乡普惠金融平台上线】2019年6月，“智慧宁乡”APP普惠金融平台上线，集中推出“邮储邮E贷”“建行惠懂你”“浦发公积金点贷”等互联网+金融服务，为中小微企业融资、个人信用贷款降低融资门槛、提升融资效率。

【宁乡市智慧红十字平台正式开通】2019年6月，宁乡市红十字会“博爱送万家”募捐活动在“智慧宁乡”APP上线及发布募捐，标志着宁乡市智慧红十字平台开通，互联网+慈善让爱心救助触手可及、更多群众自发参与到人道主义事业中，携手帮助弱势群体，彰显人道力量。

【宁乡智慧城市食品溯源云平台上线运行】2019年8月，宁乡巷子口镇黄鹤黄桃溯源二维码的正式应用，标志着宁乡智慧城市食品溯源云平台上线运行，通过使用二维码记录食品流通全过程，为本地绿色农产品提供品质监控、物流监管等服务，打造来源可追溯、去向可查证、责任可追究的平台。

【“千年茶旅·康养沩山”和“神水灰汤·度假天堂”线上旅游项目上线运行】9月，“千年茶旅·康养沩山”和“神水灰汤·度假天堂”两大特色化线上旅游项目上线运行。金牌特色店的门店照片、地理位置、联系人、联系电话、详情介绍等信息一目了然，规模效应初显，成为拉动农副产品销售的强劲新引擎。

【宁乡获2019中国智慧城市创新成果奖】12月20日至21日，由中国通信工业协会指导、中国通信工业协会物联网应用分会主办，中国智慧城市规划与建设推进联盟协办的“第十届中国物联网产业与智慧城市发展年会”在北京举行，宁乡获评2019中国智慧城市创新成果奖。

【宁乡建成30个电子站牌】12月，宁乡城区30个公交站点用电子站牌替代传统的公交站牌，实时公布公交运行情况和到站信息等，让乘客不再盲目等车。与此同时，通过归集和应用交通大数据，在APP“智慧宁乡”提供市内17条公交车线路、213台公交车的线路查询、实时公交、出行提示等服务。（姜润辉）

机关后勤服务

【概况】2019年3月机构改革，宁乡市机关事务管理局更名为宁乡市机关后勤服务中心（以下简称市后勤中心），有干部职工41人（其中机关干部职工27人，二级单位3人，临聘以及劳务派遣11人）；内设办公室、财务室、资产管理科、物业管理科、公共机构节能科、后勤管理科、机关保卫科7个科室，下辖1个二级事业单位-宁乡市公务用车服务中心，1个全民所有制企业-宁乡政清接待中心，监管七星、金典2家物业公司。2019年，市后勤中心紧紧围绕全市“产业项目建设年”和“营商环境优化年”战略目标，着力提升管理、服务、保障效能，不断加大智能服务供给，全面推进机关事务工作整体、科学、创新和规范发展，各项工作齐头并进，圆满完成全年工作任务。先后获“2019年度党风廉政建设责任制工作先进单位”，及“2019年度‘学习强国’先进学习组织”。

【资产安全管理】2019年，市后勤中心严格按照保障涉改市直部门单位干职工办公用房，从紧安排服务用房、共用设备用房原则，深层次优化资产安全管理。科学制订《宁乡市机构改革办公用房调配方案》。根据市委、市政府机构改革统一部署，于3月中旬完成31家单位办公用房调整、涉改单位标识标牌制作及挂牌工作。完成机构改革办公用房资源后续优化工作。完成市财政局、市人社局、市医保局、市城乡人居环境管理委员会、市征地服务中心、市“不忘初心、牢记使命”主题教育领导小组办公室等单位办公资源整合优化工作。充分盘活闲置办公用房资产。原林业局等7个闲置的老旧办公用房资产得以重新盘活和利用（建筑面积2.6万平方米，占地4.47公顷），不仅解决了宁乡市发展中的一些重要问题，同时为财政节省资金约2亿元，实现党政机关办公用房资产利用最大化。持续做好行政中心各办公区建筑物维护维修。完成市委书吧、市人武部办公楼维修改造、市老年大学电梯建设、一办东1-4栋庭院基础设施优化等工作。推进党政机关办公用房管理信息核查和数据填报。全面绘制各市直部门办公用房使用布局图，对全市党政机关办公用房使用情况开展专项指导4次，完成全市党政机关办公用房资产数据摸排及报送工作。有序管理国有资产。严格按照国有资产管理有关规定及预算申报采购国有资产要求，不断规范资产台账登记和处置程序，全年共完成52.43万元固定资产处置核销及70.03万元资产调拨。

【平台公务出行】2019年，市后勤中心以“调配集约化、服务社会化、保障多样化”为原则，为57家单位的公务出行保障。全年累计派车13115趟次（含租车1341趟次），完成35台公务用车ETC安装，在全市“不忘初心、牢记使命”主题教育、“十一”大庆、“两会”维稳、防汛抗旱、蓝天保卫战、除臭剿劣攻坚战、文明创建等重点工作中提供后勤服务用车保障；抽调2名干职工全程参与全市事业单位公车改革，协助做好专项改革调研、方案制定及政策解读工作，拟制《宁乡市事业单位公务用车制度改革实施意见》。

【公共机构节能】2019年，市机关后勤服务中心公共机构节能工作再创新成就。2019年，全市公共机构人均综合能耗下降3.18%，单位建筑面积能耗下降3.2%，用水量下降3.8%，超额完成长沙市年初下达的3.0%、2.5%、3.5%的目标任务。中心成功创建2019年度长沙市生活垃圾分类示范单位，指导老粮仓镇人民政府和市中医院成功创建2019年度湖南省公共机构节能示范单位，指导市沩山风景名胜管理委员会成功创建长沙市生活垃圾分类示范单位。争取上级节能技改专项资金，完成4个公共机构节能改造项目。全面推进生活垃圾分类新时尚。组织开展4次生活垃圾分类工作业务培训，参加人数累计900余人次；全方位、多角度开展“绿色发展、节能先行”节能宣传周及生活垃圾分类进机关、进学校等活动；建立健全系统信息名录，完成行政中心主楼环保小屋建设及生活垃圾回收智慧系统试运行。

【后勤服务保障】2019年，市后勤中心始终以安心、放心、暖心的服务原则，倾力做好机关事务工作。精心打造温馨舒适的办公环境。坚持每天对四个“办公区”及市人武部、老年大学等庭院45.7万多平方米保洁区域及15.3万多平方米绿化养护面积进行日常保洁和养护，做好各办公区庭院管理品质提升、物业规范服务和建筑物零星维修工作。做好全市各项重大会务服务。秉承“高效节俭办会、优质服务办会”理念，全年共完成4078场会议服务，其中重大会议1984场，外派服务82次/456人次，服务满意率100%。全方面强化机关安全治理。始终把机关大院安全工作作为主线，严格落实安全维稳责任，维护机关大院和谐稳定。全年共接待群访157起2549人次、个访397人，组织安保人员进行消防实操演练4次，防汛应急演练1次，反恐演练3次。完成国庆行政中心升国旗活动，所辖各办公区电梯、监控、空调、消防设备安全正常运行，未发生一起安全责任事故和治安案件。着力打造绿色健康食堂。全年组织政清接待中心食品和生产安全检查12次，内部质量抽检20次，消防培训和演练1次，确保干职工“舌尖上的安全”，完成全市重大公务接待87余次。

【中心重点工作】2019年，市后勤助力沙田乡石笋村精准脱贫，中心派出2名干部常年驻村推进脱贫攻坚工作；通过送鸡苗猪苗、签订扶贫消费协议、收购农产品10次/金额12万元，积极参加“户帮户亲帮亲 互助脱贫奔小康”微心愿及“千企联千户”等活动。推进营商环境优化，深入4家联点企业项目，帮助解决变压器安装、空房整栋退租、申报技改项目、协调税收返还，收获企业点赞。为群众提供免费服务。联合市行政审批服务局召集相关部门各司其职，迅速落实，为前往市民之家办事群众免费提供打印、复印服务。协助市市监局、市民政局、市卫健局完成免费提供首套印章、为结婚及离婚对象免费提供照相、以及为前来办理老年证的同志免费提供照相服务工作。联合市数据资源中心、市卫健局，在市政府西三食堂试点运行“移动和包智慧食堂”项目，为市卫健局及相关单位280余名干部职工提供就餐和包支付服务，该项目创长沙之首，多次被长沙新闻频道、智慧宁乡宣传推介。

（曾思宇）

中国人民政治协商会议
宁乡市委员会

责任编辑・姜小平

综　述

【概况】 2019年，政协宁乡市委在本届政协设主席1名，副主席5名；设政协委员368名（实有355名），设政协常委66名（实有58名）；设界别21个，分别为：中共、民进、农工、无党派、工商联、工会、共青团、妇联、港澳台侨、少数民族、宗教、新闻、医卫、教育、科技、科协、文艺、社科、农业、经济、特邀等界别。政协机关设一办六委，分别为：办公室、委员学习联络委员会、提案委员会、经济科技和外事委员会、农业农村和人口资源环境委员会、文教卫体和文史委员会、社会法制和民族宗教委员会，办公室下设研究室和委员服务中心。全市29个乡镇（街道）均设立乡镇（街道）政协工作联络处，配备乡镇（街道）政协联络工作负责人和专职政协专干各1名。

2019年，市政协坚持以习近平新时代中国特色社会主义思想和中共十九大精神为指导，以加强和改进人民政协工作为出发点和落脚点，在宁乡市委的正确领导下，在市人大、市政府的大力支持下，团结带领全体政协委员、政协工作者、社会贤达和各界人士，聚焦服务大局主线，践行履职为民主旨，扎实履行政治协商、民主监督、参政议政职能，在推动宁乡高质量发展新征程中贡献政协智慧、彰显政协担当。

重要会议

【政协宁乡市第一届委员会第四次会议】 中国人民政治协商会议宁乡市第一届委员会第四次会议于2019年12月30日至2020年1月2日在玉潭街道举行。这次会议是在全面建成小康社会、实现第一个百年奋斗目标的决胜时刻召开的一次重要会议。在宁乡市委领导下，经与会委员共同努力，会议完成各项议程。

会议听取并批准刘永红代表政协宁乡市第一届委员会常务委员会所作的工作报告，听取并批准李纯代表政协宁乡市第一届委员会常务委员会所作的关于提案工作情况的报告。与会委员列席宁乡市第一届人民代表大会第四次会议，听取并协商讨论付旭明所作的《政府工作报告》及其他报告，对以上报告均表示赞同。会议选举产生了政协宁乡市第一届委员会主席、秘书长，增补选举了政协宁乡市第一届委员会常务委员会委员。会议期间，全体委员以高度的政治责任感和历史使命感，认真履行职责，积极协商建言，会议风清气正、务实高效，展现新时代政协委员的新气象、新担当、新作为，是一次民主团结、求实奋进的大会。

会议认为，宁乡市委、宁乡市人民政府坚持以习近平新时代中国特色社会主义思想和中共十九大和十九届二中、三中、四中全会精神为指导，认真贯彻落实中央、省、市各项决策部署，突出城乡人居环境综合整治，聚焦产业项目建设和营商环境优化，紧盯“三大攻坚战”，持续推进“四个打造”，真抓实干，开拓创新，圆满完成各项目标任务。《政府工作报告》总结工作客观全面、实事求是；2020年任务部署思路清晰、重点突出，符合中央和省、市委要求，符合宁乡经济社会发展实际，符合全市人民群众的共同期盼，措施鼓舞人心、目标催人奋进。

会议指出，市政协常委会在宁乡市委的正确领导下，在市人大、市政府的大力支持下，团结带领全体政协委员、政协工作者、社会贤达和各界人士，紧紧围绕市委战略部署，不断加强和改进人民政协工作，牢牢把握团结民主两大主题，充分发挥人民政协作为协商民主重要渠道和专门协商机构作用，扎实履行政治协商、民主监督、参政议政职能，在建言资政和凝聚共识上双向发力，在打好打赢三大攻坚战、推动宁乡高质量发展上作出积极贡献。

会议强调，2020年是全面建成小康社会和“十三五”规划收官之年，要实现第一个百年奋斗目标，为“十四五”发展和实现第二个百年奋斗目标打好基础。市政协要继续高举习近平新时代中国特色社会主义思想伟大旗帜，全面贯彻中共十九大和十九届二中、三中、四中全会精神，认真落实习近平总书记关于加强和改进人民政协工作的重要思想，深入学习中共中央关于新时代加强和改进人民政协工作的意见精神，坚持党的领导，聚焦主责主业，持续探索创新，强化责任担当，全面助推国家治理体系和治理能力现代化，干出新时代人民政协的新样子，为宁乡高质量发展凝聚更加磅礴的政协力量。

会议号召，市政协各参加单位、广大政协委员和政协工作者更加紧密团结在以习近平为核心的中共中央周围，在宁乡市委的坚强领导下，不忘初心、牢记使命，忠诚履职、锐意进取，为加快宁乡高质量发展努力奋斗！

【政协宁乡市第一届委员会常务委员会会议】 2019年，市政协共召开常委会议5次。

3月28日，市政协一届六次常委会议在市民之家三楼会议室召开，会议由市政协副主席李纯主持。会议专题学习2019年全国“两会”精神；协商讨论了市政协2019年协商课题、机构改革方案和人事工作。

7月25日，市政协一届七次常委会议在市民之家三楼会议室召开，会议由市政协副主席李纯主持。会议听取上半年宁乡市经济社会发展情况的通报；协商通过“双百”精准扶贫活动方案，并安排部署市政协下半年相关工作。

8月19日，市政协一届八次常委会议在行政中心政协常委会议室召开，会议由市政协副主席李纯主持。会议宣读《长沙市监委会监察建议书》《关于免去邓杰平政协宁乡市第一届委员会主席职务、撤销其宁乡市政协委员资格的决定（草案）》，并表决通过。

10月10日，市政协一届九次常委会议在市民之家三楼会议室召开，会议由市政协副主席彭曦明主持。会议协商讨论《关于农村青少年心理健康教育问题的调研与建议》及一届四次会议大会发言课题方向；同时协商相关人事工作。

12 约 3 日，市政协一届十次常委会议在市民之家三楼会议室召开，会议由市政协副主席彭曦明主持。会议通报委员大会发言的相关事宜，协商审议宁乡市政协常委会工作报告（征求意见稿）、宁乡市政协提案工作报告（征求意见稿），提案办理先进单位、先进个人和优秀提案建议名单，宁乡市政协一届四次会议议程、日程、分组讨论联组名单，宁乡市政协一届四次会议执行主席名单；听取宁乡市政协一届四次会议筹备工作情况汇报；同时协商相关人事工作。

履行职能

【政协协商】 2019 年，市政协共召开全体会议 1 次，常委会议 5 次，主席会议 9 次。全会期间，邀请市委、市政府领导参与委员联组讨论，当面听取委员意见。

苏剑波委员撰写的《加快建设适应新时代需要的政协智库的建议》和姜斌委员撰写的《建议审视我国未成年人犯罪封存制度》社情民意信息被全国政协采纳。

紧密依托“政协云”平台应用，实现各类会议和活动“云上”签到和报道。“云宝晒技能”活动被省政协评为先进组织单位，11 人获得“云宝爱政协”活动满分，在全省区县市中排名前列。熊毅、王理英、李素辉 3 名委员的扶贫日记，被省“政协云”专栏刊登。

精准制订年度协商工作计划，重点围绕“加大宁乡本地产品推广力度”“加强我市中小学生安全饮水管理”等议题深入调查研究，开展常委会协商、对口协商、界别协商。市委、市政府高度重视、大力支持，副市长王湘云、陈德奇等相关党政领导多次出席专题议政性常委会。市政府就《政府工作报告》与市政协开展专题协商，充分征求和听取意见建议。

【基层民主协商对话会】 2019 年，宁乡市政协作为全省唯一的市县级代表参加全国地方政协工作经验交流会，并作《推动协商民主向基层延伸》的发言，经验被新华社《高管信息》、新华社客户端刊发推荐。市委召开专题会议，传达全国地方政协工作经验交流会精神。市委深改办印发《乡镇（街道）基层民主协商对话会工作实施意见》，并将此项工作纳入年度重点改革任务清单。全市 29 个乡镇（街道）的 156 个村（社区）一年共计召开 429 场基层民主协商对话会，推动基层难题有效解决。沩山乡组织避暑产业利益方平等沟通对话，解决之前恶性竞争、无序发展的问题；煤炭坝镇为老城焕发新姿达成社会共识，形成《关于人居环境治理的“煤城有约”》；坝塘镇协商对话成效多次被“学习强国”、《湘声报》等媒体平台报道；双凫铺镇逐村分片协商“五治”示范点建设，引导群众主动加入振兴乡村队伍。历经铺、大成桥、黄材、巷子口、龙田、白马桥等乡镇（街道），通过协商对话拓宽群众在城乡社会治理和基层公共事务中反映意见和建议的渠道，做了很多卓有成效的工作尝试。

【提案办理】 全年征集提案 131 件，立案 124 件，已全部办复。出台《提案工作实施办法》，精选 9 件重点提案，由市党政领导和市政协领导领衔督办。召开重点提案双向评议会议，邀请第三方代表参加，全程“政协云”线上图文直播，完整展现“提案提得怎样、部门办得如何”的真实情况。市委书记周辉亲自督办《关于着力推进宁乡工业高质量发展的建议》45 号提案，定期督促工作落实进度，出台《宁乡市坚持制造业立市推动高质量发展实施方案》，为宁乡市未来工业高质量发展明确目标。市长付旭明出席提案交办会议，对提案承办单位提升见面率、满意率、解决率提出具体要求，并领衔督办《关于发展宁乡花猪产业助力乡村振兴的建议》61 号提案。

政协作为

【文史工作】 持续开展历史文化资源普查，深入田野乡村调查挖掘，对新发现的 68 处重要文史资源予以挂牌保护，并指导灰汤镇、坝塘镇、沩山乡等 10 个乡镇（街道）编撰出版文史书籍。精心打造“沩水春秋”电视专栏，共完成 38 期节目摄制，全部被“学习强国”平台转载，节目观看量超 100 万人次。

【服务中心】 按照市委、市政府安排部署，市政协班子成员全年共联系 10 个重点项目和 16 个企业，全力服务 1121 项目、现代农业产业园创建、宁乡非洲猪瘟防控、亿元企业家俱乐部等中心工作，实现帮扶走访 107 次，协调解决问题 34 个。为高标准创建一流的宁乡花猪养殖示范场，一手抓建设，赴山东、浙江、福建、江

2019 年 7 月，市政协主席会议成员走访委员企业（市政协供图）

西学习先进经验，在双江口镇建立花猪养殖示范场，坚持常态调度，项目进展顺利；一手抓招商，与世界500强正大集团已签订合作意向，构建起一个单一产品打造百亿产业的新格局。

助推营商环境优化。主席会议成员对企业界委员进行实地走访，听取对宁乡市优化营商环境的意见建议，为委员企业发展搭建平台、积极鼓与呼。参与长沙市政协民主评议“最多跑一次”改革工作，就宁乡经验进行推荐。动员企业和商会委员参与“百企大招商”活动，助推宁乡产业链条不断壮大。建立对外联络联谊信息库，广泛采集乡友信息4064条，并与“楚沩英才”信息管理系统和统战信息管理平台实现数据互通。围绕“制造业立市”战略，成功举办九期“对话西线工业走廊论坛”，得到社会各界肯定。

主动投身脱贫攻坚战场。启动“百名政协委员帮扶百名优秀贫困学子”活动，释如焰、何红兵、胡宁湘、邓建明、唐亚星、姜配良等104名委员结对帮扶学子119名。组织九三学社、玉潭和白马桥街道政联处、阳光教育基金等单位和团体召开脱贫攻坚座谈会，出资出力，助力贫困村产业扶贫。

政协自身建设

【理论学习】 2019年，共召开党组理论学习中心组学习12次。按照“不忘初心、牢记使命”主题教育要求，重点对《习近平关于“不忘初心、牢记使命”论述摘编》《习近平新时代中国特色社会主义思想学习纲要》《中共中央关于新时代加强和改进人民政协工作的意见》及党章党规等进行三轮学习研讨，将学习教育、调查研究、检视问题、整改落实贯彻始终，深刻剖析自身问题，筑牢理想信仰之基。举行2期政协系统党员委员教育培训班，为党员委员“加油充电”。开展各类理论研讨和座谈交流等活动，进一步增强政协各参加单位、全体委员和社会贤达的政治认同、思想认同和情感认同。

【机关建设】 2019年，政协机关通过机构改革，重设“一办六委”，队伍结构进一步优化；通过选派干部外出培训学习、选调优秀中青年干部，队伍合力进一步增强；通过深入开展“不忘初心、牢记使命”主题教育，认真抓好问题整改，建立健全长效机制，机关作风进一步好转。

机关认真接洽各地政协到宁乡调研考察，积极组团参加长沙市政协组织的乒乓球、羽毛球、篮球、摄影和征文比赛，增进政协系统内部联络联谊。“书香汇”活动立足“书香政协”品牌建设，得到一大批热爱学习、乐于交流的委员和各界人士的响应。 （王文祺）

中国共产党宁乡市纪律检查委员会

责任编辑・姜小平

综　述

2019年是宁乡市巩固全面建成小康社会成果、加快现代化建设取得丰硕成果的一年，也是全面从严治党实现重要跨越、走向新的征程的一年。市委切实担起管党治党政治责任，以“不忘初心、牢记使命”主题教育为契机，带头践行“两个维护”，坚定不移推动全面从严治党向纵深发展。全市各级纪检监察机关在上级纪委监委和市委的坚强领导下，深入贯彻“三个一以贯之”要求，稳中求进、务实作为，各项工作取得新的进步，推动全市政治生态实现了根本性转变。

坚定政治站位，管党治党责任更加落细落实。市委坚持以巡视整改的高质量推动党的建设的高质量作为全年工作定位，牢牢扛起主体责任。市委常委会会议20次就省市典型案例、“打牌子”专项整治等工作进行传达学习和研究部署，出台《关于进一步加强党的政治建设优化政治生态的若干措施》等长效文件，市委书记带头给全市各级党政一把手和纪检监察干部作全面从严治党专题授课。市纪委监委认真落实市委部署要求，及时向长沙市纪委和市委书面请示报告重大事项31次，红包礼金治理、信访举报等情况得到领导批示肯定。创新出台《关于加强巡视巡察整改日常监督工作办法（试行）》，对省委巡视整改所交办的涉及17个市领导、48个责任单位的整改情况挂图作战、跟踪问效，开展“纠偏差、堵漏洞、防反弹”巡视巡察整改情况“回头看”，督促巡视反馈问题整改率达到96%，宁乡巡视整改工作做法得到省委巡视办、省纪委监委第五监督检查室的充分肯定。扎实抓好市委巡察工作，配合做好长沙市委对灰汤镇及灰汤村的提级交叉巡察，完成对6个乡镇、19个市直单位和52个村级党组织的常规巡察，反馈问题578个，移送线索65条，巡察工作在长沙市交流会上作典型发言。严把选人用人政治关廉洁关，对171批5503人次作出回复，对200人次出具不同意见。强化精准问责，共问责立案80起，问责单位3个，处理处分203人。

坚守人民立场，突出问题治理更加系统深入。撤销廉政账户，持续推进违反中央八项规定精神突出问题治理，督查整改各类问题391个，查处违反作风建设案件124起，处理处分271人，出台了《关于严明旅游景区“四个严禁”纪律的通知》等制度性文件。深入开展扶贫领域“一季一专题”集中治理，查处群众身边腐败和作风问题案件145起，处理处分202人，追缴和退还群众资金771万元。聚焦群众关切，严肃查处4所学校食堂违纪问题，督促有效解决重点对象住房安全保障等问题。组织全市副科级以上领导干部开展“提篮子”“打牌子”问题自查自纠，严肃查处9起围标串标、规避招投标等违纪违法行为。将专项整治与“两个年”活动相结合，全面开展“新官不理旧事”专项治理，促进中心工作质效提升。建立健全线索双向移送、常委包案、线索筛查“五个一”“双专班”同步上案等机制，对85条涉黑涉恶腐败和“保护伞”问题线索进行调查处置，对16个涉黑涉恶案件背后的“关系网”“保护伞”进行排查，处理处分67人次，移送司法机关1人。深入开展公职人员非法投资获利问题专项治理，收缴扣押违纪资金508万多元。

健全机制制度，执纪执法综合效应更加彰显。健全信访举报工作机制，市委常委会专题听取汇报，市委书记亲自研究、亲自调度，市纪委监委牵头组织开展信访举报突出问题集中治理和专项巡察，召开阳光答复会13次，全市越级信访举报同比下降23.6%，有效化解灰汤镇新风村和老粮仓镇李某等一批信访难题。建立健全村务监督委员会工作实施和监督管理方案，将落实情况纳入村级巡察重要内容，督促各乡镇（街道）强化管理考核，切实打通监督执纪的最末梢。市纪委监委向市委反腐败协调小组成员单位请求协助支持调查180人次，共收到各成员单位移送问题线索295件。全年全市共处置问题线索1906条，立案349件，结案338件，其中科级以上干部34人；党纪政务处分335人，留置3人，移送司法机关6人；挽回经济损失2300多万元。更加精准有效运用“四种形态”，共处置2024人次，其中运用第一种形态批评教育帮助1677人次，严肃查办了市法院党组成员、执行局局长胡勇红等严重违纪违法案件，配合省、长沙市纪委办理了“2·21”“9·3”等重大案件。

深化标本兼治，纪律规矩意识更加入心入脑。以警示教育破题，发出典型案例通报18期59例，召开领导班子成员纪律处分宣布会7次、其他党员干部处分通报会10余次，1000多名领导班子成员接受现场警示教育；在国土、工程建设监管等部门单位，开展案例式警示教育6次；以向力力案、李晓宏案、邓杰平案等案件为镜鉴，组织召开直达村一级的全市党员干部专题警示教育会议。针对典型案件暴露出来的问题，分析普遍性特点和规律性成因，发出纪检监察建议12份，推动以案促改、以案促建。结合主题教育成功举办“誓如当初·不辱使命”第十届“廉政文化周”活动，以“周”带年，持续巩固、拓展、深化廉政教育成果。在高压震慑和政策感召下，多名干部主动投案，在扶贫领域专项整治中14名村组干部主动说清问题，党员和公职人员在行政执法案件中的违法行为成案比由2017年的5%下降到2019年的1.7%。

恪守初心使命，队伍精准履职水平更加提升。按照“全员培训年”要求，健全市纪委监委机关理论中心组学习规则，分类分批次组织全市纪检监察干部开展集中业务培训、参加上级调训，共5批570余人次。加强市纪委监委机关党的建设，扎实推进“不忘初心、牢记使命”主题教育，抓实“三会一课”，组织开展好党员过集体“政治生日”、结对帮扶助学等活动。带头整治形式主义官僚主义问题，对“两个责任”系统优化精简64项，委机关发文数量较上年度减少30%。持续深化“三转”，分类开展纪检监察机关权力运行风险防控机制建设，加大干部交流提拔使用力度，严肃查处纪检监察干部问题线索，对8名纪检监察干部进行提醒谈话，对1名市纪委委员立案调查，严防“灯下黑”。加强宣传推介，全年中央、省、长沙市各级媒体累计报道宁乡全面从严治党工作300多篇次，较好地展现宁乡形象。

全面从严治党

【中共宁乡市第一届纪委第二次全会】 1月30日，中共宁乡市第一届纪委第二次全会召开，会议在市会议中心一会议室设主会场，在各乡镇（街道）设视频分会场。会议传达贯彻中央及省、长沙市各级纪委全会精神，总结2018年纪律检查工作，安排2019年任务。宁乡经开区党工委书记、市委书记周辉在大会上讲话，宁乡市委常委、市纪委书记、市监委主任刘强作工作报告。2019年，全市纪检监察工作将以习近平新时代中国特色社会主义思想为指导，深入贯彻中共十九大和十九届二中、三中全会精神，树牢“四个意识”、坚定“四个自信”、践行“两个维护”，坚持稳中求进工作总基调，按照中央、省、长沙市纪委全会部署和市委要求，以党的政治建设为统领，协助党委全面从严治党，深化突出问题整治，做严做实日常监督，健全完善监督体系，一体推进不敢腐、不能腐、不想腐，巩固发展反腐败斗争压倒性胜利，营造良好政治生态，打造忠诚干净担当的纪检监察铁军，为加快建设更加富饶美丽幸福的现代化宁乡提供有力纪律保证。下午，市纪委委员、巡察机构、纪检监察组织负责人、委机关部室负责人进行分组讨论，并召开闭幕会审议通过工作报告。

【第十届“廉政文化周”】 10月28日至11月1日，宁乡市举办第十届廉政文化周活动。以“誓如当初，不辱使命”为主题，集中开展了“廉政党课悟初心、警示教育问初心、故事分享守初心、家庭助廉护初心、电视问政践初心、廉政辩论明初心”等六个子活动。活动坚持“一届一主题，届届有新意”的原则，以更加生动、多样的形式，教育引导广大党员干部守初心、担使命。

【创新出台加强巡视巡察整改日常监督办法】 为确保巡视整改监督长效机制，4月2日，宁乡市出台《关于加强巡视巡察整改日常监督工作办法》，把巡视巡察整改情况纳入“两个责任”清单、纳入常规检查内容、纳入专项监督内容、纳入市委巡察内容，通过对整改情况进行挂图跟踪、检查反馈、线索处置、协调联动、评估问效，建立有序衔接、互为补充、协调一致的整改监督链条。按照“集中整改期一周一督查，集中整改期后一月一检查，整改年度后半年一检查”的要求，开展巡视巡察整改检查，形成巡视巡察监督和纪律监督、监察监督、派驻监督的整体合力。

【机构调整】 根据2019年全市机构改革方案同步调整派驻机构设置，新设驻市公安局纪检监察组、驻卫生健康局纪检监察组、驻市自然资源局纪检监察组。驻市城乡规划建设局纪检监察组更名为驻市住房和城乡建设局纪检监察组；驻市农业局纪检监察组更名为驻市农业农村局纪检监察组；驻食品药品工商质量监督管理局纪检监察组更名为驻市市场监督管理局纪检监察组。不再保留驻市发展和改革局纪检监察组、驻市水务局纪检监察组、驻市城市管理和行政执法局纪检监察组。

（戴　姣）

2019年10月31日，第十届廉政文化周辩论赛现场

民主党派·工商联

责任编辑·姜小平

中国民主促进会长沙市委员会宁乡市工委

【概况】 2019年，民进宁乡工委在民进长沙市委的领导下，在宁乡市委统战部的指导关心下，团结带领广大会员，大力加强思想建设、组织建设和社会服务，认真履职尽责，积极参政议政，各项工作取得显著成效。

【思想建设】 2019年，民进宁乡工委加强学习培训。参加民进长沙市委和宁乡市委统战部组织的各种培训班、学习研讨班，通过会议、座谈等形式，深入学习贯彻习近平新时代中国特色社会主义思想，学习民进长沙市委和宁乡市委统战部相关文件精神，进一步增强会员的“四个意识”，明确工作要点，确立工作方向。及时传达会议精神。第一时间传达学习党的十九届四中全会精神，要求广大会员深刻把握会议精神实质，增强服务中心工作、关注民生热点问题的主动性，把思想认识和行动统一到中央决策部署上来。认真学习会史。结合新形势、新任务，对会员进行中国民主促进会会史、会章、多党合作优良传统的教育，引导会员学习我国政党制度、统战理论和有关法律法规知识，进一步增强会员的政治把握能力、参政议政能力、合作共事能力和解决自身问题的能力。

【组织建设】 2019年，民进宁乡工委进一步完善办公条件。配备办公设施，优化办公环境。完善公章、对公账号，配备办公台、椅、柜、电脑、打印机等设备，为日常工作提供必要的保障。进一步完善办公制度。完善工作管理制度，出台提案及工作调研的考核奖励工作方案，对财务管理、会员的考核吸收流程、社会服务等工作进行明确规范，逐步把各项工作纳入制度化和规范化的轨道。着力发展优秀会员。2019年发展新会员3名，其中在政府部门担任实职正科一人，极大地提高会员的整体素质，提高党派的影响力。至2019年底，民进宁乡工委会员中有省政协委员1名，长沙、宁乡人大代表及政协委员19人。

【参政议政】 2019年，民进宁乡工委“两会”大展风采。继续坚持把参政议政作为基层组织工作的重要抓手，会员中的人大代表、政协委员在“两会”上积极参政议政，建言献策。在2019年省政协会议上，省政协委员、流沙河花猪生态牧业股份有限公司董事长李述初提交《推动宁乡花猪百亿产业发展》《推进畜禽粪污资源化利用》两份提案。在宁乡市政协一届四次会议上，张帅进行《加速体系建设，助推国有平台市场化转型公司高质量发展》的发言，提案《关于我市中小学生安全饮水管理的建议》获得优秀提案。刘敏、廖丽娟、戴瑞春获评2019年度优秀人大代表。社情民意硕果累累。撰写《关于优化营商环境的调研报告》《加强食品安全监管，世界爱上中国制造》《农村留守儿童家庭教育问题与对策研究》《农村学前教育师资队伍建设的研究》等调研课题，向民进长沙市委、长沙市委统战部、民进湖南省委积极报送社情民意和新闻信息70多篇次。其中，杨柏松《“退伍军人联盟车贴”张贴问题亟待加强整治》被民进中央采纳和省政协采纳，并得到省委常委、常务副省长谢建辉的批示。刘建良《农村建幼儿园需防止可能引发的“空园”现象》被民进中央采纳，刘建良《关于规范小学起始年级零点教学 遏制幼儿园“小学化”倾向的建议》被省政协采纳。参与党委政府建言献策。广大会员发挥自身优势，积极参政议政。张超明、刘建良参加宁乡市委常委班子专题民主生活会党外人士征求意见座谈会。张超明、朱爱英出席12月19日有市委书记参加的民主党派人士座谈会。

【社会服务】 2019年，民进宁乡工委开展“幸福宁乡．智慧父母大讲堂”。该项目由民进会员、白马桥风行小学校长廖丽娟积极组织倡导，2019年城北梅花中学等全市10多所学校和社区开展家庭教育指导服务，讲座通过持续的家庭教育指导课程，帮助家长转变教育观念，提升家庭教育水平，助力孩子健康成长。推进法律微讲堂进社区。通过民进会员周卫华的努力，民进宁乡工委与爱泽郊扬志愿服务队一起发力，邀请律师就如何避免非法集资、民间借贷等问题开展法律讲座，聆听讲座人数达1000多人次，深受群众欢迎。打造爱心传递品牌。会员周卫华利用自己志愿者的身份，积极组织会员开展“爱满夕阳”扶老服务、“童声同乐”公益课堂，为孤寡老人理发、剪指甲、换洗衣服被褥，针对社区年龄6岁——16岁的流动人口子女，进行经典朗诵、普通话培训、演讲与口才、主持与表演等一系列培训学习，丰富孩子们的课余生活，增强孩子们的荣誉感和自信心。

中国农工民主党宁乡基层工作委员会

【概况】 2019年，中国农工民主党长沙市委宁乡基层（以下简称农工党宁乡基层工委）工作委员会共有党员76名，下设人民医院支部、中医院支部、综合支部3个支部。2019年，农工党宁乡基层工作委员会坚持中国共产党领导的多党合作制，立足自身特点、发挥人才优势，全面开展党派工作，较好地完成年初制定的各项目标任务，为宁乡市域经济社会发展贡献力量和智慧。

【队伍建设】 2019年，农工党宁乡基层工委进一步加大培训，提升党员能力。严把党员“入口”关，发展新党员6名，目前党员共76名，涵盖医药卫生、人资环境、科局、乡镇、企业、新闻等界别，其中市人大副市级干部1人，市政协副主席1人，长沙市人大代表1人、长沙市政协委员1人，市人大常委3人，市政协常委3人，其他代表、委员多人；副教授以上职称10余人，其中教授7人，党员基本上都是各部门单位领导或者业务骨干，具有较高的业务综合能力。

1月15日，农工党宁乡基层工作委员会召开党员培训暨2019年工作动员大会。全国人大代表、省政协副主席、农工党省委主委、南华大学校长张灼华，省人大常委、农工党省委专职副主委蒋秋桃出席会议。农工党长沙市委专职副主委周锦民，宁乡市委副书记刘永红，宁乡市委常委、统战部长钟利仁，宁乡市政协副主席、工商联主席曾含玲参加会议；9月25日至27日，为重温各民主党派与中国共产党风雨同舟、协商合作的历史，深入学习习近平新时代中国特色社会主义思想，进一步提升民主党派成员的履职能力，市委统战部组织民进宁乡工委、农工党宁乡基层工委的47名党派骨干、青年成员在湖南大学开展为期三天的主题教育培训；10月17日，农工民主党宁乡基层工作委员会在宁乡农工党员之家开展"不忘合作初心、继续携手前进"主题教育活动，邀请长沙市政协副主席、农工党长沙市委主委龚振湘，长沙市委统战部副部长刘佳勇授课，农工党长沙市委各工委部分党员、农工党宁乡基层工委全体党员共70余人参加主题教育学习。

2019年开展"不忘合作初心，继续携手前进"主题教育活动中，农工党宁乡基层工作委员会被农工党湖南省委授予"先进基层组织"。宁乡人民医院副院长，人民医院支部主委黎清华当选为长沙市统一战线"70年70人·同心耀星城"典型代表人物；杨成、杨轶、陈彬参加农工党长沙市委庆祝中华人民共和国成立70周年知识竞赛获评一等奖；农工党宁乡基层工委获评2019年农工党长沙市委组织"美丽中国、健康中国"趣味运动会团体第二名。

【参政议政】 2019年，农工党宁乡基层工作委员会发挥党派界别优势，在乡村振兴、健康宁乡、环境卫生等方面，加大调研力度，围绕社会民生热点，呼应群众心声，积极撰写调研报告、社情民意，为市委市政府决策出力，为推动市域经济发展，为建设美丽宁乡出谋划策。其中，贺小平撰写的《关于推进文联换届发展宁乡文艺事业的意见建议》《关于将喻家坳乡打造成"栀子小镇"的意见建议》《关于评选我市"市树""市花"的建议》等提案，全部得到落实，并产生很好的社会效应；刘陵撰写的《关于全面实施县、乡、村医技人才振兴计划，助推"健康宁乡"建设的建议》、李拥华撰写的《关于推动儿童青少年及时防控智能化建设的建议》以及黎清华撰写的《加快我市互联网医院建设，提升健康宁乡服务能力的建议》均得到市委、市政府的高度重视，为助推健康宁乡的建设献力献策；另外陶文英撰写的《关于做好土地文章，实施乡村振兴的建议》、王应军撰写的《中医药文化建设与中医药产业发展的建议》被市领导列为重点督办提案，为乡村振兴、中医药发展作出应有的贡献。

【社会服务】 2019年，农工党宁乡基层工委助力帅一机器人公司落地生根。帅一机器人公司一家集医疗健康产业+人工智能技术于一体的高科技企业，湖南省政协、长沙市委统战部等领导的高度重视，帅一的落地，利用其人工智能的技术优势，可以助力智慧医疗、健康宁乡的建设。农工党宁乡基层工委充分发挥界别优势，组织人民医院、中医药等医疗团队搭好桥梁作用，搞好后勤服务，助力帅一人工智能在宁乡落地生根。健康服务深入基层。2019年，农工党宁乡基层工委组织人民医院、中医药等支部医疗健康专家进园区、进社区、进学校，为企业技工、社区居民、学校老师等3000余人开展健康讲座28次；同时还组织医院眼科、内科、外科等多个科室医生到夏铎铺天马新村、横市镇泉柳村、煤炭坝社区等乡镇开展义诊活动，赠送药品，宣传健康生活知识；宁乡市人民医院、中医院等支部分别组织开展"青少年视力监测活动"和"贫困家庭健康体检"活动，对贫困家庭学生免费进行了眼视光专业技术人员培训，对合格人员免费安排就业岗位等，充分发挥党派界别优势在服务社会、服务民生中的重要作用。 （杨　成）

宁乡市工商业联合会

【概况】 2019年，宁乡市工商业联合会（以下简称市工商联）突出"两个健康"工作主题，充分发挥桥梁、纽带、助手作用，加强商会组织建设，做实做优非公经济服务中心、"十部"、"商务快线"、"亿元企业俱乐部"、"优化营商环境"、"千企联千户"等工作。2019年获评国家级"创新中国"奖项、湖南省及全国"五好"县级工商联、长沙市工商联营商环境工作先进单位。

【商会建设】 2019年，基层商会实施商会建设"三年行动"计划，年内有东湖塘镇、老粮仓镇、煤炭坝镇、白马桥街道、城郊街道横市镇、花明楼镇、金洲镇、资福镇、历经铺街道、坝塘镇、灰汤镇12个基层商会登记注册；行业商会开展行业自律，组织开展系列活动，其中豪德商会开展银企对接，打造节会经济；沙河市场商圈打造沙河市场新品牌——"宁爱商城"；摩托车商会把便民服务送到群众家门口，为边远乡镇的村民122人解决摩托办证难的问题；异地商会作用发挥明显，2019年异地商会由广州湖南宁乡商会发展到深圳、东莞、北京、三亚、韶关、株洲、长沙等异地商会8个，在搭建异地企业与家乡联系桥梁上发挥积极作用。

【会员服务】 2019年，市工商联做实非公经济服务中心，由十家规模企业家为部门分管领导，各部由十名以上中小企业家为部门成员，以非公经济人士主导，以"会员服务会员"模式扩大企业服务范围，各部积极组织系列活动服务非公经济。政务服务部整理中央、省市政策第一时间在各企业微信群等平台进行宣传、解读；法律维权部举办《中国式合伙人——实体企业风险管控》为主题的法律知识讲座，组织400多名企业代表参加；教育培训部开展各类教育培训，组织非公经济人士分两批次赴红色教育基地遵义开展理想信念教育，开展《家风、家训、家教》教育专题讲座；经济咨询部邀请国家税务总局干部学院特聘讲师刘帅主讲新财税知识讲座；招商引资部开展“百企大招商”活动，带动全市会员开展招商引资，成功引进项目2个，其中湖南某园项目已在宁乡高新区签约落地；精准扶贫部参与“百企联百村”、“千企联千户”脱贫攻坚活动；宣传推介部积极向省、市新闻媒体报送宣传商会、企业风采、先进典型事迹；活动策划部开展非公经济大讲堂活动，邀请松井新材董事长凌云剑担任主讲“壮志凌云·逆风飞扬”为主题的专题讲座；驻宁异地商会联谊部和驻外商会发展联络部组织异地商会召开营商环境交流座谈会。

【商务快线】 2019年，商务快线为亿元企业俱乐部成员、年纳税额100万以上企业家、市工商联副主席、副会长、商会会长免费提供往返宁乡与黄花机场、高铁站商务出行的交通24小时一对一专线服务。为185家企业出车2035次，服务3052人次，与2018年相比增加了23家企业。开通快速值机，实现机场无缝对接，为116家企业高管出行提供机场服务175次。

【亿元企业俱乐部】 2019年，市工商联将年纳税额超过500万元的企业主要负责人纳入“亿元企业俱乐部”，使俱乐部成员享受就医就学优先、政务服务优先、商务快线免费等优质服务。明确政法委、法院、教育局等18家单位分管负责人对俱乐部成员专门对接，确保专人专业服务，协调解决精量重工、圣得西、金富包装、三一重起等企业在就医就学、涉及用地、行政处罚等问题31个。

【非公经济大讲堂活动】 2019年，开展第四期宁乡非公经济大讲堂活动，邀请松井新材董事长凌云剑担任主讲“壮志凌云·逆风飞扬”为主题的专题讲座，并结合此次活动场外展示区邀请了建设银行、中国银行、邮政银行等银行开展银企对接活动，为企业发展搭建平台，活动组织全市各行各业400多家非公有制企业参加。

【优化营商环境】 2019年，市工商联畅通民营企业诉求服务热线12345，24小时接听、受理、答复和回访民营企业的咨询、建议、诉求、批评、举报等事项，服务热线共受理解决民营企业诉求158件，满意率100%。搭建公、检、法、司法律服务平台。为建立健全多元化纠纷解决机制，与法院联合出台《关于商会参与调解机制实施意见》，宁乡市人民法院与宁乡市工商联共同设立“宁乡市商事调解中心”；与检察院建立服务协作机制，由市检察院派驻一名检察官驻非公经济服务中心挂职，举行“检察护航民企发展”检察开放日活动，现场以案释法；引导企业运用法律手段和法治思维解决问题，协助关山美印、天和钻具、星邦重工等企业解决具体问题，切实保障企业合法权益。

【光彩事业】 2019年，市工商联持续推进“百企联百村”合力脱贫攻坚活动。发动42家非公企业与贫困村对接，捐赠现金及物资304.6万元，惠及22个乡镇36个村和1115户困难群众；深入开展“千企联千户”扶贫活动。动员604家企业成功认领全市975户深度贫困户，参与企业共向贫困户捐款112万元，物资折算价值38万元，安置贫困对象就业12人；组织开展“户帮户亲帮亲互助脱贫奔小康”活动。组织企业家参加“亲帮亲户帮户互助脱贫奔小康”主题活动，现场认领贫困户微心愿六个，为贫困户达成心愿。

（潘利华）

群众团体

责任编辑・姜小平

宁乡市总工会

【概况】 宁乡市总工会辖高新区工会联合会、29个乡镇（街道）工会联合会和71个市直科局单位工会，现园区工会和乡镇（街道）工会基本实现规模企业工会组织全覆盖。市总工会机关工作人员23人，其中班子成员3人，主任科员2人，其他部室工作人员11人，社会化工会工作者7人。2019年，宁乡市总工会坚持以习近平新时代中国特色社会主义思想为指导，深入贯彻落实中共十九大和十九届二中、三中、四中全会精神，中国工会十七大精神以及省总“五个年”建设、长沙市总“基础建设年”的工作部署要求，围绕宁乡市委“四个打造”，聚焦全市产业项目建设和营商环境优化，以固本强基、智慧工会、体系构建为工作重心，开展凝聚共识、建功立业、维权帮扶、建家强会、素质提升“五大行动”，工会工作取得新的突破和成效。

【领导调研工会工作】 2019年，10月31日，省人大常委会副主任、省总工会主席周农一行到宁乡市，深入园区、企业、乡镇（街道）、工人文化宫等地调研工会工作。调研中，周农对宁乡市工会工作给予充分肯定。他指出，宁乡工会围绕中心服务大局，找准凝心聚力的切入点和着力点，充分调动职工的积极性，有力发挥职工主力军作用，基层工会建设推进有力，维权帮扶工作取得明显成效。

7月23日，长沙市人大常委会副主任、市总工会主席芮英姿率长沙市总工会、各开发区、区县（市）总工会相关负责人共40余人到宁乡观摩调研工会“五个年”建设情况。

7月17日，湖南省总工会副主席、党组成员彭晛丹，长沙市总工会党组成员、副主席汪中会一行调研宁乡市产业工人队伍思想状况并举行座谈会，听取各级工会、企业园区开展产业工人队伍思想政治工作的重点、难点以及意见、建议。

【“六送进企业”流动服务】 5月5日，宁乡市总工会“六送进企业”流动服务三年行动启动仪式在宁乡高新区举行。湖南省总工会党组成员、副主席彭晛丹，湖南省总工会宣传教育和网络信息部部长许波，长沙市总工会党组书记、副主席周宏兆，宁乡经开区党工委书记、市委书记周辉，宁乡经开区党工委副书记、管委会主任张毅，市委副书记、市长付旭明，市委副书记刘永红及相关市领导出席，启动仪式由市人大常委会副主任、市总工会主席周泽祥主持。活动现场，宁乡市委副书记刘永红介绍“六送进企业”流动服务三年行动情况，宁乡经开区党工委书记、市委书记周辉为流动服务队授旗，宁乡市委副书记、市长付旭明讲话，湖南省总工会党组成员、副主席彭晛丹宣布“六送进企业”流动服务活动启动。2019年，宁乡市总工会组织人社、卫计、司法等12个部门和10多家社会机构、近400名志愿者成立送温暖、送技能、送法律、送健康、送文艺、送便利6支服务队、24支服务小分队，实施服务项目27个，覆盖园区企业121家，惠及职工群众近2万人次。

【职工劳动及技能竞赛】 宁乡市总工会组织开展2019年宁乡市“产业项目建设年”职工劳动竞赛活动，在重点企业和重点项目中分别评选10个先进职工班组，激发职工创新创造热情，助力宁乡产业高质量发展。同时开展垃圾分类百日劳动竞赛，为美化宁乡环境贡献力量。

2019年，在长沙市“十行状元、百优工匠”技能竞赛中，宁乡有11人获奖，楚天科技的郭剑锋、杨文明获得冷作钣金第8、第10名，中狮汽车服务公司的李强获得汽车涂装第10名，楚天科技的刘礼、易思琳获得自动焊接第8、第9名，楚天科技的郭令怀、黄佳杰、格力暖通的朱敏强、楚天科技的胡文彪、高红波分别获得数控加工中心第3～4名及第7～9名，楚天科技的武红伟获得电子设备装接第2名，他们均获长沙市“百优工匠”的荣誉称号。

宁乡市“十行状元、百优工匠”技能竞赛于12月结束，全市共有200多家单位，1000多名技能人员参加最后的决赛，最终在钢筋工、中式烹饪、焊工、装配钳工、叉车工、护士护理、教育系统思政课7个行业（工种）中竞赛出前10名，其中第1名被授予宁乡市“十行状元”称号，第2至第9名均被授予宁乡市“百优工匠”称号。

【“一户一产业工人”培养工程】 2019年，宁乡市总工会落实“一户一产业工人”培养工程的培训工作，组织辖区内有培训需求的劳动者参加集中式培训，3月在宁乡高新区开设一期焊工、一期电工培训班，5月在三一重起开设一期电工培训班，9月、10月在煤炭坝门业园开设两期焊工培训班，全年共计有300名学员

2019年3月17日，“一户一产业工人”培养工程焊工培训班在宁乡高新区三一重工开班

参加免费培训并获得职业资格证书。

【工会帮扶】 2019年，宁乡通过各级工会开展的帮扶措施及职工家庭自身的努力，15户成功实现解困脱困。建档立卡职工在档数19户（全国级5户、省级4户、长沙市级8户、市本级2户），其中5户为低保类型，事业单位在职职工11名（其中待岗职工8名），企业职工8名，实现“多对一”结对帮扶。

全年共投入112.5万元用于春送温暖、暑送清凉、金秋助学、大病救助等帮扶项目，共帮扶（慰问）困难（一线）职工4200余人次。全市组织32935名职工参加医疗互助，有2000多人次申请补助金105万元。配合人社部门开展“春风行动”，共提供工作岗位4500多个。

11月24日，“大美宁乡·倾城之恋”单身交友联谊活动在灰汤职工温泉疗养院举行，全市卫健、教育系统，经开区、高新区管委会及格力暖通、三一重起、楚天科技等企业300多名员工参加活动，38对男女嘉宾牵手成功。“宁乡工会”微信公众号开设“单身地图”公益线上交友平台，为全市单身职工免费提供服务。2019年全市共计100多家单位，1000余人加入“单身地图”，多名职工通过“单身地图”找到意中人。

【职工文体活动】 2019年，9月10日宁乡市总工会“以舞筑梦”2019职工、群众健身广场舞大赛总决赛在市文体中心体育馆进行。活动于8月21日启动初赛，来自玉潭、花明楼、煤炭坝等8大赛区62支队伍2000余名广场舞运动员进行竞技。经过初赛、复赛，10支参赛队伍进入总决赛。

10月19日，“时代新力量，青春正能量”宁乡市产业工人暨宁乡高新区首届运动会在宁乡职业中专举行，共有部分工业乡镇（街道）园区企业、市直单位的40多支队伍，500余人参赛，活动丰富职工业余生活，提升团队凝聚力，增进职工交流。

【工会精神宣传】 2019年，宁乡市总工会制作以中共十九大精神、中国工会十七大精神、省总“五个年”建设要求等为主要内容的20块大型展板和大型LED电子显示屏，到园区企业进行巡回展览。

在宁乡电视台、《今日宁乡》《宁视界》等媒体平台开辟专门栏目，宣传推介落实中共十九大精神和中国工会十七大精神的先进典型。

【弘扬劳模精神】 2月14日，宁乡市委组织召开“怀匠心、练绝技、立新功”技能竞赛工匠座谈会，来自全市各条战线的21名工匠代表参加。市委副书记刘永红，市人大常委会副主任、市总工会主席周泽祥出席活动，并向优秀工匠致以新春祝福。

2019年2月，推荐先进人物参加长沙市第二十一次劳动模范评选，“五·一”劳动节前，共有左文军、刘寄华等5人获评长沙市劳动模范和长沙市先进工作者称号。

在楚天科技、建筑协会等单位创建劳模（工匠）创新工作室，发扬劳模、工匠的示范引领及“传帮带”作用。

国庆节前夕，宁乡市4名全国劳模袁雪松、唐岳、彭知财、易光辉获评中共中央、国务院、中央军委联合颁发的“庆祝中华人民共和国成立70周年”纪念章。

12月6日，宁乡市总工会举办“中国梦·劳动美”宁乡市劳模大讲坛活动，来自全市各级工会组织的干部、职工代表共200余人参加活动。袁雪松、孟德良、龙利亚三位劳动模范进行宣讲，大家近距离聆听劳模故事，领略劳模风采。

【基层工会规范管理】 7月18日，宁乡市工会组织和工会会员数据库采集和录入工作部署会议在会议中心举行。推进工会组织和工会会员实名制管理，加强基层工会组织建设和工会网上工作，构建“互联网+工会”职工服务体系提供支撑。2019年非公企业组建工会32家，商圈组建工会3家，机构改革后重新建会60家。落实省总、长沙市总工会会员实名制管理的要求，采集录入433家工会组织及54225名会员信息。

落实“六有”“五型”工会组织创建要求，指导创建16个工会工作示范点，如宁乡高新区工会联合会的“六送进企业”服务、夏铎铺镇工会联合会的“六好工会”、宁乡市人民医院工会的职工兴趣小组、精量重工工会的和谐劳动关系构建、沙河商圈联合工会的“党工共建”、楚天科技的四级劳模创新工作室等，推动全市工会组织规范化建设。

2019年为6家基层工会组织赠送书籍8000余册，为5家企业工会赠送71件套健身器材，创建母婴关爱室10家。并争取省总、长沙市总支持，推动工人文化宫的整合工作。

12月，华力通线缆股份有限公司、湖南中科星城石墨有限公司被评为2019年职代会和工资集体协商典型示范企业，宁乡沙河市场商圈联合基层工会被评为楼宇商圈工会工作示范典型，中国教育工会宁乡市长郡沩东中学委员会、宁乡市职业中专学校工会委员会获评长沙市2019年模范职工之家，沙河市场商圈联合基层工会职工书屋获评2019年度长沙市职工全民阅读学习活动优秀典型，其中沙河市场商圈联合基层工会获两项荣誉。

【工会系统党建工作】 2019年，宁乡市总工会紧扣群团组织强“三性”去“四化”要求，扎实推进工会系统党风廉政建设和反腐败工作，持续加强作风建设，中央八项规定精神得到严格落实。开展“两学一做”学习教育，干部理想信念更加坚定，“四个意识”明显增强。

依托每月的党组成员会、“主题党日”活动，每季度的党员大会，每半年的组织生活会，落实“三会一课”。定期研究精准扶贫、扫黑除恶、“五化”支部建设。组织党员投身“精准扶贫”攻坚战，全年共4次到对口帮扶的双江口山园村进行党建指导，走访慰问贫困户，到困难职工家中送温暖。

开展“知敬畏、存戒惧、守底线”纪律教育活动，坚持党组书记定期为全体机关干部上廉政党课制度，牢固树立广大干部廉洁从政意识，始终保持清正廉洁政治本色，争当广大职工群众最可信赖的娘家人、贴心人。

开展为期4个月的“不忘初心、牢记使命”主题教育，接受市委组织为期3个月的党组工作巡察。

落实“党工共建”机制。在工会组织建设中，解决党建引领、党工融合共建难以到位的问题，在沙河商圈联合工会首创党工“六相”融合共建机制（工作机制相互联通、目标任务相互协同、岗位任职相互交叉、工作部署相互呼应、阵地建设相互配套、工作成效相互促进），实现“共建、共治、共享”的局面。

（朱顺平）

共青团宁乡市委员会

【概况】 2019年，宁乡市共有青少年人数58.4万，其中0周岁至17周岁未成年人约29万，18周岁至35周岁青年人约29.4万，“智慧团建”系统录入共青团员数2万人。按照群团机构改革工作要求，共青团宁乡市第一次代表大会召开以来，全市至2019年底共有各级团青组织805个，其中团市委本级机关有专职团干部5人，聘用专职青少年事务工作者3人，挂职副书记1人，兼职副书记2人，团市委委员33人；基层团委75个，团工委4个，团总支50个，团支部657个，其中学校领域团支部596个，非公团组织92个，共有专（兼）职团干部1947人。共青团宁乡市委聚焦“四个打造”战略部署，深化“青春心向党·建功新时代”系列活动，不断提升基层团建组织力、凝聚力、战斗力，团结带领广大团员青年奋力助推宁乡高质量发展，以良好工作业绩献礼中华人民共和国成立70周年、五四运动100周年。

2019年4月30日，举行“青春心向党　建功新时代”2019年新发展团员集中宣誓仪式

【青少年思想引领】 共青团宁乡市委开展“青春心向党·建功新时代”2019年新发展团员集中宣誓仪式，上半年有511名新发展团员在花明楼少奇主席故里宣誓入团，副市长陈德奇现场勉励广大团员青年“矢志不渝，用一生来践行跟党走的理想追求”，全年开展集中入团仪式3场。针对留守儿童分批次开展“青春心向党·穿越新宁乡”青少年成长体验日活动10场，观摩气象馆、消防基地、宁乡一中、加加食品等点，增进青少年对祖国、对家乡的热爱之情。承办宁乡市“明初心、守初心”主题辩论赛。全面发扬青春榜样示范引领作用，五四青年节期间，全市有153名优秀青少年代表获得中央、省市表彰，其中双凫铺麦田中学学生喻壮获评全国向上向善好青年，现场聆听习近平总书记在纪念五四运动100周年大会上的讲话，创业青年叶烽获评湖南省五四青年奖章。

【青年讲师团宣讲】 2019年，共青团宁乡市委通过公开招募、单位推荐、个人自荐等方式，精心组建宁乡青年讲师团，在五四青年节当天发放聘书，结合“青年大学习”和“名团干计划”，围绕党史国史团史、预防青少年违法犯罪等主题，精心筹划课程，推出“青春心向党·建功新时代”系列微团课宣讲，全年组织线下宣讲30多场，在“6·26国际禁毒日”“12·5国际志愿者日”等重大节假日深入校园、社区、商场进行专题宣讲，组织宁乡市“尊崇宪法、学习宪法”主题演讲比赛，推荐宁乡市人民法院获评“湖南省青少年维权岗”。拍摄《薪尽火传，不负时代》《负重前行，做生活的强者》微团课视频，在学习强国、宁乡共青团等平台进行线上宣讲，网络点击率达到5万多次，宁乡十三中高二年级团支部书记向亲获得长沙市共青团系统开展团支部书记“话党恩、讲团史”精品微团课竞赛一等奖。

【青春建功行动】 2019年，共青团宁乡市委在“产业项目建设”“优化营商环境”两大主题中发挥共青团优势，举行宁乡市纪念五四运动100周年暨各界青年学习三一重起和孙新良优秀事迹分享会，来自产业链建设等各条战线的300余名青年代表参加活动，精量重工副总经理陈颖雯等6位优秀青年现场分享三一重起和个人的奋斗故事，为宁乡高质量发展凝聚青春力量，宁乡经开区党工委书记、市委书记周辉出席活动。全年组织长沙青年人才“助梦计划”暨“宁乡青年大讲堂”3场，主办圣得西、楚天科技等产业青年专场交友联谊活动，服务人数累计1000余人，有80多对青年人才通过活动牵手成功。全年推报24家优秀青年集体创建长沙市、宁乡市级青年文明号，推荐宁乡农商银行金洲支行、宁乡市行政审批服务局等5家单位参评长沙市参加群众最满意青年文明号，不断优化人才环境，让来到宁乡的人才既可以快乐工作，也可以幸福安家。

【志愿服务行动】 2019年，共青团宁乡市委3·5学雷锋日期间的市民之家、人人乐百货宁乡店等人流密集地开展新时代文明实践青年志愿者招募活动，通过“志愿汇”APP成为注册志愿者，打造常态长效的优秀青年志愿者队伍，开展清洁新家园、共植青年林、弘扬新风尚、捐赠零花钱等主题活动20多场，参与人数10000多人次。特别是春运“爱心捐赠零花钱”、方特开园新时代文明实践志愿服务、“小手拉大手、垃圾分类齐参与”等品牌活动，持续周期长，参与人数多，社会影响好，2019年7至8月组织青年志愿者为长沙方特开园持续提供志愿服务12000多小时，被《长沙晚报》整版报道，为提升宁乡全市的精神文明水平、促进宁乡经济社会发展奉献青春力量。

【青春圆梦行动】 2019年希望工程“圆梦行动”开展利亚学子、建筑学子、芙蓉学子、湘窖学子、华融湘江学子等助学项目，共援助学生329人，发放助学金49万元，实现对全市186名建档立卡深度贫困户子女就学帮扶全覆盖，其中利亚学习项目已经持续开展十年，累计捐资超过200万元，建筑学子项目由本市建筑企业与贫困学子一对一长期结对帮扶，本年度捐资12.4万元。宁乡希望工程打造本地特色品牌，一张爱心蓝图绘到底的工作经验被《中国青年报》专题报道。持续开展对接龙山贫困山区，开展“长龙青年手拉手图书捐赠”活动，一共募集捐赠书籍20000册，丰富山区孩子精神文化生活。

【青春聚力活动】 2019年，宁乡青创会、农创联两大平台内部实现整合资源、抱团发展。青创会建立“每月一主题、每月一走访、每月一交流”工作制度，实现工作交流常态化，青创会16名青年企业家专程前往沩山乡实地调研，从质量把控、品牌打造、营销创新等方面建言献策，推动沩山乡茶业、避暑、旅游等三大产业进一步发展；长沙农创联宁乡联络处突出做优培训、精准扶贫、榜样选树三大抓手，创新老会员带新会员制度，多名会员分别赴北京、浙江、台湾等地学习，开拓视野、增进见识，协会开展“线上+线下双结合”的方式售出扶贫黄桃8万斤，黄琼、陶金彪等会员通过蘑菇种植、肉鸡养殖发展带动建档立卡贫困家庭1000多户，提供就业岗位300多个，会员雷少祥、李洪杏、沈康获评长沙市农村青年人才“领头雁”，沈康获评“中国电商讲师大赛”第一名。

【基层团建】 2019年，由团市委班子成员带队，分为3个小组，对全市29个乡镇（街道），71所初中、13所高中和15所民办学校一一进行基层团建走访调研，面对面交流和解决问题。组织宁乡市共青团系统基层团组织规范化建设工作培训会，邀请团长沙市委基层部相关负责人进行现场答疑，对团组织规范化建设、“学社衔接”等工作编印专门指导资料。制定《共青团宁乡市委基层团建三年（2019年—2021年）工作目标和年度工作指标组织》，推动玉潭街道等4个街道建立区域团的青年工作共建委员会，建立线上工作机制，实现微信交流群对各级团组织全覆盖，为全面加强基层团建提供有力指导。

【青年之家】 共青团宁乡市委加强青年之家建设，截至2019年12月，共有各级“青年之家”34家，分布在各个乡镇（街道），各个“青年之家”建设并布置青年活动室、团代表工作室、服务青年办公室、图书室等，将评选表彰先进、志愿服务等共青团工作入驻到青年之家，拉近青年距离、丰富青春活动。打造沙河市场商圈青年之家示范点，2019年新创建1家省级“青年之家”、2家长沙市级“青年之家”、9家县级“青年之家”和7家新华书店“青年之家”，共开展活动218场，招募人数20777人，宁乡市本级拨付青年之家支持资金7.2万元。

【智慧团建】 全市智慧团建系统共录有团员26872人，2019年新发展团员数为2920名，已全部录入系统，全年未出现“无团员编号”“未满14周岁入团”等违规发展团员的情况。2019年新建成非公团组织30家，尤其是楚天科技团委正式成立，覆盖企业团员青年756人，实现非公团建线上线下同步伐。全年在“智慧团建”系统组织整顿团支部633个，重点整顿团支部60个，对10304人毕业生团员实现精准及时转接，转出成功率达98.3%，全年通过和包支付收缴团费65143.21元，实现“智慧团建”在团组织关系转接、团员发展、团干管理、团费收缴全覆盖。（谭　旻）

宁乡市妇女联合会

【概况】 2019年，全市有29个乡镇（街道）妇联，63个市直科局和驻宁单位妇委会，278个村（社区）妇联。全市妇联系统围绕中心、服务大局，坚持促进妇女发展、深化家庭文明、维护妇儿权益、推进民生实事，积极服务广大妇女儿童，取得较好的工作成绩。2019年，宁乡市妇联被评为湖南省“两癌”检查重点民生实事项目先进单位并作典型发言。

【“不忘初心、牢记使命”主题教育】 2019年，宁乡市妇联组织开展三次主题教育学习研讨，并就家庭教育、预防和制止家庭暴力、关爱留守儿童三项热点难点问题进行专题调研。市妇联党支部先后9次组织机关党员同志集中学习，组织全体党员到少奇纪念馆听党课，进行红色教育。组织市妇联执委、乡镇（街道）妇联主席、女性社会组织负责人等60人开展

“不忘初心、牢记使命”妇联干部集中学习培训班，到石仑关重走毛主席游学路；开展宁乡市妇女干部培训班，举办“守初心、担使命、建新功”女干部代表座谈会；在商圈妇联开展“忆初心、守初心，共话商圈你我”茶话会。通过两个推动，带领广大妇女干部与妇女听党话、跟党走。

【妇女思想引领】 举办“巾帼心向党 建功新宁乡”2019年纪念“三八”国际妇女节大会，号召广大妇女积极投身全面建设现代化宁乡的新征程。围绕“礼赞新中国”主题，开展丰富多彩的文艺展演。

【妇联参与新时代文明实践】 全市、乡镇（街道）、村（社区）三级妇联建立新时代文明实践巾帼志愿者队伍8000余人，全面开展“美家美妇、温暖港湾、姐妹驿站、护航青春、父母讲堂、维权援助”志愿行六大行动。在湖南省第十三次妇女代表大会召开期间，宁乡妇联“六大志愿”行动被写入湖南日报《共建共享新时代 建功美好新征程——我省妇女儿童事业5年发展综述》。中国妇女报3次对宁乡市温暖港湾、姐妹驿站、护航青春志愿活动分别进行报道。

【美家美妇共建美丽宁乡】 2019年，宁乡市妇联召开市、乡镇（街道）、村（社区）、村（组）屋场四级动员部署会，发放农村人居环境整治垃圾分类宣传折页29万份；在玉潭街道各社区组织“美家美户垃圾分类 携手共建美丽宁乡”垃圾分类趣味赛8场次，宣传垃圾分类知识，2200余人参加活动。各乡镇（街道）、村（社区）巾帼志愿者举办环保知识讲座和垃圾分类知识培训307场，开展以巾帼志愿者为主体的清扫行动295次。《宁乡电视台新闻频道》《今日宁乡》《宁视界》等主流媒体分15期专版报道“美家美妇之星”，充分发挥先进示范带动作用。

2019年3月7日，“巾帼心向党，建功新时代”2019年宁乡市纪念“三八”国际妇女节大会召开。图为现场节目

【女性创新创业】 2019年，宁乡科牧华、义合春、湘鹏鹅业成功创评长沙市巾帼脱贫示范基地。开展“姐妹守望·邻里相助”妇联执委帮困行活动，全市4905名妇联执委结对帮扶贫困对象2149人；号召女企业家、女性社会组织负责人认领帮扶11名建档立卡贫困户，开展慰问走访和帮扶活动37次。与市人社局、市扶贫办、市总工会联合举办“春风送岗稳就业，精准扶贫惠民生”招聘会21场次，1652名女性通过招聘会找到工作。

【家庭文明】 2019年，全市共推选长沙市最美家庭12户，创建“文明家庭”50户、美家美妇之星100户、平安家庭10000户，以好家风纯化社风。坚持系统性，创新开展线上线下“幸福宁乡·父母大讲堂”进校园活动4期24场次，参加学习的家长达1227人，为家长搭建一个持续学习成长的平台；坚持针对性，开展订单式“家庭教育进学校”活动8场次，受益家长、学生近2000人；坚持指导性，开展书香家庭进万家阅读活动21场次，参与群众1000余人次。在家风家教宣传月期间，组织中小学生开展优秀家庭教育教育案例征集、给妈妈写一封信征文活动，评选表彰优秀作品。联合市纪委在廉政文化周开展“家庭助廉护初心”警示教育活动，树廉洁家风。举办宁乡市“欢度六一 祝福祖国”主题活动，全市学校、社区举办儿童庆祝活动513场次，激发儿童爱国热情。

【妇女信访维权与专项行动】 2019年，宁乡市妇联全年共接待来信来访120件，处理率100%，牵头落实婚姻家庭纠纷调解专项治理，各乡镇（街道）挂牌成立婚姻家庭矛盾调解室，排查重点婚姻家庭矛盾纠纷121件，分类分级解决115件。10月，长沙市人大对宁乡市《反家庭暴力法》开展执法检查，宁乡市妇联工作获检查组好评。

【儿童安全教育与反家暴普法宣传】 2019年，宁乡市妇联创新开展“幸福宁乡 护航青春行动”，深入西部7所学校送50堂防性侵等安全教育课程，受益家长、学生300余人；开展“婚姻家庭那些事”、“男女平等 家庭和睦”为主题的普法宣传活动11场次，发放宣传资料5000余册。

【妇女儿童关爱工作】 2019年，宁乡市妇联在关爱贫困妇女方面，扎实开展2019年省民生实事农村妇女“两癌”免费检查项目工作，完成4万人次，完成比为158.7%；用心实施“乳此美丽 一路通行”项目，发放义乳49套。为85名贫困“两癌”妇女争取并发放全国、省、长沙市贫困两癌妇女救助金84万元。在关爱贫困留守儿童方面，在煤炭坝镇、道林镇、龙田、青山桥等乡镇开展关爱留守儿童“我们是你的大朋友”、“小小心愿”等活动，进行常态化陪伴，为380名困难留守儿童赠送物资7.6万元。

【妇女儿童发展规划】 2019年，宁乡市妇联落实湖南省妇女儿童发展规划示范县市的要求，关注妇女儿童事业发展中重点难点问题，督促各项指标同步推进，完成年度监测评估。根据改革后的政府机构相应调整妇儿工委成员单位，组织各成员单位召开宁乡市妇儿工委成员单位会议，组织培训，提升业务能力。在紫金中学等学校实施性别平等教育进课堂项目，以讲座、辩论等方式向中小学生传播性别平等理念。

【基层妇联改革】 2019年，宁乡市妇联按照妇联改革实施方案要求，稳步推进妇联改革工作，在春城万象、豪德市场、沙河市场三个商圈妇联建立“姐妹驿站”、“妇联执委一呼百应工作群”，开展“姐妹驿站”志愿行，开展巾帼建功、巾帼维权、巾帼帮扶行动，推动商圈卫生、文化和环境建设，助力商圈经济高质量发展。强化基层执委作用发挥，向长沙市妇联推送喻家坳神武村妇联主席邓云英等10个优秀妇联执委“微故事”。创建示范妇女儿童之家，命名横市镇利民村等5个单位为2019年宁乡市示范“妇女儿童之家”。 （喻胜华）

宁乡市科学技术协会

【概况】 2019年，宁乡市科学技术协会（以下简称“市科协”）以增强科协组织“三性”为总目标，以深化“四服务”为主抓手，充分发挥科协组织职能作用，狠抓任务落实，取得新成效。

2019年12月23日，宁乡市科协第一次代表大会召开

【宁乡市科协第一次代表大会】 12月23日，宁乡市科协第一次代表大会召开，投票选举市科协第一届委员会委员，选举产生市科协第一届委员会主席、副主席、常委。宁乡经开区党工委书记、市委书记周辉出席会议并讲话。长沙市科学技术协会党组书记、副主席李范坤，宁乡市领导蒋君、张莹、陈德奇、胡日新参加会议。周辉要求，新一届科协和全市广大科技工作者要积极推动科技创新，紧靠宁乡“坚持制造业立市、推动高质量发展”要求，把服务经济发展方式转变和产业转型升级作为主攻方向，进一步加大力度，突破一批关键技术，推广一批新型技术，形成一批创新成果；要积极参与科技创业，瞄准新产业、新技术、新业态、新模式，通过科技创新和自主创业培育更多的科创型企业、专精特新企业、小巨人企业和独角兽企业，打造更多具有核心竞争力的拳头产品，为培育新的经济增长点贡献力量；要积极普及科技知识，弘扬科学精神，传播科学思想，倡导科学方法，在全社会推动形成“讲科学、爱科学、学科学、用科学”的良好氛围，做到充分释放创新智慧，创新力量充分涌流；要积极举荐科技人才，大兴识才、爱才、敬才、用才之风，为宁乡建设和发展培养引进更多的科技领军人才、青年科技人才和高水平创新团队。周辉强调，市科协要以这一次换届为契机，做好思想政治引领工作，推进开放型、枢纽型、平台型的科协组织建设，做好服务科技工作者的工作，不断振奋精神凝聚力量，更好地履行职能，奋力开创宁乡科协工作新局面。

【宁乡市创新创业科普人物评选】 2019年，市科协结合“全国科普日活动”，9月27日，对近十年来在科普惠农战线上表现突出的20名科技工作者进行奖补，进一步激发全市广大基层农技人员的创新智慧，对发展现代农业、推进乡村振兴工程的进程中发挥着重要的作用。

【青少年科技创新】 2019年，市科协组织开展青少年科技创新活动。2月，举办宁乡市科技创新大赛。3月，组织学生参加长沙市36届青少年科技创新大赛，获一等奖26项、二等奖55项、三等奖75项，其中还有25件作品代表长沙参加省赛。4月，组织师生参加湖南省第40届青少年科技创新大赛，获金牌8枚、银牌6枚、铜牌9块，在长沙四县五区中获奖数量最多。9月，举办宁乡市第4届青少年科技创新市长奖。10月，举办宁乡市第14届“奇思妙想”纸质结构模型普及竞赛。11月，举办机器人赛。通过科技活动这一平台，弘扬科学精神，培养青少年的创新意识以及进取精神、科学精神和团队精神，汇聚起促进青少年健康成长的正能量。

【企业科协】 2019年9月11日，市

科协组织宁乡市26家高新企业在长沙微纳坤宸新材料有限公司召开企业科协工作培训。10月17日，三一汽车起重机械有限公司科学技术协会成立大会。12月11日，126家规模以上高线企业加入长沙市企业事业科协联合会。企业科协的成立为企业能更好地对接科协资源，促进企业发挥好推动科技经济深度融合、助力产业转型升级和团结引领企业科技工作者起到积极作用。

【创新驱动发展】 市科协继续为企业做好院士专家工作站的相关项目对接、跟踪协调和管理等服务，2019年申报推荐标朗住工为省级院士专家工作站，三一重起、微纳坤宸为市级院士专家工作站，并推进落实其奖补资金，为促进宁乡创新链和产业链精准对接，为推动宁乡市创新创业创造水平的提升起积极作用。参与宁乡市“英才大会”的筹备工作，对接、邀请装备制造、生物制造方面的专家到宁乡参会，为进一步推动宁乡市非公有制经济转型升级，推动市域经济高质量发展起积极作用。 （黄 瑛）

宁乡市残疾人联合会

【概况】 2019年，宁乡市残疾人联合会按照市委市政府统一部署，坚定全面小康目标，突出“三千工程”主线，凝心聚力保民生，保稳定，促发展，各项工作稳步推进。

【组织建设】 2019年，宁乡市残联组织选聘镇、村残疾人专职委员307人，修订完善残疾人专职委员管理办法，建立健全残疾人五个专门协会建设，分类实施残疾人五个专门协会绩效考核，编制《宁乡市残疾人联合会机关制度汇编》，健全机关工作人员目标管理考核细则，定期开展廉政谈话和集体活动，激发干职工干事创业激情。

【康复服务】 2019年，宁乡市残联将残疾儿童抢救性康复项目纳入全市十大民生实事工程，0–14周岁免费抢救性康复524人，直接为残疾儿童家庭减负853.64万元，另外为贫困家庭发放陪护补贴107.2万元。实施免费假肢装配81例，视力救助350例，发放辅助器具2200件。探索残疾人心理康复，为300余名残疾儿童家长开展心理辅导，成立3家家长学校，举办22期残疾人家长培训课堂，举办“关爱唐宝·联通你我”、“与爱同行，拥抱深秋”等一系列公益活动。

【就业创业】 2019年，征缴残疾人就业保障金2399.7万元。开展残疾人就业创业扶持，省市县创业扶持119家172.48万元。实施残疾人个体工商户养老保险缴费补贴53户15.76万元，贷款贴息57家26.05万元。开展残疾人阳光增收行动，以水果种植、鹌鹑养殖等项目为载体，免费发放生产资料和技术培训，带动290名残疾人增收。扶持发展4个辅助性就业项目，打造2家长沙市残疾人就业扶贫示范基地，残疾人就业创业工作经验在全省推广。聚焦发展水果种植、养蜂等残疾人产业，开展技能技术培训150人，将培训服务送到田间地头，有效提升培训效果。

【精准扶贫】 2019年，宁乡市残联继续开展残疾人基本服务状况和需求专项调查，对残疾人基础数据实行动态更新，进一步健全服务档案。发放3.1万份《精准扶贫政策汇编》，对1200余名行动不便和贫困残疾人进行入户办证。开展“互联网+政务服务”一体化工作，对7项公共服务事项编制实施清单，公布实施要素，开展网络预审。发放“一户多残”生活补贴1915户3974人442.55万元。继续实施宁乡残疾人“两项补贴”不见面审批。实施残疾学生和贫困残疾人家庭学生助学891人，残疾人危房改造补助181户，贫困残疾人家庭无障碍设施改造100户、社区改造1个，燃油补贴236人，残疾人集中托养178人、居家托养120人。开展“千企帮千户”工程，组织5家残疾人企业与贫困残疾人结对帮扶。开展“邻里守望”结对帮扶活动，组织15名爱心人士与贫困残疾人结对帮扶，有效缓解家庭护理压力。继续结对帮扶老粮仓镇唐市社区，派驻驻村工作队员，实行党建和精准扶贫双结对。

【稳定维权】 2019年，宁乡市残联做好残疾人信访接待和法律救助工作，提升残疾人自强自律和知法守法

2019年9月3日，宁乡残疾学生成宁、潘振鑫、黄命林，在全国第十届残运会暨第七届特奥会上夺得3金5银2铜。图为颁奖现场

意识。举办各类残疾人技能技术培训6期，每期培训班均穿插一期法律知识培训，提升残疾人法制意识。发挥各级残疾人法律救助机构作用，妥善解决残疾人诉求，切实维护残疾人队伍的权益和稳定。加大安全生产管理，每月开展排查整顿，做到确保安全保稳定。

【宣传文体】 2019年，宁乡残疾人在全国第十届残运会暨第七届特奥会上夺得3金5银3铜。8名残疾人评选表彰为阳光致富带头人，14名残疾人阳光致富示范户，8名扶残助残先进个人，一名优秀残疾人工作者、一个爱心机构、一个爱心个人和一个自强模范获评长沙市扶残助残“善行四十佳”荣誉称号表彰。肢体残疾人贺瞻获评2019年度全国助残新闻人物。肢体残疾人杨四强获评全省残疾人阳光致富带头人。 （徐小燕）

宁乡市文学艺术界联合会

【概况】 宁乡市文学艺术界联合会成立于1998年9月，独立核算，核定编制4个。文联实行团体会员制，截至2019年底，市文联有团体会员9个，会员4000余人，其中国家级会员23人。

【文艺活动】 1月，宁乡市举办“最美建筑人”征文大赛，网络直播颁奖典礼。2月，文艺专题片《沩水春秋》首播。3月，组织“潘氏文化”征文活动，获奖作品汇编成册。3月7日，歌曲《女企业家之歌》在通程大酒店举行首演式，宁乡妇女界200人参加。歌曲由杨罗先作词、胡悍作曲、宁乡市女企业家协会集体演唱。市领导钟利仁、彭曦明、李纯出席。4月23日，市委宣传部、市文联在花明楼镇举行原创歌曲《花明楼》音乐短片首发，省市100多名文艺工作者参加活动。歌曲由罗雄作词，殷景阳、张长松作曲，邢卫民编配，周巍演唱。被选定为中央电视台六集文献纪录片《刘少奇的故事》片尾曲。湖南省文联副主席、省音协主席邓东源，宁乡市委常委、市委宣传部长彭娟出席。5月22日—25日，杨罗先参加“全国著名作家株洲采风创作活动”，创作《株洲九章》。省政协主席李微微、中国作协主席团成员陈世旭、株洲市委书记毛腾飞、市长阳卫国出席。4月，中国中老年模特大赛在宁乡举行。8月，市委宣传部、市文联“壮丽70年，奋斗新时代”文艺采风式。11月，中国摄影家协会副主席王琛宁乡摄影展。

【文艺交流】 1月，市作协纪红建文学讲座，200人参加。2月，诗家《百家讲坛》开讲，熊东敖、胡静怡出席。4月，杨罗先参加“中国著名作家睢宁采风”，创作《睢宁九章》。6月，刘年、张二棍在宁乡举行诗歌分享会。7月，湖南红网振兴乡村采风走进宁乡。9月，李砺赴台湾文艺交流。10月，市民之家“我和我的祖国”大型文艺作品展览。10月，湖南诗歌学会宁乡《晚香记》分享会，梁尔源、罗鹿鸣参加。11月，“湖南作家宁乡行”11月22—24日进行，为期3天，全省45位作家参加。作家们深入关山、湘都山庄、灰汤等景区，掌握一手资料。省作协副主席游和平、著名作家姜贻斌出席活动。11月，省会文艺家关山采风，夏义生书记参加。12月，“一封家书”全球征文启动仪式在市民之家举行。

【文艺成果】 1月，欧有才《邮路》获国家邮政局“我与改革共成长”征文一等奖。4月，三湘第一女鸟人肖辉跃《飞跃高原》出版发行。4月，黄镌小说集《喊魂》出版发行。6月，黄晓佳《绿窗人似花》出版发行。12月，杨罗先诗散文《风雨扶王山》获中国散文年会“十佳散文奖”。12月，《古韵新阳》诗联精品集出版发行。

【协会活动】 2月，开展书法家进园区活动，走进宁乡国家级经开区。3月，美术家走进乡村采风，道林、花明楼。4月，宁乡诗联协会“诗与远方”旅游景点采风。6月，民间文艺家协会走进花明楼采风。7月，诗散文协会“红色宁乡”采风走进沙田、花明楼。8月，市戏剧家协会成立。8月，诗散文协会大型诗散文朗诵会。9月，首届宁乡市诗词大赛开幕式。9月，市音乐家协会举办首届宁乡原创音乐会，《我和我的祖国》专题音乐片首演，并举行庆祝中华人民共和国中华人民共和国成立70周年大型合唱比赛。10月，市硬笔书法家协会成立，省市协会领导参加。市书协开展书法进校园活动，走进农村13所学校。11月，宁乡市舞蹈家协会成立，国家省市有关领导参加。12月，舞协组织舞蹈走进市幼儿园二园开展活动。 （杨宗义）

宁乡市红十字会

【概况】 2019年，宁乡市红十字会做好党和政府在人道领域的助手，联系群众的桥梁和纽带，进一步完善组织队伍建设，共有29个乡镇（街道）红十字会，8个学校红十字会；培训救护员350多名，安全知识培训3万多人次；开展人道主义扶贫帮困，筹集款物60多万元用于救助困难群众；“三献”工作群众的参与率逐年提高，造血干细胞捐献、遗体器官的捐献和登记逐年增长，人体器官捐献的登记和完成创历年最高，红十字会的公众形象得到进一步提升，红十字事业再上新台阶。

【救护培训】 2019年，宁乡市红十字会组织4人到市红十字会培训，认真开展救护师资注册考核，培养“水平高、用得上”的优秀师资。组织举办10期救护员培训班，培训市直机关工作人员、企业管理人员、社区居民等400多人，其中350人获得长沙市红十字救护员培训合格证。举办180场次应急救护知识普及培训，对35277人次进行培训，提高群众在应对突发意外时的急救能力。对53所中小学校进行防溺水、防校园暴力、防性侵等安全知识培训。

【获长沙市救护技能大赛二等奖】 6月27日，宁乡市红十字会组织五名救护员参加长沙市救护技能大赛，获二等奖。

【筹集款物扶贫帮困】 2019年，宁乡市红十字会博爱送万家活动，筹集资金12.64万元、物资近3万元慰问300余户困难群众；争取湖南省红十字志愿服务队物资6万余元，到回龙铺开展慰问活动；争取张家界东线旅游开发公司捐赠12万元，用于资助困难群众；争取星邦重工刘国良先生10万元爱心款用于乡村建设和资助贫困家庭；争取宁乡一中爱心人士定向长期捐赠帮扶建档立卡贫困户；争取小天使基金8户、省人道救助对象20户、长沙市红十字会申报“友阿基金”救助44户，救助资金共计15万元。全年累计争取救助款和爱心款50余万元、物资10万余元，全部用于公益事业和困难群众救助。

【智慧红十字平台】 6月15日，宁乡市智慧红十字平台开通，“博爱送万家”募捐活动在“智慧宁乡”APP上线及发布募捐。市民用手机下载安装智慧宁乡APP，通过手机微信支付，实现爱心捐赠。

【白血病儿童救助】 宁乡市红十字弘扬“人道、博爱、奉献”的精神，致力于改善最易受损害人群的境况、保护人的生命与健康为使命，为白血病儿童争取3万元（不进行造血干细胞移植的）或5万元（进行造血干细胞移植的）的救助，2019年8名白血病儿童申报小天使基金。

【人体器官捐献】 宁乡市红十字会注重对人体器官捐献相关知识的普及和宣传推动，截至2019年底，在中国人体器官捐献登记管理系统上登记遗体器官捐献总人数760人，2019年登记584人。2019年，完成10例遗体和人体器官捐献工作，造血干细胞捐献采样登记入库200多人。

【红十字志愿服务活动】 2019年，宁乡市红十字会在红十字志愿服务指导中心的大力配合下，推动红十字青少年工作，开展社区陪伴、慰问抗战老兵、助学助困等各类志愿活动300多场，扩大红十字影响力，弘扬社会正能量。宁乡市红十字会充分依靠社会力量，资助、引导宁乡蓝天应急救援服务中心、楚沩之家等社会组织购置装备、训练队员，提升救援队伍战斗力。2019年仅宁乡蓝天应急救援服务中心参与抢险、救援任务14次，转运群众100余人，打捞溺水者10名，成功救援遇险人员3名，堵住湘江大堤管涌一处。

【红十字青少年活动】 2019年，宁乡市红十字会聚焦“中小学生广覆盖，街道社区促发展，志愿组织展活力”的目标，广泛开展红十字青少年活动。7月，在云山书院成立宁乡市红十字青少年社会实践基地，同时宁乡市红十字青少年首届夏令营在此开营。9月，成立宁乡一中红十字青少年社团，吸纳高一、高二学生进入组织，新增红十字志愿者102人，开展应急救护培训、爱老敬老等系列活动。通过紧张有趣的培训活动，在实践中收获知识，用行动弘扬“人道、博爱、奉献”的红十字精神，产生良好的社会效应。

【中国红十字会总会调研宁乡市红十字救护培训进机关工作】 3月14日，中国红十字会总会训练中心主任赵建忠一行调研宁乡市红十字救护培训进机关工作，在玉潭街道大街岭小学观看小学生表演的红十字应急救护知识播报及舞蹈，在宁乡市红十字志愿服务指导中心开展调研，查看阵地建设情况，并现场听取汇报。赵建忠对宁乡市红十字救护培训工作充分肯定，指出工作重点，要求进一步重视救护培训工作，加大对机关干部的培训力度，大力普及应急救护知识，提高市直机关干部职工防灾避险和自救互救能力，全面推进救护培训进机关工作。（喻灿文）

军 事

责任编辑・姜小平

人民武装

【概述】 2019年，宁乡市人民武装部（以下简称人武部）深入学习贯彻中共十九大精神、习近平新时代中国特色社会主义思想和强军战略，认真学习领会上级党委全会精神，坚决落实上级决策部署，以备战打仗为中心，以贯彻十九大精神为主线，以后备力量建设为主业，以正规化建设为抓手，按照“维护核心听指挥、备战练兵谋打赢、改革创新求突破、依法治军保稳定”的工作思路，奋力推进强军实践在基层落地生根，单位全面建设稳步推进、呈现向上向好的态势。2019年，人武部被省军区表彰为“先进人武部”“军事训练先进单位”，机关党支部被省军区表彰为“先进基层党组织”；被警备区表彰为“正规化建设先进单位”“征兵工作先进单位”。对标习近平总书记强军战略，对表两级党委全会精神，宁乡市武装工作仍存在差距：人武部营院基础设施相对比较老旧，升级改造难度大；部分专武干部队伍存在能力素质不够、责任心不强、动力不足的问题；基层武装工作经费标准不明确，基层经费保障难落实，阵地建设不完善；企业编兵积极性不高；新质力量训练缺教材、缺专精教练员；军民通用预征预储装备难以定人定位定车。

【党管武装】 2019年，市委常委会先后4次专题学习习近平总书记关于国防和军队建设重要论述、省市关于武装工作指示要求，研究贯彻落实措施。为推动民兵调整改革迎检任务落实，市委主要领导亲自点验经开区民兵应急连，部署召开迎检工作推进会。为进一步加强专武干部队伍建设，严格落实省委办公厅下发的《关于加强新时代基层人民武装部、村级民兵营（连）建设的意见》，人武部多次与组织部共同研究、考查和把关，结合地方机构改革，7月31日对专武干部重新下达任职命令。为推动民兵训练基地建设，市领导多次到人武部现场办公，力争实现一流标准训练基地建设目标。

【备战训练征兵落实】 2019年，宁乡市人武部突出实战化训练，狠抓战备训练，全年组织900余人（次）基干民兵分队、专武干部、预定新兵和学生军训“四会教练员”训练。4月15—26日，抽组1个民兵应急连完成长沙市第1期基干民兵集中轮训。警备区组织县市区人武部主官、军事科长，研究和观摩应急行动演练，达到研究指挥流程、规范组织程序、探索方法路子、提高行动能力的预期目的。7月至9月，组织13所中学8000余名高一学生进行军训。征兵工作合理筹划，市人武部联合市委宣传部出台《2019年宁乡市征兵宣传工作实施方案》，持续不间断开展征兵宣传，宁乡连续十余年来呈现征兵热。全市18周岁青年兵役登记率100%，圆满完成任务。

【民兵调整改革】 2019年，市人武部联合市政府办下发民兵整组工作指示，联合市督查室深入乡镇现场督导，先后4次召开任务部署会、集中讲评会、问题整改推进会。利用基干民兵集中轮训时机，组织民兵应急连点验，组织民兵整组工作示范观摩，统一民兵整组方法路子和基层人武部、民兵应急排建设标准。充分挖掘宁乡高新企业密集的优势，提高新质力量编兵比例，加大企业编兵力度，编兵企业18家，专业分队574人全部编组新质力量，新质力量比率达37%。10月底，迎接军委国防动员部民兵调整改革检查考评，部党委统一思想，按照军地合力统筹抓、党委分工具体抓、针对问题重点抓、强力推进超长抓的思路攻坚克难，坚决推进任务落实。

【服务地方建设】 2019年，人武部坚持有为赢有位，主动参建参治，担当重任，先后组织出动民兵预备役人员500余人次，多次完成应急维稳、抗洪抢险、脱贫攻坚等重大任务。积极参与精准扶贫，联点扶贫大屯营镇大屯营村，结对帮扶“一对一”5户，派专人驻村做好扶贫工作，落实帮扶措施，安排专门扶贫资金，先后慰问物资和现金2万余元。为改善扶贫村公路年久失修现状，部党委研究拨付扶贫专项资金15万元用于路基修复。做好拥军优属及退役军人工作，春节和“八一”期间协调企业、公益组织捐助资金、物品，慰问困难老兵，组织老兵“话优良传统、讲参战故事”专场座谈。开展上门送喜报、挂光荣军属牌等活动，认真贯彻

2019年8月，湘都职校2019级新生冒着酷热进行军训

《长沙市现役军人和残疾军人有关优待暂行办法》，共为立一等功1名、二等功7名现役军人家庭上门送喜报。10月11日，市人武部、市退役军人事务局及第72集团军某旅领导到坝塘镇沩乌村，为立一等功的现役军人谭斌家庭送喜报和立功牌匾，活动在中央台军事频道、中国军网、南部战区微信公众号进行宣传报道。系列举措激发军人军属的荣誉感，贯彻落实习主席提出“让军人成为全社会尊崇的职业”指示精神的具体体现。

（李　铁）

人民防空

【概况】 2019年，宁乡市人防办履行战备职能，参与城市建设，服务经济发展，做好人防工程的建设与维护管理，广泛开展人防知识和防灾减灾知识宣传教育。完成指挥通信系统建设并投入使用，全市新安装固定防空警报器若干台，审批结建人防工程项目若干个，验收备案防空地下室项目若干个。组织大型人防知识和防灾减灾知识宣传活动2次，扩建提质人防宣传教育场所2处，批准在建疏散承接基地1个。

【人防工程建设与日常维护】 2019年，宁乡市人防办按照省、市人防办相关文件精神，着力推进大成桥镇人防疏散地域建设试点项目，努力探索建立人防疏散地域“建、管、用、维”运行机制，形成在全省可推广借鉴的经验成果。落实人防工程安全生产专项巡查检查制度，每季度及“五一”“十一”等重大节日按要求对全市人防工程设备生产企业及人防工程进行安全生产检查和安全巡查，发现、处理问题34个。统一人防工程台账格式，完善工程档案，落实全市人防工程挂牌制度。确保人民防空工程的战备效益、社会效益和经济效益。

【人防宣传教育】 2019年，宁乡市人防办结合“5·12”防灾减灾日和“11·1”防空警报试鸣日，通过现场演示、台上台下互动、邀请新闻媒体参加活动等形式，开展人防知识宣传普及活动。推进人防宣传教育“五进”活动，对全市7个村（社区）发放《人防科普知识宣传册》3000余册。与市教育主管部门在全市中、小学生中开设人防知识教育课程，配发中学生人防教材《现代防空防灾》和《小博士》等人防知识读本共600册，人防宣传纪念品600份。通过开展一系列有效的宣传教育活动，提高全市人民的国防观念和人防意识，为人防工作正常开展打下坚实的基础。

【人防指挥通信系统建设】 为满足人防短波通信指挥的需要，提供更快捷的通信保障服务，提高对紧急事件快速反应和抗风险的能力，提升警报控制系统自动化，智能化水平，增强警报预警告知能力。2019年，宁乡市人防办按照省人防办要求，投入资金131.43万元，完成自主选频短波电台信息系统及短波车载系统和人防警报器改频升级改造工作。落实战备执勤制度，每周保持与长沙市人防办的日常通信联络，坚持固定时间与长沙市人防办的沟通联络，确保通信系统运转正常。

【人防行政执法】 宁乡市人防办按照省、长沙市人防办的要求，部署开展人防结建审批专项整治。按照规划台账，对全市2013年1月1日—2019年12月31日人防结建审批项目进行全面自查。清查中重点对防空地下室建设中降低防护等级、缓建、少建、免建以及防空地下室易地建设费征缴存在减、免、缓等问题进行清理，并按要求整理清查台账，梳理有关存在的问题，依法追缴人防易地建设费。组织经开区、高新区和人防管理科相关人员参加长沙市人防办组织的人防行政执法培训班，其人员的人防行政执法能力得到有效提升。（周　阳）

法 治

责任编辑・姜小平

政法委

【概况】 中共宁乡市委政法委员会及下设的宁乡市网格化综合服务中心（二级机构），担负着把握全市政法工作政治方向、协调各方职能、督察政法单位、建设政法队伍、统筹基层社会治理、维护社会稳定、反邪教、反暴恐等职能任务。2019年，宁乡市被评为长沙市综治工作优秀区县（市）、长沙市扫黑除恶专项斗争优秀区县（市）、长沙市维护稳定工作红旗区县（市）和长沙市反邪教工作红旗区县（市）；历经铺街道、老粮仓镇被评为长沙市综治工作红旗乡镇（街道），沩山乡、龙田镇、灰汤镇、白马桥街道、双凫铺镇、大屯营镇、煤炭坝镇、城郊街道被评为长沙市综治工作优秀乡镇（街道），老粮仓镇、历经铺街道、龙田镇、白马桥街道被评为长沙市平安乡镇，8人被评为长沙市综治工作优秀个人，3人被评为长沙市扫黑除恶专项斗争优秀个人，6人被评为长沙市维护稳定工作优秀个人，6人被评为长沙市反邪教工作优秀个人。宁乡市评出综治工作红旗乡镇（街道）2个、优秀乡镇（街道）10个、优秀单位34个，评出平安乡镇（街道）9个、平安单位23个、平安村（社区）64个，评出扫黑除恶专项斗争优秀乡镇（街道）3个、优秀单位11个，88人被评为宁乡市综治工作优秀个人，70人被评为扫黑除恶专项斗争优秀个人，10人被评为见义勇为先进个人。评出宁乡市政法系统专业型人才带头人10人、精英23人、能手30人，评查优秀案件15件。

【机构改革】 2019年4月，市委政法委按要求进行机构改革。市委政法委作为市委领导政法工作的职能部门，全面履行《中国共产党政法工作条例》赋予的相关职能，为正科级工作机关。改革后，市委政法委内设办公室、政治工作办公室、维稳指导科、综治督导科、反邪教协调科、执法监督科，下设二级事业单位宁乡市网格化综合服务中心（副科级）。

【扫黑除恶专项斗争】 2019年，宁乡市扫黑除恶专项斗争领导小组深入贯彻落实习近平总书记关于扫黑除恶重要指示批示精神和中央、省委、长沙市委关于扫黑除恶专项斗争的决策部署，坚定“有黑扫黑，有恶除恶、有乱治乱、固本强基”的工作方针，坚持高位统筹，加大宣传引导，认真核查线索，加强打击整治和行业监管，持续推动专项斗争向纵深发展。2019年，打掉涉黑组织1个、涉恶犯罪集团3个、涉恶犯罪团伙12个。全市查封、冻结、扣押、判罚2671.55万元，房产34套、小车6台。在2019年4月份中央督导组督导宁乡扫黑除恶专项斗争期间，宁乡市做法和战果得到中央督导组的充分肯定。

【社会稳定】 2019年，市委政法委围绕“五个坚决防止、三个确保”的工作目标，加强统筹调度，圆满完成稳定风险防控、维稳处突等各项工作任务，在各个敏感时段、重要政治活动期间，特别是新中国成立70周年大庆期间，积极筹划，稳妥处置，没有发生影响恶劣的大规模群体性事件和个人极端事件，确保宁乡市社会大局持续稳定。

【平安建设】 2019年，市委政法委加强统筹协调，强化保障，综合施策，坚持加强和创新社会治理，稳步推进平安宁乡建设。围绕2019年平安建设工作思路，成立市平安建设领导小组及办公室。坚持以负面清单管理为主，与各乡镇（街道）、市直单位签订政法工作责任书，划定平安建设底线，进一步压实各级各部门平安建设主体责任，确保全市工作稳步高效推进。将平安创建内容纳入各支部主题党日活动，开展平安建设屋场会、户主会宣讲2400余次，制作宣传栏927块，新媒体宣传218篇，进一步提升群众知晓率和参与的积极性。重点推动灰汤、黄材、流沙河三个乡镇综治中心试点建设，不断健全市、乡、村三级人民调解组织体系，强力推进人民调解、行政调解和司法调解协调配合。通过综治中心与网格化服务管理中心一体化运行，探索开展虚实对应、双向互推的网格化管理（三级塔群），明确“五责八岗”，线上线下同步建立“乡、村、组”三级信息塔群，发布工作信息10万余条，解决矛盾纠纷、信访问题、民生事项等7800多个。按“三位一体”要求，全市233个村（社区）“一村一辅警”配备到位，驻村辅警共采集基础警务信息12万余条，参与处置重大事件301人次。以煤炭坝镇为试点，推动乡村“雪亮工程”向农村延伸，实现与市平台、乡镇平台、农户手机联网共享应用。选取宁乡十三中校园启动校园智能安防试点建设，变事后处置为事先事中防范化解，进一步筑牢校园安全“防火墙”。深化推进“互联网+人民调解”，创新建设市社会矛盾纠纷多元化解（ODR）平台；深入推进“互联网+群防群治”智能防控体系建设，共组建29支巡逻防控中队、278支巡逻防控小分队。

【优化法治化营商环境】 2019年，注重加强制度建设，夯实法治化营商环境新根基。出台《宁乡市企业家权益保护专项行动工作方案》《宁乡市政法系统开展企业家权益保护“大走访、大排查”活动实施方案》等文件，建立政法机关副科级以上领导干部联系民营企业制度。成立以金洲法庭为主体的涉企案件专业化审判团队、在园区设立检察室、抽调业务精英成立长沙首个治理经济环境110中心。建立宁乡市市场主体轻微违规经营行为首违免罚机制，并作为长沙市试点单位向社会发布《宁乡市市场主体轻微违法违规行为首违免罚清单》。推广网上立案、预约立案、网上答复处理等高效便捷的立案程序；深化涉企民商事案件“繁简分流、轻重分离、快慢分道”诉讼制度改革，能调则调、当判则判，及时做出公正裁决。以市民之家为载体，成立公安为民服务中心，优化和完善“一站式”服务，对各项重大项目提供“一对一”服务，为“紧急商务活动”开辟绿色通道80多批次。依法为三一异地保全资产8000万元；依法解冻加加被外地法院查封的资产近1亿元；跨两省三级联合六家法院依法为一融资租赁有限公司赴云南省红河州个旧市莲花山山顶，将14车起重机设备执行到位。

【政治建设】2019年，市委政法委牢牢坚持党对政法工作的绝对领导，组织全市政法系统深入学习贯彻落实《中国共产党政法工作条例》，出台《政法单位党组（党委）应向市委政法委请示报告的重大事项清单》《宁乡市政法系统思想政治工作联席会议制度》《宁乡市政法系统政治督查制度》等规范性文件，牢固树立党管政法制度保障。按照提高政法队伍“五个能力”要求，加强政法队伍建设，在中南大学组织政法系统49名优秀青年干部开展群众工作能力提升培训班，全面提升青年干部的责任感、使命感和专业素养。制定下发《宁乡市委政法委员会对政法各单位执法活动进行监督的实施细则（试行）》，从宏观上建章立制，强化党委政法委的执法监督职能。2019年市委政法委核查督办案件14起，调阅卷宗4次，单独或联合开展执法检查4次，向市纪委监委移交有价值违纪线索1条，召开案件协调会16次，有力地促进宁乡市政法机关执法工作正规化。牢牢把握正确的政治方向和舆论导向，将意识形态工作贯穿于政法队伍建设和政法工作的全过程，组建政法系统专门通讯员队伍，构建“政法委主导，政法各家分别发声”的宣传格局，以群众关心关注的重点热点作为宣传重点，每季度确定一个主题，向社会讲述好宁乡市的政法故事，实现政法系统宣传工作的高度统一、步骤协同、有序推进。

（卢　川）

公　安

【概述】宁乡市总面积2906平方千米，辖4个街道办事处21个镇4个乡，215个村，63个社区，79个警务区，452007户，常住人口1428939人。

宁乡市公安局机关驻地为玉潭街道二环西路，设科室6个：指挥中心、政治工作办公室、后勤保障科、大数据中心、为民服务中心、警卫科；设直属大队13个：国内安全保卫大队、刑事侦查大队、治安管理大队、交通警察大队、巡逻警察大队、禁毒大队、经济犯罪侦查大队、人口与出入境管理大队、网络安全保卫大队、单位内部安全保卫大队、食药环犯罪侦查大队、警务督察大队、法制大队；设监管场所2个：看守所、拘留所；设行政派出所30个：玉潭所、道林所、大屯营所、花明楼所、东湖塘所、历经铺所、夏铎铺所、金洲所、梅家田所、双江口所、菁华铺所、煤炭坝所、喻家坳所、双凫铺所、大成桥所、回龙铺所、白马桥所、坝塘所、资福所、灰汤所、老粮仓所、流沙河所、青山桥所、龙田所、巷子口所、沙田所、黄材所、横市所、沩山所、炭子冲所。20个单位为正科级。

2019年，宁乡公安认真践行“对党忠诚、服务人民、执法公正、纪律严明”总要求和“政治建警、改革强警、科技兴警、从严治警”新时代公安工作方针，以学习贯彻全国、全省公安工作会议精神为牵引，以做好中华人民共和国成立70周年大庆安保维稳工作为主线，以防范化解各类重大风险为基点，聚焦主责主业，忠诚履职担当，有力维护全市政治安全、社会安定、人民安宁。

【唐向阳到宁乡市局督导“双督察”工作】2019年12月4日，长沙市副市长、市公安局党委书记、局长唐向阳率长沙市局警令部、政治部、机关纪委、警务督察支队相关负责人到宁乡市局督导省厅政治、业务“双督察”迎检工作。宁乡市委政法委书记刘俊武，副市长、市局党委书记、局长黄勇及全体局党委成员参加会议。

唐向阳在督导会上作重要讲话。他指出：宁乡市委市政府对宁乡公安“一流的重视”，提供“一流的保障”，让宁乡公安取得“一流的成绩”；宁乡市委政法委统筹有力有效，在维稳打处、一村一辅警等工作上给予宁乡公安大力支持；宁乡公安政治建警敢于动真碰硬，2019年共下发督察通报35期，纪律处分16人；宁乡公安敢作为、善作为，高质量完成省厅、市局交办的各项工作，并结合工作实际不断探索新的工作模式，总结出良好的工作经验，值得提倡。他强调：迎接省厅政治、业务“双督察”工作，既是对宁乡公安工作的全面检视，也代表长沙公安，必须高度重视、充分准备、精准定位、做好对接。他要求：一要学习悟透工作方案，二要统筹兼顾、突出重点，三要专班攻坚、项目管理，四要创造经验、指导全市。

【陈建新一行到宁乡市局督导扫黑除恶工作】2019年3月27日，长沙市纪委常委、监委委员陈建新在市纪委书记、监委主任刘强等的陪同下，一行5人到宁乡市局督导扫黑除恶工作。副市长、市公安局党委书记、局长黄勇，局党委副书记、政委陈魁昱率在家局领导、扫黑办全体人员参加督导。长沙市纪委常委、监委委员陈建新从“站位高、职责明、效果好”三方面肯定市局扫黑除恶工作所取得的成绩，希望宁乡公安按照中央、省市县的有关扫黑除恶工作部署，保持高压态势，为维护宁乡社会治安大局稳定作出更大贡献。

【孙泉一行督导宁乡市局扫黑除恶工作】2019年7月24日，长沙市委政法委委员孙泉，市纪委监委驻市公安局纪检组长孔蓉晖等一行3人到宁乡市局督导扫黑除恶专项斗争中央督导组线索交办工作情况。宁乡市委常委、市委政法委书记刘俊武，副市长、市局党委书记、局长黄勇，市委政法委常务副书记邹志平，市纪委监委驻市委政法委纪检组组长周杰文，市局党委委员、副局长曾宁汉、傅涛等人参加督导。

督导会上，宁乡市副市长、市局党委书记、局长黄勇围绕“央督”线索办理工作，重点从“重视程度、工作机制、办理效率、确保质量”四方面进行汇报。长沙市委政法委委员孙泉代表市扫黑办提出三点要求：一是务必深化思想认识，提高政治站位；二是务必对症下药，推进任务完成；三是务必履职到位，确保工作效果。

【孔蓉晖到宁乡市局开展国庆安保维稳战时慰问】 为进一步凝聚警心，鼓舞士气，2019年10月10日，长沙市纪委监委驻市公安局纪检组长、长沙市局党委委员、第一副督察长孔蓉晖到宁乡市局开展中华人民共和国成立70周年大庆安保维稳战时慰问、授奖，并到宁乡市人民医院看望慰问安保期间因工负伤辅警李洪。长沙市公安局政治部老干处处长刘宁剑、长沙市纪委市监委驻市公安局纪检监察组一处副处长罗曦，宁乡市局全体局领导，机关各科室大队负责同志及慰问、授奖的民辅警代表参加仪式。

仪式现场，孔蓉晖组长为立功受奖同志颁发奖章、证书，为慰问对象发放慰问金。孔蓉晖组长代表长沙市局党委感谢宁乡市局全体民、辅警在大庆安保工作中的辛勤付出和无私贡献，传达长沙市局党委的关心关爱，希望大家不忘初心、牢记使命，再接再厉、再创佳绩，不断增强人民群众的获得感、幸福感、安全感，为长沙高质量发展创造安全稳定的社会环境！

【徐波跃到宁乡市局督导检查大庆安保维稳工作】 2019年9月16日，长沙市公安局党委委员、副局长徐波跃带领治安支队支队长周立强、副支队长莫隆钧，交警支队副支队长胡海民，法制支队副支队长唐雄伟等同志一行7人到宁乡市局督导检查大庆安保工作，宁乡市局全体在家党委成员及相关科、室、大队负责同志参加督导会。

2019年10月10日，宁乡市公安局开展中华人民共和国成立70周年大庆安保维稳战时慰问、授奖活动

督导中，副市长、市局党委书记、局长黄勇就大庆安保维稳前段工作情况、后段工作打算等方面进行全面汇报。长沙市局党委委员、副局长徐波跃从“措施实、力度大、效果好”三方面肯定宁乡市局大庆安保维稳工作。就下阶段工作，他要求：一是切实加强重点对象的管控。二是切实加强社会面的防控。三是切实加强行业场所管理。

【欧益科率队调研宁乡市农村道路交通安全工作】 2019年2月19日，长沙市局党委委员、副局长欧益科，市交警支队副支队长李卫平一行到宁乡市调研农村道路交通安全工作，并召开调研座谈会。市局党委副书记、政委陈魁昱，党委委员、副局长沈新宇及交警大队全体班子成员参加座谈会。

会上，交警大队大队长刘兴华汇报宁乡市人车路基本情况及交通管理工作成效。欧益科副局长指出：宁乡的交管工作有亮点有特色，领导重视、机制健全、效果明显，值得总结和推广；并强调，交管工作任重道远，宁乡交警要在宣传教育、隐患排查、齐抓共管等方面继续努力。

【立功创模】 三项工作全省优秀：全省院局合作成绩突出单位；交警大队车管所被评为全省公安交警系统抗击冰雪雨雾恶劣天气成绩突出集体、2018年度县级车辆管理系统人民满意窗口。二十六项工作长沙市先进：全市公安机关2019年度队伍建设“红旗单位”；长沙市防范和处置非法集资工作先进单位；长沙市公安机关“践行新使命、忠诚保大庆”视频侦查比武优胜单位；长沙市公安机关执法绩效考核优秀单位；2019年度全市公安警卫基层基础工作先进单位；长沙市局庆祝中华人民共和国成立七十周年歌咏大赛二等奖；2019年度全市扫黑除恶专项斗争优胜单位；2018年度长沙市卷烟打假工作先进集体；网安大队被评为全市公安网安工作成绩突出单位；黄材派出所党支部被评为长沙市公安局先进基层党组织；交警大队横市中队被评为长沙市公安局“雷锋式警队”；宁乡市看守所被评为长沙市公安监管工作成绩突出集体；宁乡市看守所、宁乡市拘留所被评为长沙市公安安全监所；城郊派出所蓝月谷警务室被评为长沙市“巾帼文明岗”、全市首批“枫桥式警务室”；黄材派出所被评为长沙市青年文明号；城郊派出所记长沙市公安局集体三等功；刑侦大队、黄材派出所记长沙市公安局集体嘉奖；城郊派出所被评为全市首批“枫桥式公安派出所”；交警大队被评为全市公安交警系统第七届“畅安杯”篮球赛冠军；为民服务中心被评为2019年度公安内保工作先进集体；黄材派出所被评为长沙市公安局第三届“雷锋式警队”提名奖；治安大队被评为长沙市公安局打击整治先进集体、长沙市公安局危爆物品管理先进集体。杨宏被评为全国刑事情报研判人才，胡宇翔被评为人民交通网2019年度优秀通讯员。公安业务综合考评进入长沙市优秀行列，市政府绩效考核一等奖。

【政治建警】 2019年，宁乡市公安局坚持党对公安工作的绝对领导，组织全警深入学习贯彻全国、省、市政法、公安工作会议精神，以及《政法工作条列》《党支部工作条列》，深刻领会从政治上建设和掌握公安机关的核心要义，进一步增强“四个意识”、坚定“四个自信”、做到“两个维护”，永葆人民公安的政治本色。开展“不忘初心、牢记使命”主题教育，推进“践行新使命、忠诚保大庆”实践活动，抓实学习研讨、调查研究、检视问题和整改落实四项措施，解决问题45个，为民办实事25件，涌现出长沙市局“十佳雷锋式人民警察”曾旭、“十佳雷锋式敬业奉献模范”张寒等一大批先进集体和个人，全警守初心、担使命的思想自觉、行动自觉明显增强，队伍务实肯干、担当作为、争先创优的精气神明显提振，受到省厅“政治业务”双督察组的充分肯定。历经一年淬炼，全警能力素质得到提升，工作作风明显好转，政治建警考核获评长沙市局前三。

【素质强警】 2019年，宁乡市公安局坚持党建龙头引领，全面推进支部“五化”建设，科学制定“三会一课”、“主题党日”标准，规范党内政治生活，4个机关党支部达到“五星”。坚持在提高队伍素质、增强队伍活力上下功夫，用好考核标准、表彰奖励、教育培训等方式方法，引导全警锐意进取、赶超比拼、奋发有为，创一流工作业绩。

【从严治警】 2019年，宁乡市公安局扎实开展“肃警纪、正警风、严警容”、扫黑除恶“打伞破网”和“清朗警营”等专项活动，开展督察暗访125次，发现整改问题30个，党纪政纪处分、禁闭、第一种形态处置民辅警115人，形成“处理一个、警醒一片”的震慑效应。

【从优待警】 2019年，宁乡市公安局成立职业健康管理办公室，适时开展心理知识讲座，投入经费800余万元建成新媒体中心、党建活动中心、体能训练中心、心理咨询室、警娃阅览室、警娃作业角，全警身心压力有效释放。启动“五小工程”建设，完成26个派出所实地测量；举办“庆七一文艺汇演暨民警荣休授勋仪式”，为5名荣休民警、68名从警三十年的民警颁发纪念勋章，为12名民辅警依法维权，发放抚慰金2.4万元，为3名执法无过错被投诉的民警正名，全警职业荣誉感、获得感大大增强。

【国内安全保卫】 2019年，宁乡市公安局坚持情报预警、现场处置、日常管控、依法打击同步推进，共收集上报各类情报信息637条，核查对象378人次，劝返125名进京非访人员，就地稳控重点对象360余名，完成全国“两会”、对越作战40周年清明祭扫、“六四”等27个节点安保和77场重大安保、警卫任务。抽调国保、法制、网技、属地派出所等单位成立依法打击非访对象工作专班，对全市32名非访对象开展专案攻坚，刑拘8人、行政处罚19人、教育训诫5人。在历时46天的维稳特护期内，编报《专刊》37期，关注各类重点对象1200余人，密切掌握全市154人次的上访（进京）动向，累计拦截劝返31人，累计就地稳控52人、收票71人次，成功处置化解涉访群体预警18起，实现“零进京非访”的工作目标。

【刑事侦查】 2019年，宁乡市公安局持续开展“集打斗争”“一打三整”，共立9类恶性案件389起、破案345起，刑拘635人。6起现行命案全部告破，侦破一起26年之久抢劫杀人积案，抓获网上逃犯151人。立侵财案件2560起，破案439起，刑事拘留侵财犯罪嫌疑人385人。抓获各类电信网络诈骗犯罪嫌疑人128人，破案178起，打掉网络诈骗团伙8个，冻结涉案资金2000余万元，追赃挽损1200余万元。现场勘查各类现场2800余起，采集违法人员档案指纹5269份、DNA血样5985份。

【扫黑除恶】 2019年，宁乡市公安局

2019年7月1日，宁乡市公安局举行庆“七一”文艺汇演暨民警荣休、授勋仪式

强力扫黑，铁腕除恶，全年共打掉涉黑团伙 1 个、恶势力集团 3 个、涉恶团伙 13 个，抓获涉案嫌疑人 157 人，刑事拘留 108 人，破案 62 起，查封、扣押、冻结涉案资产 3100 余万元，摸排、接收线索 389 条，核查办结 359 条，办结率 92.3%，打处成果居长沙排名第一方阵。特别是侦破的“10·6”涉黑专案，抓获涉黑成员 30 人，破获涉嫌组织领导、参加黑社会性质组织、寻衅滋事、强迫交易、开设赌场、非法拘禁、非法持有枪支弹药等各类案件 13 起。扫黑除恶获评长沙市局优胜单位。

【治安管理】 2019 年，宁乡市公安局高调扫黄、扎实禁赌，侦办黄赌案件 265 起，抓获黄赌违法犯罪嫌疑人 1227 人，社会风气有效净化，超额完成黄赌打处任务，被长沙市局表彰为黄赌整治先进单位；查处枪爆案件 79 起，收缴枪支 324 支、管制刀具 35 把、子弹 4438 发。劝阻烟花爆竹燃放行为 157 起，办理违规燃放烟花爆竹案件 41 起，行政处罚 41 人。整治治安乱点 1278 处，消除重大安全隐患 384 处。

【禁毒严打】 2019 年，宁乡市公安局共破获涉毒刑事案件 105 起，查处涉毒行政案件 916 起，抓获吸毒人员 1489 人，刑拘 179 人，强戒 284 人，责令社区戒毒 434 人，缴获毒品 13439 克，吸毒人群戒断三年未复吸人数比 2018 年增长 33%，打击处理绝对数居长沙第一。

【经济犯罪侦查】 2019 年，宁乡市公安局共立经济案件 50 起，破案 19 起，刑事拘留 57 人，移送起诉 54 人，扣押、冻结违法所得 1 亿余元。全力打防网络通信诈骗犯罪，止付冻结 800 多万元，返还被骗资金 400 余万元。

【巡逻防控】 2019 年，宁乡市公安局在巡警大队成立 2 个中队，按 1 分钟到城区重点部位、3 分钟到城区发案部位、5 分钟到城区其他部位的要求，启动“星城快警”“万人巡逻、点亮星城”防控管理体系建设，有效控制辖区发案率，“两抢一盗”违法犯罪大幅下降，得到广大群众认可。

“星城快警”加强防控

【交通管理】 2019 年，宁乡市公安局强管“两客一危一校”等重点车辆，集中整治交通问题顽瘴痼疾，查处交通违法行为 6.5 万余起，交通亡人事故比 2018 年下降 3.45%，车辆安全隐患清零 1700 余台。受理车驾管业务 14 万余笔，施划及新增路面交通标线 6.1 万平方米，开展交通设施维护 1100 余次，出动警力 2.7 万人次完成各级警保卫 220 余次。

【人口与出入境管理】 2019 年，宁乡市公安局以新增“一标三实”信息为切入点，部署开展为期半年的大基础工作专项行动，全面筛选、过滤以往“垃圾”信息，确保基础数据更加鲜活准确。全年共新登实有人口 44423 人、实有房屋 10374 条、实有单位 1759 家、流动人口 11297 人、出租房屋 2385 户，登记临时到宁乡境外人员 3767 人次，采集 Y 库血样 12428 份，通过实地抽查，采集率、准确率、及时率 95% 以上。

【食药环侦】 2019 年，宁乡市公安局共立刑事案件 12 起，刑事拘留 21 人，移送起诉 23 人，办理行政案件 5 起，捣毁“四黑”窝点 97 个，收缴假酒 353 件、假槟榔 20 余吨，守护了“舌尖上”的安全。

【网安监管】 2019 年，宁乡市公安局坚持 24 小时不间断对网站、论坛、微博、微信等开展巡查，落地查实、教育训诫肆意在网上散布各类谣言 15 人；组织 62 家市直单位举办首次网络安全大会，工作做法获得公安部的批示肯定。

【单位内部安全保卫】 2019 年，宁乡市公安局共走访企业 700 余家（次），下达限期整改通知书 400 余份，整改安全隐患 200 多处。全力保障“三考”工作顺利完成，协调政府投入 1200 万元推动校园安防建设。强化寄递业督导管控，实名登记及信息化率排名全市第三，未发生非法邮寄违禁物品及敏感物资案件。

【执法规范化建设】 2019 年，宁乡市公安局以推行案件办理统一入口、统一审核、统一出口“三统一”为切入点，以执法信息化、专业化建设为支撑，运用法治思维、法治方式、法律手段，全面深化公安执法规范化建设，组织人员编写《宁乡市公安局执法工具书》，为基层所队提供法律指导。依托省厅执法监管中心平台，实行“日巡查、周通报、月考评”，全年共核查反馈预警信息21643条，发现、整改执法问题5080余条，下发执法监督通知书29份，追究执法过错责任13人，全年实现公安执法领域重大负面舆情事件、执法办案场所过错安全事件、非正常死亡事件“零发生”。

【基层项目及基础设施建设】 2019年，宁乡市公安局监管中心主体工程完工，室内装饰、设备安装及室外附属工程加紧建设。落实省厅实施的“公安派出所建设三年行动计划”，白马桥所业务用房投入使用，14个警务室按期建成，花明楼、金洲、青山桥所建设有序推进。新建45套微型卡口、1372个天网摄像头、24个治安卡口，农村地区打防管控得到强化。

【警务改革】 2019年，宁乡市公安局大力推广“星城园丁”“96111”便民服务桥，关注量达65万人。办理公安业务32.5万件，自助业务16.6万件，占总数的51.32%，全市群众享受“互联网+公安政务服务”的便捷。按照“集成、高效、实战、可展示”的原则，成立公安大警务指挥中心，整合110指挥中心、基础防控中心、指挥作战中心、情报中心的职能职责，初步实现了调度精准、运行高效、服务实战的目的。以宁乡市“316”群众工作机制为载体，创新推出“枫桥经验”宁乡公安“4×3”农村警务机制，着力构建共建共治共享的社会治理新格局。落实省厅部署要求，招录246名驻村辅警，实现建制村全覆盖，首创推行驻村辅警兼任村治调主任，成为宁乡加强基层治理的有力抓手。突出抓好农村治安防控体系建设，协调电信公司整合现有光网资源和宽带网络，在长沙市率先开展“平安乡村”项目试点，标准统一、运行规范的县、乡、村、家庭四级联网综治“雪亮工程”全面铺开。

【部督“8·30”开设赌场案】 2018年8月，宁乡市公安局接到群众举报：宁乡市籍的孙某谦、刘某平等人收受他人地下六合彩投注，数额巨大。经初步侦查，确认举报线索属实，2018年8月30日，宁乡市公安局决定对该案立案侦查，并指示由治安大队牵头，从禁毒、网安、刑侦、派出所等抽调10多名精干力量成立“8·30”专案组进行专案攻坚。

经过前期几个月的侦查，一个以犯罪嫌疑人孙某谦为主的地下“六合彩”赌博团伙浮出水面，该团伙涉案人员涉及宁乡10多个乡镇，最终码数都流入香港籍人李某杰的手中，李某杰的码数又报给了其上线香港籍人陈某雄。同时，民警通过网技手段和对资金流的分析，发现香港籍人陈某雄还是一个赌球团伙的代理级庄家，该团伙成员众多且遍布全国各地，资金流水大。该案经上报后于2019年4月3日被列为公安部督办案件。

在掌握大量证据和抓捕时机已经成熟的情况下，专案组于2019年5月25日进行统一收网。在对地下“六合彩”赌博团伙收网行动中，共抓获犯罪嫌疑人孙某谦、姜某群、刘某平、李某杰、陈某雄等38人，刑事拘留10人，刑拘在逃1人，行政拘留28人。在对深圳、长沙赌球两个赌博团伙集中收网行动中，共抓获犯罪嫌疑人招某威、欧某恩、胡某邦、陈某博、甘某添等30人，刑事拘留24人，治安拘留6人。两案共计暂扣、追缴违法所得7300余万元。

【部督“10·6”涉黑案件】 2018年9月，宁乡市公安局在侦办中央巡视组交办的信访案中，发现了以宋某为首的涉黑犯罪团伙线索，遂成立10·6专案组展开全面调查。

经过前期侦查，专案组基本查明了以宋某为首的涉黑团伙，初步明确了该团伙的组织框架、经济来源和团伙成员的身份，并梳理出多条涉案线索。该案经上报后，长沙市局决定由市局刑侦支队立案侦查，宁乡市局具体承办，成立专案指挥部。指挥部由长沙市公安局副局长韦树恒、市纪委驻局纪检组长孔蓉晖任总指挥长，刑侦支队支队长周习文、宁乡市局局长黄勇任指挥长，刑侦支队、网技支队、法制支队、宁乡刑侦大队等单位为专案组成员。

2019年2月15日晚，专案指挥部决定收网，长沙、宁乡公安共出动警力150余名，车辆40余台，分别在长沙市、益阳市、宁乡市等地抓获第一批涉案人员16名，现场捣毁赌博窝点3个，抓获参赌人员21人，收缴赌资5万余元。通过审讯深挖，查明以宋某为首的涉黑团伙犯罪事实，分别涉及组织、领导、参加黑社会性质组织、寻衅滋事、强迫交易、敲诈勒索、开设赌场、非法拘禁、非法持有枪支、弹药等多项罪名。该团伙已有27名犯罪嫌疑人被依法采取刑事强制措施，共破获刑事案件12起，收缴枪支5支，子弹350发，冻结银行账户46个，冻结资金310余万元，冻结犯罪嫌疑人宋某等7名犯罪嫌疑人位于宁乡房产11处，依法扣押车辆5台。另有14名公职人员涉案线索已移送宁乡市委组织部、宁乡市监察委查处。

【部督李某良等人生产、销售伪劣产品案】 2018年9月30日，宁乡市公安局接群众报警怀疑其在李某良处以8400元/件的价格购买的数件“飞天茅台酒”为假酒，接报后宁乡市公安局立即邀请茅台酒股份有限公司专家对此批白酒进行鉴定，经鉴定确定此批茅台酒为假酒，宁乡市局立案后立即组织专人对此案开展专案侦查。经侦查证实：犯罪嫌疑人陈某伙同陈某兵、陈某军、张某、陈某、刘某、高某栓等人，在长沙市雨花区黎托城郊结合部秘密租赁民居私自加工制作假茅台、五粮液、国窖、剑南春等高档名酒，后以低价销售给李某良等多人，并在自身供货不足的情况下，另从他处购置假酒转卖给其他买家。

2019年1月17日，专案组展开收网行动，行动共捣毁制假窝点5处，仓库3个，一举抓获陈某、李某良等19名涉嫌生产、销售伪劣产品的犯罪嫌疑人，依法扣押各类假酒上千瓶，涉案价格200余万元，另收缴制假原材料20余吨及部分制假设备。

检 察

【概况】 2019 年，宁乡市人民检察院（以下简称市检察院）共有在职干警 62 人，内设政工室、办公室、监察室、侦查监督科、公诉科、监所检察科、民事行政检察科、控告申诉检察科、案件管理科、司法警察大队等三室六科一队。2019 年，市人民检察院以习近平新时代中国特色社会主义思想为指导，按照“稳进、落实、提升”的检察工作总基调，紧紧围绕宁乡改革发展稳定大局，践行“坚持一条红线、突显二化指引、聚焦三精建设、把握四项抓手”的年度工作主题，锐意进取、主动作为，各项检察工作稳步向前，获评全国检察宣传先进单位、湖南省文明单位。

【服务经济社会发展大局】 2019 年，市检察院坚决维护稳定和谐。严厉打击严重犯罪。批捕故意杀人、抢劫等严重暴力犯罪 17 人，起诉涉枪涉爆、“两抢一盗”“黄赌毒”等严重危害公共安全和社会治安犯罪 432 人。对社会高度关注的“7·17”母女当街被害案提前介入引导侦查，从快批捕；对社会影响恶劣的文跃飞拉拽公交司机案，从重建议量刑。全面贯彻宽严相济。不批捕 133 人，不起诉 201 人，最大限度化解社会冲突。主动做好涉检信访。严格执行 7 日内程序回复、3 个月内办理过程或结果答复制度，办结控告申诉案件 23 件，促进案结事了。参与社会治理。对信访领域违法犯罪批捕 5 人、起诉 4 人，其中对严重扰乱信访秩序的雷跃武等人，以涉嫌寻衅滋事罪批准逮捕，彰显依法治访决心。推进扫黑除恶。做好迎接中央扫黑除恶督导检查及“回头看”工作。坚持重拳打击，共批捕 47 人、起诉 33 人，依法办理“10·06”涉黑专案、“宇家军”恶势力犯罪集团案等一批重大涉黑涉恶案件，本院及 2 件案件被长沙市检察院推荐参评全省检察机关扫黑除恶先进集体和优秀案件。坚持精准打击，依法准确认定涉黑涉恶案件 1 件、不认定 2 件；在办理侯某恶势力犯罪团伙等案时，依法追捕追诉 8 人、不捕 2 人。坚持深度打击，移送“保护伞”线索 24 条，3 名公职人员受到纪律处分；引导查封、扣押、冻结涉案财产 1200 余万元，提出追缴涉案财产和财产刑量刑建议 3 件，均获判决支持。坚持综合治理，就办案发现的社会治理问题，制发检察建议 4 件，派员现场监督落实，助推全市娱乐、建筑等重点行业领域专项整治。精准服务三大攻坚战。服务风险防范，深化打击非法集资、非法传销等涉众型经济犯罪，妥善办理赵某奎等 18 人涉嫌非法传销等重大案件，从严批捕 37 人，已起诉 19 人，推动金融违法犯罪综合治理。服务精准脱贫，积极发挥后盾单位作用，筹措扶贫资金 40 余万元，所联系的大成桥镇大成桥村已完成脱贫任务的 96%；联合市扶贫办出台司法救助支持脱贫攻坚实施意见，办理司法救助案件 8 件，发放救助金 6.9 万元。服务污染防治，推进落实“两法衔接”工作机制，持续打击污染环境、非法采砂采矿等破坏生态环境资源犯罪，批捕 14 人，起诉 24 人，助力宁乡市成功创建省级生态文明建设示范市。着力优化营商环境。成立服务民营经济发展领导小组，制定服务优化营商环境“十条意见”，建立涉企案件特别办理机制。严惩破坏营商环境犯罪，批捕 47 人，起诉 62 人，“宁乡桩机协会”强迫交易案作为全省检察机关服务优化营商环境典型案例，被推荐上报最高人民检察院。审慎作出捕、诉决定，依法对涉案民企人员不捕 7 人、不诉 4 人，防止“案子办了、企业垮了”。打通服务民营企业“最后一千米”，与长沙市检察院在宁乡经开区共同设立检察联络室，邀请民营企业家参加“检察护航民企发展”检察开放日等活动，面对面精准提供优质法治服务。

【“四大检察”发展】 2019 年，市检察院做优刑事检察。共批捕各类犯罪嫌疑人 823 人，提起公诉 1151 人，分别比 2018 年上升 3.7% 和下降 4.2%。加强对刑事立案、侦查、审判活动的监督，监督立案 27 件，同比上升 12.5%；纠正漏捕 28 人，同比上升 27.3%；书面纠正侦查、审判活动违法情形 19 件次，提出抗诉 1 件，2 件抗诉案件得到改判。依法追捕的谈某强奸继女案，法院判刑十年五个月。办理职务犯罪案件，共受理市监察委移送案件 4 件 4 人，已起诉 3 人、判决 1 人。加强刑事执行监督，42 名羁押人员经建议被变更强制措施，12 名特赦对象经监督被解除社区矫正措施，4 名脱管漏管人员被监督收监，4 起阻碍律师会见违法行为得到及时纠正。用心做好未成年人检察工作，深化落实最高人民检察

2019 年 10 月 10 日，长沙市检察院党组书记、检察长王勋爵（前排右一）到宁乡市检察院、联塑科技、加加酱油等调研检察机关服务保障优化营商环境工作（摄制者：杨 婷）

院“一号检察建议”，依法不批捕涉罪未成年人 8 人、相对不起诉 4 人、附条件不起诉 10 人，29 名干警兼任中小学法治副校长，开展校园法治宣讲 33 场次，1 件案件入选长沙市“妇女儿童维权典型案例”。做强做实民事行政检察。加强民事裁判结果监督，依法对汤某兵与陈某春民间借贷纠纷案提出再审检察建议，市法院采纳后依法再审改判。进一步监督、支持基本解决“执行难”问题，协同发挥民事检察和刑事侦查监督职能，提出检察建议 9 件，已采纳 8 件，对黄某拒不执行判决裁定一案积极补证，确保案件顺利批捕起诉，法院判刑一年八个月。强化民事审判人员违法行为监督，对违法送达、审判程序违法等提出检察建议 7 件，全部得到采纳。共同维护司法公信，对裁判正确的 2 件民事案件决定不支持监督申请，并开展释法说理，促进服判息诉。开展行政非诉执行专项监督活动，颜某等 4 人违法出租基本农田用于非法采砂，被市自然资源局行政处罚后拒不执行，经本院督促进入强制执行，成功追缴违法所得 2.56 万元，在全市行政机关中产生较大反响。做好公益诉讼检察。积极争取市人大常委会出台《关于监督支持市人民检察院开展公益诉讼工作的决议》，共立案 74 件。聚焦国有土地使用权出让领域，办理行政公益诉讼案件 9 件，督促追缴国有土地出让金 1.8 亿余元、收回国有土地 8.91 公顷，依法起诉长沙市首例行政公益诉讼案件。聚焦国有财产保护领域，开展打击医疗骗保专项检察行动，发出全省首份打击骗取特殊病种医保基金检察建议，督促追回冒领的医保基金 10.6 万余元。聚焦食品药品安全领域，开展校园食品安全“回头看”和医疗废物非法处置专项行动，对排查的 10 余个安全隐患问题督促及时整改到位。聚焦生态环境和资源保护领域，采取“刑事打击+公益诉讼”模式，提起刑事附带民事公益诉讼 1 件，督促治理被损毁的耕地 2.18 公顷，追偿修复生态费用 2000 元。

【检察改革】 2019 年，市检察院全面实行“捕诉一体”办案机制。适应改革需要，主动探索对所有刑事案件实施“捕诉一体”。案件质量稳中有进，无捕后撤案、判决无罪案件，证据不足不诉人数比 2018 年下降 23.7%，案件比降至 1∶1.7，案件质量稳居长沙基层检察机关前列，1 件案件在全市政法系统案件质量评查中被评为唯一优秀案件。办案效率实现持续提升，审查批捕、起诉平均办案时间分别缩短 1 天、7 天以上，案件退捕率、延期率分别下降 20.2% 和 13.4%，其中涉驾类案件在审查批捕、起诉环节平均办案时间共计不超过 15 天。推进认罪认罚从宽制度。依法履行检察机关在刑事诉讼中的主导责任，推动依法落实认罪认罚从宽制度，共办理 921 案 1117 人，其中起诉 976 人、不起诉 141 人，占刑事案件总量的 86.8%，同比上升 9.3%，在全省检察机关中位列前茅。努力提升办案效率，健全办案规程，精简流程和简化文书，适用速裁和简易程序审结案件占比达 81.2%。注重量刑协商，追求精准量刑，充分听取犯罪嫌疑人、值班律师、被害人等意见，加强检法沟通协调，认罪认罚从宽案件量刑建议采纳率为 97.1%，案件服判率达 93.8%。继续深化司法责任制度改革。坚持质效引领，以改革助推司法水平提升。继续推进领导干部带头办案，检察长、副检察长带头领办重大涉黑涉恶案件，共办理各类案件 318 件，同比上升 21.8%，其中重大疑难复杂案件 181 件，占 56.9%。加强检察权运行监督管理，开展案件质量评查 11 次、评查案件 487 件，均记入检察官执法档案和检察人员司法业绩考核。出台《加强和改进检察委员会工作的意见》，连续三年开展优秀案件、优秀文书、优秀文稿的“三优”评选。

【检察队伍建设】 2019 年，市检察院始终突出政治建设。深入学习贯彻习近平新时代中国特色社会主义思想，坚持党建引领红线，开展“不忘初心、牢记使命”主题教育，组织召开学习研讨活动 12 次，主题党日活动 13 次。认真贯彻政法工作条例等党内法规，主动向市委报告重要工作和重大事项，自觉接受市委常委会述职评议，把党对检察工作的绝对领导落到实处，确保检察工作正确政治方向。全力以赴抓好最高人民检察院党组巡视省检察院党组、省委第四巡视组巡视宁乡市反馈意见和主题教育专项整改工作，开展“纠偏差、堵漏洞、防反弹”巡视整改情况“回头看”活动，问题挂单销号，整改效果巩固提升。开展“三精建设”。“办精品案件、育精英人才、建精美机关”的“三精建设”工作思路及成效得到上级肯定，在 2019 年度长沙市检察工作会议上作典型经验交流，并上升为长沙检察机关发展战略。狠抓案件办理、监管和评价三大环节，8 起案件被上级评为优秀案件、典型案例或指导性案例。举办“宁检大讲堂”6 次，选派干警参加业务素能培训 38 人次，1 名干警经选拔作为全国检察机关三名代表之一入选“清华——美国天普大学法学硕士”研修项目，涌现全省民事行政检察业务专家、长沙市青年岗位能手、宁乡市岗位学雷锋标兵等一批专业化人才。以开展检察文化建设和文明创建为抓手，在市“明初心·担使命”主题辩论赛、市“尊崇宪法、学习宪法”主题演讲比赛中摘得桂冠，8 篇理论研究成果获国家、省级表彰，获评湖南省文明单位、长沙市检察机关首届“读书风气最盛检察院”等称号。持续推进作风建设。贯彻全省检察机关反腐倡廉警示教育大会和市纪委一届二次全会精神，邀请省检察院监察处领导作专题廉政讲座，全面开展自查，预防违法违纪。持之以恒整治“四风”，制定集中整治形式主义、官僚主义的十五条措施，改进文风会风，开展纪律作风督查 27 次，通报批评 9 人次，全部计入绩效考核。严格贯彻执行“三个规定”，严禁内部打探、泄露案情，对不捕、不诉案件回访 30 件次。

【接受监督】 2019 年，市检察院依法接受人大监督。认真落实市人大常委会评议检察工作审议意见，对法律监督力度不强等问题及时整改提升；持续做精做细联络工作，邀请长沙市、宁乡市两级人大常委会相关委室领导参加某印刷公司负责人侵犯著作权案不起诉公开宣告活动，得到充分肯定。主动接受民主监督。主动向市政协通报公益诉讼等工作，邀请政协委员参加检察开放日等活动。与市工商联建立长效协作机制，共同服务民营经济发展。自觉接受社会监督。打造“指尖上的检察院”，利用案件信息公开网、微信等平台，发布重要案件信息110条，公开法律文书939份，推送检察动态138条。邀请102名各界人士走进检察机关，零距离了解、监督检察工作。开辟全新普法栏目“宁检守未者”，拍摄宣传片《时代力量》，272篇稿件被各级媒体采用，获评全国检察宣传先进单位。

（蒋长庚）

法　院

【概况】 2019年，宁乡市人民法院设有立案庭、刑庭、民一庭、民二庭、综合审判庭、执行局、政治部（机关党委）、综合办公室、审判管理办公室（研究室）、司法警察大队共10个庭、局、队、室，下设金洲、花明楼、双凫铺、流沙河、黄材、灰汤6个人民法庭。法官及工作人员284人，其中政法专项编制干警143人，后勤事业编人员5人，合同制工作人员136人。在编人员中博士研究生1人，硕士研究生37人，大学本科100人，大专及以下学历10人。

2019年，宁乡市人民法院履行宪法和法律赋予的职责，共受理各类案件27011件，比2018年上升46.94%；审执结26233件，同比上升53.57%；员额法官人均结案336件，同比上升22.18%。该院被湖南省高级人民法院评为“全省法院系统考核优秀单位”“全省法院第十六届理论研讨会组织工作先进单位”，被省委政法委、省高院等11家单位联合授予湖南省“青少年维权岗”荣誉称号。

【审判执行工作】 2019年，宁乡市人民法院审结各类刑事案件941件1105人，判处5年以上有期徒刑32人，其中“地下六合彩”等赌博犯罪案件47件71人，毒品犯罪案件68件80人，贪污、贿赂等犯罪案件2件2人，未成年人犯罪案件35件，打击无理缠访、闹访者等寻衅滋事犯罪案件1件4人。推进认罪认罚从宽制度，审结相关案件753件。妥善审结民商事案件11072件，其中损害赔偿、物业服务、土地承包等民生案件3148件，家事案件1552件，房屋买卖、租赁等案件541件，劳动争议案件372件。依法为农民工追回欠薪326万元，发出人身安全保护令12份。审结行政案件123件，审查非诉行政执行案件154件，其中判决撤销、确认违法等案件8件。依法妥处人民北路等重大项目实施过程中的行政争议，审结湖南省首例以村民委员会为被告的行政诉讼案件，该案在长沙市2019年“以案释法”优秀案例征集评选活动中获评一等奖。行政机关负责人出庭应诉率提升到80%。执结各类执行案件12484件，执行到位金额8.04亿元。冻结银行存款6217万元，查封非货币财产9430万元，扣押车辆46辆，司法网拍236件，变现资产1.82亿元，纳入失信名单和限制高消费5698人次，司法拘留94人，移送涉拒执犯罪5件5人，以拒不执行判决、裁定罪判处黄江水有期徒刑一年八个月。开展“夏日风暴”“冬日暖阳”“强制腾房”等专项执行活动，联合外地法院跨省联动执行41次。对生活困难的申请执行人发放救助款58万元。2019年，在河北省易县通过湖南、河北两省三级六家法院协同联动为中宏融资租赁有限公司将涉案起重机成功扣押到位，该案入选湖南法院2019年度涉工程机械行业专项执行典型案例。

【优化营商环境工作】 2019年，宁乡市人民法院组建优化营商环境工作领导小组，成立工作专班，及时制定了《优化营商环境服务经济发展的实施意见》《为“产业项目建设年”“营商环境优化年”提供司法保障和服务的实施意见》等工作方案。以强迫交易罪严惩欺行霸市、强揽工程的“7·5桩机协会”犯罪团伙，分别判处7名被告人三个月拘役至一年三个月有期徒刑，没收违法所得31.55万元，并处一万元至二十万元不等的罚金。推动建立破产案件府院联动机制和破产保障基金，审理破产案件6件，成功腾退原“沃特玛”闲置厂房。建立涉企案件“五个优先”工作机制，设立专业化审判团队，审结涉企纠纷4310件，平均审理周期仅为57.8天，调撤率达到41.3%。开展“涉工程机械专项执行活动”，办好跨省异地协同执行案，为三一重起、星邦重工等企业挽回经济损失3.7亿元。妥善调解红宇耐磨股权纠纷系列案，助力企业化解退市风险，得到长沙市委主要领导的充分肯定。慎用查封、冻结、扣押等强制

2019年12月20日，宁乡市人民法院对“7·5桩机协会”犯罪团伙依法作出判决

措施，帮助五里量具、千壶客酒业等中小企业暂渡难关。设立“驻企法律服务站”，推动司法服务进园区，通过开设法律讲座、发送司法建议和典型案例等形式，加强企业风险防范意识。该院优化营商法治环境的经验和做法，得到《法制日报》《人民法院报》《湖南日报》等主流媒体的关注和报道。

【扫黑除恶工作】 2019年，宁乡市人民法院深入开展扫黑除恶专项斗争，成立领导小组，组建专业审判团队，先后制定了《关于开展扫黑除恶专项斗争的工作方案》《涉黑涉恶案件线索专项摸排行动方案》《扫黑除恶专项斗争督导制度》等文件。院庭长带头领办大案要案，审结涉黑涉恶犯罪案件12件30人，判处“宇某”恶势力犯罪集团首要分子有期徒刑二十年，判处侯某、许某等恶势力犯罪团伙十年至十六年四个月不等有期徒刑。深挖涉黑涉恶问题线索，移送案件线索17条。出台《关于建立疑似职业放贷人名录的实施意见》，公示疑似职业放贷人41人，锁定案件493件，该经验做法得到中央督导组和省高院的充分肯定和推介。

【服务三大攻坚战工作】 2019年，宁乡市人民法院积极运用财产保全、实现担保物权等措施，审结民间借贷、金融借款等纠纷3137件，涉案金额6.7亿元。审结非法集资、电信诈骗等涉众型经济犯罪案件8件19人，以集资诈骗罪判处“为多”案主犯詹玉保有期徒刑十二年。参与脱贫攻坚战，结对帮扶107名贫困户，助力黄桃产业扶贫，帮助92名贫困户成功脱贫。践行“两山”理念，审结环境资源犯罪案件13件24人。依法支持检察机关提起环境公益诉讼，审结环保部门申请强制执行污染环境案件12件，准予执行率100%。

【司法为民】 2019年，宁乡市人民法院健全新型诉讼服务中心、司法公开网、“12368”司法热线、短信平台、移动端五位一体的诉讼服务体系，加大网上立案、跨域立案力度，加快推进“两个一站式”建设。推行“闪信+送达”、巡回法庭等便民措施。积极融入“316”群众工作机制，加强诉源治理，会同市司法局建成全省首家社会矛盾纠纷多元化解ODR平台，推动形成“社会调解优先，法院诉讼断后”的纠纷递进分流模式，诉前化解各类纠纷456件。依法为困难当事人缓、减、免诉讼费38万余元。强化院庭长监管职责，对“四类案件”实施全覆盖监管。完善审判委员会、专业法官会议制度，着力统一法律适用和裁判尺度。强化案件质量评查，对涉信访、投诉、二审发改案件做到每件必查。强化审限意识，案件平均审理周期由72.1天缩短至45.4天。推进审判流程、庭审活动、裁判文书、执行信息四大公开平台建设，在中国裁判文书网上传文书26233份，开展庭审网络视频直播3343场次，当庭宣判率达69.24%。

【基层基础建设】 2019年，宁乡市人民法院深入学习贯彻习近平新时代中国特色社会主义思想和中共十九大精神，扎实开展“不忘初心、牢记使命”主题教育，以“明初心、守初心，矢志为民践宗旨”“守纪律、讲规矩，清正廉洁作表率”等为主题专门组织学习研讨交流，引导全院干警“牢记初心使命、推进自我革命”。制定年度党建计划和责任清单，健全《支部书记述职考评办法》等文件，构建党组负总责、分管领导分工负责、机关党委推进落实、部门负责人履行“一岗三责”的党建工作格局。接受长沙市委组织部政治建设考察和市委政治巡察，坚持问题导向，做好巡察“后半篇”文章。完成执行指挥中心搬迁，推进实施分段集约化执行改革，改变过去一人包案到底的模式。组建以执行指挥中心为大脑，分设事务、查控、综合、监督、实施、保障小组，并对执行案件实行繁简分流。以“支部建在庭上”为原则，夯实基层党支部战斗堡垒，花明楼法庭获评2019年度长沙市“群众满意青年文明号”。完成流沙河法庭新建搬迁工作，全面提升基层基础物质保障水平，通过开展巡回法庭、基层矛调联席会议、案例式普法讲座等形式，推动形成解纷合力，把矛盾化解在基层和萌芽状态。

【法院队伍建设】 2019年，宁乡市人民法院严格落实全面从严治党“两个责任”，组织开展“不忘初心、警钟长鸣”警示教育，对照省高院“十二条禁令”，加强日常监督，用足用好执纪监督“四种形态”，全力配合市纪委监委开展工作，以零容忍的态度坚决查处违纪违法干警3人。完成内设机构改革，让数十名资深法官回归办案一线。发挥“关键少数”作用，入额院庭长审执结各类案件9347件，占结案数的35.63%。认真接受市人大常委会专项评议，并根据审议意见抓好整改落实。走访各级人大代表63人次，邀请代表视察法院41人次，旁听重大敏感案件、见证执行等67人次，办理代表意见建议15件。支持、配合检察机关依法履行监督职责，办理检察建议15件，邀请检察长列席审判委员会会议，共同维护司法公正。广泛接受政协及社会各界监督，加强与政协、各民主党派、工商联、无党派人士的联络沟通，及时通报法院工作，虚心听取意见建议。认真贯彻人民陪审员法，普通程序案件陪审率达100%，让“民间智慧”成为推动公正司法的不竭源泉。举办“公众开放日”活动，接待人民群众10批3000余人次，开展“送法进校园”活动26次。

（肖春晖）

司法行政

【概况】 2019年4月，宁乡市司法局进行机构改革，设局长1名、副局长2名、政工室主任1名；中共宁乡市委全面依法治市委员会办公室设在司法局，下设秘书科，承担全面依法治市委员会具体工作；局机关设办公室、政工科、社矫科、行政复议应诉科、行政执法监督科、文件合同管理科、普法与依法治理科、基层工作指导科、法律服务管理科（市人民陪审员选任管理办公室）、法律援助管理科等十个内设科室，下辖29个司法所。全市司法行政系统共有编制

117 名，实有工作人员 110 名，其中局机关 41 人，司法所 69 人；全市共有 5 个律师事务所，执业律师 85 人，党员 26 人；10 个基层法律服务所，320 个人民调解组织；基层法律服务工作者 74 名，专兼职人民调解员 1533 名。2019 年，宁乡司法行政工作坚持建设法治宁乡目标，将法治宣传、法律援助、人民调解、行政调解相结合，全面发挥司法行政机关职能作用，努力为宁乡经济社会发展和人民安居乐业提供平安和谐的法治环境，相关工作成绩得到人民网、《湖南日报》、《长沙晚报》、《人民调解》杂志等媒体推介。

【依法治市工作】 2019 年，宁乡市司法局办好各项会议制定好规则。4 月 8 日，召开市委全面依法治市委员会第一次会议。下发《中共宁乡市委全面依法治市委员会工作规则》《中共宁乡市委全面依法治市委员会协调小组工作规则》《中共宁乡市委全面依法治市委员会办公室工作细则》《市委全面依法治市委员会 2019 年工作要点》等文件，全面依法治市各项制度得到进一步完善，同时做好守法普法协调小组第一次会议筹各项工作。做好依法治市委员会办公室办文办会工作。做好省委全面依法治省委员会办公室食品药品监管执法司法督察各项工作。印发《宁乡市 2019 年普法依法治理工作要点》，转发《长沙市贯彻落实〈党政主要负责人履行推进法治建设第一责任人职责规定〉的实施细则》。成立五个专门协调小组，形成上下贯通、协同高效的全面依法治市工作体系，制定年度工作要点、落实请示报告、年度报告、督察、考核等制度。

【法治政府建设】 2019 年，市司法局加快法治宁乡建设。突出抓好重大决策合法性审查。努力完成合法性审查任务。文件合同审查备案工作，为市人民政府依法行政、依法决策提供法务保障。审核市委、市政府文件、上会议题 423 件，提出法律意见 1600 余条。加大重大政策法务保障。2019 年共参与《关于印发〈宁乡市推进“一件事一次办”改革进一步提高行政审批服务效能实施方案〉的通知》《宁乡市支持现代服务业发展若干政策措施（试行）》等规范性文件的制定、合法性审查、备案等工作。市人民政府共出台规范性文件 10 份。防范化解政府风险。严格落实宁乡市政府合同审查备案各项工作制度，审核备案各类合同 937 份，涉及金额达 1238 亿元，共出具法律意见、建议 1800 余条。参与宁乡市政府相关债务纠纷等系列法律关系复杂问题的处置工作，提出合理的法律意见、建议，有效地降低了相关法律风险。切实提升行政复议应诉水平。认真办理行政复议应诉案件。2019 年无败诉讼和败复议案件，办理行政复议案件 52 件，办理市人民政府为被告的各类诉讼案件 53 件，其中宁乡太平煤矿诉宁乡市人民政府行政补偿一案（涉案标的 6800 余万）经司法局积极应诉，该案一审、二审均判决驳回宁乡太平煤矿诉讼请求。通过提升行政应诉工作的主动性，召开庭前案件研究协调会 33 次，最大限度降低败诉风险。积极推进行政机关负责人出庭应诉工作。制作市级层面行政机关负责人出庭应诉工作排班表，2019 年以来行政机关负责人出庭应诉次数达到 20 次。加强司法行政互动，收集、整理行政执法领域的重难点问题 30 余个，邀请长沙中院、宁乡法院法官共同研究解决路径，2019 年组织司法与行政良性互动会 2 次。创新行政复议运行机制。2019 年，坚持致力于推进行政复议规范化建设，从源头上减少行政诉讼案件。2019 年，13 件案件申请人主动撤回行政复议申请。运用三调联动机制，共计交办、邀请人民调解员参与调解、和解和思想疏导工作的案件 5 件，4 件通过积极协调，化解行政争议。行政执法监督措施有力。开展司法行政执法执业规范化建设活动，完成全市法律服务“双随机一公开”行政执法检查，完成全市行政执法案件评查。从市本级各行政执法单位 2.3 万件案件中随机抽取 53 件进行案件质量评查，查出合法性问题 5 件、规范性问题 6 件；针对市场主体反映强烈的行政执法中存在的执法不公、选择性执法、随意性执法等问题开展专项督查，重点督查 6 家单位行政执法内部质量控制机制特别是法制审核机制，并随机抽查行政处罚案件 60 件，发现问题案件 23 件，发出行政执法监督通知书 6 份。组织各部门 422 名行政执法预备人员参加全省行政执法资格考试，并为全市 1896 名行政执法人员换发《湖南省行政执法证》。在优化法治营商环境方面。作为长沙市市场轻微违法违规经营行为免罚试点单位，市司法局联合市监、交运、税务等部门反复研究，并报请长沙市司法局审定，制定出台《宁乡市市场轻微违法违规行为免罚清单》，属全省首创，为各类企业特别是中小企业和初创型企业提供更加宽容的制度环境。

【矛盾纠纷化解】 2019 年，宁乡司法行政工作坚持建设法治宁乡目标，将法治宣传、法律援助、人民调解、行政调解相结合，全面发挥司法行政机关职能作用，把开展矛盾纠纷排查调处作为全年重点工作来抓，大力推动矛盾纠纷多元化解机制建设，纵向完善市、镇、村、组、屋场“五级调解组织”，狠抓人民调解组织体系建设，实现市乡村三级调解组织全覆盖，组级明确纠纷信息员；横向拓展行业性调解业务，先后成立道路交通事故纠纷、医患纠纷、婚姻家庭纠纷、国土资源纠纷、房产物业纠纷和商会矛盾纠纷等 14 个行业专业调委会（室），全面建立人民调解委员会驻人民法院、驻公安派出所调解室，建立“调解程序系统化、落实制度经常化、调解组织行业化、化解纠纷专业化”的“四化”工作格局。深入学习推广“枫桥经验”，积极参与社会治安综合治理，创新打造“矛盾纠纷远程调解平台”，深入推进矛盾纠纷大排调，扎实推进矛盾纠纷“大排查、大调解”专项行动，成为省司法厅确定的矛盾不上交试点单位，建立健全解决突出信访问题和矛盾纠纷的长效机制，着力构建“316（三项工作机制、一个组织体系、六项具体举措）”群众工作新格局，强化各级党委主体责任，努力探索新时代“枫桥经验”的宁乡路径，“枫桥经验”宁乡版初具雏形。健全以市矛调指挥中心为龙头的三级人民调解组织体系，新建行政调解室、豪德市场调解室，2019年共化解各类纠纷7026件，调成6969件，成功率99.2%，全市矛盾纠纷发生量、刑事发案数和信访总量连续三年下降。自主开发全省首家矛盾纠纷多元化解平台“宁慧调”，平台坚持面向群众、打通人民调解与法院司法确认，上线两个月办理网上司法确认48件，为2018年司法确认量的1.5倍，成为零距离服务群众的又一重要窗口。成立人民调解员协会，对全市人民调解进行指导，评选人民调解优秀案卷12件，选取袁雪松等5名调解员授予个人命名调解室。加强司法行政基层基础工作，老粮仓司法所、历经铺司法所完成高标准改造，服务群众能力和效果进一步提升。法律援助化解信访矛盾。局机关牵头化解各类信访问题142件，历经铺陈立君4年信访积案、豪德壹公馆208户群体信访案、黑金时代278户群体信访案、大成桥33个农民工工资信访案等一批重大信访案事件均得到妥善处理、息访息诉。继续构建商圈调解组织建设。加强对市域各大商圈的法律服务，进一步落实《宁乡市司法局商圈商户营商环境优化年法律服务包实施方案》，制定商圈法律服务包，组织5家律师事务所为各大商圈提供免费法律咨询，组织法律培训400多人次。在大河西农产品物流中心、沙河市场管理处等10个商圈设立矛盾纠纷调解室，成功调解商贸类纠纷936件，为当事人挽回经济损失1600余万元。继续做好新媒体普法联盟，打造和谐的矛盾纠纷化解文化。贯彻落实《关于成立宁乡市新媒体普法联盟工作方案》，密集推送人民调解案例，讲解调解原理，诠释法条法理，弘扬互谅互让、依法依理、谦和共处等传统文化，在给群众讲故事的同时潜移默化社会风气。将人民调解和法治宣传、法律援助有机结合，各平台接收的群众爆料或求助涉及矛盾纠纷的，市司法局第一时间安排调解员、法律援助律师和司法助理员上门了解情况，化解矛盾。打造公共法律服务平台体系，推动人民调解资源一体化运用。以12348热线、政务网站和宁乡公共法律服务网络平台（掌上司法局）为依托，以三级公共法律服务实体平台为基础，加上覆盖全市的人民调解委员会、法律援助站点、村级法律顾问、法律宣传志愿者队伍，共同构成公共法律服务平台体系，为群众提供全方位、全天候人民调解服务。老粮仓镇建设全省第一家乡镇公共法律服务站后，定期开展一对一信访阳光答复，成功化解李素珍等一批陈年信访积案。

【公共法律服务工作】 2019年，市司法局推动公共法律服务体系建设。制定宁乡市公共法律服务平台升级方案，加快研究市级层面的公共法律服务网络体系，进一步完善全市三级公共法律服务平台建设，新建公共法律服务站9个，培育公共法律服务志愿点2005个。市公共法律服务中心完善法律援助、公证、司法鉴定、人民调解、法律咨询等功能，每周四与信访大厅领导接访同步集中值班。为困难群众办理法律援助案件993件，其中涉及农民工讨薪的140件，预计追回农民工工资100余万元；积极办理涉法涉诉案件，引导信访群众通过诉讼解决问题，共办理涉法涉诉案件136件；建立信访联动机制，提前介入涉法涉诉信访案件，协助乡镇街道化解疑难复杂信访案件8件；安排律师团队办理豪德壹公馆小区205户和黑金时代小区278户群体信访案件，通过诉讼和调解成功化解了信访问题。全面落实律师参与刑事案件认罪认罚案件全覆盖，办案903件。全面推进公共法律服务站（点）建设，新建公共法律服务站9个，经验收全部达到省厅标准；在流沙河、历经铺、资福6个村建立公共法律服务微信群，开展“如法网”公共法律服务志愿点建点活动，建成公共法律服务站29个，公共法律服务点278个，建成公共法律服务志愿点1659个。着力提升法律援助水平。建成覆盖全市所有乡镇村的实体平台和网络平台，市级中心拓展了司法鉴定、公证和人民调解业务，为群众提供全时空、无死角的法律服务，全年接受咨询2万次，办理公证3870件，办理法律援助案件1054件，律师见证认罪认罚案件940案1270人。加强法律服务队伍的管理。开展全市2200余名行政执法人员情况摸底和政府法律顾问合同报备及法制负责人统计。对10家法律服务所调研摸底，为协会换届做准备工作。开展长沙市律师事务所及律师年度考核工作。完成了5家律师事务所和72名律师年度考核；完成了10家法律服务所和72名法律服务工作者年度考核。在全市法律队伍中开展职业道德、执业纪律教育，提升队伍整体形象，全年全市律师、法律服务工作者为594家政府机关、企事业单位和村（社区）担任法律顾问，办理刑事案件176件，民商事及行政案件1387件，办理法律援助案件859件。完成市人民陪审员选任工作。按程序制定发布人民陪审员选任方案、公告，接受公民报名，到公安局随机抽取公民信息，对候选人资格审查（失信被执行人、征信记录），经再次公示后确定21名人选由市人民法院报市人大常委会批准进行任命。

【扫黑除恶工作】 2019年，市司法局开展律师参加扫黑除恶案件工作。在全市司法行政工作推进会上，局长刘海波对扫黑除恶工作进行重点讲评和部署，严肃政治纪律；司法局组织市属5家律师事务所主任、书记参加长沙市律协“扫黑除恶”专项斗争推进会，对各所扫黑除恶工作进行专项督查，各律师事务所共受理涉黑涉恶案件47件，所内建立工作台账，在规定时限内向市司法局呈报《律师和律师事务所重大事项报告呈报表》和《宁乡市法院涉黑涉恶专案辩护人信息表》，市局对律师涉黑恶案件的辩护听庭4次。安排各律师事务所组织全体律师认真学习《长沙律师行业开展扫黑除恶专项斗争的实施方案》和《扫黑除恶专项斗争应知应会三十二条》；要求全体律师签署《不参与涉黑涉恶违法犯罪承诺书》；对各所制定实施《办理黑恶势力犯罪案件检查督导制度》《办理黑恶势力犯罪案件集体讨论制度》《办理黑恶势力犯罪案件请示报告制度》。

【社区矫正和安帮工作】 2019年，全面落实矫正教育工作，组织社区服刑人员集中教育学习和社区服务3000余人次，日常行为规范轮训1次；建立社区服刑人员两级档案管理体制，确保国家刑罚依法规范执行到位；完成社会评估调查500人次全部被法院、检察院采纳。全市的矫正人员均得到相应的思想矫正、心理矫正和行为约束，没有一人脱管、漏管和重新犯罪。新增社区矫正人员376人，解除矫正407人，在册433人，裁定警告55人次，收监3人，分片区开展社区矫正集中学习点训12场次。组织各司法所对全市3947名刑满释放人员跟踪帮助教育，帮教率达100%；对11类涉黑涉恶违法犯罪人员每月进行摸排，防止重新犯罪。扎实推进特赦工作，9月20日会同市检察院对全市被裁定特赦的12名社区矫正对象进行集中特赦解矫宣告，圆满完成特赦任务，没有发生错赦漏赦。全年共接收刑满释放人员139人，落实帮教人员139人，帮教率达100%，衔接率达100%，无重新犯罪，定期排查刑满释放人员。落实安置帮教工作措施，建立刑满释放人员信息库；组织各司法所对对全市3947名刑满释放人员跟踪帮教；尤其是针对11类涉黑涉恶违法犯罪人员，坚持每月进行摸排，防止重新犯罪。9月20日，同检察院对全市被裁定特赦的12名社区矫正对象进行集中特赦解矫宣告，特赦工作圆满完成。

【普法宣传工作】 2019年，宁乡市努力创新普法载体和形式，广泛开展全市法治宣传教育工作，启动全市青少年学生法治教育主体活动，逐步构建具有宁乡特色的法治宣传教育模式，持续提高宁乡市全体公民法治素养。充分利用全国“两会”、农村法治宣传月、青少年法治宣传周、清明节、扫黑除恶、打击非法集资、消费者日等重要活动、节点，深入各乡镇（街道）、学校开展普法宣传活动，全年组织开展大型普法活动15场次，悬挂宣传横幅50余条，展出宣传版面22块，向干部群众免费发放《城市实用法律知识问答》《农村实用法律问答》读本1000余册，各类宣传资料6000余份，受教育群众达20000余人，在全社会营造了人人尊法、人人知法、人人守法的浓郁氛围。制定《关于开展学习宣传〈中华人民共和国宪法〉主题实践活动的实施方案》和《关于做好〈宪法〉单行本征订工作的通知》，采取出动宣传车巡回播放普法通稿、悬挂宣传横幅、发放宣传资料、现场答疑释惑等形式，广泛宣传本次宪法修改的主要内容、总体要求和重大意义，大力宣传中国宪法实施的重要成就，引导群众充分认识中国现行宪法是一部符合中国国情的好宪法，充分认识此次宪法修改是时代必然、实践必要、法治必需。司法局制订了周密的宪法宣传活动方案，把宪法宣传列入法治宣教工作重点，与青少年学法、国家工作人员考法等工作相结合，开展了一系列宪法宣传活动。举办全市“尊崇宪法学习宪法”主题演讲比赛，各乡镇街道和部门单位37名选手参加，通过演讲和说理，大家对宪法的认识和感悟更深刻、更具体。在宁乡司法微信公众号开展宪法知识有奖答题活动，1.5万人参与其中。制作宪法主题普法微视频2部，有效播放量达8万次。12月4日在人人乐广场开展大型群众宣传活动，30多个部门、千余名群众参加。此次活动共出动干职工60余人次，出动宣传车辆12余台次，发放各类宣传资料6000余份，宣传效果十分明显。组织开展大型普法活动15场次，深入开展宪法宣传实践活动，创新推行“互联网+法治宣传”模式。年内新媒体普法联盟平台增加至35家，粉丝累计280万，共推送普法内容10286余篇，累计阅读量达2900余万。2019年新推出普法短视频15部，其中哑剧《可惜不能重来》得到新湖南客户端、红网、湖南文明网、《长沙晚报》等十多家媒体推介，获全省法治微视频三等奖。全市青少年法治教育方面，9月16日，宁乡市青少年学生法治教育主题活动启动仪式在宁乡一中启动，组织政法线6位市领导和89位副科级以上的干部担任全市初中以上学校的法治校长和法治副校长，到学校调研法治工作，解决校园周边环境问题，主讲法治宣传教育课，具有宁乡特色的青少年法治教育工作体系逐步形成。2019年法制副校长主讲法治课195堂，参训师生10万多人次。

（刘运昌）

2019年12月，宁乡市“尊崇宪法学习宪法”主题演讲比赛现场

综合监督管理

责任编辑・高　丽

发展和改革

【概况】 2019年，原宁乡市发改局与粮食局完成机构改革，合并为宁乡市发展和改革局（以下简称市发改局），合并后市发改局有正式干部职工79人；内设办公室、财务资产管理科、政工人事科、营商环境优化科、产业发展科、社会事业科、环境资源科、行政审批服务科、投资管理科、项目管理科、公共资源交易管理科、价格收费管理和监测科（价格监测中心）、粮食行业管理与物资储备科、粮食监督检查科、粮油调控与安全科、党建科16个科室，有营商环境优化协调事务中心、经济信息中心、价格认证中心3个下属股级机构。

【重大战略谋划】 2019年，市发改局积极推进战略谋划、深入开展分析研究，为市域经济社会发展提供科学指导和参考。全面摸清市域经济社会发展情况，对标对表计划报告，科学编制“十三五”规划中期评估报告、半年度及年度国民经济和社会发展执行情况及下年度计划报告；有序推进“十四五”规划编制，完成主要文件、“三个重大”、基本思路制定；科学把握宏观形势，全面掌握市域现状，深入分析全市经济发展态势，准确做好每月经济运行情况分析和季度、半年度经济形势分析；出台《宁乡市金洲新城概念性规划》，中间成果通过全国专家审查会审查；围绕市委、市政府中心工作，深入开展调查研究，形成《特色小（城）镇建设研究》《宁乡市推进“六大片区”建设初步调查研究》《关于宁乡人口现状分析及扩大城区人口规模的对策建议》等十余项市级课题研究成果，供领导决策参阅。市发改局承担长沙市对宁乡5项指标共计16.1分考核任务，均获长沙市考核一类或一等（1.2倍计分）。

【政府投资管理和重大项目建设】 2019年，全市完成固定资产投资806亿元，比2018年增长11.5%。科学管理政投项目。严格落实《宁乡市政府投资建设项目管理实施办法》《宁乡市小额政府投资建设项目招标投标管理若干规定》《关于执行政府投资项目负面清单管理的通知》等制度文件，科学管理政府投资项目；有序推进2019年预算内政府投资项目及国有平台公司经营性项目计划编制，共铺排项目289个。坚持“一月一调度”“一季一通报”“半年一讲评”，强化项目推进进度监管，全年预计完成投资65.3亿元，新建项目开工78个。

2019年12月3日，“与宁携手共襄未来”2019年宁乡市重大合作项目集中签约现场（周伟 摄）

加速推进重大项目。2019年，宁乡市共有市重大项目（含经开区）240个，其中市本级重大项目188个、宁乡经开区市重大项目52个、长沙市领导联点重大产业项目18个。加强项目调度，对项目情况做到“一口清”，即：项目基本情况清、形象进度清、存在问题清、考核标准清。全年共完成重大项目投资超120亿元。纳入省“5个100”重点项目15个，楚天科技等7个重大产业项目完成投资93亿元、完成全年任务的127.4%；星邦重工等4个重大科技创新项目完成投资1.41亿元、完成全年任务的108.5%；三一重工等4个重大产品创新项目完成投资3.22亿元、完成全年任务的100.44%。在2019长沙市重大项目观摩中获得“三个第一”：宁乡市获四县（市、区）第一、宁乡经开区获国家级园区第一、格力中央空调获单个项目第一。

争取债券项目。精心策划项目，加强协调对接，成功申报2019年债券项目11个，申报债券资金62.46亿元，占长沙地区（含长沙本级及九区县市）的1/5；密切跟踪政策，强化项目服务，化解困难瓶颈，推进入库项目尽快开工，争取债券落地；做好2020年债券项目储备工作，储备两批次债券项目27个，估算投资202亿元；实现企业债券融资88.42亿元。

【产业经济发展】 2019年，市发改局向上争资再创佳绩。统筹全市向上争资60.38亿元，其中发改局直接争资6.3亿元；争取保障性安居工程配套基础设施项目资金1.3113亿元，争资规模全省第一，是近六年中争取资金最多的一次。品牌创建打造示范。指导宁乡高新区申报特色产业园区；推荐煤炭坝镇成功获批湖南特色产业小镇；推荐邦普认定为国家企业技术中心，中财、赛福、星邦重工、星城石墨、邦弗特5家企业认定为省级企业技术中心，微纳坤宸、精量重工、兴元等8家企业认定为市级企业技术中心；推荐微纳坤宸认定为省级工程研究中心；指导万鑫精工906万元齿轮传动减速机生产基地项目验收；采煤沉陷区综合治理获国家发改委肯定。

落实涉企政策。编制形成《宁乡市涉企政策汇编》《国家级、省级、市级政策性资金申报指导目录汇编》，梳理政策329项；在市人民政府门户网站开设政策发布专栏，归口所有部门涉企政策信息统一发布；建立企业家顾问库，组建涉企政策专业咨询队伍；对照《支持实体经济企业具体政策清单》117项，梳理宁乡市政策落实情况，确保落实到位；建立政策和合同兑现清单，回应企业政策诉求。

易地扶贫勇夺先进。整理互联网+湖南省易地扶贫搬迁信息管理系统，推进易地扶贫常态化巡查、信息核查摸底、“三排查三签字”。推进就业扶贫车间建设，全市共建设扶贫车间75家。易地扶贫连续四年排名全省第一。

【优化营商环境】 2019年，市发改局实施效能提速、实体经济降本、政策落地、企业家权益保护等十大行动，出台优化营商环境22条、营商环境优化年推进工作方案30条等系列政策，优化营商环境，中央新闻联播重点推介宁乡“三无城市”建设成效；湖南卫视、《湖南日报》、新湖南多次专题报道宁乡营商环境优化工作；长沙新闻频道开设专题节目宣传推介宁乡“三无城市”和重点商圈创建；湖南省委政研室《营商就是赢未来》重点提炼提升宁乡营商环境优化经验做法；长沙市委政策研究室《挥动减证减负‘大手笔’打造政务服务‘升级版’——宁乡全面推进‘三无城市’创建》等总结宁乡营商环境工作典型经验向省、市推介。

实施效能提速行动。创新推进“三无城市”“三先三后”“三即”改革，清理公布证明材料299项，实现工业项目审批“零跑腿”、建设阶段“零收费”，依申请类政务服务事项网上办比例达100%，一次办比例98%，“先拔后核”实现邦弗特新材料3000万元技改专项资金5小时内完成拨付。积极推进“2345”审批、多测合一，审批流程更加精简，审批时间更加缩减。实施降本增效行动。设立转贷应急周转资金，实现转贷40笔、金额4.56亿元；及时公布收费目录清单；出台《宁乡市促进先进制造企业降本增效若干措施（试行）》，提供环评、能评、安评等购买服务，实施企业用水、用电、用气等补贴政策，有效降低企业成本；上线企业用工信息监测系统，达成就业意向3.5万人次。实施政策落地行动。建立政策和合同兑现清单，严格兑现本级涉企政策，支付专项资金补贴2亿元；返还43家企业增量水费482.9亿元。实施企业家权益保护行动。创新成立“亿元企业俱乐部”，打造政企沟通平台，依法解冻加加食品被外地法院查封资产1亿元，为三一重起挽回各项损失7000万元；创新设立“十大商圈”服务点，实施“党建+优化营商环境”创新机制，选派十名优秀年轻干部驻点服务；设立200个营商环境监测点、选聘100名优化营商环境体验官、组织开展第三方评估，开展营商环境监测；成功调解矛盾纠纷1100余起，挽回经济损失2000余万元，协调解决企业周转资金4000余万元。

【环境资源工作】 2019年，市发改局认真抓环境资源有效保护。牵头组织实施2000户老旧小区餐厨油烟升级改造，得到群众高度认可。组织城管、环保、市监等部门开展散煤整治行动，劝退商户煤炉488个，收缴散煤2700千克，散煤使用基本清零。配合市蓝天办开展“秸秆禁燃、水源环境”等专项行动督查，牵头组织重点用能单位节能监察执法和新建项目的节能审查，加强环境督查。制定出台《宁乡市能源减量替代方案》，组织策划“绿色发展、节能先行”节能宣传周主题活动，提升公众节能减排意识。征集入库生态环境项目9个，下拨乡镇污水处理厂建设资金200余万元。结构改革深入推进。深入落实《深化供给侧结构性改革推动宁乡高质量发展2019年实施方案的通知》，圆满完成优化营商环境、生态文明、采煤沉陷综合治理和减费降税改革任务调度和推进。

【行政审批服务】 2019年，宁乡市共计审批固定资产投资项目633个，估算总投资696亿元，其中：政府投资项目255个，估算投资95亿元；社会投资项目378个，估算投资600亿元。

规范政府投资行为，严格按照《政府投资建设项目管理办法》审批项目，把落实项目资金作为政投项目审批前置条件，对没有落实项目资金来源或难以实现资金平衡的项目，不予立项；发挥市民之家“投资报建一条龙”优势，主动协调对接化解项目审批疑难复杂问题。高效落实上级政策，推进“清单之外无审批、申报材料规范化”，实现项目备案申报资料“大瘦身”，5分钟完成企业投资项目备案，让企业办事省时更省心，典型经验得到人民网《湖南日报》湖南经视、《长沙晚报》等主流媒体推介报道。积极与长沙发改委对接，除跨区县（市）和上级相关部门有特殊需求的项目外，全部承接长沙市级经济管理权限，做到原需在长沙市发改委备案或核准的项目，企业均可在宁乡市本级、宁乡经开区、宁乡高新区“就近办”。推进“互联网+政务服务”，发改10项政务服务事项实现群众办事“最多跑一次”，2项实现群众办事“零跑腿”。多次获评“红旗窗口”“共产党员示范岗”，项目审批服务经验多次在市民之家推广，审批事项多次获群众点赞、表扬和赠送锦旗。

【公共资源交易管理】 2019年，宁乡市实施招投标事项176个，总金额9.38亿元；其中，公开招标事项73个，招标金额8.03亿元；小额政府投资建设项目招投标事项103个，招标金额1.35亿元。所有招标事项均依规依程序审批和监督，公管科全年无一例举报投诉和违规审批招投标事项。推进2009—2018年巡视发现的14家单位70个政府投资项目招标投标不规范项目问题整改，逐一调查核实，依法依规处罚。严格按照招投标法和招投标实施条例依法依程序处理招标投标举报投诉事项，共处理举报投诉事项12个，未出现不公正和其他差错。制定《宁乡市加强招标代理机构监管办法》（试行），进一步规范招标代理机构及专职人员市场行为，提升招标代理服务质量。

【项目储备和信用平台建设】 2019年，

市发改局积极推进项目储备，10个托育项目纳入普惠托育服务专项行动储备项目，35个足球场地纳入社会足球场地设施建设专项行动计划、4个养老项目纳入城企联动普惠养老专项行动计划；争取项目资金，成功推荐望龙幼儿园等三家幼儿园、宁乡市中医院灰汤分院、炭子冲小学等学校教师周转房宿舍、万婴中南艺校托育实训园、湘都足球场等项目纳入上级资金支持计划；科学强化项目监管，督促宁乡职业职业中专实训大楼、妇幼保健院等进展缓慢的项目加快建设；对长沙灰汤温泉高尔夫球场开展整治“回头看”。

出台《宁乡市“守信宁乡”专项行动实施方案》《2019年公共信用信息平台建设方案》《建立完善守信联合激励和失信联合惩戒制度加快推进社会诚信建设实施方案》等文件。开展“新官不理旧账”专项治理，查排问题72个、办结71个，《长沙晚报》长沙电视台、长沙新闻频道等主流媒体专题报道。“信用宁乡”平台投入运营，归集信用数据54000余条，实现信用数据互联互通；启动信用示范“三区”建设，开展政务失信记录清零行动；评选10名“诚信之星”。有序推进《县乡村三级物流配送体系建设规划》编制。

【现代服务业】 2019年，全市实现服务业增加值390亿元，比2018年增长9.5%，其中规模以上其他营利性服务业实现营收11.3亿元，增长55.5%，规上非营利性服务业52.8亿元，增长25.7%。全年新入规服务业四上企业132家，超过预计数100家。服务业增加值占GDP比重预计超过33%，超预期28%的目标。

商贸业方面，完成社会消费品零售总额401.43亿元，比2018年增长11.5%；完成外贸进出口12.05万美元，同比增长87%；实现电子商务销售额23.2亿元，比2018年增长30.09%。文旅产业方面，编制《宁乡全域旅游发展整体规划》《宁乡市旅游宣传营销三年计划》；长沙方特东方神画盛大开园，成为湖南文旅新名片，沩山避暑获评中国（湖南）“夏季避暑旅游目的地”；19个旅游节会举办。康养医疗产业方面，市人民医院急诊楼投入使用，市妇幼保健院、卫职院附属医院、人民医院流沙河分院及花明楼等3家乡镇卫生院改扩建顺利推进，20家村卫生室完成标准化建设；“10·30”急救圈（急救车城区内10分钟到达，乡镇30分钟内到达）初步建成，创建“全国健康素养促进示范县”；分级诊疗、公立医院改革、紧密型县域医共体建设有序推进。房产市场总体稳定，销售210万平方米。金融业方面，族兴新材、松井新材、星邦重工、邦弗特上市有序推进；金融扶贫、银行转贷等成效良好；“智汇湘江 科创新区”、政银战略合作集中签约等金融活动举办，累计签约1000亿元。

【粮食监督检查】 2019年，市发改局推进粮食库存数量和质量大清查，下发《宁乡市政策性粮食库存数量和质量大清查实施方案的通知》，清查点库12处、仓房51廒、粮食94929.2吨。落实储粮安全检查，严格依据“有仓必到、有粮必查、有账必核、查必彻底”原则，共计检查粮食83255吨，未发现粮食数量不实、质量不好、账实不符及重大储粮安全隐患问题。开展统计制度执行专项检查，对15家粮食经营企业、5家粮食储存企业开展统计台账、质量检验制度等检查。有力推进粮食质量扦样抽检，完成检测任务460多个，对4家粮油加工企业开展粮食质量及库化监督检查，未发现不合格粮食。完成回龙铺粮油质量检测站建设。开展粮油质量安全整治，建成“放心粮油”经营示范店23家。推进粮食收购及出库专项督查，开展专项检查70余次，收购企业均能按“先检后收、分仓储存”要求落实，收购粮食达国家质量标准，未发现超标粮流入口粮市场。落实粮食安全省长责任制，明确目标、压实责任，确保工作有效落实。积极开展粮食科技周、世界粮食日、食品安全周活动宣传，发放宣传资料1400余份，增强公众爱粮惜粮、食品安全意识。

【粮食产业发展】 2019年，市发改局争取粮油资金。推荐企业申报粮油千亿产业项目资金，花明粮油获批千亿产业贴息60万元；组织企业申报粮食专项资金，农夫卫红米业等5家企业获批市级粮食专项扶持资金150万元；培养粮食产业化龙头企业，为20多家企业争取资金110万元。全市粮油加工企业蓬勃发展，总产值达60多亿元，比2018年增长10%以上。提优粮食品质。7家市级以上规模加工龙头企业与种粮大户签订优质稻订单合同；采取优质优价收购奖补办法，增加农民收益10%以上；实施企业申报、政府核查审批模式，加强企业优质粮食收购量核查；全面摸底全市粮油经营门店，提质改造6家“放心粮油”经营店；组织花明粮油、卫红米业等企业参展全国名优特新粮油产品展示展销会。强化粮食产业宣传。开展“科技人才共支撑、兴粮储粮保安全”粮食科技活动周、“行动造就未来 健康饮食实现零饥饿”世界粮食日、“扛稳粮食安全重任 建设粮食产业强国”主题世界粮食系列宣传活动，发放宣传资料3000册、粮油小赠品1000余份、宣传环保袋1000余个，接待群众咨询500多次。

【粮油调控与安全】 2019年，市发改局推进粮食收购工作，早籼稻及中晚稻收购期间，共计安排政策性收储库点7处，全市累计收购早籼稻47691吨、中晚稻244125吨，指标任务完成率100%。轮换县储粮4087吨。组织开展政策性粮食库存在清查及储粮安全检查6次，发现储粮安全问题2个、安全生产问题35个，并全部整改落实到位。建立县级粮油应急指挥平台，出台县级粮食应急预案，建立完善应急供应保障体系，全年入统粮食企业成品粮月均库存2464吨、食用植物油22784吨，可满足本市10天以上市场供应量；轮换地方储备粮20400吨。落实安全生产，实现“一个杜绝、两个稳定、三个提高”，即：杜绝伤亡人员的安全事故；本行业安全生产形势稳定、特殊时段安全生产形势稳定；事故防范能力有提高、安全管理能力有提高、应急救援水平有提高。

【物资储备工作】 2019年加大肉食储备量，应对非洲猪瘟的冲击。推荐两家企业（湖南现代资源农业科技有限公司、湖南金健速冻食品有限公司）申报市级新增冻肉储备承储企业，并及时划拨市级肉食储备专项资金330万元。认真做好“两节”、“两会”期间冻猪肉储备投放工作，保障全市居民“两节”、“两会”期间基本消费需求，稳定消费预期。

【价格监督检查】 2019年，市发改局加强市场价格监督检查，立案查处价格违法案件24起，下达责令整改通知书24份，查处价格违法金额42.8万元，清退多收价款42.8万元，上缴财政罚没款40多万元；共受理各类举报案件49起，价格咨询215起，清退多收价款0.83万元，罚款0.52万元。全年共采集数据3万余条，撰写宁乡市生猪养殖、农资情况和夏、秋粮食市场价格情况调研报告；并定期报送重要产品价格监测简报，为领导决策提供参考；及时发布价格、供求和成本情况，有效畅通市场信息渠道，引导合理消费。在春节、端午、中秋、国庆等重要节假日，加强对商场、超市商品、旅游景点、客运线路等重要商品的监管，共出动执法人员120人次，发放价格提醒书800余份，出动检查车辆80辆次，检查主要商场及超市120家、成品粮油店40个、宾馆、酒店50家，客运站及客运经营公司36家、液化气及加油站20个、停车场5个、旅游景点4个。

【价格监测】 2019年，市发改局完善价格监测体系。健全价格监测预警网络，走访调研15个价格监测点；完善价格监测制度，有效扩宽监测渠道，围绕城市居民粮油价格、食品零售价格、农副产品价格等多种民生监测品种开展价格监测，做好重大节日期间、重大自然灾害、突发公共事件后的应急价格监测，密切关注重点民生商品价格异动，维护价格稳定。

扎实开展监测预警。每天开展重点商品价格监测，监测市场行情，分析价格走势，遇异动情况及时启动应急监测预案。定期公开价格监测数据和价格分析，报送各类报表4800多份、监测数据90720条、市场主要商品价格动态分析108篇，其中被国家发改委价格监测网站采用6篇。

【价格收费管理】 2019年，市发改局贯彻落实各级各项价费改革政策，推进电价、水价、气价和蒸汽价格等资源商品改革政策落地；发布“三项清单”、市本级经营服务性收费目录清单，降低企业成本；办理价格核准12个、备案40个。受理涉及教育、物业、停车、交通、景区价费等方面的市民服务热线130余起，协调价格纠纷21次；深入开展农产品成本调查，采集数据22次；成功推荐10家蔬菜基地和种养合作社获得长沙市“菜篮子”工程（价格调控）项目资金110万元。

【价格认证】 2019年，全市完成价格认定、价格评估共计616件，认定、评估金额15861万元；其中涉税财物价格认定154件，认定金额13324万元；涉案财物价格认定259件，认定金额1689万元；资产和价格评估203件，评估金额848万元。推进长沙创逸房地产开发有限公司被征用地及已建工程、坝塘镇地鳖土元养殖合作社运输中死亡损失、湖南邦普循环科技有限公司在建工地8号车间火灾损失、宁乡银太纺织有限公司临时仓库失火损失、假冒湖南联塑科技实业有限公司产品、国家一级保护动物高鼻羚羊579只羊角等进行价格认证，并协助市非税局对公安、市监等相关部门罚没物资进行处置价格认定。

（陈　敏）

自然资源

【概况】 根据《宁乡市机构改革实施方案》，组建市自然资源局。将市国土资源局的职责、市城乡规划服务办公室的城乡规划管理职责、市发展和改革局的组织编制并实施主体功能规划职责、市水务局的水资源调查和确权登记管理职责，以及市林业局的森林、湿地等资源调查和确权登记管理职责等整合，组建市自然资源局，作为市政府工作部门。不再保留市国土资源局。2019年3月20日，宁乡市自然资源局挂牌成立，有在职干职工465人。局机关内设办公室、人事科、财务科、内审科、政策法规科、行政审批服务科、国土空间用途管制科、自然资源权益科、开发利用和耕地保护科、征地拆迁管理科、自然资源权籍管理科、地理信息管理科、生态修复和矿产管理科、国土空间规划科、规划管理科15个科室；下设国土规划技术服务中心1个正科级单位，国土执法监察大队、土地储备中心、不动产登记中心、地质矿产站、征地拆迁事务所、土地整理中心6个副科级单位和信息中心、交易事务中心、规划执法监察大队、测绘院、土地开发公司5个非副科级单位，以及高新区分局1个派出机构，并在全市29个乡镇（街道）均设立自然资源所。2019年，宁乡市土地管理经验做法在长沙市自然资源和规划、住房和城乡建设工作会上交流推广，被国家自然资源总督察办评为全国土地利用和管理形势观测分析工作成效突出观测点。

【第三次国土调查】 2019年1月，宁乡市自然资源局完成三调工作机构经费预算、内业初始建库和业务培训，2月完成项目招投标。5月完成全市29个乡镇（街道）274个村的野外核查工作，9月完成外业建库，经省三调办四次检查并修改后，报国务院三调办审查通过，综合错误率0.07%，低于国家规定的1%的错误率。完成专项权属外业调查，按时保质推进内业整理。

【不动产登记】 2019年，宁乡市自然资源局所有登记实现5个工作日内完成，工业企业登记3个工作日，抵押登记2个工作日，查封、注销登记即来即办，提前完成国办发〔2019〕8号明确的“在2020年底前全部压缩至5个工作日内”的工作目标。登记范围从窗口延伸至各乡镇和园区，登记内容从房地至水域滩涂养殖权、林权、土地承包权，办结业务51626笔。“一件事一次办”改革取得新突破，110余项事项实现“一件事一次办”。通过与宁乡农商银行专线连接、数据共享，实现群众在宁乡农商银行办理抵押贷款，办理时间由3个工作日减少为1个工作日，全面实现新建商品房“交房即交证”。

【国土空间规划编制】 2019年1月，宁乡市自然资源局完成市域“资源环境承载力评价”和“国土空间开发适宜性评价”及现行总体规划实施评估初步方案，划定宁乡国土空间规划开发边界模拟方案，完成市域村庄分类与布局规划的初步成果和金洲新城片区国土空间规划的初步方案。完成《公共停车场布点规划》的初步方案和《宁乡金洲湖国家湿地公园范围与功能区调整方案》，完善《宁乡市消防专项规划（2018－2035年）》《宁乡市中心城区道路定线规划编制》。修改完善防洪规划、白马桥片区给排水工程近期建设规划，启动《宁乡市乡村振兴产业规划》《宁乡市六大片区近期建设规划》。拟定《宁乡市村庄规划编制工作方案》《宁乡市村庄规划编制委员会工作方案》，完成金洲新城和六大片区的战略规划方案，加快推进曾家河片区城市设计和宁乡田园综合体规划设计。推进长益常铁路宁乡西站片区控规及站前广场规划、长益常铁路涉铁道路规划、长益常铁路宁乡西站站房规划，完成《15分钟生活圈规划及规划导则》《2019年一圈两场三道建设项目计划》编制。

【用地保障】 2019年，宁乡市自然资源局用地报批一次性通过率名列全省第一。批回用地659.75公顷，保障比亚迪汽车动力电池、格力冰洗、中伟新能源、金时科技等一批重点项目和民生工程的用地需求。完成1221工程、常益长等40个征拆项目，拆除房屋1502栋2146户，拆除面积54.59公顷，动迁人口7924人，腾地1200公顷。土地储备专项债券到位资金3.12亿元，盘活2018年专项资金1.4835亿元，代收建设用地耕地占补平衡指标成本款6000余万元。招拍挂供应土地514.27公顷，成交价款103.15亿元；出让土地476.50公顷，出让总价款94亿元，实现财政入库98亿元。

【增减挂钩】 2019年，按照“政府主导、国土搭台、部门协同、群众参与”的运作模式，分11个批次立项实施增减挂钩项目913.33公顷，实施面积居长沙市首位，总经济价值12.4亿元。验收确认增减挂钩指标70.6公顷，实现从2017年的试点摸索到覆盖全市25个乡镇（街道）。拆除“空心房”5945户（2018年拆除4860户），提前完成长沙市下达宁乡市三年（2018－2020年）拆除任务6000户的180.4%，腾退原建设用地400公顷。

【国土空间生态修复】 2019年11月28日，宁乡市委召开常委会对开展全域土地综合整治工作进行安排部署。先后2次赴浙江嘉善县考察学习其“土地整治+农业”“土地整治+工业”“土地整治+旅游业”的经验做法。组织拟作项目试点区330余名村组干部、党员和群众代表开展专题研习培训，邀请浙江大学专家、嘉善县局领导、嘉善县乡镇干部和群众代表现场为拟作项目区村组干部辅导授课、介绍经验。在历经铺、夏铎铺两个乡镇分北、南、东三个片区精准选定试点区域。研究形成《宁乡市全域土地综合整治工作方案》《宁乡市全域土地综合整治指导意见》《全域土地综合整治方案大纲（试行）》等工作方案初步成果。遴选2家非煤矿山开展绿色矿山标准化建设，湘宁矿业有限公司作为长沙市首家绿色矿山建设试点示范矿山，完成省级绿色矿山建设，并入选国家级绿色矿山名录。成功申报煤炭坝镇贺家湾村生态修复项目治理资金300万元。

【耕地保护监督】 2019年，宁乡市将耕地和基本农田保护目标责任纳入市对各乡镇（街道）的年终绩效考核以及领导干部离任审计的重要内容。完成耕地开发项目156.67公顷，验收确认耕地指标124.01公顷。筹措资金10.12亿元，异地购买增减挂钩指标378.10公顷。投入资金3258万元，建成高标准农田853.33公顷。因建设占用的352.84公顷耕地全部实现“占优补优”“占补平衡”。宁乡高新技术产业园区被表彰为节约集约用地先进单位。

【地灾防治】 2019年，宁乡市自然资源局核销在册隐患点8处，全省首例县级科技防灾预警平台，北斗地灾监测预警系统通过验收并投入使用，有效地对目前稳定性较好且治理难度大的90处隐患点进行专业监测。以“动态巡查、会商调度、预警预报、临时搬迁避险”四个全覆盖的方式，落实隐患点三级防灾责任人和监测员700余人．制定应急预案401份，树立警示标牌200余块，张贴发放明白卡4200余张，组织参与会商会21次，通过手机和微信发送预警信息1000余条55000余人次，协助各乡镇临时搬迁避险群众17000余人次，实现成功避险2例，保障了8名群众的生命安全，实现“零伤亡”。

【自然资源执法】 2019年，宁乡市自然资源局出动5800余人次开展动态巡查，开展联合执法行动145次，查扣非法采砂挖机67台、运输车辆102台、铲车23台，拆除违法砂场42处，拆除违章建筑5.30公顷，查处非法采矿22起，移送公安4起，刑事拘留6人，判刑1人，罚款1053万元。卫片整改履职到位率、查处到位率均为100%，整改到位率为55.47%，达到省厅“95645”验收标准，闲置土地处置率为100%。

【队伍建设】 2019年，宁乡市自然资源局扎实开展“不忘初心、牢记使命”主题教育，自觉接受市委信访专项巡察、政治建设考察、意识形态巡察、选人用人巡察。结合机构改革，按照“四凭”（凭态度用人、凭能力用人、凭业绩用人、凭操守用人）原则，选准配强了中层骨干和重点岗位人员。分三期组织在职干职工开展封闭式学习培训，组织第一届运动会、“寻初心”红色家书诵读会、“悟初心”主题知识竞赛等群众性文化活动，在有效实现队伍整体党性能力同步跃升的同时，促进队伍有机融合。认真开展“新官不理旧事”“民生领域突出问题专项整治”等专项清理整治，2 次开展“发生在群众身边腐败问题案例式”警示教育会议，加大春节等廉政问题高发频发时段督查力度。共计开展日常督查 45 次，发布督查通报 4 期，通报批评单位 7 家，问责 82 人。

【调研考察】 2019 年 11 月 8 日，自然资源部党组成员、副部长赵龙到宁乡市督察中央一号文件贯彻落实情况。11 月 27－30 日，国家自然资源督察武汉局副局长石一连到宁乡市督察第三次国土调查工作。12 月 25 日，省厅党组成员、副厅长谢文一行调研宁乡市全域土地综合整治和生态修复工作。（李　晔）

能源事务

【概况】 2019 年 3 月，因机构改革，宁乡市能源服务局更名为宁乡市能源事务中心，其承担的行政职能划入市发展和改革局，为市发展和改革局所属正科级公益类事业单位）内设办公室、能源管理科、政策法规科，中心共有干部职工 13 人。负责本地区能源规划、节能宣传、能源秩序、能源安全、引进新能源及可再生能源项目，能耗总量及节能项目申报和初级评审、组织全市新能源实用知识培训等职能，完成上级农委、发改局及宁乡市委、市政府交办的其他工作。

【节能项目争资】 2019 年，市能源事务中心申报长沙市节能专项资金项目 146 个，其中 80% 的项目为城乡节能路灯项目，全年新建节能路灯 1 万多盏。全年争取长沙节能专项资金 650 万元。

【新能源项目开发】 2019 年，总容量 28.9 兆瓦的双凫铺集中式光伏扶贫项目并网发电，预计扶贫收入 289.2 万元，帮助 964 户贫困户每年增收 3000 元。投资 4.3 亿元，总容量 50 兆瓦的东湖塘风电项目并网发电。投资 4.6 亿元，总容量 50 兆瓦的龙田谷山风电项目启动建设。全长 24 千米的长益油气管道项目全面竣工并投入运行。一系列重大能源项目的规划建设，为宁乡能源打下坚实基础。

【光伏产业扶贫】 2019 年，宁乡市新申报光伏发电补贴用户 345 户。25 个定贫困村全年累计发电 130 万度，并网后累计 321.3 万度，发电收入突破 150 万元，其中灰汤杏村、资福珊瑚村、巷子口扶峰村、青山桥花园村等 4 个村获得国家补贴共计 30.14 万元。

【节能产品和技能技术推广】 2019 年，宁乡市新增充电桩 38 座，年内，全市充电桩保有量 2100 座，为推动全市节能环保产业加快发展，推动新能源汽车产业发展起到积极作用。

【节能宣传周活动】 在全国第 29 个节能宣传周（2019 年 6 月 17 日－23 日），市能源事务中心联合蓝天办、人居办、发改、城管、机关后勤、电视台、《今日宁乡》共同组织以“绿色发展 节能先行”为主题的大型节能宣传周，分别在宁乡市市民之家广场、双江口、金洲镇三地同时举行。活动现场开展有奖知识问答、设立咨询台、发放知识小手册、摆放节能宣传展板，宁乡市电视台播放宣传影片、有奖问答等多种形式，广泛宣传生活垃圾分类、燃气使用安全及节能节水法律法规知识，进一步提高市民的节能意识。（肖晓萱）

市场监督管理

【概况】 2019 年，宁乡市市场监督管理局（以下简称：市市监局）共有干部职工 463 人，其中在岗 285 人，离退休 178 人，班子成员 8 人。机关内设科室 20 个，二级事业单位 5 个，派出机构（市监所）16 个。

全年，全局各项工作取得新成效，宁乡市质量工作、“一件事一次办”改革获评省政府真抓实干督查激励，省对县（市区）食品安全工作考核居长沙市第一，获评 2019 年湖南省食品安全工作 A 级（先进）单位；市局获评湖南省“七五”普法中期先进集体、宁乡市党风廉政建设先进单位、平安建设先进单位、工业经济“三比三看”大竞赛优秀服务单位；姜小鹏被评为全国市场监管系统优秀基层工作者；后大为获评宁乡市“最美退役军人”。个私指导中心推荐周范获评全国个私协系统先进工作者，推荐杨智光获评长沙市“两争一创”优秀党务工作者。

【市场监管机构改革】 2019 年，市市监局全面完成价格监督检查、知识产权管理、农产品质量安全检验检测等职能职责划转、转隶人员。科学制定“三定”方案并报请宁乡市委发文。顺利完成系统内部干部人事调整，任用调整中层正职 15 人、副职 25 人；调整工作岗位 28 人；晋升 6 名专业技术人员到中级职称岗位。稳妥推进公务员职务与职级并行，完成 174 名公务员职级套转。严格执行改革期间各项纪律，做到改革与工作“两不误、两促进”。

【营商环境】 2019 年，市市监局出台进一步优化营商环境 10 条措施，明确具体责任单位和时间节点要求，按计划推进落实。深化商事制度改革。编印发放《市场监管行政审批服务指南》3000 册业。全域推开“证照分离”，直接取消审批 1 项、审批改告知承诺 8 项、优化准入管理 21 项。落实“无证明城市”创建要求，取消清税证明等材料 11 项。推行“一件事一次办”改革，50 个审批事项实行“一窗受理”、后台分类审批、“一窗出件”，共办理 3989 件。与光大银行、长沙银行、建设银行开展战略合作，在豪德市场等重点商圈设立营业执照代办点 4 个，实现商户开业和银行开户同步进行。推动市场主体规范发展。宁乡市委常委会、政府常务会专题研究，印发《工作方案》，开展证照清理规范行动。通过规范一批、引导一批、培育一批，新设市场主体 3.5 万户，全市市场主体总量达 10.9 万户，千人拥有市场主体 83 户，超出全省平均水平 22 户。开展贴心服务。走访精量重工、晶炬钣金 7 次，帮助解决具体问题 5 个。开展“入企业送法律听建议促发展”活动，走访企业 286 家，收集建议意见17条。走访商圈商户16次，上门指导市场主体年报2450户，赠发《市场监管法律法规常见问题400问》6000册。动产抵押登记54起，帮助中小企业抵押融资5.44亿元。帮扶好益多乳业、娃哈哈、康师傅、青岛啤酒等企业，全程规范生产许可条件，提速企业发证开业时间。降低企业成本。推行印章、打印、复印“三印”免费服务，为企业节约成本120余万元。将宁乡经开区、宁乡高新区相关企业强检计量器具备案登记权限下放至辖区分局，园区企业计量器具强制检定完成时限由原来的15个工作日压缩至5—8个工作日，共计检定园区48家企业计量器具1260台件，免收检定费用55万元。开展“营商环境优化年”涉企收费专项检查，督促落实转供电到户最高限价政策，清退多收电费12万余元，为商户减负600余万元。

【知识产权】 2019年，市市监局引导企业申报注册商标2794件，总量达12948件，总量居中南地区第二位。支持高新区建立专利转让、合作运用交易平台，促进校企合作项目17个，促成专利成果转化运用3件，实现专利价值5000万元。知识产权管理方面，完成小微企业托管30家，专利预警分析2家，专利质押融资10054万元，专利案件134件、商标案件28件，全部超额完成市考核指标，查办假冒联塑、假冒南方水泥等大要案件。

【品牌建设】 2019年，市市监局出台《“让世界爱上宁乡造”宁乡市品牌强市战略推进方案》，开展首届市长质量奖评选，三一起重、格力暖通、星邦重工等3家企业，蔡力强、王长青等2名个人获奖。推进宁乡地方菜标准制定，流沙河水煮花猪肉等10个地方菜获省市监局立项，指导湘都生态农业、湘一休闲农庄通过省级标准化试点单位验收。培育推荐优卓乳业等5家单位申报省级农业标准化示范区，金太阳现代农庄、山水检测2家单位申报省级服务业标准化试点单位。培育推荐宁乡五里堆香干、宁乡葡萄和宁乡烧鸡注册国家地理标

2019年7月，市市监局为方特开园提供食品安全保障

志证明商标，宁乡花猪申报中国驰名商标。引导支持争创省级“守合同重信用”企业35家，市级50家。

【食品安全治理】 2019年，市市监局践行“四个最严”，深入开展学校幼儿园“护苗”行动，保健食品“护老”专项行动，网络餐饮、建筑工地及“一桌餐”治理，“三小”治理等八大专项行动，重拳打击食品安全违法犯罪，共办结行政违法案件481件，公安机关刑事立案12起，移诉23人。完成“两会”“三考”、方特开园等重大活动食品安全保障50余次，实现“零事故”目标。完成小餐饮“透明厨房”提质改造200家，创建食品安全示范街16条、食品安全管理示范门店600家。全市496家学校及幼儿园、110家中大型餐饮单位后厨实施“明厨亮灶”，并对接长沙市远程监管平台。野生蘑菇中毒防控、农村集体聚餐信息化管理模式、食品生产企业预警式体检等工作，得到湖南省、长沙市食安办肯定和推介。

【检验检测】 2019年，市市监局围绕市民关心的热点、舆论的焦点、专项整治的重点开展检测，检测巷子口黄桃12批次、关山葡萄11批次、朱良桥桔子61批次，检测祖塔辣椒、本地花生、夜宵店龙虾等52批次。探索基层快检工作新模式，由专业公司承担辖区快检，提升问题发现能力，全年通过快检发现处置问题产品73批次。遴选5家第三方检测机构，与市局检测中心共同发力，相互补充，全面开展检验检测，完成食品安全抽检8.9万批次，总体合格率99.7%。其中定量检验4101批次，合格率96.3%；定性检测85149批次，阴性率99.9%；食用农产品完成定量抽检2585批次，合格率97.4%。

【特种设备安全监察】 2019年，市市监局制定年度安全生产监管执法工作计划，落实分层分类网格化监管。开展电梯安全知识进小区等特种设备安全宣传活动14次，发放宣传资料1.8万份。组织全市11家气瓶充装(检验)单位负责人召开安全监管工作暨安全警示教育会议，对楚兴能源、华强方特、赛江钢瓶等企业负责人进行行政约谈。向1290家特种设备使用单位发送预警信息4036条，涉及特种设备5685台次，督促及时检定，有效避免特种设备“超期服役”“带病运行”。出动执法人员8025人次，检查特种设备、烟花爆竹、危险化学品及包装物等生产经营单位5788家次，检查特种设备5093台次，排查整改安全隐患907处，查封扣押特种设备14台、扣押烟花爆竹产品263件、关闭取缔非法生产经营单位21家，立案110起，罚没113万元。电梯应急救援中心作用开展救援104起，解救人员160人次。

【市场监管】 2019年，市市监局推行“双随机一公开”监管，出台部门联合“双随机、一公开”监管实施方案，召开联席会议，明确总体要求、重点任务和保障措施。部门内部抽查生产经营户1478家，涉及食品生产、食品流通、餐饮服务、特种设

备、企业标准、眼镜验配场所等21个领域，抽查结果公示率达100%。联合市应急局抽查烟花爆竹生产企业2家。打击假冒伪劣，召开宁乡市“双打”工作推进会，开展节日市场、农资市场、取暖器市场、成品油市场等专项行动20余次，组织产商品监督抽检批次230批次，查办制假售假和产品质量案件35件，罚没127万元，关停取缔小水泥加工作坊2个。强化药械监管，组织开展中药饮片质量集中整治、药品零售企业执业药师“挂证”行为整治等6大专项检查，共检查药品、医疗器械生产经营单位1100余家，立案37起，罚没入库18万元。抽检药品25批次，化妆品12批次，完成药品不良反应686例，医疗器械不良反应101例，化妆品不良反应78例。强化计量监管，全年备案强检计量器具备案15344台件，上级及授权站检定计量器具12974台件，本级完成计量器具检定6117台次，其中检定加油机1830台次，合格率96.3%；检定压力表2810台次；检定电子秤350台件；检定天平192台；检定出租汽车计价器458台，合格率93.5%。完成定量包装商品净含量检验91批次，合格率81.6%。开展加油机、可燃气体报警器、医疗机构、能效标识等计量专项检查，责令整改问题210起。防控“非洲猪瘟”，印发《肉制品生产企业防控非洲猪瘟七条措施》等防控宣传资料4000份，先后组织大型餐饮服务单位、商场超市、冻库、肉类经营户负责人约谈会6场次，开展全覆盖监督检查，查扣未经检疫猪肉3500千克，查办案件24起。

【执法办案】 2019年，市市监局立案783件，办结650件，罚没入库650万元，无一起行政诉讼和行政复议撤销案件。“湖南某食品有限公司使用过期原料生产食品案”获评长沙市“以案释法”优秀案例。参加全市行政执法案卷质量评查，合格率100%，获评优秀案卷1个。印发《规范执法办案工作若干规定》《重大行政执法决定集体讨论办法》《行政应诉工作规定》《案件核审受理登记规定》《局办公会定期研究案件制度》，健全食品药品安全行刑衔接机制，进一步规范执法办案行为。定期通报办案单位案件办结数量、入库进度、办案质量、归档情况，召开工作讲评会5次，下发执法办案通报批4期。推行“首违免罚清单”，对首次违反市场监管法律法规行为，情节轻微、及时纠正、没有造成危害后果的，及时纠正，不予处罚，共下达轻微违法行为责令改正文书327份。

【消费维权】 2019年，市市监局出台消费投诉举报工单办理规定、消费维权服务站信息报送和分析制度、消费维权服务站管理责任制度。新建调解室，举办投诉举报人员培训3期。建立局领导信访接待日制度，实行定期接访、重要节假日24小时带班值班，强化投诉举报工单办理责任，实现“有诉必接”“有接必办”。在十大商圈服务点和天恒超市、东方神画景区增设维权服务站12个，方便消费者就近维权。召开消费维权工作大会，举行消费维权新闻通报会、消费体验等活动，发布消费警示8期，增强消费者自我保护意识。全年受理消费者投诉举报4100件，办结3980件，消费者满意率99.5%；收到群众感谢信3封、锦旗5面，为消费者挽回经济损失417.5万元。

【党风廉政建设】 2019年，市市监局深入推进“不忘初心、牢记使命”主题教育，中心组集体学习5次，党员集中学习6次，分支部学习92场次，听取专家辅导5次，开展专题研讨3次，班子成员上党课次23场次。班子成员分别带队，实地走访调研生产企业、集贸市场、网络平台、超市门店、基层监管所等，根据调研了解掌握的一手资料，撰写《优化营商环境、促进市场主体规范发展》等8篇调研文章。紧盯“四黑”、保健食品虚假宣传、学校及周边食品安全、农产品质量安全问题，强化专项整治，典型做法在宁乡市委主题教育推进会上作典型发言，得到省市场监管局充分肯定。强化基层党组织建设，圆满完成老干支部换届选举，开展年报入商户、“扫黑除恶”宣传、电梯安全入小区等“主题党日”活动，开展“最美市监人评选”，展现“忠诚、担当、崇法、廉洁”的精神风貌，营造积极向上、创先争优的浓厚氛围。强化监督执纪，召开党风廉政建设工作大会，制定要点和清单，压实“两个责任”，发送廉洁提醒短信4次，重要节假日前督查4次，开展婚丧喜庆事宜报备及干部涉黑涉恶和“保护伞”问题专项清查，核查各类信访举报6起。接受市委巡察，对发现的问题立行立改。

【打击传销】 2019年，市市监局健全联席会议制度，组织召开全市打击传销工作推进会3次，部署宣传防控、线索摸排、专项行动等工作。开展打击传销工作督查，督促乡镇（街道）落实流动人口、出租屋管理责任。通过大型电子显示屏滚动播放打击传销标语、张贴打击传销公告、出动宣传车等方式，深化打击传销宣传教育。坚持“打早打小、露头就打”，捣毁3个外地流窜到宁乡的异地聚集式传销窝点，遣返传销人员22人。查处车智汇等涉嫌传销经营点3个，驱散传销集会2次。《潇湘晨报》和红网对宁乡市打击传销工作予以专题报道。

【打击非法集资】 2019年，市市监局依法严厉打击非法集资活动，严把市场准入关，严格投融资企业、养老机构、外地到宁乡设立商贸服务企业和分支机构的登记条件，管住存量，严控增量，向打非办报送纳入重点监控企业4批共计174家，将11家企业列入经营异常名录。专设打非中队，开展联合执法行动80余次，排查涉嫌企业288家次，发现问题42起，关停企业8家，清退非法集资款7341万元。查办常德中旺虚假宣传案，拟处罚40万元；办结盛大金禧金融服务有限公司虚假宣传案，罚没65万元。

【扫黑除恶专项斗争】 2019年，市市监局组织全市农贸市场、肉制品生产企业以及食品经营门店等召开“扫黑除恶”工作动员会，与11家农贸市场物业方签订“扫黑除恶”承诺书。发动企业、商户、市场利用电子显示屏滚动刊播“扫黑除恶”标语2000条次，向宁乡市“扫黑办”移送线索10条，核实宁乡市“扫黑办”交办线索4条。接受中央督导组督导，专项斗争宣传和线索移交工作获宁乡市“扫黑办”通报表扬。

【市监基层建设】 2019年，市市监局全系统人员工资、编制、社保等工作严格按政策落实，完成全系统资产大清理；灰汤市监所置换和改造，8月19日入驻新址办公。维修改造历经铺市监所、黄村市监所、白马桥市监所办公用房，进一步改善基层办公环境。完成玉潭市监所光纤网络改造。建立21项标准，在坝塘市监所召开现场会，全面推开基层所规范化管理，开展“基层监管所规范化管理先进单位”“政务服务之星”评比，打造干净整洁、规范有序、便民利民的政务环境。 （李　鹏）

应急管理

【概况】 2019年4月，宁乡市应急管理局（以下简称市应急局）成立，有工作人员56人，其中班子成员6人，内设办公室、应急管理救援科、政策法规科（加挂安全生产执法大队牌子）、综合减灾救灾科、防汛抗旱和火灾防止管理科、工矿商贸行业安全监督管理科、危险化学品安全监督管理科、安全生产综合协调科、行政审批服务科和政治工作办公室10个科室，下辖二级机构应急事务服务中心。承担市应急委、安委会、减灾委、防汛抗旱指挥部、森林防灭火指挥部、抗震救灾指挥部“三委三部”日常工作。5月，修订《宁乡市党政领导干部安全生产责任清单》，在政府有关工作部门“三定”规定中明确规定安全生产职责。实行安全生产排名制考核。同时，对标对表严格落实“夯实企业主体责任年”活动各项工作任务。

【安全形势】 2019年，宁乡市安全生产形势持续稳定向好，全市生产经营领域发生生产安全事故同比下降17.7%，死亡人数同比下降13.3%，

2019年6月16日，安全生产咨询日现场宣传活动现场

连续88个月没有发生较大及以上生产安全事故，实现了“三下降、一确保”目标（事故起数、死亡人数和经济损失同比下降，确保不发生较大及以上生产安全事故）。2019年宁乡市首次获评全省安全生产工作优秀单位。

【监管执法】 2019年，市应急局全面推进“强执法防事故”行动，持续开展“打非治违”，强力推进13项专项整治，由市长担任组长，实行10天一调度、一督查、一交办。全年责令停产整顿企业161家，取缔非法生产点172处，实施经济处罚3868.47万元，警示约谈83人，追究刑事责任4人。

【宣传教育】 2019年，市应急局利用新闻媒体、“村村响”、移动宣传车、应急知识技能的公益广告等的基础上，开展各类安全宣传活动，全年全市共组织开展各类培训174次，培训14000余人。

【应急管理】 2019年，市应急局制定全市总应急预案，编制专项预案30部，修订重点单位预案200多部，开展应急演练500多次。在全市范围内明确各类事故信息报送机制，确保各类信息能第一时间在应急委办公室分析汇总。积极鼓励发展社会救援力量，宁乡阳光救援队在全国首届社会应急力量技能竞赛中获得第四名。暗访暗拍工作成新常态。连续两年聘请第三方专业机构和专业视频拍摄公司对全市安全生产状况进行暗访暗拍。构建起“发现-反馈-整改-回头看”的隐患排查整改闭环系统，起到了推动隐患排查整改落实和普及安全生产专业知识的双重效果。强化中小学生安全教育。强化安全生产进校园，根据不同年龄层次学生特点，编制宁乡市中小学安全知识教材，组织教师进行专业培训，学校每周固定安排安全课程，确保教育一个，影响一家。制作推广安全微视频。突出群众喜闻乐见、务实管用的原则，采取“现场实景拍摄+后期动画图表+动漫”的方式，制作涉及危险化学品、有限空间、消防、燃气、防溺水、紧急救援等6个方面的安全宣传教育片，被广泛转发，截至2019年底被观看转发6万多次。

统　计

【概况】 2019年，市统计局共有干职工32人，内设办公室、工业统计科、服务业统计科、法规科4个科室，下设统计普查中心、经济调查队

2个二级机构。

【指标监测】 2019年，市统计局紧紧围绕全市“两个年建设”战略目标，坚持“精细做业务、精心搞统计、精准抓质量”，做好全市主要经济指标统计监测，确保各项指标在合理区间运行，为推动宁乡高质量发展提供了高质量统计支撑。全年地区生产总值同比增长9.1%；服务业增加值增长8.6%；规模工业增加值增长11.7%，规模工业研发经费增长47.3%；固定资产投资增长10.2%；社会消费品零售总额增长11.5%；城乡居民人均可支配收入达到38168元，增长9.4%，其中城镇居民人均可支配收入46900元，增长8.4%；农村居民人均可支配收入29338元，增长8.7%。

【经济普查】 第四次全国经济普查是全市2019年的一项重要基础性工作，纳入了市政府工作报告。市统计局充分履行普查牵头部门和业务主体的职责，积极应对普查方式变革，有序推进普查各阶段工作。先是抓筹划、聚合力，落实普查保障。科学制订《宁乡市第四次经济普查工作实施方案》；成立以市长为组长的经济普查领导小组，分级成立普查机构34个，划分普查小区344个，选调普查指导员和普查员680多人；举办统计开放日经济普查宣传专场活动，制作宣传短视频，在宁视界、《今日宁乡》开设宣传专栏，发放普查告知书，营造“了解普查、支持普查、配合普查”的社会氛围。其次是抓流程、严管控，开展单位清查。组织力量编印《普查员工作手册》，并选配局内专业师资力量培训指导；建立市局与园区、乡镇（街道）分片联点制度，实行单位清查登记工作进度日报制，建立清查登记工作组织实施三级责任制。查实法人单位和产业活动单位13494家，比“三经普”增加1050家；个体户102163个，个体户数量居长沙市前列，体现了宁乡的担当。然后是抓关键、明责任，全力推进入户登记。紧扣“单位普查不重不漏、‘四上’单位应增尽增、总量结构统全统准”等关键环节，依托运转顺畅的基层统计网络全面开展“横向到底、纵向到边”的“地毯式”入户登记。普查结果显示，宁乡共普查法人和产业活动单位10081家，其中“一套表”单位1139家，“非一套表”单位8942家；普查规模个体户273家，样本一般个体户4602家。

【统计服务】 2019年，市统计局紧紧围绕服务党政领导、社会公众和经济职能部门需求，致力打造精品统计数据产品和服务。关注经济社会重点，统计监测科学规范。以推动宁乡高质量发展走在前列为目标，开展高质量发展、全面小康、乡村振兴、“一县一特”、创新型城市、营商环境、“三比三看”等重点领域统计指标监测；按月做好“四上”单位联网直报平台数据监测，坚持做到日监测、日预警、日通报，确保企业统计依法依规、应统尽统。反映经济运行趋势，统计分析力度准确鲜活。建立统计信息联络反馈制度，全年共撰写统计信息116条，宁乡要情采用20条，省局和长沙市局统计网站采用26条，形成《宁乡市统计基层基础工作调研报告》《推动宁乡工业经济高质量发展的思考》《对宁乡文化产业发展的思考》等专题调研报告，进一步提高统计分析研究的计划性、前瞻性。延伸丰富内容形式，统计产品力求实时快速。定期发布《经济月报》《统计公报》《统计专报》，精心组织《宁乡改革开放40年》《宁乡中华人民共和国成立70周年》统计资料汇编，全面记录和反映建国以来宁乡发生的巨大变化。倾听民声汇集民意，民调工作力求质效合一。开展绩效考核、文明创建、精准扶贫等领域相关社情民意调查，全年完成调查项目6个，调查有效样本1.5万个，完成调查报告2篇。

【基层基础】 2019年，市统计局巩固基层统计规范化建设成果，继续强化督查检查，丰富以质量为核心、以服务为支撑的统计基层基础建设体系，“双基”建设连续四年获长沙市一等奖，“四上”单位新增连续四年获长沙市优秀。建立网格化的责任体系。在全市范围内，建立以村（社区）为单位的统计数据质量网格化管理体系，明确各级责任，确保监管不留“死角”。探索规范化的集中办公。以夏铎铺、喻家坳、双江口统计站为范本，将乡、村两级网格办公地点统一到政府服务中心，成立统计服务窗口，提高统计服务效能。构筑一盘棋的合作格局。探索部门联动机制，强化行业职能部门的统计监管、业务督导与考核，细化行业主管部门依法统计的责任，统计工作机制更加顺畅高效。

【依法治统】 2019年，市统计局深入贯彻落实《中华人民共和国统计法实施条例》《关于深化统计管理体制改革提高统计数据真实性的意见》和《统计违纪违法责任人处分处理建议办法》文件精神，强化依法治统，严格质量控制，切实增强统计调查的科学性和权威性、统计指标的逻辑性和匹配性、统计数据的真实性和准确性。重宣传，抓执法。结合“法律知识进机关、进企业、进学校”“统计开放日”“法制宣传月”等宣传活动宣讲统计法律法规，利用长沙市局“双随机”开展统计督查、统计监审，对全市24家企业进行执法检查，部门及企业依法统计的意识得到加强。控质量，抓整治。严格实施长沙市局各专业统计数据质量管理办法，对全市规模以上工业、规模以上服务业、限额以上批发和零售业、500万元以上固定资产投资项目等1077家企业统计数据质量进行全面检查，对174家数据修订企业、50家国家执法检查企业进行回头看，并以市委的名义印发《宁乡市统计工作有关问题整改方案》，企业数据质量得到明显改善。求创新，抓改革。按照国家、省、长沙市局的统一部署，结合宁乡实际全面做好地区GDP统一核算基础性工作，进一步健全新兴产业统计，拓展“四新”统计监测范围，完善工业六大产业链、新兴服务业、乡村振兴“一县一特”等宁乡特色产业统计方法，积极构建反映地区特色、贴近发展需求的新经济统计调查体系。

【队伍建设】 2019年，市统计局始

终把讲政治放在首位，统筹、谋划全局党建工作，全面落实“基层党建强化年”相关重点工作任务，丰富局班子“抓党建带队伍促工作”内涵。认真接受市委专项政治巡察，开展“不忘初心、牢记使命”主题教育，助推中心工作。定期开展多种形式的专业讲评和学习，增强进取动力。选派干部参加国家、省和长沙市组织的各类培训；通过专业培训机构举办基层统计干部综合素质提升培训班；采取“以会代训”“上门讲授”等方式，对全市联网直报企业统计员进行40余次专题培训，培训人数2000余人次。结合局工作实际修订机关目标管理考核办法，严格实施机关干部季度考核和平时考评，通过创新管理制度激发工作活力。组织主题党日活动和工会拓展活动，定期开展体育运动，倡导“阳光心态、快乐工作、健康生活”，进一步丰富文化建设，凝聚团队合力，建设忠诚、干净、担当的统计干部队伍。

（办公室）

审　计

【概况】 2019年，宁乡市审计局（以下简称市审计局）在职干部职工50人，机关内设办公室、审计一科、审计二科、审计三科、经责审计科、综合法规科、内审指导科、计算机审计中心、人事财务科等9个科室，下设市政府投资审计中心。2019年，市审计局完成审计项目20个，查出主要问题金额1003239万元（其中违法违纪问题金额105845万元，管理不规范金额897378万元，损失浪费金额15万元），审计发现非金额计量问题270个，提出审计建议72条，向市纪委等相关部门移送问题线索7件，出具审计要情（专报）13期。1个审计项目被省审计厅评为“表彰审计项目”、被长沙市审计局评为“优秀审计项目”。

【审计管理体制改革】 2019年3月，宁乡市委遵照中央、省、市指示精神，根据《宁乡市机构改革实施方案》，组建宁乡市委审计委员会，旨

2019年11月20日，市审计局在市委党校组织宁乡市内部审计业务培训班

在加强市委对审计工作的领导和宏观指导。周辉任市委审计委员会主任，付旭明、刘强为副主任。同时在市审计局内设立市委审计委员会办公室作为委员会的办事机构，洪瑞强为委员会办公室主任，有关市领导和市直部门单位领导为成员。并优化审计工作职责，将市发展和改革局的重大项目稽察、市财政局的财政预算执行情况和其他财政收支情况监督检查、相关部门的国有企业领导干部经济责任审计职责划入市审计局，不再保留市领导干部经济责任审计工作领导小组及其办公室。

【市委审计委员会第一次会议】 2019年6月24日，宁乡市委书记、市委审计委员会主任周辉主持召开市委审计委员会第一次会议，传达学习中央、省委、长沙市委审计委员会第一次会议精神，省委副书记、省长许达哲关于审计整改工作的指示，以及全国、全省、长沙市审计工作会议精神，研究部署宁乡市委审计委员会工作。会议听取全市审计工作情况汇报以及2018年度财政预算执行和其他财政收支情况审计结果报告，审议通过《宁乡市委审计委员会工作规则》《宁乡市委审计委员会办公室工作细则》《2019审计年度项目计划》。

【财政审计】 2019年1—6月，市审计局以2018年度市本级预算执行和其他财政收支情况审计为核心，采取“1+6”的形式统筹审计项目实施，组成7个审计组同步开展对市人力资源和社会保障局、原市水务局、市残疾人联合会、市农业综合开发办公室4个部门和养老保险基金及职业年金、金洲创新创业孵化器一期建设项目和玉屏山国际产业城西区工程A标段工程2个政府投资项目的审计。实现以财政审计项目为平台，不同类型审计项目同步安排、协同实施、结论互认、成果共享，揭示非税收入预算编制不够完整准确、专项资金管理使用欠规范等74个问题。

【经济责任审计】 2019年7—12月，市审计局对市发展和改革局局长刘寄华、原宁乡市政务服务中心主任刘宇雄2名正科级干部开展任期经济责任审计，审计共查出各类问题40个。2019年根据市委组织部部署，分两批指导和监督42个乡镇（街道）和市直单位的党政主要领导干部办理离任经济事项交接，举行集中交接仪式，推动宁乡市领导干部离任经济事项交接规范化常态化。

【政府投资审计】 2019年，市政府投资审计中心完成政府投资审计项目5个，结算造价1.84亿元。审计机关揭示建设单位决策、建设程序执行、工程造价、项目招投标、质量安全管理、现场签证、财评预结算评审

等方面问题38个，提出审计建议18条，在财评中心评审的基础上审减197万元。

【资源环保审计】 2019年下半年，市审计局开展市水利局局长陶文良自然资源资产任期审计，揭示全市水资源节约集约利用、水污染防治等工作中的薄弱环节；对城区环境综合整治三年规划进行专项审计调查，揭示综合治理过程中存在的问题，促进规划落地落实。

【审计整改】 市审计局在《2018年度市本级财政预算执行和其他财政收支的审计工作报告》中，共列示审计查出的问题74个，截至2019年12月末，已整改问题65个，整改到位率87.84%。有关部门和单位通过上缴国库、收回贷（借）款、单位收缴、核减工程造价、加快财政资金拨付等方式整改问题金额229296.19万元，处理处分相关责任人员29人次，制定和完善预算管理、财务管理和项目管理等制度13项。12月，市人大常委会审议通过《关于2018年市本级预算执行和其他财政收支情况审计查出问题整改情况的报告》。

【内部审计】 2019年9月，市审计局与宁乡市内部审计师协会联合印发《宁乡市内部审计工作操作指南（试行）》，加强对内审工作的业务指导。11月下旬，为提升全市内审人员业务能力，在市委党校开展为期3天的内审业务培训，全市机关事业单位、园区和国有企业内审机构共259人参加。 （杨　宇）

人力资源和社会保障

【概况】 2019年，宁乡市人力资源和社会保障局（以下简称：市人社局）是负责全市人事人才、就业服务、劳动关系管理调整以及全市社会保险实施等工作的政府组成部门，有在职干部职工213名（其中临聘以及劳务派遣31名），离退休人员61名。内设10个职能科室：办公室（信访科）、党建人事科、财务审计科（社会保险基金监审科）、法规科、行政审批服务科、事业单位人事管理科、工资福利科、人才开发科、就业促进科、社会保障科，下设9个二级机构（其中5个副科级事业单位）：人力资源公共服务中心、劳动保障监察大队、就业服务中心、社会保险服务中心、工伤保险服务中心、失业保险中心、劳动人事争议仲裁院、社会保险基金征缴中心、社会保障卡事务中心，外派2个驻区机构：经开区人社分局、高新区人社分局。全年，全局坚持“民生为本、人才优先”工作主线，干部职工共同努力，超额完成各项工作目标任务。

【人社职能实现新转变】 2019年，宁乡市人力资源和社会保障局机构改革后，职责、机构、人员有所“瘦身”，而职能职责有所增加，划转了公务员管理，军转干部安置、维稳解困，医疗保险，外国专家管理，部分社保基金征缴等。职能科室由11个调整为10个，二级机构由12个调整为9个，37名干职工转隶到其他部门单位。撤销城镇职工养老保险中心、城乡居民养老保险中心，组建副科级全额事业单位市社会保险服务中心；工伤保险中心更名为工伤保险服务中心，调整为副科级；社会保障卡管理服务中心更名为社保卡事务中心。机构改革后，通过重新制定“三定”方案，进一步理顺部门职责关系，为今后人社工作的发展奠定坚实基础。

【就业创业取得新发展】 2019年，宁乡市新增创业主体3442个，带动城乡就业6380人；扶持大学生创业2人，发放创业担保贷款320万元；新增城镇就业11208人；新增农村劳动力转移就业7450人；城镇登记失业率控制在3%以内，零就业家庭动态清零。完成贫困家庭“两后生”技能培训123人，对口帮扶龙山县劳动力转移就业43人和就业技能培训104人。全面摸清市内29个乡镇贫困劳动力信息底数，建立就业扶贫情况单、责任单、稳岗单“三张清单”；免费为贫困劳动力职业介绍3298人次，完成精准扶贫就业创业培训310人；实现建档立卡贫困劳动力就业417人；发放各类人员社保补贴865.48万元。

【社会保障实现新突破】 2019年，宁乡市以社会保险征缴扩面为重点，继续实施全民参保登记，新增参保单位1052家，累计扩面参保1.18万人，完成各险种基金征缴18.29亿元，其中企业养老保险征缴14.29亿元；机关事业单位在职养老保险参保2.41万人，征缴0.91亿元，职业年金征缴1.28亿元；城乡居民养保征缴1.06亿元；工伤保险参保总人数11万人，征缴基金0.49亿元；失业保险参保总人数8.5万人，征缴基金0.26亿元。

【人事人才打造新高地】 2019年，市人社局举办春秋两季“百企千岗进高校”招聘活动，组织81家企业赴省内外30所高校参与校园招聘会，累计举办招聘会47场，达成就业意向4756人。宁乡市对接落实“长沙人才新政22条”，人才服务窗口共接受咨询1524人次，业务申办626人次，共申报发放295人次补贴（奖励）346.8万元。宁乡市共完成卫（计）健、教育系统273名，组织宣传部、网信办、民政局等单位选调41名工作人员；完成新一轮机构改革后事业单位的岗位设置；完成事业单位工作人员年度考核，年度考核评定为优秀的3459人，记功377人，合格人员15279人，基本合格人员25人，不合格人员28人，开除事业单位工作人员9名。全年共办理各类工资关系转移1369人次，工资审批、调整、兑现5万余人次，人事等档案查阅利用9000余人次；各系列、各等级专业技术人员职称评审、认定、考试资格审查1896人次，全年举办职业技能培训班163期，共计培训各类技能人才7786人。新增各类高技能人才112人，安置军转干部4名。

【劳动关系构建新格局】 2019年，宁乡市组织开展清理整顿人力资源市场秩序专项行动和对加加食品等60家企业的日常巡视检查，下达规范用工建议书9份，促签劳动合同200余份。认真组织开展工伤调查，及时办理工伤认定和劳动能力鉴定，2019年共完成工伤调查1271例，工伤认定1196例，劳动能力鉴定842人。劳动监察2019年共接待投诉举报1409人次，登记案件214件，受理并办结198件，为劳动者追回工资2097.12万元，新办保证金手续196户，新存保证金8181.65万元，与2018年同期相比，农民工欠薪投诉举报数量下降60.11%，立案数下降40%。劳动仲裁不断加强内部管理，积极打造全省首家一站式劳动维权服务平台，率先推行仲裁文书上网公开，全年共处理劳动争议案件750起，为劳动者挽回经济损失2200余万元，有效地促进了社会和谐稳定。

（杨春辉　刘　勇）

城乡建设·环境保护

责任编辑·蔡水林

住房和城乡建设

【概况】 2019年，宁乡市住房和城乡建设局（以下简称市住建局）立足自身职能职责，加强人民防空、建筑行业监管、市政设施管理、公共事业发展、新型城镇建设、住房保障、国有土地上的房屋征收和补偿、供排水管理、房地产市场管理、全市物业管理、白蚁防治。

【公共事业】 2019年，宁乡市城区日供水能力为28万吨/日，水质合格率为99.9%，城区供水主管网总长580千米，城区供水覆盖区域60平方千米，年供水量6091万吨，日供水量16.6万吨，单日最大送水量21万吨，确保城市供水安全。下发《宁乡市集中式饮用水水源地环境保护巡查工作方案》，加强巡查监管，确保饮用水水源安全。加强二次供水管理，统一对二供设备进行巡查、维护、维修。全市在建和已建小区，有独立二次供水设备的共有136个，涉及加压用户近6万户，接近20万人，供水量已接近全市生活用水总量的50%。实行直饮水进户，覆盖新建和老旧小区共计24个，覆盖用户21086户；完成玉潭中学、金砺小学等8所示范性学校及爱蓓乐1所早教中心校园直饮水项目；为市民之家、公司新办公楼、煤炭坝政府、监管中心及13处市政公共区域建设直饮水，服务常驻办公（饮水）人口3150人及公共区域饮水市民。消防供水安全。优化营商环境。在园区设立了供水服务办理专用窗口；进一步压缩审批权限，简化办事流程，推行“三个一”审批，一次告知，一窗受理，一窗办结。

【征收补偿】 2019年，宁乡市集体、国有土地共计启动征拆项目70个，完成征拆3960户，腾地1221.37公顷。发布征地公告102个，新征用388.47公顷，收缴社保资金12.6203亿元，纳入失地农民社保人数3930人。其中：集体土地拆迁项目62个，共拆迁2146户，腾地1193.57公顷；国有土地上房屋征收项目8个、1814户，安全拆除房屋65处、25.9万平方米、改善5586人的居住条件。

【污染防治】 2019年，宁乡市住建局新建2座乡镇污水处理厂：道林污水处理厂和大成桥污水处理厂；新建2座次级集镇小型污水处理设施：双江口镇朱良桥小型污水处理设施和老粮仓镇小型污水设施；完成15千米乡镇污水支管网建设任务：龙田镇3.4千米，沩山乡3.4千米，大屯营镇5千米，煤炭坝镇3千米，老粮仓镇3千米；乡镇黑臭水体治理：已完成老粮仓唐市集镇居民区、龙田镇东石山河社区4组支流黑臭水体整治工作。对宁乡市污水处理厂进行扩容提质建设，扩容5万吨/日，预留准Ⅳ空间，2019年已完成扩容工程；建设完成东沩溪防涝排渍泵站；加强排口整治工作，初步制定排口整治工作方案，明确工作方针和长效管理机制；为集中整治城区黑臭水体，完成宁乡市城区化粪池清零工作。宁乡市城乡排水一体化PPP项目已完成前期的规划选址、用地预审、可研报告编制及批复，存量项目的资产评估报告编制及报批等工作。市财政局对城乡排水一体化PPP项目物有所值评价报告及财政承受能力论证进行评审通过，项目《PPP实施方案》经宁乡市人民政府审核通过，顺利纳入省级PPP项目库。

【宁乡市工程建设项目审批制度改革工作】 2019年，市住建局审批制度改革：统一审批流程将审批分为立项用地规划许可、工程建设许可、施工许可、竣工验收四个阶段，分别由发改、自然资源、住建部门负责，明确审批事项、审批流程、申报表单、申报材料、审批时限，建设项目选址意见书核发由法定办结时限25个工作日减少到承诺办结时限2个工作日；建设用地规划许可证核发由法定办结时限20个工作日减少到承诺办结时限1个工作日；建设工程规划许可证核发由法定办结时限25个工作日减少到承诺办结时限2个工作日；乡村建设规划许可证核发由法定办结时限25个工作日减少到承诺办结时限5个工作日；确保一次性告知，规定时限完成。精简审批程序。各项涉及工程建设项目的审批事项均结合实际大幅减少，时间更短、环节更少、效率更高。如项目备案申报资料“大瘦身”，5分钟完成企业投资项目备案，典型经验得到国家级人民网、省级《湖南日报》、湖南经视新闻联播，市级《长沙晚报》等主流媒体推介报道；“多测合一”审批时间由三个部门15个工作日精简到一个部门5个工作日；“多审合一”审批时间由原来三个部门近6个月精简到13个工作日，并实现全程网办；施工许可证核发、质安注册审批时间由18个工作日精简到5个工作日，支持工业项目发展，园区工业项目全面实行“见章盖章”，实现无跑腿审批等。

城市管理

【概况】 2019年4月，宁乡市城市管理和行政执法局更名为宁乡市城市管理和综合执法局（以下简称宁乡市城管局），全面贯彻落实习近平新时代中国特色社会主义思想，紧扣建设现代化宁乡总目标，聚焦“三大攻坚战”，深化“三大主题年”，以“四城同创”为引领，基础工作不断夯实，队伍建设稳步推进，管理水平全面提升，市民群众认同感不断增强。

【市容秩序】 2019年，宁乡市城管局重点打造一环北路、二环路、宁乡大道、新康路、春城北路、花明北路6条精品示范主干道。开展市民公共场合不排队、不按红绿灯指示过马路、手头垃圾乱丢等“三大不文明行为”专项整治行动。开展马路市场、洗车店专项整治。城区店外经营、流动摊贩得到有效遏制。全年累计出动执法人员3.9万余人次，开展专项执法行动4215次，综合执法132次，检查对象27823例，查处各类违法案件1558件，下达限期责令整改通知1824份，立案处罚1829起。城市环境面貌得到进一步改善。

【环境卫生】 2019年，宁乡市城管

局进一步修订完善环卫精细化维护作业标准，严格控制作业成本，优化作业流程，提升作业效率，强化环卫GPS系统监管，加大环卫设施投入力度，及时添置、更新清扫车、养护车、运输车等机械化设备，环卫机械化作业程度提升至65%，主次干道机械化作业清扫率达到80%，城区22条主次干道、550处网点，生活垃圾做到日产日清。加强“三溪一渠一江”的水域保洁，加大城区粪污清掏工作力度，源头打击治理城市“牛皮癣”，让城市时时干净、处处干净。

【园林绿化】 2019年，宁乡市城管局深入推进绿化养护工作市场化、专业化、精细化，组织实施增花添彩，完成法院、检察院、人民医院等交叉路口影响交通视线的绿化带改造，城区绿地共计栽植各类乔灌木、小苗9.32万余株、草皮1.863万平方米、麦冬1.3万千克、花卉累计50.4万余盆，撒播花籽1.2万余平方米，有效消除绿地露黄现象。开展中心公园保护和修复工作，协调推进绿化项目建设，加大宣传力度，进一步提升市民爱绿护绿意识，提升城市生态颜值，提升市民群众绿色福利。

【市政维护】 2019年，宁乡市城管局以“创新、协调、绿色、开发、共享”发展理念为遵循，全面实施“一圈两场三道”建设为重点的民生实事，针对城市道路乱挖占、管线乱架设等城市乱象开展整治，改善城区出行环境。共完成人行道维修4.05万余平方米，破损路面修补2万余平方米，路沿石修补8700余米，花坛石修补3400余米，更换井盖200套，新设交通标牌390块，标线4.5万平方米，下水道疏通1.5万米，防撞柱安装约3300根。同步推进配套停车场建设，华强停车场2856个停车位投入使用。

【市场管理】 2019年，宁乡市城管局以管理市场、服务市场、繁荣市场为工作重点，完善步行街、杉木桥农贸市场基础设施，缓解步行街停车压力，营造良好市场环境。打造以大卖

市容整治

场生鲜部、社区蔬菜便民店和网上菜店为补充的三级菜市场服务体系，实现分区经营，摊位布局合理，坚持实行“扫帚执法”，推进市场环卫保洁全天候，杜绝“脏乱差”。2019年，杉木桥农贸市场被长沙市评为文明集市。

【文明城市创建】 2019年，宁乡市城管局对标《全国文明城市测评体系》，加大“五乱”整治力度，探索实施城区人行道文明停车秩序管理，于10月开始，按照“入位停车、方向一致”的标准要求，分三批次对城区30条主次干道打造文明停车示范街。城区车辆乱停乱放现象同比下降50%。对十条文明停车示范路的4932个公共停车位，1934个摩托车位进行施划，新增公共停车位1900余个，摩托车位827个。

【户外广告】 2019年，宁乡市城管局进一步加强对门店招牌的规范化制作。加大对擅自设置户外广告违法行为的行政处罚力度，全年共受理招牌备案1520余块，规范设置招牌1215块，共拆除楼顶发光字130处，拆除破损、陈旧的喷绘布材质招牌52处，对未经批准擅自设置的1200余条布幅、条幅等宣传品及时进行清除。

【渣土管理】 2019年，宁乡市城管局严把“审批关”，规范渣土处置审批流程、严把作业标准。强化工地净洗车设施建设，有效控制车辆带泥、渣土运输污染路面等违章行为发生。规范行业管理，定期开展渣土运输企业安全生产隐患“大排查、大体检、大整治”建立智慧渣土管理平台，完善运输车辆准入、退出机制，更换新型环保车。实行24小时不间断巡查机制，对违规渣土运输行为实施严管重罚。共立案211个，其中处罚污染路面案件167个、处罚公司65家。

【控建拆违】 2019年，宁乡市城管局以严控新增为主要任务，同步推进遗留违法建设处置，确保在“零新增”的基础上实现“减少存量”。以“项目拆迁助推违建清零、拆违促拆迁”的模式，共组织实施大小拆违行动389次，城区共计拆除违法建设

929户，面积11.43万平方米。拆除市域范围内临时建筑104处。

【除臭剿劣】 2019年，宁乡市城管局加强城区化粪池清理、疏导，完成城区化粪池清理3645处，清除粪渣971车次。加强饮用水域巡查、河道垃圾清理、完善园林绿化。清理河道各类垃圾8000余吨，补栽种各类花卉苗木500余盆，其他花卉170余平方米。加强“四溪一渠一江”沿线餐饮门店管控，发放宣传手册2000余份，指导改造污水直排洗碗池3家，安装油水分离设施30家，引导正确处置餐厨垃圾，严防向河道乱倾倒。

【餐厨垃圾】 2019年，宁乡市收运餐饮单位1479家（小型餐饮单位1184家，大中型餐饮单位295家），日均收运70余吨，共收运1.64万余吨。开展餐厨垃圾集中整治行动，共组织夜间执法行动200余次，出动执法人员1500余人次，暂扣非法运输餐厨垃圾车辆127台，行政立案处罚67起，回收非法收运的餐厨垃圾约40吨，销毁用于非法收运餐厨垃圾的塑料桶300余个，有效打击非法收运行为，从源头上消灭“地沟油”和“泔水猪”。

【燃气管理】 2019年，宁乡市城管局强化对燃气行业企业安全监管和“打非治违”力度，进一步加强对各燃气经营企业及经营网点日常安全生产督查，督促落实安全生产主体责任，重点打击黑气、黑点、无证经营、野蛮施工等违法违规行为。对全市269家液化气经营网点逐一进行现场核查，核发经营许可证。加大对违法经营行为的执法力度，开展安全检查、隐患排查300多次，排查安全隐患问题34处，责令相关企业关停3个经营网点，取缔非法经营“黑窝点”5处，立案处罚7件，收缴违规充气枪8支，查扣液化气钢瓶659个，切实消除安全隐患，确保全市瓶装燃气市场安全有序发展。

【蓝天保卫战】 2019年，宁乡市城管局紧紧围绕“蓝天保卫战、碧水攻坚战、净土持久战”三大战役目标，创新“一人一月一案”及“信息天报送、工作周调度、成果月讲评”工作机制，将蓝天保卫战全面深化，逐步推向新高潮。全年共计出动执法人员8.35万余人次开展污染防治攻坚战相关工作；综合执法140余次，专项执法5570余次，执法检查对象个数6.432个，下达责令整改4550余家，立案3905件，行政处罚410.83万余元。完成100家大型餐饮单位油烟在线监控系统的安装工作，市城规划区1269户应装油烟净化设施的餐饮单位全部安装到位，安装率100%，完成第二批老旧小区居民家庭餐厨油烟改造2000户。巡查发现并制止各类露天焚烧行为300余起，累计罚款16.62万元。收缴散煤炉480余个，散煤2600余千克，散煤反弹得到有效遏制。

【民声受理】 2019年，宁乡市城管局始终坚持民声优先原则，密切关注、快速反应、妥善解决民声反映的各类诉求问题，成立晚班组及12345投诉处理办公室，每晚80名机动力量处理市民夜间投诉，做到城市管理工作24小时不停歇、节假日不断档。更好的为市民群众办实事、解难题、做好事，维护好全市和谐稳定的发展局面。

【营商环境】 2019年，宁乡市城管局结合自身职能职责，严格对照《宁乡市“营商环境优化年”工作推进方案》（宁办〔2019〕1号）等文件精神，深入推进优化营商环境工作。以“品质商圈、靓洁商圈、舒适商圈”为建设定位，成立步行街（杉木桥农贸市场）商圈服务点，进一步完善步行街、杉木桥农贸市场基础设施，扩充改造停车场，提高商户满意度。完成“一件事一次办”业务流程梳理，优化审批流程、规范审批程序，提高服务水平和办事效率。

（朱颖珍）

沩东新城

【概况】 2019年，沩东新城深入贯彻落实中共十九大精神，坚持以习近平新时代中国特色社会主义思想为指引，强化政治责任，保持政治定力，把准政治方向，提高政治能力，不折不扣落实中央和上级党委决策部署，积极对接金洲新城规划，以抓项目开工、促项目竣工、公司转型为工作重点，奋力推动长沙·方特东方神画建成开园，长沙卫生职业学院开学，中南艺术学校主体建筑封顶，长沙幼儿师范高等专科学校项目稳步推进，华强大道、岳宁大道辅道延伸线竣工通车。沩东新城区位优势更加彰显，基础配套更加完善，重点项目引领作用逐步显现，呈现更加良好的发展态势。

【长沙·方特东方神画开园】 2019年7月6日，美丽中国·长沙文化产业示范园一期项目长沙·方特东方神画全面建成开园，项目占地86.67公顷，共包含11个大型室内项目和28个室外设备项目，至12月累计接待游客74.2万人次、实现旅游收入10496万元。

【长沙卫生职业学院开学】 2019年10月8日，长沙卫生职业学院如期开学，学校占地80公顷，在校学生规模6000余人。长沙卫生职业学院是宁乡第一所大学，不仅给沩东新城发展带来人气、添加朝气，更为宁乡城市发展增加蕴、注入新的动能。

【中南艺术学校主体封顶】 至2019年底，学校主体建筑完成主体施工，计划2020年秋季招生开学。学校由湖南万婴教育集团投资建设，占地约20公顷，计划建设一所以幼师培养为特色的综合性高职院校，将容纳在校学生8000人以上。

【长沙幼儿师范高等专科学校项目】 长沙幼儿师范高等专科学校由长沙市信息职业技术学校和长沙艺术试验学校为基础合并升格组建，总用地40余公顷，总投资约12亿元，可容纳在校学生8000-10000人。至2019年底，已完成项目用地征地拆迁、零星补偿，计划2020年启动建设，预计2021年投入使用。（黄建宏）

项目工程

【概况】 宁乡市投资促进服务中心（以下简称市投资促进服务中心）是根据2019年3月宁办〔2019〕5号宁乡市委办公室、宁乡市人民政府办公室关于印发《宁乡市机构改革实施方案》的通知，由市项目工程建设办公室、市重点工程建设办公室组建的市政府直属正科级公益类事业单位，负责全市政府投资项目、社会投资项目建设的数据统计、形势分析，提供指导、协调、调度等服务；负责国家、省、长沙市在宁乡重点工程项目的协调服务工作，协助相关行政主管部门落实项目规划、选址、征地拆迁、补偿安置、环境维护等工作。市投资促进服务中心为全额拨款事业单位，核定编制14名。内设办公室、财务科、项目管理科、项目服务科、重点工程服务科5个科室；有在编干部13名，退休人员1名。2019年，市投资促进服务中心攻坚克难、全力协调服务项目，全市产业项目建设、省、市重点工程建设推进较快、投入较实、后劲较足。

【项目工程】 2019年，宁乡全市共有项目工程532个，新开工204个，竣工155个，完成投资415亿元，投资完成率为103.7%。

【产业链建设】 2019年，宁乡全市实施制造业项目169个，其中宁乡市新引进产业项目101个。实现69个项目新开工建设，65个实现竣工投产，完成投资206亿元，比2018年增长25.3%，特别是引进总投资超过100亿元的比亚迪动力电池、50亿元的长沙格力冰洗生产基地、50亿元的云轮科技等一批重大项目工程。新开工69个，投产60个，完成投资198亿元。宁乡跻身中国工业百强县（市）榜单排名第十三名。宁乡市在长沙市2019年度重大项目观摩活动中获四县（市、区）组总分第一，国家级园区组总分第一，格力中央空调单个项目计分第一的佳绩。

【项目帮扶】 年初，出台《宁乡市"产业项目建设年"工作推进方案》（宁办〔2019〕2号），安排37名市领导和56个市直单位组成37个市派工作组，突出联点帮扶70个重大产业项目和79家重点工业企业。2019年各工作组全年累计共开展帮扶活动423天次，解决征拆、资金、用地、审批、水电气等各类问题100余个，推动了比亚迪动力电池、格力中央空调、邦普动电循环、中伟新能源等重大产链项目建设。

【产业项目集中开工】 2019年，宁乡市精心选定项目，切实细化方案，加强现场组织，全年开展产业项目集中开工活动两次。5月28日，宁乡市产业项目集中开工动员活动在宁乡经开区、宁乡高新区举行，比亚迪动力电池、三一塔机、中邦陶粒、盛晟科技、天威二期、云轮科技、中一重工等7个项目集中开工。11月19日，经开区格力长沙冰洗生产基地、美宜佳，高新区鹏博新材、瑞捷机械、多氟多电解液、星邦二期等6个重点产业项目集中开工。通过集中开工活动的举行，营造产业项目建设的氛围，加快产业项目的落地，促进全市产业发展。

【"三比三看"竞赛活动】 2019年，宁乡市围绕产业项目建设，在两个主体园区之间开展"三比三看"大竞赛活动。先后于7月、11月组织两次大型的产业项目现场观摩活动，两大园区共有91个产业项目纳入"三比三看"，其中续建项目39个，至年末实现投产23个；新建项目19个，实现投产10个，其他项目推进有序；拟建项目33个，实现开工28个。六大产业链全年实现规模工业增加值约167.3亿元，比2018年增长19.8%，拉动全市规模工业增加值增长10.7个百分点。

【百日大会战】 2019年，宁乡市从7月18日—10月27日，集中100天攻坚87个产业链项目，推动金时科技、美宜佳、多氟多等22个项目开工，比亚迪、三一塔机、邦普动电等31个项目加速建设，格力智能装备、中伟二期、吉永盛二期等34个项目投产运营。

【省市重点工程建设】 2019年，市投资促进服务中心承载和服务的重点工程项目主要有长益高速扩容工程、常益长高铁、宁韶高速3个项目，全年累计完成投资24亿元，完成全年目标任务。

【长益高速扩容工程宁乡段】 2019年，投资完成投入6亿元，宁乡段全线15.376千米已全部拉通，拆迁户安置工作已基本完成，路基工程已基本完工，桥梁已全部架设完毕，计划在2020年下半年竣工通车。

【常益长高铁宁乡段】 常（德）益（阳）长（沙）高铁总投资30亿元，途经宁乡市经开区、高新区两大园区以及玉潭、菁华铺、城郊、金洲四个乡镇（街道），宁乡段总长22.42千米，设宁乡西站。2019年完成投入8亿元，全面完成集体土地的征地，完成拆迁176户，两个标段四个施工单位均已进场施工。

【宁韶高速宁乡段】 宁韶高速公路全长42.659千米，总投资43亿元，其中宁乡段长34.2千米，连接线长7.9千米，设计双向四车道，时速100千米，路基宽度26米。该项目宁乡段途经菁华铺、白马桥、回龙铺、坝塘、东湖塘等5个乡镇（街道），设菁华铺、回龙铺、坝塘、东湖塘等4个互通和南田坪服务区。宁韶高速公路工程工期三年，计划于2022年底竣工通车。2019年完成投资10亿元，完成房屋调查、第二轮个案调查核对；两个标段施工单位已进场，三个拌和场已建成。（办公室）

征地拆迁

【概况】 宁乡市征地服务中心（2019年机构改革前为宁乡市征地办公室，以下简称市征地服务中心）系宁乡市人民政府直属的财政全额拨款事业单位，在编在岗干部职工共16人，内设办公室、财务科、征拆科、安置科、法规科，办公地址位于宁乡市花明南路160号。

根据宁办通知〔2019〕6号文件，2019年7月起，宁乡市全面运行国有土地上房屋征收与集体土地征收“一体化”工作机制，市征地服务中心、市自然资源局所属市征地拆迁事务所、市住建局所属市城市房屋征收和补偿事务中心，集中办公，统一管理，统一调度，由市征地服务中心对归集人员进行统一绩效考核，并将所有党员的组织关系转入市征地服务中心机关支部。征拆“一体化”整合工作内容，简化工作程序，理顺工作机制，方便群众办事，提高工作效率，进一步提高全市征拆工作的统一性和全面性，为宁乡市经济建设更好地提供服务。

市征地服务中心负责协助行政主管部门拟订征地方案、协助行政主管部门拟订征地公告、提出征地补偿安置方案建议、统筹协调征收、征地拆迁补偿安置工作、协调处理征收、征地拆迁补偿安置争议、完成市委市政府交办的其他任务。

2019年，市征地服务中心紧扣“产业项目建设年”“营商环境优化年”战略目标，严格落实市委市政府决策部署，坚持“依法征拆、阳光征拆、和谐征拆”，全面推动全市国有土地上房屋征收与集体土地征收工作，完成全年目标。

【阳光征拆】2019年，市征地服务中心坚持公开操作，完善“两级审核”“三榜公示”等操作细则，实行征拆行政问责制，严格履行“一岗双责”主体责任，开展专项整治，严格执行“阳光征拆”机制。年内，宁乡市集体、国有土地共计启动征拆项目70个，完成征拆3229户，腾地1221.373公顷。其中：启动集体土地拆迁项目62个，共拆迁2146户，腾地1193.573公顷，新启动项目全部实现拆迁清零；启动国有土地征收项目8个，除龙溪棚改三期外，其他7个项目已清零，共征收1083户，腾地27.8公顷。

【征地安置】2019年，市征地服务中心发布征地公告102个，新征用地388.473公顷。收缴社保资金12.6203亿元，纳入失地农民社保人数3930人。

【风险评估】2019年，市征地服务中心组织对96个项目进行风险评估，发布协议拆迁通告7个，处理涉访涉诉化解征拆矛盾纠纷97起。

【遗留问题处理】2019年，市征地服务中心完成经开区、正大广场等23个项目45户遗留户的征拆项目。

（吴明兴）

住房保障

【概况】2019年3月，根据宁乡市委、市人民政府机构改革实施方案（宁办〔2019〕5号文件），宁乡市住房保障局更名为宁乡市住房保障服务中心（以下简称市住保中心），从隶属市人民政府的事业单位调整为市住房和城乡建设局（以下简称市住建局）所属的正科级公益类事业单位，将原住保局二手房交易管理职责划入市自然资源局，其他行政职能划入市住建局，原市住保局所属事业单位调整为隶属市住建局所属事业单位。

2019年7月1日，市住建局召开机构合并工作大会，原市住保局下属白蚁防治所、市场信息中心、城市房屋征收管理办公室、房地产经营服务中心（包括宁乡市房产开发经营公司、和诚融资担保公司、和信置业担保公司）、行政审批服务科等单位按人随事走、编制不变的原则整体划转至住建局。住房制度改革领导小组、玉潭物业所、玉潭房管所、物管中心在保留原事业法人机构的同时，与原住保局机关组成住保中心，原市住保局机构自此消失。截至2019年6月30日，全局在册人员203人。

市住保中心根据宁编〔2019〕16号文件精神，在保留原事业法人和机构不变的前提下，对机构设置进行调优，内设8个部室：办公室、财务部、安居工程保障部、物业服务部、公房服务部、保障房服务部、综合部、党群工作部。其中，宁乡市住房制度改革领导小组办公室（对应安居部）、宁乡市物业管理服务中心、宁乡市玉潭房屋管理所、宁乡市玉潭物业管理所继续保留其二级事业法人机构，与住保中心同属市住建局二级事业单位。

截至2019年12月31日，中心共有干部职工207人，其中在编116人，在职103人，离退休91人，临聘人员1人；有经济类、工程类、档案管理类等高、中、初级专业技术人员40人，其中高级职称5人，中级职称13人，初级职称22人。

由于机构改革前，为确保工作高效推进，在确保人员编制不逆向流动的原则上，住保局内部人员有所调整，改革后有54人编制与岗位未一一对应。

机构改革后，市住保中心主要行使市人民政府授权的工作机构职能，负责全市保障性住房实物配租和配购配建、住房保障对象的资格审定、租赁补贴核定发放；负责全市物业管理的事务性工作。主要工作职能职责：

贯彻执行国家、省、长沙市有关住房保障的方针政策和法律法规，协助市住房城乡建设局起草全市住房保障发展中长期规划、年度计划并配合实施。协助市住房城乡建设局实施保障性住房（含公共租赁住房和廉租住房、经济适用房）的实物配租和配购配建、住房保障对象的资格审定、住房租赁补贴核定与发放等工作。负责全市保障性住房（含非定向公共租赁住房）、公房（包括直管公房、自管产、原乡镇房管所资产）的维修维护、租赁管理、租金收缴、纠纷调处等工作。负责全市物业管理的事务性工作；指导做好物业维修资金的归集、管理和使用工作。负责北门农贸市场和紫金广场的管理和维护修缮。负责全市棚户区改造的事务性、服务性工作。负责处理全市私房改造和房地产开发中的遗留问题。完成市委、政府和市住房城乡建设局交办的其他任务。

2019年，市住保中心获长沙市棚户区改造工作突出单位，宁乡市部门预决算管理工作先进单位，获长沙市主管部门工作先进个人6人次（长沙市优秀物业管理先进个人），获全市主管部门工作先进个人1人次（宁乡市提案办理先进个人），获宁乡市委市政府嘉奖14人次、获三等功2人次。

【住保保障】 2019年，市住保中心坚持以民为本，保障体系更加健全。保障范围扩面。年底率先在全省将环卫工人住房问题纳入保障范围，新增住房保障对象153户，继城镇低收入家庭“应保尽保”后，保障范围涵盖偏远教师、医生、荣转复退军人、残疾人群、快递小哥、公交司机、新进高端外来人才等，近5万人圆了安居梦。后续管理日趋完善。开展住房保障规范年活动，实施廉租房、公租房“两房并轨”，建立公租房信息系统，加大违规对象清理，完善保障房进退机制；实施公共服务、基层社区、社会组织“三进”保障房小区模式，年内完成和德家园等保障房小区便民设施提质。推行人文小区管理。将152户特困对象纳入“一对一”帮扶，就地为40多名保障对象提供保安、保洁岗位，真正实现“住得进、住得好，先安居再乐业”。

【房地产市场】 2019年，市住保中心坚持“房住不炒”总基调，严格“控房价、防泡沫、防风险”。加大房地产市场调研；灵活调整商品房价格会商会审定价及备案价格调整规，确保房价平稳可控。全年新建商品房销售达210万平方米，新开工199.8万平方米，建成221.0万平方米，投入85.6亿元，均价5931元/平方米，外向度23%左右，房地产税收入库25亿元，房地产业依然是市域经济发展的重要支撑。

【物业管理】 2019年，市住保中心健全管理机制，物业管理提质改观。下发《关于全面推进物业管理的实施意见》，加强小区停车收费管理，进一步健全物业管理机制；将党建工作植入物业小区、物业管理融入社区服务中，实现政府治理和社会调解、党员先锋和居民自治良性互动，“党员进小区”党建引领作用明显；按三年行动计划开展物业专项整治行动，开展物业“执法进小区”，年内妥善处理热线投诉1277起，有效化解物业矛盾；建立小区拆违控违巡查报告制度，拆除历史违章建筑67处；组织对物业小区进行季度考核测评，推行“流动红旗”评比；持续推进小区垃圾分类，财政投入专项经费425万元，小区垃圾分类配套设施添置到位，垃圾分类宣传覆盖率100%；开展物业小区调研，梳理7类问题109个正逐步解决，引导小区稳定有序。年内审批物业用房420宗；归集物业维修资金2.22亿元，拨付104宗共319万元；指导成立业委会6家，累计78个物业小区成立业委会。

【安居棚改】 2019年，市住保中心强化要素保障，城市棚改再创佳绩。建立“每月一讲评，一月一通报，重大事项一事一议”工作制度，通过政策性银行贷款、发行债券、实施政府购买棚改服务、向上争资等方式解决棚改资金缺口，搭建融资平台，形成棚改高效推进的新格局。2018—2020年新三年棚改计划顺利推进，其中2019年完成棚改900户、改造面积22.8万平方米、投资额27.7亿元，完成率100%；老旧小区改造项目2个188户完成率100%（工贸住宅区132户、金苑住宅区56户）；龙溪公租房216套已完成拆迁；申报发行棚改债34亿元，至年末已到位3.78亿元；明确2020年棚改项目8个、1260户。棚改进度排名位居全省第一，连续六年跻身全省先进。

【住保队伍建设】 2019年，市住保中心发挥党建引领，队伍建设开创新局面。突出政治建设，强化党建引领，牢牢抓住主体责任这个“牛鼻子”，推行“党建+”工作模式，以“不忘初心，牢记使命”主题学习教育为契机，深化理论学习，开展赴长沙市廉政教育基地警示教育增强信仰，赴云山书院、新民学会旧址参观等主题党日活动，深入调查研究，推进整改落实，领导班子率先垂范，中层骨干独挡一面，党员干部见贤思齐，党总支战斗堡垒作用和先锋模范作用充分发挥。机构合并执行到位，规范中心党组织机构设置，打造一支“召之即来、来之能战、战之能胜”的住保团队，实现过渡平稳，人员合心、事业合力。抓作风建设，推进从严治党，完善制度建设，全中心上下干事创业蔚然成风，真正将住房保障实事办实、好事办好，稳固“安居棚改宁乡模式”品牌，向各级领导和人民交上一份满意的民生答卷。

（办公室）

住房公积金

【概况】 2019年，长沙住房公积金管理中心宁乡市管理部（以下简称管理部）有在编人员5人、临聘人员5人。管理部在长沙住房公积金管理中心授权下，负责宁乡市行政区域内住房公积金的归集和使用计划；记载职工住房公积金的缴存、提取、贷款等情况，按有关规定和审批权限审核住房公积金的提取和转移；负责住房公积金的催建和催缴；办理住房公积金的对账和查询，提供住房公积金政策咨询。

2019年，管理部认真贯彻落实中共十九大精神，坚持“两学一做”制度化常态化，开展“不忘初心，牢记使命”主题教育活动，保障宁乡住房公积金事业持续健康发展，为宁乡市经济建设提供有力保障。截至2019年12月31日，宁乡市归集住房公积金6.94亿元，比2018年增长15.5%，累计归集40.66亿元，归集余额20.67亿元；新增开户单位104个，新增缴存职工9282人，累计缴存人数50592人；新增提取4.34亿元，累计提取20.53亿元，累计提取占累计归集比例达到50.48%；新增发放职工住房公积金贷款3.92亿元，解决914户家庭住房面积11.61万平方米；累计发放住房公积金贷款14101笔39.37亿元，累计住房面积达到152.47万平方米，住房公积金个贷余额26.17亿元。

【公积金管理】 2019年，管理部通过推进财务制度改革、加强内部稽核审计、主动接受外部监管等强有力的工作措施，构筑立体防控体系，确保资金安全运行。主动接受社会监督。对管理部业务办理流程、服务标准、办理时限、服务承诺等进行全面公示。同时，在服务大厅显著位置设立专栏，公开公积金政策和相关规定、服务热线、监督专线等信息。加强内部管理。实行严格的内控机制和稽核机制，实施贷款全过程风险把关，加强对开发楼盘调查，加强对担保公司、受托银行管理考核，规范职工个人住房贷款审批，实行“三级审批制”，细化审批责任，依法依规发放贷款。严格执行“零余额账户”管理、“资金集中支付”相关规定，变资金分散管理为市中心集中管理，有效防范资金风险。

【公积金政策宣传】 2019 年，管理部坚持把住房公积金政策宣传贯穿管理工作始终，通过搭建宣传平台、创新宣传方式、突出宣传重点等措施，提升住房公积金政策知晓率、入户率。搭建宣传平台，通过网络媒体、电子显示屏、横幅、宣传板报等载体，依托住房公积金制度改革关键时期和公积金新政实施契机，开展住房公积金政策宣传，深化思想认识。及时更新公积金缴存、提取及贷款宣传册，制作宣传海报，在“今日宁乡”报纸封面做公积金政策宣传。创新宣传方式，建立住房公积金专管员微信群和开发商专管员微信群，加入市财政集中支付局、支付单位 QQ 群，及时为缴存人答疑解惑，同时在宁乡市人民政府公众信息网定期更新住房公积金有关政策和通知，确保信息公开及时、到位。

【综合服务】 2019 年，管理部在入驻宁乡市民之家以后，在市民之家窗口集中管理的基础上不断完善服务体系，在深化服务理念、规范服务行为、完善服务制度、提升服务品质、拓展服务渠道上狠下功夫，提升服务的人性化、智能化水平。规范窗口服务。大力推行“综合柜员制”，受托银行、担保公司在各业务窗口全面进窗驻点，实现住房公积金业务办理“一窗式受理，一站式办结，一条龙服务”，多次被评为宁乡市市民之家“红旗窗口”。提升服务品质，规范办事窗口服务管理，对窗口工作人员岗位设置与职责、服务形象、服务行为、服务语言、服务措施等方面进行规范，建立行政审批项目流程清单，严格落实服务承诺、首问责任、一次性告知、限时办结等制度。拓展服务渠道，启动“互联网+公积金”战略，配合长沙市中心开展新一代住房公积金管理信息系统建设工作，通过年审工作，进一步完善职工基础信息资料，为综合服务平台推广应用打下基础，同时通过 12329、12345 等服务热线解答群众疑问、解决群众问题。

【队伍建设】 2019 年，管理部以“不忘初心，牢记使命”主题教育活动为抓手，加强和改进工作作风，提升公积金队伍整体素质，树立基层公积金队伍良好形象。开展“不忘初心，牢记使命”主题教育活动，抓好队伍建设和党风廉政责任建设，不断强化基层党组织建设，充分发挥工青妇群团组织的作用，增进基层公积金队伍的凝聚力和向心力，树立健康向上、斗志昂扬的基层公积金队伍形象。抓好管理部文化建设，以“道德讲堂”、志愿服务活动、雷锋式服务明星评比为主题，增进管理部的文化内聚力。以健康向上文体活动为载体，组织素质拓展、业务技能比拼等活动，增进管理部干部职工团队协作能力。进一步巩固省级模范职工小家创建成果，深入学习市中心成功创建全国文明单位的经验，树立典型，深化文明创建意识。抓好综合治理工作。开展平安单位创建活动，全年未发生责任事故或较大影响事件，保持和谐稳定的工作局面。

【无证明城市】 从 2019 年 5 月开始，宁乡市政务服务大厅正式使用“无证明城市”系统，旨在通过该系统在宁乡市所有单位、社区中实现证明数据流转，无需客户多次跑到其他单位要求出具证明，真正为办事群众做到省时省力，管理部 2019 年已通过该系统查询二十余份证明，为客户节省时间精力，真正做到高效便民。

【一件事一次办】 2019 年 5 月，宁乡市政府出台《宁乡市推进“一件事一次办”改革进一步提高行政审批服务效能实施方案》，旨在加速审批流程，优化营商环境。管理部根据长沙住房公积金管理中心相关规定编制“一件事一次办”贷款业务办理事项梳理表和流程图，与宁乡市不动产中心通力合作，同时将办理贷款抵押后由开发商或客户领取抵押权证改为由内部工作人员领取，减少客户跑腿次数，全力实现贷款业务“只进一扇门，最多跑一次”。 （办公室）

城发投资控股集团

【概况】 宁乡市城发投资控股集团有限公司（简称市城发集团）前身是宁乡市城市建设投资集团有限公司（简称市城投集团），是经宁乡市人民政府批准，于 2000 年 8 月成立的国有独资公司，注册资本 2 亿元，是一家以基础设施建设、土地一级开发为主，房地产、城市经营、文化旅游等多种经营为辅的国有独资综合型平台公司。2018 年，根据宁乡市委、市政府关于市域平台公司整合的工作部署，市城投集团负责整合市域内 27 家国有公司（含 13 家融资平台公司）组建市城发集团，注册资本 10 亿元。主要开展城镇基础设施建设、文化旅游投资、水利水务投资、城市产业发展、产业投资等业务，按照政企分开原则市场化运营，自主运营、自负盈亏。2019 年，市城发集团下设综合事业部、财务管理部、项目管理部、社会事务部、国土规划部、法务风控部、投资发展部 7 个部室，市城投集团、宁乡市文化旅游投资有限公司、宁乡市城镇开发建设投资有限公司、宁乡市水务建设投资开发有限公司等 4 家子公司。

【化债转型】 2019 年，市城发集团完成 27 家被整合公司中 24 家的股权划转；公司积极推进银行、金融机构共同参与的融资再安排工作，全年融资到位 132.02 亿元，还本付息 98.13 亿元，年化利率 7.43%。市城投集团企业整体信用评级和公司债券评级保持 AA+评级，文旅投公司完成 AA 信用评级前期工作；全年实现收入 30.65 亿元（其中土地经营收入 24.82 亿元，非土地经营收入 5.83 亿元），化解政府性债务 24.31 亿元，实现税收 2.22 亿元，工程款、征拆资金、社保资金有序支付，公司资金链正常运转；聚焦文旅、新城区开发、水务三大业务板块，炭河古城、廻龙山景区、靳江源湿地公园等文旅项目有序推进，全年接待游客超 300 万人次，营业收入 0.73 亿元；ABO 模式开发的曾家河片区招标挂网，高铁新城片区开发方案已基本形成；砂石资源归集、处置、利用项目运营顺利，完成营收 0.53 亿元；玉园康养中心项目完成土地摘牌与合资公司组建，城区加油站、路灯节能、车驾管中心，渣土消纳场、矿业资源开采、物业、广告位等项目均有序推进。

【项目建设】 2019 年，市城发集团全面推行精细化管理，严格控制投资成本，加大政投项目实施力度，实现政投项目固定资产投入 50 亿元，共实施重点项目建设 45 个，多个重点民生项目实现突破性进展。流沙河卫生院、妇幼保健院、滨江大道、靳江生态修复、永鑫路及避险安置小区、洞庭水库除险加固等 10 余个项目加速推进。沩水沿江风光带、四溪一渠综合治理、污水处理厂扩容提质、塘湾小学等六所学校、站前路、文体南路、沩丰坝水闸除险加固、沩江河道疏浚等 22 个项目顺利完工。

【征地拆迁】 按照 2019 年年初拆迁工作计划，市城发集团作为拆迁后盾单位，全力筹措资金，加速遗留问题处理，积极稳妥推进征拆工作，完成白马桥棚户区、高铁新城片区、东城棚改、沩水流域综合治理、八家湾棚改三期共计 689 户的房屋拆迁工作，征地 86.7 公顷，支付征拆费用 12.5 亿元。

【资本运营】 2019 年，市城发集团完成流沙河卫生院、合安小学、污水处理厂等重点项目 35.1 公顷基础设施用地土地取卷，上报曾家河片区开发基础实施用地 26.7 公顷待批，上报六个批次经营性用地 98.7 公顷待取卷，完成新城控股、长房盈旺、水岸农产品市场等地块 28.6 公顷土地出让（不含融资地块），实现土地出让价款 24.82 亿元。

2019 年 7 月 2 日，炭河古城彩色泡沫节启幕，庆祝景区开业两周年

【城投遗留问题处理】 2019 年，市城发集团平台整合以来，陆续暴露出一批历史遗留问题（是指在以前城市发展投资的工作中，因各种因素制约而未能得到及时解决的问题），如湘中南物流园多交土地款清退、白沙液公司清宴九州项目土地款清退、流沙河金街结算、创逸国际城履约保证金清退、白马新兴公司购地预付款及相关费用遗留问题、失地农民社保补缴等，该部分问题历时较长、影响较大，是城发集团秉承尊重历史、认真负责的态度，已基本解决到位，其中按照巡视整改工作要求，市城发集团已统筹资金补缴失地农民社保 6 亿元。

（张晓凤）

国有资产经营

【概况】 宁乡市国资投资控股集团有限公司前身是宁乡市国有资产经营有限公司，是经宁乡市人民政府批准，于 2002 年 6 月注册成立的国有独资公司，注册资本 10 亿元，公司代表政府组织国有资本运营，并行使国有资产经营主体职能。2018 年经市委、市政府批准成立宁乡市国资投资控股集团有限公司（以下简称市国资集团），注册资本 20 亿元。2019 年，完成旧城改造、文旅开发、交通建设、地产经营、融资担保、乡村振兴等六大板块的法律整合和优化设置，逐步形成以国有资产经营为龙头，项目建设、公共服务、地产开发、文化旅游、农业开发、金融担保齐头并进、全面提速的多个产业链发展格局。

2019 年，市国资集团共有在职人员 230 人，其中在编人员 90 人，借调人员 37 人，聘用人员 103 人。内设六个部室，分别为党建综合部（加挂法务风控部、扶贫服务部）、纪检监审部、招商项目部、资产经营部、财务融资部、社会事务部。下设五家子公司，分别为宁乡市交通建设投资有限公司、宁乡市沩东新城建设开发有限公司、宁乡市房地产经营有限公司、宁乡市现代农业投资开发有限公司、宁乡市和诚和信担保有限责任公司。

2019 年，市国资集团以“新国资、新理念、新目标、新举措”为统领，贯彻“创新、富强、共享、崛起”新理念，各项事业实现新突破呈现新亮点。坚持党建引领，落实党风廉政两个责任，开展“不忘初心、牢记使命”主题教育。结合新形势、新要求修订党建纪检类、项目工程类、机关管理类、财务融资类、征拆补安类等五大类26项制度。出台《优秀年轻干部员工培养选拔实施方案》，以引进企业专才为重点，注重引进一批“90后”。通过举办“十佳员工”评先评优活动，打通人才晋升通道，培养对司忠诚、勤勉务实、敢于担当、品德优良的国资队伍。市国资集团全年营业收入合计25.08亿元，上缴税费2.51亿元。总资产285.27亿元，负债186.95亿元，净资产98.32亿元。完成拆迁1071户，实现腾地40公顷，全年建设项目共18个，总投资20.72亿元。

【资产运营】 2019年，市国资集团通过棚改拆迁盘活原宁乡石化总厂（红砖厂）、原住保局公房、原文物局、原外经局大楼、原粮食局公房和教工之家等7宗公有资产盘活资金17.77亿元；通过资产公开拍卖房产20宗，建筑面积2770.47平方米，拍卖成交额1555.571万元；完成国有资本经营预算收入缴库421.06万元；实现经营性资产租金收入1789.98万元；完成土地出让5宗，成交面积31.35公顷，成交金额34769万元；通过项目建设向上争资21879.42万元；自主摘牌土地8宗，共30.8公顷，做实资产164358万元；通过增加10亿元注册资本，实借资本达20亿元。

【民本民生工程】 2019年，市国资集团棚改拆迁总投资20亿元，共实施14个房屋征拆项目，其中中央大街棚改、东沩溪片区和宁韶路片区等12个项目征收清零，共计征拆1071户，腾地40公顷。完成市国资集团既定棚改任务的154%，占比全市棚改任务的75%。

完成金宁大道（金沙段）、何叔衡与谢觉哉故居至G234/G327连接线（流沙巷公路）、宁乡市花南线提质改造工程（花南公路）、S327老粮仓伍家至五里堆工程（老毛公路）等民生道路的提质改造。推进东城学校改扩建、仁福社区提质提档、沩东长郡中学周边生态停车场、溜子洲大桥—喇叭口自行车道、人民北路（一环路-玉潭中路）人行道、二环路（宁乡一中段）人行道、滨江大道人行道等18个项目建设。

落实信访接待制度，全年共计处理市长12345热线等事项160件，办结率100%，满意度96%。

【产业转型升级】 2019年，市国资集团推进职业中专产教融合实训楼项目、宁乡平高中学、融媒体中心、宁乡花猪养殖示范场、龙溪公租房、时代阳光和龙泉美墅三期等7个市场化转型项目。其中宁乡花猪养殖示范场项目于2019年11月启动建设，该项目是市国资集团市场化转型的第一个国有资本市场化项目，总投资金额1.2亿元，项目占地面积30.43公顷，采取工程分包模式进行，建成后规划年产出花猪量5万头。通过包装华强方特酒店、方特二期停车场、沙河片区合作开发、岳宁大道加油站、宁乡文旅康养产业园等项目进行招商引资。深度与社会资本方洽谈，启动沙河片区合作开发项目，签订时代阳光农业产业园项目、宁乡花猪正大20万头养殖项目意向协议。集团本级信用和产业实力朝着AA+大步迈进。

【何叔衡、谢觉哉故居至G234/G327连接线（流沙巷公路）】 2019年8月15日，何叔衡、谢觉哉故居至G234/G327连接线（流沙巷公路）正式通车。该项目主线起于流沙河镇张家湾，沿X622、沙草公路往西北沿老路展线至X107，再沿X107往西北展线至终点巷子口镇状元桥南端，利用沙田集镇已建道路（宽18米）与X104相交、对接X107。路线全长25.96千米，双向两车道，路基宽度7.5米，路面宽度6.5米，按三级公路建设标准建设。该线路连接流沙河、沙田、巷子口3个西部乡镇，通车后将改善何叔衡、谢觉哉革命故居等红色旅游景点的对外交通条件，助力宁乡打造全域旅游景区。

【金宁大道金沙段】 2019年9月30日，宁乡市龙江大道（金沙段）正式通车。项目起点位于宁乡市高新区金沙路与历泉路交叉口，从东往西布线，跨过沩水河后，终点交于宁乡经开区车站路与X073线路口，道路全长2.3千米。设计行车速度50千米/时，一般路段路基宽度32米，采用一级公路兼城市主干道标准建设。该项目既是连接经开区与高新区的一条工业大道，也是构成西线工业走廊的重要组成部分。

【宁乡市花南线提质改造工程（花南公路）】 2019年12月20日，宁乡市花南线提质改造工程正式通车，项目起于宁乡市花明楼镇，与X087相

2019年9月30日，宁乡市龙江大道（金沙段）正式通车（刘宸睿 摄）

交，往北沿 X085 老路展线，经过常山村、杨林桥村，止于岳麓区西湖村，道路全长 13.7 千米，参照三级公路标准进行设计，设计速度为 30 千米/小时，路基宽 7.5 米，沥青砼路面宽 6.5 米，项目桥梁涵洞设计荷载等级采用公路二级，全线共 93 道。该项目通车拉近花明楼镇与长沙市区的距离，“连点成线、连线成片”，促进当地农业产业和旅游产业发展。

【S327 老粮仓伍家至五里堆工程（老毛公路）】 2019 年 12 月 31 日，宁乡市 S327 老粮仓伍家至五里堆工程（老毛公路）正式通车。该项目路线总体呈东南-西北走向，东起于老粮仓镇黑石铺湾，沿 X105 向西北展线，经黄涓村继续沿 X104 向西至五里堆，终点位于巷子口镇迎水村。路线总长 18.57 千米，设计速度 30 千米/小时，双向 2 车道，沥青砼路面，路基宽 7.5 米，路面宽度为 6.5 米。项目总投资为 7180.33 万元，该项目既是构成宁乡市公路主骨架网的重要路段。也是湖南省公路体系的重要组成部分。（办公室）

环境保护

【概况】 2019 年，宁乡市深入贯彻习近平生态文明思想和中央、省、长沙市关于生态环境保护系列重要指示精神，围绕“打赢污染防治攻坚战”，践行绿色发展新理念，推进中央生态环保督察及“回头看”及省委第四巡视组反馈问题整改，落实污染防治攻坚战“夏季攻势”，建立健全环境保护责任体系，研究提出《宁乡市“除臭剿劣”攻坚战三年行动计划（2018—2020 年）》《宁乡市 2019 年大气、水、土壤和噪声污染防治工作方案》，以改善环境质量为核心，以解决突出环境问题为重点，推进环境保护工作。全年优良天数 318 天，年均优良率 87.1%，优良率居长沙市四区县（市）第二，PM2.5、PM10 年均值分别为 40 微克/立方米、62 微克/立方米，全市集中式饮用水水源地水质全年达标率 100%，沩水、靳江及其他支流考核断面水质全年稳定达Ⅲ类标准。

【构建环境责任体系】 2019 年，宁乡市委、市政府相继研究出台《宁乡市“除臭剿劣”攻坚战三年行动计划（2018—2020 年）》《宁乡市 2019 年大气、水、土壤和噪声污染防治工作方案》《宁乡市整治非法采砂洗砂工作方案》《关于有效保护、利用、处置因项目工程建设产生的砂石资源的相关工作实施细则（暂行）》《宁乡市畜禽粪污资源化利用整市推进项目的实施意见》《宁乡市畜禽粪污资源化利用整市推进项目资金分配方案（试行）》《城乡人居环境综合整治整县推进工作方案》等文件，进一步聚焦全市污染防治工作的重点和难点，进一步完善污染防治工作的内容和任务，进一步理顺污染防治工作的机制和体制，建立工作清单台账，完成年度污染防治攻坚战任务 74 项。

【提升环境质量】 2019 年，宁乡市克服年初西部输入性污染影响，精准发力，全年优良天数 318 天，年均优良率 87.1%，优良率居四区县（市）第二，PM2.5 年均值 40 微克/立方米，比 2018 年下降 11.6%，PM10 年均值 62 微克/立方米，与 2018 年持平，氮氧化物浓度均值 19 微克/立方米，同比下降 3 微克/立方米，二氧化硫 6 微克/立方米，同比下降 1 微克/立方米，一氧化碳 1.7 毫克/立方米，臭氧 147 微克/立方米，全市集中式饮用水水源地水质全年达标率 100%，沩水、靳江及其他支流考核断面水质全年稳定达Ⅲ类标准，比 2018 年明显改善，全面完成湖南省政府“夏季攻势”及长沙市 2019 年度目标任务，全市土壤环境质量稳定。

【落实“六控十禁”】 2019 年，宁乡市深入开展“六控十禁”，一、控尘，56 个规模以上建筑工地安装视频监控和扬尘在线监测系统，工地扬尘落实“8 个 100%”治理要求，建立智慧渣土管理平台，查处渣土扬尘污染案件 1074 起，启动无人机航拍助力复绿，全市完成 724 处，1084.67 公顷裸露地块复绿。二、控烧，发现并制止露天焚烧行为 300 余起，严禁秸秆禁烧，巡查发并立案 49 起，中小型餐饮服务单位油烟净化设施安装率达 99%，老旧居民家庭油烟改造 2000 户，落实烟花爆竹禁燃限放。三、控车，查获闯禁车辆 5414 起，查处高排放污染车辆违法行为 15414 起，制订《关于宁乡市非道路移动机械编码登记工作实施方案》并有序推进。四、控排，督促企业安装 VOCs 治理设备 112 个，清理整治“散乱污”企业 128 家、混凝土搅拌站 20 家，处置涉气违法行为 49 起，燃气锅炉低氮改造启动 8 家 12 台。五、控煤，开展高污染燃料禁燃区专项整治，收缴散煤炉 476 个、散煤 2560 余千克，拆除（改造）燃煤锅炉 90 台。六、控油，全市加油站全部完成国六升级，完成加油站双层罐改造 52 座，3 座销售量在 5000 吨以上加油站油气回收在线监控系统完成建设。

【开展除臭剿劣】 2019 年，宁乡市开展“三项整治”任务清零行动。城区化粪池清掏整治清零，完成城区所有化粪池和污水管网的清掏、疏浚，清掏化粪池（含园区和城区）4000 余座，疏浚修复公共区域管道 91 处，清淤排污管网 200 千米，解决因管网淤堵造成的冒顶和污水回流现象。城区段入沩江劣 V 类排口整治清零，108 个排口整治到位，实现劣 V 类全部清除。城区黑臭水体整治清零，开展黑臭水体整治、杉木桥等市场垃圾整治、饭店餐厨进入污水管网整治、地下管网乱插乱拉整治、洗车店、洗涤厂整治等 5 个专项行动，9 个乡镇（街道）消除黑臭水体，城区 4 个街道 53 处整治到位。

【土壤固废治理】 2019 年，宁乡市完成重点行业企业用地调查，对 8 家高关注企业严格监管，完成双凫铺仟金坪、灰汤牛角湾石煤矿 2 个疑似地块场地调查，开展土壤治理修复，灰汤大坝塘石煤矿、胜溪电解锰厂 2 个中央专项资金土壤治理项目动工，防治农业污染，推广测土配方 13.063 万公顷、水肥一体化 1333.33 公顷、种植绿肥1.867万公顷、商品有机肥3.333万公顷、病虫害绿色防控4.94万公顷，规范化危废管控，214家涉危废企业转移联单制度执行率100%，919家医疗机构医疗废物交专业公司规范处置，查处涉危险废物违法案件6起，罚款22万元，行政拘留3人，处置遗留危险废物60吨。

【加强执法督察】 2019年，长沙市生态环境局宁乡分局严格落实“三级执法、两级巡查”，开展巡查430余次，发现并解决问题300余个，落实全面从严治党，累计问责党政干部30人，加快突出问题整改，101个2017年中央环保督察、48个2018年省级环保督察及76个2018年中央生态环境保护督察“回头看”信访问题上报销号，82个国务院大督查反馈问题全部办结。

【注重环境宣传】 2019年6月5日，宁乡市围绕“六.五”环境日，开展“美丽宁乡，我是行动者”书画展、“减用塑料袋、宁乡绿起来”主题环保宣传、“环保小卫士”环境志愿者系列活动，发放2000余只帆布环保购物袋，张贴和发放六五宣传折页2000余册，送出《中华人民共和国环境保护法》《中华人民共和国大气污染防治法》《中华人民共和国土壤污染防治法》宣传手册1000余册。通过一系列环保宣传教育活动，增进社会各界对环保工作的了解，宣传了环保法律法规，市民的环保意识进一步增强，公众参与环境保护的热情持续高涨。

【生态文明建设】 2019年12月13日，湖南省全省生态文明建设示范创建推进会在宁乡市召开，宁乡市获“首批省级生态文明建设示范县（市、区）”的称号，并启动2020年国家级生态文明示范市创建工作。2019年，宁乡市开展饮用水水源保护工作，11个千吨万人及千人以上集中式饮用水水源保护区完成划分。全国第二次污染普查工作，宁乡市按国家、省污普办要求完成基础数据录入、档案整理，污染普查工作圆满完成。

【环保机构改革】 2019年12月26日，长沙市生态环境局宁乡分局、宁乡市生态环境保护综合行政执法大队正式挂牌，长沙市生态环境机构监测监察执法垂直管理制度改革正式落地落实。宁乡市环境保护机构1979年筹建，1980年设立宁乡县环境保护办公室，1985年明确为副科级事业单位，1992年更名为宁乡县环境保护局，正科级政府组成单位，2017年，更名为宁乡市环境保护局。新设立的长沙市生态环境局宁乡分局与宁乡市生态环境保护综合行政执法大队实行“局队合一”体制，对宁乡市区域范围内生态环境保护工作实行统一监督管理，在长沙市生态环境局授权范围内承担生态环境保护行政许可具体工作，负责宁乡市辖区内生态环境保护综合行政执法工作。全局总编制32人，其中行政编制13人，机关工勤2人，全额事业编制17人，2019年登记在编71人。 （郑大为）

园区经济

责任编辑・高　丽

宁乡经济技术开发区

【概况】 2019年，宁乡经济技术开发区（以下简称宁乡经开区）持续开展“产业项目建设年”“营商环境优化年”活动，围绕“打造千亿主导产业，争创全国一流园区”的目标，以产业链建设为主线，以项目建设为抓手，以要素保障为支撑，强基础、补短板、求突破，全年实现规模工业总产值727.4亿元、规模工业增加值175.92亿元、固定资产投资262.39亿元、税收24.7亿元，在湖南省133个省级及以上园区年度综合评价排名第5位，全国219个国家级园区综合评价排名第90位，实现新一轮高质量发展的良好开局。

宁乡经开区开展“不忘初心、牢记使命”主题教育，实现党组织和党员全覆盖，赴贵州遵义和长沙县杨开慧故居举办两期基层党组织书记培训班，组织主题教育演讲和征文比赛。开展“机关党组织+企业党组织”互联共建。切实强化“一岗双责”，开展警示教育和以案促改，完成主题教育和巡视巡察专项问题整改47个。全年查处案件3个，聘请第三方开展全面内部审计。提供年度帮扶资金1500万元，对口帮扶湘西州龙山县红岩溪镇1006户4342人实现脱贫；开展千企联千户贫困慰问，助力宁乡市双江口镇檀树湾村脱贫。

宁乡经开区坚持智能家电、新材料为主导，以绿色食品为特色的“两主一特”产业定位，以产业链招商为主线，整合招商平台，创新招商手段，重构招商体系，注重招商品质，全年共签约引进项目37个，引资210亿元，其中产业链项目31个，500强企业投资项目3个，上市企业投资项目3个，50亿元以上项目1个，10亿元以上项目3个。重点引进格力冰箱洗衣机基地、小米生态链企业国声声学、台湾进联电子、金时科技等项目。

宁乡经开区抓住项目建设“牛鼻子”，全年铺排重点产业项目59个，实现投资151亿元，格力冰箱洗衣机、国声声学、金时科技等22个项目开工建设，格力大型中央空调、美盈森、好益多乳业、翰坤实业等22个项目竣工投产，将新增产能100亿元以上。成立产业项目服务领导小组，开展“三比三看”和“百日大会战”竞赛活动，组建7个项目服务小分队，推行项目领衔制、问题交办制、限时办结制、督查考核制、讲评通报制，重点推进格力大型中央空调、楚天智能医疗装备、中伟新能源二期、合纵科技4个省“5个100”项目，重点服务10大税源项目、10大开工项目、10大竣工项目，实现一线服务，分线挂图作战，确保常态调度，全年协调解决重点问题160多个。

宁乡经开区坚持创新引领，以入规、升高、扩面、上市为抓手，提高企业核心竞争力。新增2家省级智能制造示范企业（车间），新增19家市级智能制造试点企业，4家企业获评湖南省绿色工厂。新认定高新技术企业30家，新增授权专利585项，实现技术交易合同成交额3.79亿元，比2018年增长25%。新增38家规模企业，桑铼特获评湖南省技术发明奖二等奖。精心举办食品产业链大会及专家对接活动，重奖科技人才和优秀工匠，兑现奖励2400多万元，引进企业各类科技人才120多名。

【平台提质】 2019年，宁乡经开区坚持高点定位，完善功能配套，园区创业环境、人居环境得到全面改善。按照生产、生活、生态“三生共融”理念，打造蓝月谷智能家电产业小镇，高标准规划“一心三园”，全面完成26万平方米标准化厂房、旺宁新村350套人才公寓建设，完成6.9千米道路标准化提质，新建自来水主管4.8千米、燃气管网5千米、蒸汽管网6千米，新增两条新能源公交线路。高家塘、经城变电站竣工投产，中伟新能源二期万伏专线投入使用。征拆完成拔钉清零24户，释放土地206.7公顷；全年新征地42.1公顷，拆迁530户，腾地133.3公顷。全年新增报批用地188.3公顷，办证33宗、面积162.5公顷。投资1.4亿元新建回用水厂，投资1.2亿元开展雨污分流改造，持续推进蓝天保卫战，全年开展巡查执法2000余次，行政处罚300起。新建沩丰公园、南雅游园、馨宁游园3个社区文化公园，全年覆绿120万平方米，新增绿地6.71公顷，建成绿道步道11.4千米，使园区水更清、天更蓝、地更绿。

【优化服务】 2019年，宁乡经开区开展“营商环境优化年”活动，实施“无跑腿审批”，推进政务服务“一件事一次办”，全年共办结各项审批业务5932件。获评湖南省工业项目承诺制审批改革示范试点单位，推行“承诺+容缺”审批。探索创建“无收费园区”，全年累计为企业节约审批费用3450多万元。组织企业招聘会70多场次，招聘员工2400多人。协调省市人社部门支持养老保险费率下调试点，每年可为企业节约2000多万元。协调长沙市、宁乡市检察院在园区设立两级“检察联络室”，协调长沙市市监局在园区设立“服务产业发展工作站”。

【农科园获批国家农村产业融合发展示范园】 2019年2月2日，国家发改委公布《关于印发首批国家农村产业融合发展示范园名单的通知》（发改农经〔2019〕245号），宁乡国家农村产业融合发展示范园获得最终认定，农科园成为全国100家首批国家农村产业融合发展示范园之一。宁乡农科园是国家农业科技园区，宁乡国家农村产业融合发展示范园依托宁乡国家农业科技园区优势资源创建，示范园核心区面积1666.7公顷，集中分布于宁乡市城郊、菁华铺、双江口等乡镇（街道），以宁乡全市农业种养基地为依托，核心区周边乡镇范围为示范区，示范区面积33333.3公顷，宁乡市及周边长株潭城市群为辐射区。

【李微微调研民营经济】 2019年4月23日，湖南省政协主席李微微带队到宁乡经开区，就省政协年度重点调研协商监督课题“推进民营经济发展政策落实与完善”进行调研。长沙市政协主席文树勋，宁乡市领导周辉、张毅、彭曦明参加调研。李微微一行重点聚焦营造公平竞争环境、完善政策执行方式等问题，先后走访楚天科技、润达智能等企业，并与加加食品、小洋人乳业、中伟新能源、飞翼股份、松井新材等企业负责人座谈。李微微指出，民营企业在稳定经济增长、促进高质量发展、增加就业等方面发挥着不可替代的作用，湖南支持民营企业高质量发展的信心不变、力度不减，进一步推动习近平总书记在民营企业座谈会上的重要讲话精神在湖南落实落地。

【开展大型食品生产企业体检式预警检查】 2019年7月23日，宁乡经开区举行大型食品生产企业体检式预警检查启动仪式暨专家见面会。宁乡经开区首创食品企业专家体检模式，通过政府招投标的形式，组织湖南省食品质量安全技术协会，对20家规模经济以上食品生产企业开展专家体检式检查，出具全面的检查报告，为监管部门提供一手信息和监管依据。

【胡衡华调研食品产业链】 2019年8月29日，胡衡华深入宁乡经开区，调研食品及农产品加工产业链工作。胡衡华强调，食品及农产品加工产业是长沙市传统优势产业，要保持定力、精准发力、持续用力，以抓铁有痕的韧劲，下决心、下气力引进、培育和壮大企业，形成产业链的垂直整合和横向融合，推动食品及农产品加工产业不断迈上新水平。

【南雅蓝月谷学校竣工交付】 2019年8月30日，宁乡经开区南雅蓝月谷学校竣工交付，周辉、张毅、付旭明等市领导和相关部门单位、园区代表企业及南雅蓝月谷学校全体教职工共同见证。南雅蓝月谷学校的建设，既是积极响应长沙市委、市政府“名校进园区”政策的生动实践，也是宁乡园区和名校合作办学的首次尝试。南雅蓝月谷学校由宁乡经开区投资1.6亿元建设，占地5.04公顷，计划开设54个教学班，其中小学36个班，初中18个班，可接纳学生约2520人。

【娃哈哈桶装水生产基地投产】 2019年9月28日，湖南湘娃饮料科技有限公司娃哈哈桶装水生产基地在宁乡经开区正式投产。该项目自2018年9月落户宁乡经开区，从签约到投产，历时200天。项目占地13000余平方米，厂区安装有国内最先进的全自动桶装水生产线，设计产量为每小时2400桶，设计年产能1500万桶规模，投产后预计年产值可达2亿元。

【宁乡经开区第七届运动会】 2019年10月21日，宁乡经开区第七届运动会在南雅蓝月谷学校田径场正式开幕。园区运动会每三年举办一届，本届比赛项目包括篮球、足球、拔河、乒乓球、羽毛球、棋类、趣味体育等9大项30小项，共有109支代表队近3000名运动员。

【周农调研宁乡经开区工会工作】 2019年10月31日，省人大常委会副主任、省总工会主席周农一行到宁乡经开区调研基层工会工作和职工文化活动阵地建设。省总工会党组书记、副主席徐文龙，省总工会副巡视员田良玉，长沙市人大常委会副主任、市总工会主席芮英姿，长沙市总工会党组书记、副主席周宏兆参加调研。周农一行对蓝月谷工人文化宫进行现场调研，详细了解职工文化活动阵地建设等情况。周农充分肯定园区工会工作所取得的成绩。周农强调，要把握工会工作的正确政治方向，坚持围绕中心服务大局，大力弘扬劳模工匠精神，为促进高质量发展作出工会组织应有的贡献。

【助力龙山县红岩溪镇脱贫攻坚】 2019年11月1日，宁乡经开区党工委副书记、管委会主任张毅和区党工委委员、管委会副主任刘辉赴龙山县红岩溪镇调研对口帮扶工作。张毅一行先后到肖家坪村黄金茶产业基地、社会停车场、蓝月谷广场、木龙湾村村级综合服务平台等地实地调研，并召开座谈会。会上，加加食品集团股份有限公司向红岩溪镇捐赠资金4万元。红岩溪镇是宁乡经开区的对口帮扶联系乡镇，根据长沙市对口帮扶龙山县精准脱贫攻坚工作专项行动计划，宁乡经开区选派优秀队员驻乡开展对口帮扶工作，每年安排不少于1000万元对口帮扶资金。

【长沙格力冰箱洗衣机生产基地开工建设】 2019年11月19日，在长沙格力电器冰箱洗衣机生产基地项目开工动员活动上，胡衡华宣布项目开工建设，珠海格力电器股份有限公司董事长、总裁董明珠和长沙市领导胡忠雄、邱继兴等参加活动，格力冰箱洗衣机生产基地项目拟总投资52亿元，项目预计年产值达130亿元，税收贡献达5亿元，建成后预计年产洗衣机

2019年11月19日，长沙格力电器冰箱洗衣机生产基地项目开工

200万台、冰箱250万台。长沙格力冰箱洗衣机生产基地项目还计划投资智能装备、模具、小家电等项目，项目全部达产后，目标实现营销收入500亿元。在同一天，长沙格力电器首台大型中央空调机组宣布下线。

【宁乡市食品及农产品加工制造产业专家指导委员会成立】2019年12月4日，宁乡市食品及农产品加工制造产业专家指导委员会成立，聘请宋君强、孙宝国、印遇龙、刘仲华4位中国工程院院士担任主要指导专家，为宁乡市食品及农产品加工制造产业链建设、发展、升级、创新突破提供智力支持、技术指导和人才支撑。

【长沙市年度项目观摩双会中获第一】2019年12月11—12日，长沙市举行重大产业项目建设流动观摩会，格力电器（长沙）大型中央空调项目代表宁乡市、宁乡经开区接受观摩。胡衡华、胡忠雄率各区县（市）、园区、市直部门和相关国有企业负责人参加。格力电器（长沙）大型中央空调项目2019年11月正式投产，总投资30亿元，主要生产离心机、螺杆机等大型中央空调机组，将新增产值50亿元，新增税收贡献3亿元。2019年度项目观摩结果评价中，宁乡经开区在长沙市5个国家级园区中排名第一，格力电器（长沙）大型中央空调项目在全市14个观摩项目中排名第一。

【湖南欧标化妆品有限公司投产】2019年12月19日，湖南欧标化妆品有限公司在宁乡经开区长沙智能家电产业园正式投产，湖南省药品监督管理局党组成员、副局长覃永忠，周辉、张毅等宁乡市领导参加投产仪式。该项目总投资5亿元，是湖南省最大的化妆品生产企业，项目建成后将实现年产值预估10亿元，年税收贡献预估1亿元。

（黄　亮　羊惊涛）

宁乡高新技术产业园区

【概况】2019年，宁乡高新区完成规模工业总产值656.61亿元，同比增长11.2%，其中高新产值392.82亿，同比增长13.18%；规模工业增加值153.27亿元，比218年增长14.2%，增速排名长沙市省级园区第一；全社会固定资产投资219.9亿元，同比增长16.8%，其中工业投资165.94亿元，同比增长23.6%；完成财政收入33.4亿元，同比增长78.04%；其中税收17.58亿元，同比增长29.65%；税收过亿元企业4家，其中三一重起税收过3亿元，邦普循环税收过2亿元。2019年，宁乡高新区在湖南省高新区创新发展绩效评价中排名湖南省省级高新区第一，获评湖南省储能材料特色产业园、湖南省绿色园区、2019年度湖南省外贸十强园区、湖南省商务工作先进园区、湖南省开发区节约集约用地先进单位、长沙市2019年度创建智慧园区先进单位。

【产业链建设】2019年，宁乡高新区先进储能材料产业链、智能装备产业链项目加速聚集、优势不断凸显、效益持续提升。先进储能材料产业形成湖南省园区之中唯一的从“上游材料→锂电池正极、负极、隔膜、电解液、包装辅助材料→电芯→锂电池组装及应用→废旧电池回收再利用”的完整产业链闭环，全年实现规模工业产值113亿元，比2018年增长10.1%；完成工业税收3.88亿元，同比增长22.7%。邦普循环实现产值约35.93亿元，同比增长35.1%；比亚迪动力电池项目成为宁乡首个投资过百亿项目，电芯环节取得重大突破。智能装备制造产业链完成规模工业总产值348.3亿元，同比增长15.05%；完成工业税收7.62亿元，同比增长15.43%，占园区工业税收总额的55.82%。三一重起完成产值134.5亿元，同比增长24.5%，成为宁乡市首家产值过百亿元企业，实现税收3.8亿元；星邦重工完成产值11.7亿元，增长76.3%。

【招商引资】2019年，宁乡高新区制定出台《宁乡高新区关于促进招商引资高质量发展的实施意见》（简称招商引资高质量发展“二十条”）和《关于促进招商引资高质量发展的实施细则》，全年新引进项目48个，合同引资257.54亿元，提前七个月完成全年招商任务，其中10亿元以上项目4个，比亚迪动力电池项目投资100亿元打造华中新能源汽车动力电池战略基地，镁合金汽车轮毂、多氟多电解液项目、三一塔机等一大批投资体量大、科技含量高的重大项目落地，为园区高质量发展注入了强大新动能。外资外贸取得新突破，全年实现到位外资1.36亿美元，实现对外贸易额5.48亿美元。

【项目建设】2019年，宁乡高新区共调度项目80个（其中购地产业项目29个），实现新开工项目49个、新竣工项目36个、新投产项目28个，完成固定资产投资50.3亿元。开展“奋战60天、开工15个”“三比三看”“三抓两促”和“百日大会战”等竞赛服务活动，推进项目现场观摩、五方责任主体考核等工作，园区项目工程建设取得了进度提速与项目提升的双丰收。三一塔机实现“四个当年”（当年签约、当年开工、当年投产、当年达效）的建设目标。比亚迪动力电池项目用13天完成70万立方米工程量土方平整。大科园后勤服务中心获评“芙蓉奖”和“湖南省结构优良工程”，东北片区配套设施二期获评“湖南省结构优良工程”，邦普2#栋（康鑫建筑）获评“长沙市结构优良工程”。

【行政审批】2019年宁乡高新区主动长沙市下放的行政审批事权限，实施政务服务事项标准化梳理，梳理权力清单199项，公共服务清单10项。对接长沙市“互联网+政务服务平台”，实现“一网通办”，政务服务网上可办率100%。在长沙市率先设立市场准入综合窗口、工程建设项目综合窗口、“一件事一次办”综合窗口，推行“一窗受理、一窗出件”集成服务。梳理最多跑一次清单125项，对接宁乡市首批103件“一件事”，梳理园区一件事一次办事项6项，实现一窗办理。开设企业开办“综合窗”，实现1个工作日内零费用办结，并实现工商登记、发票申领、印章刻制及备案、银行开户等事项一窗办结。落实工业投资建设的房屋建筑项目审批四个阶段并联审批，及“告知承诺制”施工许可证办理，十几项前置资料简化为3张承诺书，项目流程实现最简化，施工许可证20个工作日内办结。实行交地即开工，通过告知承诺+提前介入，服务企业最快速度动工建设。比亚迪、云轮科技、瑞捷、三一塔机、星邦、鹏博6个项目成功实行拿地即开工。

【打造三无园区】 2019年，宁乡高新区打造三无园区“无证明园区”方面，取消宁乡高新区工业项目从立项到施工许可证的所有证明材料，全过程无证明。“无收费园区”方面，工业项目“零收费”，宁乡高新区为吉永盛、康荣等21个工业项目，减免以上8项费用9849万元；实现40个项目施工图审查费用政府购买，为项目节约费用150万元。“无跑腿审批”方面，开设“掌上园区”平台，工业项目主要事项全程网办，企业投资项目全过程不见面审批；建立园区帮代办队伍，配备服务专员3人，服务购地建厂项目27个，发挥“五员合一”优势，为企业提供前期手续、问题协调、水电配套等全过程服务。

【服务发展】 2019年，宁乡高新区大力推进减免税费，梳理各级减税降费政策19条，为企业减税降费2.5亿元；开展以招商合同、应收账款和低效闲置用地为重点的“三清”工作，2019年收回招商合同欠款、租金欠款等各类欠款6920.3万元，盘活“僵尸”企业及低效闲置用地企业16家，涉及土地面积约91.07公顷，厂房面积134578.7平方米，成功清退沃特玛，引进投资4亿元的储能电芯企业华兴新能源；在宁乡高新区企业服务中心成立水电气综合窗口，为企业提供水电气全方位服务，由宁乡高新区购买变压器免费提供给企业作为施工临时变压器；组织122家企业成功申请养老保险费率试点（涉及11809参保人员），每月减少用工成本159万元；组织企业参加各类招聘会96场次，新招聘入职员工4700余人，园区用工缺口控制在正常范围；成立国有控股物流公司——湖南云起物流科技有限公司，针对企业物流用车难、服务难和安全把控难等问题，整合资源设计物流线路，改善园区物流条件；开通园区连接长沙和宁乡的免费通勤巴士线路，日接送员工4500人次，方便园区企业员工上下班出行；望龙小学建成并投入使用，解决困扰宁乡高新区企业员工子女上学问题。

【科技创新】 宁乡高新区实施“5123”计划，即5年内引进1名诺贝尔奖获得者，20名院士，300名博士，2019年成功引进院士4名，博士71名。湖南省储能产业链知识产权公共服务平台正式上线运营，重点从专利布局分析、转移转化、培育保护等方面为储能企业提供专业服务，促成中锂新材与韩国LG化学的高端隔膜专利转移合作，储能产业企业找专利、找人才、找资金、找客户有全新路径。长沙微纳坤宸新材料有限公司获批湖南省工程研究中心，湖南中科星城石墨有限公司获批省企业技术中心。湖南星邦重工有限公司被评为2019年国家工信部专精特新小巨人企业。万鑫精工（湖南）有限公司研发的谐波减速机正式对外销售，成为湖南唯一一家能生产此产品的厂家。

【社会事务】 2019年，宁乡高新区完成征地91.33公顷、房屋拆迁350栋，保障项目顺利推进；协调项目施工环境，处理比亚迪、中一、云轮科技、金林西路、星邦重工二期、望龙小学、邦普五期、梅塞尔、金洲消防站、澳洲路标准厂房等项目施工环境问题；安排专人进行信访接待，强化完善信访工作，提高信访工作效率和质量，及时化解矛盾；加强园区污染防治设施建设，对涉水企业和VOC排放企业针对性的进行重点监管，督促企业对污染防治设施进行提质改造，园区企业环保投入总数在3亿元以上，为园区环保安全奠定扎实基础；对夏铎铺工业园及大湾岭企业园120家企业进行摸底排查，下达整改文书10余份、清退污染严重的家具生产企业5家。

【比亚迪宁乡动力电池生产基地项目开工】 在2019年湖南-粤港澳大湾区投资贸易洽谈周期间，长沙市人民政府与比亚迪股份有限公司系列战略合作协议签约，长沙市和比亚迪携手在先进储能、绿色智能大交通领域开展全方位、全产业链合作，投资百亿元的宁乡比亚迪动力电池生产基地项目落户宁乡高新区。5月28日，比亚迪宁乡动力电池生产基地项目在宁乡高新区正式开工建设，胡衡华宣布项目开工。比亚迪股份有限公司副总裁、电池事业群CEO何龙出席见证，长沙市领导夏建平、邱继兴出席，宁

2019年5月28日，比亚迪宁乡动力电池生产基地项目在宁乡高新区正式开工建设

乡市领导周辉、付旭明、彭韬、郑旗出席见证。比亚迪是全球领先的新能源汽车及动力电池供应商。此次开工建设的宁乡动力电池生产基地是比亚迪在中部地区的重要布局，主要为比亚迪的新能源汽车提供动力电池产品，包括动力电池电芯、模组以及相关配套产业等核心产品的制造。宁乡动力电池生产基地一期，总投资50亿元，占地面积约42.67公顷，达产后年产值约100亿元。2019年是比亚迪落户长沙十周年，长沙已成为比亚迪全球战略布局中集乘用车、客车、卡车及专用车等产品线最齐全的新能源战略基地。随着项目开工，长沙也将成为继深圳总部之外，比亚迪在“三电”（动力电池、驱动电机、整车电控）核心技术最齐全的零部件产业基地。

当日，在宁乡高新区同时开工的还有三一塔机、天威电气、中邦陶粒、盛晨科技项目，主要涉及先进储能材料和先进装备制造产业，所有项目总投资61.2亿元。

【李有平考察宁乡高新区科技创新工作】 10月14日，国家科技部火炬中心副主任李有平一行到宁乡高新区，对宁乡高新区科技创新工作进行现场考察调研。湖南省科技厅党组成员、副厅长鲁先华，宁乡市领导付旭明，科技部火炬中心及湖南省长沙市相关部门负责同志陪同考察。

【三一重起SAC16000S全地面起重机下线】 2019年2月19日，三一SAC16000S全地面起重机在宁乡产业园下线，标志着全球最大吊高、最大吊重的超大吨位起重机正式面世。该超大吨位起重机结构简单、能快速拆装、便于快速转场。其全新定长张紧控制技术，预技效率提升20%；全面故障诊断系统，高精度力矩显示，全方位安全保障；首创恒压恒流辅助转向系统，响应快精度高；具备可智能锁定的多模式油气悬挂系统，智能恒温控制水冷系统。

【星邦重工GT ZZ46J曲臂式高空作业平台下线】 2019年8月，星邦重工GT ZZ46J曲臂式高空作业平台成功下线。该款产品打破世界高度最高（最大工作高度48米）、伸距最长（最大水平延伸25.5米）、载荷最大（455千克）自行曲臂式高空作业平台三项世界纪录，以其人性化的人机交互功能、智能化的自诊断控制系统、先进的智能网联系统，达到国际先进水平。（肖　婧）

金玉工业园

【概况】 2019年，宁乡金玉工业园实现规模工业总产值51.5亿元，比2018年增长19%；完成规模工业增加值11.4亿元，同比增长18%；其中高新技术企业7家，实现产值9.1亿元，同比增长125%，2019年新增高新技术企业2家；新增规模企业7家；全年完成工商税收同比增长40%。要素保障及时有力。2019年园区财务在蓝月谷集团的统一调度下，依托主体园区实现2A平台担保，完成光大信托融资到位4亿元，有效保障园区财务正常运转。2019年批土地143.5公顷，使用120.1公顷。完成历史遗留拆迁户1户倒地。

强化措施保平安。按照全方位、地毯式、全覆盖、不留盲点死角要求，对全区进行集中排查，及时处置矛盾纠纷，定期开展综合性应急演练，提升应急处置能力，实现安全生产零事故。污染防治零信访，打好蓝天碧水战，投入对裸露黄土、园区绿化亮化洁化进行维护管理。精准脱贫成效明显，在满意度测评和各级迎检中获得充分肯定。城管队广泛宣传贯彻垃圾分类政策，对违章建筑、路边摊、建筑垃圾清理等严格执行城市管理规定，确保园区的形象干净有序。

2019年，开展正风肃纪专项督查24次。督促党组摸排和整治利用领导干部职务影响力“提篮子”问题，在金融和涉砂涉矿等领域违规谋取私利行为，开展扫黑除恶专项斗争。加强对班子成员、中层骨干及重要人员进行廉政谈话、提醒谈话，纪检组开展任前廉政谈话3人次、提醒谈话6人次、约谈5人次；开展经常性的作风和上下班纪律督查，共督查11次，进行通报11期，口头批评干部职工5人，通报批评1人。

【项目招商】 2019年金玉工业园外出招商30余批次，捕捉招商信息百余条，其中有效信息80多条。成功签订正式投资合同10个，合同引资19.5亿元，其中湖南建工产业园项目投资10亿元，翰坤实业投资3亿元，亿元以上项目4个。投产后预计年产值30亿元以上，预计实现税收1.2亿元以上。

【项目建设】 2019年，园区纳入市委市政府“产业项目建设年”工作推进调度的项目共15个，其中新开工并年内竣工项目5个，续建并促年内竣工项目7个，促扩产增效项目3个。15个项目有序推进，其中瑞延汽车、瀚坤实业、新泉电气、江南新材、神宇新材等项目进度快而好，瑞延汽车年度内两次接受全市观摩，瀚坤作为快速动工项目被观摩。项目帮扶成效明显，年初，园区对在园企业进行大走访，并制定《金玉工业集中区2019年推进“产业项目建设年”工作方案》，明确由各班子成员带领工作队员联点帮扶，坚持一日一碰头，一周一小结，及时解决问题。2019年共为企业排解问题152余个。组织企业赴张家界、新化县和竹田村举行就业扶贫招聘会，为企业解决用工200余人。6月4日，宁乡经开区金玉工业园全体班子成员、中层骨干等成员，开展园区企业走访调研活动，全面掌握企业运行情况和项目建设情况，比拼各帮扶小组成效，浓厚“三比三看”竞赛活动氛围。9月18日，邀请税务局煤炭坝分局领导在园区开展减税降费政策帮扶税务讲座。

【闲置项目激活】 2019年，园区通过法院拍卖和二次招商置换闲置用地7宗，办理置换手续5宗，累计盘活用地30公顷。剩余低效用地企业8家，未处置闲置用地项目1宗，通过走访调研，制定“一对一”处置方案。对仍在运行但产能不足企业，由园区协助引进战略合作伙伴，通过股权合作或收购资产等方式，提升企业实力和效益以盘活企业。对已经停产半停产或长期不能履行合同约定的企业以及不能直接通过二次招商进行置换的项目，建议园区通过合同清算对其用地和地面附着物进行回购，通过二次招商盘活土地。对资不抵债濒临破产企业，建议进入法律程序，通对其资产进行拍卖后清偿相关债务。

【湖南翰坤实业有限公司落户】 2019年6月24日，湖南翰坤实业有限公司与金玉工业园签订投资合同，正式落户。宁乡经开区党工委副书记黄瑶、宁乡市副市长贺立权见证签约。该公司项目用地5.7公顷，总投资3亿元，将打造集建筑安保防护产品、建筑质量样板、智慧工地软件开发、VR安全教育软件研发、智能智造研发生产于一体的建材生产设备智能智造高科技产业园区。项目预计投产后第一年销售3亿元，税收750万元；之后三年内达到全部产能，预计产值10亿元，实现税收2500万元。

【“创业在家乡，就业在金玉”主题招聘会】 2019年9月17日，一场由宁乡经开区金玉工业园、灰汤镇竹田村共同主办的就业扶贫专场招聘会举行。此次招聘会以“创业在家乡，就业在金玉”为主题，将“就业扶贫”招聘会延伸到村，让贫困群众在家门口找到脱贫致富的路子。共有周长电气设备、长沙兴力电气、湖南沃开新材料等十多家企业参加，提供300多个工作岗位。此次专场招聘活动，不仅仅是为竹田村的贫困户提供就业机会，也为园区缓解用工难问题。考虑到贫困户的文化程度和年龄，扶贫专场招聘的工种主要是焊工、保洁、保安等技术含量低、稳定性强的工作，年龄也相对放宽。 （肖　赞）

2019年9月17日，“创业在家乡，就业在金玉”主题招聘会现场

湖南宁乡国家农业科技园区

【概况】 2019年，湖南宁乡国家农业科技园区（以下简称“园区”）进一步优化职能，将工作重心转移到服务产业发展中来。2月，园区顺利获国家发改委等七部委批准成为全国首批“国家农村产业融合发展示范园”；经国家科技部国家农村技术开发中心现场考核、视频答辩，10月，园区通过国家农业科技园区最终验收，在第七批共82家园区中排名第六。园区致力于推进核心区农产品精深加工产业发展。2019年好益多乳业、娃哈哈桶装水、彭记坊、怡口派等项目先后实现竣工投产，新增好益多乳业、彩云香辛料两家税收过千万元企业。

【国家农业科技园区】 湖南宁乡国家农业科技园区是国家科技部于2015年12月批复建设的国家农业科技园区之一。此次验收是对园区三年来的建设情况进行检验。自创建以来，园区坚持以实现宁乡由传统农业大市向农业强市转变，为湖南乃至中部地区丘陵山区农业产业转型升级打造样板为宗旨，以科技兴园、产业强园为理念，在省市科技部门的精心指导下，形成以农产品精深加工为主导，高效种植、特色养殖、观光休闲旅游为辅助的“1+3”产业布局，先后汇聚湖南粮食集团、好益多乳业、彭记坊等诸多精深加工企业，较好地完成各项创建目标任务，有效地促进了传统农业的转型升级。其中，技术研发投入、园区科技创业等核心指标完成率均超100%以上。

【园区正式获批国家农村产业融合发展示范园】 宁乡市国家农村产业融合发展示范园于2017年获首批国家农村产业融合发展示范园创建单位，是以宁乡农村产业融合发展试点示范县为背景，依托宁乡国家农业科技园区优势资源创建。示范园核心区面积1666.67公顷，集中分布于宁乡市城郊、菁华铺、双江口等乡镇，以宁乡全市农业种养基地为依托，核心区周边乡镇范围为示范区，示范区面积33333.34公顷，宁乡市及周边长株潭城市群为辐射区。以农产品精深加工为轴心带动上游农业，助推下游第三产业，打造完整产业链条。2019年2月，园区正式获批国家农村产业融合发展示范园。

【农业产业化基地建设行动】 鼓励食品龙头企业在本地建立原材料生产基地，支持其与本地合作社建立稳定的产销合同和服务契约，实现原材料本土化及产品的可溯源，根据园区企业原材料实际需求情况，农业产业化基地建设项目参与的企业达13家、农民合作社（公司）增加到15个，所涉及的品类包括蔬菜、粮食、宁乡花猪、茶叶、中药材、奶牛牧草共六种，总面积超过666.67公顷（不含水稻种植）。截至2019年，累计下发农业产业化基地建设扶持资金587.0131万元。通过农业产业化基地建设工作，加大农产品加工企业的投入，扩大生产规模，改善生产条件，改变生产方式，增加企业和农民收入，提升农产品品质，有效推动了宁乡农业的快速发展。 （廖梦馨）

农业 · 农村发展

责任编辑 · 姜小平

农业·农村经济

【概况】2019年，宁乡市农业农村局内设办公室、党建办（纪检审计科）、人事科、财务科、乡村产业发展科、农村社会事业促进科（乡村振兴办）、农村经济经营管理科、科技教育科、农产品质量安全管理科、种植业管理科（农药管理科）、畜牧水产管理科、农业资源保护与利用科、农业机械化管理科、农田建设管理科、行政审批服务科、综合执法协调科等16个科室，下设市农业技术推广中心（正科级）、畜牧水产事务中心（正科级）、农村集体经济发展中心（正科级）、烟叶生产指导管理处（正科级）、扶贫开发事务中心办公室（副科级）、沙河市场管理处（副科级）、动物疫病预防控制中心（副科级）、动物卫生监督所（副科级）、牧工商公司（副科级）、原种场、农业服务公司、种子公司等26个事业单位。全局系统在职人员有830人，退休431人，党员508人，有专业技术人员330人。2019年，市农业农村局成功承接中央“一号文件”贯彻落实情况督查、全省一类县改厕工作推进会、省人民政府重点工作真抓实干综合督查、省脱贫攻坚考核评估、长沙市乡村振兴示范镇村建设、长沙市农村人居环境整治观摩等国家、省、市各类活动。获评“全国农村人居环境整治激励县”和“湖南省人居环境整治成效明显县”；获评“湖南省乡村振兴先进县”；获批“国家农产品质量安全追溯体系创建县”“湖南省农产品标准化示范县”；宁乡农业科技示范园获批“首批国家农村产业融合发展示范园”；宁乡现代农业产业园获批“第二批国家现代农业产业园”；大成桥镇获评“全国乡村治理示范村镇”；夏铎铺镇获评“国家卫生乡镇”等称号。

2019年，宁乡粮食作物播种9.92万公顷，总产66.009万吨，其中水稻9万公顷、总产63.106万吨，其他粮食作物0.85万公顷、总产4.76万吨。建成现代粮食综合服务中心8家。经济作物。种植7.14万公顷，比2017年新增200公顷，其中蔬菜约3.9万公顷、总产量118.2万吨、总产值14.7亿元，茶叶3800公顷、生产加工茶叶7991.6吨、总值2.0080亿元，水果9400公顷、总产量16625吨、总产值10705万元，中药材2400公顷、总产值2.5亿元，其他经济作物1.68万公顷。秋冬农业。种植3.47万公顷，其中油菜1万公顷、绿肥1.87万公顷、蔬菜6066公顷，主要公路沿线基本实现绿化过冬。耕地重金属污染修复治理。省下达种植结构调整任务6540公顷，实际完成6564.6公顷（含休耕重叠区252.2公顷），发放补贴资金3500万元，建设黄材、双凫铺2个万亩片区和11个千亩示范片区；落实休耕632.77万公顷；完成修复治理666公顷。

【农产品加工】2019年，宁乡市农产品加工企业1365家，其中规模企业109家、高新技术企业11家、上市公司1家，其中国家级农业产业化龙头企业2家（加加、流沙河牧业）、省级19家，市级30家；拥有技术专利68项、中国驰名商标19件、湖南省著名商标30件；发展休闲农业经营主体359家，其中国家五星级农庄2家（湘都、金太阳）、省五星级农庄2家、省四星级农庄7家、省三星级农庄3家。土地合作经营。成立专业合作社2732家，其中国家级示范社9家、省级20家、市级159家；注册登记村级土地合作社187家，新增47家。

【品牌建设】2019年，宁乡拥有国家地理标志产品2个（沩山茶叶、宁乡花猪），省农产品十大公用品牌1个（宁乡花猪），市十大农业区域公用品牌3个（宁乡花猪、沩山茶叶、灰汤贡鸭）。参加第二十六届中国中部（湖南）农业博览会，并在机场、高铁、高速等重要位置宣传宁乡花猪、沩山毛尖等农业品牌，实现“湘品进京”“湘品入俄”等区域和国际出口。宁乡花猪登上中国邮政发行的第四轮《乙亥年》生肖猪年邮票。“三品一标”认证企业19家，产品80个，其中有机认证企业2家、产品18个，绿色食品认证企业15家、产品58个，无公害农产品认证企业2家、产品4个。

【脱贫攻坚】2019年，宁乡市共有建档立卡贫困户20307户54307人，已完成脱贫18471户50568人（其中2018年脱贫5884户15311人），所有贫困户均已达到“两不愁、三保障”脱贫标准，贫困发生率由2014年的4.4%降至0.3%。投入产业扶贫资金3400万元，以乡镇为主导，组织实施产业扶贫项目168个，覆盖全市13827户建档立卡贫困户。开发贫困户公益性岗位892个，农村贫困劳动力新增转移就业461人。全面完成25个贫困村26个光伏电站的验收、整改和“回头看”，25个省定贫困村村级光伏电站累计发电282.69万度，实现村集体经济收入278.64万元。928户贫困户获扶贫小额贷款3446.4万元。新开设电商扶贫小店与农村淘宝网店248家，动员市内电商企业网销“黄鹤黄桃”12万斤，俏小楚农业科技有限公司被农业农村部评为“十大丰收节使者”。开展“两不愁三保障”突出问题核查整改，向幼儿园、中小学贫困学生发放补助资金共计1426.5万元，落实全市1578户疑似住房不安全户住房保障问题，落实“先诊疗后付费”“一站式结算”等政策，“一站式”结算共享受待遇3.5万余人次，医疗总费用1.6亿元，通过政府多重保障，实际报销1.5亿元，报销比例达到了90%以上，安全饮水保障已全部落实。共有兜底保障对象9992人，累计发放兜底保障资金3278万元，实施“千企联千户”深度贫困户帮扶体系，821家企业认领了1008户深度贫困户。动员对有建档立卡贫困人口的268个村（社区）派出驻村帮扶工作队，20340名公职人员结对帮扶全覆盖所有贫困户。对口帮扶龙山、新化各1000万元帮扶资金全部到位，干部挂职交流、专业技术人员交流等工作均已落实。3月份评选100名“最美扶贫人”，10月份评选表彰28名脱贫典型，树立攻坚克难的榜样标杆，在全市营造党群同心、合力攻坚的浓厚氛围。

【乡村振兴】 2019年，宁乡市共申报创建省级美丽乡村示范村3个，对1个长沙市级示范镇、28个长沙市级示范村，4个县级示范镇、28个县级示范村开展示范创建，共铺排项目307个，计划建设总投资5.78亿元，竣工完成项目307个，完成投资5.78亿元。市县两级56个示范村创建65个美丽屋场示范片，市委常委、市领导带头联点打造示范屋场16个。农村集体产权制度改革。完成29个乡镇（街道）、278个村（社区）、7735个村民小组清产核资工作工作，276个改革村成员身份确认工作基本完成；当前农村集体经济组织股权量化及集体经济组织登记注册及证书发放工作全面开展，22个村（社区）已完成村级集体经济组织登记注册及证书发放工作。发展壮大新型村级集体经济。全市246个行政村（涉农社区）村级集体经济收入均达到5万元以上，132个村级集体经济“空壳村”“薄弱村”全面完成去薄脱空工作任务。全年村级经济集体收入4027.02万元，比上年增加1099.48万元。小厕所，大民生。2019年新建（改建）农户三格式无害化厕所10.5万座，农村旱厕动态清零，农村如厕条件明显改善。土地确权颁证。全面完成29个乡镇（街道）248个村（社区）7287个村民小组土地确权登记颁证，签订合同30.6946万份，发放权证30.6946万本，发证率100%。农业保险。水稻承保10.32万公顷，其中早中稻5.92万公顷，晚稻4.4万公顷，全年保费4421.8万元。2018年保险报案和理赔1500起、2200余万元。同时开展蔬菜保险、水果保险等业务。新技术推广。推进绿色防控技术示范推广，实现亩农药使用量减少5%以上。建设茶叶病虫绿色防控示范区，核心示范区66公顷，绿色防控1200公顷。深入推进国家现代农业产业园创建，打造9个省级、市级现代农业产业园（特色产业集聚区）。2019年农民人均可支配收入为29305元，比上年增长8.6%。

【新型职业农民】 2019年认定新型职业农民954人。积极争取各级支持

整洁舒适的楠竹山美丽屋场

分层次、分专业全方位组织新型职业农民培训。针对宁乡农业产业发展特点，分水稻、蔬菜、稻渔综合种养、休闲农业、水果等专业举办新型职业农民培训班30期，培训学员3000余人。积极选派优秀农业人才参加省、市领军人才培训。7月组织61名农业企业负责人参加长沙市农业高端人才培训班。11月份选送13名农产品加工、休闲农业高端人才赴安徽、浙江、成都参加长沙市农广校组织的领军人才培训。选送3名农业领军人才赴台湾、日韩参加省农广校组织的境外培训。

【农科园】 2019年，农科园拥有食品企业50余家，36家规模以上食品企业实现工业总产值超100亿元。其中2018年签约落地10个食品产业链优质项目，招商引资合同总金额33.5亿元，好益多乳业、金健米制品、江海科技、英尚食品、桑铼特等5个项目竣工投产。13家加工企业、15个农业产业化种养基地实现农产品原料与加工产销融合对接。

【高标准农田建设】 为不断完善农田基础设施，落实藏粮于地大任，加大高标准农田建设。2019年全市高标准农田建设总投资1.38亿元，资金规模全省第二，项目建设面积5600公顷，其中高效节水灌溉740公顷。项目分布于全市13个乡镇、37个行政村，截至2019年12月底，实施进度45%，建设进度位居长沙地区第一。

【接受中央农办2019年中央一号文件和乡村振兴贯彻落实情况督查】 11月6日-8日，宁乡市代表湖南省两个县之一接受中央农办2019年中央一号文件和乡村振兴贯彻落实情况督查。督察组国家自然资源部党组成员、副部长赵龙一行先后督查沩山乡、黄材镇、双凫铺镇、大成桥镇、菁华铺乡、双江口镇、金洲镇等地乡村振兴推进情况，对宁乡市乡村振兴工作取得的成效给予高度肯定。

（银　晓）

烟叶生产

【概况】 2019年，宁乡市烟叶生产指导服务中心共有在职干部职工12人。内设综合科、生产科、财务科、烟基科4个科室。2019年宁乡市以现代烟草农业建设为统领，以工业需求为导向，以“稳定规模、优化结构、提高质量、增加效益”为目标，着力推进烟叶产业高质量发展。全市烟叶种植乡镇11个，落实烟叶种植面积2120公顷，收购烟叶7.03万担，烟农总收入实现1.13亿元。2019年烟叶收购工作收购秩序平稳、收购进度较快，第一次实现“十一”前全面完成收购工作。2019年宁乡市获湖南省两烟协调领导小组颁发的“2019年度湖南省烟叶工作先进单位”。

【烟叶质量】 2018年11月—2019年

3月，宁乡市遭遇历史罕见的长期连续阴雨天气，严重影响烟田翻耕和烟苗生长。2019年6—7月，又多次遭受持续性强降雨，灾害叠加，市烟叶生产指导服务中心指导烟农抗灾救灾，足额保住烟苗，确保大田正常移栽，落实高端卷烟原料定制化开发面积520公顷，开发高端原料0.5万担，开发效果得到省局和浙江中烟认可。烟叶质量稳步提升，特别是烘烤和分级质量进步较大。

【绿色生产推广】 全面实施烟叶病虫害绿色防控和地膜回收工作，坚决打赢蓝天碧水净土保卫战。全市烟田100%推广蚜茧蜂防治蚜虫技术，累计推广益虫防虫技术2020公顷、生物防虫技术866.7公顷。同时，将绿色防控技术辐射到大农业，在花明楼茶叶基地和资福、巷子口中药材基地等区域推广2333.3公顷，被长沙电视台新闻频道等新闻媒体多次推介报道。深度开展地膜回收，全市设置地膜临时集中点32个，1933.3公顷地膜实现100%回收。

【烟叶产业体系完善】 产业发展基础不断夯实，2018年度烟基项目全面完工，并完成县市两级验收，2019年烟基项目进度完成70%，完成项目675个，投入配套烟夹225套，更换烤房加热设备450座烤房。烟农互助发展持续规范，全市8个烟叶专业合作社在烟农合作社建设、专业化服务和土地流转等方面规范有序运营。职业烟农培育措施得力，2019年新增职业烟农53户。促农增收项目取得明显成效：主业增收方面，在全国烟叶收购价格与2018年基本持平的前提上，全市烟叶收购价格实现稳步增长，其中烤烟上升25.46元/担，晒黄烟上涨13.38元/担；辅业增收方面，利用“两场”（育苗工场、烤房工场）设施开展平菇、瓜果蔬菜种植、黑水虻养殖，组织合作社开展地膜回收、优质高产晚稻种植等增收项目。

【烟叶产业扶贫】 2019年，全市共引导、扶持82户建档立卡贫困户参与烟叶种植，其中38户贫困户种植烤烟，户均增收2.5万元；44户贫困户种植晒黄烟，户均增收8000元；烟叶产业通过请临工的形式另外共吸纳253名贫困人口就业，人均实现增收2700元。帮扶联点村发展产业脱贫，派驻第一书记常驻联点村进行精准扶贫工作，通过帮助建立扶贫产业基地、协调成立惠农综合服务社、改善基础设施等措施，产业扶贫成效明显。（黄　滔）

养殖业

【概况】 根据宁乡市机构改革实施方案，市畜牧兽医水产局承担的渔船检验和监督管理职责划入市交通运输局，其他行政职能划入市农业农村局，改为市畜牧水产事务中心，隶属于市农业农村局所属正科级公益类事业单位。原市畜牧兽医水产局所属事业单位调整为市农业农村局所属事业单位。市畜牧水产事务中心下设综合部、财务部、畜牧事务部、兽医事务部、渔业事务部、生态监测事务部、产业发展部（宁乡花猪种质资源保护站）、党群工作部等内设部室。全系统实有在编人员302人，在岗人员103人，待岗人员199人。

2019年，成功创建宁乡市国家现代农业产业园。宁乡市获评省级农产品质量安全县，养殖环节“瘦肉精”连续12年实现零检出。正式挂牌宁乡花猪产业发展中心，上线宁乡花猪冠名高铁专列，建成宁乡花猪产品溯源系统，与世界500强正大集团合作发展宁乡花猪一二三产业。

【养殖业生产】 2019年，宁乡全市出栏生猪110.04万头，比2018年减少21.01%，存栏生猪28.8万头；出笼家禽3301万羽，同比增加15.4%，存笼家禽1161万羽；出栏牛3.25万头，同比增加1.56%，存栏牛4.9万头；出栏羊6.8万只，同比增加3.03%，存栏羊5.7万只；水产品产量3.1万吨，同比增加3.3%。出栏宁乡花猪30万头，年产值32亿元。

【宁乡花猪百亿产业】 2019年，市畜牧水产中心重点推进实施宁乡花猪良种繁育、扩容增量、加工营销、品牌提升、富民增收五大工程，培育流沙河、楚沩香等知名企业品牌，获评中国驰名商标5个、湖南省著名商标8个，新增国家级产业化龙头企业1家，省级龙头企业1家，新建宁乡花猪专用屠宰线1条，宁乡花猪冷鲜肉分割车间2个，宁乡花猪产品加工生产线7条；与正大集团签订《正大集团50万头生猪产业链项目合作协议》，打造流沙河花猪小镇、湘都花猪游乐园等农旅热点，与“文和友”开展深度合作，举办第二届宁乡花猪美食节，共接待游客20万人次；启动宁乡花猪血缘普查、基因图谱制作、纯化选育等工作；建成出栏宁乡花猪万头规模场2家，改扩建万头规模场3家，完成59家基础较好、规模适中的花猪养殖户提质改造，建设商超专柜、专卖店84家，完成丰裕生物转化中心的建设，年产能在20万吨以上。

【动物疫病防控】 2019年，市畜牧水产中心严密落实应对非洲猪瘟疫情各项防控举措，安排防控培训111场次，培训乡镇兽医、村级防疫员、生猪贩运从业人员5700余人；启动3个宁乡花猪活体转移保护场，分三批遴选近150头宁乡花猪的种母（公）猪进行异地转移；加强运输车辆管理，按照农业农村部要求备案343台，确保问题生猪不上市；启动冷冻精液和卵母细胞的保存，冷冻12000支精液和1400个卵母细胞，确保宁乡花猪生物安全。

【防疫检疫】 2019年，市畜牧水产中心完成生猪口蹄疫疫苗免疫200万头份，禽流感3450万头份，牛羊口蹄疫32万头份，小反刍兽疫18万头份，应免疫动物的免疫率、免疫卡发放率、畜禽标识佩戴率均达到上级要求；完成产地检疫生猪90余万头，禽类4350万羽，开展动物卫生监督执法，查处违法案件24起，涉案金额达100余万元，罚款20万余元；无害化处理非法调运生猪2000余头、生猪产品2000千克；向相对管理人及群众发放动物检疫宣传资料2万余份，约谈动物及其动物产品经营者5

次、100余人，出动病死动物规范处理宣传车辆50台次，开展200人以上培训3次。

【粪污治理】 2019年，市畜牧水产中心做好“禁养区”畜禽规模养殖场养殖退出工作，全部172家应退畜禽养殖场已腾退163户，腾退栏舍面积78633.65平方米，拆除倒地46户，按照上级要求调整全市畜禽禁养区划定，制定出台《宁乡市畜禽禁养区划定和管理办法》；按照“源头减量、过程控污、清洁治理、高效利用”的治理要求，启动全市畜禽粪污资源化利用整市推进项目，第一批共146家建设单位，已有56家通过项目验收，使用资金1060.3万元，实现畜禽规模养殖场粪污处理设施配套率95%以上，畜禽粪污综合利用率85%以上。

【水产渔政】 2019年，市畜牧水产中心全年开展渔政秩序巡查80余次，查处20起非法电力捕鱼案件，罚款4.4万元，收缴背包电鱼机180台（套），12345投诉率下降40%，在全市范围内张贴《关于严厉打击电鱼毒鱼炸鱼等非法捕捞行为的通告》；开展渔业资源水生生物增殖放流活动，放生国家二级保护动物娃娃鱼7条，放流青、草、鲢、鳙鱼种640万尾。

【宁乡花猪冠名高铁列车】 2019年6月4日，“宁乡花猪”号高铁冠名列车首发仪式在长沙高铁南站举行，宁乡市人民政府副调研员胡长、宁乡市现代农业产业园办公室、宁乡花猪养殖企业有关负责人出席首发式。“高铁冠名”是宁乡花猪品牌营销的又一次升级，实现了品牌形象打造、产品信息传播的联动，为推进宁乡花猪打造“双百工程”创造了有利条件。

林　业

【概况】 2019年，宁乡市林业局系统共有干职工131人，其中在职71人（局机关18人、局属二级单位53人），离退休人员60人。局机关内设办公室、党建办、造林绿化科、行政审批服务科（资源林政法规办公室）、野生动植物保护科（自然保护地管理科）、计划财务科、改革发展科、林政执法科共8个科室；下辖森林公安局、金洲湖湿地公园管理处、林业技术推广中心、龙田竹木检查站等4个二级机构；有高、中级职称专业技术人员17人。2019年，宁乡市林地保有量达到129333公顷，森林覆盖率达到48.79%，林木蓄积量达到603万立方米，林业总产值达到85亿元。金洲湖国家湿地公园管理处获评湖南省2019年度湿地公园管理优秀单位，宁乡市森林公安局“4.26”专案组获省级集体三等功，宁乡市林业技术推广中心《亚热带地区映山红种质资源收集及优良变异选择与繁育技术研究》被登记为省级科技成果。

2019年6月4日，“宁乡花猪”号高铁冠名列车首发仪式在长沙高铁南站举行

【造林绿化】 2019年，宁乡市开展“政府送树、群众栽树”造绿活动，结合“路长制”工作为13个乡镇、21个村送栽各类苗木57000多株，结合精准扶贫工作以贫困户为载体，送栽油茶苗近20万株，结合乡村振兴战略示范镇建设和长沙市美丽宜居村庄示范创建工作送栽各类苗木3500株、草籽450千克、草皮35800平方。开展“五场”复绿工作，以“关停的矿场”、“清退的砂场”、“退出的养殖场”和“拆除的空心屋场”、“废弃的工场”为载体，投入资金220万元，送栽香樟、栾树、国外松、杉木、柳树等苗木80多万株，绿化面积533公顷，绿化“五场”300多个。60个矿场完成复绿200公顷，其中3个高标准改造为油茶林基地，1个改造为苗木基地，其他矿场栽植樟树、撒播马尾松种子和草籽。开展营造林建设，完成人工造林1360公顷、封山育林700公顷、森林抚育6713公顷，修复退化防护林687公顷。开展全民义务植树，参与人数达到88万人，义务植树300多万株，建设各类义务植树基地81个，总面积270多公顷。全年共调运苗木150万株，良种育苗2公顷，保证全市造林绿化用苗质量。双江口镇槎梓桥村和五一村创建长沙市美丽宜居示范村庄。金洲镇关山社区、东湖塘镇陶家湾村等13个村庄、社区申报全国森林乡村。

【森林资源保护】 2019年，宁乡市强化天然林、公益林管护，严格落实森林禁伐限伐政策，森林防火加强立体宣传巡护、带班值班值守和分组督导排查，开展市、乡、村三级多方位宣传，全年发放禁火令33万份，出动宣传车4621台次，悬挂宣传标语横幅2100多条，发放宣传资料近20万份，发送手机提醒信息75万条，免费发放祭祀菊花12.49万朵，防火期间共出动车辆设备6340台次，人员18450人次，排除潜在隐患822起。

【湿地城市建设】 2019年，宁乡市完成靳江在内的湿地建设80公顷，开展湿地普查，加强湿地巡护，完成对白玉河小微湿地的规划设计，开展金洲湖国家湿地公园总规调整修编工作。开展金洲湖国家湿地公园遥感监测点位核查，组织“金洲湖杯”湿地主题少儿绘画比赛、世界湿地日等宣传活动和湿地保护宣传志愿服务活动，美丽金洲湖在《湖南日报》和“学习强国”APP上精彩呈现。

【野生动植物资源保护】 2019年，宁乡市加强《野生动物保护法》和全国人大关于革除陋习禁食野生动物的决定的宣传，加大对繁育场、市场及酒楼饭店等经营利用野生动物场所的监管执法。全年苗木产地检疫率达到100%，野生植物检疫率100%，组织林业有害生物和病虫害监测预报及防治，开展松毛虫防治2667公顷、白蚁防治2000多起，重点开展松材线虫病疫木除治、悬挂诱捕器和疫木检疫执法专项行动，完成古树名木普查和挂牌工作，对全市1677棵古树名木进行挂牌保护，救护濒危古树28株。

【林业执法】 2019年，宁乡市以森林公安为主，联合林政执法、森保等执法力量，开展“打击破坏野生动物资源犯罪专项行动”、“扫黑除恶”、“集中清查收缴非法枪爆物品百日行动”等专项行动。全年共出动车辆638车次，警力1276人次，检查野生动物活动区域162处，检查重点市场75处，检查餐饮场所623家，办理各类涉林案件总计58起，采取强制或处罚61人，罚款220万元，共收缴非法经营的野生动物63只，近652千克，收缴猎具和珍稀野生动物制品1344件，涉案金额2800余万元，依法追缴违法所得600万元。开展植物检疫和竹木运输经营执法行动，检查车辆170多台，抽检商户602家，针对故意毁坏古树名木行为进行立案查处。挖山洗砂执法共办理案件11起，办结各类群众举报件42件，罚款120万元。现场扣押挖山采砂洗砂挖机11台、铲车7台、运输车辆18台，关停非法采砂洗砂场所19处。

【林业产业】 2019年，省级油茶产业示范基地落地宁乡，全年新造油茶600多公顷，中央财政香榧培育项目通过国家验收，“高山杜鹃”项目的研究与应用获长沙市科技局项目资金支持。为林企发展提供服务，全年申报国家级林业重点龙头企业2家，省级林下经济扶持企业8家，争取项目资金550万元。

2019年1月31，200多名志愿者来到金洲湖国家湿地公园开展净滩行动

【林业扶贫】 2019年，宁乡市林业局对贫困户制定林业产业扶贫计划，送栽油茶苗，优先贫困户进入护林员队伍。组织林业科技下乡活动120次、科技培训25次，开展送温暖活动4次。

【破获野生动物制品案】 宁乡市森林公安局以2019年4月26日一张快递单号为线索，破获非法收购、出售珍贵濒危野生动物制品案，共抓获犯罪嫌疑人19人，缴获高鼻羚羊角997根，象牙制品3727克，犀牛角制品327.9克，雕鸮、雪豹、野骆驼等其他野生动物制品1200多件，涉案金额高达2600多万元，捣毁一个通过互联网实施非法收购、出售珍贵濒危野生动物制品的大型犯罪交易网，涉及范围之广、价值之高均为湖南省同类案件之最。被央视《新闻联播》、央视国际频道、《人民日报》、新华社等多家媒体报道。

【《亚热带地区映山红种质资源收集及优良变异选择与繁育技术研究》被登记为省级科技成果】 2019年12月，宁乡市林业技术推广中心、宁乡映湘秀园艺场《亚热带地区映山红种质资源收集及优良变异选择与繁育技术研究》通过省林学会专家评审，认定该成果达到国内先进水平，被省科学技术厅登记为省级科技成果。该项研究已持续10年，发现“花中西施”杜鹃花5个优良变异类型。

【国家林草局专家考察组考察金洲湖国家湿地公园范围和功能区调整工作】 2019年10月，国家林草局湿地管理司巡视员程良一行到宁乡考察金洲湖国家湿地公园范围和功能区调整工作，现场考察城郊街道兜子潭、玉潭街道南苑洲、鳝鱼洲等地，召开调整评估会。12月，国家林业和草原局国家级自然公园评审委员会2019年第二批国家级自然公园评审会同意金洲湖国家湿地公园进行范围调整。

（吴晓婵）

水 利

【概况】 2019年3月，根据《宁乡市机构改革实施方案》（宁办〔2019〕5号）和《宁乡市委关于调整部分市直单位党组（党委）设置的通知》（宁发组〔2019〕5号）文件，“宁乡市水务局”更名为“宁乡市水利局”，“中共宁乡市水务局委员会”更名为“中共宁乡市水利局党组”。根据《宁乡市机构改革实施方案》（宁办〔2019〕5号）文件，将市移民开发管理局承担的行政职能划入市水利局，公益服务职能与水旱灾害预防、水土保持、农村供水等方面的公益服务职能整合，改为市水利技术服务中心，为水利局所属正科级公益类事业单位，不在保留市水土保持预防监督局和城乡供水总站。市河长制工作办公室更名为市河长制工作事务中心，为水利局所属副科级公益类事业单位。

2019年，宁乡市水利系统共有干部职工845人，其中在职591人（局机关84人、局属二级单位507），离退休人员254人。局机关内设办公室、防汛抗旱指挥部办公室、财务科、政工人事科（内设计生办）、法规安监科、规划计划科、水务建设科、水务管理科（内设水建办）、行政审批科等9科室。下设田坪水库管理所、洞庭水库管理所、韶山灌区花明楼管理所、河长制工作事务中心、市水利技术服务中心、河道堤防管理站、城市防洪机电排灌水闸管理站、水利水电建设总公司、水利水电勘察设计院、沩溪水电站、滩山铺电站、防汛抗旱服务中心、水利水电工程质量监督站等13家二级机构。2019年宁乡市水利局对标对表中央、省、市、市各级决策部署，以强化水利基础设施支撑为中心，紧紧围绕防汛抗旱、河湖长制、水利建设等中心工作找准主攻方向，强化措施，狠抓落实，全年各项工作推进有力。

【水利建设】2019年，宁乡水利建设以加快补齐水利基础设施短板为目标，系统推进重点水利项目建设和面上农田水利建设，推进实施一大批安全、资源、生态、民生水利项目建设，成效明显，水利基础设施不断完善，为宁乡实施乡村振兴战略进一步夯实水利基础。年度完成沩丰水闸除险加固等重点水利建设项目32个，整修山塘168口，新建骨干山塘9口，加固小型水闸40座，清淤防渗渠道160千米，小型水库处险9座。采煤沉陷区渠道及河坝加固改造加快推进。黄材水库、洞庭水库除险加固工程加速实施。以《沩水流域综合治理三年行动计划实施方案》《宁乡市城市防洪规划》目标任务为纲领，全面强化城市防洪薄弱环节建设，基本完成沩水流域57千米河道堤防建设和河道治理，结束宁乡沩水沿岸长期没有畅通河堤的历史；全面推进城市防洪工程项目建设，建成城市防洪堤45.6千米，城东保护圈、城西保护圈、新民垸保护圈、群英垸保护圈等防洪保安项目先后相继建成，宁乡城市防洪闭合圈初步达成，城乡防洪治涝标准进一步提升，整体防洪减灾能力显著提高。

【防汛抗旱】2019年，市防汛抗旱指挥部全面加强全年防汛抗旱工作调度，强化预警预测预报及调度，督查涉水工程隐患整改，完善预案编制及物资筹备，加强宣传培训和应急演练，突出地质灾害防御、城区内涝排渍防御、水库和骨干山塘运行安全防御三个重点防御领域，做好各项应急工作处置，年度防汛抗旱各项目标顺利实现。全年根据气象、水文监测预警预报，科学组织会商，组织防汛抗旱会商会19次，防汛调度会22次，科学应对17轮强降雨，在多次台风暴雨的袭击和8～11月连续干旱少雨的考验下，做到提前部署、积极预防、全面应对、科学调度；在黄材水库和洞庭水库除险加固闭闸施工的期间内，完善闸坝水库联调机制，有效保障沩水干流应急调水及流域饮水、生产、生态基流，全市防汛抗旱工作取得长足进步。

【河长制】2019年，宁乡市河长湖长制工作全面压实，各项任务深入推进。流域治理不断深入，治水力度持续加强、水质监测体系更趋完善、小微水体建管更加有序、截污排污能力持续提升，市管“两河一湖”（沩江、靳江、团头湖）年度任务狠抓落实，水污染防治、水环境治理、水生态修复等方面取得成效，河湖水域水质状况改善明显。沩水双江口出境断面水质全年连续稳定在Ⅲ类，靳江、团头湖水质稳定在Ⅱ类、Ⅲ类，市管“一湖二河”2019年水质标率为100%，全市重要河流河段交接断面55个水质监测点Ⅱ类、Ⅲ类点位月均合格率88%以上。水生态环境全面提升，河湖清“四乱”专项整治全面清零、小微水体示范片区创建和样板河创建工作统筹推进，完成河湖清“五乱”242处，创建样板河30条，建成市、县级小微水体示范片区创建34处，有效管护小微水体4万多处，完成黑臭水体治理55处，小微水体“无垃圾、无违建、无淤积、无损毁、无污染”“五无”管护目标基本实现。河湖长制年度绩效考核长沙市四区县中排名第一。2019年全市河长湖长制工作经验推广在《湖南日报》湖南卫视等省级主要媒体宣传推广达43次。

【水资源管理】2019年，宁乡市水利局依法开展专项行动打击，全面压实“沩、乌、楚、靳”四江河道日常巡查监管和长效管护，全面强化依法行政，进一步与自然资源、环保、林业、城管等部门加大联合执法力度，进一步与检察院、法院、公安系统加强非法整治，禁绝河道各类非法采砂洗砂行为，整治成效持续巩固。全年共出动执法巡查人员1900多人次，开展执法行动执法104次，立案28起，罚款24.4万余元，查获非法采砂设备77台，协助治沙办、国土局拆除非法砂场7家，下达宁水责停、责改文书80份，移送公安机关7起，行政拘留12人，刑事拘留4人。查处水事违法案件5起，向市扫黑办移送线索3条。河道非法采砂执法打击持续有力，全市各类非法采砂洗砂行为得到有效遏制。

【农村饮水安全】2019年，宁乡市水利局积极推进宁乡农村饮水“城乡供水一体化，区域供水规模化、工程建管专业化”进程，全面加强农村饮用水源水质保护监测、乡村自来水管道延伸“最后一千米”、入户管道改造升级、水厂扩能等工程建设，完成管道铺设137千米，实现新增农村自来水入户人口3.9万余人（考核目标任务3.51万人），完成14.13万人巩固提升任务，超额完成省市重点民生实事工作目标任务。全市建档立卡贫困人口饮水安全有保障，无饮水安全问题，饮用水质合格率稳步提升。全年农村饮水安全各项工作目标任务有效落实，农村饮水安全巩固提升切实加强，全市饮用水安全率达100%，农村地区日供水能力达7.8万吨/天。

【移民工作】 2019年，宁乡市水利局水库移民后扶工作深入推进，全年安排移民项目8批次，资金2571万元，以突出抓好产业培育扶持、农村环境整治、基础设施配套、乡风文明建设四个重点，高标准推进石狮庵村、祖塔村等重点移民村整村推进规划及项目建设，突出示范效应，群众满意度不断提高。（万阳波）

黄材水库灌区管理

【概况】 长沙市黄材水库灌区管理局为副县级公益一类事业单位，局机关设办公室、人事科、财务审计科、工程管理建设科、防汛抗旱办公室、党风廉政室、法规安监科、水资源管理科、工会等9个科室，下设大坝管理所、横双灌区管理所、煤炭坝灌区管理所、沙河灌区管理所、水利经济中心等5个二级法人单位。2019年末，全局系统总人数513人，其中在职干职工355人，离退休182人，遗属伤残人员76人。

【开展提升“理解力、执行力、创新力”活动】 为贯彻习近平新时代中国特色社会主义思想和中共十九大精神，深化巩固“两学一做”教育成果，夯实党建基础，加强党员干部队伍建设，提升党员干部综合素质和能力，推动全局工作跨越发展，用三年（2019—2021）时间，在全局开展提升“理解力、执行力、创新力”活动。2019年为活动启动年，主要任务是着力提升干部队伍能力和素质。

【黄材水库大坝除险加固项目启动】 黄材水库大坝除险加固项目纳入了国家发展改革委、水利部水生态治理、中小河流治理等其他水利工程专项2019年第一批中央预算内投资计划，项目总投资7180万元，其中中央预算内投资4308万元，地方预算内投资2872万元。除险加固主要内容为主坝砼防渗墙、坝基帷幕灌浆与坝脚截水墙；副坝帷幕灌浆；溢洪道泄槽加固；输水洞检修闸拆除重建和输水洞钢衬加固以及输水洞检修闸下游的高压弧门更新、重建坝顶防浪墙、坝顶硬化等。项目于2019年9月启动实施，项目工期8个月。

风景优美的黄材水库

【续建配套与现代化改造】 2019年，黄材水库灌区管理局落实“节水优先、空间均衡、系统治理、两手发力”的新时代水利工作方针和水资源、水生态、水环境、水灾害统筹治理的治水新思路，提升水安全保障能力，加快构建水安全保障体系，根据水利部《加快推进新时代水利现代化的指导意见》，由武汉大学水利水电学院编制《黄材灌区续建配套与现代化改造规划》，规划投资规模为20-25亿，送审稿已报水利厅审批。

【八家湾水库运行蓄水】 八家湾水库于2015年10月动工，2019年6月完工。水库正常蓄水位92米，总库容649万方，是一座以应急供水、生态补水、城市景观和旅游等综合利用效益的小（Ⅰ）型水库，水库于2019年6月完成完工验收，移交黄水局试运行管理，黄水局设立了八家湾水库管理站，交由煤炭坝灌区管理所管理。水库于2019年6月正式蓄水，当年对宁乡城区生态补水1100万方。

【采煤沉陷区渠道及河坝加固改造项目启动实施】 主要是解决喻家坳、煤炭坝、大成桥和回龙铺四个乡镇渠道、河坝因采煤导致区域地质变化、渠段沉降等问题，确保农田灌溉和生产生活用水需要，概算总投资3972万元。项目于2019年8月动工，工期8个月。

农村集体经济发展

【概况】 宁乡市农村集体经济发展中心（以下简称市农村集体经济发展中心），前身是宁乡市农业机械管理局，2019年机构改革整体转制为宁乡市农村集体经济发展中心，为宁乡市农业农村局所属公益一类事业单位，正科级。在原有贯彻执行国家和省市有关农业机械化的方针、政策法律法规和全市农业机械化发展规划制定和实施，农机监督管理，农机安全监理，农机驾驶员培训，农机技术推广和农机购置补贴的职能上，新增村级经济发展、农村体制改革、农村合作经济组织、农业产业化和农业社会化服务体系以及新型农业经营主体建设与发展等职能。单位共有干部职工103人，下设二级机构四个：农机技术推广站，农机化技术推广服务站，农业机械化服务中心，农机安全监理站。2019年，市农村集体经济发展中心深入学习贯彻中共十九大精神，坚持党建引领，努力践行乡村振兴战略，督查和指导村级集体经济“去薄脱空”，加速发展农村集体经济，做好农机化新技术新机具推广、农机安全监督管理、教育培训、落实国家购机补贴政策，完成全年工作任务。

【农村集体经济发展】 2019 年，市农村集体经济发展中心充分整合各方面的资源，多措并举增强村级“造血”功能，通过“定思路、广开源、重项目、促长效”等措施，有效推动全市村级集体经济发展。指导全市所有村成立由村支两委领办的土地合作社 218 个、专业合作社 147 个、农业企业 32 个，探索出以喻家坳乡湖溪塘村为代表的“产业和乡村服务型”、大成桥镇鹊山村为代表的“土地合作型”、菁华铺乡陈家桥村为代表的“资源开发型”、夏铎铺镇天马新村为代表的“乡村旅游型”、金洲镇同兴村为代表的“物业经营型”5 种经济发展模式，重点推介大成桥镇鹊山村等 10 个发展村级集体经济典型示范村，充分发挥示范带动作用。截至 12 月，全市 246 个行政村（涉农社区）村级集体经济经营性收入均 5 万元以上，村级集体经济收入入账 3620.71 万元，132 个村级集体经济“空壳村”“薄弱村”全面完成“去薄脱空”工作任务。

【农机化作业水平】 2019 年，市农村集体经济发展中心农机装备总量持续增长。以广泛宣传、举办培训班、举办现场演示会为手段，依托国家农机购置补贴政策，推广优质、高效、环保新型农机具。截至 12 月，全市农机总动力达 181.3 万千瓦，水稻生产耕种收综合机械化水平达 79.8%，拥有各类农业机械 37.74 万台（套），全年新增大型轮式拖拉机 194 台、小型盘式拖拉机 102 台、联合收割机 140 台、高速插秧机 3 台、水稻侧深施肥机 59 台、履带式旋耕机 241 台、油菜直播机 38 台、粮食烘干机 8 套、农用植保飞机 24 架、碾米成套设备 41 套、秸秆粉碎还田机 52 台、粪污固液分离机 1 台、热风炉 6 台。农机社会化服务能力不断增强。以农机户为基础，农机服务组织为主体，农机中介服务为纽带，推进农机社会化服务新模式。2019 年扶扶植指导建设湖南省“百千万工程”现代农机合作社 4 家及现代农机示范合作社 4 家。农机化新技术推广取得重大进展。围绕创建“全国主要农作物生产全程机械化示范县”的目标，以现场演示会、示范应用项目建设等带动农机化新技术新机具推广，重点推广高速插秧机、油菜一体机、秸秆打捆机、无人植保飞机、烘干机等先进农业机械，集中打造菁华铺镇陈家桥村、回龙铺镇丰收湾村、资福镇清泉河村 3 个千亩油菜生产全程机械化示范区，巩固发展 8 个工厂化育秧示范基地。

【农机购置补贴】 2019 年，市农村集体经济发展中心严格依规依程序落实农机购置补贴政策，加强对补贴产品产销企业的监管，加大对重点机具的核查力度，加快补贴资金到位进度。截至 12 月，共办理农机补贴申请 697 份，补贴机具 706 台（套），受益农户或农业经济组织 446 户，补贴金额 928.548 万元（含报废更新补贴 51.9 万元），拉动农机销售额 2920.919 万元。

【农机安全生产】 2019 年，市农村集体经济发展中心加大安全生产宣传力度，开展安全生产大检查、大整治活动，利用节庆期间组织宣传车下乡进行农机安全宣传；加强安全生产源头治理，严格考试关和注册登记关，共受理各类农业机械入户登记 406 台套，新增农机驾驶人 305 人；做好农业机械年度检验工作，坚持“送检下乡”，共检验牌证管理的农业机械 2769 台（套）；坚持送教下乡，狠抓培训质量，全年共举办培训班 6 期，共培训农机手 220 人，全年未发生较大及以上农机安全生产事故。

【党建工作】 2019 年，市农村集体经济发展中心全面加强党建工作，为实现乡村振兴提供组织保障。落实从严治党主体责任，严格执行党内政治生活准则和党内各项规定。定期召开专题会议，研究党建工作，制定工作计划，细化责任清单、问题清单及工作实施方案、整改措施。推进党务公开，坚持“三重一大”集体决策制度，重要情况及时报告。加强思想教育，严格组织生活。扎实推进“两学一做”学习教育常态化制度化，认真抓好“不忘初心、牢记使命”主题教育活动，组织学习十九大报告和习近平新时代中国特色社会主义思想。注重基层党组织建设，配齐支委班子，选定党务建设指导员，稳步推进支部“五化”工作，单位 35 名在职党员全部进社区报到，助力社区基层党建。强化阵地建设，牢牢把握意识形态的领导权和主导权。召开专题党委会，组织学习贯彻落实中央和省委、市委关于意识形态工作决策部署及指示精神，把意识形态工作纳入机关综合目标考评，实现“六个纳入”。实行“一把手”负总责，班子成员各负其责的工作机制。坚持正确舆论导向。牢牢掌控网络意识形态主导权，在网络报刊无负面新闻。履行党风廉政建设和反腐败工作主体责任，狠抓队伍作风建设。组织学习《党章》、《条例》、《准则》等党纪条规，完善党风廉政建设和反腐败工作责任分解，健全权力清单和风险防控机制，持续开展纠“四风”治陋习、“雁过拔毛”式腐败问题、“小官大贪”专项整治工作，严格落实中央“八项规定”精神、省市各级关于作风建设的有关规定，做到经常抓、抓经常，没有发生一起违纪违法行为。

【第五届亚太农机检测网培训班技术专家到宁乡参观调研】 2019 年 9 月 8 日，第五届亚太农机检测网培训班的技术专家及相关工作人员，共 50 余人到宁乡市参观调研。第五届亚太农机检测网培训班由国家农业农村部农业机械鉴定总站（CAMTC）、联合国可持续农机化发展中心（CSAM）联合主办，湖南省农业机械鉴定站、湖南省农业机械化技术推广站承办，共有来自亚太地区的 17 个国家 36 名外国技术专家参加。他们先后到长沙桑铼特农机设备有限公司、宁乡圆湖农机服务专业合作社参观调研。在随后召开的座谈会上，市农村集体经济发展中心负责人对宁乡市农机化情况作了汇报。近年来，宁乡市大力推广先进适用农机具和农机化技术。到2018年底，宁乡市拥有各种农业机械37.74万台（套），其中大型农业机械1.42万台套；宁乡市以建设规模适中、效益显著、管理规范、示范凸显为目标，推进农机社会化服务新模式，农机社会化服务组织得到蓬勃发展。2019年，宁乡市有农机大户500多户，农机专业合作社228家，93家农机合作社成功入选“千社工程”现代农机合作社建设项目。像圆湖农机服务专业合作社，固定资产总投资千万余元，自有流转土地105.4公顷，全部种植优质稻，并以箭楼村为中心，辐射周边近1333.33公顷，常年提供粮食烘干、储藏、机耕、机插、植保飞防、机收等服务。2018年实现产值近300万元。同时，宁乡市高度重视发展农机装备制造业。积极扶持以桑铼特农业机械设备有限公司为代表的农机生产企业，该公司与湖南农业大学等高校签订战略合作协议，研发生产盘式拖拉机、农用渣液吸运机、履带式拖拉机、旋耕机等市场前景好、技术含量高的主导产品，年产量5000台，年产值达1.5亿元，其商标“桑铼特”被认定为湖南省著名商标，其产品被授予湖南省名牌称号。（李龙贵）

2019年9月8日，出席第五届亚太农机检测网培训班的技术专家及相关工作人员到宁乡市参观调研

气　象

【概况】2019年，宁乡市气象局有干部职工16人，其中国家编制6人，政府雇员3人（长沙市气象局下派），聘用人员7人，离休人员1人，退休人员6人。局设办公室、法规科、气象台三个科室，有宁乡市防雷中心、宁乡市华云气象科技服务部两个对外服务单位。2019年全局以习近平新时代中国特色社会主义思想为指导，认真学习贯彻十九大及系列全会精神，全面落实上级部门党组和宁乡市委、市政府重要工作部署，开拓气象服务领域、丰富气象服务产品、完善气象服务体系，推进宁乡气象现代化建设，提高气象服务保障和气象防灾减灾能力。2019年获评长沙市气象部门综合考评优秀单位、宁乡市蓝天保卫战工作先进单位。

【气候综述】2019年度：宁乡市年平均气温18.1℃，较历年平均偏高1.0℃；年极端最高气温39.1℃，较历年最高偏低2.1℃；年极端最低气温-1.5℃，较历年最低偏高9.3℃；年总降水量1329.0毫米，较历年偏少121.7毫米；年日照总数1401.5小时，较历年偏少281.1小时；暴雨日数3天，较历年偏少1天；无霜期日数342天，较历年偏长74天。

纵观全年：气温显著偏高，秋季平均气温20.0℃，为有气象记录以来的历史最高值，其中9月平均气温26.4℃，9月极端最高气温38.9℃、10月极端最高气温37.1℃均为有气象记录以来历史最高值。7月24～8月1日连续9天日最高气温≥35℃，达“轻度高温热害”，8月3～22日连续20天日最高气温≥35℃，达“重度高温热害”。降水正常略偏少，但分布不均，1～7月降水量1089.0毫米，占全年总降水量的81.9%，8～11月降水量仅有176.2毫米，较历年同期显著偏少169.3毫米，特别是8～10月上旬，全市有效性降水少，气温偏高，日照充足，干旱发展迅速，达到重旱标准，出现夏秋连旱。日照偏少，特别是冬季异常偏少，2018年12月～2019年2月，日照时数仅65.4小时，较历年同期偏少260.3小时，为历史最低值；2018年12月～2019年2月，降水日数达61天，较历年同期偏多21.5天，为历史同期最高值；1月1～16日连续16天、2月7～23日连续17天持续出现降水，无日照，均达“重度连阴雨”标准。阴雨连绵重度冬酣为历史最阴沉冬季。

2019年主要天气气候事件有重度冬酣、连阴雨、雷暴大风、冰雹、五月低温、暴雨、高温热害、干旱、寒潮、冰冻、霜冻、大雾等。冬季出现历史罕见的阴雨寡照天气，日照、降水日数突破历史极值。年内降水时间分布不均，出现夏秋冬连旱，全市均达重度干旱，给农业生产和人民生活带来诸多不利影响。

【气象保障】2019年，宁乡市气象局将全市47套区域自动站升级为4G通讯信号，对国家气象站进行全面改造，并配套安装新型备份站，按照政府要求完成关山景区和大成桥沩江河堤区域自动站迁站工作，为确保区域自动站正常稳定运行，站点维护实行专人专管，全年累积维护维修达200余次，数据资料传输及时率和可用率全市排名第一。完成山洪地质灾害项目“六个一”的标准化建设。

【气象服务】 2019年，宁乡市气象局加强组织领导，强化意识，坚持以精细化优质服务为宗旨，提高气象预报预警服务意识。根据社会需求和政府要求，重新编制《气象灾害应急预案》和《决策气象服务周年方案》，重点围绕防汛抗旱、重大节假日和春运、“三考”、森林火险、农业气象服务、环境气象服务、蓝天保卫战等重大活动和重要领域开展决策服务。全年向市委、市政府及相关部门提供各类服务材料101期，共发布预警信息15次，其他服务短信78次，启动预警信息全网发布1次；针对暴雪、暴雨、大风等灾害性天气过程坐阵市防指联合会商、实时指挥调度20余次，充分发挥气象作为全市防汛应急联动的“消息树”和“信号枪”的作用，得到市委市政府主要领导的高度肯定。2019年，深入开展气象为农服务，成立农业气象专家联盟，领导带队走访农业大户，进行需求服务调研。强化与烟草、农业农村、保险、现代农业示范区等部门协作联动，共建共享信息资源，开展农业保险气象保障“直通式”服务。

【人工影响天气】 2019年8—11月，宁乡市降水量仅有176.2毫米，较历年同期显著偏少169.3毫米，气温偏高，日照充足，干旱发展迅速，达到重旱标准，森林火险等级高，空气质量明显下降。2019年10月开始全市实施人影作业，共作业批次8次，发射炮弹60发，有效缓解旱情、改善空气质量、助力蓝天保卫战。2019年获评“宁乡市蓝天保卫战工作先进单位”。

【安全生产】 2019年，宁乡市气象局通过完善防雷安全生产监管信息化建设，将全市175家危爆危化企业建立防雷安全档案，录入全国防雷监管平台实现企业信息化系统管理；制定下发《宁乡市气象局关于加强宁乡市防雷检测机构管理的通知》文件，对13家具有甲级资质防雷检测机构的资质及检测人员信息等进行登记归档，建立驻宁防雷装置检测中介机构从业报告制度。统一规范各种制度流程和检查模板、表格，明确检查的形式、内容、程序、方法和要求，全市防雷安全生产检测工作管理能力得到有力提升。4月召开全市烟花爆竹行业防雷安全专题会议，下发《宁乡市安全生产委员会办公室关于做好防雷安全生产的通知》（宁安办发〔2019〕4号）文件，不断压实企业防雷安全主体责任和乡镇（街道）防雷安全属地监管责任。同时，加强企业及乡镇（街道）应急管理部门业务培训、指导、联合检查执法。全年对92家烟花鞭炮厂、加油站等危爆、危化企业进行防雷安全检查；并督促54家防雷安全措施不完善的烟花鞭炮厂、加油站等企业进行整改。

【党建工作】 2019年，宁乡市气象局以“不忘初心、牢记使命”主题教育为抓手，认真学习贯彻十九大精神、习近平总书记系列讲话精神等，进一步强化组织领导，充分发挥基层党组织的战斗堡垒作用，为宁乡市气象事业的发展提供政治思想和组织保证。强化主责担当，压实党建工作责任。认真履行党组书记抓基层党建“第一责任人”职责，党组会议专题研究党建工作，牵头制定领导班子全面从严治党工作要点及责任清单，层层传导压实党建工作责任。突出重点工作，夯实党建基础。扎实开展“不忘初心、牢记使命”主题教育，开展集中学习研讨8次，结合调研成果讲党课，针对检视存在的问题，制定切实可行的整改措施。严格落实“三会一课”制度，创新形式开展主题党日活动，开展杨开慧故里、秋收起义、胡耀邦革命教育基地现场教学，党员进社区大扫除、精准扶贫、党风廉政知识竞赛等学习和活动，进一步筑牢党员干部的思想道德防线，推动各项工作的开展。严明政治纪律，深入推进作风建设。始终将政治纪律和政治规矩摆在首位，开展作风建设年活动。抓严抓实八项规定精神落实，进一步筑牢党员干部的思想道德防线，加强宣传教育，营造出浓厚的廉洁氛围。2019年获评宁乡市落实党风廉政建设责任制工作先进单位。两位党员分获上级部门评定的优秀党务工作者和优党共产党员。 （刘群飞）

水　文

【概况】 宁乡市水文水资源局于2006年挂牌成立，2011年实行市水文局和宁乡县政府双重管理。2017年宁乡县改市，更名为宁乡市水文水资源局。主要监测全市范围内降水、河流水库水位、流量、水质和土壤墒情等水文要素，对所辖所有水文站点运行维护和养护、汛前准备、汛中测验、汛后资料整理汇编。2019年有在职职工6人，聘用制职工3人，聘请委托观测员16人，管辖2个基本水文站、27个中小河流站，3个防汛专用站、32个山洪预警站、3个水质监测点、3个地下水监测站、2个土壤墒情监测站。

【宁乡站水文基本信息】 宁乡水位站设立于1951年，1954年下迁40米改为水文站，1956年上游1200米处的沩丰水闸工程建成，基本水尺断面上迁至沩丰坝上50米处改为水位站，1979年撤站，1997年恢复观测水位。2000年4月下迁至沩丰水闸下游1千米，改为宁乡（二）站，控制集水面积2089平方千米，测验项目有水位、流量、降雨、蒸发。由于宁乡（二）站下游金洲水闸的建设，宁乡（二）站于2014年1月迁移至金洲闸下游670米的位置并开始测验工作，同时更名为宁乡（三）站。该处距河口27千米，控制集水面积2205平方千米。

宁乡站历史最大实测洪水流量为5690立方米/秒（2017年7月1日），水位44.45米（宁乡（三）站）；历史第二大洪水推求流量为5160立方米/秒（1969年）；1998年推求洪峰流量3525立方米/秒。

宁乡（三）站2019年6月22日实测最大流量989立方米/秒，相应水位39.64米，最高水位39.77米。9月28日实测最小流量0.629立方米/秒，相应水位36.34米，最低水位36.31米。年径流量$15.43\times10^{8}m^{3}$。全年降雨天数162天，最大日降雨量79.0毫米（5月12日），年降雨量1570.0毫米。

工　业

责任编辑·高　丽

工业和信息化

【概况】 2019年3月11日，宁乡市委办、市政府办下发《宁乡市机构改革实施方案》（宁办〔2019〕5号），宁乡市经济和信息化局更名为宁乡市工业和信息化局，将相关部门的某项工作协调职责划入市工业和信息化局。宁乡市工业和信息化局（以下简称市工信局）为市政府组成部门，内设局办公室、组织人事科、运行监测协调科、产业发展科、中小企业科、节能与信息化科、资产管理办、财务科、改制维稳办等9个科室，下设三个直属企业留守处。机关共有干部职工44人。2019年，市工信局坚持制造业立市，推动高质量发展；坚持高效办实事，服务民生民本；坚持担当解难题，确保大局稳定，各项工作有序推进。

【工业经济运行】 2019年，宁乡市完成规模工业总产值1637.57亿元，比2018年增长12.3%；完成规模工业增加值388.99亿元，同比增长11.7%，长沙市排名第一；完成规模工业税收30.92亿元，同比增长17.39%。

【制造业立市】 2019年，宁乡市制定出台《宁乡市坚持制造业立市推动高质量发展实施方案》（宁发〔2019〕17号）、《宁乡市促进先进制造业降本增效若干措施（试行）的通知》（宁政办发〔2019〕14号）系列政策文件，聚焦食品及农产品加工、储能材料、智能家电、装备制造、新材料、孕婴童及时尚鞋服六大产业，对标长沙推动制造业高质量发展的“七大工程”结合宁乡实际落实。

【政策兑现】 2019年，宁乡市兑现各项奖补资金1.2亿元；开展4批次装备补贴项目申报，共给予379家次企业装备补贴7285万元，带动技改投入8亿元以上；开展标准厂房租赁补贴、设备抵押贷款等工作。

【“入规”“扩面”】 2019年，宁乡市完成入规工业企业74家，净增30家；新增44家市级智能制造试点企业，3家省级智能制造示范企业、车间。全市共有智能制造试点示范企业及项目119个，位居全省前列。新增国家级“小巨人”企业1家，省级7家，市级29家。获评国家级绿色工厂2家，国家级单项制造冠军2家，省级绿色工厂5家。

【产业链建设】 2019年，宁乡市出台《关于调整优化宁乡市工业新兴及优势产业链工作机制的通知》《宁乡市产业链工作考评办法》，完善和编制六大产业链“两图、两库、两池、两报告”。组建产业链专家委员会，分产业链举办宁乡英才大会。开展各类产业联盟活动20余次，引导企业参展参加各类特色活动。

【“僵尸企业”清理】 2019年，宁乡市出台《工业“僵尸企业”清理整改工作方案》，摸排工业僵尸企业27家，依法分类处置、清理盘活16家。

【电力改造】 2019年，宁乡市完成3个110千伏新建变电站、2个220千伏、2个110千伏、3个35千伏扩建变电站建设，另有1个220千伏变电站、2个110千伏变电站启动建设；共完成主网投资4亿元，农配网投资5亿元，电力供应能力提升60%。

【通讯业建设】 2019年，宁乡市完成宁朱公路沿线12千米弱电并杆及部分缆线入地工作，新建32个4G通信基站，另完成线路问题整改63件。

【改制维稳】 2019年，市工信局办理局系统改制企业剩余人员中36人身份置换手续；为12家改制企业失业人员解决2014年至2015年期间的城镇职工医疗保险待遇；完成491名特殊工种提前退休人员垫交养老保险的退费工作；解决广告公司职工及社会人员的欠发工资、集资款、借款问题；化解日用化工厂招收的100名农民合同工身份问题及诸多职工重要个案；完成原县红砖厂104户公房住户，出口胶鞋厂39户职工住房，电力服装公司、胶鞋厂和日用化工厂19名承租业主的搬迁腾退工作；办理68名退役人员的岗位援助手续，解决242名义务兵在参加工作后养老保险由财政负担单位部份的断档补缴问题；完成59名志愿兵、伤残军人、参战立功人员和烈士亲属垫交养老保险的退费工作。 （许　岗）

电力工业

【概况】 国网宁乡市供电公司是湖南省电力有限公司下属的县级供电企业。公司承担着宁乡市2906平方千米区域面积29个乡镇（街道）以及益阳安化县2个乡镇共50多万电力客户的供用电管理任务。截止2019年年底，宁乡电网有35千伏及以上变电站35座，其中220千伏变电站4座；110千伏变电站17座，35千伏变电站15座，形成以4座220千伏变电站为核心、17座110千伏变电站为依托、15座35千伏变电站为骨架的网架结构。公司辖区内有110千伏架空线路25条，长度为361.27千米；35千伏架空线路22条，长度为312.145千米；共有公用配电变压器6707台，总容量1570兆伏安。2019年，完成供电量35.9亿千瓦时，较上年同期增长14.66%，完成售电量33.74亿千瓦时，较上年同期增长15.75%，超额完成年度计划。

2019年，宁乡公司人员编制225人，在编人员172人（其中党员70人），公司设9个部室、13个班组，下辖10个乡镇供电所，农电职工675人。公司坚决贯彻落实上级各项决策部署，坚持强基固本、创新进取的工作主基调，扎实推进各项工作，在全体干职工的共同努力下，公司整体工作呈现稳中向好的态势。公司党委全年持续推进“位低权实”专项治理工作，签订403名“位低权实”岗位人员廉洁承诺书。充分运用“四种形态”积极引导公司职工规范服务行为。组织领导班子深入基层一线班组、供电所开展共16场次、7个主题的“廉洁巡讲”。落实党建带团建要求，调动青年员工积极性，成立行一创新工作室，开展“专业现场交流会”“方言学习班”等特色活动，助力青年员工成长成才。

【电力建设】 2019年，国网宁乡市供电公司在项目投产方面，新、扩建35-220千伏输变电工程项目6个，高坝窑110千伏输变电工程、宁乡110千伏变电站#3号主变扩建工程、堆资110千伏变电站#2号主变扩建工程、110千伏经城变、高家塘变新建工程为沩东新城、宁乡中心城区、西部地区、宁乡经开区提供更优质的电力保障。220千伏金洲变电站、110千伏麻山变电站、110千伏沩丰坝变电站新建工程启动建设，预计2020年完成投产送电，大屯营110千伏输变电工程、唐市110千伏输变电工程完成选址选线，预计2020年启动。农网项目方面完成20个农配网项目批次，新建、改造10千伏线路154.303千米，新建改造配变452台，配变容量6.983万千伏安，新建、改造低压线路411.298千米。宁乡市供电公司积极与宁乡市电力指挥部沟通，主动调度，紧盯项目过程效率，严格把控验收质量关，确保各项“630攻坚”（湖南电力在2018年至2020年之间，每年的6月30日前建成一批、开工一批、储备一批电网建设项目）建设任务及电网建设前期项目按时按质完成。政企协调配合机制持续发挥作用。宁乡市供电公司在宁乡市委、市政府支持下，继续以“政府主导、政企联动、责任共担、合作共赢”的电网建设机制为基础，电网建设工作协调领导小组带领下实体化运作。市委、市政府多次组织召开电力专题调度会，各部门全力加快手续的办理，有效的推动电网项目的实施。宁乡市域电力专项规划顺利开展。宁乡市电力设施建设和保护工作领导小组的组织领导作用，强化统筹调度，形成“一月一调度、一月一督查、一周一专题”的常态化工作机制。推动各园区、乡镇成立电力建设领导小组，落实属地协调的职能，推动“开工一批”、“投产一批”项目的实施。

【电力安全工作】 2019年，国网宁乡市供电公司宁乡市供电公司以“突出重点、严抓秩序、促进提升”为原则开展内部自查，有效提升公司职工安全意识。针对网改外来施工人员、营销服务类低压工作负责人开展安规及任职资格考试，从管理源头把控生产人员作业安全关。截止2019年12月31日，公司实现连续安全生产7180天。坚持“党政同责、一岗双责、齐抓共管、失职追责”要求，总经理对安全工作负总责，每月通过月度例会组织对安全工作进行评价分析，每周通过周例会对安全生产工作进行安排布置，确保各阶段安全生产工作有序在控；公司与各部室、班所签订安全生产责任状，明确安全工作目标，建立安全生产目标与绩效挂钩机制，确保安全责任上肩；各班所与员工签订安全责任书和无违章承诺书，确保安全责任层层下沉。全面开展输、配电线路砍青扫障工作，2019年通过“通道治理百日行动”的基础，继续推进高、低压线路、台区砍青扫障工作，共计完成158条线路、2000余个台区的砍青扫障工作，有效降低高、低压线路的故障率。配网全力推进鱼塘绝缘化整治工作，通过“三强化、三落实”加强领导、强化责任落实，对鱼塘隐患整治倒排工期，5月中旬率先完成已下达项目资金的1259处鱼塘绝缘化改造工作，开展鱼塘防钓鱼措施的设置，加强对新建鱼塘的管控，全年未发生有责任的钓鱼触电事件。加强带电作业技术手段，2019年7月，宁乡公司成立带电作业班组，通过带电作业技术手段，共计开展带电作业81次，减少426548停电时户，取得效果明显。

【电力服务】 2019年，国网宁乡市供电公司供电指挥中心的充分发挥监管督促职能，开展各线各部门服务意识评估工作。推动全员树立主动作为的服务意识，将服务落实在各个部门、班组及各个工作环节，加强公司服务风险辨识能力，通过服务报备、知识库等手段，有效建立服务防控防火墙。大力推广台区微信群建设工作，3月开始，供指中心对供电所、城区范围内的台区经理微信群建设开展现场核查和督办，建立台区微信群5222个，累计进群客户36万余户，微信群覆盖客户比例约70%。10月底开展客户上门走访工作，优先对历史投诉客户、敏感客户、频繁停电、低电压客户开展上门走访，巩固属地服务渠道，广泛收集客户诉求，截止11月底累计走访客户1.8万户。

（罗　丹）

交通·邮政·通信

责任编辑·高　丽

交通运输

【概况】 2019年3月，根据宁乡市委办公室、宁乡市人民政府办公室印发的《宁乡市机构改革实施方案》，宁乡市交通运输局（以下简称市交通运输局）机构改革情况如下：将市公路管理局承担的行政职能划入市交通运输局，公益服务职能与市公路管理局公路养护服务中心的职责，市交通运输局公路养护中心的职责整合，改为市公路养护中心，为市交通运输局所属正科级公益类事业单位。不再保留市公路管理局、市公路管理局公路养护服务中心、市交通运输局公路养护中心。将市交通运输管理所、市公共客运管理局承担的行政职能划入市交通运输局，整合相关公益服务职能，组建市公共交通事务中心，为市交通运输局所属副科级公益类事业单位。不再保留市交通运输管理所、市公共客运管理局。将市公路管理站的职责划入市交通运输局，不再保留市公路管理站。2019年底，宁乡市交通运输局（以下简称市交通运输局）局机关及下属事业单位共有干部职工362人，其中局机关31人，运政管理114人，路政执法32人，质量监督12人，公路养护27人，公共交通事务中心104人，公汽公司42人。

近年来，宁乡市综合交通运输体系不断完善，境内石长铁路横贯东西、洛堪铁路连通南北；6条高速形成“三纵三横”高速公路路网；4条国道形成骨干路网，13条省道构成宁乡公路路网的中坚力量，金洲大道、岳宁大道、枫林西路直通省会长沙市，加上在建的金唐公路、金宁大道、渝长厦高铁、呼南高铁、长宁城际轻轨，构成宁乡四通八达的交通网络。2019年共铺排重点交通项目15个。其中，流沙巷公路、G234公路提质改造工程于7月底完工通车，华强大道完成交工验收，花南线、金宁大道金沙段、老毛线完工通车。截至2019年底，全市境内各级公路建设通车里程16451.534千米，其中国道161.65千米，省道403.57千米；境内铁路里程84千米；境内通车高速里程171.93千米。全年旅客周转量比2018年下降9.3%（客运量920.306万人，客运周转量4.26亿人/千米），货物周转量增长2.8%（货运量583.904万吨，货运周转量3.8036亿吨/千米）。新（改）建农村公路1096千米，危桥改造33座。全市纯电动公交车已占公交车总量的85%，新能源和清洁能源公交车占公交车总量的86%。注销道路客运黄标车11台、道路普通货物运输车辆158台。全市行政村通达率达到100%。

【公共交通及公路货运】 2019年，宁乡市共有10家客运公交企业，4家出租车经营单位，二级以上汽车客运站2个（东城汽车站、白马桥汽车站），公交车辆439台，其中纯电动公交车373台，公交线路35条，出租车468台，道路客运车辆320台，危险货物运输企业1家，车辆5台，普通货物运输车辆3450辆，道路货物运输业2402户。

2019年启动客运线路优化工作，促进客运线网覆盖更均衡、线路布局更加科学合理。完善公交基础设施建设，在华强方特、宁邦广场等重大项目附近新建港湾式公交站12个、公交站牌15处。全面优化调整公交线路，全年新增（优化）12路、701路、N108路、58路、1路、8路、29路、903路、901路、118路等10条线路。2019年吊销13台一年内超限运输三次以上车辆营运证，推进无车承运企业发展，湖南易丰物流有限公司成为湖南省23家无车承运人试点企业之一。城市公交线路总长度891.1千米。

【驾培管理】 宁乡市有驾培机构17所，训练场地23处，2019年新增训练地1处，注册教练员926人（实操教练881人、理论教练45人）。具有道路货运驾驶员从业资格培训机构3家，道路运输驾驶员继续教育培训机构3家，道路运输从业人员继续教育考试合格1219人。

【春节运输】 2019年春运期间，宁乡市客运企业共投入运营车辆328辆，共发班26262次，其中包车4064次，累计运送旅客50.5317万人次，与2018年同期下降17.2%。春节假期7天，公共客运行业平均每天投入公交车313台，共运送旅客16.59万人次；平均每天投入出租车280台，共运送旅客5.567万人次。春运期间宁乡市未发生道路运输责任事故和人员伤亡，无乘客滞留和重大服务投诉现象，春运各项工作较好完成。

【交通行政执法】 2019年，宁乡市交通运输局共检查“两客一危”车辆11000余台次，检查企业256家，检查货运车辆3万余台次，收缴易燃易爆等违禁物品40余件、管制刀具5把，查处不合格车辆20余台次。发现隐患158条，立案调查处理32起，依法注销和劝退货运企业9家，注销普货车辆90台，注销危货运输企业2家。查扣超载车辆1843台，卸载货物4.4万吨，吊销道路运输证13本，行政拘留20人，割除栏板105台次。非现场执法本地立案72台，结案率为84%。入网率、在线率、超时驾驶、凌晨2-5点运行均下降100%，轨迹不完整率下降95%，超速下降90%，脱离监控下降96%。9家重点源头视频监控已全部按要求接入长沙市治超信息平台。全市超限超载率为0.81%。

【交通运输信息化建设】 2019年，宁乡市交通运输局建成并通过验收公交运营调度与监管平台、公路养护平台和视频综合平台，接入138处公路、充维站场和交管站的视频。全市432台公交车均按要求安装交通一卡通机具，通过省厅验收。2019年共受理12345市长热线工单和网络媒体投诉1078件，办结率100%，满意率96.44%。主动公开行政许可、行政处罚类信息4983件、其他对外管理服务事项12382件。完成交通系统33个信息系统的摸底统计、等级上报，成立网信工作领导机制与工作制度，落实了每月、重大节假日的网络舆情研判分析与信息上报。

【国省干线公路建设】 2019年，宁乡市干线公路完成投资32亿元，建成和新开工78千米，黄材至龙田公路（黄材绕镇段4.16千米黄材至五里堆千米）、S327伍家至五里堆公路、何叔衡、谢觉哉故居至G234/S327连接公路、G319宁乡绕城历经铺至高桥公路等5个项目建成通车，凤凰山互通至南田坪、黄材至龙田公路（五里堆至七里山段）等2个项目在建。

【公路养护】 2019年，宁乡市交通运输局投入养护资金4739万元，对全市列入养护计划的道路进行精细养护，打造花明楼、流沙河等8个管养示范乡镇和231千米县道、688.7千米乡村道示范路。全市4条国道、12条省道、63条县道、71条乡道、1436条村道及计划以外的所有国省县乡村道纳入"路长制"管理范围，占比100%。出动应急抢险人员1700人次，处置安全隐患100余起；开展国省干线和主要县乡公路沿线安防设施和标志标线专项排查、更新和补遗工作，完成200余千米公路标志标线升级改造；通过日常巡查等方式全年排查公路安全隐患492处，整改492处，整改率100%。

【交通项目质安监督】 2019年，宁乡市交通运输局开展质量安全日常巡查104次，组织节后复工、原材料、挂证清理等专项检查5次，出动检查人员385人次，完成项目检测验收42个，完成复核性检测里程170余千米，下发检查通报8份，下达抽查意见书20份、停工通知5份。对长沙路桥、湖南中兴、湖南高新、湖南对外四家施工单位和省勘检测单位进行行政处罚，罚款15万余元，对不履职的湖南金顺等监理单位进行警示约谈。

【水路运输】 宁乡境内有沩、乌、楚、靳四条河流，有黄材水库、洞庭水库、田坪水库等重点水域和龙泉漂流、天紫漂流两个漂流景点，渡口5处，渡船5艘，黄材水库、沩江南门桥风光带、香山冲国家森林公园等地有游览船舶、公务船艇、快艇共约12艘。2019年，宁乡市交通运输局牵头整治旅游船舶和公务船舶无证驾驶、农用船非法经营、客渡船超载超员以及趸船乱停靠等问题。彻底整治和解决双江口沩水河团湖一带堆积在河道岸边的废弃船舶和附近水上"三无"船舶的多年历史遗留问题。累积组织执法检查50余次，出动执法人员100余人次，检查渡口及安全生产经营单位100余家，切实保障辖区水上交通安全。

2019年，东湖塘镇陶家湾村"四好农村路"

【宁乡获评湖南省"四好农村路"示范县】 8月12日，根据《湖南省人民政府关于高质量推进"四好农村路"建设工作的实施意见》（湘政发〔2019〕9号）规定，经县市区自评、市州初评推荐、省级评审，决定命名"四好农村路"建设工作成绩突出的10个县市区为2018年度"四好农村路"省级示范县，宁乡获评。2017—2019年，宁乡累计完成农村公路建设投资8.93亿元，实现"村村通"目标。在农村公路建设中创造性采用"政府投料，群众投工"的"双投"新模式，该模式从2016年推出至2019年，全市已经实施农村公路"双投"项目800多千米，受到镇村和群众的普遍欢迎，获2016年底全国"四好农村路"运输服务工作现场会推介，2017年2月被中央电视台综合频道（CCTV1）晚间新闻专题报道。2019年，完成"四好农村路"建设1096千米，其中省规自然村通水泥（沥青）路项目530千米、省规窄路加宽130千米、市规提质改造项目159千米、市规精准扶贫项目69千米、市本级"双投"项目208千米，同时，投入资金6987.03万元，对黄沩公路、边资公路等91.279千米道路进行了大中修，换板33500平方，进行清缝灌油116.1千米，灌缝252767米；对双朱公路以及部分村道进行提质改造建设。完成危桥改造、维修加固33座。实施农村公路安全生命防护工程建设150千米；提前实现县道示范线路占全市总里程15%、乡村道示范线路占全市总里程6%以上的目标。 （隆文辉）

公路养护

【概况】 2019年，宁乡市公路养护中心有干部职工418人，其中在职人员199人，退休人员219人。年内，市公路养护中心以"办人民满意公路"根本宗旨，加快推进项目建设，精细开展公路养护，切实提升服务水平，全力打造畅通公路、平安公路、舒适公路、美丽公路，完成全年各项目标任务，2019年市公路养护中心获评长沙市文明标兵单位，蔡志丹、黄新林获"湖南省五一劳动奖章"。宁乡获评2019年湖南省"四好农村路"示范县。

【成立宁乡市公路养护中心】 根据

《宁乡市机构改革实施方案》（宁办〔2019〕5号），市公路管理局承担的行政职能划入市交通运输局，公益服务职能与市公路管理局公路养护服务中心的职责，市交通运输局公路养护中心的职责整合，改为市公路养护中心，为市交通运输局所属的正科级公益类事业单位。不再保留市公路管理局、市公路管理局公路养护服务中心、市交通运输局公路养护中心。2019年7月1日，市公路养护中心挂牌成立，主要负责宁乡境内4条国道、12条省道、65条县道、79条乡道和部分村道及523座桥梁的建设、养护和管理工作，管养里程4362.377千米。

7月1日，宁乡市公路养护中心举行揭牌仪式

【公路工程建设】 2019年，市公路养护中心以提高公路发展质量和效益为中心，紧抓民生实事目标任务和重大项目，通过优化项目设计、强化制度约束、加强现场管控，高效推进交通基础设施建设。全年投入资金23822万元，启动实施黄龙公路（五七段）、双朱线提质改造、老粮仓大桥连接线工程及G234、S326宁乡段路面大修工程等18个项目。结合省、市“十三五”交通规划和宁乡公路实际，向上争取项目资金13110.96万元，启动G354宁乡段（宗师庙-道林-联湖塘）公路工程、S327宁乡澎家湾至沩山公路一期工程（五巷公路）、S327宁乡灰汤至老粮仓公路工程等项目前期手续办理，形成公路项目“开工一批、储备一批、谋划一批”的良性循环格局，持续保持宁乡交通基础设施发展后劲。

【获评湖南省“四好农村路”示范县】 2019年9月，湖南省人民政府办公厅印发《关于命名2018年度“四好农村公路”省级示范县的通报》，决定命名10个县市区为2018年度“四好农村路”省级示范县，宁乡名列其中。近年来，宁乡坚持日常养护与大中修养护有机结合，打造花明楼、流沙河等8个管养示范乡镇和230.999千米县道、688.681千米乡村道示范路。2019年，入养护经费4739万元，对全市列入养护计划的4336.349千米国省干线和农村公路进行日常精细养护。全年路面挖补及零星修补45000平方米，清灌缝83000米，坑槽修复22000平方米，培护整理路肩35800平方米，补栽行道树2100株，清挖水沟105995米，拆除、更换、维修钢护栏3992米。深化养护市场化改革，发展培育市场化公司，对S539、金洲大道、岳宁大道、黄龙公路、金岳公路等干线公路和重要道路实施机械化养护和专业化养护；对G319等公路实行预防性养护，延长路面使用寿命，减少养护维修费用；通过“路长制”的实施，积极发动群众参与日常养护，实现公路养护科学发展、安全发展、可持续发展。

【平安公路建设】 2019年，市公路养护中心全面提升人民群众出行安全系数，好“三大战役”。一、打好公路应急保畅战。对G234、S326（K249-K250）路面进行大修，实施X104县道中修换板；加强极端天气公路巡查，投入应急抢险资金150余万元，出动人员1700人次，处置安全隐患100余起，保障汛期和冰雪天气域内国省干线和主要县乡公路的安全畅通。二、打好附属设施攻坚战。开展国省干线和主要县乡公路沿线安防设施和标志标线专项排查、更新和补遗工作；实施G319、S326、S327、三青线安全生命防护工程和农村公路安全防护工程1266.97千米；完成金洲大道、宁横公路等主要道路共计200余千米公路的标志标线升级改造。三、打好隐患排查整改战。加速推进农村公路中小危桥改造，启动33座危桥的重建和加固；完成S208线南芬塘大道、煤城大道交叉口安全隐患消除工程；全年投入安全生产经费200万元，通过日常巡查、市民热线等方式排查公路安全隐患492处，整改492处，整改率100%。

（青百宇）

邮　政

【概况】 2019年，宁乡市邮政分公司办公机构设置一室五部，即综合办公室、市场部、金融业务部、集邮与文化传媒、渠道平台部、寄递事业部。2019年，宁乡邮政分公司全年收入完成12459.13万元，增幅14.71%。

【金融业务】 2019年，宁乡市邮政分公司金融业务发展坚持“调余额结构，促重点单项”发展理念，促进代理金融总资产规模和经营效益。2019年金融总资产净增9.44亿元，其中理财业务净增2.34亿元，保险新单保费1.80亿元。

【渠道业务】 2019年，宁乡邮政分公司落实精准扶贫，在宁乡市政府的支持下，主动联系和对接巷子口黄鹤村、黄材龙泉村村委，帮助两个贫困村销售农产品，为产业扶贫打开销售市场。

【寄递业务】 2019年，宁乡邮政分公司寄递业务开展“守一线·助转型·促发展“客户大走访”，抓客户拓展，加强客户维护，稳定客户群体。加强完善揽投站运行模式，做优服务，确保邮件“进得来、投得去、不积压”，满足客户的用邮需求。加大政务市场开发，开发不见面审批老年证、营业执照、林业种子精英许可证、房屋维修基金发票的寄递项目，10月新增健康证、出生证寄递项目，为寄递业务发展打下基础。

【安保工作】 2019年，宁乡邮政分公司坚持“安全第一、预防为主、综合治理”的方针，以全面落实安全生产年度责任为目标，以开展隐患排查治理行动为抓手，强化组织领导，抓工作落实，完成全年安全生产责任目标任务。投入安防经费2万余元，为机关大楼，邮处中心，33个网点和7个邮政网点4个揽投站共更新136个新灭火器材，根据市公安局内保大队的要求为27个农村网点兼职保安员办理保安证，执证上岗，履行金融网点安保工作，有效提高网点防护能力。2019年，宁乡邮政分公司安保工作组织严密，经费落实，工作扎实有效，实际效果明显，全年安全生产无事故。

中国电信

【概况】 2019年，中国电信股份有限公司宁乡分公司（以下简称宁乡电信）下设综合部、销售服务部、网络部等3部。全年全公司不断创新体制机制，组织全体干部员工深入贯彻落实集团、省市公司战略目标，全面承接各项工作部署。2019年，宁乡电信各项重点工作稳步推进，经营收入完成良好：全年累计100%完成经营收入时序进度，比2018年增幅5.95%。

【生产经营能力提升】 2019年，宁乡电信扫村模式从单个支局各自扫村，转变为AA制大型扫村营销，有效提高活动当日新增宽带业务量，达到20户，提升四、五级员工的组织、管控、协调等操盘营销能力，坚定渠道、支局、网点扫村营销的信心。配合宁乡市政府，推进“平安乡村”建设。以摄像头看家应用切入，从煤炭坝镇双龙村试点开始，2019年完成16个支局的140余个行政村的“平安乡村”应用推进业务。紧抓政府项目，提升政企ICT收入，与市公安局对接，并召开行业ITV暨安全WIFI推介会，完成警务通合同续签，中标动检中心移动执法终端政府采购项目，中标教育国库支付电路，中标一件事一次办互联网+政务项目、110指挥中心项目、道路交通设施项目、政府机房搬迁、智慧宁乡公共WIFI项目、天网工程修复项目、无线管控终端项目等大型ICT签订及费用回收；四是挖掘异网，筑牢渠道，新建渠道门店27家，有效门店达112家。

【人力资源改革】 2019年，宁乡电信持续深化人力资源改革，不断加大人力资源机制创新力度，完成人力资源综合转型和架构优化调整，为企业跨越发展提供良好环境。坚持业绩导向，坚持德才兼备、业绩优秀的用人机制，实行绩效沟通制度化、内部辅导常态化，加大对员工绩效目标设定、沟通反馈以及绩效改进方面的指导与督促。结合人力资源综合转型，持续推进划小承包改革，全年完成3个地域性营业部、16个农村支局、4个政企类营业部、4个渠道分部的划小承包工作。优化中层管理人员选拔任用和退出机制，坚持基层导向和业绩导向，打破干部终身制观念，合理引导干部退出合理配置人力资源，实行基层岗位资格证制度，作为跨岗位层级晋升、选拔后备人才的必备条件。为员工职业规划引导，开辟员工晋升通道，从派遣员工中招聘合同制员工，调动员工的积极性和创造性，提升企业核心竞争力。

【网络建设】 2019年，宁乡电信全面加快网络能力建设和优化。加强装维服务管控及培训，不断提升装维整体服务水平，装维服务指标进一步优化细化，要求进一步加强，组织装维人员业务技能、装维指标培训15期次。2019年淘汰辞退3名指标排名落后、劳动纪律差、用户投诉较多的城区装维经理和3名农村末梢装维员。聚焦网络优化，确保通信网络安全优质高效运行。全面清理排查传统的SDH环，优化华为SDH北门-煤炭坝光缆路由，优化OLT及IPRAN电路的双上行保护，完成经开区中兴OLT5上行光缆同路的双路由改造保护，完成4处IPRAN BB对上行割接至100G波分的改造保护。城域网网络优化方面，完成4套中兴MSE的版本升级，完成7套城域网设备的多次网络安全优化，完成18套小三层交换机的DCN地址的修改，并对14套华为S5300交换机新增一路电源。无线网优方面，完成白马桥、豪德、经开区、碧桂园四个网格片区无线网络的设计、施工及竣工投产工作；新建开通LTE补盲项目4G基站122个，超忙扩容站点153个，开通娄益高速沿线11个高速交通干线基站。无线投诉处理方面，共受理各类投诉3653件（含QQ群派单），现场测试制定方案申报建设128个站点，安装手机伴侣解决43个用户投诉，安装皮基站70台，协调公安处理电子围栏干扰引起投诉13次，预防用户越级13次，处理1000号来单3440件，处理180投诉66件，处理和解工信部越级投诉3件；处理集团投诉30件，全年处理服保系统信息收集单51件。推进光网提升工作。完成省TOP PON口光衰整治211个，完成光网气质工单70张。四、加快网络建设，有线设备建设方面，新建3台OLT，扩容69块PON板，FTTH扩容575个PON口；新装41台FTTB设备，提供552个宽带端口、544个语音端口。无线建设方面，开通农村LTE补盲122个4G基站，超忙站点扩容153个，建设13个楼盘和单位的4G室分，完成43个岁末年初无线补盲项目的立项申报和查勘设计。光缆建设方面，建设131个有线光缆，新建OBD个590，新建FTTH端口3916个。

移动通信

【概况】 中国移动通信集团湖南有限公司长沙市宁乡市分公司（以下简称宁乡移动）是中国移动在宁乡的县级分支机构，公司设综合部、营销中心、网络维护中心、政企中心四个部门，截至 2019 年年底，公司共有在职员工 185 人。2019 年，公司在市委、市政府以及省市移动公司的正确领导下，以“诚信经营、满意服务”为宗旨，积极投身地方经济建设，全面推进 5G 网络覆盖、宽带建设及和包拓展，努力发展通信业务，不断提升服务水平，推动宁乡通信事业快速、健康和可持续发展。

【移动市场经营】 2019 年，宁乡移动以收入和市场把控为核心，深化 5G 布局，着力于家庭市场和平安城市建设。收入方面圆满完成上级公司下达的目标，市场份额保持在 70% 以上，全年累计发展 5G 资费用户近 10 万户；响应国家提速降费的契机，大力推广新和家庭套餐，为全市家庭用户提供更全面更优惠的宽带、流量及通信套餐服务；19 年度手机上网户均流量达 5.3G，同比提升了 20.45%；全市宽带用户达到 15.4 万户，同比提升 26.23%。宁乡移动秉承“追求客户满意服务”的经营宗旨，上下齐心，为 72 万用户提供贴心服务。

【移动客户服务】 2019 年，宁乡移动严格按照省市公司的服务工作要求，做好星级客户服务。在给客户增设网络权益、服务权益、业务权益的同时，针对客户权益方面开展了一系列自有渠道监管措施，如严禁违规外呼营销、规范实名制入网和补登记、严禁不知情定制、全面启动无纸化底单以及垃圾短信、骚扰电话、涉诈号码的监控等。全年关停关停不知情定制自有网点工号 2 家；治理垃圾短信举报拦截 36 笔，较上年同期下降 20%；有效拦截 23 笔骚扰电话数据，关停涉案号码 8 笔，并对涉及到的渠道网点都进行了约谈和再次强调规范，确保开户的真实有效，规范操作，做好客户的防诈风险告知，全力配合公安机关打击电信犯罪。

【移动 4G 网络及宽带建设】 宁乡移动聚焦强化提升深度覆盖水平，精准扩容保障厚覆盖容量。截至 2019 年，公司累计开通 LTE-TDD 站点超 1598 个，NB-IOT 站点 700 余个，5G 站点 35 个。实现从城区到农村的连续覆盖，以及城区、集镇、主要交通干道、景区、工业园的深度覆盖，同时为了应对日益突出的网络负荷问题，对现网 2G 网络实施 GNF 改造超过 590 个，有效扩充业务高负荷区域的网络容量，从建设、故障督办、优化三方面着手，全方位保障网络质量，从根本上提升客户感知。2019 年，全年共计建设运营宽带小区 252 个、端口 37832 万个，城区和农村小区宽带覆盖率达到 100% 和 94%。针对家庭宽带提出“480”装维时限要求：4 小时维护到位，8 小时装机到位，城区 0 盲区覆盖；集团专线提出“521”建维要求：5 天建设到位，2 天业务开通安装到位，1 小时故障响应到位。落实政府宽带提速降费政策，对移动宽带全面提质改造。

【移动信息化应用】 2019 年，宁乡移动持续助力宁乡市政府打造智慧城市，完成宁乡虚拟化资源的项目建设，该项目为宁乡市实现高质量的智慧城市建设提供了基础设施底座，让诸多行业应用项目在此虚拟化资源上得以实现资源共享，实现城市智能化、数字化治理。同时在宁乡文明城市创建中主动作为，运用运营商短信接收率高、覆盖广的优势，对全市市民发送文明城市创建相关知识。通过基站触发短信业务，针对到宁乡的外地人员，发送旅游告知温馨提醒，提升到宁乡旅游客户的满意度。

根据长沙市政府对和包支付产业园发展推进工作“一年打基础、两年见成效、三年成示范”的整体工作要求，明确把长沙打造成为“和包支付示范城市”和中国“移动支付第三城”。宁乡移动紧紧围绕长沙建设步伐，创新开展“和包“三进”即“和包进小区”“和包进企业”“和包进校园”等工作，结合智慧宁乡、智慧园区、智慧校园等建设，通过“和包送影下乡”“和包红包雨”等活动进行和包支付推广，累计发展和包注册人数 70 万户，活跃用户 10 万户。同时全力推动应用场景打造，拓宽用户和包使用范围和使用频次，率先在全省上线最低一分钱坐公交惠民政策，首个在政府食堂试点扫码设备和刷脸设备双运行就餐环境，以及移政联动打造消费场景，构建线上线下有机融合，全年新增和包商户 5000 余家，和包支付工会会费覆盖工会单位约 200 家，和包支付党费覆盖党员 6 万余户。

【企业文化建设】 狠抓思想建设，建设学习型企业。深入落实好第二批“不忘初心、牢记使命”主题教育活动，通过组织集中学习、抓好专题党课、落实现场教育、开展志愿服务等方式，深入贯彻习近平新时代社会主义思想和党的十九届二中、三中全会精神，将理论学习和公司业务知识学习结合，不断提升分公司的整体站位。强化队伍建设，建设效能型企业。落实好主体责任约谈制度，组织开展班子成员和中层骨干述职述廉，不断强化班子的责任担当；通过民主评议干部、岗位胜任力评估的方式建立能上能下的人才管理机制；加强对青年员工的培养，开展新进大学生的多岗位历练，帮助他们迅速成长。抓好反腐倡廉，建设廉政型企业。落实好嵌入式风险防控工作，抓好节假日的反“四风”工作，营造分公司风清气正的良好氛围，为分公司的发展夯实保障。

【企业担当】 响应习近平总书记“扶贫攻坚”号召结对帮扶流沙河荷林社区，帮扶困难群众 40 户。成立以支部书记为组长的 17 人扶贫先锋队，明确驻村第一书记，常驻荷林社区开展日常扶贫工作；明确扶贫专干，配合第一书记开展工作。按照要求，每个季度上门走访，宣传和解读国家扶贫政策，了解贫困家庭的思想、生产、生活现状，鼓励他们树立脱贫的信息和决心。每次走访，队员都自发掏钱给贫困家庭购买米、油等爱心物资，2019 年共计自掏资金 4 万余元。

在公司内开展爱心捐款，帮助贫困户修缮房屋。同时，积极向上级部门申请资金用于村上的水毁塘基修复、村级公路建设等基础设施建设。

联通通信

【概况】中国联合网络通信有限公司宁乡市分公司（以下简称宁乡联通）成立于2003年，位于宁乡大道西侧东方现代城。2019年有在职员工200余人，用户规模25万户，固话宽带用户稳健增长，全年运营收入1.4亿元，上缴地方税收285万。宁乡联通奋力推进“新基因、新治理、新运营、新动能、新生态”的“五新”联通建设，以奋斗者的姿态开拓进取、勇往直前，在创新发展之路上积极探索为宁乡人民提供更好的信息产品和服务，2019年获评“长沙市最满意青年文明号”“长沙市文明标兵单位”“宁乡市禁毒先进集体”“中国联通、湖南联通、长沙联通先进基层党支部”“湖南联通、长沙联通先进基层单元”“长沙联通五四红旗团支部”等称号。

【信息化建设】2019年，宁乡联通充分发挥混改优势，整合互联网企业资源，加强与政府、企业合作，着力推进“智慧+”应用。智慧+政务，促进各部门政务信息资源的互联互通，为政府服务办件提供有效的数据支持。智慧+社区服务，将住宅小区本地视频与智慧宁乡高云平台及公安平台对接，在后台实现实时查看各小区人员和车辆出入小区状况，为社区治安保驾护航。智慧+旅游服务，对景区等人流、车流密集区域增建了带数据分析的高清摄像头，对各景点进行实时监控分析，为管理部门提供了决策依据为游客出行更加畅安舒美。智慧+交通服务，通过联通专线将各个公交站点前段信息传输到平台端，宁乡市民在智慧宁乡微信公众号或APP即可随时查看各个公交站点到车情况，为群众出行合理安排时间提供便捷。

【网络建设】2019年，基站规模1400余个，光纤宽带覆盖全市95%。2019年11月开始，按照国家5G建设共建共享原则（即中国联通与中国电信共建共享），宁乡全域5G建设将由联通全域投资建设和维护。2019年底对宁乡城区、景区等区域进行5G建设规划并分批开通，为宁乡的百姓、企业、政府服务带来全新的智慧生活。

【客户服务】2019年，客户服务工作主要围绕触点满意度、五不红线、客户投诉、携号转网四项工作开展。通过对客户工作体系的学习，各版块工作责任到人，加强过程督导和考核，整体客服满意度提升明显。

【精准扶贫】2019年，宁乡联通坚持“责任融入核心业务，聚焦提升客户感知共同践行社会责任”。宁乡联通派驻易志国脱产至坝塘镇南田坪村担任第一书记，积极向市、省、总部申请帮扶政策，多次进村入户慰问贫困户和特困户、村部、扶贫书记，下拨资金12万元用于村部建设和日常办公，投资近200万重点解决该村及周边弱信号问题；帮助贫困户组织农产品展销会4次，省市宁乡三级领导、党员带头购买农产品，消化农副产品22万余元；联合扶贫办、工信局对全市贫困户推出通信优惠套餐和精准减免贫困户通信资费优惠政策，将通信普惠服务与精准扶贫深度结合，深入落实提速降费工作，惠民新举措让贫困人群共享高品质的现代化信息生活。

商贸服务业

责任编辑·姜小平

商　务

【概况】 2019年，因机构改革，宁乡市商务局（以下简称市商务局）由参公事业单位调整为市政府工作部门，共有在册干部职工37人，内设办公室（财务科）、人事综合科（信访科）、外经外贸科、项目管理服务科、市场体系建设科、市场运行与消费促进科、行政审批服务科等7个科室，下辖2个二级事业单位商务综合执法大队和电子商务服务中心。2019年全市外贸进出口总额首次突破10亿美元，剔除宁乡经开区后实现外贸进出口额5.68亿美元，较2018年增长44.9%，完成指导目标任务的125%。全市实现加工贸易1.27亿美元，同比增长18.8%；完成外派劳务和对外承包工程营业额1.45亿美元；实现社会消费品零售总额401.4亿元，同比2018年增长11.5%，限上社零173.3亿元，同比增长14.2%，新增限上批零住餐企业79家；实现电子商务交易额21亿元，农产品网络零售额1.8亿元。全年共受理行政审批服务事项241件。2019年获评省商务厅“商务（外经）工作先进单位”、“商务工作先进园区（高新区）”、“电商扶贫优秀县市”，宁乡市“安全生产先进单位”、“蓝天保卫战先进单位”、“提案建议办理先进单位”等荣誉。

【设立电子商务服务中心】 根据《宁乡市委机构编制委员会办公室关于调整宁乡市商务局有关机构编制事项的通知》（宁编办〔2019〕35号）文件内容，明确设立宁乡市电子商务服务中心，为市商务局所属公益一类事业单位，核定全额拨款事业编制4名。市商务局机关事业干部划转到市电子商务服务中心。市电子商务服务中心主要职责是：负责全市电子商务的统计和评价体系建设工作；负责全市中小商贸流通企业电子商务推广、应用、合作；负责农村电子商务支持保障体系建设；负责协调电子商务产业项目引进和培育工作。

2019年，8月31日，宁邦大信·新都汇购物中心开业

【宁邦广场开业】 2019年全市商贸发展总体格局初具规模，像一个巨大的磁场，集聚着越来越多的人流、物流、商流、资金流、信息流，成为百姓创业致富、全新消费的大基地。2019年8月31日，总建筑面积达80万平方米、总投资45亿元的宁邦广场正式开业，购物中心入驻200多家品牌商户，开业当天人流量超过20万人次。宁邦广场耸立于沩东片区核心区，集购物中心、甲级写字楼、五星级酒店、高品质社区、酒店公寓、步行街于一体，填补宁乡市大型商业综合体的空白，为宁乡乃至长沙河西地区的广大市民购物消费带来全新体验。

【消费升级】 2019年市商务局按照“消费升级、争创一流”的目标，采取了三项重点措施：一、招大引强，推进消费升级。宁乡成为餐饮界品牌“海底捞”踏入县级城市的第一选择，生鲜农产品销售大佬——永辉超市强势入驻宁邦广场，广州天河集团联手翡翠湖国际广场、吾悦广场抢滩白马新城，大河西农产品引进大湖集团投资1.2亿元新建水产市场。大品牌、大公司的入驻地提升了宁乡整体消费水平。二、举办系列节会促销活动，促进消费留本地。宁乡市举办2019“年味宁乡”七大系列活动，3天实现销售额近7500万元；举办“2019·宁乡首届智能家居装饰消费节”，200多商家参与，活动共成交2020万元；举办“中国宁乡第十七届、十八届国际名车展”，销售金额共达1.5亿元。三、加强调度。为确保全市社会消费品零售总额年增速11%以上，市商务局坚持落实社零工作按月调度的工作机制，推行“以月保季，以季促年”，实现社会消费品零售总额年度同比2018年增长11.5%。其中批发业60.48亿元，同比增长12.9%、零售业295.84亿元，同比增长11.1%、住宿业3.17亿元，同比增长12.1%、餐饮业41.94亿元，同比增长11.6%。

【对外贸易】 创新引领、开放崛起是湖南省委、省政府四大战略的首选战略，打造内陆开放高地是宁乡市委、市政府“四个打造”之一，推进开放崛起商务部门责无旁贷。为此，市商务局搭建外贸融资平台。依托长沙市小微企业贷款风险补偿基金，在各园区分别成立园区信贷风险补偿基金，有效缓解小微企业融资难、融资贵，支持当地实体经济发展，为烨星锑业、康程护理、马克菲尔等外贸企业融资合计3500万元。做好外贸综合服务。宁乡有外贸综合服务专业平台公司2家，分别是浩通供应链管理（湖南）有限公司和湖南伟尔达供应链管理有限公司。为企业提供资质办理、通关、物流、退税、结汇、融资、项目申报、政策解读、产地证等外贸全流程咨询服务2000余次。免费为39家企业办理全套外贸资质，协助35家企业顺利实现外贸破零，12家企业实现业绩倍增。发挥跨境平台优势。依托“湘品入俄”平台已联通俄罗斯及周边国家大型超市的优势，打造宁乡与俄罗斯、白俄罗斯终端超市的绿色通道，带动了宁乡市优质农产品、轻工产品入驻俄罗斯及白俄罗斯的终端超市。四是组织企业参展。先后组织企业参加俄罗斯食品展、国际矿业及矿业设备展、德国宝马展、意大利 Pharmintech 展、韩国 COPHEX 展、巴西 FCE PHARM 展、上海 Achema 亚洲展、美国光纤通讯展等境外展会92场，组织企业参加上海进口博览会等境内展会近110场，企业通过展会平台开拓市场的氛围日益浓厚。

【电子商务进农村】 为加快乡村振兴，市商务局鼓励电子商务进农村。一、促进农产品上行、工业品下行。2019年宁乡市实现电子商务交易额21亿元，完成年初省市18亿目标的117%，实现农产品网络零售额1.8亿元，完成年初0.8亿元指标的2.25倍，全市开设示范网店（含湖南电商扶贫小店）274家，超额年初省市220家指标54家，省定贫困村实现农产品电商交易额680万元，完成目标任务120%。二、健全农村电商网络。为打通省定贫困村快递包裹进村入户“最后一千米”商务局在31个省定贫困村设立电商快递物流服务点，聘请邮政工作人员将快递包裹从集镇送到村服务站。三、进一步支持本土电商企业做大做强。湖南爽洁卫生用品有限公司获湖南省电商示范企业，实现网销孕婴童产品突破1亿元，达到1.5亿元；湖南俏小楚科技有限公司打造的“田野故事”品牌，网销本地农产品达5400万元；四、工业品下行渠道更加畅通。全市新培育建设天猫优品店22家，农民在家门口享受到优质便捷的网购工业品，农村电子商务氛围进一步浓厚。五、助力电商企业对接农户。促成俏小楚等7家电商企业与农户无缝对接，帮助巷子口网销黄桃12万斤，确保黄桃增产又增收，开创宁乡农产品网销第一样板，宁乡市俏小楚科技有限公司刘兴佳在农业农村部市场与信息化司举办的中国农民丰收节活动中，被评为“十大丰收节使者”。

【农贸市场提质改造】 2019年市商务局积极配合开展《食品安全法》贯彻落实情况的执法检查和《宁乡市国民经济和社会发展第十三个五年规划纲要》中期评估及调整调研工作。根据工作任务，重点抓农贸市场的提质改造工作，在2018年开业运营优米星街和祥熙两个新市场后，2019年又对杉木桥市场进行提质改造，杉木桥无论是安全状况还是经营设施都明显改观。同时，2019年引进成丰达集团到宁乡建设304和水岸两个智慧农超，这将是3.0版农贸市场，也将是全省农贸市场的样板，通过这两年的改造和建设，全市城区农贸市场的面貌不断被提升。

【行业安全】 2019年，宁乡商贸系统在维稳工作方面，共有52家改制企业，涉及改制职工8000多人，涉军人员650多人，维稳工作压力较大；在安全生产方面，既涉及商场、超市、市场等人员密集场所，又涉及加油站、汽车拆解、废品回收和物流仓库等危险行业，可谓点多面广，维护行业安全稳定的压力相当大。为此，市商务局实行领导班子分包制度。坚持安全、信访工作“谁主管，谁负责”、“管行业必须管安全、管业务必须管安全”等原则，进一步压实责任。强化排查防控。加强不稳定因素日常排查防控、信访矛盾化解，坚持抓早、抓小、抓苗头，共处理信访事项56件，办结率100%；接收市长热线交办件22起，办结率100%。强化日常管理。开展系统所属成品油经营企业、报废汽车回收拆解企业、大型商场超市、商业综合体、人员密集场所等重点部位、重点企业安全知识宣传培训、消防演练、隐患排查、专项整治等一系列活动，共出动执法人员680余次，上门检查、走访企业500余家，开展大型商务执法宣传2次，2019年商务系统保持了良好的安全稳定形势。 （康慧萍）

招商引资

【概况】 2019年，宁乡市招商引资服务中心在职干职工14人，机关内设办公室、招商一科、招商二科、招商三科、督查科5个科室。2019年，市招商引资服务中心紧紧围绕“产业项目建设年”的主题，上下一心抓招商、抢拼严实促发展，招商引资的氛围更加浓厚，成效更加显著，对全市经济社会发展的贡献度也不断提升。

【招商引资】 2019年，宁乡市新引进产业项目126个，合同引资670.96亿元。其中工业项目100个，合同引资463.16亿元（其中装备制造产业链38个，新材料产业链23个，储能材料产业链8个，智能家电产业链6个，孕婴童及时尚鞋服产业链3个，食品饮料配套产业链6个，其他不便分类产业链16个）；文旅项目9个（10亿元及以上3个），合同引资92.2亿元；现代商贸服务项目13个（10亿元及以上4个），合同引资90.5亿元；农业项目4个（10亿元及以上2个），合同引资25.1亿元。

【工业招商】 2019年，宁乡市新引进100个工业项目中，投资规模在亿元及以上（含租赁5000万元以上）项目58个，其中10亿元以上的项目12个。5000万元（含5000万元）至1亿元的项目5个，1000万元至5000万元的项目37个。

【重特大工业项目】 2019年，宁乡市共引进50亿元以上重特大工业项目3个，分别是比亚迪股份有限公司投资100亿元建设年产20Gwh锂离子动力电池项目；珠海格力电器股份有限公司投资50亿元建设格力电器长沙冰箱洗衣机生产基地；湖南云轮镁科技有限公司投资50亿元建设锻造镁合金轮毂项目。

【招商政策】 为调动社会各界人士参与招商引资的积极性，宁乡市人民政府办公室于2019年2月18日下发

《宁乡市招商引资中介人奖励实施办法》，明确规定自印发日起，引进宁乡市市域外社会资本在宁乡兴办工业、现代服务业、乡村振兴、外资、总部区域等产业项目，符合法规政策及“两型”社会发展要求并达到标准的单位和个人，可享受中介奖励。《办法》根据投资金额的多少，设定不同的奖励额度。

【“引老乡、回故乡、建家乡”宁乡市2019年乡友大拜访活动】 宁乡市委、市政府组织“引老乡、回故乡、建家乡”宁乡市2019年乡友大拜访活动，全体市领导分赴各乡镇、村乡友家中，登门送上家乡的慰问，积极动员宁乡籍企业家致富思源、反哺家乡，回宁乡投资兴业。2019年，共拜访乡友100余次，捕捉有效信息28余条，新引进乡友投资项目10个，其中工业项目6个，合同金额59.6亿元。

【2019年宁乡市重大合作项目集中签约暨地产推介活动】 2019年12月3日，宁乡市委、市政府主办“与宁携手 共襄未来”2019年宁乡市重大合作项目集中签约暨地产推介活动。会上共目集中签约30个重大产业项目，总投资额224.1亿元。与此同时，国家开发银行、建设银行、中信银行、长沙银行、华融湘江银行等5家银行与宁乡市达成战略合作协议。新引进的项目中，投资10亿元以上的重大项目共有10个，分别是投资10亿元的湖南建工产业园项目、投资10亿元的湖南邦普10万吨/年废旧电池拆解项目、投资50亿元的长沙市产业投资集团文旅康养产业园项目、投资30亿元的长房集团玉园康养项目、投资20亿元的星河集团商业广场项目、投资15亿元的湘江集团关山古镇二期项目、投资20亿元的大汉集团道林古镇（明道公社）项目、投资13.5亿元的正大集团花猪链条加工基地项目、投资10亿元的时代阳光高端农业产业园项目、投资10亿元的璟泰集团新能源项目。此外，还新引进了进联湖南生产基地、点道生物总部暨长沙生产基地、扬戈科技塔式起重机室生产基地、碳谷新材料等一批优质产业链项目。 （谭 曦）

供销合作

【概况】 2019年，宁乡市供销合作社联合社深入学习贯彻中共十九大会议精神，认真落实中央、湖南省、长沙市关于供销社综合改革的指示精神，紧紧围绕全局开展工作，强化党建引领，激发干事热情，坚持为“三农”服务，坚持开放办社，完成了各项任务。

【基层组织恢复重建】 2019年，市供销合作联社共新建12个乡镇（街道）惠农综合服务中心、80个村（社区）综合服务社，新领办引办5家农民专业合作社，在长沙市供销合作总社的指导下完成验收。

【制度建设】 2019年，市供销合作联社先后制定《2019年度宁乡市供销社综合改革发展引导专项资金使用方案》、《供销改革专项资金管理办法》，修订、完善《宁乡市供销社综合改革专项引导资金申报指南》等制度规定，规范基层社标准化建设。

【树立基层社标杆】 2019年，菁华铺乡惠农综合服务中心、灰汤镇惠农综合服务中心、大成桥镇惠农综合服务中心获评全国供销合作总社“基层社标杆社”；宁乡县龙湖养鸭专业合作社、宁乡县红丰土地专业合作社获评全国供销合作总社“农民专业合作社示范社”。

【化肥淡储】 2019年，市供销合作联社选取长沙龙泉湖农业开发有限公司、长沙爱宁农业开发有限公司作为承储单位，共储备尿素960吨、钾肥60吨，高效复合肥1020吨，市值420.6万元。

【精准扶贫】 2019年，市供销合作联社协助对口扶贫单位坝塘镇金河村，引进回龙铺节能取暖器材厂开设扶贫车间，大力发展“四跟四走”产业，开展一村一品建设，以集体经济发展带动贫困人口的发展。

【化解遗留问题】 2019年，市供销合作联社邀请信访援助小组对信访问题进行调查取证并出具处理意见，争取法律保障和法律援助，妥善解决2起历史遗留问题。 （何 军）

烟草专卖

【概况】 2019年，宁乡市烟草专卖局（分公司）下设8个职能股室和4个烟草站，在职人员127人，平均年龄38岁，本科以上107人。获“全国技术能手”称号1人、“全国烟草技术能手”称号3人、“省级烟草技术能手”1人。宁乡烟草坚持以习近平新时代中国特色社会主义思想和中共十九大精神为指导，落实行业和宁乡市委政府决策部署，坚持稳中求进总基调，聚焦高质量发展，有序推进重点工作，完成全年任务。销售卷烟4.91万箱、烟叶10.82万担。实现税利5.76亿元，其中税收（含所得税）3.07亿元，利润2.69亿元。

【卷烟营销】 2019年，宁乡烟草开展3轮客户信息摸底，摸清客户经营状态。建立6415户客户结算帐号数据库，防止一卡多结。建立大户档案53份，严密盯防，促进规范。创新开发“4+1”联防联治平台，共发起各类协同事项915次，提升协同效率。建成4个基层服务站，延伸服务触角。建成各类小组之家182个，开展集中培训、品牌宣讲71场次。小组活力持续增强。高质量承办全市系统自律小组现场会，得到省、市局领导及与会代表一致好评。建成首批2家“湘汇636”加盟终端，形成示范窗口。发展培养职业化零售户28户，发挥引领作用。推广终端系统门店349家，扫码活跃率达到89.17%，任务完成率106.08%。在黄材、花明楼等地打造5条旅游终端线路，指导旅游终端抱团经营、特色营销，提升终端体验感。

【专卖管理】 2019年，宁乡烟草开展全域市场检查，覆盖宁乡29个乡镇（街道）。联合工商、公安等部门开展“春雷九号”和“攻坚1号”等专项整治行动，紧盯违法违规大户，严打真烟跨区倒买倒卖、批量流动；紧盯重点市场，严打真烟二传手、囤积商；监管物流寄递环节，约谈物流寄递企业、站点218家。查获涉烟案件246起，涉案卷烟1543.04万支，金额1204.45万元，比2018年提升152.9%，其中5万元以上或20万支以上大要案件52起，破获1起假烟国标网络案，逮捕3人。深化“放管服”，推进智慧政务建设，实现所有业务“最多跑一次”，办理时限缩短至5个工作日。共受理新办业务1722户，不予许可率26.88%。

【烟叶生产】 2019年，宁乡烟草克服持续低温阴雨恶劣天气影响，抗冰雪保烟苗，抢备耕稳面积，提振烟农信心，实现生产规模基本稳定。收购烟叶6.69万担，实现烟农收入1.08亿元，烟叶税2073万元。高质量推进高端卷烟原料定制化生产试点500公顷、0.5万担，狠抓绿色防控，落实成熟采烤等关键技术，推进片区网格化管理、烟农互助小组建设，烟叶质量稳中有升。优化集中分级场点12个，实现专业化烘烤、专业化分级两个100%到位。探索专分包收试点，成包收购烟叶4.7万担，首次国庆前完成收购。省局收购检查合格率81.46%，工商交接检查合格率77.8%。获评省政府烟叶工作优秀单位。

【企业管理】 2019年，宁乡烟草聚焦依法依规办事，加强普法宣传、法治建设和依法办事水平。推进对标管理和精益改善，《降低烟叶收购人工成本》获全省系统QC小组活动成果一等奖。紧盯重点部位重点环节，加大检查治理力度，组织安全检查32次，整改隐患117处。重视信访，加强网络舆情监测，妥善应对信访事件、有效化解矛盾纠纷，保持企业安全稳定。以“全员素质提升年”为契机，持续开展岗位练兵，参加全省系统专卖管理人员比武活动，获评一等奖。在全市系统卷烟真伪鉴别劳动竞赛、烟叶评级技能竞赛、法律知识竞赛中均获第一名。获全市系统局长经理特别奖1人，最美长烟人2人，最美客户经理1人；获省局十优员工1人，团结实干、争先创优氛围更加浓厚。（办公室）

旅游业

责任编辑・蔡水林

综 述

2019年，宁乡市文化旅游广电体育局坚持文旅融合发展，提升宁乡文旅品牌美誉度。加强统筹规划。充分发挥旅游发展委员会统筹协调作用，完善旅游发展委员会办公室工作机构和工作制度，组织旅游发展委员会会议2次。编制《宁乡全域旅游发展整体规划》《宁乡市旅游宣传营销三年计划》。组建新的旅游协会，整合资源和力量，让企业在旅游发展中成为生力军。举办全市导游（讲解员）、宁乡与新化旅游行业高级管理人员培训班。擦亮旅游品牌。长沙方特·东方神画开园，成为湖南省文旅新名片。少奇故里，关山古镇，炭河古城，湘都生态园等研学旅游竞相发力、方兴未艾。花明楼、沙田红色旅游深受市场追捧。沩山避暑经济渐成气候，并在7月获评中国（湖南）“夏季避暑旅游目的地”。聚焦精准营销。举办宁乡市文化旅游节开幕式，全年推出“春踏花径、夏嬉山水、秋收硕果、冬品丰年”四个篇章共19个旅游节会活动，组织“生日免票游宁乡”活动，聚集了人气，缔造了品牌，吸附了游客。发布旅游宣传口号和形象LOGO，“心宁之乡，美好时光”逐渐深入人心，展示宁乡旅游美好新形象。制作旅游公益宣传片，完善旅游标识系统，出版《宁乡旅游鉴赏》《宁乡旅游宣传手册》。开展“书入客房、人人书香”赠书进景区活动，构建“书香旅游”。加强智慧旅游建设，开发宁乡全域旅游微信小程序。全力提质保牌。开展景区提质专项行动，对全市旅游度假区，等级景区进行全面模拟排查，共排查出问题293条，全部整改到位。至年末，8个A级景区通过等级景区复核。（肖 俐）

沩山风景名胜区

【概况】 沩山风景名胜区位于宁乡西部，地处宁乡、桃江、安化三县交界处，包括横市、黄材、沩山、巷子口、沙田、黄材水库等乡镇和单位，是一个集礼佛、度假、休闲、探险于一体的综合性旅游景区。2007年成为省级风景名胜区，2012年获批为国家级风景名胜区。沩山自古有“大沩凌云”之壮观，又名大沩山，沩水的发源地，常年云遮雾绕，实乃一片人间仙境之地，素有长沙“小西藏”之称。

沩山风景名胜区有青铜文化、佛教文化、湖湘文化、红色文化和自然生态资源等风景名胜资源，由两部分组成，分别为北面的四大景区（千佛洞景区、三关门景区、密印寺景区、炭河里·青羊湖景区）和南面的名人古迹独立风景线。其中，四大景区的范围为：北起烟溪以北山脊线沿至铁冲水库以北山脊线；东起大梅溪以东山脊线至蒋家冲、大梅溪以西山脊线至天紫漂流终点、峡溪以南山脊线经月山至小龙潭以东山脊线和蒿溪以北山脊线、炭河里遗址建设控制地带界线至肖家湾后沿山脊线南下；南起黄材水库（青羊湖），沿山腰线向西至安化与宁乡界；西与西北方向以县界为界。其中，黄材水库（青羊湖）南北两侧的青羊湖国家森林公园（原黄材林场地域），不划入风景名胜区范围。名人古迹独立风景线则由沙田和巷子口的独立景群构成，包括何叔衡故居、谢觉哉故居、何南熏墓、惠同廊桥、状元易祓墓、田冲兰花屋场、毛公桥等独立景点。有全国重点文物保护单位4处，省级文物保护单位7处，市级文物保护单位3处，县级文物保护单位12处，4A级旅游景区1处、3A级旅游景区2处，是“新宁之乡、美好时光”旅游品牌的名片。

风景区人文历史厚重。有被考古界誉为“南中国青铜文化中心”、2004年中国十大考古发现之一的炭河里遗址，出土珍贵文物800多件，如震惊世界的国宝四羊方尊、人面纹鼎、象纹大铜铙等，有力的打破“青铜文明不过长江”之说；有禅宗五派之一沩仰宗的祖庭，始建于公元807年的密印寺，正殿“万佛殿”四壁所嵌一万二千多尊鎏金佛像，为世界佛寺奇观。密印寺后山毗庐峰一尊观音圣像巍巍矗立，气势恢宏的万佛灵山主题公园令人神往。炭河古城为中国首个西周文化主题公园，景区既有简朴庄严的宫殿庙宇，又有喧哗热闹的市井老街，处处编钟古乐、诗礼周风，仿佛三千年前的时光再次复活，无不传递着来自遥远年代的文明气息。西周王宫、古城墙、兵事殿、六艺之教、后宫等西周文化风情神奇再现，活着的西周市井图、姜太公呼风唤雨法术馆、妲己幽魂鬼屋、太子阴魂听音室等高科技体验项目惊喜连连，大型歌舞《炭河千古情》《妲己魅惑》《褒姒沐浴》《彩楼抛绣球》等演艺秀好戏连台，更有酒池肉林、烽火戏诸侯等互动游乐妙趣横生，以伟大的想象力和宏大叙事的方式，再现宁乡青铜时代鲜活的生产与生活空间、帝王与平民场景。还有密印寺开山鼻祖灵祐肉身塔、唐相国裴休墓、唐诗僧齐己墓、宋状元易祓墓、抗金名将张浚和朱张理学创始人张栻父子之墓及中共“一大”代表何叔衡故居、共和国司法制度奠基人谢觉哉故居等。

风景区自然风光秀丽。有全国三大土坝工程之一——黄材水库（青羊湖），万余亩的水域面积和原生态次森林，构成了“高峡平湖”的壮观景象宛如美丽画卷；有国内最年轻的溶洞千佛洞，又名“十三洞”，“天下第一洞穴峡谷”“天下第一钟乳石柱”“天下第一无极天顶”等奇景令人叹为观止；有省会长沙较大的自然岩石群三关门；有原始森林覆盖率90%以上的城大林场，生态环境十分优美；还有美丽的扶王山、壮丽的大峡谷、珍稀的香榧林等。天紫漂流、龙泉漂流等处山势陡峭，植被茂盛、怪石嶙峋，景色美丽异常。

风景区特色物产富饶。沩山系列食品源于其产地独特、生长环境优良，品质好、味道佳。沩山毛尖茶，形质诸佳，属于纯天然绿色食品，同时富含硒、锌，具有促进智力发育，预防心血管疾病、降血脂的作用，最早产于唐代，在宋代被列为朝廷贡品，并已经得到毛泽东、刘少奇、华国锋等前中央领导人以及广大消费者的认可，已申请国家地理标志保护产品；沩山豆腐，由芦花瀑布的水所制作的豆腐是宁乡一绝，是宁乡一道名菜；沩山擂茶，由花生、芝麻、黄豆、玉米、绿豆、糯米、茶叶、生姜、胡椒以及水和盐等成份混合而成，已有几千年的历史；另有祖塔七星椒、沩山腊肉、黄材干鱼及各类野味、野菜等深得游人喜爱，每年均有各地游客批量定购。

2019 年，宁乡沩山风景名胜区管理委员会内设 6 个部室：办公室、财务部、经济发展部、资源环境部、规划建设部、综合执法部，有干部职工 22 人。

全年，沩山风景名胜区管理委员会以将风景区建设成为“内陆开放高地、全域旅游景区、群众幸福家园”为目标，按照“科学规划、统一管理、严格保护、永续利用”的原则，大力实施“14830”全域旅游战略规划，开拓创新，全力攻坚，将沩山风景名胜区打造为宁乡发展全域旅游的引爆点、沩山康养避暑产业的突破点、西部群众脱贫致富的增长点。经统计，2019 年沩山风景名胜区共接待旅游人数达 562.9 万人次，门票收入 1.95 亿元，比 2018 年增长 4.5%，3.9%。

年内，做好驻村帮扶工作。安排专人驻村开展全脱产扶贫和群众工作，以“授人鱼不如授之以渔”的扶贫理念，通过开展“五查一走访”、上户专访等行动，加大资金支持力度，下拨专项资金 6 万元，向市林业局争取茶树苗 2 万多株，推进精准扶贫整改落到实处。全员参与垃圾分类。自全市开展垃圾分类工作后，管委会定期召开工作推进会，邀请专家老师授课，发放《宁乡市公共机构生活垃圾分类宣传指导手册》，广泛开展垃圾分类宣传教育，坚持领导带头，党员以身作则，干部职工积极参与，营造“垃圾分类、人人有责”的良好氛围，获评长沙市公共机构生活垃圾分类示范单位。其他工作齐头并进。着力争当“新时代、新担当、新作为”好干部，统筹推进各项工作，《湖南省特色志（丛书）·大沩山志》编写组获评 2019 年度湖南省地方志系统先进集体；工会组织开展干部职工医疗互助活动，组织干部职工进行健康体检，慰问住院干职工及家属 10 多次；做好应急管理、国防动员和人防建设工作，扎实开展宣传、信访、计生、统计、统战、共青团、妇联、老干、群众、民族宗教等各项工作。

【景区党建工作】 2019 年，宁乡沩山风景名胜区管理委员会加强党建工作。全面从严治党。深入学习《习近平新时代中国特色社会主义思想三十讲》，每一名党员均参与，以授课领学等形式，形成大家一起学的浓厚学习氛围。坚持落实“三会一课”（“三会”指定期召开支部党员大会、党支部委员会和党小组会，“一课”指按时上好党课）制度、开展主题党日活动、在职党员进小区、精准扶贫等重点工作的督促督导，认真落实党风廉政建设“双主体”和“一岗双责”责任。扎实开展第二批“不忘初心、牢记使命”主题教育。开展党建理论学习，学原文、悟原理，把主题教育同日常工作相结合，使全体党员理论学习有收获、思想政治受洗礼、干事创业敢担当、为民服务解难题、清正廉洁做表率，得到长沙市委主题教育指导组的肯定。完善有关制度，加强工作作风建设。制定并完善《机关管理制度》和《财务管理制度》。认真执行贯彻落实中央八项规定精神专项整治工作，实行“零报告”“月报告”等制度，全年开展两次专项整治工作，开展自查自纠。坚持每周一次的集中学习，组织参加春季马路赛、“万步有约”等团队活动，组织“不忘初心、牢记使命”主题党日活动，邀请市委党校老师讲授专题党课，组织干部职工进行戒毒宣传并观看禁毒教育影片《凤凰花开》等。

【景区资源保护】 2019 年，宁乡沩山风景名胜区管理委员会做好景区资源保护工作。火警火灾防控。春节、元宵、清明是全年森林重点防火期，管理委深入域内巡查、宣传，重点防火时期密集出动宣传车在景区循环宣传，加强与乡镇政府、林业站的衔接，及时消除火灾隐患。全年，风景区内未发生一例森林火警、火灾。同时，加强森林违法行为的监管。积极发动和督促护林员加强各自管辖区巡查，督促黄材等乡镇加强对松材线虫等病虫害的防治工作。督促沩山、巷子口等乡镇对冰冻树木的管理，坚决杜绝乱砍滥伐。协助对火警、火灾案件及时查处。风景区内乱砍滥伐、乱捕滥猎的行为大为减少。自然生态环境。做好基础工作，按市环委会要求及时落实各项职能职责，建立景区环境保护网格化监管体系，完成风景区环境保护工作职责及问题自查表上报等基础工作。全面落实风景区环境保护工作。加强风景区内环境监测监管，严防重大环境污染故事发生，及时准确做好环境保护相关信息和资料上报。发动风景区护林员当好环境保护员，加强生态环境保护监管，加大景区群众的生态环境知识宣传。特别是对野外焚烧、乱丢乱扔等污染环境行为及时教育和制止。对乱搭乱建、乱挖乱采等行为及时与相关执法部门衔接处理。处理承包林地遗留。认真接待群众来访，做好解释工作。完善测算补偿数据，提供相关资料给相关部门，争取上级支持，解决好到期承包林地的问题。5 月 16 日，市长办公会议通过了沩山风景名胜区承包林地遗留问题处理方案。随后，管委会、林业局和乡镇联合分三组对风景区内五个乡镇承包林地的 170 户入户核查，对 100 户列入补偿范围承包户进行承包面积测量和公示。12 月底第一批补偿款已经发放到位。2019 年发放 149 户村民建房林木补贴共计 18.4 万元。加强护林员队伍建设。出台《宁乡沩山风景名胜区关于微信“沩山风景名胜区护林员群”的管理规定》，针对衡东县“9.24”山火和景区防火形势，出台《宁乡沩山风景名胜区管理委员会关于加强风景区森林防火工作的通知》和《宁乡沩山风景名胜区管理委员会关于加强护林员工作督查的通知》文件。更换景区护林员防火装备 72 套。不定期对护林员进行调查走访，及时了解护林员工作生活和思想情况，加强沟通交流。加强护林员工作督查，严格护林员奖惩兑现。完成对到龄和不宜再担任护林员的及时作出调整建议和候选人推荐考察。

【景区执法监管】2019年，宁乡沩山风景名胜区管理委员会开展执法监管。规划建设监管。着力加强村民建房监管员管理和各国土管理部门的沟通协调工作，全年外出查勘村民建房550户，手续办理441户，建房风格验收共计146户，其中验收合格133户，验收合格率达91%。认真完成风景区勘界立桩标志标徽选址、方案、预算、采购等工作。进一步推进《沩山风景名胜区总体规划》详细规划编制工作，争取详细规划编制进入宁乡市规划三年工作计划。参与国家级文物保护单位张南轩父子墓保护规划、数字王国规划、湖南省消防直升机（起降点）规划评审。上报省林业局S327公路提质改造项目，配合规划部门完成生态红线、城市开发边界线划定等相关工作。执法控建拆违。综合执法工作有条不紊，全年共立案查处违法行为5件，申请法院强制执行违法建设4件，现场制止纠正违法建设行为2件，与森林公安、沩山林业站、巷子口林业站联合进行野生动物保护专项行动两次，共同完成两件景区内捕杀野生动物苗头的前期调查和后续打击方案。现场与沩山乡政府、沩山国土所处理沩山社区杨某违法洗砂问题1件、与沩山乡对接处理相关违法建设拆除、退养工作4件。核实并现场处理群众举报7件，完善“2018绿盾违法案件”相关销号手续，完成执法证换证相关工作。清理违建别墅。设立违建别墅清查工作领导小组，出台违建别墅清查工作方案，多次召开专题会议，对风景区内一万多户房屋，逐一下村进行摸底排查，一户一档，把所有违规建设、违规审批等违规问题收集上报，严格按照“市不漏县、县不漏乡、乡不漏村、村不漏房”的原则，以坚决的态度对顶风违建、严重破坏生态违建别墅严肃查处整治，践行绿水青山就是金山银山的理念，以保护风景区的可持续发展。

【旅游宣传及创新】2019年，宁乡沩山风景名胜区管理委员会在旅游宣传及创新上，旅游节会营销。为进一步提升沩山风景名胜区人气，管委会主动作为，研究措施，狠抓工作落实，开展沩山茶旅文化节、沩山康养避暑文化节等一系列活动。其中宁乡市首届沩山茶旅文化节以“千年茶旅·康养沩山”为主题，让游客体验采茶、品茶、购茶、尝美食、观节目、参观密印寺景区、炭河大马戏等景区（点）等一系列活动，经统计活动期间共接待游客7.8万人次，土特产、茶叶营业额约1000万元。宁乡市沩山首届康养避暑文化节活动以“康养沩山·避暑圣地”为主题，通过“尝沩山美食，观沩山景区、购沩山特产，来沩山避暑”四个展厅让游客进一步了解沩山，期间游客们还可以欣赏宁乡市花鼓戏剧团表演、广场舞等活动。据统计，全年避暑期间共接纳避暑游客16.7万余人次，比2018年增长271%，带来的直接经济收入约1700万元，间接收入约3500万元，其中高峰期每日过夜人数达3500人。宁乡市第二届漂流文化节暨龙泉漂流比赛以“花海山泉，清爽激情漂”为主题，与湖南交通频道深度合作，每天黄金时段重复播放龙泉漂流，加大龙泉漂流的宣传力度，据统计，全年天紫漂流、龙泉漂流共接待6.2万人，门票收入682.8万元，旅游收入约500万元。其中龙泉漂流旅游人数4.8万人，门票收入520.6万元；天紫漂流旅游人数1.4万人，门票收入162.2万元。湖南沩山第二届康养年俗文化节以“十万人上沩山　共品年猪宴”为主题，通过开展“沐灰汤温泉、游炭河古城、欣赏异域风情，杀沩山年猪、吃年饭、享受年俗文化”等活动，让游客体验乡情、乡味、乡俗，感受传统文化的魅力据统计，此次活动期间共接待游客约4万人，其中参加年俗文化结团队游客约3.1万人，散客约8000人，两日游游客约1.051万人（沩山温泉山庄5510人，紫龙湾约3000人，沩山乡其他酒店约2000人），土特产销售额约500万元，其中宰杀土猪约500头，销售额200万元。打造风景区精品旅游线路。以活动为契机，管委会积极与湖南省中国旅行社、湖南省中青旅等多家旅行社对接，针对不同人群，打造沩山风景名胜区一日游、二日游精品旅游线路，提升风景区人气，且在江苏扬州瘦西湖景区召开的2019年全国风景名胜区信息宣传工作会议期间，以及宁乡市、管委会举办的大型活动上进行大力推介精品旅游线路。景区提质整改。为扎实推进沩山风景名胜区等级景区复评迎检工作，提升旅游景区品质，更好满足广大游客对旅游出行的需求，根据市旅发委等级景区提质专项行动会议精神，管委会主要领导高度重视，制定工作方案，扎实推进工作。邀请专业公司对沩山风景名胜区内景区（点）进行严密排查，经排查，风景区内等级景区共排查出110项问题，其中密印景区排查43项问题，千佛洞景区排查39项问题，天紫漂流排查出28项问题。经过二个月的督查整改，风景区内等级景区（点）存在的问题全部整改到位，此项工作得到市领导贺立权副市长的高度好评。申报省林业局S327公路提质改造项目，已完成专家论证会。“避暑”旅游品牌、避暑经济建设。为打造“沩山避暑”品牌，管委会参加中国（湖南）夏季避暑圣地的评选活动。7月25日，沩山风景名胜区成功获评全省8家“夏季避暑目的地”称号之一。五是景区宣传。全年所有节会活动均在《人民日报》、中新社、新湖南、掌上长沙等新媒体上进行宣传报道，提高沩山风景名胜区的影响力，打响国家级风景区品牌，并获评“2019微博热门旅游目的地”。

【景区安全生产】2019年，宁乡沩山风景名胜区管理委员会开展“安全生产月”、安全生产领域“大排查、大体检、大整治”专项行动，年初与景区相关单位签订安全责任状。日常安全督查22次，处理相关部门函告3次。“两节”期间，安全生产领导带队检查，每景点日常巡查5次以上。完成景区旅游行业涉黑涉恶情况摸底调查。参加龙泉漂流、天紫漂流景区开漂前验收工作，督促漂流景区整改并做好服务工作，有效防范和坚决遏制景区安全生产事故的发生。完成月山石煤治理项目后期监测工作，确保景区资源环境不受污染。

【获首届中国（湖南）十佳“冬季气候旅游目的地”】 2019年1月19日，在长沙召开中国（湖南）气候旅游胜地创建活动启动仪式暨十佳冬季气候旅游目的地评选结果发布会，沩山风景名胜区获评首届中国（湖南）气候旅游胜地十佳“冬季气候旅游目的地”。此次评选活动从2018年11月起，由中国天气网和湖南省气象学会联合主办、湖南省气象服务中心承办、湖南省万象广告公司协办。活动通过报名、申报、初审、复核、评审等专业评价程序，经国家级和省级旅游、气象专家严格审定，最终选出湖南十佳“冬季气候旅游目的地”。

2019年3月31日，宁乡市沩山首届茶旅文化节暨沩山风景名胜区春季旅游推介会在沩山国家级风景名胜区密印景区举行。图为小游客体验采茶乐趣

【举行沩山首届茶旅文化节暨沩山风景名胜区春季旅游推介会】 2019年3月31日，宁乡市沩山首届茶旅文化节暨沩山风景名胜区春季旅游推介会在密印景区举行，以“千年茶旅、康养沩山”为主题，从3月31日—5月30日，为期两个月。此次活动由宁乡沩山风景名胜区管理委员会、宁乡市文化旅游投资有限公司、沩山乡人民政府主办，沩山风景名胜区旅游联盟、湖南沩山湘茗集团、湖南省中国旅行社（友谊天下）承办。第一批1000人的体验游客参加启动式。活动将以春为约、以茶为媒，开展采制春茶、找寻春芳、购置春鲜等一系列活动，能让游客体验采茶乐趣，品尝沩山新茶及美食，购买沩山茶及土特产，欣赏采茶秀、舞龙等文艺演出。活动期间，还联合旅行社推出以茶园风光、密印景区、炭河古城景区、千佛洞景区等为核心的一日游和二日游精品旅游线路，炭河大马戏、冰雪王国、泰国风情馆等景点，深得游人喜爱。

【湖南省消防直升机机场（临时起降点）建设项目落户沩山景区】 2019年4月17日，湖南省消防直升机机场（临时起降点）建设项目落户沩山风景名胜区。国家林业局批准湖南省消防直升机机场（临时起降点）建设项目（林规批字〔2017〕137号），经省林业局决定落户于沩山风景名胜区三关门景区与湖南省青羊湖国有林场交叉重叠的二分场的牛力飞，属于风景名胜区二级、三级保护区。建设内容包括两个直升机起降点、三个停机位、航管楼、辅助及附属工程，项目总投资3960万元，用地规划1.77公顷。

【沩山雪尖与沩山毛尖获评金奖】 2019年4月24日，第四届亚太茶茗大奖获奖名单揭晓，湖南沩山茶业股份有限公司选送的沩山雪尖与沩山毛尖两产品获评金奖。

【沩山黄芽获评金奖】 2019年5月3日，“蒙顶山杯”第四届中国黄茶斗茶大赛举行颁奖仪式，湖南沩山茶业股份有限公司选送的“沩山”牌沩山黄芽获评金奖。

【《湖南省志·大沩山志》召开第二次专家评审会】 2019年5月22日，《湖南省特色志》丛书之一的《湖南省志·大沩山志》召开第二次专家评审会。湖南省、长沙市、宁乡市地方志编纂委员会的有关领导和专家进行认真的评审，提出很多宝贵意见和建议。《湖南省志·大沩山志》编纂组接受宝贵意见，并反复修改打磨，并决心修一部特色良志。

【举办沩山首届康养避暑文化节】 2019年6月22日，以“康养沩山 避暑圣地”为主题的宁乡市沩山首届康养避暑文化节开幕式在沩山国家级风景名胜区密印景区举行。活动由宁乡沩山风景名胜区管理委员会、沩山乡人民政府主办，湖南中惠旅宁乡温泉山庄、湘茗集团承办，宁乡市民政局、宁乡市文化旅游投资有限公司、湖南省中青旅协办。活动有800多名自驾游、团队游客，主办、承办、支持单位的相关负责人、工作人员、演员，湖南省周边老年大学代表，省、市新闻媒体朋友共1200多人参加启动仪式。活动从6月22日—10月31日，为期四个多月，将推出以“康养沩山·避暑圣地”为主题的一日游、二日游产品，还有千叟宴、书画大赛、摄影大赛、擂茶大赛、广场舞大赛等，让游客在宁乡沩山尽情体验康养避暑文化的魅力。

【举办2019宁乡市第二届漂流文化节暨龙泉漂流比赛】 7月19日，在宁乡黄材镇龙泉漂流景区拉开帷幕。来自长沙、宁乡、株洲、湘潭、娄底、益阳等地的300多名漂流运动员，在清爽宜人的山泉水中与浪共舞，给大家带来了一场充满愉快和友谊的精彩比赛。

【沩山国家级风景名胜区获中国（湖南）气候旅游胜地“夏季避暑旅游目的地”】 2019年7月22日，沩山风景名胜区获评中国（湖南）气候旅游胜地“夏季避暑旅游目的地”。沩山风景名胜区内林地面积有1.47万多公顷，森林覆盖率95%以上，空气优良，负氧离子丰富，年平均气温15℃，比市内其他地区低3-5℃，其中沩山乡年平均温度比长沙市区低6-10℃左右，是夏季避暑好去处。自6月22日宁乡市沩山康养避暑文化节启动一个月后，沩山风景名胜区已接待省内外避暑游客近4万人次。

【举办湖南沩山第二届康养年俗文化节】 2019年12月7日，“楚沩之夜 相约沩山”湖南沩山第二届康养年俗文化节开幕式在沩山国家级风景名胜区密印景区举行。通过开展“沐灰汤温泉、游炭河古城、欣赏异域风情，杀沩山年猪、吃年饭、享受年俗文化”等活动，让游客体验乡情、乡味、乡俗。

【举办“楚沩之夜”湖南沩山第二届康养年俗文化节迎新年篝火晚会】 2019年12月31日，由宁乡沩山风景名胜区管理委员会、沩山乡人民政府、宁乡市文化旅游投资有限公司主办，湖南沩山湘茗集团承办，宁乡市旅游协会、泰国风情馆、千佛洞景区协办的“楚沩之夜”湖南沩山第二届康养年俗文化节迎新年篝火晚会在密印寺游客中心广场举办。

（邹　静）

香山国家森林公园

【概况】 根据国家林业和草原局林场许变［2018］15号文件，核定湖南宁乡香山国家森林公园管面积为2016公顷，其中林地面积1854.64公顷。森林公园核心景区分为香山冲、龙凤峡、嵇茄山三大景区，共有山水石寺等景点50多个，主要景点有竹林云海、香山烟雨、棋盘仙石、一线登天、滴水崖、宝塔神树、响鼓潭瀑布、烈马卧槽等。香山冲的嵇茄山主峰海拔为474.7米，为湖南湘江新区境内最高峰。

2019年，湖南宁乡香山国家森林公园制定好党组和支部基层党建工作计划，坚持“两个维护”，开展“五个打造”，推进支部“五化”建设。单位党员干部职工依托《学习强国》《红星云》等平台，开展习近平新时代中国特色社会主义思想、习近平总书记重要指示讲话精神和中共十九大精神、《党章》《中国共产党纪律处分条例》等党内法规学习。扎实开展“不忘初心，牢记使命”主题教育，结合单位中心工作，列出调研清单，突出重点开展调研，为群众解决4个实际问题。开展精准扶贫工作，通过帮扶，所联12户贫困户平均增收3000元，全部脱贫，解决联点社区扶贫专项资金4.8万元。围绕“党建统领、严格保护，科学管理，品质提升”工作思路，紧扣建设“生态、智慧、运动、康养及长株潭城市群的市民公园”的工作重点，把保护好青山绿水作为最大的政绩，提升生态空间的管控水平，顺应、保护和回归自然，把2019年定位为“管理提升年”。

【推进香山公园总体规划】 2019年，湖南宁乡香山国家森林公园严格按照省林业厅、长沙市林业局、宁乡市委、市政府的工作要求和重点，积极对接设计单位，加快推进香山公园总体规划送审相关工作，3月28日总规通过省林业厅的专家评审，9月23日报国家林草局审批。

【香山资源保护】 2019年，湖南宁乡香山国家森林公园对景区进行全面的调查摸底，排除大小安全隐患16处；投入70多万元对景区环境卫生进行综合整治。加强森林防灾灭火工作，严格控制森林火灾发生，举办消防安全知识培训1次、出动森林防火宣传车200台次、添置防火标牌20块，取缔露天烧烤场22处，烧烤经营户6家，制止野外用火50余起。成立防汛抗旱工作领导小组，开展汛期险情排查和旱情防范工作；对公园15棵古树名木进行摸底造册、普查建档、保护挂牌，开展松材线虫防治360余株。加强巡查、部门联动，加强公园土地、森林资源保护，制止非法采石、采挖春笋行为，封停景区内违规建设项目。

【公园宣传教育】 2019年，湖南宁乡香山国家森林公园加强意识形态领域研判和指导，建设宣传阵地，做好舆论引导，营造共建美丽公园的良好氛围；建设“香山公园文化墙”，开展政治生态建设，展示森林生态文化，有效保护自然资源。通过网络、报纸、电视台等宣传媒体，正面报道香山公园15次。

（刘　姣）

香山国家森林公园天蓝水碧，绿意盎然

炭河里遗址管理处

【概况】 炭河里遗址是全国为数不多、南方极为罕见、湖南唯一的西周古城遗址，距今约3000年，保存面积2.3万平方米，先后出土“四羊方尊、人面纹方鼎”等珍贵文物200余件套、玉器、陶器等文物5000余件套。它的发现填补了湖南西周史文化缺失，对湖南地方史、南方青铜文明和早期国家社会形成等问题的研究具有非常重要的意义，形成并确立“炭河里文化”，成就“中国南方青铜文化中心”美誉。炭河里遗址先后被评为2004年全国十大考古发现、2006年全国重点文物保护单位，跻身2011年“省部共建”重点文化遗产保护与发展项目、2013年国家考古遗址公园行列、2016年《大遗址保护“十三五”专项规划》。

2019年，炭河里遗址管理处共有干部职工11名，内设5个科室：办公室、规划建设科、财务科、公园管理科、文保科。年内，完成四羊方尊出土点保护与展示、青铜器集中展示中心等工程建设，举办“国际博物馆日”“科普周”等主题活动，完成6期“我是小小讲解员”暑期活动，拍摄《一言九鼎》《邂逅》等微电影，完成“宁乡市博物馆（炭河里青铜博物馆）”国有博物馆设立备案工作，全年共接待游客73万人次，免费讲解4000余批次，游客满意率100%。

【开展暑期“我是小小讲解员”活动】 2019年5—8月，炭河里遗址管理处组织开展“我是小小讲解员”活动。长沙、娄底、益阳、怀化等周边城市1000多名学生争相报名参与，经过培训近200位小小讲解员上岗进行公益讲解750批次，服务游客1.7万余人次。

【拍摄“一言九鼎”“邂逅”等微电影】 2019年，拍摄《一言九鼎》《邂逅》等微电影，其中《邂逅》入选“讲好中国故事”创意传播大赛，被人民网、央视网、《湖南日报》等媒体转载，点击率超100万人次；《一言九鼎》在中央电化教育馆“成语中国”微电影征集活动中展播。

2019年8月，一位小朋友正在认真听“小小讲解员”讲解

【开展国际博物馆日系列活动】 2019年5月12—19日，炭河里遗址管理处开展国际博物馆日暨科普周系列活动。策划组织主题活动，开展“文物惠民·万人走进博物馆”活动；联系黄材镇中心小学，5月17日组织约1000名学生开展馆校合作科普活动。加大宣传展示力度，电子屏幕24小时循环滚动播放宣传标语和背景资料；免费发放《炭河里青铜传奇》1万份；制作展出8块科普知识展板，近2万人接受炭河里文化宣传教育。开展文艺表演活动，每天上午10：00、下午13：00进行编钟舞表演，给观众送去视觉盛宴。增加现场讲解场次，活动期间免费讲解100余场次，免费接待游客近3万人次。

【刘少奇亲属考察炭河里】 2019年12月3日，刘少奇亲属魏珍等人在宁乡市委宣传部长彭娟的陪同下来到炭河里青铜博物馆考察。

【举行中国遗产日系列活动】 2019年6月8日，炭河里遗址管理处围绕“非遗保护，中国实践”主题，组织开展系列活动。活动当天增加四场义务讲解，在博物馆入口处展出遗产日宣传展板，免费向中小学生赠阅《炭河里青铜传奇》故事画册，博物馆电子大屏幕滚动播放宣传标语、背景资料，加大文化遗产保护法律法规和宁乡各种特色文化遗产的宣传，彰显文化遗产的社会作用与功能。

【举办首届趣味运动会】 2019年11月11日，炭河里遗址管理处在配套用房区篮球场举办首届“守初心、担使命、聚合力、促发展”为主题的趣味运动会，全体干部职工及物业公司若干员工共同参加此次运动会。运动会的举办，丰富炭河里遗址管理处干部职工体育文化生活，强健干部职工体魄，又增进相互间的了解与交流，同时也提升大家的集体荣誉感，展现文博工作者良好的精神风貌，让大家一起感受到运动的快乐。

【宁乡市博物馆完成国有博物馆备案】 宁乡市博物馆建筑面积8662平方米，展厅面积2684平方米，包括一个近403平方米的宁乡历史文化展厅。博物馆馆藏及展示文物共5356件（套），其中国家珍贵文物200余件套，国家一级文物4件。博物馆先后获评湖南省科普基地、长沙市爱国主义教育基地文化旅游示范基地、长沙市专业科普场馆、长沙市文化旅游示范基地等，深度推进宣教与研学工作，2019年累计接待参观者220万人。

（喻晓辉）

财税·金融

责任编辑·高　丽

财　政

【概况】 2019年，宁乡市完成一般公共预算收入88.03亿元，为调整预算的102.47%，较2018年增加7.43亿元，同比增长9.21%。其中：地方一般公共预算收入53.81亿元，为市下考核任务的105.38%，较2018年增加6.5亿元，增长13.73%；地方税收收入40.04亿元，较2018年增加6.71亿元，增长20.11%，占地方一般公共预算收入的比重为74.41%，较2018年提高3.95个百分点。

2019年，宁乡市完成一般公共预算支出105.21亿元，较2018年增加9.24亿元，增长9.62%，为调整预算的104.41%，其中：一般公共服务支出11.53亿元，为调整预算的93.18%；国防支出1075万元，为调整预算的144.30%；公共安全支出3.53亿元，为调整预算的122.67%；教育支出18.39亿元，为调整预算的102.90%；科学技术支出2.35亿元，为调整预算的150.29%；文化旅游体育与传媒支出1.43亿元，为调整预算的96.45%；社会保障与就业支出14.55亿元，为调整预算的98.94%；卫生健康支出10.75亿元，为调整预算的108.76%；节能环保支出1.76亿元，为调整预算的114.86%；城乡社区支出10.33亿元，为调整预算的118.06%；农林水支出16.48亿元，为调整预算的105.36%；交通运输支出4.22亿元，为调整预算的115.70%；资源勘探信息等支出3.37亿元，为调整预算的130.52%；商业服务业等支出4036万元，为调整预算的58.84%；金融支出317万元，为调整预算的105.67%；自然资源海洋气象等支出1.38亿元，为调整预算的89.36%；住房保障支出2.26亿元，为调整预算的86.78%；粮油物资储备支出1562万元，为调整预算的50.68%；灾害防治及应急管理支出4727万元，为调整预算的122.05%；债务付息支出1.25亿元，为调整预算的91.47%；其他支出4534万元，为调整预算的56.84%。

【财税征管】 2019年，宁乡市财政局积极应对经济下行压力，聚焦地方税收，提高收入质量，强化增收节支，财政收入增长稳健。抓好收入。全年完成地方一般公共预算收入53.81亿元，增长13.73%，继续保持两位数增速。盘活资金。将过“紧日子”理念贯彻到预算编制和执行过程中，全年一般性支出压减10%以上；全面清理财政往来及暂存暂付款1.8亿元，用于弥补单位政策性支出等刚性缺口；加快资金支出进度，收回结转结余资金近1亿元，调整用于资金急需领域。统筹财力。通过地方收入的增量、上级转移支付的统筹、债券和存量资金的盘活等举措，全年调增财力近7亿元。

【支出保障】 2019年，宁乡市财政局始终将“三保”支出（保工资、保运转、保基本民生）和市委、市政府中心工作作为支出保障的重点，有效保障经济社会发展的资金需求。保障工资、运转。2019年部门预算基本支出34.6亿元，比2018年增加4.1亿元，教师队伍待遇水平进一步提高，差额及自收自支人员保险由财政统筹保障；逐步提高村党组织书记待遇，为基层村干部购买保险，解决村干部的后顾之忧。保民生。全年用于民生的支出占财政总支出的76%，市本级民生政策配套和民生项目资金13.7亿元，较2018年增加4.75亿元。社会保障方面，统筹安排资金2.9亿元，城乡居民养老保险基础养老金标准提高至198元/月，城乡居民医疗保险财政补助标准提高至520元/年，惠及128.9万人；市本级安排1950万元，将低保标准由550元/月提高到650元/月，特困人员供养标准由715元/月提高到845元/月，惠及2.7万名困难群众。医疗卫生方面，统筹安排资金1.04亿元，落实基本公共卫生服务和健康民生项目；统筹安排资金2934万元，用于医疗卫生机构设施设备、人员培养等标准化建设。教育文化方面，统筹安排资金2.89亿元，推进学校建设，保障学前教育、义务教育贫困寄宿生补助、中职免学费等资金足额发放；统筹安排资金6800万元，用于新时代文明实践中心建设、红色文化景点提质改造和文物保护。农业农村方面，统筹安排资金5.09亿元，推进农田水利及高标准农田建设；统筹安排资金2.3亿元，落实粮食生产发展和补贴资金；统筹安排资金5200万元，保障人畜饮水安全。环境卫生方面，统筹安排资金1.23亿元，用于城区保洁和市政建设；统筹资金3880万元，推进物业小区垃圾分类处置和餐厨垃圾处置。

【服务中心工作】 2019年，宁乡市财政局统筹财政资金，全力保障市委、市政府三大攻坚战、四个打造战略等中心工作资金需求。统筹资金1.16亿元，落实精准扶贫各项政策；统筹资金6120万元，用于大气、水体、土壤污染防治；统筹资金1.2亿元，用于非洲猪瘟防控；统筹资金1.4亿元，改建无害化厕所10万座；统筹资金5.63亿元，用于公路建设、养护和运输管理；统筹资金2.74亿元，用于棚户区改造和保障性安居工程建设。

【培植财源】 2019年，宁乡市财政局落实市委、市政府“打造西线工业走廊”的部署，发挥财政资金杠杆作用，支持制造业等实体经济发展，激发财源后劲。落实减税降费政策。落实国家减税降费政策，全年减税降费11亿元，2.84万户单位纳税人、20.9万自然人享受政策“红利”，激发市场主体活力。兑现产业扶持政策。积极筹措资金兑现市委、市政府产业扶持政策，市本级全年兑现工业发展和各级支持资金1.5亿元，有效推动企业转型升级，其中先进装备补贴资金4613万元，撬动企业先进装备投入资金4.69亿元，新增先进设备949台（套）。

【防控风险】 2019年，宁乡市财政局稳步推进金融风险防控工作，完善机制制度，明晰工作路径，有效做好控增量、化存量、防风险、促转型等各项工作。获批财政部建制县隐性债务风险防控试点。获财政部41.5亿元置换债券，有序置换高风险债务，政府隐性债务平均利率降至5.22%，年节约财务费用1.8亿元以上。推进平台公司转型。一对一研究、制定转型方案，确定转型路径，完成四大平台公司（宁乡市城发投资控股集团有限公司、宁乡市国资投资控股集团有限公司、宁乡经济技术开发区建设投资有限公司、长沙金洲新城开发建设投资有限公司）转型方案申报。

【财政管理】 2019年，宁乡市财政局全面完善规章制度。梳理财政管理的环节和流程，出台机构改革财务管理、政投项目评审、公务用餐、资金指标文件办理、国有资本授权经营体制改革、国有平台公司市场化转型、国有土地收支管理等制度文件，进一步强化资金管理、规范业务流程、防范廉政风险。持续优化服务效能。全面推进"政务服务+非税缴费"，2019年全市中小学教育收费全部实现网上支付，不动产等业务实现手机端缴费。 （王 利）

税 务

【概况】 2019年，宁乡市税务局有干部职工439人，其中在职311人，离退休127人，提前离岗1人。局机关设有办公室、法制科、税政科、社会保险费和非税收入科、收入核算科、纳税服务科、征收管理科、税源管理科、税收风险管理科、财务管理科、人事教育科、机关党委（党建工作科）、纪检组、信息中心、工会15个科室。辖第一、第二、灰汤、黄材、煤炭坝、玉潭、金洲、城郊、历经铺9个税务分局。

2019年，宁乡市税务局通过强化各项措施，全年总收入规模为87.13亿元。其中，市本级收入41.66亿元，社保费收入10.17亿元。2019年，宁乡市税务局建立健全党委、政务、财务、征管、纳服等各项制度，理清理顺工作机制；结合实际

2019年4月23日，"创响三湘 减税降费进园区"宣讲活动在宁乡经开区开展

科学设置考核指标，充分发挥绩效管理"指挥棒"作用；坚持抓平常、抓重点、抓痕迹原则，抓好数字人事，全面提升工作效率；发挥团工青妇组织作用，顺利续接省级"文明单位"称号；举办宁乡市税务局70周年文艺汇演、"力合促心合，有味更有为"主题趣味运动会，增强队伍凝聚力、向心力；组织全局干部在湖南师大开展集中封闭式培训、实施"一周一训，一月一考"，开展专业知识、岗位技能培训，提升队伍素质。宁乡市税务局被评为2019年度长沙市税务系统绩效管理先进单位；被长沙市局、宁乡市委评为党风廉政建设先进单位；第一税务分局获得长沙市"芙蓉标兵岗"称号。

【减税降费】 2019年，宁乡市税务局构建"政府牵头、税务主责、部门配合、社会共治"减税降费工作格局，加强宣传辅导，落实深化增值税改革、个人所得税改革和小微企业普惠性减税等各项减税降费政策，全年新增减税降费10.87亿元，办理出口退（免）税3.4亿元，办理留抵退税7174万元。

【依法治税】 2019年，宁乡市税务局以"依法征税，应收尽收，坚决不收过头税，坚决防止和制止越权减免税，坚决落实各项税收优惠政策"为基本原则，以落实党中央、国务院关于税制改革相关重大决策部署为重点，采取有效措施，推进依法治税。分类别、分科目梳理资料、表格清单，严格执行新的行政处罚标准，开展行政处罚专项检查，规范执法流程，推进"三项制度"建设；与财政局、法院三方会谈，建立快速信息交换长效机制，强化外部执法交流。

【税收征管】 2019年，宁乡市税务局组成数据清理"青年突击队"，完成数据清理指标7425条，推进金税三期并库及大双轨运行工作；细化征管绩效指标，落实税管员职责，完善管户台账，实施"痕迹化"管理，促进按期申报率和按期入库率提升；开展"房土"两税清理、土地增值税清算、规范二手房交易税收秩序专项活动，并对金融保险、教育、驾校等行业开展税收风险专项核查，堵塞征管漏洞。

【纳税服务】 2019年，宁乡市税务局推行"一门、一次、一窗"办税、办税事项"最多跑一次"清单、"一件事一次办"服务、网上办税平台首办套餐服务、落实便民办税春风行动、推广电子税务局、清理涉税（费）证明、做好纳税信用评价等措施，缩短纳税人办税时间，简化办税流程，优化税收营商环境，为纳税人缴费人提供更加方便快捷的办税服务。 （谢 征）

宁乡市金融事务中心

【概况】 2019年4月30日，经宁乡市机构编制委员会批准，将宁乡市金融证券工作办公室调整为宁乡市金融事务中心，为市政府直属公益一类正科级事业单位。该单位核定全额拨款事业编制12名，其中领导职数3名（主任1名，副主任2名）。12月6日，根据投融资管理工作需要，经市委编委研究，从市金融事务中心划转人员编制3名至宁乡市财政局所属事业单位，调整后，市金融事务中心全额事业编制9名。市金融事务中心主要负责贯彻执行国家、省、长沙市有关金融工作的方针政策和法律法规，协助行政主管部门草拟全市金融业发展中长期规划并配合实施；研究分析宏观金融形势、金融政策和全市金融运行情况，协助行政主管部门草拟引导金融业服务地方经济社会发展的建议措施；负责联系、引进、协调、服务各类金融机构；促进政府与金融机构的合作、金融机构和企业的对接，引导、协调和鼓励金融机构加大对全市经济社会发展的支持力度；推进全市多层次资本市场建设与发展，负责全市上市后备资源培育，统筹推进全市企业挂牌、上市、并购等工作；协助行政主管部门维护辖区内金融秩序和金融安全；协助行政主管部门推动全市保险体系的建设，促进全市保险市场规范发展；完成市委、市政府交办的其他任务。2019年，宁乡市金融事务中心不断提升金融服务水平，优化金融生态环境，防范和化解重大金融风险，为市域经济高质量发展奠定坚实基础。

【主要指标】 2019年，宁乡市金融机构共53家，其中银行机构21家，保险公司28家，证券公司4家。截至到12月底，宁乡市银行机构存款余额823.3亿元，新增88.4亿元，其中居民储蓄存款481.5亿元，新增57.6亿元；银行机构贷款余额834.3亿元（不含表外），净增118亿元；不良率为0.91%。金融机构全年纳税累计5.03亿元，比2018年增长15.14%。

2019年3月28日，“智汇湘江·科创新区”宁乡专场路演活动在宁乡高新区举行

【企业帮扶】 2019年，市金融事务中心稳妥运行转贷资金。根据产业发展现实需要，修订并印发《宁乡市转贷应急周转资金管理办法》文件，将转贷企业范围扩展到工业、农业、商贸业。自2016年至2019年，累计开展转贷业务187笔，金额14.5353亿元，其中2019年开展40笔，金额4.561亿元。创新开展基金路演活动。3月28日，对接湘江基金小镇，组织6家企业进行路演，吸引盛世湘江等42家知名投资机构，其中赛诺生物、标朗住工、金源新材分别获得19家、18家、13家股权投资机构青睐。全面推动政银合作。10月底举办“制造业立市·金融在行动”金融服务季活动、12月初牵头组织国开行、政银战略合作集中签约等大型金融活动，累计签约金额1050亿元。

【企业上市】 2019年，加加、楚天和红宇3家上市企业引进战略合作方；出台《宁乡市关于鼓励和支持企业上市的实施办法》文件，17家企业入选省拟上市后备企业资源库，其中族兴新材（创业板）、松井新材（科创板）分别在证监会和交易所进行审核，星邦重工、邦弗特准备向证监局报辅。

【防范风险】 2019年，宁乡市金融事务中心推动打非攻坚，提供有力金融保障。工作机制再完善。宁乡市领导坚持月调度，召开打非工作联席会议9次。聚拢专办工作人员，加强风险排查，完善各项机制，形成多措并举、协调推进的工作格局。风险排查无死角。建立公司注册联审机制，及时核查重点线索，全年排查新注册公司573家、开展“扫楼扫街”行动50余次，有效筑牢非法集资防火墙。加强监管无漏洞。全年向相关单位下发《风险提示函》21份，全面清理89家涉“养老”字样的机构，查出涉非企业2家。打击处置强震慑。着力“打早打小”，组织关停新入驻涉非司10家，先后协调公安机关对3家涉案公司进行立案侦查。精准宣传全覆盖。坚持常态宣传和集中宣传相结合，全年开展集中宣传40余次，发放宣传资料10余万份。制作2条具有宁乡特色（宁乡话）宣传片，播放次数高达5000余次。

【金融扶贫】 2019年，市金融事务中心新增扶贫贷款1193笔、金额4584.1万元，超额完成省定年度目标任务，较好完成“能贷尽贷”要求；截至到12月底贷款余额939笔、金额3550.63万元；累计贴息676.8万元，其中2019年贴息158万元；每月月底扶贫贷款逾期和欠息均清零。

（喻晴晴）

中国人民银行宁乡支行

【概况】 2019年，中国人民银行宁乡支行（以下称人行宁乡支行）落实稳健货币政策，支持经济金融高质量发展，维护金融稳定，提升服务质效，充分发挥基层央行职能作用。

【贯彻稳健货币政策】 2019年，人行宁乡支行执行稳健货币政策，促稳增长、调结构。督促银行合理安排信贷计划，严格按规定用好用足降准释放的流动性，进一步降低实体经济融资成本。深入园区、企业开展民营和小微企业金融服务；制定《宁乡市民营和小微企业金融服务“1241”专项行动方案》，建立健全深化民营和小微企业金融服务的长效机制；开展“千户民企大走访”活动，全年走访企业22家，为企业和银行牵线搭桥，切实帮助企业排忧解难。制定《宁乡市2019年金融精准扶贫工作计划》，完成2019年产业扶贫初审，扎实推进金融精准扶贫各项工作。对辖内法人金融机构流动性进行跟踪监测，对15家符合“三农”和16家小微信贷政策导向效果评估条件的金融机构开展政策效果评估。

【防范化解金融风险】 2019年，人行宁乡支行开展金融风险调研监测，加强业务指导和工作配合，辖内总体风险可控，发展向好。根据长沙中支风险防控体系，结合宁乡实际，构建辖内县域风险防控体系，制定工作实施方案，站好县域金融风险的“放哨岗”。抓好存款保险系统及保费缴纳，指导辖内法人机构完成投保机构信息维护，落实存款保险系统运行情况周报告制度，按照存款保险制度要求制发《保费缴纳通知书》，要求法人机构按时按量缴纳保费。做好政府性债务风险监测，进一步加强与政府部门沟通，畅通信息共享渠道；对城建投、国资公司、经建投等平台公司走访调研，督促其做好债务风险的防控和化解工作；与金融机构建立排查报告机制，防范政府性债务风险向金融系统传导。防好房地产金融风险，对辖内金融机构、房地产企业及居民家庭开展县域房地产市场有关情况的工作调研，分析宁乡市房地产市场现状、变化原因和值得关注的问题，报送长沙中支和地方政府参考。

【规范核算操作管理】 2019年，人行宁乡支行通过加强业务培训，认真执行操作管理制度和做实内部监督，保证资金安全，提升核算质量，实现全年零差错。严格会计业务操作规程。加强基础工作、严格审批制度，强化自查自纠。截至12月31日，累计处理会计业务838笔，其中现金及发行基金交存业务278笔，25.06亿元，联网取现业务155笔，36.9亿元。表外业务230笔，大额资金汇划134笔，普通转账37笔，宁乡农商行归还支农再贷款本金1笔1亿元，发放宁乡农商行支农再贷款2笔2.6亿元，发放宁乡农商行支小再贷款1笔3亿元，每日按时完成账务核对，会计主管每月月底进行会计业务自查。加强应急演练和人员培训。顺利开展ACS业务突发事件异地应急演练，做好突发事件出现时业务正常办理的准备工作。扎实开展会计业务骨干培训和国快管理辅助系统联网运行培训，为TMSS4.0在全省联网，平稳运行奠定基础。加强电子退库力度。为全面落实党中央关于小微企业普惠性税收减免政策，助推小微企业普惠性税收减免政策实施，与税务协调沟通，加强电子退税力度，简化操作流程。截至12月31日，宁乡市支库办理小微企业普惠电子退税3908户，共9726笔，金额146.82万元。加强发行基金管理。严格执行发行库管理制度，规范业务操作，正、副库主任、发行股长认真履行查库职责，确保发行基金安全。累计办理出库业务200笔，投放现金36.9亿元；办理现金入库260笔，回笼25.06亿元；办理发行基金调入4笔，调入发行基金5.57亿元；发行基金调出业务4笔，金额4.54亿元。

【金融便民服务】 2019年，人行宁乡支行推动移动便民支付工程建设，打造便民示范街。成立宁乡市“移动支付便民工程”建设实施领导小组，加快推动移动支付在公交、公共事业、税费缴纳、医疗社保等重点民生行业应用取得突破，实现云闪付公交车上线。打造宁乡灰汤景区移动支付便民示范街，灰汤百多家商户及大型酒店布放银联聚合收款码、银联受理标识及上线营销活动。取消企业银行账户许可。组织辖内商业银行参加关于取消企业银行账户许可培训会议和人民币银行结算账户管理系统压力测试。通过现场座谈、资料查阅、网点暗访等方式对取消企业银行账户许可准备工作进行全面检查验收。推进农村现金服务，创建现金服务示范区。组织在花明镇设有网点的五家金融机构参加现金服务示范区创建活动，先后组织二次创建工作推进会，三次实地督导，均实现挂牌。统筹安排发行基金调拨。结合旺季现金投放量和开户单位出库计划，测算旺季现金需求。结合库存发行基金实物量，科学制定发行基金调拨计划并组织实施，在总量上保证辖内现金供应。对小面额现金加大调拨力度和网点投放，加强金融机构与大型超市“直通车”，确保大型超市现金供应。提升征信消保效率，增强群众满意度。2019年新设自助查询机一台，有效缓解柜台查询压力，至12月末，支行征信窗口为5516人次查询个人信用信息，1461次企业信用信息，处理征信异议2笔，协助组织部和公安部门进行司法查询160人次。切实做好消费者权益保护工作，2019年妥善处理金融消费者权益保护中心收到的12起投诉，做到及时办理和群众满意。每季度结合支付、征信、反假等部门开展消费者权益保护宣传，向群众普及金融消费知识。

2019年3月，市民在展示下载的云闪付APP手机界面

【反洗钱工作】 2019年，人行宁乡支行加强反洗钱风险评估与宣传，对43家金融机构进行分类评级，指出相关机构存在的问题和不足，约谈一家机构负责人，促进反洗钱工作的规范和提升。辖内6家金融机构被评为A级，占13.95%；11家被评为BBB级，占25.58%；12家被评为BB级，占27.91%；7家被评为B级，占16.28%；2家被评为CCC级，占4.65%；2家被评为CC级，占4.65%，3家被评为C级，占6.98%；组织6家金融机构利用电子屏和进社区、学校、乡镇进行反洗钱知识宣传，向群众普及反洗钱知识。

【货币发行与管理】 2019年，人行宁乡支行做好新版人民币和纪念币发行工作。做好新版人民币发行前培训、宣传、机具升级和检测工作，确保发行工作顺利开展，强化廉政风险防控意识，严肃发行纪律，保障2019年贺岁普通纪念币、人民币发行70周年纪念钞、改革开放40周年纪念币、共和国成立70周年纪念币和2020年贺岁普通纪念币的顺利发行和兑换。做好人民币反假和人民币图样使用管理。督促辖内银行做好系统接口对接，按时实现货金反假系统上线；全年收缴辖内银行机构及公安机关收缴的假币58.27万元；联合公安、市场监督管理局等出台《关于禁止在祭祀用品、生活易损品、票券等物品上使用人民币图样的告知书》，并进行巡检。 （蔡 敏）

中国农业发展银行宁乡支行

【概况】 2019年中国农业发展银行宁乡市支行（以下简称“农发行宁乡市支行”）有正式在职员工19人，退休干部8人，临聘人员4人，内设办公室、信贷业务部、会计结算部3个部门。2019年，农发行宁乡市支行获中国农业发展银行总行“五一劳动奖状”、中国农业发展银行湖南省分行“十佳党支部”、中国金融工会湖南工作委员会“湖南省金融先锋号”、宁乡经开区“‘产业项目建设年’争先创优活动金融服务二等奖”等荣誉。

【业务指标】 截至2019年12月31日，农发行宁乡市支行实现各项贷款100.47亿元，较年初增加23.9亿元，贷款日均余额83.25亿元，较年初增加19.93亿元，累计发放贷款43.77亿元，累计收回贷款19.88亿元，其中：2019年审批项目贷款11个，审批金额56.8亿元，发放金额41.64亿元；各项存款余额40.02亿元，较年初增加10.77亿元，存款日均余额28.14亿元，较年初增加1.31亿元，其中：非贷存款客户27个，日均余额11亿元。实现账面利润1.74亿元，人均915.80万元。各类基金贷款3个，余额24900万元。

【三农工作】 服务粮食安全是农发行的重要职责。2019年，农发行宁乡市支行切实履行政策性银行的职能，顺应粮食价格形成机制和收储制度改革要求，全面落实粮棉油“去库存”，确保收购资金及时充足供应，截至12月31日，为中央储备稻谷发放贷款8701万元，中央储备玉米发放贷款2955万元，县级储备粮贷款1079万元，产业化龙头企业粮食购销流动资金贷款2750万元。向宁乡市花明粮油食品有限公司发放产业化龙头企业粮食购销流动资金扶贫贷款1000万元，在大屯营镇开展优质稻绿色种植产业化经营，开展农民种植技能培训，取得良好经济和社会效益。宁乡国资公司花猪双江口标准化示范基地项目，总投资1.2亿元，向农发行宁乡市支行申请贷款9000万元。

【长江大保护工作】 2019年，农发行宁乡市支行对长江大保护信贷业务实行准入优先、办贷优先、资金保障等支持政策，利用宁乡市水利资源丰富的优势，全年共审批投放“长江大保护”项目8个，审批额46.6亿元，投放额35.04亿元，投放率75.19%，较年初净增35.04亿元。

【小微工作】 2019年，农发行宁乡市支行加强组织推动，全力服务“民营小微企业提升工程”，支持依托当地资源禀赋和具有当地农产品品牌优势的小微企业，做到“真小微、真支持、真提升”，支行存量民营小微企业1家，全年新营销民营小微企业4个，实现投放贷款金额1660万。 （袁 媛）

农业银行宁乡支行

【概况】 2019年，中国农业银行股份有限公司宁乡市支行（以下简称“宁乡农行”）内设5个部室：综合管理部、运营财会部、风险管理部、公司业务部、个人金融部，在职员工190人，下辖6个城区网点，10个乡镇网点，5个离行式自助银行。截至2019年末，实现各项存款余额76.39亿元，其中储蓄存款64.7亿元，较年初净增4.05个百分点；各项贷款余额52.38亿元，实现中间收入2527万元，实现净利润1.06亿元，存贷总规模、储蓄存款、贷款总额、利润总额稳步提升。宁乡农行高度重视客户服务，致力于打造优质服务标杆。硬件上，对网点进行功能区优化，机具升级，购置员工学习、舒压、健身、休息设施设备；软件方面，创建和培育“慧行圆方、慧泽宁乡”的宁乡农行特有企业文化。支行营业部向中国银行业协会申报千佳网点创建，以湖南银行业千佳网点创建考核计分排名第二的成绩通过验收，打造全行网点服务转型的新标杆，成为宁乡地区唯一一个拥有“千佳网点”的银行。2019年，通过中国银行业协会对千佳网点创建的复检。

宁乡农行始终以服务三农为使命，为县域经济建设工作开展提供资金支持，为客户提供高效优质的综合金融服务。

【主体业务】 宁乡农行聚焦主业，业务稳步发展。储蓄存款有突破，2019年，全行实现储蓄余额64.7亿元，较2019年初净增4.05个百分点，占辖内市场份额第二。对公业务方面，为宁乡市住保局、非税局等单位开立账户，对接宁乡城建投等建设单位以及优质企业，11月投放白马棚改项目贷款2.76亿元，助力宁乡城市发展建设。为宁乡陆戈鞋业科技有限公司投放流动资金1000万元。信用卡、电子银行和汽车专项分期提升迅速。截至2019年12月末，新增信用卡有效客户4218户，电子银行有效户64117户，较年初增长27.03个百分点，专项分期额达1.3亿元，较年初净增7760万元，完成惠农通机具行政村全覆盖。

【深化转型】 2019年，宁乡农行多措并举，全面深化转型。一、助力“智慧宁乡”城市建设。2018年8月，该行与湖南省分行、宁乡市政府、腾讯公司签署“智慧宁乡”互联网金融服务战略合作协议，在全市公立学校全面铺开“智慧教育”平台，2019年9月份，宁乡市331所学校使用该平台，缴费16.27万人次，金额2.05亿元，实现缴费自动化、便捷化、高效化，并顺势推进“智慧物业”“智慧医疗”平台，这一模式被中国农业银行总行在全行推广，推动该行数字化转型。二、主推线上金融产品。围绕“一县一特”营销模式，推出多类创新线上贷款产品。为推动宁乡特色农产业发展投放宁乡花猪、粮食、烟草等惠农e贷7300余万元；为助力宁乡普惠金融发展，投放纳税e贷、抵押e贷等中小微企业贷款11.86亿元，满足当地中小微企业发展的金融需要。同时，逐步引导贷款审批实现批量化、线上化，提高贷款审批效率，简化企业贷款手续，白名单客户可直接通过掌上银行自助申请，秒审秒批。三、持续推动网点转型。2019年实现辖内全网点配置现金票据一体机、超级柜台全覆盖，加大电子银行和“湖南农行微银行”公众号的推广力度，通过智能化机具和科技手段有效分流柜面客户，大大缩短市民办理业务等待时间，市民足不出户就可以办理该行大部分非现金业务。

【服务三农】 2019年，宁乡农行共投放涉农贷款8000余万元，有效地支持农村产业发展和经济建设。主动对接市委市政府、相关部门、乡镇政府及村支两委，介绍该行最新金融政策，印发宣传资料，逐步推进“乡村振兴带头人”快农贷。实现全辖29个乡镇（街道），278个行政村惠农机具全覆盖，为居民提供集社保、医保缴款服务为一体的惠农金融服务，打造农村“家门口银行”。 （肖　腾）

工商银行宁乡支行

【概况】 中国工商银行股份有限公司宁乡支行（以下简称“宁乡工行”）坚持“立足宁乡，放眼新区”的发展思路，坚持客户基础，经营目标，团队管理、精细管理四大主线特色经营文化，坚持依法合规经营，各项指标再上新台阶。2019年实现实现营业净收入3.10亿元，较2018年增加5821万元；实现拨备前利润2.60亿元，较2018年增加5245万元，完成全年计划任务2.43亿元的106.99%。实现净利润2亿元，较上年增加4327万元，完成全年计划任务1.72亿元的116.28%。2019年缴纳增值税及附加2864万元；缴纳水利建设基金、残保金、土地、房产税、个人所得税及印花税等183万；缴纳企业所得税6136元。三项税收共计9183万元，位列宁乡县域四行之首。

【核心经营指标】 2019年末，各项存款余额达43.91亿元，较年初增长6.29亿元。其中：对公存款余额21.31亿元，增长4.11亿元；储蓄存款余额22.60亿元，增长2.18万元，个人金融资产余额增长4.45亿元。各项贷款余额95.72亿元，较年初净增长15.10亿元。其中：公司贷款余额59.72亿元，净增长15.17亿元，完成全年计划任务的191.4%；个人贷款余额36亿元，较年初-0.07亿元，各项贷款余额和增长额均排名同业第一。实现中间业务收入（含还原）9547万元，较上年增加2209万元，完成年的任务6644万元的143.7%。

2019年新增大中型客户拓户2户，小企业客户拓户55户（含供应链13户，法人经营快贷15户）；2019年普惠金融人行口径余额2.89亿元，增长3005万元；国际业务结售汇3.83亿美元，完成全年任务的116.57%，排名长沙分行前三；票据贴现3亿元，完成全年任务的187.79%，排名长沙分行前三；票据池入池7.32亿元；法人理财新规日均余额7170万元。产品渗透率209.40%。不良贷款余额3259.55万元，其中公司不良贷款2545.55万元、个贷不良贷款余额714万元，全行不良贷款率仅0.34%，较上年下降0.23%。

【中间业务收入】 2019年，宁乡工行严格执行监管政策规定，准确定位，提高贷款的议价能力，2019年通过重点项目合计收取中间业务收入7128万元。抓大不放小，夯实客户基础为支行中间业务增收开辟新的渠道，以基础性中收为突破，增加国际结算中收贡献；抓好融安e信、融智e信以及等基础投行收入；加强信贷议价能力和定价管理水平，不断提高中间业务收费水平，做到应收尽收，实现中间业务高速发展，全年实现融安E信中间业务收366万元、国际业务中间业务收入315万元。

【普惠金融】 宁乡工行大力推进普惠金融业务发展，逐步优化资产结构。截至2019年12月底，宁乡工行小微企业客户数74户，较年初净增27户，客户涉及贷款品种丰富，包括网络循环贷款、厂房按揭贷款、税务贷、贸易融资、网上小额贷等。宁乡工行是湖南分行首笔“税务贷”落地支行，也是长沙分行首笔“三单融资”业务的落地支行，并成为工行湖南分行首家普惠贷款余额超3亿元的支行。为打开小微企业批量拓户源头，寻找小微企业拓户新的增长点，支行积极推进楚天科技核心供应链事宜，2019年完成供应链贷款投放金额1059.87万元；主动对接担保公司，完成首笔小微企业800万元的担保贷款投放。

【大个金业务】 截至2019年3月31日，宁乡工行旺季储蓄存款时点增长58317万元，日均增长24372万元，分别完成长沙分行下达旺季任务44500万元、20300万元的131.05%、120.06%；个人贷款投放17476万元，完成旺季任务14000万元的124.83%，在宁乡可比同业中排名第一。2019年宁乡工行大零售业务个人金融资产较上年增长2.89亿元，储蓄存款较上年增长2.18亿元，大零售业务综合考核排名挤升分行A类行第五名，2019年中间业务收入完成757万元，超额完成分行下达任务的131.36%，个人客户较2018年净增1.29万户。通过与公司部联动成功营销炭河千古情大型收单业务归集对公存款1700万元，创中收110万元。

【资产质量】 2019年，宁乡工行以“经济本源、审慎稳健、诚信合规、客户优选、专家治贷、责任落实”的信贷文化为指导，严格按照总行、省市分行从严治贷“四严”主题活动的要求，开展加强案防合规教育和提升关键信贷环节履职能力，强化日常操作监督，提前防控信贷业务风险。加大不良贷款处置力度，现金清收与不良处置。2019年末宁乡工行不良贷款余额2545.55万元，较年初下降1771.05万元，公司不良贷款率0.43%，较2018年下降0.55%，2019年现金清收62.8万元，通过以物抵债方式压降桃江锰矿不良贷款42.8万元，完成习普实业和中宇塑业2户批量转让共计762万元，实现建诚建材898.14万元核销；2019年末个人不良贷款余额714万元，个人不良贷款率0.18%，2019年完成现金清收1300万元，资产证券化569.8万元。 （陆细红）

中国建设银行股份有限公司宁乡支行

【概况】 2019年，中国建设银行股份有限公司宁乡支行（以下简称建行宁乡支行）有在职员工69人，下设4个网点。至2019年底，一般性存款时点余额42.59亿元，较年初新增8.92亿元。其中，对公存款时点余额22.19亿元，四行占比26.11%，比年初新增7.05亿元；支行各项贷款余额合计64.72亿元，较年初净新增7.99亿元，四行占比29.76%。不良贷款余额2271万元（含信用卡323万元），不良率0.35%；利润总额16759万元，比2018年增长2917万元，增幅17.4%；实现中间业务净收入3943万元，同比增长1612万元，增幅69.15%，实现49年安全营运无事故。深入推进反腐倡廉，推进“作风建设突出问题集中整治”、“信贷客户专项风险排查”、“护航高质量发展规范员工行为”行动，开展风险排查、员工行为排查。成立宁乡支行工会，完成员工周转用房修葺，推进员工食堂分餐制。新设宁乡滨江支行，完成网点安全设施升级改造。进一步拓展员工晋升通道和收入增长，加大优秀员工评先评优推荐力度，有效地激发广大员工的活力与合力。

【个人金融业务】 2019年，建行宁乡支行邀请财富及私人银行客户举办首届高端客户答谢会暨财富讲座；对接营销某机构客户，成功落地零余额账户和基本账户，年底时点存款达到1.2亿元，预计年代发金额超2亿元；做深做透乡村金融业务。金湘通服务点累计布点336个，服务点总量较年初翻两番，实现辖内行政村全覆盖金湘通发卡累计发卡3.6万户，发卡总量较年初翻三番，金湘通累计日均存款1.22亿元，本年新增0.9亿元，日均存款沉淀较上年翻两番。抓好客户维护，推进个人客户分层分群维护，做到客户全分配，人员全覆盖，并将客户维护工作纳入绩效考核。

【对公业务】 2019年，建行宁乡支行做实平台搭建，对公业务转型扎实推进。政府平台合作不断深化。建行宁乡支行与宁乡市人民政府签订全面战略合作协议，银政合作进入新阶段。持续深化与经信局、市监局、工商联、招商局、市民之家、农业农村局等平台合作，成功对接市民之家ETC批量获客平台，重点对接跟踪农业农村局合作平台，推进“三资”合作平台建设。园区平台合作取得新突破。对接宁乡经济技术开发区、宁乡高新技术产业园区两大园区，不断扩大产业园区平台市场份额。截到2019年底，宁乡经开区在建行宁乡支行贷款余额达到15.25亿，获得宁乡经开区“产业项目建设年”争先创优活动二等奖；通过高新区“风补基金平台”获客30余户，发放贷款4650万元，信贷客户12户。推进行业协会平台。重点推进“宁乡市汽车商会合作平台”“宁乡市黄金珠宝商会”等商会平台合作，以建行宁乡支行聚合支付、慧兜圈等收单结算产品为切入点，向行业协会成员提供小微快贷、个人助业贷、随付贷、财私客户服务等综合金融服务。核心企业平台搭建成效显著。以宁乡本地行业龙头为重点，全面提升综合金融服务水平，召开大型银企的对接会，实现批量获客。

【建行信贷业务】 2019年，建行宁乡支行创新新发展思路，三大战略齐头并进。截至年底，支行普惠金融贷款余额4.17亿元，较年初增长1.12亿元，其中：小微企业普惠金融贷款余额1.87亿元，比年初增长1亿元。普惠金融小微企业授信客户数126户，比年初新增45户。住房租赁基础进一步夯实。截至年底，宁乡支行累计上线企业数12户，上线房源16312户，年在线支付金额9.67万元。金融科技取得重点突破。支行搭建的党群综合服务平台，新增对公有效户2户，对私有效用户2527户，对公客户转化率100%，对私转化率7.7%；商户共享平台，对私获客784户，金融总量5279.62万元；龙财富平台活跃客户数1283户。

【建行内控管理】 2019年，建行宁乡支行严格落实风险内控会议制度，不定期召开风险内控专题会议，研究审议信贷核销及各类风险化解方案，每季定期召开全面风险管理联席会议、重点业务发展与主动风险防控联席会议，听取各部门（团队）汇报风险管理情况及重点业务发展中发现风险问题及防控措施。做实做细信贷管理“315工程”，确保有计划、有目的、有重点、有效果。构建网点自查、条线业务检查、合规督查检三大违规问题自查渠道，全年累计对员工行为积分34人次，积分覆盖面33.82%。扎实推进客户信息完善工作，存量对公、对私客户身份基本信息完整率提升明显。落实机械用印推广工作，定期开展安保业务检查，全年实现安全运营。开展舆情监测工作，防范和化解声誉风险，保持全年“零负面舆情”的记录。强化IT风险管理，确保全行信息系统安全运营。

（郭　茜）

中国银行宁乡支行

【概况】中国银行股份有限公司宁乡支行（以下简称中行宁乡支行）是中国银行湖南省分行直属支行。2019年度，全行在职员工96人。支行辖属综合管理部、业务管理部、公司业务部、个人金融部4个内设部室，及宁乡支行营业部、宁乡人民路支行、宁乡东沩路支行、宁乡东站支行、宁乡金洲支行5家经营性网点。

截至2019年年底，宁乡支行各项存款余额55.96亿元，较年初增加2.46亿元，日均存款余额50.5亿元，较年初新增6.46亿元，增速排名全省第二。其中公司存款时点余额32.55亿，日均较年初新增3.54亿，日均增速14.2%，增速排名全省第二；个人储蓄存款余额23.41亿，日均较年初新增2.92亿，日均增速15.3%，增速排名全省第二。

各项贷款余额66.6亿元，较年初新增13亿元，日均增速35.5%，增速排名全省第二。其中，公司类贷款余额31.1亿元，较年初新增8.02亿元，日均新增9亿元，日均增速排名全省第二；零售类贷款余额35.48亿元，较年初新增4.98亿元，日均增速排名全省第三。

个人贷款不良余额1676万，较年初下降894万，不良率0.49%，较去年下降0.39个百分点；关注类贷款余额738万，较2018年下降459万；公司贷款不良余额为零，较年初下降1898万，关注类贷款余额7000万，较年初持平，个金及公司不良和关注类贷款均全面控制在省行目标内。收回信用卡不良477笔共176.21万元，收回信用卡表外呆账132笔，共56.13万元。

实现业务净收入1.99亿元，同比增幅23.5%，增幅排名全省第一；实现拨备前利润1.59亿元，同比增幅27.8%，增幅排名全省第一，实现净利润1.2亿元，同比增幅18.5%，增幅排名全省第三；实现EVA 7259万元，增幅31.3%，排名全省第四；绩效考核在全省22家分支行中排名第五。

【重点项目服务】2019年，中行宁乡支行及时跟进“政府化债”、“房地产开发贷”等业务，以民营企业项目库为抓手，储备落地一批优质客户，带动业务发展。对国家级园区宁乡经开区和省级园区宁乡高新区的重点项目及重点客户进行梳理摸底，加大对符合国家战略、政府主导的重点基础建设项目、优质园区企业的营销力度，通过建立授信项目库，实行名单制管理，跟进国家政策导向，发掘民营企业授信需求。全年投放经建投2.91亿元棚改项目贷款，旺金投资2.35亿元固定资产贷款，审批中财贷款1亿元，为中伟控股集团新增授信总量7亿元，宁乡经建投4.8亿元化债项目及碧桂园的5亿元开发贷项目，大学科技产业园1、2期项目批复5亿元，实现投放4.62亿元。

持续强化与政府招商部门的沟通，对行政事业单位等优质客户重点联络、重点跟踪，储备优质项目库。至2019年底，宁乡支行基础客户769户，有效客户398户，其中实现有效账户转化273户，有效账户占比72%，行政事业账户新增37户。新增普惠金融客户34户，银保监口径普惠贷款净增7540万，任务完成率为100.5%。

【“建设者”平台项目】2019年，中行宁乡支行推进“建设者”平台项目，以代发薪为抓手，以外拓为依托，拓展基础客户群。对接政府，配合合作商做好项目调研，4个网点均实现建设者项目落地，合作项目15个。成功落地卫生职业学院校园一卡通等项目，总投资600多万元，增加个人客户6000户左右。累计开立项目行业保证金账户、农民工工资保证金专户、农民工工资专用账户、安全文明措施费保证金账户等各类账户接近40个，保证金沉淀达到3000万元，给多个项目部共开立农民工工资卡2200余张，2019年实现代发超千万元。

（谢玉君）

湖南宁乡农村商业银行股份有限公司

【概况】湖南宁乡农村商业银行股份有限公司（以下简称宁乡农商银行）成立于2011年11月29日，其前身为宁乡县农村信用合作联社，至2019年已有69年的发展历程，是一家服务市域经济，以服务农民、服务市民、服务民企为市场定位的股份制地方法人金融机构，致力于为客户提供专业、便捷、亲和的金融服务，是宁乡市境内网点分布最广、从业人员最多，市场份额最大、资金实力最雄厚的金融机构。全行注册资本85008万人民币，共有在册员工672名，总部设15个部门，下设1个营业部，37个支行、31个分理处，营业网点覆盖全市各乡镇、街道。

截至2019年12月末，全行各项存款余额285.86亿元，比年初增加26.85亿元，增幅10.37%；各项贷款余额为177.69亿元，比年初增加18.62亿元，增幅11.71%；不良贷款率2.91%，拨备覆盖率219.83%，资本充足率12.17%；全年实现营业收入17.95亿元，实现经营利润7.55亿元，缴纳各类税收2.1亿元。

【金融服务创新】 2019年，宁乡农商银行创建社区银行综合体。在城郊街道东沩社区创建全省农信系统第一家社区银行综合体。社区银行综合体在传统的现金区、非现金区、自助银行区和电子银行业务体验区这四个功能区的基础上，新增居民行政事务区、日常用品购买区、电商物流区、金融知识传播区、尊老爱幼区、居民消费信贷区，集十大功能区为一体，实现银行与社区在阵地融合、班子融合、队伍融合、业务融合、服务融合、居民融合“六个融合”，满足客户的个性化需求，提升客户和居民的体验感。提质农村金融便利店。制定农村金融便利店“七个统一”标准，即统一准入标准、业务功能、标识和设备配置、宣传内容、合作费用、考核管理、风险防控，全面规范金融便利店的管理。推行“双级双赢”服务举措。“从总行、支行两级筛选100户民营和小微企业、个体工商户等优质客户，与其签订战略和合作协议，为其量身打造配套的综合金融服务，稳定存量优质客户，提高存量优质客户的综合效益，实现银行和客户的双赢，已签订战略和合作协议的优质客户共85户，授信额度18亿元。

【人员积极性提升】 2019年，宁乡农商银行开展全员集中大拜访。全行员工分成272组，对五老代表、村组干部、存量客户、非信贷户、贫困农户、不良贷款户、园区中小微企业等六类群体进行集中拜访。100天时间，全行共计拜访客户3.1万户，收集意见建议约2.6万条，兑现承诺1.7万项，新增存款5.2亿元，评级授信5.8亿元，贷款用信3.8亿元。营业部创建全国五星级营业网点，城郊支行成功创建为“三星级网点”。人事改革，开展“启航”培训，让新员工迅速掌握基本技能、职业道德等内容；开展“续航”培训，让资深员工与时俱进，适应业务发展新要求；开展“兴航”培训，提升中高管人员管理能力。组织会计主管竞选、中层副职竞聘、支行行长竞标，

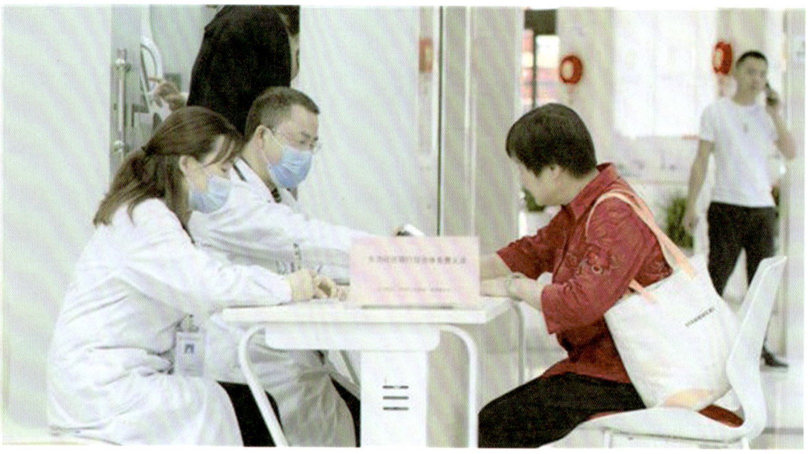

宁乡农商银行东沩分理处创建社区银行综合体。图为2019年5月，东沩分理处组织免费为社区居民进行“定时义诊”

同时对客户经理、稽核大队人员采取竞岗机制，调动中层骨干、重要岗位人员工作积极性。通过行长竞标、副职竞聘、会计竞选、岗位准入、等级调整、末尾淘汰、内外勤互换、城乡轮调实现全行员工上下、平行、内外、城乡岗位轮换，并在全行开展“双十佳”员工评选活动。

【风险防控】 2019年，宁乡农商银行多措并举，实现不良贷款双降。推行“双级双十”大额贷款管理办法。从总行和支行两级，明确专人对表内、表外贷款前十户进行专项管理，并强化贷后检查、风险预警与处置、贷款到期处理、档案管理等贷款管理要求，有效防范和化解信贷业务风险，确保信贷资金安全。推行“双级双责”信贷风险管控办法。总行和支行两级分别成立不良贷款责任认定与责任追究委员会和追究小组，明确总行和支行的组成人员，明确认责追责、尽职免责等相关程序，为不断完善和改进信贷管理转型提供有力保障。全面落实“五个逐户逐笔”要求，对表外贷款进行全面的清理和排查，开展全覆盖的不良贷款函证工作，逐步澄清表外不良贷款的底子。全年新申执案件865件，集中执行每月四次以上，拘留29人次，司法收回本息7000万元以上。

【服务党建】 宁乡农商银行与宁乡市委组织部、市金融事务中心联合下发《关于在全市开展“党建共创、金融普惠”行动的通知》，提出开展“党建共创、金融普惠”的具体要求。同时，与宁乡市29个乡镇（街道）联合下发相关文件。与全市278个行政村全面签订《“党建共创、金融普惠”行动合作协议书》，成立300个网格互助小组，实现市、乡（镇）、村、组四级联动，形成齐抓共管的良好布局。（刘　睿）

长沙银行股份有限公司宁乡支行

【概况】 2019年，长沙银行股份有限公司宁乡支行（以下简称长沙银行宁乡支行）各项业务稳健增长，经营质效逐步提升，转型发展有序推进。长沙银行宁乡支行在职员工136人，下辖4家一级支行、1家二级支行、8家社区支行，70余家农金服务站分布于宁乡市区各个重点乡镇，基本实现宁乡市重点区域的全面覆盖。截至2019年12月31日，宁乡支行基础存款时期数78.56亿元；表内外贷款余额92.97亿元，其中表内62.57亿元，表外6.86亿元，投行23.54亿元。

【业务发展】 2019年，长沙银行宁乡支行积极与政府、财政及各平台公司对接，梳理符合监管政策要求的合规性项目，实现全部投放，解决政府当务之急。与经开区、高新区企业加

深合作，并在支行举办为期一个月的“银企晚餐”交流活动，一户一策展开深度合作，为企业量身定制综合金融服务方案。积极参与外向型企业座谈会、小巨人企业评审、产融合作对接会等宣导活动15场，对接企业近330户。

【零售战略转型发展】 2019年，长沙银行宁乡支行广铺助农取款点，惠农服务到家门。对接市人社局助农POS项目，通过广泛设立助农取款点，将业务办理终端延伸至宁乡市乡镇和村组，打通金融服务“最后一千米”。截至2019年12月31日，长沙银行宁乡支行助农取款点开业63家，实现中心镇、重点镇的全方位覆盖。创新营销活动，贴近村民生活。2019年支行开展一系列推广活动，设置长沙银行会员日，通过村委的广播、消防车宣传推广，利用乡镇社区开展广场舞大赛、送电影下乡等方式，深入乡镇村组，吸引乡镇客户群；同时，采取有竞争力的配套奖励方式，调动助农点经理积极性，鼓励拓展新客户，重新调整管理结构，定期给予指导和营销培训。支行对接2家战略客户、2家社区党组织，强化与客户单位及社区的发展融合，夯实客群基础，加快推动业务发展。7月，支行与夏铎铺人民政府联合开展新时代文明实践送电影下乡、村头金融大会、点亮微心愿系列活动，并在5天时间内在宁乡30个村落复制推广，参与活动的村民近万人，被学习强国等平台推送报道。截至12月31日，实现借记卡开卡量8.5万张。

【风险内控】 2019年，在长沙银行宁乡支行拥有约2.7亿元贷款余额的湖南沃特玛陷入停工和债务困境。为妥善解决沃特玛2.7亿元不良债务问题，长沙银行宁乡支行与宁乡高新区共同确定“引进战略投资者，盘活设备和厂房”的工作思路，通过与十几家公司的谈判，最终选择拥有上市公司背景、从业超过10年的湖南华兴新能源科技有限公司接手沃特玛设备和厂房。随后，长沙银行宁乡支行多次协调高新区、宁乡法院、经侦等赴深圳、西安与深圳沃特玛、坚瑞沃能、西安法院等主体谈判，在宁乡法院和公证处的监督下强制搬离沃特玛自有设备，清理占厂员工，确保华兴公司可以合法、迅速、完整接手沃特玛租用的厂房和设备，盘活风险资产。长沙银行宁乡支行协调高新区与华兴公司合作落地，多次参与双方招商引资合同谈判。华兴公司以最快速度获得新能源动力电池生产线，填补深圳沃特玛停工后市场空白，抢占国内市场。高新区管委会规避国有资产损失风险，盘活原价值7亿元的厂房和3.9亿元的设备，为宁乡高新园区新引进一家拟上市企业，完善产业链布局。

【管理水平提升】 2019年，长沙银行宁乡支行畅通职业晋升通道，2019年支行先后组织社区支行行长竞聘、大堂经理及理财经理竞聘，通过竞聘方式直接从基层员工中选拔人才，扩充支行储备人才库。制定系列成长培训计划，引入外部培训机构，外聘权威讲师，分别组织中层干部管理能力提升、营销骨干精英、新员工综合素质三个梯度性的人才培训。强化中层干部服务营销团队的管理和内部精细化管理的领导能力，帮助新员工迅速适应职业角色。提升员工幸福感和归属感。通过户外素质拓展、青年员工座谈会、行长晚餐等形式多方面了解员工的困难，营造快乐和谐氛围。推出系列暖心活动，为加班的同事定加班宵夜，报销车费，在每个网点设立“夏日小冰箱”等。强化基础管理，提升服务品质。2019年长沙银行宁乡支行着力打造“6S”服务标杆网点，重视服务技能和品质的双重提升。定期组织一线柜员进行优服培训，固化服务标准化流程，并配合后续监督考核机制，提升对外形象和服务品质。紧抓基本业务技能要求，员工上岗资格通过率达100%。优化网点布局，深入乡镇服务。2019年，新增一家二级支行——宁乡黄材支行，进一步方便县域以及乡镇广大居民。

（彭　翠）

中国人寿保险股份有限公司宁乡支公司

【概况】 2019年，中国人寿保险股份有限公司宁乡支公司（以下简称宁乡支公司），下设经理室、综合管理部、个险销售部、银行保险部、团体业务部、客户服务部五部一室，下设20个城区、收展和农网职场。全公司共有人员1965人，其中机关人员49人（签订劳动合同员工35人、退休9人、劳务派遣人员5人），个人代理人1824人（其中主管201人）、客户经理40人，团体业务部客户经理52人。

全年完成总保费2.95亿元。其中寿险新单保费10776万元，期交保费7260万元，标准保费3938.95万元，短险保费3516万元。业务结构发展更优化，经济效益稳步提高。

宁乡支公司通过强化系列排查工作，有效规避处罚风险。不断夯实风险管理基础，推动监管综合评级结果向好。认真落实人民银行反洗钱工作，取得实质效果。销售队伍每周五风控专题早会，日常工作中贯穿风险排查及宣导工作，风控工作深入人心。

【各项渠道业务指标】 2019年，个险渠道实现新单保费6271.1万元，同比去年增长23.72%；其中十年期交4412.6万元，同比去年增长22.93%；短险1245.7万元，同比增长73.04%，标保完成3745.9万元，同比增长46.59%。年度新增持证人力1374人，架构人力达成1824人，达成市公司考核的目标人数，月均长险举绩人力700人，长短险举绩人力862人。2019年，团险渠道短险保费收入共计2208.88万元，同比增长15.75%。其中员工福利完成126.22万元，同比增长0.51%；学平险完成1157.47万元，同比增长27.99%；计生渠道完成189.09万元；妇联完成247.5万元，同比增长13.9%；老年人保险完成44.61万元。赔付件数超过 1 万件，短险简单赔付率为 44.19%。2019 年，银保渠道全年达成新单保费 1040 万元，达成年度目标的 95.7%，同比增长 128%；其中渠道期缴保费 756.2 万元，同比增长 992%；标准保费达成 193.05 万元，同比增长 22.95%；10 年期以上保费达成 155.5 万元，同比增长 16.7%。2019 年达成客户经理架构人力 40 人，全年新增客户经理 37 人，重新打造一支年龄结构合理，综合素质高的客户经理团队。

【保险服务】 2019 年，客服部全年扫描纸质投保单、电子投保单 1200 余件，短险新单录入 850 余件；处理保全件总件数达到 44000 余件；推出"中国人寿寿险 APP 认证"，客户自行在手机办理养老金解挂，共处理 215 笔，柜面柜员办理 200 笔；理赔柜面受理案件约 5198 份，上机处理理赔案件达 4860 余笔，拒付和协商案 60 余件，共计金额拒付和协减金额 65 万元，并将 2018 年 11 月到 2019 年全年所遗留下来的教师基金险全部上机处理，并全部进行赔付；调查全年处理案件及核保件共 1350 余件；全年完成二线会办回访 1985 件；整改乱象治理客户数据 400 余份，全年 V8 系统和 SLBPS 系统收费 15600 余笔，严格落实湖南保监局［2007］79 号文件，确保零现金收付费的执行，全部新单实行银行转账授权、实时代扣或 POS 机刷卡。并对全部新单和保全委托件 100% 回访。对全体柜员所有系统严格用户权限和密码使用和管理原则，定期更换密码，严禁权限外借。 （唐朝晖）

方正证券

【概况】 2019 年，方正证券股份有限公司宁乡营业部（以下简称营业部）设营销部、客户服务部、交易部、合规管理部等部门，有从业人员 24 人。营业部经营范围为：证券经纪、证券投资咨询、证券投资咨询代销、代销金融产品、融资融券、为期货公司提供中间介绍业务。2019 年，营业部全体员工学习专业技能，提高服务水平，开拓经营，促进营业部各项工作完成；主动承担金融单位社会责任，参与"扫黑打非"攻坚战及"反洗钱"宣传活动，维护和谐稳定、开放有序的金融环境。2019 年，宁乡营业部始终把安全运营摆在第一位，完善各项规章制度、流程，做好安全保卫工作。更新《方正证券宁乡营业部突发事件应急预案》等，使突发案件工作处置规范化、制度化。全年无各种案件发生，安全保卫工作中的安防、消防、保卫、人防等工作一切正常，维护营业部稳定运营。

2019 年 2 月 25 日，很多宁乡股民到证券营业部开户，当日营业部成交额 2 亿余元

【业务创新】 整合各业务板块打造全方位、多层次的综合金融服务体系，并探索综合经营的发展模式。2019 年，方正证券宁乡营业部踏实做好传统经纪业务不放松，落实开户、引资工作，盘活存量客户，维持经纪业务，同时营业部积极推进理财业务、融资融券业务、投资顾问业务、期货中间介绍业务等创新业务，率先发展股票期权等衍生品业务，盘活存量客户，吸引一批新客户。参与宁乡经济建设，与在宁乡本地开立分支机构银行单位建立合作关系，通过新三板、股权质押等创新业务，为宁乡本地企业提供投融资渠道，为证券客户创造良好的通道环境。

【内控合规管理】 2019 年，宁乡营业部根据监管要求，设立专职合规管理岗位，合规管理岗位人员切实履行岗位职责，营业部给予合规专员履职的独立性，确保合规专员的知情权和调查权，并根据处理意见督促整改，定时组织员工进行合规管理培训，合规专员及时将有关的文件、资料存档备查，对履行职责的情况作出记录。围绕"合规优先、人人合规、主动合规、合规创造价值"的理念，通过各种形式的合规培训和宣讲，帮助员工熟悉岗位职责和业务流程，培育合规意识，形成健康、积极的合规文化，建立良好的合规管理长效机制。

【投资者教育】 2019 年，宁乡营业部开展投资者风险教育工作。成立风险教育领导小组，加强员工和客户培训。通过多种方式参与投资者教育工作，成立"花明点金学院"，旨在打造宁乡投资者专业的交流平台，通过投资报告会等现场交流的形式，向投资者传播正确的投资理念和主流投资方法，开展打击非法证券活动宣传，重点防范损害投资者利益的违法违规行为：包括防止欺诈、电信诈骗、误导投资者以及内幕交易、操纵证券市场，防范利益冲突、禁止各种形式的利益输送等行为。在营业部的公告栏制作"投资者教育园地"，在大厅显要位置张贴颜色醒目的风险提示标语，宣传栏张贴有关投资者风险警示的投资知识。客户来办理业务时，工作人员认真审核客户资料，保证投资者资料真实、准确和完整，详细解释《风险警示书》，并且做好客户风险能力测评工作，按照不同客户的特点和投资需求，给客户讲解和宣传证券市场基础知识，讲解开户和交易流程、证券投资常识与风险控制，加深与客户的了解和沟通，得到客户及上级部门的认可。根据宁乡市“打黑扫非”要求，开展投教打非活动下乡入户活动，多次组织员工到各乡镇、单位开展防范非法集资及非法证券活动等宣传教育活动。

【反洗钱工作】 2019年，营业部反洗钱重点工作主要涵盖客户身份识别、非自然人受益所有人识别、反洗钱培训及反洗钱宣传等内容。2019年，宁乡营业部反洗钱专员获国际反洗钱师认证（CAMS资格证书）。3月，是“315投资者保护月”，宁乡营业部组织投资者交流会，穿插反洗钱宣传视频，通过视频播放的方式为广大客户介绍反洗钱知识。5月，参加“宁乡515打击和防范经济犯罪宣传日”活动，开展“反洗钱-我们共同的责任”为主题的现场宣传。9月至10月，开展以“远离非法金融活动 防范洗钱风险”为主题的宣传月活动，现场解疑、发放宣传资料，通过微信公众号、报刊等开展宣传，组织客户参加公司微信公众号反洗钱有奖竞答。 （李 玲）

科技·教育

责任编辑·蔡水林

科技管理

【概况】 2019年，宁乡市科学技术局（以下简称科技局）有在职干部职工19人，其中改非7人；内设办公室（财务人事科）、计划与监督管理科、工业与高新技术科、农业与社会发展科4个科室。3月11日，市委办、市政府办宁办〔2019〕5号《关于宁乡市机构改革实施方案》的通知明确，组建宁乡市高新技术发展中心；宁乡市科学技术局（市知识产权局）的版权管理职责划入宁乡市委宣传部；宁乡市科学技术局（市知识产权局）的知识产权管理职责整合到宁乡市市监局，市科学技术局不再加挂市知识产权局牌子。实施创新驱动发展战略，在促进政策落地、服务创新创业、科技计划项目申报、开展R&D统计工作、落实优惠政策、促进成果转化、推进特色产业建设和科技精准扶贫等方面取得有效发展，2019年，全市规模上工业高新企业实现产值1061.1亿元；规模以上工业企业高新技术产业增加值252.10亿元，增长11.10%；规模以上工业企业研发投入达到46.3亿元（1-11月）；完成登记技术合同金额10.2亿元，比上年增长118%；2019年认定高新技术企业84家。

【科技创新平台】 2019年，宁乡市创新平台总量达68家，其中1个国家级高新技术产业化基地、1个国家级农业科技园区、1个国家级科技企业孵化器、4家博士后科研工作站、5家院士工作站、1家国家级工业设计中心、4家国家级企业技术中心，1个省级重点实验室、3个省级科技企业孵化器、27家省级企业技术中心、16家省级工程技术研究中心、4个省市众创空间。着眼于服务产业和提高创新能力，推进科技创新平台建设，以平台引人才、以平台促创新、以平台带产业，依靠科技创新增强企业发展驱动力，发挥科技创新平台在培育发展新动能方面的重要作用。以科技下乡、科技活动周为载体，结合市内两个主体园区开展的“三比三看”大竞赛活动，按照“比服务、看企业”的相关要求，帮助企业打造技术创新中心、技术转移中心等科技创新平台。深入企业进行调查摸底，组织企业申报国家、省、市各类创新平台，推进重点项目的研发。全市培育市级以上创新平台15个，认定省市工程技术研究中心3家。

【科技计划与成果工作】 2019年，宁乡市科技局围绕市委、市政府中心工作，依据国家、湖南省、长沙市科技计划支持重点，精心设计选题，及早编制文本，将更多项目纳入长沙市级以上科技计划项目支持范围。申报国家、省、市各级科技项目259项，转化科技成果355项，向上争取到位资金9961.2711万元。以引进境外人才与智力项目为抓手，鼓励企业引进更多海外人才和先进技术，组织企业申报省企业研发财政奖补项目、创新型省份建设专项、省知识产权战略推进专项等；组织17家企业申报18个长沙市海外专家引智项目和农业引智示范推广项目；组织6家企业申报长沙市科技创新创业领军人才项目；支持宁乡市十个研发创新机构的专题项目；长沙族兴新材料股份有限公司的“高性能金属效应铝颜料关键技术开展及应用”获2018年度省科技进步三等奖。

【科技统计工作】 2019年，宁乡市科技局积极联合工信、统计等相关部门下达企业科技计划。组织举办全市基层科技统计人员业务培训班。经开区、高新区、金玉工业园及乡镇（街道）、统计局、科技局等部门的基层科技统计专干共200余人参加本次培训学习，会议就规范科研经费管理工作的重要意义和要求、R&D报统实务、湖南省统计联网直报平台如何操作和对联网直报系统中相关报表填报容易出现的问题进行业务指导，并就规模以上工业企业科技年报、企业创新情况年报、高新技术产业季报等相关问题进行业务培训，对于提高科技相关统计工作效率和准确性具有重要的作用。出台《宁乡市规模以上工业企业研发经费报统服务工作方案》。全年全市规模上工业高新技术企业实现产值1061.1亿元；完成规上企业R & D投入46.3亿元（1-11月）。

【特色产业建设】 2019年10月，宁乡市委全委会通过《宁乡市坚持制造业立市推动高质量发展的实施方案》，按照食品及农产品加工制造产业链、储能材料制造产业链、智能家电制造产业链、装备制造产业链、新材料制造产业链、孕婴童及时尚鞋服制造产业链“六大产业链”部署要求，安排专人做好调研、对接、跟效。组织楚天、星邦等企业参加央视《对话》栏目；储能制造产业链聚焦特色塑品牌，创建湖南省储能材料特色产业园等。2019年在索维奇教授的指导下，标朗住工研发团队攻克混晶二氧化钛光催化分解甲醛技术难关，获评2019年中国政府友谊奖。

【科技精准扶贫】 2019年，宁乡市科技局聚焦科技需求，推进科技精准扶贫。按照“派一人、抓一村、兴一业、富一方”的工作思路，摸清各贫困村技术需求，持续提升科技服务规范化建设水平，切实解决贫困群众生产技术难题。全年面向社会公开组织招募36人的农业科技专家服务团队（省级科技专家5人，本市级31人），并向31个省定贫困村和5个特色产业乡镇派驻。全年累计驻村科技服务1600多人次，开展科技培训60余场，培训贫困群众3500人左右；建立科技示范基地20个，引进新品种新技术40余项，培育科技示范户200多户；打造现代农业特色产业科技示范基地，2019年新认定长沙市特色产业科技示范基地3家（西周源、优卓、唐龙）；支持宁乡花猪产业发展，组建现代农业高科技产业化基地建设，花猪产业向上争资200万元左右；加强农村信息化建设，2019年新认定长沙市科技助农直通车信息示范站4家，实现科技专业技术人员对贫困村的全覆盖。

【科技活动周】 2019年，全国科技活动周时间为5月19—26日，宁乡市科技活动周按照省的统一部署，以“科技强国，科普惠民”为主题，以“建设创新型县市”和“精准扶贫，乡村振兴”为责任，组织开展科学技术知识普及、科技服务民生、科技成果保护与展示等五项活动。5月18日，在宁乡市东湖塘镇西冲山中学举办2019年宁乡市科技活动周启动仪式暨新时代文明实践科学普及主题志愿服务活动；此次活动由市科技局、文明办、市监局、农业农村局、林业局、文旅广体局等12个单位联合承办；活动现场设置多个科普服务台，来自市监局、林业局、农业农村局、东湖塘镇政府、农村经济发展中心、畜牧水产事务中心和科技专家服务团的51名科普志愿者向群众发放无公害蔬菜生产技术、理性看待转基因、农户种植1200问、经济树种栽培技术、湖南省农机购买补贴及操作流程、农机安全事故警示宣传册等多个宣传材料，接受群众在种植、养殖中遇到的问题咨询，现场进行答疑解惑，参与活动的群众约550人。

【成立宁乡市高新技术发展中心】 3月11日，宁乡市委办、市政府办宁办〔2019〕5号《关于宁乡市机构改革实施方案》的通知，将高新技术成果转化、应用推广相关公益服务职能整合，组建成立宁乡市高新技术发展中心，核定全额拔款事业编制5名，为宁乡市科学技术局所属副科级公益类事业单位。 （胡建辉）

教　育

【概况】 2019年，宁乡市有各级各类学校615所，其中小学213所，初中72所，高中14所，职业学校8所，幼儿园308所，在校学生和在园幼儿共计196148人，在职在编教师8717人。宁乡教育党建“五个一”工程被新华社采访。《中国教育报》以《湖南宁乡出实招解基层教育发展难题》报道该市学校建设成绩。教师贺芝香获全国模范教师。学生喻壮获“全国向上向善好青年”之“孝老爱亲好青年”，在北京人民大会堂出席全国“五四”纪念大会。宁乡市教育局被评为湖南省教育学会学校安全管理研究分会第一届理事会理事单位。高考组考工作连续九年被评为长沙市“优秀考区”，获2019年空军招飞工作先进单位、长沙市青春诗词大会“优秀组织奖”、长沙市中华经典诵写讲系列活动优秀组织奖。宁乡市教育督导室获长沙市教育督导与评价优秀论文评选活动“优秀组织单位”。在市人民政府高度重视下，该市加大学校建设力度，城区学位紧张状况大为缓解，但仍存在结构性不平衡现象。

办学条件。2019年铺排公办幼儿园建设、标准化学校建设、农村集镇寄宿制学校等学校建设项目132个，建设项目基本完工。其中新建塘湾、合安、五福、金龙、望龙、金亭小学、蓝月谷九年制学校、滨江中学8所城区学校，新增城区学位12870个；出台《宁乡市教育现代化实施方案（2019—2020）》，研制《宁乡市教育集团化办学实施方案》（草案），引进长沙南雅中学和经开区蓝月谷合作创办南雅蓝月谷学校，湖南一师附小和高新区合作创办湖南一师附小同兴学校已签协议；全面建好第三批网络联校，其中主校8所，分校24所；投入400多万装备学校师生阅览室和图书室，新建图书馆145所，阅读项目遍布全市所有中小学校。

队伍建设。宁乡市委、市人民政府印发《关于加强新时代教师队伍建设的实施意见》，推进中、高级职称改革、备案制教师管理试点、民办学校关工委工作试点，重新设置岗位，全员重新续聘。全年新聘教师265名，市外择优选调教师33名，送培湖南省农村教师公费定向生142名，培训教师1万多人次，共建名师工作室45个。落实《乡村教师支持计划》、推进教师幸福工程“十件实事”，协同市教育基金会摸排困难教师200人，发放慰问金100多万元；实施母婴关爱室、职工书屋等五大创建。全市1名教师获评全国模范教师、3名教师获评湖南省优秀乡村教师、12名教师获评长沙市优秀教育工作者。

校园安全。遵循“保底线、补短板、创特色”工作思路，围绕校园重点安全聚焦发力。校园安防“四个百分之百”即封闭式管理、专职保安配备、一键式报警器安装及校园视频监控联网和校门口防冲撞硬质隔离设施建设有效落实。全市中小学校、幼儿园配备的专职保安由财政据实采购；全年未发生一例学生溺亡事故。校园周边治理工作在长沙市做典型发言，校园安全管理工作在省教育学会上作经验交流。

义务教育和普通高中教育。2019年全市高考一本上线1553人，二本上线3995人，分别较2018年增加178人、111人，全市600分以上人数159人。高考本科上线人数大幅增加、上线率稳中有进。高二学业水平考试一次性合格率达96.04%，较2018年增加近4个百分点。初三初二合格率、优秀率、平均分均有大幅提高。全市中小学生参加国、省、市各级各类科技比赛，获市奖以上1506人次，其中国奖6人次，金砺小学学生发明作品获巴黎国际发明展览会铜奖。科技获奖成绩居长沙市第一。宁乡市第一高级中学代表队在2019年全国体育传统项目学校田径联赛总决赛中获一金三银五铜，在全国第二届青运会中获女子标枪金牌、举重银牌和铜牌，宁乡市第四高级中学队员获63千克级金牌。虎山特教学校在全国特奥会上获5金5银4铜。

学前教育。落实公办幼儿园生均公用经费，实现公办幼儿园生均公用经费从无到有的历史性突破；新增普惠性民办幼儿园15所、普惠学位2500多个，全市普惠性民办园数量126所，公办园和普惠性民办园占园所总数83.1%；全市幼儿园专任教师持证率87.63%；大专以上学历占比82.66%；无证幼儿园基本清零，幼儿园安全工作4个100%全面落实到位；推进民办幼儿园分类登记工作。推进小区配套幼儿园治理，8所已建在办且产权办理在私人名下的配套幼儿园已全部普惠办园；已移交的3所幼儿园已开办成公办幼儿园和普惠性民办园；9所在建配套幼儿园完成签订建设与移交协议。

职业教育。研究起草《宁乡市人民政府办公室关于推进校企合作的八条意见》，推行预备员工制，加大校企共建实习实训基地投入，深化产教融合。全市以冠名办班、订单培养、共建实习实训基地等形式与开展校企合作企业63家，合作办班95个，培养学生3704人。联合下发《宁乡市中等职业教育招生办学行为突出问题专项整治方案》《宁乡市教育局招生考试工作十条禁令》等系列文件，实现招生政策、计划安排、招生宣传、网上填报志愿等招生工作“六统一”。全市职业学校师生在国家省、市各级竞赛中获奖143个。

民办教育。规范民办学校审批程序，全面新批民办学校42所，已发证民办学校268所；规范民办学校财务工作，完成义务教育阶段民办学校资产审计；规范民办学校党建工作，理顺民办学校党组织隶属关系。

社区教育。特色开展社会化购买服务，购买家庭教育、育婴师培训、国学讲堂进社区；培育坝塘科技科普培训，回龙铺花鼓戏培训等特色品牌；加强学习创建，送教进社区活动35堂，长沙市终身学习网学习任务超额完成，创建1个全国示范性成人继续教育院校、2所长沙市示范性社区学习中心、1所省级老年教育基地。

教育扶贫。强化“三帮一”劝返工作，为190名残疾学生做好送教上门工作，全市建档立卡户子弟无一人失学辍学；精准落实学生资助工作，确定资助对象6896人；发放全年贫困资助资金2527.4万元，惠及学生41756人次；发放国家生源地助学贷款、实施中央专项彩票公益金教育助学项目共计发放补助及贷款548万元；选派47名教师赴西藏、绥宁、新化支教，组织域内学校对口支持绥宁县、龙山县薄弱学校；选派39名中层及以上干部派驻该市39个村担任驻村第一书记，组织8200多名在编在岗教师结对帮扶困难群众。

校外托管和培训机构治理。2019年，宁乡市纳入台账管理的75家无证办学机构和81家校名使用不规范机构，全部按要求治理到位。截至2019年底，全市有证培训学校302家、分校备案1家，无证机构整治率、分支机构备案率、培训学校校名规范率均实现100%。工作经验在省级相关会议上作典型推介。

督政督学。全市公、民办幼儿园责任督学挂牌督导全覆盖；组织各级专项督导12次，指导标准化学校和项目园建设全面完成，完成国家义务教育质量监测、义务教育中小学素质教育督导评估，在省内率先完成63所幼儿园教育部办园行为督导评估。各乡镇（街道）、市直学校奖教奖学资金1374.7万元，较2018年增加79%。

【首届中职学生文明风采展演】 2019年1月4日，以“花开盛世 圆梦青春”为主题的宁乡市首届中职学生文明风采展演活动在宁乡职业中专学校举行。省教育厅、长沙市教育局、宁乡市政府有关领导出席活动。来自省、市相关部门负责人和宁乡市教育局、宁乡市园区企业代表、师生代表等3000余人观看演出。

【新华社记者到宁乡学校采访】 2019年3月26日，新华社记者刘良恒到宁乡市城北中学、玉潭街道中心小学采访宁乡中小学思想政治教育工作。宁乡市教育局党委书记、局长戴晓成，副局长曾曙光一同参与采访调研。刘良恒还采访宁乡经开区党工委书记、宁乡市委书记周辉和宁乡市委常委、组织部长李佑明。

【2019年民办教育工作大会】 2019年4月15日，宁乡市2019年民办教育工作大会暨民办学校财务税务法律培训会在宁乡市碧桂园学校召开。长沙市教育局民教处和宁乡市民办教育协会等领导出席。全市民办教育举办者、民办学校校长、乡镇街道基地学校副校长300余人参会。大会定位2019年为宁乡民办教育“品质提升年”，明确2019年民办教育发展思路、工作要点、具体举措。会议通报2018年度民办学校年检评估情况，表彰33所优秀民办学校单位，递交安全工作责任书和规范办学行为承诺书、进行民办学校财务税务法律培训。

【宁乡市教育系统读书分享比赛】 4月20日，宁乡市教育系统“阅读经典 快乐生活”读书分享比赛在教师进修学校举行。活动由宁乡市教育局、宁乡教育工会主办，宁乡市教师进修学校承办，宁乡市潘帆阅读推广名师工作室协办。全市50位选手参加比赛。宁乡市教育局党委副书记、副局长文玉华，教育工会主席刘国强等领导出席。

【第六届中职学生专业技能竞赛】 4月26日，宁乡市第六届中职学生专业技能竞赛在宁乡市职业中专学校举行。比赛涉及12个专业49个比赛项目。宁乡域内8所职业学校871名学生参加。长沙市教育局、长沙市教科院职成所、宁乡教育工会主席等领导出席开幕式。上级领导充分肯定宁乡中职学生专业技能训练、比赛日趋制度化、规范化、常态化。19万余名观众通过网络直播观看比赛，全社会关心职业教育良好氛围有效营造。

【学生喻壮代表湖南出席“纪念五四运动100周年大会”】 2019年4月，在“争做新时代向上向善好青年”活动中，宁乡市双凫铺镇麦田初级中学九年级学生喻壮获评“全国向上向善好青年”，共青团中央颁布荣誉证书。4月30日，喻壮代表湖南省出席在人民大会堂举行的“纪念五四运动100周年大会”。

【“青春心向党·建功新时代”特别主题团日活动】 4月30日，共青团宁乡市委、宁乡市教育局、宁乡市新时代文明实践中心办公室组织511名学生在刘少奇纪念馆铜像广场开展“青春心向党·建功新时代”特别主题团日活动。宁乡市人民政府副市长陈德奇，刘少奇纪念馆副馆长熊学爱等领导出席活动。

【宣传报道】 2019年5月16日，《中国教育报》以《乡村教师有效培训模式探索与实践——以湖南省宁乡市教师进修学校为例》为题长篇报道宁乡教师培训工作经验。10月15日，《中国教育报》以“湖南宁乡出实招解基层教育发展难题”为题介绍宁乡城区新增1.2万个学位，农村校全面提质的成绩。这是国家级媒体对宁乡教育工作的充分肯定。

【国民信托2019年度湖南优秀乡村教师颁奖大会】 9月10日，国民信托2019年度湖南优秀乡村教师暨湖湘文化研究突出贡献学者颁奖大会在宁乡市教师进修学校举行。宁乡市政协副主席李纯，宁乡市张浚张栻思想研究会原会长陈谷嘉，国民信托有限公司原总经理石俊志，中国银保监委法规部主任、国民信托——湖南宁乡优秀乡村教师及湖湘文化奖励单一资金信托事务管理委员会主席张劲松，宁乡市教育局党委书记、局长戴晓成等出席。30名宁乡优秀乡村教师和12名来自全国各地的湖湘文化研究突出贡献学者受到表彰。

【民办学校（幼儿园）关工委试点工作推进会】 2019年9月29日，宁乡市民办学校（幼儿园）关工委试点工作推进会在金砺小学召开。宁乡市关工委主任姜里仁，市委组织部主任科员欧保明，市教育局副局长曾曙光等领导出席。会议解读《宁乡市民办学校（幼儿园）关工委试点工作实施方案》并对试点学校授牌。姜里仁要求准确把握好关工委工作对象和工作任务，把关工委工作融入中心工作、主题活动，用实际行动推进全市民办学校、幼儿园关工委试点工作建设。

【宁乡与龙山开展“校校结对帮扶”】 2019年10月10日，宁乡市与湘西土家族苗族自治州龙山县“校校结对帮扶”启动仪式暨爱心捐赠活动在龙山县教育和体育局举行。宁乡市教育局、龙山县教育和体育局、宁乡市对口帮扶工作队、宁乡市九所学校负责人参加。会议决定宁乡三所学校对口帮扶龙山一所学校，分别为宁乡一中白马桥中学、玉潭中学、师大树仁学校帮扶龙山县红岩中学，宁乡南雅蓝月谷学校、金砺小学、百灵鸟小学帮扶龙山县红岩小学，宁乡玉潭街道紫金中学、金海中学、金海小学帮扶龙山县咱果九年制学校，并签订帮扶协议。金海中学、玉潭中学、百灵鸟小学分别向帮扶学校捐赠现金2万元。

2019年10月10日，宁乡与湘西龙山县开展“校校结对帮扶”

【宁乡市第十四届“奇思妙想”纸质结构模型普及竞赛】 2019年10月12日，由宁乡市教育局、宁乡市科学技术协会共同举办的宁乡市第十四届“奇思妙想”纸质结构模型普及竞赛在紫金中学举行，来自宁乡市45所中学、40所小学的718名学生参赛。宁乡市科学技术协会党组书记何友良，宁乡市教育局党委副书记、副局长文玉华出席活动。测试内容包括模型设计知识答辩和滑行测试。

【中小学思政课教师教学竞赛决赛】 10月13日，宁乡教育系统中小学思政课教师教学竞赛决赛在玉潭中学举行。全市小学、初中、高中22名思政教师参加。决赛由现场抽签、现场备课、现场上课等程序组成。宁乡市总工会党组书记、副主席张立金，教育局党委书记、局长戴晓成等领导。比赛择优选出10名教师参加宁乡市2019年“十行状元 百优工匠”技能竞赛。

【2019年宁乡市中小学生田径运动会】 10月22—25日，2019年宁乡市中小学生田径运动会在宁乡市第一高级中学举行。比赛项目包括中学男女32项、小学男女20项。55支代表队、1275名运动员参赛。

【章国贤到宁乡调研】 2019年11月15日，中国教科文卫体工会主席章国贤到宁乡调研。参加调研的还有中国教科文卫体工会办公室主任周利民，湖南省教育工会主席高新明，湖南省教育工会副主席易丽鹏，长沙市教育局党委委员、工会主席陈仕强等。在宁乡市夏铎铺中心小学调研座谈会上，刘国强代表宁乡教育工会接受中国教科文卫体工会慰问金5万元。章国贤高度评价宁乡教育工会取得的成绩，希望宁乡教育工会不断强化组织领导、培训指导，落实关爱活动，提高职工幸福感和获得感，并慰问先进职工代表和困难职工。

【2019年高中教育教学工作大会】 11月15日，2019年宁乡市高中教育教学工作大会在宁乡市第五中学召开。宁乡市人民政府办公室副主任彭晓静、市教育局全体班子成员、市直高中和民办高中及民办职高等单位相关负责人参加会议。会议明确高中教育在推进教育现代化、改革育人方式、提高教学质量方面的思路和举

措。五位高中负责人作典型发言。长沙市教科院副院长孔春生作专题授课。

【高中校长论坛】 2019年11月21日，宁乡市高中校长论坛在宁乡市第七高级中学举行。活动分现场观摩和校长论坛两个部分。论坛由宁乡市教育局党委副书记、副局长文玉华主持。党委书记、局长戴晓成要求认真落实《国务院办公厅关于新时代推进普通高中育人方式改革的指导意见》《新时代爱国主义教育实施纲要》等文件精神，适应新形势，对接新高考，开创新方法，加强新时代爱国主义教育，推进新时代普通高中育人方式改革。

【“小手拉大手·垃圾分类齐参与”活动】 12月5日，“小手拉大手·垃圾分类齐参与”暨宁乡市12·5国际志愿者日主题活动在实验小学举行。由少先队宁乡市工作委员会、宁乡市教育局、共青团宁乡市委主办。相关部门单位负责人及少先队员、家长志愿者代表参加。活动现场分为垃圾分类展板区、现场作画区、变废为宝成果展示区等区域。参加活动的同学们通过现场解说、快板秀、情景演绎、舞蹈表演等生动直观的形式，表达对垃圾分类的深刻认识，展示争当垃圾分类小小志愿者的风采。市教育局党委书记、局长戴晓成为市实验小学青少年志愿服务队授旗。宁乡市少工委主任、副市长陈德奇要求全市广大青少年争做垃圾分类小先锋，希望全市相关单位、学校以家园的情怀、使命和职责，携手建设美丽宁乡。

【2019年义务教育阶段教育教学工作大会】 12月6日，2019年宁乡市义务教育阶段教育教学工作大会在紫金中学举行。大会明确2020年宁乡义务教育阶段教育教学工作将从教师队伍建设、发展学生素质教育、课堂教学改革三方面努力。大会强调，要全面加强教师队伍建设，强化校长队伍培养，完善评价体系，认真做好义务教育改革相关工作的落实。大会要求，坚持以德育德，抓好教师队伍建设和中小学思想道德建设；坚持质量说话，抓好校长队伍建设和课高效课堂建设；坚持改革创新，抓好课程改革落地和学校特色发展。会上，宣读表彰决定。有6位基地学校负责人、学校负责人、班主任代表作经验介绍。

【名师名校长名班主任工作会议】 12月26日，宁乡市名师名校长名班主任工作会在宁乡市教师进修学校召开。会议公布第五届名师工作室首席名单，为35个名师工作室授牌。市教育局党委书记、局长戴晓成指出，名优教师要切实提升专业化水平、做出实践性成果、发挥引领性作用，带动教育系统管理、德育、教学水平整体提升。从2013年宁乡组建首批10个名师工作室起，至2019年，宁乡市名师工作室发展到45个。

（黄晓佳）

宁乡一中

【概况】 宁乡一中是湖南省示范性普通高级中学，学校占地26.67公顷，总建筑面积13万平方米，累计投资2.6亿元。2019年学校提质改造工作基本完成，学校环境更优雅，布局更科学，设备更先进，功能更齐全。2019年年末有教学班81个，在校学生4422人，教职员工382人。有正高级教师2人，特级教师3人，中学高级教师156人，国家级骨干教师5人，省、市级骨干教师50人，研究生学历教师26人。近几年，办学条件更加完备，办学环境更加优化，办学特色更加鲜明，办学成果更加彰显，教学质量步步提升，学校先后获10多项国家级荣誉称号，连续七届被评为“中国百强中学”，在2013年美国华盛顿中国研究中心对中国最有影响力的普通高级中学评选中位居第65位，获北京大学2014年中学校长实名推荐资格，是2016年北大、清华认定的湖南省十大名校之一，获评“学科竞赛网年度500强高中”评选的“全国最佳学校奖”，《中国教育报》多次刊文全面推介宁乡一中的办学经验和办学成果。学校还是国内许多有影响力的高等院校优秀生源基地。2019年，宁乡一中接待来自湖南省第42期高中校长任职资格培训班全体学员、株洲市南方中学等兄弟学校的考察交流。美籍华人科学家黄厚斌先生，武汉理工大学周祖德院士到校讲学。

学校进一步提质改造，2019年组织实施中央广场电子显示屏安装，建设公租房配套职工之家、垃圾站、休闲广场，安装高考监控设备，更换空气能热水系统，完善校园监控系统等，将水泵房、运动场公共卫生间、图书馆、实验楼飘窗、田径场沙坑、罗马柱、美术室等进行维修改造。学校创建国家级公共机构节能示范单位，在省、市相关领导的高度关怀及各级节能部门、学校的共同努力下，全校太阳能路灯改造、教室节能照明灯改造、办公场所走廊节能灯改造相继完成，学校获评国家级节约型公共机构示范单位。

学校综合支部被评为市级“五化”党支部、教育系统先进基层党组织。团委获2019年度长沙市“五四红旗团委”称号，年度考核被团市委评为优秀单位。其他工作，如食品安全工作有成效，全年未发生一起食品安全事故，被评为宁乡市食监局春秋季学校食品安全检查“优秀单位”。工会工作温馨暖人，新老校区教工集资房产权办理工作取得重大进展，组织健康体检、各类慰问、公租房租住，组织参加市教育局工会女子气排球赛、市教育局教师读书分享比赛，广泛开展扶贫帮困、送温暖活动，心系群众，不断提高职工幸福指数。校友联络与学生资助成效明显，基金会圆满换届，校友会正式注册，2019年奖励教职工45名、学生30名，累计金额67万余元；国家与社会途径资助和帮扶学生达2480人次、金额327万余元。本学年度学校在托管白马桥中学的基础上，又托管滨江中学，两所中学均成为宁乡一中的附属中学，对于加速集团化发展，吸收培养更多优生起到良好的作用。年内，宁乡一中代表宁乡市教育系统迎接国家级文明校园创建验收、未成年人思想道德建设验收，并获得肯定。宁乡一中著名校友南开大学教授唐梓洲获评发展中国家科学院数学奖，北京宁乡企业商会与宁乡一中北京校友会开启战略合作，宁乡一中教育品牌的影响进一步扩大。

【教师队伍】 2019年，学校老师参加各类教学比武和竞赛活动取得优异成绩。“一师一优课”获部优课一堂，省市县优课多堂。长沙市首届“星城杯”中小学课堂教学比武中，温迎、罗伟湘两人获一等奖。张敏老师获宁乡市高中青年历史教师教学比武特等奖，长沙市一等奖；尹淼老师获宁乡市思政课教学比武二等奖，刘灵芝老师获宁乡市高中生物片段教学竞赛特等奖、杨礼全老师、罗朋峰老师参加长沙市中学物理教学竞赛活动分别获市一等奖和二等奖，陈萍老师获宁乡市高中化学竞赛一等奖，李惠婷老师、张敏老师获湖南省中小学教师信息技术与学科教学深度融合在线集体备课大赛一等奖和三等奖。教学研究成绩显著。做好课题的申报、立项、研究、结题工作。英语课题《普高英语教学中培养学生语言观察能力的策略研究》，被立项为省级课题；《微写作驱动的语文有效教学策略研究》进行中期评估；省级重点资助课题《普高学生社会责任感教育研究》顺利结题。教师教育学会论文评选200篇论文参评获奖；全年有36篇论文发表在各类刊物上，其中国家级刊物发表11篇。名师队伍进一步壮大。2019年新增正高级教师彭建伦，在宁乡市卓越教师遴选中有学科带头人有3人、骨干教师8人、教学能手3人；在长沙市卓越教师遴选中有学科带头人2名、骨干教师7人、教学能手3人。长沙市第四批骨干教师10人，宁乡市第三批骨干教师21人。2019年下学期，学校有六名教师成为宁乡市高中名师工作室的首席名师。教师队伍不断优化。本学年大力引进优秀人才，共招聘公费师范生7名，湖大、中南等教育部首批双一流大学研究生7名，选调骨干教师4名，学校获硕士研究生学位学历人数上升。2019年11月进行的2019年度教师职称评审中，学校13名教师晋升高级职称、4名教师晋升一级职称。年度内，近350人完成国家、省、市、县各级各类培训；组织124名老师参加2019年第二期全省中小学教师信息技术应用能力发展测评，并全部通过。完成2019年度教师学分登记，全部合格。全体体育教师参加宁乡区域田径特色创建暨田径教练员、裁判员培训班，此次培训不仅提高学校体育教师的专业素养，也为学校特色项目后备人才基地的创建奠定坚实基础。

2019年4月18日，宁乡一中高三成人礼现场，汉式加冠加笈礼

【德育教育】 2019年，宁乡一中学校以争创全国文明城市为契机，全面开展文明校园创建，全面培育和践行社会主义核心价值观。加强对学生进行爱国主义教育、思想道德教育、法制安全教育和心理健康教育等综合素质的熏陶和培养；把社会主义核心价值观教育与学生特别阶段的人生课题融合起来；多元并举，组织军训、清明缅怀先烈、高三学生成人礼、手拉手助学等社会实践体验活动，开展全校性的社团体育艺术文化展示节、主持人大赛等校园文化艺术活动；开展文明校园创建专项活动，包括“文明班级”“文明个人”“文明餐桌”“文明寝室”“文明办公室”五大专项评比活动，更加突出活动立德树人与素质教育功能；开展主题教育，如未成年人思想道德建设、垃圾分类宣传教育、安全教育系列活动、防溺水宣传活动、传染病预防宣传活动等，开展篮球赛、大课间活动、社团文化、演讲比赛、庆祝“五四”运动百周年合唱比赛等丰富多彩的文娱体育活动。进行高中学生生涯指导和政策分析，开展研学旅行等社会实践活动，落实新高一综合素质测评。组织系列安全讲座如近视眼结核病防治知识讲座等，开展责任教育、女生教育、心理教育等多种形式的教育方式。学校全年未出现欺凌、暴力等事件，无消防、安全责任事故。学校被评为宁乡市教育局文明创建工作先进单位、宁乡市教育局共青团工作先进单位、宁乡市宣传思想工作先进单位。

【教学质量】 2019年，宁乡一中高考有1412人参考，一人上北大医学部录取线，600分以上142人，占全省的1.40%，比2018年提高1.2个千分点；一本首次上线907人，比2018年增加48人，一本上线率达64.23%，加上艺体和其他小门类一本总上线可超一千人，一本总上线率70%以上；周璐同学英语科成绩150分，为全省唯一满分。在全省单科前1000名人数统计中，宁乡一中有7科排名进入全省前20名，总排名全省第12位。学考全科一次合格率

99.67%，位居全省前列；抽考成绩在县内遥遥领先，在五市十校联合体中名列前茅。自主招生有突破，在计划减少、条件严苛的严峻形势下，仍有二十多名学子获高校自主招生初审通过资格和综合评价加分资格，其中，2名同学获北大加分优惠。

【学科竞赛】 2019年，宁乡一中在学科竞赛、科技创新方面，学生参加奥赛喻增诚、刘帅2人获省一等奖，24人获省二等奖，15人获省三等奖。科技创新中，学校挂牌湖南省知识产权教育试点学校、长沙市知识产权教育试点学校、长沙市科学工作室，1名学生论文获省一等奖并送全国参评，5个项目获长沙市一等奖，刘日晗、陈妮、蒋树言、欧阳神舟、廖湘、严佳怡、张灿、周柯嘉、谢睿聪7名学生在“叶圣陶杯”全国中学生创新作文大赛获国家级奖励。参加中华之星国学大赛，1人获全国一等奖，4人获全国二等奖，10人获省一等奖，5人获省二等奖，6人获省三等奖。在艺体特色方面，高考艺体生高考上线率达到98%。艺术方面，获得三独比赛一个省一等奖，舞蹈《薪火》获宁乡市文艺汇演特等奖。宁乡一中本学期还组织学生参演2019年长沙市校园文化艺术节展演活动，演出效果精彩纷呈。体育方面，在全国二青会上，学校杨冰洁同学为湖南代表团贡献1金，宁乡一中拿下1金、3银、1铜和1个第5名的成绩；在全国体育传统校总决赛中宁乡一中周洲、田征清同学获3金，此外学校还取得3银、2个第四、3个第七名；在省第三届中学生运动会上获5金4银1铜。篮球队获宁乡市冠军。学校被评为宁乡市教育局体育工作先进单位、湖南省体育传统项目学校优秀单位。 （办公室）

宁乡四中

【概况】 2019年，宁乡市第四高级中学（以下简称宁乡四中）有教职工209人，在校学生2652人。全年，学校坚守立德树人根本任务，推进思想治校，加强德育工作，提高队伍素质，落实教学常规，应对高考改革，深化素质教育，提高教育质量，取得较好办学成果。

【党建及思想政治工作】 2019年，宁乡四中坚持党对学校事业的全面领导，加强政治建设，坚定社会主义办学方向。完善党委议事决策机制，健全支部组织，发挥党委班子和支部战斗堡垒作用。高三支部被长沙市教育局党委评为“先进党组织”。强化党员教育管理，开展“不忘初心、牢记使命”主题教育，组织赴刘少奇、杨开慧、任弼时故居开展党性实践锻炼和教育。加强纪律建设和廉政警示教育，每周编辑纪律教育资料。开展师德师风专题教育、廉洁从教公开承诺活动，签订廉洁从教承诺书，开展廉洁文化教育。坚持加强日常监管，对节假日、寒暑假等重要时段开展明查暗访，督促全体教师规范从教行为。深化党史育人，强化党课教学，教育学生爱党爱国，树立社会主义核心价值观。

【推进以德育人】 2019年，宁乡四中树立“德育为首，育人为本，安全第一”理念，落实立德树人根本任务。以修养为核心，进一步深化常规管理，开展纪律卫生、文明礼仪、习惯养成、安全法制教育，促进学生修身养性，增强文明意识和法制观念。以活动为载体，进一步充实德育序列，开展成人礼，五四青年表彰，庆祝中华人民共和国成立70周年，社团艺术科技节，元旦文艺汇演等活动，丰富校园文化生活，激励广大学生积极向上。学校团委获“十佳宁乡市五四红旗团委”称号，“青年之家”被评为长沙市市级综合服务平台。以课题为突破，进一步助推德育研究。《以微德育促进农村高中学生自主修身的实践研究》有序开展，取得重要成果。

【师资队伍建设】 2019年，宁乡四中加强对全校教师的思想引领，举行春季开学思想动员大会和暑假思想学习培训，引导全校教师树立正确学生观，忠诚敬业，担当作为，做最好最优秀的自己。深化校本研修，组织开展专题教学常规学习研讨，开展各类教学竞赛活动，坚持深化落实集体备课制度。开展青年教师教学竞赛活动，促进青年教师成长。全年有30余篇教师业务论文发表在各级刊物，70余篇获市级以上奖励；有近100人次教师获各级各类荣誉称号，60余人次教师在市级以上赛课说课等教学技能评比中获得奖励，其中吴业分老师获长沙市四县区青年教师赛课一等奖。王旭老师获长沙市音乐教学评比一等奖。阳才福老师获全国教师科研能力展示大赛一等奖。在全省网络集体备课大赛中，英语、数学共15人获省三等奖。

【提高教育质量】 2019年，宁乡四中强化教学常规管理，完善备考应考策略，2019年高考全校一二批本科上线486人，其中一本92人。2019年学业水平考试全科合格率99.18%。学校获宁乡市2018—2019高考、学考质量一等奖。深化素质教育，促进学生全面发展，开展艺术、体育、科技、社会实践等活动，提高综合素质，全年有150多人次学生获市级以上学科、作文、创新等竞赛奖励。田径队在全市中小学生田径运动会上获高中组总分第二名。男子篮球队获宁乡市2019年中小学生篮球赛高中男子组第二名。柔道队在全国青运会上获一金一银，在全国中学生锦标赛中获6金1银2铜，在省比赛中获6金1银3铜，团体总分第一名。学校获评“中国柔道特色学校”。舞蹈队获宁乡市中小学生文艺展演一等奖，参加长沙市联演。

【优化育人环境】 2019年，宁乡四中改善办学条件，加强校园文化建设，投资2000余万元，改造1栋教学楼和2栋教工宿舍，新建校园风雨长廊，新建综合实验电教楼，校园环境更加优化。坚持民主治校，广泛听取教职工意见建议，邀请教职工共同参与民主决策和管理。力行校务公开，教职工评优晋级和岗位调整，干部选拔，招生收费，重大决策和支出

等均面向全校或社会公开公示，接受监督。强化食品安全管理，办好师生满意食堂。（办公室）

宁乡职业中专学校

【概况】2019年，宁乡市职业中专学校创建湖南省卓越中职学校进入扫尾阶段，产教融合培训实训大楼项目主体竣工，学校各项工作迈上新台阶。

学校在籍学生4152人，教职员工279人。开设机械加工技术、汽车制造与检修、电子电器应用与维修、会计、焊接技术、旅游服务与管理、高星级饭店运营与管理、电子商务、制冷空调、汽车整车与配件营销、社会文化艺术等11个专业。

学校注重班子队伍建设。配优配齐班子。下半年，新增肖勇、喻学军、梁政三个校务委员，胡跃波、卢炜两位校级领导先后到民政局和宁乡一中任职，班子成员严格落实“一岗双责”，实行“三重一大”集体决策；按上级要求开展“不忘初心、牢记使命”主题教育，加强理论学习，带头讲党课，联部联点抓好党风廉政建设，加强风险防控和应急干预；率先垂范，坚持一线任教、行政值日；坚持校务公开和阳光服务，发挥“校长信箱”和纪律检查机构作用，加强行政督办和作风建设；分管工作成效明显，学校获评“2019年度工作绩效考核优秀单位”。优化行管配备。下半年，学校将教科室职能职责拆解到教务科、发展规划办和督查诊改办，进一步优化行政管理队伍。对行管人员定期约谈，严格要求，加强督促，各部门服务意识和管理能力整体提升。推进队伍建设。教师队伍中涌现出长沙市卓越教师、宁乡市首席名师（谭颖、郑志刚、肖勇）、宁乡市党和人民满意的好老师、高新名匠（周永新）、高新名师（郑志刚）、百优工匠（朱敏强、李强）、“学习强国学习达人”（王太泉）以及学校推介的周文海、范洁等“躬耕”系列默默奉献的一大批教师典型，6名教师晋升高级，10名教师晋升中级，99名教师获县市级及校级各类荣誉称号。

做好后勤保障。进一步规范财务管理，做好开源节流工作，获评“部门预决算管理工作先进单位”；保障校园设施安全和消防安全，做好校园绿化、美化、亮化工程改造，严格先申报后采购的审批流程，实行物业托管；成立膳食委员会，保障食品安全，学生满意率在95%以上。

抓好党群工作。做好上传下达，确保政令畅通；规范对考勤、公章等管理，档案实现分部门管理，修订制度汇编，校长信箱管理得到主管部门领导一致好评。组织完成3次精准扶贫，分支部组织参观、慰问、帮扶、志愿服务等主题党日活动；文旅支部结对帮扶“四特学生”被长沙市主题教育简报推介。组织趣味运动会等教工活动；开展“爱烛行动”等慰问活动。市长办公会议专题研究职业中专学校建设与发展。承接大型赛事、活动能力越来越强，成功承办省、市技能竞赛、成人高考、文明风采展演等活动，得到领导好评。湖南红网、湖南职教就业、湘微中职、《今日宁乡》、宁乡电视台、宁视界等多家媒体推介学校办学动态和成果，全年省级以上宣传推介26篇次，县市宣传推介215篇次。

2019年学校完成语言文字达标验收、省级科研课题验收，学生资助、防空防灾等工作经验得到推介；学校获珠海格力授牌，获“湖南省首届中等职业学校啦啦操比赛体育道德风尚奖”、“湖南省学校心理健康教育先进单位”、“长沙市中职技能竞赛组织奖”、“长沙市教育系统先进党组织”、“长沙市中职文明风采竞赛优秀组织奖”、“长沙市模范职工之家”等荣誉。

【彰显部室特色】2019年下半年，宁乡市职业中专学校分四个部室强化精细管理。机电部，建设智能制造实训中心改造和机械零部件测绘实训室，重视学生常规管理，以赛促教，组建技能兴趣小组。汽车部，以赛促学；加强学生违纪整治，组织班主任例会；寝室卫生大幅度提升。省级课题“三元导示教学方法的研究”接受验收。经贸部，探索电子商务专业“1+X”双证书制度；组织电商专业学生工学交替；学生参加全国中职会计技能“百强邀请赛”获二等奖。文旅部，坚持以礼立部，以美育人。加强“三十秒整理”经验交流，创新大课间啦啦操训练。

【德育管理】2019年，宁乡市职业中专学校以德育活动为载体，加强对学生进行爱国教育、安全教育、心理健康教育、生命教育，加强家校共育，关爱“四特”学生；高规格承办宁乡市第二届中职学生文明风采展

2019年12月27日，第二届宁乡市中职生文明风采展演在宁乡职业中专举行

演等大型活动；学生德育常规管理进一步加强，确保良好校风和校园平安。啦啦操队参加国赛获亚军，篮球队、足球队均获宁乡市中小学比赛第二名，合唱、朗诵、书法等比赛获优异成绩。德育案例《精巧绝伦 德艺双馨》被评为全国中职“文明风采”活动成果优秀案例。

【教育教学】 2019 年，宁乡市职业中专学校全员听课共推出公开课 209 节，评选优秀课 66 节；组织开展师徒结对、教学交流活动。高二学生文化普测及格率超长沙市平均线；在 2019 年学生技能竞赛中，获省一等奖 3 个，省二等奖 8 个；长沙市一等奖 13 个，二等奖 29 个，三等奖 27 个；市一等奖 58 个，二等奖 50 个，获团体总分一等奖和优秀组织奖；在 2020 年度省技能竞赛中获得一等奖 2 个，二等奖 11 个，三等奖 4 个。

【科研能力】 2019 年，宁乡市职业中专学校加强校本培训，开设“职专大讲堂”；全年组织国培 41 人次，省培 15 人次，市县培训 68 人次，56 人通过信息能力发展测评。教师职业能力竞赛获省级荣誉 9 个，市级荣誉 16 个。向社会公布 2019 年度教育质量报告，制订学校教学质量诊断与改进方案。教师论文发表 28 篇次，7 篇次获省奖；7 个省级课题接受结题验收，1 个省级课题结题，4 个省级课题立项，教师队伍建设案例入选全国职业院校典型案例。

【招生与职业培训】 2019 年，宁乡市职业中专学校秋季招生 1541 人；组织召开产教融合会议 15 次，顶岗实习 701 人，宁乡本地就业率 71%，对口就业率达 92%，稳定率达 82%，订单培养率达 64%，组建楚天班、格力班、宋城班、蓉园班、通程班等 12 个订单班，新增星邦重工等 4 家本土合作企业，组织 300 多名学生工学交替。面向企业员工进行电工、焊工等培训，面向农村开展育婴员、烹调、新型职业农民等培训，全年培训人数 2134 人，技能鉴定 382 人，承接市退伍军人技能培训。 （谢道远）

文化事业

责任编辑・蔡水林

文化旅游广电体育

【概况】 2019 年 3 月 20 日，宁乡市文化旅游广电体育局正式挂牌成立，由原文化体育广播电视局和原旅游局整合而成，简称文旅广体局。局机关内设 11 个科室：办公室（旅发委办公室）、政工人事科、财务科、文化科、体育科、规划产业科、广电科、旅游发展科、行政审批服务科、文物科、处遗办。下辖 10 个二级单位：文化市场综合执法局（正科级）、旅游质量监督管理所、图书馆、文化馆、演出管理站、文体活动中心、电影公司、剧院、文体事业发展服务中心、沩滨旅游服务中心。全系统在编干部职工 225 名，其中在岗人员 117 名，待岗人员 108 名。

2019 年宁乡市文化旅游广电体育局深入贯彻中共十九大精神，认真落实省委巡视整改工作，推进机构改革，大力实施“文化强市”“全域旅游，旅游 14830”（创建 1 个全域旅游示范区、打造 4 个核心旅游区、提质 8 个 A 级景区、培育 30 个乡村旅游示范点）战略，推动文化、旅游、体育、广电事业健康发展。1-12 月，全市共接待游客 2300.55 万人次，实现旅游综合收入 310.26 亿元，比 2018 年分别上涨 4.05%、2.5%。获评全国美丽乡村旅游目的地，入选 2019 年中国县域旅游竞争力百强县市。

2019 年，宁乡市文化旅游广电体育局抓好省委第四巡视组反馈问题的整改落实，处置纪检监察部门移交的问题线索 2 条，给予政务警告处分 1 人，积极配合宁乡市委第七巡察组巡察工作，切实加强对各类项目招投标工作的监督。认真做好精准扶贫、防汛抗旱、文明创建、乡村振兴、工青妇团等工作。

【公共文化服务】 2019 年，宁乡市文化旅游广电体育局着力夯实文体阵地。按照长沙市标准化村（社区）综合文化服务中心建设标准提质打造 20 个村（社区）综合文化服务中心，新建 80 处全民健身工程点、1 个智慧健身驿站，完成行政中心图书分馆提质建设，与总工会联合建设 6 家职工书屋，新建和改扩建旅游厕所 48 座，提质改造市级固定电影放映点 4 家，完成文体中心多功能运动场地建设。全面织密宁乡公共文体服务网，打造“城区 15 分钟，重点村镇 15 分钟、一般村镇 20 分钟的现代公共文体服务圈”。另一方面，文体志愿服务优质高效。依托新时代文明实践中心文体艺术志愿服务分队，长期开展文艺演出、阅读推广、非物质文化遗产传承等志愿服务活动。组织送戏下乡 75 场，举办“你读书·我买单”“文化艺术健康科普进万家”等读者活动 65 场。

2019 年 2 月 18 日，“美好宁乡岁月如歌”原创作品音乐会在大剧院举行　刘立摄

【文体活动】 2019 年，宁乡市文化旅游广电体育局举办 2019“年味宁乡”喜乐会启动式、“辉煌历程——美好宁乡·岁月如歌”原创音乐作品会、“我和我的祖国”文艺惠民巡演，春季马路赛，NBL 全国男子篮球联赛，全民健身广场舞大赛，庆祝中华人民共和国成立 70 周年系列群众文体活动，掀起群众文化热潮。完成公益电影放映 4600 余场。创作《红色宁乡我的家》《宁乡剁辣椒红》等作品 40 余个，多部作品获国家、省市优秀作品奖。全年，体育彩票销量达到 5300 万元，有力地支持了宁乡市体育事业的蓬勃发展。

【文化遗产保护传承】 2019 年，宁乡市文化旅游广电体育局弘扬优秀传统文化，做好文化遗产保护与传承。一是推进文物保护利用工程建设。争取国家省市文物经费 900 万元。实施何叔衡故居、谢觉哉故居展示利用工程，云山学校消防工程、电力改造工程，乡村文物微展览工程；开展古建文物白蚁防治；推动炭河里考古遗址公园二期及炭河古城“数字王国”项目的前期建设；启动何叔衡故居、谢觉哉故居陈列布展项目。二是文物保护宣传影响扩大。协办湖大岳麓书院南轩纪念活动，协助市政协文史普查并编著《宁乡文史资源大全》，协助央视七套拍摄《红色故乡》，谢觉哉故居产权成功置换，公布第九批县级文物保护单位（红桃山抗战遗址、袁名曜墓、易成氏墓、嵇茄山防御工事遗址、周堪赓墓、喻韬墓），征集社会文物 18 件。三是非物质文化遗产保护成效明显。对省级非物质文化遗产项目《麻山锣鼓》进行抢救性保护工作，录音麻山小调 28 首，曲牌 27 首。编辑整理并印刷《宁乡花鼓戏史略》《麻山锣鼓》。

【文化市场稳定】 2019 年，宁乡市文化旅游广电体育局保持执法监管高压态势，营造清朗的文化旅游广电市场环境。一是抓市场执法监管。扎实开展扫黑除恶、扫黄打非，出版物及印刷市场专项检查，旅游市场，星级宾馆接收境外卫星电视节目等专项整治工作。推出推出“五制”（即：温泉门票销售渠道承诺制、温泉门票销售渠道报备制、温泉门票销售价格限定制、温泉门票销售倒查制、温泉门票违约销售通报制），加强灰汤地区旅游市场整治。受理歌厅噪音扰民投诉196起，查处1起非法开展旅行社业务案件，查处取缔1家无证经营“黑网吧”，立案查处25家违规接纳未成年人上网的经营单位，整改网吧52家，立案查处经营娱乐场所13家。二是抓意识形态安全。无偿收回19家乡镇有线电视社会基站，实现有线传播一家运营，解决多年老大难问题。加强对全市广播“村村响”安全运的督察和指导。深入排查意识形态安全隐患，开展歌舞娱乐，意识形态领域，宗教出版物市场专项整治行动，查处和收缴非法出版物5000余册，整顿和查处无证经营书店5家。加强对融媒体中心、湖南有线宁乡网络有限公司的巡查，确保中华人民共和国成立70周年国庆安全播出。三是抓行政审批服务。全年共办理业务事项438项，其中行政许可和其他职权事项126项，不见面审批事项60%以上，办结满意率100%。

新华书店

【概况】 2019年，湖南省新华书店有限责任公司宁乡市分公司（以下简称宁乡市分公司）有正式在册在岗员工47人。下设经理室、综合管理部、财务管理部、市场一部、市场二部、市场三部。至年末，公司共开设16个门店，其中在玉潭街道设有中心门店和市民书吧2家门店：中心门店营业面积700平方米，经营图书、音像制品、文化用品3万余种；市民书吧营业面积100平方米，经营品种4000余种。在黄材镇、双凫铺镇、流沙河镇各设1家集镇门店，每家门店经营品种4000余种。在宁乡一中、二中、四中、五中、九中、十中、十一中、职业中专、城北中学春城、梅花、振兴校区等11所学校内各设有1家校园阅读基地，经营图书、报纸、杂志5000余种。

“读书与分享”主题活动现场

2019年，宁乡市分公司在全体员工的团结拼搏下，坚持稳中求进的工作总基调，以高质量发展的要求为引领，厚植发展优势，融合发展空间，谋求发展突破，较好的完成各项工作任务，销售规模稳居全省县级公司前列。

注重基层党组织建设。加强思想政治建设。2019年学习教育工作的重点是学习贯彻落实十九大精神和习近平总书记系列重要讲话，开展“不忘初心 牢记使命”主题教育。公司支部除每季度开展集中学习以外，号召党员同志开展学习强国在线学习，每日看视频，文章，做题目，点收藏，发观点，形成一股学习使用“学习强国”平台的热潮。加强基层党组织建设。严格按照宁乡市委组织部及省、市公司党委要求，抓好党支部五化建设。做好党组织关系排查、党费收缴管理、党员发展、精准扶贫等各项工作。7月，在出版集团对基层党组织调研工作中，获评出版集团“2017—2018年度优秀党支部”。加强党风廉政建设。认真履行“第一责任人”职责，班子成员充分落实“一岗双责”，不断把党风廉政建设工作引向深入。通过开展党性党风党纪教育、正面典型教育、反面警示教育，增强党员干部的廉洁从业意识，筑起拒腐防变的思想堤坝，为企业发展营造风清气正的良好环境。

【书店业务经营】 2019年，宁乡市分公司书店业务经营良好。一、教材教辅业务。公司始终遵循“高效、扎实、主动、细致”的工作要求，牢牢抓住“服务”主旨，强化服务措施，提升发行质量，以铁的纪律确保做到“课前到书、人手一册”，为宁乡市教育教学的正常开展做好教材的供应工作，得到教育主管部门的充分肯定及广大师生的好评。二、一般图书业务。2019年一般图书实现销售3802.01万元，比2018年增加394.36万元，增长11.57%。其主要做法是做好重点党政读物的发行，分别发行《第五批干部理论学习培训教材》、《习近平新时代中国特色社会主义思想学习纲要》、《新中国发展面对面》、《习近平关于教育的论述》等重点党政读物，为全市广大干部群众提供丰富多彩、健康向上的精神食粮；加强门店标准化管理，优化店堂布局，提升门店品位，为群众提供舒适阅读环境；继续做好大中专发行工作，以优质的服务做好职业中专及市域外大中专学校的教材发行工作，发行大中专教材841.38万元。三、文化用品销售工作。2019年，公司继续将做好文化用品业务的重点放在参与招投标业务方面，通过密切关注市场动态，积极参与市场竞争，以“新华的服务，品质的保证，永恒的承诺”赢取客户的信任。

【书店内控管理】 2019年，宁乡市分公司对人、财、物、工作流程实行有效监管。综合管理平稳有序。修订并完善业务招待、公车管理、差旅等多项制度，提高公司规范化管理水平。加大检查监督力度。纪检部门每月深入各部门，对内部管理制度执行情况、上班纪律作风情况等进行检查监督，并将检查结果纳入各部门员工绩效考核，严格奖惩兑现。财务管理突显成效。严格费用开支审批，全年几项主要可控费用中同比均实现下降，凸显财务事前事中严格监管成效。同时做好货款回笼工作，确保企业资金安全，防范经营风险。做好社会治安综合治理工作。根据安全生产和综治工作要求，严格落实安全生产各项规章制度，强化安全日常监管和重大安全隐患排查工作，定期对各部门办公场所以及中心门店、图书仓库、教材仓库等重点部位进行安全检查，按时对车辆进行保养维护。特别是在春秋两季教材教辅分送过程中，多次召开安全生产会议，保障公司人、车、商品安全。

【服务阅读与中心工作】 2019年，宁乡市分公司服务全民阅读和市委、市政府中心工作。开展丰富多彩的读书活动，浓厚全民阅读氛围。世界读书日与县政协一起举办“读书与分享”主题阅读活动。中心门店读书活动形式多样。开展阅读分享会、朗读者活动、及“你读书 我买单”等形式多样的读书活动。同时为进一步扩大“朗读者”活动的影响力，更好的营造全民阅读的氛围，在“宁乡市新华书店”公众号上专设《为你读诗》栏目，为热爱阅读、热爱朗读的读者朋友提供一个与书店维系情感的“展示专台”。开展“红书签 爱满星城”全民阅读公益活动。为贯彻习近平总书记在中共十九大报告中提出的“推动建设学习大国”要求，落实《2019年“书香长沙”全民阅读活动方案》，促进宁乡市全民阅读活动常态化、体系化、品牌化，在全市开展“红书签 爱满星城”全民阅读公益活动。活动的开展，将进一步充实农家书屋的图书及乡镇学校阅览室建设、优化农村阅读的环境，进一步推动全民阅读深入基层、深入群众。全市共有百余家单位参与该项阅读公益活动。抓好精准化扶贫。宁乡市分公司扶贫点为坝塘镇保安村24户贫困户，班子成员、干部职工群众4次走访慰问贫困户，了解贫困人口家庭情况、居住条件、就业渠道、收入来源等，送去帮扶物资。3月，宁乡市分公司向保安村捐赠扶贫专项资金8万元。积极参与文明城市创建工作。由团支部组织12名团员成立青年志愿者服务队，在责任路段进行交通劝导和清洁卫生工作。在宣传部组织的文明城市创建、新时代文明实践中心试点工作推进会，宁乡市分公司派出4名青年员工志愿者参与服务。

（陈思思）

融媒体中心

【概况】 2019年，宁乡市融媒体中心内设办公室、人力资源科、财务科、党建办、党风廉政室、安全保卫科、总编室、事业技术科、全媒体采访室、纸媒编辑室（今日宁乡）10个科室，下辖宁乡市电视台、宁乡市广播电台、宁乡市望北峰广播电视转播台、宁乡市电视节目传输中心、宁乡市新媒体中心5个二级单位，下辖宁乡广电文化传媒有限公司、长沙宁视界传媒有限公司2家企业。全中心共有干职工389人，其中在职干职工329人，离退休干职工60人。2019年，市融媒体中心获“综治工作优秀单位”“‘除臭剿劣’攻坚战先进单位”“党风廉政建设责任制工作先进单位”等称号。

【媒体融合改革】 2019年，宁乡市融媒体中心全面整合宁乡市广播电视台职责和《今日宁乡》信息中心职责，于3月20日挂牌成立，为市委直属正科级公益类事业单位，归口市委宣传部管理，同时被纳入省、市宣传部门重点联系推动的融媒体中心建设试点县市，按照“充分发挥示范引领作用”的要求，全方位推进改革：优化融媒体架构，完善媒体平台、管理制度、渠道内容、技术应用、人才队伍等方面的融合机制，组织中层正职民主投票开展岗位竞聘，实现“五个融合”：人员机构全面融合、宣传策划融合、采编调度融合、资源平台融合、经营发展融合。建立健全解决媒体融合的长效机制。制定和完善各项制度：创新机制全面形成。一、创新完善各项管理机制。出台《融媒体中心管理制度》《财务制度》《广告经营管理办法》《薪酬制度》，建立采编线绩效管理“1+3”制度体系等。二、创新完善宣传调度机制。强化全媒调度，通过采编线例会、每日编前会等形式，对采编业务实行月计划、周安排、日调度；强化宣传策划，组建核心策划团队，聚焦重大主题推出系列专栏报道和“1+N”

2019年11月，《问政宁乡》节目录制现场

组合式报道。三、创新完善人才培养机制。组织专业团队赴外地学习融媒体中心建设和管理、业务经验。2019年共组织全媒体培训14次，部门常规培训170余次。四、创新宣传平台提质机制。电视、纸媒、新媒体、电台平台同步进行全面全新改版提质。

【融媒体宣传】 2019年，市融媒体中心着力抓重点报道、深度报道、精准报道、精品报道。围绕中华人民共和国成立70周年，推出“沩江行”“我与共和国同龄”“宁乡发展成就巡礼”等大型融媒体系列报道，《今日宁乡》国庆特刊集中推出20个版面，单期发行量创有史以来最高纪录；聚焦高质量发展主题，推出“三大攻坚战”、两个主题年、“制造业立市、我与共和国同龄、沩江行、防汛备汛、共建美好家园”等50多个专栏。《今日宁乡》报全年刊发252期报纸，达9830条稿件，宁视界微信全年共发布稿件2300余条，宁乡电视台播发新闻稿件4010条，宁视界APP、智慧宁乡APP全年刊发各类报道达到800余篇，《学习强国》平台成功签发通过375篇，红网平台年上稿达到160余条，融媒体中心所属各平台共计发稿17475条，为宁乡市实干发展积极营造氛围。电视栏目形成优质品牌，《沩水春秋》《问政宁乡》《市民故事》《心声》等专题节目围绕市委市政府中心工作，深入一线用心感受聆听人民群众心声，用镜头和文字记录新时代、书写新时代、讴歌新时代，群众反响热烈。融媒改革以来，各媒体平台积极加强外宣，大力向上级媒体供稿，推介宁乡先进经验和做法：累计在各级媒体上稿1632条，其中在央视、人民网、新华网等央媒上稿达65条。2019年2月26日，由宁乡市融媒体中心供稿的《【领航新时代】湖南：从难点入手 向短板发力》在央视1套《新闻联播》头条播发，在全国范围内对宣传推介宁乡产生积极影响。节目创优连获佳绩，在年度创优活动中，4项作品获省级奖励，其中电视长消息《审批不见面政务服务事项轻松办》获湖南广电奖二等奖，10项作品获市级奖。

【网络覆盖传输】 2019年，市融媒体中心推进广播电视公共服务体系建设。全力推进宁乡市农村数字电视高清升级工作。优化主干传输链路，完善应急预案，增加主频点设备备份，加强网管监控，实时监控各设备运行状况和网络传输状况，确保宁乡市电视网络安全传输。2019年，宁乡市全面完成农网模拟电视向高清数字电视的升级转换工作，共转换主机用户66485户，副机6137台，其中区域代理转换主机用户12284户。2019年，宁乡数字电视网络用户达到78762户，宽带用户6686户，双向互动及智能电视用户实现从无到有，达到826户。

【新媒体发展】 2019年，市融媒体中心移动优先，加快新媒体发展。“宁视界”获评2019年度长沙市最具影响力政务微信。做大做强新媒体平台，推进媒体融合发展，“宁视界”微信、“宁视界”手机台、宁乡手机报、宁乡网、宁乡文明网、“这里是宁乡”微信、“宁乡发布”微博等多平台实现百花齐放，资源共享。关停“宁乡网”微信号，将“宁视界”微信号定位为民生微信，“这里是宁乡”定位为政务微信，实现新媒体各平台内容的统一调度和差异化发展的新格局。“智慧宁乡”APP和“宁视界”APP进行整合，打造“新闻+政务+服务”一体化APP。2019年，“宁视界”微信用户保持在20万户，“宁视界”手机台访问量达1172万，成功进入全国县级广电微信号百强榜，位列第31位。其中微信稿件《宁乡市“十佳培训学校”评选活动正在进行！赶紧Pick一下！》一文阅读量达8万余次，民生类稿件占比达75%；宁视界APP开设的各市直单位、乡镇（街道）频道专栏，点击量达128万。

【融媒体产业经营】 2019年，市融媒体中心归集所有媒体平台资源，建立“融合经营”模式，确定全员式、阶梯式、奖励式的创收经营激励机制，加大广告款回收、合同签定、在播广告管理等工作力度。同时加大改革力度，争取政策支持和外部合作，以“广电文化”“宁视界”两家传媒企业为基础，调研开拓新平台、新项目、新渠道，将融媒体宣传矩阵打造成文化产业舰队，通过营收升级增强融媒体中心综合实力和持续发展能力。以政务网络平台整合为契机，整合内外资源，科学规划和铺排平台建设，实施多元化战略，全面推动产业经营，将融媒体宣传矩阵打造成一支文化产业舰队。成功承办宁乡市春节联欢晚会、“商圈商户优化营商环境”服务启动仪式、宁乡市“守初心·得民心”故事分享会、宁乡市学习强国知识竞赛，节能宣传周等30个大型活动，精心摄制扶贫办宣传片、宁乡疾控中心宣传片、煤炭坝门业园宣传片等39个宣传片。

【融媒体管理】 2019年，市融媒体中心加强党的建设和党风廉政建设。坚持“三会一课”制度，开展党支部“五化”建设工作，加强精准扶贫工作，党组织的凝聚力和向心力进一步增强，坚持党建引领意识形态、新闻宣传和经营管理，从严管党治党，加强重点工作督查、作风纪律督查，营造风清气正的氛围。夯实发展基础，新址建设全面推进。市委政府斥资9500万元进行融媒体中心新址项目建设，严格按照中宣部和广电总局下发的五个技术规范要求进行专业设计、装修改造和设备系统配置。多次赴周边县市区考察，充分考虑交通安全、人员疏散、防洪防涝等因素，与中标单位密切沟通，向设计单位提出系列安全设计要求，融入全新设计理念，反复论证，精益求精做好规划设计。推进广播电视传输建设。配合开展中央节目无线覆盖数字化改造工程，完成全市沩山、龙田、沙田、祖塔、崔坪5个补点基站的巡查、维护、维修工作，配合省广电局，完成省重点民生实事之一的“数字广播电视户户通工程”，并被评为2019年省重点民生实事项目“数字广播电视户户通工程”建设先进单位。望北峰转播台安全转播上级台和本台节目117164小时，落实安全措施，实现安全播出“三零”目标。

（陈　泽）

卫生·健康

责任编辑·蔡水林

卫 健

【概况】 2019年，宁乡市共有医疗卫生机构919家，其中市直医疗卫生单位8家、中心卫生院7家、乡镇卫生院22家、街道社区卫生服务中心4家、民营医院18家、村卫生室412家、其他医疗卫生机构448家。全系统干部职工7641人，其中：在编3798人，临聘2254人，离退休1589人。全市病床7130张，每千人口拥有5.5张。2019年全市共出生人口14750人，其中二孩出生8075人，二孩比2018年同期减少2276人；人口自然增长率2.48‰；符合政策生育率96.3%；出生人口（含流入）性别比107.4，查处“两非”典型案件4起。2019年全市卫生健康工作继续围绕健康宁乡建设，坚持以人民健康为中心，持续推进医药卫生体制改革，医院内部管理更加规范，医疗卫生健康事业得到高质量发展，系统各项工作守成出新，事业发展行稳致远。宁乡市成功创建“全国健康素养促进示范县”，通过全国基层中医药工作先进单位复评，4次代表湖南省接受国家级督查调研，均获高度肯定。存在问题：卫生人才的总量不足。至2019末，全市卫技人员数量、全市每千人拥有卫技人员、执业（助理）医师、注册护士等指标与国家标准还有一定差距。宁乡市2019年常住人口131.5万，按照省级下达的全面建成小康社会考核指标，每万常住人口全科医生一类县≥2.0，需配备263名，2019年有231人，缺口达32人；每千常住人口注册护士≥2.65，需配备3484人，2019年有3326人，缺口达158人。医疗资源布局有待优化。全市医疗卫生区域不平衡，西部乡镇医疗资源较为缺乏，东南板块和东部乡镇群众就医普遍流向长沙。县域内就诊率仅为86.6%，医保基金市域内支付比例仅为2/3左右，宁乡市分级诊疗服务机制尚未真正形成，医疗卫生事业有较大发展空间。计生遗留问题不断浮现。随着生育政策调整、二孩生育政策的实施，

2019年3月20日，卫生健康局举行揭牌仪式

计划生育面临由控制人口管理向优生优服务的转变。失独家庭和手术并发症患者，不断表达新的诉求，信访压力有加重之势。

【成立宁乡市卫生健康局】 根据《中共长沙市委办公厅长沙市人民政府办公厅关于印发〈宁乡市机构改革方案〉的通知》（长办〔2019〕24号）和《宁乡市委办公室宁乡市人民政府办公室关于印发〈宁乡市机构改革实施方案〉的通知》（宁办〔2019〕5号），将原市卫生和计划生育局、原市民政局承担的老龄工作职责、原市安全生产监督管理局的职业安全健康监管职责以及原市爱卫办的部分有关职责等整合，组建市卫生健康局，作为市政府组成部门，为正科级。内设办公室（无偿献血办）、人事科、规划发展与信息化科、财务科、法规科、公共卫生科（应急管理办公室）、医政医管科（中医药管理科）、医改建设发展科、妇幼健康科、人口监测与家庭发展科（老龄健康科）、宣传教育科、行政审批服务科等12个科室。机关在职在编公务员和事业人员35人。2019年3月20日，宁乡市卫生健康局在玉潭镇春城北路249号正式挂牌成立。机构改革后，市卫生健康局将着眼新时代卫生健康工作的新要求、新方针，强化“大卫生、大健康”理念，落实健康优先，坚持共建共享，推进健康宁乡建设，实现卫生与健康工作由“以治病为中心”向“以健康为中心”转变，建设更高标准、更高水平、更高质量的卫生健康事业。

【深化医药卫生体制改革】 2019年，宁乡市持续深化医药卫生体制改革。8月，宁乡市纳入全国紧密型县域医疗卫生共同体建设试点县。12月，宁乡市人民政府办公室正式印发《宁乡市开展紧密型县域医疗卫生共同体建设试点工作实施方案》，坚持“政府主导、部门协同，改革创新、三医联动，预防为主、中西医并重，充分整合、高度共享”的原则，在县域组建紧密型医共体，整合本地医疗卫生资源，创新管理体制和运行机制，建立县乡一体、以乡带村、上下联动、信息互通、资源共享、职责清晰、运行高效的县域新型医疗卫生服务体系，为群众提供全方位、全生命周期健康服务。通过紧密型医共体建设，力争到2020年底，县域就诊率（住院）90%以上，县域内基层就诊率达到65%，基层医疗卫生机构有能力开展的技术、项目不断增加。继续推进市人民医院现代医院管理制度试点工作。宁乡市人民医院自2018年被确定为建立健全现代医院管理制度试点医院以来，从“体制改革、外部治理、内部管理”三个维度出发，

提出建设“科技医院、智慧医院、平安医院、和谐医院”四大举措，并进行积极的探索。市人民医院先后在中国基层公立医院管理建设能力培训班和国家卫健委体改司关于推进现代医院管理制度试点工作培训班上作典型经验发言。稳步推进智慧医疗工作，上线“湖南省基层卫生信息3.0系统”，借力省系统实现信息互通。启动电子健康卡的对接改造工作，市中医医院已率先完成线上电子健康卡改造，对接健康湖南、健康长沙、湖南居民健康卡等门户，可以通过电子健康卡线上多院预约挂号。市人民医院完成自助机、扫码墩等线下设备部署改造，可以通过电子健康卡二维码在院内挂号就医。进一步规范临床用药管理，着力加强辅助药品、抗菌药物、质子泵抑制剂、麻醉药品、第一类精神药品管理，保证临床用药安全。制定《关于基层医疗卫生机构补充议价采购品种的通知》，增加补充药品50种，着力缓解基层“用药难”的问题。加大整治医疗乱象力度，重点打击和整治非法行医、超范围执业、诱导消费、医疗欺诈、乱收费和骗保套保等医疗乱象，采取常规检查、重点检查、部门联合检查等方式开展专项督查，全年立案查处医疗机构61家，净化行业环境，促进医疗行业规范有序的发展。

【医疗卫生机构建设】2019年，宁乡市人民政府出台《宁乡市基层医疗卫生机构规范化建设三年行动方案(2019—2021年)》，进一步加强卫生基础设施建设，计划三年内分步完成12家卫生院、60家村卫生室建设，完成卫生院数字化接种门诊建设。2019年，医疗卫生项目建设稳步推进，市人民医院急诊大楼建成投入使用，市妇幼保健院新院、人民医院流沙河分院和玉潭、花明楼、大屯营、菁华铺等卫生院加快建设，新建成标准化村卫生室27家。强化硬件设施投入，全年向省、市争取彩超6台，DR4台、全自动生化仪2台、血球计数仪5台充实基层医疗卫生机构。不断提高医院内涵建设，进一步完善急危重症救治体系，坚持标准标识、救治流程、制度规范“三统一”，健全急诊急救、胸痛、卒中、肿瘤、中医康复五大中心，新建肿瘤防控中心及肿瘤诊治质量控制中心，推动院前协同救治和院前院内服务一体化管理，急危重症救治体系进一步规范高效。开展优质服务基层行，进一步提升医疗服务质量，双凫铺、黄材、城郊、道林等10家单位成功通过省级评审。市人民医院、中医医院、妇幼保健院开展预约诊疗服务；市级医院临床路径管理病种进一步增加。市人民医院加快推进远程医疗建设，试点推行日间手术。开展优质护理服务，结合“国际护士节”活动，开展青年护士岗位技能训练和竞赛活动，表彰一批护理岗位先进工作者。举办“十行状元、百优工匠”护理竞赛活动，全面展示并提升全市护理行业专业技术水平。

【健康扶贫】2019年，宁乡市精准实施健康扶贫工程，全市定点医疗机构全部开设“一站式”结算平台，实现基本医疗保险、大病保险、扶贫特惠保、医疗救助、医院减免、政府兜底“六线保障”一步到位，省去贫困患者四处跑腿压力。全面落实“先诊疗后付费”政策，切实减轻贫困患者垫资压力。2019年，宁乡市建档立卡贫困人口为54275人。在档的建档立卡贫困户均参加基本医疗保险，确保贫困户就医有保障。全年共办理“一站式”转诊694人次，健康扶贫“一站式”结算共享受待遇4.3万人次，医疗总费用2.01亿元，通过政府多重保障，实际报销1.84亿元，报销比例达到90%。全市建档立卡贫困户100%实现家庭医生签约服务。

【公共卫生服务】2019年，宁乡市有序推进14大类基本公共卫生服务项目。推进家庭医生签约服务工作，全面加强基层高血压疾病的诊治和防控管理，切实提高基层高血压患者血压控制水平，降低心脑血管事件发病率，启动开展基层高血压专病门诊和监测点建设工作，打造市人民医院、市中医医院等市级标杆机构，全市共完成445家基层高血压专病门诊建设，管理高血压患者7.83万人，规范管理率84.88%。在册管理严重精神障碍患者6130人，规范服药率80.6%，面访率99.76%，全年未发生严重精神障碍患者肇事肇祸事件。积极开展预防接种数字化门诊建设，全年完成大屯营、城郊、历经铺、玉潭、金洲、双江口、朱良桥7家预防接种门诊预防接种数字化门诊建设，一类疫苗接种率达95%。稳步推进心理服务体系建设试点，建设心理咨询室146家，形成政府、社会齐抓共管的协作协调机制。全面落实各项传染病防控措施，全年未发生重大传染病疫情及突发公共卫生事件。积极举办第二届“万步有约”职业人群健走激励大奖赛，全市各单位涌跃报名，共22家参赛单位37支队伍564名参赛队员参赛。队员参赛热情高，获评全省第8名，全国第19名。加快推进村卫生室的标准化建设工作，切实改善村卫生室基础设施条件，提升农村卫生服务能力和水平。全市全年完成18家规范化村卫生室项目建设、9家长沙市行政村村卫生室“清零”项目建设。建成后的村卫生室设立相对独立的诊断室、治疗室、处置室、药房、观察室和信息资料与健康教育室等，符合国家卫生学标准及无障碍设计要求，做到“产权清晰、各室分开、相对独立、室容整洁”，满足人民群众基本医疗和公共卫生服务需求。在2019年全省基本公共卫生服务项目绩效评估中，宁乡市获评一类地区县市区排名第二名。积极组织开展无偿献血活动，累计献血7430人次，完成目标任务的151.63%，在长沙市各区县中排名第一名。做好饮用水卫生监测工作，疾控中心获评2019年湖南省城乡饮用水卫生监测先进单位奖，成为长沙地区获得先进的两个疾控机构之一；加大执法力度，维护公共卫生安全，市卫监执法局代表长沙市接受湖南省卫生计生综合监督局2019年度学校及公共场所卫生监督工作评估，获评公共场所卫生执法先进单位。

【爱国卫生】2019年，宁乡市继续

开展国家卫生乡镇创建（复审）工作，夏铎铺镇创建国家卫生乡镇，沩山乡、灰汤镇已经通过国家卫生乡镇复审，摘得并保住三块“国字号”金字招牌。创建省级卫生村 10 家，市级卫生村 5 家，市级卫生社区 1 家。做好病媒生物的有效防控，针对季节性传染病疫情，全市城区公共区域新增灭蚊灯 120 盏，累计投入 200 余人次，配备烟雾枪 6 台、超低容量喷雾机 2 台、滞留喷洒喷雾器 8 台，对城区蚊蝇进行重点消杀，并发动居民群众清除缸、罐、盆、废轮胎、洼地等易积水的蚊蝇滋生地 2500 余处。打造病媒生物防制示范小区 4 个，示范街道两条，继续保持“湖南省灭蟑、灭鼠先进县”称号。推进厕所整洁行动，按照“数量充足、方便可及、干净整洁、管护有序”的要求，下发《宁乡市医疗机构“厕所革命”工作实施方案》，层层分解任务、细化整改标准、落实工作责任。各级医疗卫生单位均落实一把手负责制，将厕所整洁行动纳入重要议事日程。同时开展文明如厕的宣传教育，引导就医群众养成健康文明的如厕习惯，解决医疗卫生机构厕所卫生脏乱差问题，进一步改善就医环境，维护广大人民群众健康权益。推进生活垃圾分类处置，生活垃圾强制分类工作按照市卫健局、医疗卫生单位、网格（各单位自行划分）三级管理方式全面铺排，前期基本情况摸底、宣传引导、志愿者服务等工作逐步开展，基础设施采购、垃圾回收站的设置基本到位。

【妇幼健康】 2019 年，继续开展与妇女儿童健康密切相关的基本医疗服务。健全保健服务网，保障水平稳步提升。宁乡市全年共实施农村适龄妇女“两癌”免费检查 4 万人次，孕产妇免费产前筛查 8766 人次，免费新生儿多种遗传代谢疾病筛查 14240 个，0-6 岁儿童眼视力筛查及电子档案建立 56248 个。健全救治工作网，设立孕产妇和新生儿急救中心，妇幼保健院与黄材中心卫生院组建医共体，派驻医生、护士在黄材中心卫生院驻点，解决西部地区实际困难，提升危重孕产妇和新生儿的救治能力。5 岁以下儿童死亡率 5.42‰、婴儿死亡率 4.02‰、新生儿死亡率 2.16‰。妇幼保健工作在长沙市作典型发言。

【计划生育】 2019 年，宁乡市计生协会完成市级计生协会换届工作，调整优化理事会结构，承办长沙市“生育关怀——我们和你在一起”5·29 会员纪念日活动。免费为计生特扶家庭赠送一份 150 元的健康保险，理赔 16.7 万元；计生家意险购买总额近 160 万元，理赔慰问 321 户，理赔金额 43.8 万元。扶助慰问特困计划生育工作者、计生协会会员及计生家庭 100 户，对 93 户计生育特扶家庭及时发放住院护理补贴金 22.69 万元。全年计生奖励共惠及 3.24 万人，扶助金额 3910.32 万元，其中农村奖扶 19800 人，金额 1899.74 万元；特别扶助 1669 人，金额 1602.24 万元。独生子女保健费发放 9623 户，金额 105.92 万元；特殊家庭老年护理补贴 799 人，金额 191.76 万元。经各级鉴定，有三级以上计划生育手术并发症对象 46 人，扶助金额 26.66 万元。

【老龄健康】 2019 年 3 月宁乡市机构改革后，老龄工作与健康宁乡建设相结合，进一步提升思想认识、保持工作定力、强化工作合力，实现乡村老年协会组织全覆盖。全年共为 1.28 万名 60 周岁以上的低保和五保老人购买意外险，发动 1.67 万名社会老人购买意外险，有效提高老年人抵御意外风险的能力。新增老龄对象 1736 名，发放高龄津贴 1128 万元。自筹资金 60 万元，为全县 1000 户特困老人送去“温暖包”。组织开展敬老月宣传庆祝和“金秋惠老”“三送三进”慰问活动，敬老月开幕式直播收视达 36.4 万人，全市 79 个乡镇村同步开展系列宣传活动，全市敬老爱老氛围进一步浓厚。

【卫生人才队伍建设】 2019 年，宁乡市卫健系统共公开招录 372 名专业技术人员，其中编内人员 72 名，编外合同制 300 名。实施“名师带高徒”、“学科带头人培养”等人才培养工程，加强本土化人才，培养农村订单定向免费医学本科生 3 名。组织全科医生转岗培训 31 人次，全科助理执业医生培训 30 人次，乡村医生培训 412 人次。

【传承发展中医药事业】 2019 年，宁乡市进一步健全中医医疗服务网络，出台《宁乡市全国基层中医药工作先进单位复评实施方案》，成立工作领导小组，明确培训专家，建立

2019 年 8 月 8 日，宁乡人民医院急诊大楼正式投入使用

完善的中医药适宜技术推广业务指导长效机制。宁乡市卫生健康局下发《关于成立宁乡市中医药适宜技术推广中心暨开展中医药适宜技术推广项目的通知》，确定市中医医院为基层常见病多发病中医药适宜技术推广基地，组建专家指导组，开展技术指导，共举办2期基层中医药适宜技术培训班，各乡镇（中心）卫生院、街道社区卫生服务中心均能开展6类以上中医药适宜技术，83%的村卫生室能开展4类以上中医药适宜技术。各乡镇（中心）卫生院和街道社区卫生服务中心按照“相对集中，统一标识，打造中医文化”的原则建设中医馆，全市全年共完成29家中医馆规范化建设，均设置中医科、中药房、中药库房、中药煎药室，配置中医诊疗器具8种以上。彰显中医药特色优势，将中医优势病种、中医临床路径、中医诊疗方案、传统中医操作技术广泛应用于临床。市中医医院门诊处方占总处方数的62.1%，住院患者中医治疗率73.7%；乡镇（中心）卫生院和街道社区卫生服务中心中医门诊处方占总处方数的38.9%。9月17日，宁乡市顺利通过“全国基层中医药工作先进单位”复评工作的终评审。

【国家卫健委调研医改和健康扶贫工作】 2019年9月24日，国家卫生健康委员会副主任李斌一行到宁乡调研医改和健康扶贫工作。李斌在夏铎铺镇卫生院仔细查看和询问医联体建设、家庭医生签约、预防接种以及村卫生室建设情况，在宁乡市人民医院重点考察医院急诊急救、远程会诊、全科医生和乡村医生培训基地以及检验室6S管理展示等。宁乡市政协主席刘永红、市人民政府副市长陈德奇参加调研。近年来，宁乡市深入贯彻落实中央、省市关于卫生健康工作的决策部署，坚持健康优先战略，坚持“保基本、强基层、建机制”的原则，以基层为重点、以市级医院为龙头、以医共体建设和家庭医生签约服务为驱动，构建布局合理、上下联动、功能完善、优质高效的医疗卫生服务新体系，取得良好成效。李斌对宁乡市相关工作给予充分肯定，他表示，要推进“健康湖南”工作建设，要以“两不愁三保障”为标准，解决贫困人口基本医疗问题，提供好软、硬件设施设备，提升村医医疗服务水平和质量；他强调，县域医院要进一步加强服务能力建设，要加强医共体建设，加强村级卫生室标准化建设，医疗、医保、防治相结合，健康扶贫、深化医改相统一，重点解决“看病贵、看病难”的问题，推进预防为主方针的落实，加强公立医院改革及现代医院制度，推动药品流通领域的改革，进一步提升人民幸福感和获得感。

【宁乡市人民医院急诊急救大楼正式启用】 2019年8月8日，宁乡市重点民生工程宁乡市人民医院急诊急救大楼正式投入使用。工程于2017年8月9日开建，总投资0.28亿元。急诊急救大楼改扩建总面积近7000平方米，新增5000平方米，是集急诊抢救、急诊综合病房、PICU、EICU、急诊手术室、介入手术室及医技功能检查为一体的急诊急救中心，设置急诊抢救区、急诊综合病房、急诊ICU、急诊PICU共136张床位，建立设施一应齐全的抢救室，成立“心拯救”专家组提供技术支持、致力于心脏疾病诊治的胸痛中心，以及立足于“短、平、快”治疗脑血管疾病的卒中中心。大楼环境舒适、空间宽敞、具备较高抢救水平的现代化急诊科。急诊急救大楼落成前，宁乡市人民医院日急诊就诊近200多人次，年急诊量8万多人次，急诊急救大楼启用后，年急诊量可满足20万人次。急诊急救大楼的落成不仅标志着宁乡人民医院急诊急救医疗服务事业进入到一个崭新的阶段，更进一步完善宁乡市急诊急救“生命圈”体系，为急危重症患者带来更多的便利、更优质的服务。

【宁乡市获“全国健康促进示范县（区）”】 2019年8月26日，国家卫生健康委办公厅下发《关于公布第三批全国健康促进县（区）试点技术评估结果的通知》（国卫办宣传函〔2019〕693号），通报表彰第三批全国健康促进县（区）试点共69个。宁乡市名列其中。自2016年启动创建以来，宁乡市通过健康宣传全民覆盖、健康生活全民参与、健康服务关口前移、健康项目持续推进等措施全力推进健康宁乡建设，将健康事业与经济社会各项事业的发展统筹安排、同步推进，全面实施贯彻“将健康融入所有政策”。全市建成健康步道9处，健康主题公园1处，健康促进医院23个，健康促进学校17个，健康促进机关17个，健康促进企业20个，并评选出100个市级健康家庭。居民健康素养水平提升至25.2%，群众经常参加体育锻炼比例提高至53.2%。（陈　艳）

疾病预防

【概况】 宁乡市疾病预防控制中心（以下简称市疾控中心）是由政府举办的实施疾病预防控制和公共卫生技术管理与服务的社会公益性事业单位，代表政府承担着疾病预防与控制、突发公共卫生事件应急处置、疫情报告及健康相关因素信息管理、健康危害因素监测与干预、健康教育与健康促进、实验室检测分析与评价等职能。

市疾控中心坚持以习近平新时代中国特色社会主义思想为指导，深入落实“预防为主”的工作方针，狠抓落实，2019年各项工作取得新进展：被湖南省卫健委疾控处评为2019年湖南省城乡饮用水卫生监测先进单位奖，成为长沙地区获“先进单位奖”的两个疾控机构之一；参加全国“万步有约”健走激励大赛，获中国疾病预防控制中心慢性非传染性疾病预防控制中心颁发的“万步有约”健走激励大赛全国优秀健走单位奖；被湖南省疾病预防控制中心评为2016—2019年湖南省重点急性传染病监测防控工作先进单位、湖南省食品安全风险监测工作县市区疾控机构先进单位、全省学生常见病和健康影响因素监测与干预优秀区县级先进单位、获湖南省疾病预防控制中心颁发的湖南省2019年度科普大赛三等奖；国家食品安全评估中心携全国各地学员再次到宁乡市进行预防蘑菇中毒现场经验交流；2019年湖南省梅毒质量考评成绩为优秀；获湖南省疾病预防控制中心，湖南省预防医学会联合颁发的湖南省预防接种家长课堂优秀组织奖、被评为“湖南省健康中国行动　宫颈癌防治”宣传先进单位、湖南省“关爱女生青春期健康”—HPV疫苗早接种早保护花蕾行动先进单位；在长沙市疾病预防控制中心组织的2019年长沙市洪涝灾害卫生应急模拟演练中获三等奖；戴毅被中国疾病预防控制中心评选为全国农村饮用水卫生监测十年工作成绩突出个人，彭智勇被湖南省疾病预防控制中心评为湖南省2019年免疫规划先进个人。

【作风建设和党风廉政建设】2019年，市疾控中心进一步健全完善“一把手负总责，分管领导各负其责，班子成员齐抓共管”的领导机制，以建设学习型疾控队伍为抓手，深入开展“不忘初心，牢记使命”主题教育，落实“三单两榜”为民服务、贯彻“三会一课”制度，抓严抓实民主生活会，组织生活会和专题讨论，通过“学习强国”“红星云”等学习载体，加强政治理论学习。推进精准扶贫工作，对灰汤镇牛角湾村、花果山村114户贫困户开展“结对帮扶”活动，单位总计拨款7万元扶贫资金，帮扶责任人通过每年至少四次的上门走访，帮助贫困户解决实际问题。组织开展党员亮身份、党员进社区等系列活动，提高党员干部的服务意识和廉洁意识。重视中青年骨干培养，培养优秀青年骨干逐步进入单位中层骨干行列，发展预备党员，通过抓支部“五化”建设、抓党员干部队伍建设、抓主题教育等实现以党建促业务，以党风优作风。

【队伍建设和硬件配置】2019年，市疾控中心适时调整科室设置，确保业务指标的如期完成。在2018年设立的16个科室的基础上，新增职业卫生监测科、学校卫生科，关停儿童接种门诊、成人接种门诊，转移工作重心。改善硬件设施，争取省专项设备经费200多万，购置先进的检验检测仪器设备。体检科购置全自动身高体重秤，心电图机等十几台套新设备，检验科添置流动注射分析仪、全自动酶联免疫仪、原子吸收光谱、离子色谱仪、核酸提取仪等大大提高检验结果的准确性和工作效力。做好公共卫生骨干人才培养，以“全覆盖、大轮训”为基本原则，对疾控人员、乡村医生，公卫专干进行全面系统的培训。中心各科室内部培训6次以上，总计培训89次，中心送到上级单位培训共计71人次，对各乡镇公卫人员开展重点传染病、慢病、艾滋、结核病防治、免疫规划等大型业务培训19次，总计883人次，对个别业乡镇，业务科室开展一对一专项培训，全面提高队伍整体水平，激发队伍活力。

【卫生应急】2019年，市疾控中心全年共对491起预警信号（2018年同期280条）进行核实调查处理，全市共发生1起一般突发公共卫生事件（校园H3N2流感暴发疫情）和6起未达到级别的事件，5起未达到级别的事件为流感疫情，通过采取病例隔离治疗、学校集体停课、通风消毒以及健康宣教等综合防控措施，疫情控制效果均较好，未出现重症病例；另外一起未分级事件是12月24日诺如病毒感染性腹泻事件，市疾控中心24日接到疫情报告后，紧急调动3支机动队通宵作战，次日凌晨3点检验人员仍在实验室进行病毒检测，25日上午10点确定初步结果，迅速有效的处置此次事件。

另外还有1例钩端螺旋体病患者死亡病例，市疾控中心联合花明楼镇中心卫生院开展疫点处置、疫情监测、健康宣教。

【登革热疫情处置】2019年9月，发生一起输入性登革热聚集性疫情，市疾控中心第一时间派出专家和业务骨干赶赴现场开展疫情核实、流行病学调查，确定感染地为长沙市芙蓉区张公岭消防站建筑工地，被感染的8名宁乡籍工人，分布于坝塘、夏铎铺、金洲、道林及巷子口5个乡镇。市疾控中心对疫点核心区进行病例搜索、媒介伊蚊监测与控制、感染者家属及共同暴露者医学观察、防蚊灭蚊指导及健康宣教等综合防控处置，做到“早发现、早诊断、早防蚊隔离治疗”，事件得到有效控制，无本地病例发生。

【重点传染病防控】市疾控中心按照“早发现、早评估、早预警、早行动”原则，健全政府主导，多部门协同，群众共同参与的综合防控策略，做好重点传染病防控。截至2019年12月31日，全市共报告至本地的新发法定传染病例17250例（2018年同期甲乙丙类10539例，相比上升63.68%），其中甲类0种0例；乙类21种3829例，死亡14例（其中艾滋病11例，狂犬病2例，钩体病1例）；丙类传染病6种13421例，无死亡病例。完成霍乱、H7N9禽流感、狂犬病、登革热、出血热、钩体、手足口病、疟疾、布病等重点传染病的监测。针对禽流感防控，市疾控中心与动物疫病控制中心携手对三大农贸市场进行休市；针对水痘、流感这两种易发、多发且易形成学校学生爆发的传染病，市疾控中心和教育部门联合开展以微课堂宣教和疫苗接种为主要措施的重点防控。

【艾滋病防控】2019年，市疾控中心拓展乡镇艾滋病抗体快速检测工作，提高艾滋病的初筛人口和艾滋病病例的及时发现率。截至12月31日，全市艾滋病初筛14万人，筛查率比2018年提高14.3%，新发病人147例，比2018年全年（120例）多32.4%，全部按要求进行管理。1至12月随访CD4检测比率95.8%，配偶检测比率96.5%；结核病检查比率96.6%，超额完成任务。拓展高危人群外展干预，携手宁乡市公安局、禁毒大队，对开展行动的暗娼、吸毒人群进行宣传检测工作；携手左岸彩虹社会组织，以培养本地志愿者通过社交软件进行宣传的长效机制，对男男人群进行创新宣传。1-12月共干预暗娼 428 人、吸毒人群 3252 人次、男男人群 196 人。

【结核病防控】 完善“三位一体”管理体系，规范病人发现、诊治和重点人群管理工作。2019 年，全市结核门诊共接诊初诊患者 2834 例，发现活动性结核患者 937 例，密切接触者筛查率为 100%，艾滋病初筛率 99.79%。加强对学生、65 岁以上老年人以及糖尿病患者的筛查，通过联防联控，主动监测学校疫情，及时做好病例的信息反馈、个案调查与疫情处置，对 459 所学校开展入学新生肺结核筛查，共计筛查新生 49545 人，接受 PPD 试验 24543 人；筛查 65 岁及以上老年人 129814 人，糖尿病人 25762 人。

【免疫规划】 市疾控中心认真实施国家扩大免疫规划，2019 年新增两辆冷链运输车，配置三个冷库，确保疫苗全过程恒温冷链运转，坚持疫苗统一配送，疫苗流转有记录可查，确保疫苗质量；加强人口管理，特别是对流动儿童实行转卡转证制度，提高接种率；协助打造全市 7 家数字化接种门诊，对防疫专干开展 6 次培训，帮助提升卫生院预防接种能力。一类疫苗接种 255786 针次，接种率均达到 95%。春秋两季入学入托查验率 100%，补种率在 97% 以上。通过加大麻疹疫苗的接种宣传力度，对麻疹病例进行快速有效的处置，在全省多个地区出现麻疹疫情爆发的情况下，宁乡市仅有 5 例麻疹病例。

【慢病防控】 市疾控中心以省级慢病综合防控示范区复评审为契机，市疾控中心引导完善各项慢病相关政策，完善防治结合、分工协作、优势互补、上下联动的慢性病综合防治体系，加强慢病全程管理和监测评估，重点做好以居民健康档案建档为支撑，以高血压、糖尿病、65 岁以上老年人健康管理为重点的慢病综合防控工作。截至 2019 年 12 月 31 日，全市居民健康档案总建档率 89.53%。高血压患者规范管理率为 83.2%，糖尿病患者规范管理率为 79.83%，65 岁以上老年体检率 77.81%。对本辖区慢性病高危人群发现进行随访，撰写《宁乡市慢性病防控社会因素调查报告》。

【健康教育】 2019 年，市疾控中心把健康教育宣传重心下沉，利用重点卫生宣传日，联系各乡镇卫生院开展宣教活动。加大健康宣教进乡村的力度。全年开展 13 次大型宣传活动，8 期健康知识讲座。更新健康教育宣传栏 12 期，制作发放健康宣传材料 10 余种共计 10 万余份。加大宣传投入，在《今日宁乡》、宁乡电视台分别设立“疾病预防控制”专栏，多层次、多角度的进行宣传，累计录制播放健康知识节目 20 余期，活动讯息 20 余条。组织全市各单位 564 名队员参加全国第四届“万步有约”职业人群健走激励大赛，引导各干部职工逐步形成健康文明科学的生活方式。开展针对性宣传培训，针对预防接种，开展线上线下妈妈课堂，专业讲授儿童预防接种知识，累计开课 143 堂次，听课人数达到 40899 人次。建设全民健康生活方式行动健康支持性环境，全市打造健康自助检测点 10 个，健康步道 7 条，健康餐厅 8 个，招募全民健康生活方式志愿者 200 余名，成为倡导全民健康生活方式和实施慢病防控的重要载体。

【饮用水监测】 2019 年，按照省市要求，市疾控中心全年对农村生活饮用水进行两次设点监测，共计检测样品 238 件。每季度对城市管网末稍水进行监测，共设置 6 个监测点，检测结果每季度定期公布。通过对农村饮水进行监测，市疾控中心发现巷子口镇联花村饮用水镉超标，并组织对其开展卫生学调查，追溯源头，确定饮用水不合格的原因是水源水镉超标，市疾控中心将这一情况向卫健部门、水利部门及宁乡市政府分管领导进行汇报，当地政府及水利部门在宁乡市政府的支持下筹备 68 万元工程资金，重新选定符合卫生要求的新水源，解决联花村村民安全饮用水的问题，保障居民身体健康。

【食品安全风险监测】 2019 年，市疾控中心共计对 125 批次样品开展食品化学性污染和有害因素、食品中微生物及其致病因子的检测，根据检测结果定期开展食品安全风险评估。全市全年累计报告食源性疾病病例 2609 例，食源性疾病事件 10 起，其中 9 起为野生蘑菇中毒事件，1 起为药酒乌头碱中毒事件。均按要求开展督导、反馈和要求整改，由于工作出色，宁乡市疾控中心被评为湖南省 2019 年食品安全风险监测先进单位。国家食品安全技术支撑人才培训项目连续两年在宁乡市开展培训。

【学校卫生监测】 2019 年，市疾控中心为保障学生饮水安全，对全市共计 464 所中小学校、托幼机构进行水质检测与技术指导，采集水样 472 个，完成 76 所学校幼儿园的消毒效果监测，学校生活饮用水合格率为 75%；2019 年完成 7 所学校的学生近视眼筛查、学生常见病以及健康危险因素调查，共计检查 2275 人次，为上级部门的决策提供科学的依据；市疾控中心联合结核病防制科，对学校结核病进行重点监测。三考期间，市疾控中心驻扎考点，现场进行考点防疫工作，确保考生“三考”顺利进行。

【职业卫生监测】 为进一步推动用人单位依法落实职业病防治主体责任，切实保护劳动者职业健康权益，2019 年疾控中心成立职业卫生监测科，对全市 50 家机构（其中医疗机构 44 家）进行放射卫生监测工作，对全市 533 例尘肺病人进行回访调查，回访率为 97.7%。市疾控中心会同市卫健执法局组织人员对辖区内各行业领域 59 家工矿企业尘毒危害进行摸底调查，为全面启动职业危害因素监测做铺垫。截至 12 月 30 日共计完成职业卫生体检 9800 余人次。

（刘　冰）

宁乡市中医医院

【概况】 2019 年，宁乡市中医医院

共有在职干部职工 919 人，其中在编人员 568 人、临聘 351 人；高级职称人员 107 人，中级职称人员 253 人；研究生 109 人；在册退休人员 149 人。设有办公室、党建办、三甲办、医务科、护理部、人事科、质控科、财务科、审计科、项目办、医保科、公卫科、预防保健科、科教科、纪检监察室、法制办、设备科、信息科、总务科、动管科、保卫科、工会办、女工办、中医药学会办公室、医联（共）体办公室等职能科室；有内一科、中风科、内三科、内四科、内五科、外一科、外二科、骨伤一科、骨伤二科、骨伤三科、骨伤四科（手足外科）、妇产科、眼科、耳鼻咽喉科、儿科、针灸科、肛肠科、急诊科、急救站、门诊部、手术室麻醉科、健康管理科等 22 个临床科室；有功能科、检验科、放射科 3 个医技科室；有药剂科、制剂科、临床药学室，设司法鉴定所 1 个。

年门急诊 28.6 万人次，住院 3.7 万人次。编制病床 800 张，实际开放 637 张。

2019 年 8 月，宁乡市中医医院义诊现场

【医院党建工作】 2019 年，宁乡市中医医院坚持党建引领，推动中医药事业高质量发展。党组织建设。开展支部“五化”建设，退休支部进行换届选举。推进意识形态工作，打造医院官网、公众号等思想文化阵地。院班子及班子成员接受市委组织部的政治考察，接受市卫健局调研、测评。推进开展主题党日活动。前往花明楼、沙田瞻仰革命前辈，实现思想升华；联合湖南中医药大学开展“红色筑梦”公益活动，与省人医开展义诊、科普活动；党员志愿服务进小区、进乡镇、进企业、进学校等中医药体验、急诊急救技能培训等活动常态开展；举行“捐献热血”“征文表心”等迎接中华人民共和国成立 70 周年系列活动。学习教育常态化。党委书记带头讲党课，班子成员轮流讲党课；开展主题教育知识测试、“三单两榜”活动，领学《党章》《准则》《条例》、十九大精神内容、习近平系列讲话等；开展“学习强国”“红星云”平台学习，“学习强国”有 30 多人年累计积分超过 1 万分。加强宣传队伍建设，宣传内容涉及党建专题、中医药特色、医院大事、业务工作、政策制度等，医院形象宣传《凝心聚力促发展 初心不忘保健康》《传承国粹精华 创新中医文化》分别发表在《湖南日报》和人大政协两会特刊上，10 多篇新闻稿在《新湖南》《掌上长沙》等媒体深度宣传。防范化解风险。对重要和特殊岗位，实行定期轮换。扛牢压实管党治党政治责任，将日常监管、科室考核结果与医德考评工作相结合，常规开展节日专项督导检查，开展办公用房清理整治“回头看”；廉洁谈话 300 多人次；查处违纪事件 7 起，其中，警告处分 1 人、通报批评 12 人次、辞退 1 人；收到感谢信、锦旗 30 次，拒收礼品礼金 32 人次。四、精准扶贫。全院 457 名干部职工到青山桥花园村、芙蓉村开展精准扶贫工作，捐献慰问物资 4 万余元，购买扶贫黄桃 2 万余斤，协调解决贫困户住房、就业、医疗、教育等问题，帮助 430 余户贫困户完成脱贫。同时，对 3500 余名贫困户、五保户、建档立卡户在宁乡市中医医院全部实现县域内健康扶贫“一站式结算”、先诊疗后付费工作并通过省检。对口帮扶。根据国家《关于再次调整部分三级医院帮扶贫困县县级医院对口关系的通知》的文件精神，与泸溪县民族中医院结成对口帮扶关系，接收 1 名功能科医师到院进修，选派 4 名技术骨干分批到泸溪开展帮扶工作，助力泸溪县民族中医院骨伤科建设和人才培养。五、做好文化群团工作。关心爱护干职工及家属，住房公积金待遇个人和单位缴存比例均按工资标准的 12% 提取和落实；购买医疗互助险、特殊疾病险，院内再报销 508 人次；会员生病、重病，组织慰问、爱心募捐；组织开展“迎接中华人民共和国成立 70 周年”暨“我运动我健康我快乐”户外拓展活动，为退休员工举办离职送别会，举办退休人员新春联谊会、茶话会、集体生日会，鼓励他们到老年大学学习；组织干部职工子女参加暑期急诊急救技能培训、志愿服务；养生气功、羽毛球、乒乓球、气排球、舞蹈小组等 10 多个兴趣爱好小组活动持续开展。以青年文明号为引领，青年人积极加入到“暖冬行动”“困难学子慰问”“五四运动一百周年”“快乐童年 平安成长”“新时代文明实践中心建设推进会”“健康义诊、爱心助学”“服务前移”、科协、方特贵宾接待等志愿服务活动当中。2019 年度医院获全市卫健系统优秀领导班子和党风廉政建设先进单位、工作目标绩效考核先进单位、工会工作先进单位、妇幼工作先进单位；医院获湖南省中医膏方行业 2009 年—2019 年“优秀单位”、湖南省“公共机构节能工作”示范单位。宁乡市卫键系统“十行状元，

百优工匠”护理技能竞赛活动中，曾卓获二等奖、刘佳获三等奖，文京蕊、文燕云、潘建蓉、张淼、秦晴、朱巧元获“岗位标兵”；针灸科团队参加长沙市职业技能竞赛针灸大赛获团体一等奖，彭宏获二等奖，薛永红获三等奖；眼科两个代表队在中华中医药学会眼科分会方剂竞赛中获二等奖和三等奖；骨伤四科获宁乡市“十佳青年文明号”；王小波获中医膏方行业杰出人物；张旗辉获长沙市中医药学会优秀组织奖；获宁乡市称号的“最美志愿者”邹凌燕。优秀团干何杰、青年岗位能手张娟等。

【中医药特色】 2019年，宁乡市中医医院根据《三级中医医院评审标准实施细则（2017年版）》，不断夯实“三甲”中医医院内涵，眼科、肛肠科、脑病科通过省级重点中医专科中期评估，针灸科通过长沙市医学重点专科建设期；特色制剂吸引湖南省直中医医院、长沙康复医院以及茶陵、新化中医院及全市县处级领导干部参加体验、交流学习。内三科自创“呼吸操”、脾胃病穴位按摩操，根据临床辩证制定呼吸系统、消化系统“一病一方”“一人一方”；内四科在咳嗽方、止呕方、止痛方、消水方4大方的基础上，新开发扶正抗癌方、肺炎热证方、肺炎寒证方，并用扶正抗癌方等穴位敷贴治疗；耳鼻喉科总结和开发耳鼻喉科中医外治法，并在省、市学术交流会上进行学术交流和推广，开发《温肺止鼽膏》和《通窍健脾膏》治疗过敏性鼻炎和小儿鼻窦炎。中医护理小组门诊开诊后，取得良好的社会效益。针灸、骨伤、中风科等科室整合力量，根据疾病的不同类型、不同阶段、不同程度，结合其不同病情、不同要求、不同期望而予以食疗、运动、中药、中医、介入、微创、开放术等阶梯治疗，开放和打造“颈肩腰腿痛治疗超市”。中医五项操作技能培训覆盖率90%、合格率100%；中医特色护理门诊开诊，每月举办互刮会，雷火灸、铜砭刮痧、悬灸、穴位减肥、腕踝针服务突破千人次；预防流感药剂咨询和免费赠送汤剂活动、“三伏”“三九”贴、传统中医技术体验、“健康宁乡·魅力中医”中医药文化展示暨膏方节活动及“八段锦”、“健脊操”、“养生操”等中医养生操进机关、进社区常态开展。

【中医医院内涵建设】 2019年，宁乡市中医医院积极发挥中医特色优势，提高中医临床疗效，加强制度建设。按照省、市要求，制定《宁乡市中医医院章程（试行版）》并试行。医疗、护理、财务、经管、审计、纪检、医保、药剂、设备、总务等联合开展自查自纠，排查风险防控点，拟通过项目建设完善制度体系，推进现代化医院管理。加强信息化管理。完成内网整改和升级，加强维护HIS、LIS、PACS、RIS系统安全稳定运行，完成电子健康卡、电子社保卡、三级公立医院绩效考核质控以及流感监测系统数据上报的端口对接，配合进行大数据分析。执行《国家信息安全保护制度》，做好医院网络信息安全工作。名医带名科。姜尚萍传承工作室获评长沙市“优秀传承工作室”、王应军名医工作室由长沙市卫健委授予“优秀单位”，黄建强教授、陈泽文教授获评“长沙市名中医”，王卫国教授被授予长沙市“优秀医师”；王应军教授被国家中医药管理局抽调赴成都、广东参与国家三级中医医院评审；主任护师岳志平、副主任护师甘利民分别在全省中医护理学术会上作交流和经验分享。科研论文有新突破。眼科、护理部两项省教育厅科研课题，护理部、肛肠科两项省级科研课题获省中医药管理局及省教育厅立项并开展临床病例研究；《“四海之腧”取穴法结合常规康复治疗中风恢复期的临床疗效观察》获湖南省中医药科技奖三等奖；全院发表科研论文30余篇，其中29篇论文分别获长沙市中医药学会及宁乡市科技协会的奖励。

【中医人才培养】 2019年，宁乡市中医医院根据行业发展的新要求、新形势做好人才培养。人员队伍素质得到整体提升。全年引进硕士研究生7人、本科专业技术人员19人，晋级高级职称30多人，人才梯队合理构建。加强技术骨干培训培养，选送外出学习培训200余人次，脱产进修21人，外聘省级医院专家教授开展业务知识讲座46次。5位名老中医选为长沙市中医药文化科普专家，4名医学骨干选为长沙市中医药文化科普专干。湖南省第三批基层老中医药专家学术经验继承工作由王应军带教学生2人。完成长沙医学院15级中医一班61名本科生第二学期临床教学，接受各高等院校实习242人。加强中医适宜技术培训，揭牌成立宁乡市中医药适宜技术推广中心，承办湖南省中医继续教育项目“眼底病诊疗规范继续教育学习培训班”、长沙市2019年第一期中医药适宜技术培训班、宁乡市中医药适宜技术培训班、宁乡市基层医疗卫生能力提升培训班，针刺类、罐类、推拿等10多项中医药适宜技术在省、市得到推广和应用。

【医院学科建设】 2019年，宁乡市中医医院耳鼻咽喉科开展颌面部恶性肿瘤切除、舌癌、口颊癌根治切除术及转移皮瓣修复术、颈淋巴清扫术；并与眼科合作开展眼部皮肤瘢痕收缩引起的睑外翻整形术，眶骨骨折修复术，鼻内镜下鼻腔泪囊吻合术；骨伤一科开展克氏针撬拔复位结合空心钉内固定微创治疗跟骨骨折、闭合复位微创治疗手术达到全部创伤手术比例的62%；骨伤二科开展膝关节炎截骨保膝治疗新医疗技术，完善膝关节炎阶梯治疗方法；创伤骨折技术如股骨粗隆间骨折牵引床上闭合复位PFNA内固定等手术并发症降低，关节镜手术成为科室特色。骨伤三科新开展颈椎间融合植骨加外固定术、脊柱内镜下颈椎间盘突出髓核摘除术、微创经椎间孔腰椎间植骨融合效果好。骨伤四科率先开展第一例游离股前外侧皮瓣修复足部缺损手、糖尿病足的手术救治及手足部先天性畸形矫正，填补市内空白。外二科进行宁乡市首例儿童疝腹腔镜下高位结扎术，疗效满意；宁乡中医院首例肝血管瘤切除术，康复良好；妇产科引进COOK球囊，促进宫颈成熟提高平产率，开展子宫背带式缝合、宫腔纱条填塞术、宫腔球囊压迫治疗产后出血，避免子宫切除；心肺复苏抢救成功率明显提高，麻醉诱导下气管插管技术日趋成熟，成功抢救数名呼吸心跳骤停患者，一例33岁心跳骤停的患者在进行心肺复苏2个多小时后，复苏成功并转到上级医院进行人工肺救治。皮肤科开展超分子水杨酸治疗痤疮、痘印效果良好；口腔科新开展瓷嵌体、隐形矫正、吸附义齿等新项目；放射科继续发挥MR特殊的检查优势、CT三维和CTA的优势，引进低剂量肺Ca筛查项目、人工智能肺结节检查技术、磁共振脑灌注成像技术；功能科开展乳腺、甲状腺肿块超声引导下穿刺取活检以及输卵管盐水造影、心包腔积液超声引导穿刺。检验科开展登革热病毒NS1抗原、IgG抗体、IgM抗体联合检测项目。外二科开展经输尿管镜输尿管支架取出术、包皮环切术、体外碎石等日间手术，减轻病人负担。多科协作，“ERAS（加速康复外科）在腹腔镜下胆囊切除术”在外二科成功试点，腹腔镜下胆囊切除术患者住院日由7天下降至4天。

【创建“平安医院”】 2019年，宁乡市中医医院创建“平安医院”，加强医疗护理质量检查，每周定期开展行政大查房、业务大查房，业务工作完成情况、质控情况、感控监管、用药分析、医保管理、制度落实情况等内容按月分别从不同角度编入《医疗信息》《“三甲”督查通讯》《护理简讯》，及时发现问题，实现质量安全持续改进。加强急诊急救能力建设，200余名医师“五项急诊急救技能”培训及考核合格率100%；加强医疗核心制度落实和严格医疗质量安全考核标准，严格人员和技术准入制度，开展全员法律法规培训，增强医务人员法律意识。加强院感质量控制。结合医院实际，修订医院《感染管理考核标准》，加强对重点科室、重点环节、重点人群的监督、监控；严格执行《手卫生管理制度》，定期开展手卫生知识培训，提高洗手质量，减少和杜绝院内感染发生，开展院感知识培训，提高院感意识。加强医保监管。抓紧抓实医保管理，完善并下发医保及工伤保险工作制度9项；推行打击欺诈骗取医疗保障基金专项行动及医疗保障基金监管，成立专项行动领导小组，召开专题会及医保监管分析会，杜绝冒名顶替住院现象；组织自查自纠，召开专题会议，对发现的问题进行质量分析、通报、持续整改，并严格按《医保服务协议》处罚到相关科室或个人。开展安全生产和扫黑除恶专项斗争。举行“安全生产月”活动，进行消防安全培训；开展消防疏散和应急救援演习，提高消防安全防范意识；明确义务安全生产及消防管理员，及时发现问题，及时整改。强化组织领导，多次召开专题会议，下发工作方案，加强宣传，开展综合治理、安全生产、医疗质量安全等大排查大整治行动，及时排查安全隐患；严厉打击“黑救护车”“号贩子”“医托”等现象。

（邹凌燕）

妇幼保健

【概况】 宁乡市妇幼保健计划生育服务中心（宁乡市妇幼保健院）是宁乡市唯一妇女儿童专科医院，集医疗、保健、科研、教学、培训于一体，承担妇女儿童保健、医疗、计划生育技术、妇幼健康服务、妇幼卫生项目及全市妇幼卫生管理等工作任务，服务于全市70多万妇女、儿童。是全国县级百强妇幼机构、国家二级妇幼保健院，湖南省“文明卫生单位”。

2019年末，有在职职工381人，其中：硕士8人、本科221人、大专133人、中专19人；正高（教授4人、副高（副教授）35人、中级123人、初级143人。有离退休47人。办公地点：白马社区白马北路324号和花明社区春城南路111号。

医院年度总收入16813.91万元，较2018年增长33.12%，其中医疗业务收入10460.73万元，首次突破亿元大关，年末资产8093.8万元。门诊160265人次，较2018年增长9.41%；出院9904人次，较2018年增长2.65%；手术2593例，住院分娩3345例。

医院设党总支，下辖行政、临床、医技、保健、离退休5个党支部，有党员117名、预备党员2名。党总支深入推进“不忘初心、牢记使命”主题教育活动，注重党的思想建设，组织开展系列学习，学习习近平总书记一系列重要讲话，将学习教育贯穿全过程，读原著、学原文、悟原理，以“三会一课”和“主题党日”为主要内容，运用支部微信群、学习强国、红星云等平台，推动党员干部以灵活多样的方式主动、经常、深入学习，开展读书班、微信网课、研讨交流、讲党课、知识答题，观看爱国影片、整改问题。落实组织生活制度，加强党员日常管理和考核，提高党性修养。把党风廉政建设和反腐败工作纳入工作绩效考核，落实“八项规定”，完善制度，严明纪律，强化监督，履行“一岗双责”，签订责任书，发送廉洁短信，确定重点防控岗位，改进作风建设。党总支建立总支委联点工作制度，执行议事规则和决策程序，对“三重一大”事项集体研究决定。发展预备党员2名、入党积极分子2名，走访慰问联系村和社区党员、劳模18人。

对老粮仓镇老粮社区、唐市社区、江花村238户扶贫对象“一对一结对帮扶”保持连续性，24个结对帮扶工作小组全年完成4次走访，采取上门宣讲政策、了解致贫困原因、制定扶贫计划、帮助产业脱贫、协助领取残疾证、健康检查、购买促销农副产品等方式，为帮扶对象解决实际困难。

医院获湖南省“两癌”检查重点民生实事项目先进集体；儿科获湖南省儿科医联体新生儿复苏技能竞赛“团体二等奖”；获宁乡市国庆“祖国颂”群众合唱比赛“优秀奖”；婚孕婚育检测中心获市民之家政务服务之星、红旗窗口；儿保科、手术麻醉科获市青年文明号；获市卫健系统妇幼卫生、药品管理、优秀组织、无偿献血、计划生育、基层工会先进单位；刘艳红获“长沙市优秀医师”；

产房护士长王金平、产科护士黄灿获“长沙市优秀护士”；新生儿科护士陈艳获长沙市新生儿窒息复苏比赛第二名等。

【召开中心第一届第一次职代会】 2019年7月11日，宁乡市妇幼保健计划生育服务中心第一届第一次职工代表大会在医院孕妇学校召开，中心党政领导成员、51名职工代表、42名列席代表共100多人参加。

大会分为预备、正式会议两个阶段，中心党总支书记罗湘超主持会议。市卫健局系统工会领导莅临指导。中心主任胡雪良作《迎接新挑战 展现新作为 为谱写妇幼健康事业发展新篇章而努力奋斗》医院工作报告，郑欣然主席作《心系群众 团结务实 开创妇幼卫生工会工作新局面》工会工作报告。会议还听取《工会经费收支管理制度》和《2019年工会经费收支预算方案》的报告。

大会产生中心第一届工会委员会、经费审查委员会、女职工委员会。郑欣然、李群林分别当选工会委员会主席、副主席。马志强主席代表市卫健局系统工会祝贺职代会召开和新一届工会领导机构产生，对工会工作提出要求。

【医疗护理管理】 2019年，医院始终重视医疗质量和医疗安全管理，落实责任制和核心制度，严格执行和规范医疗操作，规范就诊流程，积极推进公立医院改革，改善医疗保健服务，提升医疗保健服务能力。定期召开安全分析会，每周二定期督查，开展病例讨论，开展急救演练，预防和杜绝医疗差错事故的发生。加强药事管理，扩大对临床合理用药监测范围，专项整治“四个不合理”，加强医院感染防控工作。

坚持“一切以病人为中心”的服务理念，持续改善服务质量，不断优化就诊流程，方便患者就医，门诊各科室提前半小时上班，开设孕产妇专门窗口；医保科推行“先诊疗后付费”、“一站式”结算；检验科完善检验模块功能，简化晚夜间条码打印流程，缩短检验周转时间。

护理工作以“安全、质量、服务、管理”为目标，落实“8大”核心制度，实行院、科两级管理，强化护士长职责，将科室护理质量与护士长绩效挂钩。落实护士在职教育培训、礼仪培训、规范操作培训、用语培训，提高护理人员沟通技巧。护理部不定期下科室督导，针对问题进行督查、分析、评价、整改、追踪、再评价，体现持续改进。推行“优质护理服务明星”评选活动，促进服务提升，患者满意度98%以上。

有17名医技人员到省、市大医院进修，710人次参加193余个各类短期学习培训班，培训总费用232572.5万元，进修人员提交学习心得29份。继续学历教育学习156人，在职研究生学习8人。省级以上期刊发表论文4篇，接收进修实习13人。

【乳腺科成立】 2019年12月16日，宁乡市妇幼保健院乳腺科成立，是宁乡市首家乳腺病防治专科，按国家妇幼保健机构业务部门设置指南要求设置，以现代医学诊断，传统中医医学辨证，中西医结合为特色，集乳腺保健、疾病诊断、治疗康复为一体。可开展乳腺癌改良根治术，前哨淋巴结活检术，保乳根治术，乳腺良性肿瘤微创旋切术等服务，专业专注解决哺乳期各种疾病。

11月20日起，宁乡市妇幼保健院正式承接全市宫颈癌（HPV）疫苗接种工作，为全市广大女性提供优质的疫苗接种服务。保健楼二楼设预防接种咨询门诊、接种登记和注射室、接种反应观察室，每周一至周五开放，至此，市妇幼保健院宫颈癌完整的三级防控体系建立。

产科开设早孕门诊、中医督脉熏蒸；产房开展新生儿早期保健技术，实施导乐陪伴分娩和助产士入手术室接生；妇科成功完成8例宫颈癌根治术，并开展后宫颈癌化疗；儿保科新增租用民房一栋作业务用房，开设儿保门诊、儿童身高促进门诊、耳鼻喉保健门诊、儿童心理保健门诊、小儿中医门诊、专家门诊；新生儿开展有创呼吸支持、微创MIST技术、股静脉置管，PICC置管，T组合复苏器应用，脐动脉溶血全套检查；B超室开展小儿髋关节超声，开展孕妇预约四维彩超；2019年新接受160名免费康复儿童。与黄材中心医院结成连体，派出3名专家。

【妇幼卫生项目】 2019年，医院免费增补叶酸预防神经管缺陷项目。新增补叶酸率96.76%、依从率91.22%。免费婚前医学检查项目。免费婚前医学检查12872人，婚检率94.5%，检出各类疾病800例，疾病筛查率7%。预防艾滋病、梅毒、乙肝母婴传播项目。产妇孕期筛查率100%，孕早期检测率98.87%；梅毒感染孕妇所生儿童用药干预率98.19%，规范治疗率86.96%；艾滋病和梅毒感染孕妇所生儿童随访率100%，乙肝感染孕产妇所生新生儿乙肝免疫球蛋白注射率100%。免费产前筛查项目。免费产前筛查10460人，超额完成任务数，筛查率98.4%，其中高风险2535人；产前诊断2472人，诊断率97.51%，染色体异常治疗性引产9人，其他异常治疗性引产38人，高危孕妇妊娠结局随访率100%。免费无创DNA筛查9848人，高风险及染色体数目异常128人，产前诊断127人。

【妇幼民生实事】 2019年，医院免费“两癌”筛查4万人，完成年度任务158.7%，确诊宫颈CIN707例，发现宫颈早期浸润癌13例，浸润癌18例，VAIN16例，早诊早治率95.13%。确诊乳腺浸润癌49例，早诊早治率79.16%。免费新生儿疾病筛查11481人，是目标任务的152.05%，筛查率89.8%；免费新生儿耳聋基因筛查10142人，筛查率95.05%。

【妇幼卫生保健工作】 2019年，全市以市妇幼保健院为中心、乡镇卫生院为枢纽、村为网底的三级妇幼保健服务网、妇幼信息监测网、安全救治工作网建立建全。全市120急救体系建全，设市人民医院、市妇幼保健院孕产妇急救中心和新生儿急救中心，危重救治能力提升。年初制定《2019年度宁乡市妇幼健康服务工作主要指标及工作要点》，将工作指标分解到乡镇（街道）。所有民生项目配套经费已纳入市级财政预算。孕产妇死亡2例、死亡率15.49/10万，5岁以下儿童死亡率5.5‰，婴儿死亡率3.18‰。

孕前健康检查登记8914人次，完成评估指导1338对夫妇，筛查出高风险人群并指导504人。孕产妇系统管理率98.72%、孕妇产前检查率99.2%、早孕建册率97.57%，产后访视率98.97%、孕产妇住院分娩率100%。做好高危孕产妇分级管理，强化高危孕产妇管理。加强产科质量管理，畅通急救绿色通道，针对冰冻和春节特殊时期，制定和启动应急预案，保障孕产妇安全。完成市产科急救中心、产科机构、爱婴医院复核和再复核。推广使用母子健康手册APP，落实生育全程医疗保健服务。开展两次“危重孕产妇评审”，落实妊娠分级制度。

以农村适龄妇女免费“两癌”筛查项目为主线，开展女性健康服务，妇女常见病定期筛查覆盖率94.63%。免费无创DNA筛查项目完成9848人，高风险及染色体数目异常128人，产前诊断127人，38人已经治疗性引产。医院在房屋，人员特别紧张的情况下，设“两癌筛查中心”独立工作区，形成初筛、复查、B超、宫颈病变治疗等“一站式”服务平台，极大地方便广大妇女检查和就诊。开设残疾人就诊绿色通道，安排专门导诊人员引导，优先挂号、检查。

新生儿访视率99.74%、0-6岁儿童健康管理率95.45%、3岁以下儿童系统管理率92.55%、7岁以下儿童保健覆盖率95.94%、新生儿疾病筛查率98.8%、新生儿听力筛查率97.43%、0-6个月婴儿母乳喂养率94.77%、5岁以下儿童贫血患病率7.2%、低出生体重发生率4.63%、出生缺陷发生率11.59‰、先天性甲状腺功能减低症筛查率、新生儿苯丙酮尿症遗传代谢疾病筛查率98.29%，开展高危儿童及营养性疾病儿童的转诊与管理，对高危早产儿、甲低、苯丙酮尿症实行市级专案管理，重度营养不良、重度贫血等营养性疾病市级随访专案管理。完成0-6岁儿童眼保健和视力检查56518人，筛查出异常儿童1560人；完成免费新生儿疾病筛查11481人，筛查出可疑人数339人。完成免费耳聋基因筛查10142，筛查异常411人。完成托幼工作人员和入园儿童体检工作，对新申办托幼机构进行卫生保健评价。完成2例新生儿病例评审。早教保健中心承接精准康复服务行动项目，免费治疗残疾儿童167名，其中脑瘫77名，智力残疾90名。

以孕妇学校为阵地，以活动为平台，以普及知识为手段，以节日为依托，开展爱耳日、为姐妹们的健康与幸福、世界唐氏综合征日、肿瘤防治宣传周、世界母乳喂养周、预防出生缺陷、艾滋病宣传日、出生缺陷防治宣传周等活动20次，服务9613人次，孕妇学校开办285次，受益孕妇3820人，孕期健康教育必修课平均参与率66.25%，母婴健康素养知识知晓率94.93%。2019年，新开辟线上12320网络孕妇学校，为广大孕妈妈提供从备孕、孕期、分娩，到产后、喂养、育儿涵盖16个月、共69个健康教育视频课程。

【计划生育服务】 2019年，宁乡市计划生育技术服务咨询服务15056人次，目标人群覆盖率100%；计划生育临床医疗服务2221人次，计划生育手术12471例，围绝经期取环1482例，完成全市计划生育手术并发症鉴定和全市病残儿鉴定工作。出生缺陷干预免费检测527例，高危人群出生缺陷干预免费检查30对。推进“爱心助孕”活动，发放爱心卡60多张，18人次接受输卵管吻合手术，6例成功受孕。

免费孕前优生健康检查是国家项目，为计划怀孕夫妇提供咨询和健康指导服务。凡符合生育政策，夫妇双方或一方为宁乡户籍、非本地户籍但在宁乡居住半年以上的计划怀孕者，每孩可享受一次免费孕前优生健康检查。共检查19886人次，筛查出高风险4595例，早孕随访36775人次，随访率99.9%；

【妇幼健康宣教活动】 2019年，市妇幼保健院举办“美丽与健康同行——关爱女性 送健康 送温暖”慰问活动，现场向贫困对象发放慰问金和慰问品、举办“两癌”术后康复知识讲座、教跳乳腺癌术后康复操、免费体检等。年内，52位接受免费“两癌”筛查并确诊为“两癌”的女性朋友参加活动。

2月1日，市妇幼保健院等单位在汽车东站、汽车南站举行迎新春送健康大型活动，现场为群众免费提供义诊咨询、测量血压、宣讲惠民政策，普及妇幼健康知识，共发放宣传折页12种三万多张，春联红包1800多套，避孕套1500多盒，2000多人次接受现场宣教及义诊咨询服务。

3月，市妇幼保健院分别在沩山、灰汤等乡镇及街道开展“为了姐妹们的健康与幸福”“三八”大型公益宣教系列活动，医院领导率影像科、检验科、妇科、宫颈病变科等科室医务人员下乡，开展免费咨询义诊、健康知识讲座、发放健康宣传资料，赠送精美礼品等活动，将优质医疗卫生服务送到“家门口”。

5月5日，市妇幼保健院成为“六送进企业”流动服务单位三年行动合作单位，医疗志愿服务队40人携10余台医疗设备，赴湖南星港家居发展有限公司，开展“送健康”服务活动，为40余名女职工提供免费健康体检、“两癌”筛查义诊、举办健康教育知识讲座、发放健康宣传手册100余份。

6月11日，市妇幼保健院在历经铺街道社区卫生服务中心同步开展预防出生缺陷、助力健康扶贫、幸福工程救助贫困母亲三大主题活动，旨在预防出生缺陷，提高出生人口素质；助力健康扶贫，帮助贫困母亲走出困境。活动现场慰问3位贫困母亲、3个出生缺陷儿家庭，送上爱心礼品和慰问金；开展健康义诊咨询和优生优育知识讲座。活动为80多人提供免费咨询义诊，发放健教宣传资料150余份。

6月13日，市妇幼保健院院联合横市镇镇政府开展以“懂健康知识，做健康老人”为主题的老年健康宣传周宣传咨询义诊活动，举办女性更年期保健及“两癌”防治科普知识讲座，开展免费义诊咨询，提供“两癌”筛查、阴道镜检查；测量血压、身高、体重；心肺听诊等服务项目，赠送精美礼品。有70多名年满55周岁以上的妇女参加活动。

10月18日，市妇幼保健院在坝塘镇南芬塘村举办主题为“更年更健康、关爱中老年！理解、关怀、健康、快乐”的中老年妇女健康促进暨世界更年期关怀日大型宣教活动，有关领导及相关人员计280余人参加，活动采取发放宣教资料、知识讲座、有奖问答、慰问贫困妇女、义诊等多种方式，向广大中老年群众送去关爱和温暖。

【“乳此美丽 一路通行”险】 为全面贯彻落实国家精准扶贫政策，进一步完善贫困“两癌”妇女救助体系，做好贫困家庭患病妇女救助工作，市妇幼保健院于2019年4月启动“乳此美丽 一路通行”公益项目，为适龄妇女予以乳腺癌项目投保。凡本市户籍或取得宁乡市居住证的35-64岁妇女、于2019年1月1日到12月31日间参加免费“两癌”筛查项目者，就可以免费获得保险。保险项目对筛查出的疑似乳腺癌患者予以600的免疫组化检测费用和2250元病理检测的医疗费用报销，对最后确诊的乳腺癌HER2阳性患者予以最高1万元的医疗费用报销和1万元的大病救助。项目共承保乳腺癌筛查人数35943人。

【儿童营养调查】 按照湖南省项目工作要求，宁乡市作为一类地区调查点，于2019年8月28日—9月26日开展农村地区0-6岁儿童营养状况调查工作。调查随机抽取白马桥的三个街道社区、黄材镇的三个村、及若干个幼儿园作为调查点。调查分为样本抽样、准备、现场调查、录入四个阶段。调查共采集477份0-6岁儿童营养与健康数据，包括体格发育、血红蛋白水平、膳食摄入、儿童饮食行为、家长营养健康知识、喂养方式等信息。

此次调查由市卫健局组织，市妇幼保健院具体实施，长沙市妇幼保健院朱琳教授任技术指导，经省、市培训的10余名医务人员为调查员负责调查任务。通过调查，分析宁乡市0-6岁儿童营养不良状况及影响因素，提出改善儿童营养与健康状况措施，为国家制订农村儿童营养改善相关政策提供参考依据。

【预防艾梅乙科普知识竞赛】 2019年9月9日，宁乡市预防艾滋病、梅毒和乙肝母婴传播科普知识竞赛决赛在江天一品酒店举行。长沙市妇幼保健院项目主管樊小兰教授、张爱平教授等担任现场评委。

活动分启动、预赛、决赛三个阶段。参加决赛的参赛作品是在预赛的基础上、经专家评选而推选产生。有13个单位、近50名表演者，携15个优秀参赛作品先后闪亮登场，以多姿多彩夺目风采、新颖别致的表演形式、耳目一新的传播途径，有情景剧、快板、说唱、歌舞、小品、朗诵、及授课、演讲等，紧紧围绕预防艾滋病、梅毒和乙肝母婴传播的主题，阐释科普知识，融合舞台表演，趣味横生、美不胜收，具有异曲同工之效果，给大家奉献一场视听美的盛宴，不亚于一场专业文艺晚会带来的震撼。

决赛分表演与随机答题两阶段，总计100分。表演占80分，现场随机抽题回答占20分，两项得分相加后进行排名。表演得分前6名的选手有资格进入随机答题阶段，再参加随机抽题环节。经过激烈的竞争，市中医医院歌舞表演《心之所系》获评一等奖；市妇幼保健院情景剧《“梅”好，美好》、授课表演《当妊娠遇上艾滋病》获评二等奖；人民医院快板说唱《梦遇艾梅乙》、黄材中心卫生院舞台剧《来得及的明天》、中医院歌舞剧《冲破梅毒的枷锁》获评三等奖。

【出生“一件事一次办”】 2019年10月8日，宁乡市妇幼保健院在全省率先实现出生“一件事一次办”，窗口将办理《出生医学证明》、申领《儿童保健手册》、领取户口登记、新生儿参保、家庭医生签约5个事情一次成功办理。按照原来的流程，办理这5件事情，至少要跑5个单位，填写5份表格，时间少则3天或更长。如今，只需携带相关资料，跑1个窗口、现场填交1张表格、5个事项简捷轻松“一站式办理”，仅需10分钟。申请材料一次扫描上传、全程电子化流转，证件由快递寄到家。大大减少办事多环节、多处跑、多次跑的麻烦，又减少金钱、时间的浪费，惠及全市众多新出生婴儿家庭。

（罗李开）

长沙市宁乡精神病医院

【概况】 长沙市宁乡精神病医院是一所集医疗、科研、教学、康复于一体的二级甲等医院，承担全市广大人民群众的精神卫生医疗、预防、康复及政府其他指令性任务。2019年医院紧紧围绕年初制定的目标和任务，开展“不忘初心、牢记使命”主题教育活动，提高医疗质量，保障医疗安全，提升服务能力，加强作风建设，医院各项工作持续稳步发展。至年末，医院有在岗干部职工224人，其中正式在编174人，内聘50人；正高1人，副高13人，中级62人，专业技术人员占85%以上。退休人员81人。全年门诊人数28508人；新入院病人1977人次；出院病人2141人次；日均住院1081.05人；病床使用率90.11%。

医院坚持把党建工作与各项工作有机结合，充分发挥基层党组织战斗堡垒作用和党员的先锋模范带头作用。深入开展“不忘初心、牢记使命”主题教育，守初心、担使命、找差距、抓落实。寻找在医疗、医保、食堂、服务流程、信息、后勤保障及安全生产等方面问题35个，建立问题清单台账，明确时间表、路线图，责任到人到科室，逐项整改落实到位。充分发挥党总支在医院工作中的领导作用，三重一大事项集体决策，按分工负责落实，并坚持党务院务公开常态化。落实党风廉政建设主体责任及一岗双责，将党建、意识形态、党风廉政建设及医德医风建设工作同行政和医疗业务工作同部署安排，同检查督促抓落实。对重点岗位和人员进行廉政谈话，对月通报批评人员进行提醒谈话，全年12次，努力营造风清气正、干事创业氛围。严格落实党建各项任务，推进支部“五化”建设，坚持“三会一课”及开展主题党日等活动。定期开展班子民主生活会及支部组织生活会，开展批评和自我批评。12月13日，组织部对医院领导班子及班子成员进行政治建设考察，班子成员分别从5个方面撰写深刻自查自评材料，分析自身存在的不足及产生原因，并明确今后的努力方向。加强医德医风建设，全年医务人员收到锦旗4面，拒收红包67次，共计27438元。

建立健全安全生产各项规章制度及预案，和各科室签订责任状，明确主体责任，纳入平时考核内容，做到全覆盖零容忍。进行全院安全隐患大排查并全面整改，争创平安医院。开展扫黑除恶治乱宣传教育活动，按上级要求开展“防风险保平安迎大庆”专项行动。

做好消控室专职人员专项培训，确保持证上岗，24小时值班。进行消防讲座及有针对性的消防演练，提升全院职工消防应对四种能力。以及配合进行“文明城市”和“食安城市”的创建，规范医疗废弃物和餐厨垃圾的处理。加强污水处理站及尸体暂存间的管理。

加强医院内部管理。科学制定年度工作规划和绩效考核方案。科室负责人与医院签订综合目标管理责任状，层层分解任务和压实责任。做好6S精细化管理的日常维护，其管理经验在中南六省医院管理协会上推广介绍。按照上级要求进行网上人事信息采集及编外聘任人员的管理，做到人员的进、管、出规范。制定医院管理章程初稿、医院党总支议事决策制度和院长办公会议事决策制度，对于进一步规范医院管理起着指导性作用。凡属“三重一大”事项都按照集体领导、民主集中、个别酝酿、会议决定的原则执行。实行个税网上申报和扣除，规范工会经费的使用。在医院醒目的地方设立举报电话和意见箱，实行一把手周一接访制度。国家卫生健康委满意度调查（门诊满意率，住院满意率，员工满意率）完成情况良好。规范医疗服务行为，严格物价政策，控制医疗费用不合理增长。物价专项检查反馈良好。建立健全《机房管理制度》、《信息安全管理制度》以及《监控调阅管理制度》等。不断加强系统安全和网络安全等工作，同时严格监视存储等介质使用。

【改善医疗服务质量】 2019年，医院不断改善就医环境，创新服务项目，提升医疗服务能力。规范核心制度落实，加强终末质控和环节质控。落实医疗护理安全不良事件上报的管理。加强院感防控，严防传染病的发生。开展临床医师、护士岗位技能训练和竞赛活动，确保操作人人过关。在上级组织的“十行状元、百优工匠”护理技能竞赛中，医院廖楚、廖嫦取得优异成绩。临床病室进行优化整合。招聘优秀专业技术人才充实医疗护理队伍，4名规培医师回院。投资270万建设医院信息化系统，完成HIS、LIS、PACS、EMR四大系统建设以及医院网络规划部署，9月6日上线后运行良好。严格按照病历文书书写规范的要求，制定和下发《长沙市宁乡精神病医院电子病历管理规定》。

【医改工作显成效】 2019年，医院医改工作成效明显。继续实行药品零利润销售，严格执行药品采购“两票制”，确保临床药品供应。建立健全药品耗材重点监测长效机制。落实分级诊疗工作，充分利用湖南省精神卫生医联体，与省脑科医院开展双向转诊、远程医疗会诊以及教学培训业务，诊断和治疗水平得到提高，方便群众看病就医。医改考核指标达标，药占比13.4%，低于33%；百元医疗收入消耗卫生材料0.47元，低于20元；医疗费用增长幅度4.26%，低于10%；医疗收入占业务收入84.68%，高于35%；人员支出占业务支出65.7%，大于34.3%；县城内专科病人就诊率98%以上。

【落实医保政策】 2019年，医院认真落实医保政策。根据上级打击骗保专项行动多次召开医保工作专题会议并制定出台《医院医保工作制度》，与各科室签订“履行医保协议，规范服务行为”责任书，进行自查自纠和整改。严格执行医保政策不走样，落实“一站式结算”和健康扶贫等政策。2019年城乡医保：全年兑付4279人次，金额319.682万元，做到零差错。对重性精神病人住院救助1072人次，住院救助金额为222.168万元；健康扶贫单病种2950人次，住院救助金额为547.562万元。

【加强精神障碍管理】 2019年，医院落实惠民政策，加强精神障碍管理。在国家严重精神障碍管理系统中，宁乡市严重精神障碍患者检出率达到4.85‰，超过省市指标的4.5‰；年管理率99.97%；规范管理率92.73%；服药率96.45%；面访率99.79%；体检率92.73%；在家病人稳定率99.51%，宁乡市严重精神障碍管理工作在长沙市位居前列。全年无关锁病人发现及重大肇事肇祸案例报告。对全市公卫人员、社区医生进行业务学习培训，同时6次下乡组织培训精神障碍患者家属2842人。发放精神卫生知识宣传资料2万份。在宁乡市综治办的组织下，宁乡市“以奖代补”排查复核严重精神障碍患者52人，发放“以奖代补”金额11.54万元。全年下乡义诊6次，共义诊17078人次，免费发放药品387.4万元。收治救助站送来的“三无”病人23人次；配合市残联对精神病人进行残疾换证及残疾等级鉴定工作，全年共计鉴定1076人次。按上级要求进行心理咨询室建设及流调工作。2019年宁乡市村（社区）心理咨询室建设达到40%，对全市900人分三个乡镇进行流行病学问卷调查、对800名老年人心理关爱健康调查已全部完成，并进行统计分析评估上报。

【医院精准扶贫】 2019年，医院精准扶贫工作有特色。深入贯彻落实中央和省、市关于驻村帮扶和结对帮扶工作的决策部署，坚决打赢脱贫攻坚战，医院对流沙河镇红石村和瓦子坪村的169户贫困户全年已进行4次以上入户走访，捐赠财物近20万元。熊妙被评为“宁乡市最美扶贫人”。严格落实一站式结算和先诊疗后付费政策，同时对占住院病人65%的建档立卡贫困户病人加强专家团队服务和心理服务，并对部分病人伙食费进行优惠减免。配合驻村扶贫第一书记工作，支持扶贫款5万元，并为部分贫困户农副产品提供销路，为结对帮扶贫困村争取引进扶贫项目，争取尽快精准脱贫。（办公室）

社会生活

责任编辑·高　丽

民　政

【概况】 2019年，宁乡市民政局坚持“为民解困，为民服务”两为工作宗旨，围绕中心，服务大局，牵头做好兜底扶贫，有效提升社会福利，文明创建、生态文明建设、工会、团支部、老干关协、深化改革、行政执法、三抓两促等工作圆满完成，全面落实民政工作各项任务。

【脱贫攻坚】 2019年，宁乡市民政局精准认定兜底保障对象。根据省、市文件精神，制定并印发《关于在脱贫攻坚三年行动中切实做好社会救助兜底保障工作方案》（宁民联发〔2019〕1号）文件，进一步完善兜底保障机制；联合市扶贫办印发《关于做好全市社会保障兜底脱贫对象年审工作的通知》（宁民联发〔2019〕5号）文件，联合认定社会保障兜底脱贫一类对象1120户1181人（含特困人员1016户1016人）、二类对象520户871人、三类对象4116户7886人。农村低保制度与相关部门扶贫政策有效衔接。实现建档立卡贫困人口和农村低保对象“符合条件，互相纳入”，全市现有低保对象16647人，其中建档立卡贫困户8922人，占比55.07%；特困人员10754人，其中建档立卡贫困户1016人。提高城乡低保标准和救助水平，根据长政办函〔2019〕60号文件，全市低保标准由550元/月提高到650元/月，特困人员供养标准由715元/月提高到845元/月，实现应保尽保、应兜尽兜。全年共发放低保金6476.7万元，特困人员供养金10151.9万元。临时救助工作下沉到各乡镇（街道），2019年拨付各乡镇（街道）临时救助资金800万元。

【基本社会服务】 2019年，发放残疾人“两项补贴”3095.412万元，高龄老人津贴4721.48万元，孤儿基本生活费151万元；发放基本殡葬服务补助，9026名对象共计1012万元；29个乡镇（街道）278个村（社区）分别设立儿童督导员岗位29个、儿童主任岗位278个，分2批举办全市乡镇儿童督导员和村居儿童主任培训；全年救助生活无着人员2032人次，家庭暴力庇护11人次，帮助95人次寻亲成功并护送返家。积极开展慈善帮扶，借助腾讯99公益活动平台，募集爱心资金近100万元，重点帮助全市974户深度贫困家庭摆脱困境，募集爱心助学资金554.7万元，帮助1715名贫困学子实现大学梦。大力推动养老服务建设，积极争取市委、市政府支持，市社会福利中心项目克服重重困难取得突破，已完成前期手续和项目招标，将于2020年完成建设目标；开展养老服务质量专项行动，实现养老机构重大风险隐患排查率、隐患消除率均达100%；新建城乡居家养老服务中心4所。

【基层社会治理】 2019年，宁乡市民政局深入推进社区建设。牵头起草《关于加强和完善城乡社区治理的实施方案》（宁发〔2019〕13号），着力补齐城乡社区治理短板，完善村级服务布局，创建长沙市城市和谐社区4个、农村幸福社区8个、农村社区建设试点63个。实现社工站建站运营。以购买服务方式在29个乡镇（街道）建立社工站，设立一个总指导平台，58名驻站社工、4名平台社工有序开展服务，基层民政经办能力显著增强。优化城乡社会服务。通过无证明城市系统出具夫妻关系证明306份；通过政府购买服务方式实现市民之家民政窗口复印、照相全免费。社会组织服务登记进驻市民之家窗口，12个事项纳入“马上办、网上办、一次办”；推荐5家公益慈善类社会组织申报项目获长沙市扶持资金32万元；积极开展第二期社会组织孵化运营服务，争取省民政厅支持30万元，市本级财政投入14.5万元，共培育3家公益性组织，孵化2家社工服务机构。开展住宅式墓地摸排工作，排查违法违规私建豪华大墓16处，活人墓2处。对长潭线、望宁线、岳宁线行政区域界线进行勘界补测；编纂《宁乡市地名图录典志》。中福在线销售大厅运营安全稳定，全市各类彩票共销售13452万元。

（邓　凡）

退役军人事务

【概况】 宁乡市退役军人事务局按照宁乡市机构改革方案于2019年3月20日正式挂牌成立，将市民政局的退役军人优抚安置、市人力资源和社会保障局的军官转业安置等职责整合，组建市退役军人事务局，作为市政府工作部门。全局有在职干部职工32人，内设综合科、优抚褒扬科、就业安置科、双拥权益维护科。办公地址位于宁乡市玉潭街道花明南路187号。下属二级单位有军休所、光荣院、退役军人服务中心（站）以及烈士陵园事务中心。5月底，宁乡市退役军人服务中心、29个乡镇（街道）、278个村（社区）退役军人服务站全部挂牌成立，乡镇（街道）退役军人服务站安排配备事业编制专职人员68人，站长由乡镇（街道）班子成员兼任。在中心，退役军人及其他优抚对象可享受到就业创业、优抚帮扶、政策咨询、信息登记、组织关系转接、权益维护等一站式服务。

退役军人事务局的主要职能职责是贯彻落实党中央关于退役军人事务工作的方针政策和决策部署，全面落实湖南省委、长沙市委、宁乡市委关于退役军人事务工作的部署要求，在履行职责过程中坚持和加强党对退役军人事务工作的集中统一领导。具体承担退役军人就业创业扶持、优抚帮扶、走访慰问、信访接待、权益保障等事务性工作。

【退役军人移交安置】 11月30日，宁乡2019年度营职以下及专业技术军转干部自主选岗大会在宁乡退役军人事务局举行。本次安置选岗，为军队转业干部提供岗位，军转干部按照考核考试综合成绩由高到低的排名顺序，依次自主选择工作岗位，整个过程公开、公平、公正。通过推行“阳光安置”，接收并安置转业干部。12月3日，宁乡市2019年度符合政府安排工作条件退役士兵自主选岗大会召开，共提供差额拨款事业岗位、自收自支事业岗位以及央企省企岗位。选岗人员按从高分到低分排定先后顺序，由本人自愿选择规定范围内的单位并签字确认，全部选到岗位。年内，军转干部、转业士官、随调家属，100%安置在党政机关、事业单位。组织下岗转业志愿兵、转业士官及伤残军人进行再就业选岗。举办2019年度退役返乡退役军人职业技能培训。开展"送政策、送服务、送岗位"进军营活动，提供就业岗位。举办3场线上线下招聘会。全面铺开退役士兵社保接续工作，建立市级联席会议制度，成立工作专班，协调人社、医保、财政、税务等部门开展退役士兵社保补缴。

【优抚褒扬工作】 2019年，宁乡市退役军人事务局严格落实《长沙市现役军人和残疾军人有关优待暂行办法》，为服务对象家庭悬挂光荣牌。广泛走访，专题部署"八一"、元旦、春节等节日期间退役军人和其他优抚对象走访慰问工作，组织发动各级各部门开展"大走访"活动。"八一"期间，全市各级党委、政府走访慰问优抚对象，发放慰问金。"八一"和春节期间，举办军政座谈会，市领导带队走访慰问驻宁部队和重点优抚对象，发放9.5万份慰问信和春节年画。组织清明异地祭扫、举行烈士纪念日公祭、"庆祝中华人民共和国成立70周年"纪念章发放仪式等活动。向在宁乡市健在的83名中华人民共和国成立前参加革命工作的老战士及中华人民共和国成立后因参战立一等功以上奖励的退役军人颁发纪念章。组织医疗巡诊和送医送药活动2批次，惠及100余名优抚对象。开展重点优抚对象短期疗养活动2批次，惠及150余名重点优抚对象。扎实开展最美退役军人评选，推出1名湖南模范退役军人，1名长沙市最美退役军人，评选出10名宁乡市最美退役军人。为1名一等功、7名二等功、47名三等功的部队官兵送喜报并发放奖金13.4万元。启动22座零散烈士墓的修缮。10月11日给坝塘镇一等功臣谭斌送喜报牌匾活动，在CCTV7、湖南卫视、长沙新闻等多家新闻媒体广泛宣传。10月23日，长沙市退役军人事务局、宁乡市退役军人事务局联合长沙市第三社会福利院的有关专家在沙田乡卫生院开展"关爱功臣送医送药"活动，惠及辖区50余名重点优抚对象。全年对退役军人及重点优抚对象开展全覆盖式走访慰问，共发放各类优抚资金近1.4亿元。11月15日-21日和11月22日-28日，对全市重点优抚对象，分两批进行短期疗养活动，来自黄材镇、横市镇、双凫铺镇、夏铎铺镇、大成桥镇、沙田乡、城郊街道、历经铺街道、白马桥街道、双江口镇、坝塘镇、资福镇、青山桥镇、喻家坳乡等14个乡镇（街道）共142名参加。

【退役军人权益维护】 2019年，宁乡市退役军人事务局着力化解突出矛盾，办理上级、网信系统交办（转办）信访件68件，处理信访来访来电近1万人次。对11类人员进行入户走访，给予临时救助300人次。发挥乡村两级退役军人服务站职能作用，完善细化工作台账，梳理各类诉求，坚持问题导向，主动解决实际困难，全力实现信访矛盾明显化解、重点群体平稳可控、重点问题妥善解决、重点人员息诉罢访。扎实开展省级双拥模范城创建工作，完善"双拥一条街""双拥天桥""双拥公园""双拥社区""双拥广场"等建设。

【军休服务管理】 2019年，宁乡市军休所推进军休服务管理工作，推行"五心亲情服务"模式。按时足额发放军休干部工资津贴，军休干部按规定阅读文件、参加党组织生活、定期走访慰问等政治待遇基本落实。坚持做到"三个注重"，即注重走访慰问、注重民主公开、注重方式方法。建立老同志服务管理信息数据电子档案和老同志健康电子档案。多措并举搭建"文化养老"平台，围绕"喜迎中华人民共和国成立70周年"主题，开展缅怀革命先烈、传承红色基因、庆"八一""九九重阳"等系列活动。尤其是10月9日，由中共宁乡市委、市人民政府主办，宁乡市退役军人事务局承办的庆祝中华人民共和国成立70周年共度九九重阳节暨湖南·宁乡军休第二届"乐享银龄"活动在宁乡举行。来自原广州军区副司令员宋文汉，湖南省委原常委、省军区原司令员黄跃进等12名军队领导，湖南省退役军人事务厅党组成员、副厅长易德才和长沙市退役军人事务局党组成员、副局长杨为锦等领导参加活动。

【宁乡烈士纪念馆提质改造】 2019年9月20日，宁乡烈士纪念馆提质改造完成，并对外开放。宁乡烈士纪念馆陈列面积411.8平方米，纪念馆通过图片、文字、视频和历史文物等珍贵资料，力求真实展示宁乡革命历史，再现英烈们崇高的爱国主义精神、百折不挠的革命意志、豪迈的英雄主义气概和坚定不移的共产主义信

2019年12月25日，宁乡市首届"最美退役军人"获得者合影

念，以缅怀革命先烈、传承红色基因，再续新时代辉煌篇章。2019年9月30日，宁乡市委，市人民政府，市人大常委会，市政协等主要领导和干部群众、驻宁部队代表、小学生代表、烈属及老战士代表、市退役军人事务局全体干职工一起，在宁乡烈士陵园举行烈士公祭仪式。

【评选宁乡市首届“最美退役军人”】 2019年12月25日，宁乡市举行2019首届“最美退役军人”发布仪式，中共宁乡市委主要领导会见了湖南省模范退役军人、长沙市“最美退役军人”、宁乡市首届“最美退役军人”。发布仪式以“坚定理想信念，永葆军人本色”为主题。有来自退役军人代表及亲友在内的近300人参加。宁乡首届“最美退役军人”评选活动从2019年6月底启动，历时5个多月。通过评选，从各行各业涌现出了一大批事迹突出、对宁乡经济发展和社会稳定作出了重要贡献的优秀退役军人，最终从24位候选人中选出10人授予宁乡市首届“最美退役军人”荣誉称号。（胡小艳）

医疗保障

【概况】 宁乡市医疗保障局是根据《宁乡市委办公室宁乡市人民政府办公室关于印发宁乡市机构改革实施方案的通知》（宁办〔2019〕5号）规定，将市人力资源和社会保障局的城镇职工和城镇居民基本医疗保险、生育保险、新型农村合作医疗职责，市发展和改革局的药品和医疗服务价格管理职责，市民政局的医疗救助职责整合组建，于2019年3月20日挂牌成立，为市政府工作部门。宁乡市委办公室、宁乡市人民政府办公室（宁办〔2019〕44号）关于印发《宁乡市医疗保障局职能配置、内设机构和人员编制规定》的通知，市医保局贯彻落实党中央关于医疗保障工作的方针政策和决策部署，全面落实国家、省、长沙市及宁乡市关于医疗保障工作的部署要求，在履行职责过程中坚持和加强党对医疗保障工作的集中统一领导。内设3个科室（办公室、政策法规科、监督管理科），下设一个副科级事业单位宁乡市医疗保障事务中心。市医保局机关行政编制8名；领导数为：局长1名，副局长3名。根据宁编办〔2019〕44号文件，医保事务中心编制33名。

【医保政策】 2019年，宁乡市城乡居民基本医疗保险人均财政补助标准在2018年的基础上增加30元，达到每人每年520元，个人缴费提高到每人每年220元。将建档立卡贫困人口、特困人员、低保对象、重度残疾、计划生育特困人员等困难人群全部纳入城乡居民基本医疗和大病保险制度覆盖范围，实现贫困人口参保率100%。将普通门诊统筹限额内报销比例统一提高到70%。在2018年的基础上，大病保险筹资标准按长沙市医疗保障局要求进行上调，起付线予以下调，并提高支付比例5个百分点。将高血压糖尿病等慢性病门诊用药纳入医保保障范围，明确“两病”参保患者在协议基层医疗卫生机构就诊时，由签约家庭医生开具的符合用药范围规定的降血压、降血糖药品费用，不设起付线，限额内按照70%比例支付。

【医保基金】 2019年，宁乡市城乡居民医疗保险基金收支情况，全年参保缴费107.27万人，基金合计收入8.263亿元。至12月底，全市城乡居民医保基金支出共计8.0701亿元，报销享受待遇达65万人次。

城镇职工医疗保险基金收支情况，2019年城镇职工参保118779人，在职83160人，退休35619人。全市城镇职工医保基金收入7.1695亿元。至12月底，全市城镇职工医保基金支出4.8587亿元。

【“一站式”结算】 2019年，宁乡市农村贫困人口共办理“一站式”转诊758人次，“一站式”结算共48181人次，医疗综合保障报销2.0792亿元。

【打击欺诈骗保】 2019年，宁乡市对44家特殊门诊定点药店、63家定点医院、416家医保卡刷卡医药机构进行现场监督检查，实现监管覆盖面100%。下达医保违规处理通知书83份、行政处罚书1份，查处冒名顶替住院骗保2例，其中1例移送公安机关，约谈医药机构7家及其相关责任人18人，暂停或中止7家定点医院协议，解除2家定点医院和3家特殊门诊定点药店协议，共计拒付或追回医保基金416.5万余元。

（市医疗保障局办公室）

乡镇·街道

责任编辑·高　丽

道林镇

【概况】 道林地处宁乡东南，由原道林、善山岭、金华三个小乡合并，紧临长沙、湘潭，许广、长娄高速贯通21千米，沪昆高铁贯通5千米，三个互通环绕，距梅溪湖仅25千米，交通区位优越。面积135平方千米，人口5.8万，9个村、社区。2019年完成财政税收1723万元，完成固定资产投资11.6亿元，社会消费品零售总额5.2亿元，规模以上工业经济总额1.3亿元，捕捉招商信息22条，招商引资到位资金5000万元，新建项目2个，续建项目6个，累计投入项目建设资金7390万元。配合宁乡市城发集团及文旅投公司对外招商，引进大汉集团签订道林古镇（明道公社）投资合作协议。

【城乡管理】 2019年，道林镇采用政府主导、部门联动、村（社区）为主的原则，实行分项检查环境卫生、道路整治、控建拆违、打击非法开采等城乡管理各个方面，把工作责任压实到村、到片区。推进垃圾分类减量工作，新建垃圾中转站一个，年度创建垃圾分类减量示范村6个，实现垃圾分类全域覆盖。拆除320座空心房。打造龙泉湖村骑龙组小微水体示范片，在靳江河上烧汤河桥与湘潭交界处设置拦污网工程，常态化开展靳江河保洁整治行动，靳江河道林段12千米被评为全省最美河湖。完成4378座农村改厕。以“路长制”工作为抓手，持续加大保洁、清整、控违和治乱力度，共拆除违章建筑42处，面积约2160平方米，取缔非法经营场地4处，扣押非法开采设备12台。实现全天候巡查机制，打击非法开采行为。完成国土“增减挂钩”20.4公顷。完成复绿面积23.4万平方米。严格建房审批管理，严控新建违建行为。2019年，道林镇获评长沙市卫生乡镇和长沙市人居环境整治“三星级”乡镇。

【民生保障工作】 2019年，道林镇多次调度石壁公路和G354线改扩建项目，实现公路建设成环成网。完成道林尹垅小学、双雄小学等6所学校的校舍提质、跑道维修工作。2700平方米的新农贸市场投入使用。污水处理厂竣工验收，进入试运行阶段。完成农村“双投”和通自然村公路的道路硬化22.81千米。完成62户“四类重点对象”危房改建。改造升级政务服务大厅，靳水村成功创建长沙市示范性村级文化活动室。2019年城乡低保对象325户、581人，特困三无对象494户、500人，发放救助低保金108.54万元，大病医疗救助20人，救济（助）临时困难家庭78户、金额17.03万元。免费为群众“两癌”检查2200人，优生遗传检查219对。新增农村贫困劳动力转移就业388人、新增城镇就业35人，组织农村劳动力就业技能培训200人次。坚持因地制宜，充分发挥资源优势，主导“四跟四走”产业项目，其中“何乐不为”土蜂养殖、“硕腾”土鸡养殖、花明粮油优质稻推广等扶贫项目效益显著，共计272户贫困户770人受益。设置“扶贫车间”，让7户11名贫困群众在家门口实现就业，增收总额3.1万元。

【社会治理】 2019年，道林镇全面实施以“一村一辅警”农村警务战略，各村辅警在派出所带领下开展治安纠纷、民间纠纷的调解工作，化解村民之间矛盾，消除刑事、治安、民转刑各类案件隐患，采集基础警务信息206条、协助破获刑事案件18起、协查处理行政案件12起、调处治安纠纷79件、交通疏导31起、开展安全检查99次、排查各类险情隐患18起。严厉打击违法犯罪行为，全年立刑事案件37起，行政案件83起，刑事拘留44人，行政处罚88人。矛调中心每月开展一次“矛盾纠纷大排查大调解”讲评调度会，全年受理各类民间纠纷208件，调解成功206件，调处成功率98%，没有发生民转刑案件和群众集体性上访案件。

【政府建设】 2019年，道林镇开展“新官不理旧事”专项治理，加强历史遗留问题处理。强化监督执纪问责，提醒谈话140人次，例行廉政谈话762人次；开展日常监督检查46次，查处轻微违纪44人次；立案10起，处分违纪党员干部10人次。主动接受镇人大法律监督和政协民主监督，妥善办理人大代表建议、批评、意见13件。统筹推进“互联网+政务服务”和“最多跑一次”改革，进一步理顺和创新“316”群众工作机制，打通解决群众问题的“最后一千米”，全程网办“不见面”事项289项，占“最多跑一次”事项的42%，“一件事一次办”事项办结率100%。全年镇村两级公共服务中心接待办事群众1.2万人次，接受咨询1万人次，受理事项10759件，办结事项10651件，办结率99%。坚持民声受理一周一调度，及时回复办理“12345”

2019年1月8日，湖南长潭五县市区合作建设乡村振兴示范引领区调研座谈会在道林召开

工单278起，办结率100%。

【湖南长潭五县市区合作建设乡村振兴示范引领区座谈会在道林召开】 2019年1月8日，由九三学社湖南省委和省政协经科委组织，长潭五县市区合作建设乡村振兴示范引领区调研座谈会在宁乡道林镇召开。省政协副主席、九三学社省委主委张大方出席。省政协常委、九三学社省委专职副主委王仁祥参加会议。会议由省政协经科委主任、九三学社省委副主委吴金明主持。张大方强调，要充分认识长潭五县市区合作建设乡村振兴示范引领区的重要意义；要立足长潭实际，发挥优势，整合资源，多思考如何做好工作，如何引领发展；要做好规划，既立足长远，又能在近期产生效果，同时建议五县市区政协建立联系会议制度，持续推动；省直相关部门要利用好现有政策，认真探索五县市区合作建设，合力推动合作中的一些重点问题（难题）的解决；要善于用改革的精神和市场机制，吸引工商资本下乡，做活做实示范区建设，推动成为湖南甚至全国区域合作的范本。与会人员就“湖南长潭五县市区合作建设乡村振兴示范引领区”纷纷建言献策。来自省厅局相关部门、长沙、湘潭党政部门负责人以及宁乡市、韶山市、湘乡市、湘潭县、雨湖区五县市区政府、政协及相关部门负责同志参加会议。（黄　慧）

大屯营镇

【概况】 大屯营镇位于宁乡市东南部，北与刘少奇故里花明楼接壤，南与毛泽东故居韶山毗邻，镇域面积106.47平方千米，湘江一级支流靳江贯穿全境。2019年，大屯营镇下辖6个村，1个社区，总人口4.6万人。2019年，大屯营镇围绕“打造九曲靳江、建设航空新镇”发展主线，全镇经济社会发展保持总体平稳，全年完成税收任务1089万元；完成固定资产投资总额6.8亿元；社会消费品零售总额增速达26.8%；工业增加值率达13.2%。

2019年，大屯营镇组织开展2次主题教育“读书班”，3次党委中心组理论学习，3次专题学习研讨会，1次主题教育群众性大型宣讲，开展2场革命传统教育、2场形势政策教育、2场警示教育、4场先进典型教育。全镇45个党支部以“三会一课”、主题党日等形式召开党员大会进行集中学习，开展支部书记讲党课并报告个人学习心得体会45次，参加学习党员1200余名。组建一支由镇村组三级组成的21人“老花镜”宣讲团，各村（社区）开展“田间课堂”15次，“屋场夜校”38次。给300余名行动不便的老年党员、120余名在外务工的流动党员寄送“红色书包”，做到学习全覆盖，“红色书包”让流动党员主题教育不掉队的做法受到人民网的推荐。全镇45个党支部五化达标率100%，创建五星村2个。社区党员冬春训让流动党员不忘初心的做法被人民网报道。从严治党，点评15个问题，整改、整顿软弱涣散党组织韶光村；解聘、劝退3名不能胜任的村干部。全力推进党风廉政建设，立案8起，开除党籍1人，党内警告5人。

2019年，大屯营镇以社保、医疗、救助为主体的社会保障体系不断完善，全年发放各类救助金、低保金、优抚金570余万元，城乡居民养老保险缴费330万元，参保率85%。全年扶助贫困大学生51人，完成慈善助学16.1万元。全年累计临时救助170余人，救助金额25万元。卫生服务不断优化，完成国家免费优检178对，产筛349例，妇女病“两癌”普查1060人，共160人参与无偿献血。

【项目建设】 2019年，大屯营镇持续推进靳江河流域生态修复项目，小火车轨道11.6千米建设完工，机耕道慢行系统全线贯通，靳江源新民集居点33栋102户房屋建设工程、污水管网铺设及道路硬化建设完成，11月完成搬迁户交房工作。服务1121工程，累计15批次征拆全部实现首日清零，主场区402公顷交付军方全线施工，周边道路、水系恢复完成，通过精细建管，1121工程安置区一、二、三期工程全部完工，366户居民搬入新家，航空新镇初步形成。市重大项目强强双狮建材生产基地稳步建设，预计总投资2.5亿元，2019年完成投资0.7亿元。

【农业生产】 2019年，大屯营镇农业稳步发展，烟叶、水稻、蔬菜等产业持续巩固，全年烤烟种植面积402.8公顷，收购烟叶13200担，实现产值2000多万元，烟叶质效居宁乡市第一，获宁乡市收购质量奖，烟叶规模奖。落实粮食播种面积双季稻402公顷，一季稻2479公顷，全年苗木销售150余车，价值600余万元。发放各类惠农补贴2942.43万元。

【非洲猪瘟】 2019年，大屯营镇在1000余养殖户排查中发放非洲猪瘟明白纸、明白册3000余份，张贴防控挂图150份。为应对猪瘟，累计设置3个消毒哨卡，检查生猪6.9万余头，发放养殖户消毒药1.62吨。全镇共计排查出疑似疫情292户，经市防指确认疑似疫情229户，无害化处理生猪6662头，处理疑似疫情及时、消毒工作到位，疑似疫情平息后，全镇共计存栏生猪1.12万头。

【集体经济发展】 2019年，大屯营镇村级集体经济明显改善，全镇7个村（社区）集体经济收入均10万元以上，无“空壳村、薄弱村”。持续调整优化农业结构，对8个点位的种植结构进行调整，涉及两个村，79.8公顷。深入推进粮食产业供给侧结构性改革，大力增加绿色优质粮油产品供给，以花明粮油有限公司为代表的粮油加工企业与农户签订优质粮油优价收购订单，推广高档优质稻201公顷，优质双低油菜268公顷。深化农村集体产权制度改革，按期完成农村集体资产清产核资工作，集体经济组织成员身份认定工作循序渐进，确认43931人集体经济组织成员身份，全镇7个村（社区）一轮、二轮、三轮公示全部完成；农村土地经营权确权颁证工作全部完成。

【精准扶贫】 2019年，大屯营镇稳定脱贫716户1787人，脱贫率98%。全年创新打造“就业扶贫车间”2

个，带动25个贫困劳动力就业；实施产业扶贫项目3个，惠及516户，帮助贫困户增收144万余元。其中，“花明粮油水稻种植”项目直接帮扶贫困户291户868人，总产值约117万元，直接帮扶户均增收4022元。“自主产业”项目直接帮扶贫困户162户，共发展产业养殖（种植）鸡鸭13272羽、鹅284羽、牲猪86头、仔猪318头、牛16头、羊55头、蜂103箱和蔬菜、中草药、烟叶12.1公顷。举办“爱心集市”二期，现场为贫困户销售农副产品6万多元。全镇共发放扶贫小额贷款29人，金额100万元，贴息3.2万余元。持续推进家庭医生签约服务，贫困人口免费体检服务，签约率、体检率均达100%。持续开展“千企联千户”和“户帮户亲帮亲”活动，争取社会各界、后盾单位消费扶贫30.7万余元。

【农村环境治理】 2019年，大屯营镇严格落实“河长制”和小微水体管护要求，对镇域范围内靳江河河道口进行专项清理，靳江水质常年保持地表水二类以上标准，全镇范围内无劣Ⅴ类水体，成功打造长沙市小微水体示范点靳兴村崔家湾组。以网格责任为抓手，全面禁止秸秆、垃圾焚烧，共计巡查120余次，发现并禁止焚烧现象80余处，其中立案处理2起。2019年覆绿127.3公顷，裸露黄土治理面积1.9万平方米，组织洒水车进行洒水降尘635车次。完成改厕3000座，旱厕全部清零。拆除违法建筑5宗130平方米。深入推进垃圾分类减量，7个村（社区）全部建立垃圾分捡点，其中4个村（社区）通过长沙市验收，另外3个村（社区）通过宁乡市的第一阶段验收，进入长沙市第二阶段的垃圾分类验收。

【社会治安】 2019年，大屯营镇探索“网格管理+扫黑除恶”模式，开展13次专项摸排行动，实行24小时不间断治安巡防，有效地维护社会秩序和发展环境，综治民调在宁乡市排名11，上升15个名次。坚持领导公开接访制度，健全镇村调解室，实行以奖代补，调处各类矛盾纠纷379起，调解成功374起，确保矛盾纠纷调处率100%，调解成功率98%，其中包括的重大复杂疑难纠纷3起。有效化解多例陈年积案，实现全年零进京非访。妥善处理1121安置区失地农民社保问题，争取群众信用度，有效防范群体性事件和恶性案件的发生。规范市场主体发展，新增个体工商户400多家。

【政务服务】 2019年，大屯营镇持续深化“最多跑一次”改革，按照宁乡市“无证明城市”创建要求，在政务服务中心明确一名证明专员，负责“无证明城市”系统运行，实现变“群众跑”为“数据跑”。全年帮代办群众事项855件，7个村（社区）全部实现网上业务办理。办理市长信箱、“12345”市民服务热线273件，满意率93.58%。严格执行镇政府“三重一大”议事规章制度，严格实行规范性文件，强化政府合同会审，加强农村公共资源交易平台管理。持续正风肃纪，扎实开展“互联网+监督”工作，推进干部作风整顿和经济环境优化。

【“我和我的祖国”主题宣讲活动】 2019年9月27日，为庆祝中华人民共和国成立70周年，大屯营镇在周南靳江中学举办“我和我的祖国”主题宣讲活动。大屯营镇全体党政领导、机关干职工、离退休老同志代表、各村（社区）驻村第一书记、全体村干部、党小组长、村民组长、受表彰对象、部门单位负责人及干部职工、县级以上党代表、人大代表、政协委员、社会贤达、周南靳江中学部分师生、九中部分师生等750余人参与此次活动。本次活动，邀请刘少奇纪念馆讲解员讲述“少奇主席不忘初心的故事”，部队代表黄俊讲述“军人的爱国故事”，群众代表周连山讲述“退休后志愿服务乡里故事”，学生代表提出“爱国爱镇爱家倡导”，周南学生表演《在太行山上》《我的中国心》大合唱等节目，并对全镇最美奋斗者、最美志愿者、最美少年等三十名群众进行颁奖。庆典活动歌颂中华人民共和国成立70周年以来取得的伟大成就，是一次大型爱国主义教育活动，进一步提升全镇广大人民群众的爱国主义情感，也进一步拉近党和人民群众的联系。

（盛方剑）

花明楼镇

【概况】 花明楼镇镇域面积112.4平方千米，下辖9个行政村（社区）。2019年，花明楼镇固定资产投资完成20亿元，社会消费品零售值完成3.2亿元，规模工业总产值完成4.34亿元；财税入库2904万元。民政工作。走访低保、五保、特困人员650户，发放补助资金645万元，办理业务9935例；完成危房改造4户、政府兜底5户；开展无证办学联合检查15次、安全排查2次，查处关停机构3家；增设文体器材6处，建成镇文化服务中心；组织参加宁乡市广场舞比赛。开展民兵整组和征兵宣传工作。受理12345市民服务热线工单314个，办结310个，满意度95.86%。卫健工作。全镇总人口51270人，自然增长率千分之5.5。组织卫健业务培训20次，发放补助资金203.2万元，办理业务1131条。开展卫监例行巡查186次，免费两癌筛查完成率123.7%，免费优生检测送检完成率107.5%，组织无偿献血278人。对全镇所有贫困对象进行家庭医生签约，提供每年不少于4次的上门服务。农业农村工作。采取大户流转种植、农户自行种植等方式落实种植结构调整，双季稻播种266.7公顷，一季稻种植2600公顷，完成197.9公顷农业产业结构调整目标，发放补贴187.1万元。建设基地村双投公路32千米，通自然村公路7.9千米。申报建设山塘11口、沟渠2千米、水闸三门。做好猪瘟防疫工作，规模养殖场防疫率达到100%。4月29日，长沙公布第二批长沙市特色小（城）镇名单，12个乡镇（产业区域）榜上有名，花明楼镇成功入选。

【经济工作】 2019年，花明楼镇招商引资方面，做好红色文旅小镇工作，协助开展《湖南湘江新区文化旅游产业链总体规划》编制调研。制定《花明楼镇2019年度向上争资计划》，发布企业争资信息，争取产业扶持资金2789.4万元；通过使用预算资金、财政超收收入、盘活财政存量资金等方式化债4451.5万元。营商环境优化，建设少奇故里商圈服务点，发挥商圈商户中党员的先锋模范作用，为商圈商户提供优质教育服务、基本公共卫生服务。开展政策宣传，建立商户问题台账，处理商户问题49个，优化商圈监督保障机制。项目建设稳步推进，争取炭子冲幼儿园、中心卫生院等11个项目，争资2409.4万元。包装项目5个，信息捕捉25条，对接企业20余家。规范项目工程管理制度和报批报建手续流程，完成南塘湾安置区桩基础31栋；1121工程完成征地18.7公顷、拆迁房屋30户、迁坟281座、杆线迁移工作，个案补偿308.8万元，解决周边群众饮水和水土流失治理问题。

花明楼景区——花明园

【精准扶贫】 花明楼镇共有贫困户623户1372人，至2018年已脱贫588户1310人，2019年脱贫48户104人，未脱贫27户，55人。择优选派扶贫干部，明确工作职责。坚持重点工作每日调度、每月点评总结，协商解决重点难点问题。采取专项督查、随机抽查、群众满意度调查等方式进行督导，进一步指导工作。开展多次摸排，入户调查饮水安全问题；修缮问题住房9户，贫困学生送教上门5名；宣传和落实一站式结算、大病救助、扶贫特惠保等政策。“四跟四走”及自主发展产业项目覆盖350户850人，投入资金87.2万元，带动创收200万元；建成就业扶贫车间4家，吸纳贫困劳动力就业37人，创收10万余元。加强系统数据信息的管理，解决贫困户实际困难100余件；设立公益性岗位32个，落实雨露计划86人，光伏受益户35人，发放各类补助救助资金46.39万元。

【城乡治理】 2019年，花明楼镇全域推进农村“五治”。打造靳江村刘家湾组农村“五治”示范屋场，探索发动群众参与农村人居环境整治。超额完成改厕任务4400座。完善村民建房审批流程，办理建房审批146户，项目用地报批31宗，农业设施用地报批2宗；卫片整改4处，拆除空心房163户，完成增减挂钩120户，整改拆除违章建筑12处5000余平方米。召开垃圾分类减量屋场会、户主会800余场次，发放垃圾分类倡议书和宣传册页18000份，初步实现垃圾“户分类、户处理、不出组”，全镇垃圾产生量下降45%。采取修建人工湿地、打深井等方式对群众反映的臭水、污水问题进行整改，实现镇村联动。确定“三不”村民公约：清洁房前屋后，不乱堆放东西；垃圾分类减量，不搞露天焚烧；人情礼尚往来，不超过50元。全域推进污染防治。实现10.1公顷裸露黄土复绿。开展禁燃限放工作，悬挂横幅86条、张贴宣传广告80份、签订禁燃限放承诺书两万份。开展环境污染治理排查，制止露天焚烧15起，处理环境污染投诉件40起，组织环保志愿者公益活动4次。组织开展卫生大扫除、村庄清洁行动300余次，修复绿化带15处。开展集镇巡查行动90余次、马路市场联合行动54次，清理门店406处，规范店外经营61家，拆除不规范招牌广告276处，发放公开信1000份。全域推进城乡整治。出台《关于规范景区车辆停放秩序的公告》，处理违规行为1600余次、酒驾8次。开展“戴帽工程”宣传，发放传单一万余份。开展治超联合行动64次，处罚车辆386辆次，罚款22.55万元。对源头企业、矿区开展联合巡查102次，开展私挖滥采专项巡查36次，查处乱象2起。开展食品安全监管巡查124次，特种设备检查55次，林业秩序区巡查120次。

【乡村振兴】 2019年，花明楼镇开展土地流转。从深化农村产权制度改革入手，逐步加大土地流转力度，实现相互带动、因地制宜、流转受益。流转土地1194.9公顷，用于水稻、油菜、蔬果等种植；流转林地553.1公顷，用于油茶林、茶叶、苗木种植；共以村党支部为主导成立土地专业合作社5家，产生流转费用23.5万元，集体经济增收17余万元。激活农村资产。引导农民合理规划建设新房，形成集聚效应，提升房产价值。通过招商引资重新打造有居住价值的闲置用房和土地，实现变废为宝。花明楼村打造非标螺丝生产制造集中基地，引进社会资本参与投资建设，预计村集体每年实现增收100万元，提供就业岗位450个，人均收入超4万元。推进产业融合。抓好一二三产业融合，确定优质稻、瘦肉猪、有机保健茶等为主导产业。紧紧把握红色资源优势，坚定不移走“红色经典”与“绿色乡村”融合发展之路，依托景区优势，推进农业与旅游、教育、文化等产业深度融合，着力打造旅游新业态。

【社会治理】 矛盾调处。通过逐一梳理、分类处置等方式对辖区内矛盾纠纷进行摸底，在重要敏感时段开展拉网式大排查，及时掌握不稳定苗头。2019年，花明楼镇排查矛盾纠纷59

起，协调化解纠纷359起。摸排扫黑除恶线索13条，已全部办结。共接到信访件32件，已全部办结。企业生产安全工作。开展非煤矿山、危化品安全等领域专项整治行动，检查生产经营单位149家，罚款1.5万元；处理建筑施工安全隐患40余处、危险化学品安全隐患95处；检查生产经营单位296家，罚款7.8万元；查处非法经营烟花鞭炮点8处。实现全年零事故的安全生产目标。送法于民。深入群众开展普法宣传活动，发放宣传页两万余份，悬挂法治宣传横幅50余条，设立公共法律服务志愿点90个，接纳法律咨询群众320余人次，学法达标率100%。（朱海棠）

东湖塘镇

【概况】 东湖塘镇位于宁乡市东南部，全镇面积131.7平方千米，下辖8个行政村。全镇总户数15371户，总人口49079人。山林面积680公顷，森林覆盖率为42%，耕地面积3373.87公顷，其中水田面积2890.68公顷。

全年实现工业总产值8450万元，农业总产值65319元，税收1002万，比2018年增长23%，农民人均收入23584元。固定资产投入完成14.1亿元，其中工业固投7.01亿元，规模工业总产值完成9600万元。全年招商引资8000万元，引进旅游项目1个、服务业项目1个、新增限上规模工业项目1个，与宁乡市金胜水果种植专业合作社成功签订项目投资合同书。

2019年，接受宁乡市委第一巡察组对东湖塘镇党委及麻山村党总支的巡察，通过集中研讨、意见收集、读书分享会、老报刊展览、红色基地学习等形式开展“不忘初心、牢记使命”主题教育。对双泉学校、东湖塘中心小学等学校的教学、体育设施进行提质改造，全年救助低保户385户694人，累计发放低保保障金2444868元，特困472户474人，发放保障金4326725元，大病救助72人168712元。完成1682户四类重点对象房屋危险性鉴定全覆盖工作。全镇176处取水工程摸底登记，解决全镇11个村民小组，涉及400多户的人饮安全问题。2019年脱贫49户103人，实施产业扶贫项目6个，覆盖镇域内贫困户351户。成立就业扶贫车间2个，安排贫困户就业30余人。设立镇医疗救助基金，补充报销贫困户医疗费60余万元。全年完成5个村的农网改造项目，镇域新增变压器38台，线路改造62千米。完成双投公路建设项目8.9千米，省通自然村公路建设项目2.8千米建设，全年8个村（社区）完成“去薄脱壳”，其中有陶家湾村、东湖塘社区集体经济收入20万元以上。陶家湾村省级同心美丽乡村示范点于2019年2月正式授牌。完成农村改厕4109座，全年新建5个村（社区）垃圾分类分拣中心，8个村（社区）完成垃圾分类，完成空心房拆除任务，共拆除184户。集中召开“东湖夜话”200余场，镇村干部入户收集民意158条。全年共接访来信来访群众56人次，解答回应28件，上级交办信访件6件，网上信访件17件。

【举办“唱大戏、过大年”特色农产品展销会】 2019年1月30日，东湖塘镇举行“唱大戏、过大年”特色农产品展销会，来自东湖塘镇8个村（社区）近200位建档立卡贫困户拿出特色农产品，通过政府搭台、贫困户参与、群众购买的方式，为贫困户解决农产品滞销的问题，拓宽农副产品销路，增加贫困户收入。

【陶家湾村省级同心美丽乡村示范点授牌】 2019年2月，东湖塘镇陶家湾村被中共湖南省委统战部授予省级同心美丽乡村示范点。陶家湾村位于宁乡城东南面、长沙市河西，属于国家级香山森林公园核心范围，毗邻刘少奇主席故乡花明楼12千米，毛泽东主席故乡韶山30千米。村域面积18.8平方千米，人口6715人。近年来，陶家湾村先后投入4000多万对村内基础设施进行建设，村组主干道共40余千米98%以上得到硬化，80%以上得到提质黑化。2019年村级集体经济20万元以上。

【三一东湖塘风电项目完工】 2019年4月30日，由三一集团投资建设的东湖塘风电项目正式实现全容量并网发电。三一东湖塘风电项目于2018年9月开始启动，装机容量50兆瓦，总体投资约5亿元。2019年3月，风电场开始运行，4月30日，实现全容量并网发电。建设用时6个月，项目年平均风速5.8～6米/秒，年上网电量约1.3亿千瓦时。对比同规模燃煤电厂，每年可节约标煤超过4万吨，减排二氧化碳7.96万吨，二氧化硫680吨。

【大雁鹅扶贫车间挂牌】 2019年4月东湖塘镇麻山村湘鹏鹅业扶贫车间

2019年4月30日，三一东湖塘风电项目正式实现全容量并网发电

正式挂牌。为落实就业扶贫政策、帮助建档立卡贫困家庭劳动力实现在家门口就业、促进贫困人口脱贫增收，按照“资金跟着贫困户走，贫困户跟着能人走，能人跟着项目走，项目跟着市场走”的思路，东湖塘镇政府以及麻山村联合湘鹏鹅业有限公司成立一个扶贫车间。该扶贫车间由村集体出资48万元入股，采用“村集体+贫困户+公司”的模式打造的一家村级扶贫车间，贫困户采取托养、务工等多种形式入股。2019年，扶贫车间年产值超过300万元，吸纳15名贫困户就业，带动贫困户人均年收入增加3万元以上，村级集体经济增收8万元。（彭国琦）

夏铎铺镇

【概况】 夏铎铺镇位于宁乡市最东部，与岳麓、望城两区接壤，素有“宁乡东大门”之称。镇域面积103.25平方千米，辖6个村3个社区，2019年年末常住人口45750人。东距省会长沙市中心35千米，西距宁乡城区8千米，西北距石长铁路宁乡站12千米，金洲大道、国道319线、省道208线、岳宁大道、金唐公路贯穿全镇。2019年，夏铎铺镇完成规模工业总产值71.2亿元，比2018年增长10.29%；完成社会消费品零售总额4.43亿元、固定资产投资16.48亿元；完成工商税收2.223亿元，同比增长31.8%，超过目标任务2600万元。

【基层党建】 2019年，夏铎铺镇开展“五星”村（社区）党组织创建，凤桥社区党总支被评为2019年度宁乡市五星社区党组织；全镇75个党支部全部实现阵地标准化建设，9个村（社区）所辖支部全部通过“五化”支部验收；六度庵村党总支通过市委组织部整顿软弱涣散党组织验收；开展“不忘初心、牢记使命”主题教育，征集问题154个，全部整改到位。

组织“同升国旗、同唱国歌，千名党员重走游学路”暨七一表彰大会，举办“不忘初心、牢记使命”主题教育知识辩论赛、“学习强国”知识抢答竞赛、“我和我的祖国”宣讲比赛、支部书记赛党课等活动，得到“学习强国”平台、《长沙晚报》等媒体专题报道5次。

【脱贫攻坚】 2019年，夏铎铺镇全年脱贫31户70人，脱贫户脱贫率达93.4%，脱贫人口脱贫率达95.1%；“四跟四走”产业扶贫和自主发展产业贫困户总数达261户，增加收入153万元，基本实现产业扶贫户翻一番、产业增收翻一番；

建立扶贫车间2个，吸纳贫困劳动力11人，人均年收入3万元以上；联合宁乡高新区和镇域大型企业举办专场招聘会，31名贫困群众实现本地企业务工；落实贫困户义务教育补助、幼儿教育补助292人次，申报“雨露计划”60人，为6名贫困本科新生申请助学救助6万余元；申报公益性岗位22个，贫困户年平均增收1.5万元。

2019年，夏铎铺镇161名网格干部全面走访7轮，召开户主会201次，集中走访200余次，解决邻里纠纷70余起，代办群众事务100余项，收集群众诉求1100条，已解决840条；向网格内群众发放便民名片2万余张，群众遇到“急难愁盼”的问题可第一时间联系辖区责任干部解决；举行网格干部述职大会2次，实现网格干部年终绩效待遇与工作实绩直接挂钩。

开展扫黑除恶工作，发放宣传单1.5万份，签订《宁乡市党员干部不参与涉黑涉恶承诺书》1120份；清查治安场所130次，清查外来流动人口200余人次，整治安全隐患90处；刑事拘留18人，追外省逃犯2人，刑事立案63起；破获省督办地下六合彩开设赌场案1起，刑事拘留13人，治安处罚10余人，暂扣非法所得40余万元；抓实社区矫正和安置帮教工作，接收社区服刑人员124人，解除矫正105人，矫正对象及刑释解教人员建档率达100%；强化矛盾纠纷排查调处工作，调解纠纷151起，调解成功率达98%，涉及金额1132万元；聚焦信访化解和社会稳定工作，受理省信访转交35件，接收市长热线工单258件，回访满意率90%以上；制定6个重点对象“四包一”方案、17个重点对象“五包一”方案、1个重点对象“六包一”方案、5个重点对象信访代理方案，全年未出现到省进京上访情况。

2019年，夏铎铺镇新增城镇就业798人，新增农村劳动力转移就业199人，失业人员再就业34人，就业困难人员再就业12人；完成城乡居民养老保险缴费1.33万人，稽核城乡居民养老保险近20万元；新增城乡居民医保参保对象252人，城乡居民养老保险待遇认证4542人，完成率近100%；完成在册158名低保户年审工作，全年发放低保金104万元，发放特困“三无”人员补助246万元；扶持残疾人创业2人，办理残疾证96本，发放残疾人补贴335人，补贴资金82.7万元；完成临时救助230人次，发放救助金26万元；接受困难危房改造申报3户，已竣工验收。

2019年，夏铎铺镇投入教育经费407万元用于全镇中小学教学楼、校舍修缮；投入155万元，启动中心幼儿园建设；教学质量稳步提升，宁乡一中录取11人，重点高中上线38人，全科合格率近100%；扶残助学18人，助学金近4万元。完成适龄妇女“两癌”检查1138人，完成免费孕前优生检查320人，完成孕产妇产前筛查345；落实计生家庭奖励扶助制度，全年发放奖扶资金148.8万元；社会抚养费征收33万元，年度目标完成率达100%。

【项目建设】 2019年，夏铎铺镇启动重大项目5个，累计完成投资4.37亿元，占全年计划投资的84.52%；工业项目备案2个，累计完成投资4880万元，占全年计划投资的98.88%；推进方特、金洲片区征拆工作，拆迁房屋214栋，腾地70.9公顷；服务宁乡高新区、沩东新城等载体单位开展工作，协调解决群众矛盾和诉求84起，迁坟185座；核算被征地农民社保指标767个，涉及7个村（社区）73个组批次，分配到人并经联审会通过609人；妥善解决华强项目和岳宁大道遗留问题，安置区建设主体基本完工；切实优化营商环境，加强证照清理，促进市场主体规范发展，办理工商营业执照600份。宁乡时代阳光农业产业园落户夏铎铺镇，总投资6.7亿元；湖南省投资规模最大的文化产业项目长沙方特东方神画于7月6日开园；长沙卫生职业技术学院于9月正式开学，为宁乡第一所高等院校。

【乡村发展】 2019年，夏铎铺镇将9个村（社区）发展模式划分为农旅融合型、物业经营型、土地合作型和资源开发型4类：天马新村流转土地216.53公顷，形成“民宿、景区和研学”三方发力格局，实现集体收入83万元；高新社区推行物业下沉机制，成立新高物业服务公司，实现集体收入163万元；凤桥社区、龙福新村服务农业基地、农业项目，解决本地劳动力就业83人，发放工资约62万元；夏铎铺社区通过规范管理集体企业、项目，集体经济收入同比增长10%；全镇9个村（社区）集体经济收入全部超过10万元，完成“去薄脱空”任务。开展土地确权，覆盖村民小组280个，确权面积2386.67公顷；推进产业结构调整，调整点位7个，调整面积71.8公顷；申报种粮大户38户，申报面积570公顷，其中高标准农田300公顷。

【夏铎铺镇创建国家卫生乡镇】 2019年，夏铎铺镇在创建市卫生、省卫生乡镇成功的基础上，迎接创建国家卫生乡镇省级调研、暗访、技术评估三次大型检查，顺利通过创建国家卫生乡镇的技术评估，并根据上级要求完成公示环节，成功创建国家卫生乡镇。2019年，夏铎铺镇以集镇为重点开展大型环境卫生整治6次，动员人力1000余人次、车辆机械200多台次，整治卫生死角80余处；推进机关生活垃圾分类工作，垃圾减量达40%；推进改厕工作，严把改厕质量关，完成改厕2336座，限期整改102座，旱厕实现清零；对184家企业进行污染源普查，处理环保信访投件12起；下达市容行政处罚67起，查处路面污染、乱倒建筑垃圾、摊贩设点等违法案件65起。

风景宜人的夏铎铺镇石仑关景区（杨铁军　摄）

【夏铎铺镇获人居环境整治“五星级”乡镇】 2019年，夏铎铺镇对照长沙市人居环境整治工作要求，组织4次病媒生物专项整治，主动为门店购置相关防治病媒生物设备，加强环保工作的宣传和督查力度，加强禁止焚烧垃圾、秸秆的宣传，制止秸秆、露天垃圾焚烧30余起，整改露天烧烤12起。查处违建70余处，下达停建整改通知书60余份，控违面积6338平方米，拆除违章建筑56处，拆除面积3000余平方米。查处非法挖山取土（石）行为12起、毁田挖塘行为16起。立案调查碧桂园·山湖城涉嫌违法建筑32处，涉及面积约1200平方米。狠抓“除臭剿劣”工作，责令整改11起，立案处理8起。落实河长制工作，全年巡河216次，处理涉水问题14个。联合卫生院及村（社区）卫生室，加强健康教育工作，使群众自觉养成爱卫生、重健康的习惯。联合食药质监等部门，对饮用水安全、五小行业安全进行3次全面整治，对无证经营、经营不规范、卫生不合格等问题进行集中整治。获评长沙市人居环境整治“五星乡镇”。（罗　敏）

双江口镇

【概况】 双江口镇位于宁乡市东北部，沩江下游西岸，因沩水在此一分为二而得名，东与望城区接壤，南与国家级宁乡经开区、金洲镇相连，西南与城郊街道相接，是湘江新区近郊乡镇。石长铁路、长常高速、宁朱公路、金朱公路穿境而过，是连接三市（长沙市、岳阳市、益阳市）四区县（长沙望城区、益阳赫山区、岳阳湘阴县、宁乡城区）的重要门户，也是宁乡优质稻生产第一镇，水田总面积达5666.7公顷，闸坝湖、团头湖、六岔湖水域面积800公顷，小二型水库6个，传统特色产业有苗木种植、左家山柑橘、水产养殖等，是远近闻名的"鱼米之乡"。双江口镇镇域面积155平方千米，辖17个村（社区），户籍人口数达8.7万。2019年，全镇坚持“生态主镇，旅游活镇，文化兴镇，产业富镇”的理念，取得良好发展实效。全镇经济高质量发展，全年共完成市本级税收2121万元，完成全年总任务的110%。完成规模工业总产值7.5亿元，完成固投18亿元，完成社零1.47亿元，完成新增限上企业2家。

全年洽谈企业26家，捕捉招商信息37条，引进企业3家（乐动小镇，东鑫科技，上农新香），合同引资4.2亿元，引进飞地招商企业1家（长沙航特电子科技有限公司）入驻宁乡高新区。双江口镇被评为“宁乡市招商引资服务先进单位”。创建两个省级卫生村——左家山、罗巷新村，一个市级卫生村——新香社区。

“农村七治”初见成效。治房方面，全年共拆除空心房209栋，完成任务位居全市第一；治厕方面，已完成无害化厕所改造7587座，全镇旱厕动态清零；治垃圾方面，全域推进垃圾分类，全年新创建12个垃圾分类示范村，均通过市级验收；治水、治风成效明显，沩水排口全线达标排放，沩河僵尸船清理全部整治到位；除臭剿劣工作在全市作典型发言；非法采砂高压打击，公路治乱常抓不懈。

【重点项目建设】 2019年，双江口镇“三抓两促”工作小组定期深入建设工地和生产车间走访调研，为企业排忧解难，保证重点项目的顺利施工和正常生产经营。中伟新能源项目按期交地0.9公顷，完成三期用地10.3公顷的土地清表及土方建设。省重点工程高家塘电站提前交地，进展顺利。道尔顿项目完成征地、清表、土方工程。农科园同心渠工程全部完成，确保园区按要求排污处理。稻花香里农耕文化园游客服务中心顺利建设。长兴小商品市场建设顺利启动。长兴片区全年征地26.7公顷，完成房屋拆迁84户。朱良桥村、槎梓桥村流转土地30公顷，完成房屋搬迁17户，完成土地流转、苗木迁移、协议签订、腾地验收、个案补偿、房屋安置、杆线清理、环境维护等工作。双江口镇宁乡花猪示范园选址槎梓桥村、朱良桥村，占地30公顷，双江口镇加快推进各项配套措施，确保项目顺利开展。

【城镇建设】 2019年，双江口镇完成13个村（社区）的规划修编，积极策划包装项目，全年投入资金5000多万元用于六十里长冲河处险加固及白玉河清淤加固建设，全镇骨干山塘应修尽修。高标准农田建设启动533.3公顷，分三个标段实施。全面铺开土壤质量检测，完善农产品追溯体系，确保“舌尖上的安全”。完成金朱公路、宁朱公路、朱双公路等干线节点打造8处，拓宽黑化公路7.5千米，完成复垦复绿32万平方米。完成第一批“双投项目”6.7千米、第二批“双投项目”2千米、“自然村项目”7千米、“市规项目”5.3千米，共硬化农村公路21千米。新建群众文化广场4处，投资50多万元启动集镇路灯维修工程，新装节能路灯233盏，确保主公路主集镇的亮化。

【农业农村工作】 双江口镇粮食作物以水稻为主，水田以种植双季优质稻为主。2019年，全镇粮食种植面积1.1万公顷，粮食总产6.5万吨。调整种植结构477.1公顷，涉及13个村（社区）、46个点位。创新农业经营模式，以农夫卫红企业为龙头，建立粮食综合服务中心，通过“土地入股”“经营分红”方式，让农民享受生产环节、社会化经营双重红利。全年共投入资金1000多万元用于美丽乡村建设，打造市审定的槎梓桥、白玉社区2个美丽乡村示范片，完成朱良桥集镇老街美丽乡村示范点打造，投入85万元用于村（社区）卫生费收取配套补助。年内完成全镇乡村振兴规划编制，通过市规划评审。育秧工厂顺利运行。槎梓桥现代农旅示范区和杜家桥美丽屋场多次接受中央、省市检查和观摩。

【社会事业】 2019年，双江口镇对近6年的危改户进行入户专业鉴定，做到户户都住安全住房。全年实施大病救助152户，帮助56名重症精神病人办理免费住院手续，慈善重病救助11人，临时救济180户。补助失能老人94例，发放高龄补助1954人，按时完成农村养老保险认证，两所敬老院安全设施建设完工。开展农村贫困户劳动力就业信息采集，完善合作医疗。离退休总支老有所为，老有所乐，老字号品牌不断彰显。学校建设不断完善，医疗卫生逐步健全。

【安全稳定】 2019年，双江口镇开展扫黑除恶专项斗争。将镇区划分125个网格，开展经常性治安巡防，通过制作宣传板块，发放资料等方式开展专项宣传，共收集涉黑线索13条，并成功摧毁经开区涉恶桩机协会。全年开展禁毒宣传讲座195场，近4万人接受禁毒宣传教育。信访方面，全年受理信访件33起，信访工作办结率96.68%，成功调处矛盾纠纷186起。

【精准扶贫】 2019年，双江口镇村两级构建精准识别、精准施策、精准帮扶体系。全年脱贫65户，136人，至年底未脱贫62户，109人。全年出动镇村干部235人次，对全镇1102户住房进行危险性鉴定，清理存量危房10户改造清零，投入资金20万元，确保贫困户安全住房全面达标，无贫困户住危房。发展产业扶贫项目7个，包括柑桔、黄桃、水稻、油茶等种植业以及土花猪、土鸡等养殖业。总投入180万元，实行“四跟四走”，实现带贫减贫600户，户均实现户增收2000元以上。就业扶贫方面，推动贫困人口家门口就业，依托宁乡经开区临镇近城区位优势，推荐介绍劳动岗位150多人次进园区务工，广开就业渠道，镇域内开设两个扶贫车间，吸纳贫困劳动力实现家门口就业，提供就业岗位30人次，人均增收2万元以上。（杨　雪）

菁华铺乡

【概况】 菁华铺乡位于宁乡市西北部，东靠玉潭街道，南接金玉工业园，西邻益阳市赫山区，北连宁乡经开区，距市区6.8千米，总面积65.8平方千米，人口3.56万，下辖桃林桥、傅家塘、菁华铺、嶂山、陈家桥、洪仑山6个行政村。全乡有党总支8个，党支部41个，党员1380人。

2019年，菁华铺乡完成规模工业总产值3.3亿元；完成固定资产投入3.5亿元，社会消费品零售总额2.05亿元；国地两税完成1637.07万元，完成任务数125.93%。2018年化债206万元，财税收入1607万元，超208.7%完成任务。完成固定资产投入9.2亿元，社会消费品零售总额1.2亿元。16家企业按时上云，乡域经济各项指标任务如期完成。完成房屋拆迁165户，征地18.3公顷，全部实现首日清零；完成桃林桥完小改造工程、玉菁公路覆绿工程和中心小学综合楼屋面维修工程等3个民生项目，卫生院门诊大楼主体建设完成，污水处理厂进入试运行阶段。实施产业扶贫，建成扶贫车间1个，实施“四跟四走”项目4个，共计帮扶252户，平均为农户增收4000元/户；落实危房改造，改造加固10户贫困户C级房屋；全年实现脱贫10户17人。

推进法治政府建设，接受乡人大工作监督和政协民主监督，落实“三重一大”议事制度和政府法律顾问制度，全年完成人大政协建议提案1件。推进服务政府建设，2019年，共受理市民热线163件，领导短信交办件3件，市长信箱4件，民声受理群众满意度全年保持全市前列。推进效能政府建设，运用“互联网+政务服务”服务群众3000余次；全年发布政务公开信息82条，对机构和领导信息、重点领域工作、公共资源交易等进行公开公示。推进廉洁政府建设，2019年，共处置问题线索17条，诫勉谈话1人，警示谈话7人，提醒谈话4人，立案3件。

【乡村振兴】 2019年，菁华铺乡统一编制村级集体经济发展规划，并注册成功土地专业合作社5个。在土地流转上，全乡流转333.3公顷发展无公害蔬菜、水果连片基地、药材基地等产业，全年各村集体收入总计超50万元。在乡村旅游型上，利用现有66.7公顷香榧、金丝楠木、红豆杉等珍稀苗木基地，53.3公顷麝干、玉竹等名贵中草药基地和213.3公顷油菜花基地，建设美丽屋场、休闲农业、观光旅游等产业；培育花卉苗木和农业产业龙头企业4家，精品水产和珍禽养殖基地2家。在资源开发上，洪仑山村、傅家塘村、菁华铺村通过租赁、入股等形式，盘活闲置资源，增加村级集体经济收入120余万元。

【人居环境整治】 2019年，菁华铺乡在改厕工作中，完成无害化厕所改造3254座，全部通过验收。陈家桥村试点生活污水集中处理，实行三格化粪池+小型人工湿地改造，全乡共打造陈家桥村木家湾、皂角湾和洪仑山村和平组等3个“小微水体”治理示范片。在治水工作中，实现河长制全覆盖，全乡三大水体达到无污染、无垃圾、无淤积、无违建、无损毁“五无”目标。在治垃圾工作中，6个村全部通过长沙市垃圾分类示范村验收，垃圾桶投放率、保洁人员到位率、清运车辆配备率、分拣中心建成率达100%，垃圾分类减量达35%。在治风上，召开户主会50余场，宣讲政策、协商对话。另外，共完成畜牧退养1户，清退砂场4处，完成危房改造36户。在环境绿化上，开展“政府送树，群众栽树”活动，种植苗木32500株，绿化山林8.3公顷、乡村公路15千米。在卫生整治上，做到集镇一日两扫、一周两洗；安排五老人员定期上门入户，做好村民房前屋后环境卫生；联合开展集镇环境卫生、马路市场、清五乱等专项整治工作24次；乡村环境整洁干净美丽。

【农业农村】 菁华铺乡在基础设施建设上，完成2019年度自然村公路15千米；完成标准化农田建设200公顷；清淤疏浚农田排灌主干渠4260米；修复破损沟渠、水圳3200米；清杂整理河道4200米，山塘清淤护砌4处，河坝、河堤整修2座，新建拦河坝1座、闸门1张；水毁山塘、河坝、沟渠、公路等全部修复，冬春水利指令性任务全部完工。在农产品生产安全保障上，全年新增种粮面积21.3公顷，培养种粮大户32户，粮食播种面积2840公顷；检疫家禽15000羽，家畜4691头，生猪免疫5488头；建立农产品质量安全示范创建办公室，召开涉农培训大会，组建农产品监管队伍，开展综合巡查9次，完成农产品农药残留检测318批次，未发现不合格批次；完成农机检验147台，受理农机购机补贴6台。在非洲猪瘟防控上，全乡共设立哨卡3个，全体乡村干部轮班执勤75天，共排查消毒生猪1.1万余头，疑似疫情扑杀204户3723头。

【民生保障】 2019年，菁华铺乡累计对困难群众642户发放救助金493.8万元；医疗救助32人，补助8.7万元；组织实施医疗检测1997人次，完成0-6岁儿童视力筛查，完成65岁以上老年人体检2586人，建立菁华铺乡弱势群体健康档案；开展技能培训4批共350人次，实现贫困劳动力334人100%就业；解决就业创业问题220人次；慰问退役军人900余人，发放各类优抚资金240余万元；组织悬挂光荣牌894块，组织抗美援朝老兵边福林出席中华人民共和国成立70周年受牌仪式，修缮烈士墓1座；奖励扶助计生家庭911人次，82.2万元，为570户独生子女家庭免费提供家庭意外保险。

【社会治理】 2019年，菁华铺乡坚持领导带队检查制度，抓好消防安全、食品安全、校园安全、道路安全，组织开展安全培训7次、安全巡查30次，检查生产经营单位78家次，排除安全隐患217起，安全生产实现“两零”目标。落实宁乡市委“316”工作机制，建成领导联村、干部包片、辅警进站、村组值守的治安防控网，全年联防巡查300余次，化解矛盾纠纷60余起，接待群众来信来访9件，按期处结率100%。推进“扫黑除恶”“全民禁毒”行动，通过宣传车、村村响、展板、宣传栏、宣传手册等多种形式做好宣传推广，办结上级交办线索3起，破获行政案件16起，刑事案件18起，刑事案件和治安案件比往年明显下降。防汛期间，所有乡村干部坚守一线，开展巡查110余次，转移群众43人次，全乡无一例险情。 （彭慕曦）

煤炭坝镇

【概况】 煤炭坝镇位于宁乡市中北部，与益阳市赫山区、桃江两区、县接壤，总面积72.6平方千米，人口5.11万人，辖6个行政村、2个社区，137个村民小组。

全年镇域生产总值突破98亿元，新入规企业11家，规模工业产值71亿元；引进投资5000万元以上大型项目8个，固定资产投资总额21亿元；社会消费品零售总额9.8亿元；实现入库税收3942万元；农民人均纯收入增长10%以上，达到29338元。

脱贫攻坚方面。煤炭坝镇272户

827 人实现脱贫，脱贫率 99%。全镇共计 140 户贫困户参与四跟四走和自主发展产业项目，实现户年均增收 3000 元以上；建立 2 家扶贫车间，引导 170 户 289 人外出就业，设立贫困户公益性岗位 25 个、光伏扶贫岗位 15 个。污染防治方面。要求 22 家企业建立、完善污染处理设施；督促 5 家涉水企业、16 家涉废气单位进行污染源治理，依法关停污染企业 2 家；推动门业园企业煤改气工程；全面实行烟花鞭炮禁燃限放；规模以上餐饮店全部安装油烟净化设施；持续开展"除臭剿劣"攻坚行动。防范化解重大风险方面。排查高危企业 15 家，协助市打非办退付集资款 120 余万元；推动新煤城公司整合，并入城发集团下属城市建设投资有限公司。

城镇建管方面。编制煤炭坝镇门业特色小镇控制规划，完成所有村（社区）村庄规划修订工作。执行村民建房、工业项目建设的相关规定。发放停整改通知 2 户，拆除违建违搭 32 处，累计 3000 余平方米。

农村五治方面。全年共投入环境卫生资金 300 余万元，组织开展大扫除 67 次，发现并整改环境卫生问题 4120 处，所有村（社区）均成功创建长沙市垃圾分类示范村；改厕 4900 座、拆除空心房 161 座，超额完成任务；党政负责人带头落实"路长制""河长制"工作责任，开展河湖清五乱专项行动，样板河打造稳步推进；全镇 13 家砂场全部关闭，主公路沿线 13 处煤坪全部得到清理，覆盖裸露黄土 2 处；腾退禁养区内规模养殖 6 户；美丽屋场、"新风庭院"有序建设，移风易俗成效显著。集体经济方面。土地确权颁证打印颁发 9253 本。对现有土地、山林、果园、山塘、水库等资源建立台账；采取租赁、承包经营的方式，对闲置或使用率较低的校舍、仓库、厂房、沉陷区土地进行盘活；落实农业种植结构调整 443.2 公顷，发放补贴资金 163 万多元；持续开展非洲猪瘟的防控工作；加强防汛抗旱和地质灾害防治工作。特色产业方面。双龙村引入皇氏乳业，东山村打造名贵花卉苗木基地，贺家湾村引入西周源项目，社区培育老莱农生态农业种植基地，富家村服务门业园发展。乡村文旅方面。5 月，与潇影集团签订合同，共同建设"潇影煤炭坝拍摄基地"。

基本民生方面。开展困难群众帮扶，累计发放各类资金 850 余万元，农村存量危房 33 户全面清零，其中争取市级支持 13 户，党委政府兜底 20 户。教育事业方面。九年制义务教育学校、砖塘幼儿园加紧建设；完成张家湾小学、楠竹小学、贺石桥小学、中心幼儿园的维修工作；筹措 110 万元的煤城教育基金，营造尊师重教氛围。文体事业方面。镇、村两级成立新时代文明实践所、站，注册志愿者中队；开展"文明之星"评选活动；举办煤炭坝镇庆祝中华人民共和国成立 70 周年群众系列文化活动晚会，并评选先进典型。

平安创建方面。开展扫黑除恶专项斗争，刑拘 28 人，治安处罚 93 人，强制戒毒 11 人，民调名次由全市倒数第 1 提升至全市第 14 名，并且实现零进京上访、零网络舆情。探索枫桥经验，调处各类矛盾纠纷 47 件。安全生产方面。坚持领导带队检查制度，检查企业 71 家次，排查安全隐患 320 处，立案处罚 32 起，罚款金额 9.07 万元，确保安全生产零事故、零死亡。

政务服务方面。服务群众 2000 余次；办结 12345 市民服务热线移交件 200 余件；受理行政审批和公共服务事项 1000 余件，按时办结率为 100%；通过信息公开平台公开发布信息，主动公开事项 15 件，依申请公开事项 32 件；累计处理市长信箱事项 5 件；调查核实信访问题 10 件，承接市纪委违纪移交案件 13 件。

【营商环境优化】 2019 年，煤炭坝镇成立商圈服务点办公室和商圈党建文化服务中心，为企业解决手续办理等问题，重点为 4 家已建成的企业办理规划、施工、消防、不动产等手续，为 6 家新开工的企业代办在建工程项目前期手续，累计提供 40 余次手续代办服务，共办理 60 余项；争取市住建局等单位对在建项目进行现场指导，规范建设质量，保证施工安全。主动对接市金融证券服务中心及银行，为 7 家企业解决过桥资金和银行贷款，累计 1.4 亿余元。

【招商引资与项目建设】 2019 年，煤炭坝镇包装策划九年制学校建设等 6 大项目。2019 已到位资金 6400 万元。前往浙江、广东等地招商 20 余次，接待来镇考察客商 50 余次。引进签约项目 11 个，在联在谈项目 18 个，超额 300% 完成招商引资目标任务。门业小镇建成用地 66.67 公顷，落户门业及配套企业 88 家，从业人员 6068 人，总体产值突破 78 亿元，成为湖南最大的门业生产基地。园区 50.47 公顷土地的用地手续已经报批，11 家签约企业等待土地供用。建材产业已成为全镇工业税收支柱之一。烟花鞭炮企业吸纳近 1000 当地群众就业。已经投产的皇氏乳业填补煤炭坝镇现代农业空白。共新建、续建项目工程 31 个，总投资达 10 亿元，所有项目工程无一人阻拦闹事。启动独立工矿区城中村改造项目 3 批，26 户拆迁户已全部签约。

【煤炭坝镇获评首批省级特色小镇—门业小镇】 2019 年 4 月 29 日，湖南省特色产业小镇现场推进会在岳阳临湘举行。会上，煤炭坝镇被授予首批省级特色小镇—门业小镇称号，宁乡市市长付旭明上台接牌。2013 年起，煤炭坝镇以湖南乃至中部地区大型门业生产基地为目标，确立以玉煤大道为轴，规划面积 4 平方千米的"门业集中区"。越来越多的企业搬到产业园里，形成一个规模庞大的门业集聚区。至 2019 年底门业小镇已建成用地 66.67 公顷，落户门业及配套企业 88 家，从业人员 6068 人，总体产值突破 78 亿元，成为湖南最大的门业生产基地。此后，煤炭坝门业小镇将以中高端门业制造、整体定制家居、自动智能安防为重点发展方向，强化产品创新设计、个性化定制服务，大力发展绿色健康、时尚创意、智能化的门业定制产业。预计到 2021 年，煤炭坝门业产业产值将突破 100 亿元，努力打造成为全国知名的门业产业集群和中高端门业制造基地。

【潇湘电影集团煤炭坝影视基地启动】 2019年5月14日，由潇湘电影集团公司、宁乡市委宣传部、宁乡煤炭坝镇政府主办，湖南潇影第二影业有限公司、湖南宁乡周影文化传播有限公司、湖南爱旅人旅游管理有限公司联合承办的“我们走在大路上”潇影煤炭坝电影音乐会——暨潇影集团宁乡煤炭坝影视基地揭幕仪式在宁乡煤炭坝镇竹山塘文化园举行。湖南省政协原副主席省文联原主席谭仲池、宁乡市有关主要领导出席本次活动。 （黄 霄）

2019年5月14日，“我们走在大路上”电影音乐会暨潇影煤炭坝影视基地揭幕仪式在煤炭坝镇竹山塘文化园举行

回龙铺镇

【概况】 回龙铺镇南临沩水，东邻宁乡城区。2019年，辖6个行政村和1个社区，镇域面积71.82平方千米，耕地面积21.4平方千米，人口3.9万人。镇交通区位优势明显，宁横、宁灰、玉煤公路贯穿全境，金玉工业集中区与现代粮食产业示范区坐落其中，是宁乡城区通往两大景区的旅游加油站，是宁乡工农两业转型发展的重要载体。2019年，回龙铺镇完成各项目标任务。全年实现镇域生产总值18.1亿元，增长8%；收缴国地两税1982.59万元，增长30%，实现工业总产值37.6亿元，规模工业总产值达到25.1亿元，增长14%；实现社会固定资产投资9.06亿元，增长9.9%；实现社会零售品总额达7920.1万元，增长16.4%。招商引资取得新突破。通过“蘑菇樱花森林”项目的招商洽谈，引知名乡友在高新区投资20亿打造雅礼分校高端教育地产；侯旨亭景泰花园项目摘牌并启动项目建设。营商环境得到提升。对全镇所有工商营业户，个体经营户进行档案登记，新增商事主体434家，听取他们对营商环境所提建议并贯彻落实。项目建设取得新进展。年度学校项目建设、敬老院维修等民生项目全面完成；部分水毁工程项目应急处突建设完成。沩江流域综合治理工程拆迁完成11户；宁韶高速项目建设完成115户拆迁对象入户调查工作；协助金玉园区解决重点户的拆迁遗留问题。

脱贫攻坚。通过引进喻超家庭农场和王滔家庭农场2家产业扶贫项目，实现就业帮扶30户70人；对所有贫困户逐一进行“两不愁三保障”及饮水安全突出问题大排查，全镇饮水安全未达标户均完成改造。2019年度预脱贫户29户62人全部完成高质量稳定脱贫。污染防治。依靠河长制工作机制，基本杜绝规模养殖场舍、企业污水、生活污水和农业生产污水乱排乱放及其他污染水源行为，沩江沿线水质稳定达到三类以上。以劝导、宣传、惩戒为抓手，严格制止焚烧垃圾、焚烧秸秆行为。通过村民会、党员会、户主恳谈会、巡回宣传车、村村响等全方位宣传，群众的环保意识明显提升。全年没有出现一例中央环保督察督办件、省环保督察交办件和环保信访件。

乡村振兴。人居环境持续改善：改厕方面，压实责任，分村调度，不断充实督查调度力量，完成改厕3600座；治房方面，严格执行一户一宅，全年共拆除空心房55户；移风易俗方面，坚持“婚事新办、丧事简办、其他事不办”，红白喜事禁燃烟花爆竹，不烧纸钱；治垃圾方面，全年制作发放条幅、布袋、公开信等宣传品12000余份，宣传海报3000余册，广泛宣传垃圾分类知识。全镇建成7个垃圾分拣中心，发放垃圾桶7000余个。每150—200人配备一台垃圾清运车，一名保洁员，垃圾分类配套设施基本完善，垃圾分类减量全面铺开。村级集体经济持续壮大。完善土地确权登记颁证扫尾工作，启动纠错变更；推进集体产权制度改革，完成清产核资、组织成员身份确认；实现村级土地合作社全覆盖，全镇所有村社均完成去薄脱壳任务。基层党建不断强化。开展软弱涣散党组织整顿，解决软弱涣散村遗留问题，建立遗留问题台账，集体研究分轻重缓急逐步解决。为全镇45个党支部1458名党员配备党建指导员，负责主持党支部会议并定期开展党员培训；通过深入调查走访和召开党员大会，选举产生回龙铺村新党总支书记；妥善解决原天鹅村公路建设，原天鹅中心学校基础设施建设，原回龙铺集镇污水处理厂污水流入一、二组农田，十组电压低新增电压器一台，林盛公司管理费等历史遗留问题。

民生保障。面向全镇，大力推广农业保险政策。全年发放各类农业补贴资金482.2万元，农业保险40.8万元。防范非洲猪瘟疫情期间，实现消毒灭源全面普及，专门安排干部在丰收、金旺设卡，严防病死猪流入境内。累计发放消毒剂3.8吨，扑杀处理病死猪9320头，出动挖机382台次，使用生石灰189吨，有效的制止疫情扩张蔓延。社会治理。全年开展安全生产执法检查156次，隐患排查整改345处，实现安全生产零事故。全面推行道路交通安全建设，节假日高峰期安排干部疏导指挥交通，宁灰宁横沿线全年事故率、死亡率相比2018年下降30%；推进人民禁毒工作，发动禁毒签名活动，群众的防毒拒毒意识有明显提高；扫黑除恶办案2起，分别是涉恶案件1起，诈骗案1起，刑拘6人，“三货三霸”行政拘留3人；严抓严管建筑、消防、校车、食品药品等重点领域安全监管，社会大局保持和谐稳定。

服务水平提升。通过机构改革，进一步优化办公室人员结构，明确职责分工；全面推行“互联网+政务服务”模式；进一步简化办事流程，全年办理政务服务4226件，其中“12345”市长热线工单271件。全面铺开“不忘初心、牢记使命”党员主题教育活动，先后两次邀请联点领导为全体镇村部门干部讲授主题教育党课，主题分别是《知敬畏存戒惧守底线，做一名忠诚、干净、担当的党员干部》和《不忘初心，牢记使命，做一名心存敬畏的共产党员》，对照干部工作当中存在的九大类不作为、不担当现象进行严厉批评教育。

【回龙铺镇社区学校获评全国优秀社区学校】 回龙铺镇社区学校，把办学育人与服务老年人养老有机结合，坚持党建引领的办学方针，坚持资源整合的办学方式，坚持特色创新的办学思路，坚持服务人民的办学宗旨，社区教育实验学校办成一所育人、用人、服务人具有造血功能的实体学校。2019年获评全国优秀社区学校称号。

【“副业队”美丽屋场示范点建成】 2019年，回龙铺镇以金旺村巷子口、新泉、竹山、新塘四个村民小组为核心，打造“副业队美丽屋场”。先后通过屋场夜话、民主协商对话方式，与核心区29户农户签定五治公约；拆除空心房12栋，倒地复绿2450平方米；实现无害化厕所全覆盖；对5口山塘进行整治、对太阳坝渠道进行清淤疏浚；对裸露地块进行复绿控尘整治；对环线1500米主要道路进行黑化。“副业队”美丽示范屋场的建成让当地村民生活环境变得更加整洁清爽、美丽，村民都纷纷点赞并参与，还吸引越来越多的游客，有效助力当地经济发展。

【新时代干群恳谈会】 2019年，回龙铺镇把全镇分为231个网格，由镇干部任网格员，用分季度面对面召开干群恳谈会的方式，用通俗易懂的语言、一问一答的形式，面对面、心贴心地为群众宣讲和科普扫黑除恶、平安创建、矛调信访、人居环境等政策知识，这种亲民式、接地气式的宣讲，赢得村民乡亲的大力支持。

【“鲜花寄哀思 文明忆旧人——用鲜花唤醒文明祭扫意识”活动】 为摒弃陋习，树文明祭祀新风，回龙铺镇开展“鲜花寄哀思 文明忆旧人——用鲜花唤醒文明祭扫意识”活动，引导村民过一个生态、环保、低碳的清明节。清明节期间，设立鲜花免费领取点7处，发放鲜花6000余株，发放《文明祭扫倡议书》12000余份，禁火令3000余张，得到群众大力支持。 （周科阳）

坝塘镇

【概况】 坝塘镇地处宁乡中部，距宁乡城区8千米，镇域面积163.71平方千米，人口7.6万，辖14个村（社区）。镇党委下辖16个党总支，75个党支部，党员2716名。境内宁灰、宁韶公路纵贯南北，南坝、边珊、石大公路横跨东西，沩江、乌江两河穿境而过，有小I型、小II型水库共13座，森林覆盖率67.5%，是一个交通便捷、环境优美、风光秀丽的山水之镇。

2019年，实现固定资产投资10亿元，财政总收入1.8亿元，地方一般公共预算收入575万元，社会零售品销售总额2.53亿元。通过盘活存量资产、严格预算管理、策划包装项目等，稳妥化解债务2150万元。捕捉招商信息32条，引进宁爱康复护理院等3个项目；新建续建项目10个。

新增农村贫困劳动力转移就业357人、新增城镇就业68人、新增创业主体194户，组织农村劳动力就业技能培训240人次，完成农村饮水安全工程建设，3万余乡亲受益；创建长沙市义务教育标准化学校4所；保安村打造长沙市示范性农家书屋，洋西塘村创建长沙市示范性村级文化活动室；多方筹资完成49户“四类重点对象”危房改建；新建油麻田村、金河村2个扶贫车间，启动8个产业扶贫“四跟四走”项目，举办第三届“呷在坝塘”精准扶贫户农产品展销会，全年为贫困户销售农产品550万元，34户81人成功脱贫，建档立卡贫困户全部实现“两不愁、三保障”。

落实安全生产责任制，通过长沙市安全生产示范乡镇验收，开展执法检查872次，整改安全隐患1086处，实现“零事故、零伤亡”。开展扫黑除恶专项斗争，查获违法犯罪嫌疑人259人，化解信访积案5件。坚持民声受理一周一调度，及时回复办理工单492起，全程网办“不见面”事项289项，“一件事一次办”事项办结率100%；调处矛盾纠纷328例，民调工作连续三年进入长沙市测评一类单位。

扎实开展主题教育，查摆整改233个具体问题，形成调研报告13篇；以市委政治巡察及信访专项巡察反馈问题为导向，整顿软弱涣散党组织2个，办结4件“旧事”；举办5期农村党员轮训班，覆盖党员干部1200人次；强化监督执纪问责，警示约谈21人次，提醒谈话72人次，例行廉政谈话438人次。

【人居环境改善】 2019年，坝塘镇农村“五治”取得成效。非法采砂采石采矿、秸秆和垃圾焚烧得到有效遏制，干群联动造绿复绿30余公顷，改造旱厕5063座，退养131户，拆除空心房216户1.93万平方米、拆除砂场12家，疏浚沟渠14.4千米，土地增减挂钩41公顷，建成垃圾分拣中心14个，粪污排放同比下降20%，镇域沩水排口水质稳定达到III类以上。基础设施持续完善。集镇供水项目投入使用，雄风大道顺利提质，左家河大桥完成主体建设，宁韶高速、金唐公路二期、沩水流域综合治理等重点项目进展顺利，新硬化52.5千米农村公路并顺利通过市“四好农村路”验收。

【集体经济发展】 2019年，坝塘镇以独立经营、联合经营、专项资金入股、股份合作或租赁承包等形式，盘活项目14个，村级土地合作社实现行政村“全覆盖”；全镇村（社区）集体经济收入达220万元，14个村（社区）全部“去薄脱壳”，8个村（社区）10万元以上。农家流香、明德蔬菜、惧辚农业、明生苗木等现代农业项目稳步发展；优质稻、有机菜、油茶林、花卉苗木等主导产业初具规模；步云生态农庄、耕食家园、盛世和园等一批生态旅游基地正逐步崛起。

【举行坝塘镇商会成立大会暨第二届农产品展销节】 2019年2月2日，坝塘镇商会成立大会暨乡友恳谈会及“呷在坝塘”第二届农产品展销节举行。活动当天，来自全镇14个村（社区）精准扶贫户的农副产品，吸引数千名群众参观购买，成交额近30万元。当天成立的坝塘镇商会还与坝塘镇各驻村（社区）第一书记签订帮扶利益联结协议，商会将就农产品销售加工、劳动力转移就业等方面对贫困户实施精准帮扶。展销节筹备期间，还为全镇贫困户销售农副产品120余万元。

【坝塘镇金洲村获评“湖南省卫生村”】 根据湘爱卫发〔2019〕2号《湖南省爱国卫生运动委员会关于授予岳麓区莲花镇五丰村等村（社区）“湖南省卫生村（社区）”称号的决定》，坝塘镇金洲村获评2019年度“湖南省卫生村”称号。 （刘露莎）

坝塘镇金洲村美景

资福镇

【概况】 2019年，资福镇经济保持稳中有进、社会更加和谐安定、人居环境明显改善、乡村振兴持续发力、民生实事逐步落实、脱贫攻坚成效显著，较好的完成全年各项目标任务。全年完成社会固定资产投资7.4亿元，完成社会消费品零售总额1.7亿元，完成一般公共预算收入540万元。社会事务不断优化。加强养老保险、医疗保险征缴，落实兜底保障、社会救助等各项政策，全年累计发放各类惠民资金2000余万元。完成敬老院照料护理区建设，失能半失能特困人员集中供养率达85%。完成残疾人办证初审和一户多残申报工作，组织下乡入户集中办证2次，开展眼疾免费筛查8次。组织开展农村劳动力职业技能培训8期，建立完善村级劳动力信息平台“一卡一表两台账”，新增转移农村劳动力325人。卫计教育事业持续发展。全面落实计生家庭奖扶和特扶832人次，发放各类资金100余万元。免费“两癌”检查1126人、艾梅乙检测71人。举办孕妇培训10期，免费孕产妇体检567人次，免费孕前检查217对、产筛191例，免费儿童体检3350人次，免费接种一类疫苗1789人次。组织无偿献血154人次。共计完成686户1891人建档立卡贫困户家庭医生签约服务。不断提高学校教育质量和办学水平。珊瑚九年制学校课题研究获评长沙市科技节活动一等奖，资福中学获评市教育教学先进单位，资福中心小学获评市教育教学一等奖单位，珊瑚九年制学校被授予市合格率优秀单位，镇基地校获评市目标管理先进单位、基层党建先进单位、教育系统优秀领导班子。平安资福建设扎实开展。落实安全生产责任制，全年扎实开展安全生产大排查、大整治活动120余次，下达安全生产文书15份，立案7起，全镇安全态势平稳，无较大以上事故发生。严格落实市委“316”群众工作机制，办理信访件7件，全部办结，召开阳光答复会2次，调处各类矛盾纠纷174起，调解成功率达100%。创建市级平安乡镇，推进“扫黑除恶”专项斗争工作，累计收集上报各类线索10条。始终保持高压态势，打击各类违法犯罪117人，查处涉毒人员32人、强制戒毒6人，打击刑事犯罪17起，刑拘15人，治安拘留38人，行政处罚48人，发案率全市最低。深化“最多跑一次”改革，全年帮代办群众事项800余件，8个村（社区）均建立公共服务中心，全部实现网上业务办理。深入贯彻全面从严治党的要求，持续转变干部作风，营造风清气正的干事氛围，全年立案2件、党纪处分2人、政务处分1人。开展巡察反馈问题“回头看”，切实加强对43个巡察反馈问题的整改，配合市委巡察，全镇8个村（社区）党组织接受上级巡察。全年办理市长信箱、“12345”市民服务热线工单270余件，满意率达95.9%。全域推进户主会，全年召开户主会100余场，宣传党的政策，收集群众意见，加强情感交流，解决群众反映强烈的问题22个，赢得群众的广泛支持。2019

年，资福镇获评长沙市农村人居环境“四星级”乡镇、长沙市卫生镇、宁乡市脱贫攻坚先进乡镇、宁乡市校车安全管理先进单位、宁乡市“四好”农村公路示范乡镇。

【项目建设与招商引资】 2019年，资福镇完成宁灰公路拓宽二期项目，延伸集镇主干道近400米；策划集镇基础设施配套、集镇学校建设等项目，新建3千米污水管网、垃圾中转站1个、公共卫生间1座、城管值班岗亭1座；完成宁灰公路提质改造和万宝山集镇排水系统改造升级，推进边资公路维修和管养；完成珊瑚中学、柳枫小学、资福中学维修改造项目；沩江资福段综合治理基本完成；灾毁农田恢复、建设用地增减挂钩、高标准农田建设项目有序推进；启动资福大道、机关维修等项目。对接政策，策划运作项目，全年向上争资近2000万元。加强招商引资工作，成功引进2家规模以上企业，新发建材完成投资7000多万元，远通管业完成投资近2000万元。

【乡村经济振兴】 2019年，资福镇成立村级土地合作社8家，流转土地533.3公顷，村级集体经济收入均5万元以上，完成“去薄脱空”任务。扎实推进市级乡村振兴示范镇创建，红旗村成功创建长沙市乡村振兴示范村，窑里社区成功创建宁乡市乡村振兴示范村。丰源油茶、白果油茶发挥合作社作用，进一步发展种植基地，推进品牌打造，资福油茶影响力有效提升，中央电视台2台《生财有道》栏目专题报道资福镇油茶产业。新湖南《湖南日报》等省级主流媒体以“资丰富厚农桑地，乡村振兴谱新篇”为题对资福镇乡村振兴工作进行宣传推介。

【人居环境整治】 2019年，资福镇强力推进人居环境综合整治和城管工作，获评长沙市农村人居环境“四星级”乡镇、长沙市卫生镇，清泉河村获评湖南省卫生村，檀木桥村获评长沙市卫生村。全镇推进垃圾分类减量，深化“三个一点”垃圾分类减量法，新建村（社区）垃圾分拣中

图为资福镇清泉油茶基地

心8个，发放垃圾桶1.19万套，各村调整优化保洁队伍，配备封闭式垃圾清运车，形成常态长效的环卫保洁机制，禁止秸秆、垃圾焚烧，全镇环境卫生面貌明显改善。实施旱厕清零行动，完成改厕3600余座。加强村民建房管理，严格审批村民建房，严厉打击未批先建、批建不符等违法行为。完成“空心房”整治任务，拆除“空心房”124栋。落实“河长制”和小微水体管护要求，对镇域范围内沩乌两江河道口进行专项清理，对非法采砂挖沙行为保持“零容忍”态度，全年完成市督办案件11件，处理群众举报32起，扣留非法采砂车辆5台，处理非法采砂船4艘，没收非法采挖砂石300余方，扣押非法挖山取土挖机3台。发挥红白理事会和村规民约的作用，持续推进移风易俗，狠刹陈规陋习，建立事前申报机制，劝导红白喜事200余起，有效遏制铺张浪费风气

【脱贫攻坚】 2019年，资福镇建档立卡已脱贫666户1857人，脱贫率超过98%。深化脱贫攻坚“企业+合作社+贫困户”样板，紧紧抓住“产业、就业”两个扶贫项目不放松，实施“四跟四走”产业扶贫项目5个，惠及472户贫困户，有劳动能力、有产业意愿的贫困户100%参与产业扶贫。申报扶贫车间2个，解决16户贫困劳动力就业。持续宣传推介脱贫示范典型，上级媒体宣传报道脱贫攻坚25次，其中《湖南日报》新湖南等省级主流媒体推介4次。全面落实各项扶贫政策，教育帮扶235户312人，“一站式”健康帮扶1144人次，共计减免、报销贫困户医药费353.386万元，代缴贫困户农村合作医疗、特惠保52.78万元，光伏扶贫25户49人，金融扶贫29户，兜底保障159户，落实公益性岗位30户，贫困户危房改造8户，贫困户获得感明显增强，资福镇获评2019年度宁乡市脱贫攻坚先进乡镇。

【基础设施建设】 2019年，资福镇大力推进“四好农村路”示范乡镇创建和“路长制”工作，全年完成公路硬化近30千米，完成黑化6.1千米，新培护路肩、开挖边沟40.82千米，各村均打造一条以上的示范路，资福镇获评宁乡市“四好”农村公路示范乡镇，合星村、清泉河村获评宁乡市“四好”农村公路示范村。加强水利设施建设，整修护砌山塘24口，疏浚渠道20余千米，护砌渠道5千米，166.7公顷高标准农田建设项目开工建设。 （王　棋）

灰汤镇

【概况】 灰汤镇位于湖南省宁乡市西南部，地处宁乡、韶山、湘乡的交界

地带，与伟人毛泽东故里韶山、共和国主席刘少奇故居花明楼呈“品”字形排列，辖16个行政村、2个社区，人口11.3万人，镇域总面积210.9平方千米，其中耕地面积5086.67公顷，山林9666.67公顷，森林覆盖率43%。全镇以旅游业和农业经济为主。2019年，全年完成地方一般公共预算收入4200万元，财政总收入2.11亿元，社会消费品零售总额3.6亿元，固定资产投资30亿元。

2019年，灰汤镇坚持主题教育实现100个支部、3452名党员全覆盖。推行“三单两榜一制”，破解流动党员学习管理难题；聚焦基层一线实际问题，开展庆祝中华人民共和国成立70周年-解决群众身边每一件小事系列活动，累计为民解困293个。树立正确用人导向，全年调整支部书记5人，推荐2名优秀村级后备干部担任支委委员职务，停职村干部1名。加强干部作风建设，下发督查通报7期，涉及干部16人次。

【基层治理】 2019年，灰汤镇开展“屋场夜话”宣讲活动，镇村干部下沉一线入组进行宣讲，动员群众共学政策形势、共创美好环境、共商邻里和谐、共建基础设施、共谋幸福生活。累计开展宣讲533场次，参与群众43000余人，收集解决各类问题704个。推行“单车干部”群众工作法，打造一支“群众看得见、喊得应、做得好”的基层干部队伍。建立信访联席会议制度，定期对信访问题化解工作进行调度。坚持党政领导公开接访，严格落实“首问责任制”。成立三支信访工作督查组，开展信访问题化解督查。信访积案由2018年的474件，降至34件。化解疑难信访问题42起，并挖掘典型案例6件。排查矛盾纠纷486起，成功调处480起，矛盾纠纷发生率相比2018年下降32%。

【三大攻坚战】 2019年，灰汤镇实现70户155人脱贫目标。落实就业、产业项目10个，覆盖贫困户1000户以上。与省总工会疗养院、金太阳、紫龙湾、华天等单位对接，实现贫困人口就业签约200人次以上。开展产业、教育、公益等专项扶贫，增设公益性岗位50个，落实集中式光伏发电分红到户75户，金融扶贫57户。通过“千企联千户”结对帮扶活动解决41户深度贫困户疑难问题。剥离债务14亿元至市城发集团，基本实现债务清零。开展蓝天保卫战，组织各类专项行动30余次，查处道路扬尘、沿途洒落行为17起。加大饮用水水源保护力度，推进微小黑臭水体治理，地表水环境质量达到国家环保Ⅲ类标准。打击非法采砂、洗砂、挖山等行为，2019年共开展常规巡逻50多次，有针对性的巡逻40多次，扣押非法运输车辆15台、挖机5台，拆除洗砂场6处，销毁价值30多万元的洗砂设备，罚款3万多元。

【项目招商】 2019年，灰汤镇接待恒大水世界、奥园集团、广东共享房车、星空泡泡屋等20多批到访客商，捕捉有效招商信息18条；新增限额商贸企业2家、服务业企业1家。全年接待旅游人数180万人次，收入7亿元。强化土地要素保障，完成征地22.6公顷，拆迁房屋62户。启动政投项目37个，年内完成市监所改造、政务中心至花果山水毁道路、乌江新城安置区道路等31个项目，完成投资4000万元。推动雅居乐、大夫第（楚园）、乐享果玩田园综合体等社会投资项目7个，完成投资21亿元。由市文旅投、水务投为主体在建及规划启动建设的项目10个。完成景区镇区积水点改造、路灯、标识标牌、紫龙湖东岸线监控广播系统、自行车道、停车场、高速立柱广告、文化墙等项目建设。

【城乡建设】 2019年，灰汤镇新成立14家村级土地合作社，培育农业龙头企业11家，发展适度规模种粮大户200户。2019年所有村（社区）的集体经济收入均在5万元以上，其中灰汤村、宁南村、花果山村、牛角湾村、杏村村、偕乐社区、双盆村、将军村等8个村（社区）的集体经济收入超过10万元。开展“一户多宅”清理整治，拆除空心房190户，超额完成目标任务。处置国土违法重大事件2起，村民违规建房事件5起。完成裸露黄土复绿地块33.33公顷。审批通过花果山村、杏村村的美丽乡村规划。完成公路硬化61.98千米，其中省规项目30个25.1千米，市规项目18个28千米，双投项目9个8.88千米。完成灾毁耕地恢复项目4处，共计25.98公顷。

【灰汤镇通过国家卫生镇复审】 9月3—4日，湖南省爱卫办副调研员龙宇带领专家组一行，在长沙市卫健委和宁乡市卫健局相关部门负责人的陪同下，对灰汤镇国家卫生镇巩固提升工作进行周期性复审评估验收。复审组专家从环境卫生、环境保护、爱卫组织管理、健康教育、社区卫生、乡镇辖村卫生、病媒生物防制、传染病防治、食品安全、生活饮用水及公共场所卫生九个方面对灰汤镇集镇、卫生院、农贸市场、学校、五小门店、垃圾中转站、各大酒店等重点区域进行实地检查。现场检查后，省复审组专家在反馈会上通报复审检查情况，复审组领导专家对灰汤镇的国家卫生镇巩固提升工作给予充分肯定和高度评价，现场一致同意灰汤镇通过国家卫生镇复审。2019年，灰汤镇推进“厕所革命”，完成农村改厕7608座，完成全年工作任务的125.85%。18个村（社区）实施垃圾分类，新建或改建村级分拣中心16个，将军村、新风村、偕乐社区等3个村（社区）创建湖南省卫生村，杏村村创建长沙市卫生村。

【社会保障】 灰汤镇擦亮“群众办事不出镇”的乡村政务服务改革名片，2019年累计接待群众33611人次，接待省内外考察交流团15批次，接受业务咨询8067人次，受理事项25544件，群众满意率保持在98%以上。严格落实“危房不住贫困户、贫困户不住危房”要求，精准摸排41户四类人员存量危房，其中劝导入住敬老院18户。2019年，共救助城乡居民低保650户1283人，发放保障金462万元；完成失地农民参保5602人，城乡居民养老保险参保3.38万人，征缴养老保险资金825.63万元，追缴养老保险稽核资金53.49万元。

新增农村劳动力转移就业 280 人，贫困劳动力就业 22 人，下岗失业人员再就业 40 人。推进“一打三整”和扫黑除恶专项行动。全年共立刑事案件 39 起，其中涉恶类案件 17 起。破获各类刑案 31 起，刑事拘留 27 人。查处治安行政案件 52 起，行政拘留 48 人，治安罚款 47 人。抓获吸贩毒人员 59 人，其中刑拘 11 人。打掉赌博团伙 1 个，赌博窝点 1 个。端掉强迫卖淫团伙 1 个，抓获强迫卖淫 3 人。在册社区矫正对象 27 人，无一人脱离监管，无一人重新违法犯罪。全面开展安全生产大排查，共取缔违法生产经营单位 7 家，收缴非法经营烟花爆竹产品 350 个标准件，安全生产行政经济处罚立案 10 起。

2019 年 3 月 29 日，“宁静花开　亲乡自来”2019 宁乡市文化旅游节暨第九届灰汤桃花节开幕式在灰汤举行

【举行宁乡市文化旅游节暨灰汤第九届灰汤桃花节】 4 月 1 日，2019 宁乡市文化旅游节暨灰汤第九届灰汤桃花节在宁乡市灰汤镇开幕。此次活动以“宁静花开亲乡自来”为主题，宁乡市委、宁乡市人民政府主办，宁乡市文化旅游广电体育局、灰汤温泉国际旅游度假区管理局、灰汤镇人民政府共同承办。宁乡市人大常委会副主任张莹、市人民政府副市长贺立权，市政协副主席李纯、市人民政府副调研员周明山等出席活动。此次活动旨在通过一系列丰富多彩的活动，将宁乡优美的自然风光、深厚的文化底蕴、独特的民俗风情进行集中展示和融合，实现以文促旅，以旅彰文，诗和远方携手相牵。启动仪式后，与会领导、嘉宾以及现场游客一同观看文艺演出，音乐小品《考导游》、情景戏歌《宁乡吟》、灰汤杂技《杂技小武术》、联唱《戏曲集萃》等节目，将文化内容与旅游资源用舞台的形式，巧妙地向广大游客集中展示宁乡本土文化。同时，开幕式主会场旁还举行品味灰汤·舌尖的乡愁——农特产展销会，集中展示灰汤本土十四家美食，灰汤鸭、桃花酿、辣食手作、红薯粉、茶油、腊肉、剁椒、坛子菜、草莓、蜂蜜等诱人美食，惹的游客们纷纷驻足，品尝购买“灰汤味道”。活动期间吸引 2 万多名游客参与。（何旭锋）

双凫铺镇

【概况】 双凫铺镇地处宁乡腹地，镇域东连大成桥乡，南接坝塘、偕乐桥镇，西与横市镇接壤，北与喻家坳乡交界。东距省会长沙 66 千米，镇域面积 89.5 平方千米，省道 209 线、新宁横高等级公路、县道煤双线、双偕线纵横贯穿全镇，辖 7 个行政村、1 个社区，362 个村民小组，总人口 4.2 万人。镇区面积 6.2 平方千米，镇区常住人口 1.98 万人，流动人口 9000 人。镇域耕地 3450 公顷，林地 3261 公顷。2019 年共实现固定资产投资 8.8 亿元，比 2018 年增长 20%；社会消费品零售总额 4.65 亿元，同比增长 15.9%；规模以上工业企业新增 2 家，完成规模工业总产值 18.75 亿元；财税入库 2641 万元，完成全年任务的 107.8%。

完成四类对象危房危险性鉴定工作，妥善解决 68 户四类人员住房问题，21 户危房改建户全部竣工验收；建成中卢食用菌种植厂、陆戈鞋业有限公司就业扶贫车间 2 个，吸纳 44 户贫困户就近就业；就业技能培训培养就业技能人才达 150 人；跟踪服务及推荐贫困劳动力就业 300 余人；发展产业扶贫，灿光蔬菜等产业扶贫项目共吸纳 334 户贫困户参与，实现增收 127 万元；建成精准扶贫网格群 62 个，压实帮扶工作责任；对“两不愁、三保障”大排查、大整改，2019 年脱贫 52 户 105 人，全镇脱贫率达 95.2%。

开展垃圾、秸秆禁烧工作，出动宣传车 361 台次，处罚 2 例；完成裸露黄土地块覆绿 10.7 公顷；落实河长制，坚持巡河制度，沩水两岸河堤全面整理修缮；完成集镇污水管网项目建设 14.4 千米，保障沩江双凫铺段水资源安全；处理环保类群众投诉 10 例。以宁横线、沩江两岸为轴，加大基础设施建设，硬化农村公路 30 千米。成立 8 个土地专业合作社，逐步形成油茶、烟叶、中药材、水产、草皮等种养主导产业；优化调整种植结构，推进万亩示范片区建设，完成调整种植 1066.7 公顷；迴龙山景区通过国家 3A 级景区复评。改厕 4500 座，农户自主申请数量完成率 100%；空心房拆除 101 户，还耕 173 个地块 20.3 公顷。

3000 余名志愿者服务队伍围绕移风易俗、环境整治、扶贫帮困等扎实深入开展新时代文明实践志愿服务活动 400 余次；开展基层民主协商对话，发动群众筹工筹劳，建设超纲四清、乡韵余新、曹家屋场、水碾子屋场 4 个美丽示范屋场；举办群众文艺汇演，表彰道德模范、十好儿媳、社会贤达、“双凫干事创

业之星”评选等道德模范的先进事迹和典型人物。

【招商引资与项目建设】 2019年，双凫铺镇引进中山宏信鞋材落户鞋业园，进行鞋材配套生产，总投资3000万元，实现年度税收200万元；签约长沙安燕农产品公司，总投资1500万元。引进宁乡向盈鞋厂，解决就业岗位56个。省重点扶贫工程双凫铺光伏发电项目基本竣工；南方水泥整体搬迁前期工作开展。完成洁美鞋业2.6公顷集体建设用地转征手续、盛达骨康医院用地、光伏发电项目、双洲防腐材料土地摘牌、双凫中小附属工程建设项目等重点项目的全程代理服务。

【民生工作】 双凫铺镇推进2019年度医保、养老保险收缴工作，医保参保3.16万人，养保收缴2.31万人，养保收缴、认证、稽核等工作位居全市前列；完成城乡低保年审，抓好兜底保障，纳入低保兜底233户，五保兜底336户；受理各类民政临时性救助248人次，救助金额达29.6万元；发放80岁高龄补助140余万元，涉及1095人；485位残疾人口享受两项补贴共111.36万元；排查地灾隐患，组织抗灾演练，转移群众100余人，确保安全度汛；妇女两癌筛查、优生检测送检、老年人免费体检等任务均超额完成；全面完成2019年计生奖扶调查审核工作。

【基层治理】 双凫铺镇开展矛盾纠纷大排查、大调解，突出矛调中心和村级调解作用，2019年调解矛盾纠纷235件，调解成功率达99.6%；做好重点人员的信访工作。建立网格化管理和社会管控机制，召开户主会120余次，处置信访问题31个。推进扫黑除恶，通过横幅、宣传栏、村村响等形式广泛动员，形成全民参与氛围，办结扫黑除恶交办件9件，在全镇各村社区及部门单位、企业开展“认清黑恶势力，主动检举揭发”活动。成立镇村联合社会治安巡防队；打击各类违规挖沙、采砂行动61次，取缔非法洗砂场17家，扣留各类采砂交通车辆22台，拘留非法采砂11人；防控疑似非洲猪瘟疫情；开展禁毒工作。深化“316”群众工作格局，以志愿活动、屋场会、微信塔群为载体，完善治理体系，建立平安双凫三级微信塔群192个。组建“两级三队”100人的巡防队伍，常态开展“红袖标”巡逻巡防。做好集镇管理工作，坚持值班领导夜巡机制，劝导流动摊贩55处，开展集中整治13次；网格干部下沉至村组一线，召开屋场会、户主会、民主协商对话会456场次，2.7万余名群众参与，打通维稳和基层社会治理最后一千米。民调满意度从全市倒数第一跃升至前五。开展企业安全生产检查工作262次。加大对路边摊、马路市场整治，排查治理安全隐患34处，关停取缔马路市场26起。2019年全镇未发生一起安全生产事故，获评市安全生产先进单位。全年通过12345热线平台签收工单312件，按时办结率100%；设置群众信访接待室、群众问询接待岗，坚持首问责任制，重视民声受理，接待处理群众来信来访412次。 （杨金玉）

2019年11月，“双凫干事创业之星”评选表彰大会现场

大成桥镇

【概况】 2019年，大成桥镇围绕“争当乡村振兴领跑者，打造农村综改试验区”的工作思路，努力建设更加富饶美丽幸福新大成。全年财政税收突破3000万元，其中地方一般预算收入1336万元，完成任务的106%；社会零售品销售总额3.29亿元，固定资产投资17.7亿元，工业总产值6.3亿元。

推进项目建设，促进招商引资。完成污水处理厂建设及配套设施建设；完成沩江流域综合治理项目征拆1万余平方米，拆除房屋10座，临时建筑63处；完成供电所前期手续办理及场地平整。完成双投及市规公路12.95千米，争取农村公路建设指标20千米；完成土地增减挂钩13.2公顷，完成玉新村、大成桥村、成功塘村共30.8公顷灾毁农田恢复项目；启动新枫支渠、两条塘支渠恢复重建以及沙泉坝、潭泉坝、坝子山桥修复改造项目；成功将“湖南省宁乡市重点采煤沉陷区大成桥镇交通连接线恢复工程”申报纳入中央预算内投资计划，完成金成路建设前期工作，启动成珊公路建设，启动长煤路建设前期工作。引进湖南恒昇建材有限公司和长沙米跃多建材有限公司等两家工业企业，信息捕捉12条，合同引资2.68亿元；湖南米跃多建材、湖南恒昇建材、丰裕农业建成投产，亥土农业项目启动建设。

提升政务服务，优化营商环境。妥善处理恒昇建材、泰成钢构用地手续遗留问题。处理鹊山村、大成桥村养老文化综合服务中心、大成桥桥梁维修，永新公路、幼儿园公租房、金成大道等项目结算、污水管网续建工程等遗留问题，推进永盛鞋业、森禾机械用地以及永盛村工业园、二期安置区遗留问题处理。完成促进市场主体规范发展工作，在规定时间内发展商事主体441家。

加强作风建设，持续正风肃纪。解决一批群众身边的操心事忧心事烦心事，深化党员干部联系群众服务群众，全年服务群众1316次。“纪律小常识、一周一提醒”微信推送，开展谈话提醒124人次，深入支部讲授廉政党课16堂次；整治镇村干部庸、懒、散等作风问题顽疾，下发专项督查通报12期，内部通报批评52人次。开展“大成清风”系列之星评选活动，对48名典型人物进行表彰和推介，落实巡察整改，整改巡察反馈问题39个，建立健全相关制度6项。严格执纪问责，2019年查办党纪案件11起，处理镇村干部8人，收缴清退各类违规违纪资金13万余元，引导全镇上下形成崇廉尚实、干事创业的良好社会氛围，镇村干部作风明显好转。

落实安全生产“一岗双责”“党政同责”要求，建立镇、村、企业三级安全责任体系。开展“夯实企业安全生产主体责任年”活动，开展安全生产领域“大排查大体检大整治”，抓好校车安全、食品安全、道路安全等。全镇共排查安全隐患521处，整改521处，整改率达100%。推进强执法防事故工作及打非治违工作，共立案19起，处罚金25800元，取缔非法生产经营单位38家，责令暂时停产停业整顿3家，查封各类违法物品价值20余万元。建立安全生产违法行为举报奖励制度，加强宣传教育培训，共组织各类安全生产培训5次，出动宣传车20台次，悬挂横幅60余条，发放宣传手册12000份，开展安全生产宣传活动月活动，全面提升人民群众及企业安全生产意识，组织企业负责人、安全员培训2次，深入企业开展现场培训3次；健全应急救援机制，组织开展突发事故应急救援演练2次；对沉陷区制订预警巡查方案，建立分片负责工作责任制，做到片不漏户，户不漏人，确保沉陷区安全。全镇全年未发生任何安全生产事故，继续保持良好工作势头。

【农业产业发展】 2019年，大成桥镇创新体制机制，做强农业产业。引进沩水源亲水主题生态农庄、湘都文旅康养综合开发项目、澳洲龙虾养殖基地、番茄联合国、黄土仑甘泉、亥土农业、丰裕科技、营健农业服务公司等农业企业和项目。实现薄弱村、空壳村全部清零。推广《鹊山村深化土地改革、实行土地整村流转方案》，完成农村集体产权制度改革，以土地经营权入股组建土地合作社，实现“一村一社”全覆盖。清理无实质性经营活动空壳社38家。引进贪吃侠等现代农业产业项目12个，促进农民就业增收超5000万元，村级集体经济明显增收，其中鹊山村集体收入突破100万元，二泉村获评省级集体经济发展示范村。采取公益事业以奖代投，组帐村管等方式创新基层管理方式。

【城乡环境提升】 2019年，大成桥镇持续推进人居环境提升工作，召开“党建+贴心服务群众”、人居环境整治工作动员大会，发动环保志愿者、离退休老干部等近万干部群众参与每月大清扫活动；启动永盛村牌头冲组和大成桥村王家组“五治”屋场建设；推进垃圾分类工作，召开户主会140余场次，4个村通过市垃圾分类示范村验收。完成改厕3423座，完成任务的100.7%，拆除空心房208座，完成任务的231%。拆除非法洗砂场5处，联合市水政执法大队捣毁采砂船18台次，扣押非法洗砂船4台次。开展秸秆禁烧宣传，处理环境信访投诉案件18起，立案处罚1起，处罚金10万元。完成裸露黄土覆绿2.1万平方米。开展畜禽退养和黑臭水体治理，打造大成河沙泉坝段样板河和鹊山村淡家组小微水体示范片。组织4次大规模治超行动，查处超限超载车辆共计42台次，加大对S539及老宁横公路沿线集中整治，顺利通过鹊山村“四好农村公路”国检验收。

【脱贫攻坚】 2019年，大成桥镇严格落实专项扶贫政策，申报红薯种植、水稻种植以及贫困户自主发展产业等3个产业扶贫项目，指导144户贫困户自主发展产业。省级重点产业项目灿光蔬菜种植专业合作社产业扶贫项目覆盖22户贫困户，人均增收超1000元/年；培育楚兴农业、银意烟花、青泉阳光残疾人托养中心等特色扶贫车间3家，带动20余名贫困劳动力就业增收；28户贫困户享受公益性岗位补贴；88人享受春季教育扶贫补助；29人享受春季雨露计划补助；27人享受秋季雨露计划补助；10户“四类人员”完成危房改造；50户享受小额信贷财政扶贫贴息共计18923.12元；30户贫困户申报享受集中式光伏扶贫政策；32户深度贫困户确定帮扶企业，有序开展“千企联千户”“户帮户亲帮亲”帮扶工作，组织65周岁贫困户免费健康检查。夯实扶贫基础工作，扎实推进结对帮扶，按时完成走访入户，提升满意度；及时进行扶贫问题核查整改；按时按质完成动态调整。截至2019年底全镇共实现438户958人脱贫，其中2019年脱贫41户86人。

【社会保障】 2019年，大成桥镇全面落实城乡低保政策，落实城乡低保163户312人低保资金116.5万元，特困人员220户226人低保资金205.29万元，精准认定141户250人实施兜底脱贫保障；为63户贫困家庭落实大病医疗救助资金32.4万元；为521名优抚对象、精减退职人员发放优抚固定经费近125万元；为135户特困家庭落实临时救助25万元；为33名寒门学子落实助学金10.5万元；开展春节送温暖扶贫帮困活动，向慰问对象667户发放26.57万元；为992人退役军人悬挂光荣牌匾；为856名高龄老人落实高龄津贴93.5万元；做好7名残疾人工商保险缴纳减免工作，为48户99人一户多残的家庭落实生活补助11.88万元；为289名残疾人落实47.1万元生活补助和护理补助；为2018年度14户危房改建对象落实危改资金44.4万元；完成30户农村危房拟改建家庭摸底、走访和入户调查，制定“一户一策”和因户施策的实施方案；对2013年—2018年已进行农村危房改建的123户进行房屋改造基本安全评定及新建未折旧全面清查；组织镇村干部、企业人员、村民进行无偿献血；完成养老保险稽核125户31万元；镇敬老院继续保持国家级农村五保供养先进单位和省、市示范敬老院品牌。极力推进“互联网+政务”改革，政务服务中心共计服务群众8000多次，镇村两级通过网上政务服务系统办结事项达到1200余次，12345热线服务接收243条，办结243条，在政务网上为群众直接开具证明80个。

【干部服务网格化体系建立】 2019年4月25日，大成桥镇组织召开“‘党建+’贴心服务群众、人居环境提升”工作动员大会。全体党政领导、机关干部、部门负责人，各村村干部、村民小组长、村代表参加会议。会上，相关负责人就环境卫生、垃圾分类、每月一次的大扫除等相关人居环境工作，以及干部联组入户、贴心服务群众工作作动员报告。鹊山村、永盛村党总支书记作表态发言。

【“大成清风之星”颁奖典礼】 2019年10月21日，大成桥镇举行“不忘初心、牢记使命”主题教育暨“大成清风之星”颁奖典礼。市政协副主席胡宇出席。大成桥镇7月启动“大成清风之星”评选活动。通过社会征集、组织推荐和个人自荐相结合，从“清正廉洁、干事创业、为民服务、文明新风、志愿服务”五个方面，最终评选出8名先进典型。

【志愿者协会成立】 2019年12月14日，大成桥镇举行志愿者协会授牌仪式暨年终总结表彰大会，来自各行各业的志愿者100余人参加。会上，宣读市民政局关于同意成立大成桥镇志愿者协会的批复文件并授牌；通过大成桥镇志愿者协会第一届理事会会长、副会长、秘书长名单。表彰爱心企业、爱心人士和部分志愿者，为他们颁发奖牌和证书。在场志愿者参加宣誓仪式。会议要求大成桥镇志愿者协会要积极履行志愿者的职责，发挥无私奉献的精神，开展形式多样的志愿活动，为民办实事；要勇挑重担，结合自身优势，履行职责，着力加大对志愿服务的宣传，切实提高大成桥镇的服务意识、文明意识以及奉献精神，将大成桥镇志愿者协会做大做强，在推动乡村振兴和乡村治理中建功立业。

大成桥镇干群一起进行垃圾清扫工作

【大成桥镇入选“全国乡村治理示范乡镇”候选名单】 2019年，按照《中央农村工作领导小组办公室、农业农村部、中央宣传部、民政部、司法部关于开展全国乡村治理示范村镇创建工作的通知》要求，在各省（区、市）推荐和专家评审基础上，中央农办、农业农村部、中央宣传部、民政部、司法部等5部门共同审核，拟认定100个乡（镇）为“全国乡村治理示范乡镇”，1000个村为“全国乡村治理示范村”。12月3日，国家农业农村部公示全国乡村治理示范村镇候选名单，大成桥镇入选“全国乡村治理示范乡镇”候选名单，湖南省仅5个、长沙市仅1个乡镇入选。2019年，大成桥镇落实“316”群众工作机制，网格化管理服务、三级矛盾纠纷排调、组级公益事业建设以奖代投、组账村管、民主协商对话、红白理事会、志愿服务、全民参与人居环境提升、村级后备干部定向动态培养、党务政务公开电子化等一系列创新做法被试行与推广，探索建立“三治结合”的乡村治理评价体系，政风民风根本性好转。扎实开展“扫黑除恶”工作，“扫黑除恶”题材现代花鼓戏“清风颂”在各村（社区）巡回演出，摘牌扫黑除恶挂牌督办单位。接收各级举报及反馈线索16件，已办结16件，拘留4人。开展“一打三整”、信访矛盾“大排查、大调解”等专项行动，接收信访平台举报12件、领导接待日信访4件、网上信访18件，处理率达100%。成功处理4件信访积案，签订息访息诉协议，越级上访下降为零；加强辖区平安创建，共调处各类矛盾83起；加强辅警、治调主任、民兵连长一体化建设，成立“红袖章”巡防队伍；全年受理刑事案件50起，破案19起，其中逮捕19人，取保候审5人，查获吸毒人员33人，强制隔离戒毒9人，刑事拘留8人。派出所综合考核排名宁乡市第一。

（祝孟佳）

喻家坳乡

【概况】 喻家坳乡位于宁乡市中北部，东连煤炭坝镇，南接双凫铺镇和大成桥镇，西与横市镇接壤，北与益阳市桃江县交界，距宁乡城区35千米。乡域总面积96.6平方千米，辖8个行政村，总人口4.2万人。集镇区域3平方千米，商户800余家，常住人口6000余人。

2019年，喻家坳乡完成固定资产投资10.2亿元，社会消费品零售总额3.1亿元，规模工业产值1.95亿元，财政收入总额9500万元，国地两税入库2699万元，人民纯收增长到 28215 元。化解乡村两级债务 300 余万元，政府债务风险平稳可控。农商银行为 50 多户贫困户贷款 200 多万元。2019 年，喻家坳乡以“引老乡、回故乡、建家乡”为主题，利用重要节日开展乡贤乡友座谈会 3 次，组织招商小分队外出招商 6 次。借助喻家坳特有的栀子产业，新引进湖南花花香公司签约建设栀子小镇项目。引进长沙淘达有机肥料厂项目，第一期投入 5000 多万元顺利开工。引进 20 公顷加拿大红枫基地项目完成苗木栽种。

全面推进“应保尽保，应退尽退”的精准救助政策，共发放低保、五保、残补、优抚等各类补贴 668 万元。黄启平先生捐建的敬老院德孝楼竣工，新入住老人 20 人，敬老院管理建设显著进步。积极应对非洲猪瘟，使疫情爆发期推迟两个月，生猪出栏率超 60%，最大限度保障群众利益。坚持教育优先，投入 500 万余元，完成涌中、涌小、苦竹、湖溪四所学校提质改造。

全面落实党风廉政建设和意识形态工作主体责任，处理违纪党员 2 名。办理市人大代表建议 2 件，政协提案 2 件，乡人大代表建议、批评、意见 13 件，办复率 100%。推进“316”群众工作机制，乡村干部下沉到 56 个网格，召开屋场会 200 余场次，摸排群众各类诉求 100 余个，化解各类矛盾 351 起。办理“12345”市长热线 138 件，办结率 100%，回访满意率达 95%。聘请法律顾问，全面审查备案政府合同。坚持厉行节约，一般公共服务支出比 2018 年减少 128.58 万元，同比下降 8.36%，其中三公经费同比减少 32.9 万元，同比下降 55.02%。

2019 年，喻家坳乡获评湖南省示范统计站，湖南省星级财政所，长沙市人居环境“五星”乡镇，长沙市信访工作“三无”乡镇等殊荣，乡机关创建长沙市文明单位，社会治安综合治理群众满意度调查居宁乡市第 5，“党建+能人+合作社”的发展模式，被《人民日报》《湖南日报》《长沙晚报》等主流媒体宣传推介。

【脱贫攻坚】 2019 年，喻家坳乡脱贫 22 户，54 人。以产业扶贫和就业扶贫为主抓手，新增陆戈鞋业、梦阿郎食品、湘宁矿业、睿锦食品就业扶贫车间 4 家，安排贫困户就业劳动力 30 个，为贫困户增收 30 多万元。新设置公益性岗位 38 个，光伏发电利益联结 20 户。发放各类助学金 20 余万元。创新开展绿色减贫植树活动，万株果苗送贫困户。举办宁乡市首届湖溪龙虾节，为贫困户销售各类农副产品超 30 万元。

【污染防治】 2019 年，喻家坳乡开展专项整治行动，处理环保投诉 12 起，整治店外经营 86 起，开展治渣治超执法行动 28 次，处罚违法车辆 35 台次。禁养区覆绿 47 处，裸露地块覆绿 7 处。实施垃圾秸秆禁烧、烟花鞭炮禁放，发放禁烧宣传资料 10000 余份。开展“清废行动”，清除非法堆存点 9 处。

【农业农村】 2019 年，喻家坳乡烟叶种植面积 270 公顷，送售烟叶 7697 担，烟农总收入达 1100 万元。依托旭达中药材、腾辉中药材等长沙市农业龙头企业，新发展栀子面积 200 公顷，免费发放栀子苗 100 多万株，提供给贫困户达 11 万株。抓优油茶产业，新增油茶种植面积 280 公顷。牵头成立宁乡市油茶产业协会，整合油茶资源、挖掘油茶文化，打造统一品牌，引导油茶产业主体抱团发展。推广湖溪塘村“党建+能人+合作社+农户”发展模式，全乡 8 个村村级集体经济收入均超过 10 万元，其中高田村达到 90 余万元，泉龙村达到 50 余万元，湖溪塘村还为贫困户分红 21 万余元。全乡新增土地合作社 8 家，农业合作社 69 家，流转土地 1334 公顷，培育新型职业农民 31 名，建成供销惠农服务中心 2 家。湖溪塘村获评湖南省集体经济示范村、宁乡市乡村振兴示范村。南岭村创建长沙市乡村振兴示范村，高田村集体经济发展全市典型发言。

【基础设施建设】 2019 年，喻家坳乡改造农村危房 53 户，硬化村组公路 37.6 千米。启动渠畅路通工作，清淤护砌和砍杂除青 40 多千米。通过“三三制”原则多方筹资 500 余万元，护砌山塘 17 座，护砌水渠 6.5 千米，修建便桥 3 座，河坝 1 座。组织实施水土保持项目和农开项目，投入建设项目资金 1500 余万元。新增农村通自来水人口 600 余人。完成太平山村、湖溪塘村单村饮水工程建设，解决饮水困难问题人口 2300 余人。标准化村卫生室、村综合服务平台、农家书屋、学校保安、“一村一辅警”、“村村响”等基层公共服务建设得到提升。

【“五治”工作】 2019 年，喻家坳乡完成改厕 3531 座，超任务 531 座，合格率 100%，接通率 80% 以上。完成国土卫片违法图斑整改 54 个，拆除空心房 153 座，实施国土增减挂钩 50 公顷。8 个村全部创建长沙市垃圾分类示范村。深化黑臭水体治理、开展河湖“清五乱”行动，打造大益坝小微示范水体和南岭河样板河道。大成桥水喻家坳段纳入长沙市美丽河流创建，实现“河长制”工作全覆盖。南岭村创建长沙市卫生村。

【平安创建】 2019 年，喻家坳乡纵深推进“扫黑除恶”专项斗争，发放宣传资料 10000 余份，举办“五进”宣传活动 12 场，召开户主会 86 次，扫黑除恶氛围不断浓厚。做实司法调解和人民调解，化解信访积案 8 起，成功调解矛盾纠纷 168 起，成功率 91%。坚持严查快打各类违法行为，接处警 342 条，破案 38 起，行政拘留 42 人，刑事拘留 24 人。抓获“盗抢骗”盗窃犯罪嫌疑人 2 人，拘留非法购买地下“六合彩”14 人，罚款 6000 元，收缴违法所得 11 万元。完善农村治安防控体系，安装雪亮工程 116 户。加强安全生产监管，压实安全生产主体责任，全年未发生安全生产责任事故。强化食品安全监管，确保人民群众舌尖上的安全。

【喻家坳乡新时代文明实践所建设】 1 月 23 日，宁乡市喻家坳乡新时代文明实践所（站）集中授牌授旗仪式在喻家坳乡人民政府举行，标志着喻家坳乡新时代文明实践所建设全面启动。喻家坳乡将以全乡域为整体，以乡、村为单元，以志愿服务为基本形式，打通全乡公共文明志愿服务体系的运行机制、文化科技卫生贴近服务群众的工作机制和群众性精神文明创建活动的引导机制，整合人员队伍、资金资源、平台载体、项目活动，推动乡村宣传思想文化工作和精神文明建设改革创新，实现更具活力、更有成效和更可持续的发展，全面建设“金色、秀美、幸福新喻家”。活动当天，喻家坳乡志愿者协会正式成立，同时还对该乡的30户“文明家庭”进行表彰。全年，喻家坳乡以新时代文明实践所为引领，建立志愿者之家，招募志愿者500余名，志愿服务人数达2000人次，志愿服务3000个小时。通过志愿者的劝导，喻家坳村喜事新办、丧事简办，做到烟花鞭炮“零燃放”。

2019年6月15日，喻家坳乡举行“湖溪龙虾”美食节启动仪式

【“实施绿色减贫 助力乡村振兴”植树活动】 2019年3月10日，喻家坳乡举办“实施绿色减贫，助力乡村振兴”植树活动。此次植树造绿活动以“绿色减贫，你我同行”为主题，除乡内种植7公顷外，各村以合作社形式流转土地约25公顷用来种植扶贫苗木，绿色减贫到户159户，其中分发果树树苗2380株、油茶树苗13020株、栀子树苗988株，通过这159户的绿色减贫示范引领来带动全乡568户贫困户的脱贫致富，预计三年后贫困户受益近万元。

【首届“湖溪龙虾”美食节】 2019年6月15日，喻家坳乡举办宁乡市首届“湖溪龙虾”美食节。此次“湖溪龙虾”美食节活动，以“实施消费扶贫，助力乡村振兴”为主题，共有“虾戏湖溪”启动仪式、“虾王争霸”烹饪比赛、“我为虾狂”龙虾吃货比赛、“虾乐融融”亲子趣味钓虾比赛四项内容，现场还设有消费扶贫美食街，分为美味龙虾展区、产业振兴展区、扶贫爱心超市三大展区，整个活动吸引近万人参加，总销售额超30万元。此次组织开展“实施消费扶贫 助力乡村振兴”活动，旨在展示农特产品，塑造特色品牌，促进消费扶贫，通过党建引领，创新“党组织+能人+合作社”发展模式，覆盖全乡28个村级党支部，进一步畅通企业、单位、个人和全乡560户贫困户之间的消费渠道，激发贫困群众发展产业、脱贫致富的内生动力。

（谢　时）

老粮仓镇

【概况】 老粮仓镇位于宁乡市西部，镇域面积121.98平方千米。2019年，全镇总人口64842人，辖3个集镇，8个行政村，2个社区，207个村民小组，总户数19829户，城镇人口22549人，乡村人口42293人。有市办高中1所，镇办中学3所，公办小学8所，公办幼儿园4所，民办幼儿园4所。2019年，老粮仓镇全年实现镇域生产总值12.3亿元，规模工业产值3.0亿元，固定资产投资总额9.3亿元。社会消费品零售总额3.1亿元，比2018年增长6.8%。地方一般公共预算收入350万元。完成财政税收715万元。

2019年，完成老粮中小、唐市中学、毛公桥中学、龙潭小学、回春小学等学校提质改造，完成唐市中学教师宿舍楼改造，大桥连接线、老毛公路竣工通车。新建山塘2座，清淤护砌山塘11座，1座电排、2座闸坝、4千米渠道综合整治完成维护。全年共完成免费优生检测173对，“两癌”免费筛查1612人，为绝经期妇女免费取环40人，产前免费筛查287人，为65岁以上老年人实施免费体检，为老年人实施免费中医辨识。围绕低保、救助等日常工作做好服务。全年入户调查低保申请家庭281户，新批低保125户，停发和取消低保35户，年终审查认定低保351户和五保606户（其中建档立卡贫困户兜底救助保障266户）；全年发放各类临时救助35万元307户，申报和办理大病救助28.5万元67户，发放建档立卡贫困户特殊门诊21户3.2万元；做好55人重症精神病人住院救助和药物救助等工作；残联发放助残轮椅60余辆。

对老粮仓镇党员档案进行摸底排查，建立流动党员、致富带头人、后备干部库等各类台账。开展“三会一课”、主题党日，落实“一定三务三评考核”，开展党员冬春训、老粮仓片区党务干部培训。持续筑牢基层战斗堡垒，全镇62个支部“五化”建设达标率超过98%，其中离退休老粮社区支部创建长沙市示范化“五化”支部，江花村杨华江支部、长田村第一支部创建宁乡市示范化“五化”支部。提升新时代文明实践所志愿服务功能，开展集镇劝导、环卫清洁、文明宣传志愿活动。通过党员干部包组到户，联系贫困户、信访户，助力精准扶贫和乡村振兴，把党建与中心工作紧密结合，牢固树立党员身份意识和责任担当。完善干部考勤签到通报制度，健全机关管理和财务制度，强化制度约束，突出干部作风建设。针对民生实事等领域开展专项督查4次，开展作风督查20次，开展例行廉政谈话300人次，提醒约谈10人次。全镇开展“不忘初心、牢记使命”主题教育学习300余次，解决民生问题600余个。

坚持党建引领，促社会治理。建成党建文化服务中心，整合党建、司法、矛调功能，挖掘商会和志愿力量，打造党建文化服务平台。聘请镇村两级矛调员、落实“一村一辅警”工作，逐步建立网格化治理体系，镇村组干部入网到格，真正实现小事不出村、大事不出镇。突出宣传引导，促乡风文明。推进户主会、屋场夜话，开展普法宣传等工作，发放扫黑除恶资料3万份，在道路、集镇和重要路段设置宣传标语、文化长廊和醒目发光字，营造和谐文明风尚。结合平安创建，促社会稳定。组织平安创建启动仪式，设置平安岗亭、开展日常红袖章巡逻，并将社会治理与矛盾化解、生产安全以及扫黑除恶、禁毒反邪教等工作相结合，确保全镇社会大局稳定。

2019年，老粮仓镇被评为全省节约型公共机构示范单位、长沙市红旗乡镇和平安乡镇，镇司法所被评为湖南省司法所工作表现突出单位，金洪村被评为“湖南省卫生村（社区）”。

【农业农村发展】 2019年，老粮仓镇发展优质稻2000公顷，高档优质稻1333公顷，优质稻标准化示范片333公顷。发展2公顷以上种粮大户187户共1000公顷，完成种植结构调整40公顷。抓烟叶生产，种植烟叶100公顷，送售烟叶3222担，总收入约452万元，税收约50万元。抓非洲猪瘟防控，支持大龙畜牧力保花猪母种约4000头。村级集体经济方面，完成去薄脱空任务、村级土地合作社，完成清产核资工作第二阶段，推进农村集体产权制度改革。

【脱贫攻坚】 截至2019年底，老粮仓镇星石、双藕、望江3个省定贫困村实现全部摘帽，已脱贫1191户3303人，贫困发生率由5.3%降至0.1%。通过“产业扶贫+乡村振兴+种植结构调整”的模式，引进重点产业扶贫项目2个，“四跟四走”项目7个、省定贫困村产业发展项目3个。建立迷迭香、栀子花、朝天椒等共5个种植基地，发放鸡苗、饲料、种苗，扶持贫困户产业发展。发放金融扶贫贴息补助212户次、教育扶贫补贴888人、雨露计划补贴168人，就业扶贫交通补助覆盖170人，审定补助金额7.7万元。发动社会爱心力量开展“户帮户亲帮亲”活动，结对帮扶75户；新增1、2、3类兜底保障对象434人；保障贫困户饮水安全、住房安全；对贫困户进行免费体检，实现健康扶贫家庭医生签约服务全覆盖。

【人居环境整治】 2019年，老粮仓镇推进无害化厕所改造，完成改厕5800余座，达到旱厕全面清零，卫生厕所全面普及。全镇10个村（社区）均已开展垃圾分类工作，通过“进小组、进学校、进公共场所”的宣传活动，开展垃圾分类宣讲会180余场次，发放垃圾分类宣传资料2万余份，购置垃圾分类桶32000余个、清运车131台，明确垃圾回收保洁员130余人，10个村（社区）垃圾分拣站已完成建设并投入使用。坚持从“规、建、管、用”四个环节发力，实现摸底空心房678户拆除678户，全部纳入增减挂钩项目，完成71.8公顷增减挂钩任务，实现应拆尽拆。楚江边护堤除杂、扩绿造景、创建样板河道2.5千米；投入480余万元建设唐市社区地埋式一体化污水处理设施，消除黑臭水体；投入220万元延长老粮仓镇污水处理厂配套管网设施3千米；严禁秸秆焚烧，推进黄土覆绿，实现草籽加覆盖面积3.7万平方米。推进乡村振兴和人居环境整治项目，按照群众自愿、筹资筹劳、以奖代补的方式合力打造出江花村瓦坭塘美丽屋场示范点。在红白理事会和村规民约的基础上推进移风易俗宣导，组织开展“文明祭祀、绿色清明”“鲜花换鞭炮”等宣传活动，发放鲜花4万余枝；开展文明家庭、最美家庭、最美庭院的创建；打造“章子客文化馆”，制作《千年古邑 幸福金仓》《章子客文化传承》宣传片，全力宣传“金仓文化”；成立老粮仓镇商会，凝聚合力，擦亮“中国首饰文化之乡”的名片。

【安全维稳】 2019年，老粮仓镇着力平安创建，组织全镇范围评选“平安村（社区）”“平安家庭”活动，建立微信群120余个，做到全镇村民小组全覆盖。调解矛盾信访，全镇全年排查受理调解矛盾纠纷266起，办理各级信访件34件，开展阳光答复会4次，参与群众500余人，接待来访群众263余人次，登记反映问题60余个，12345市长热线受理234件，办结234件。加强扫黑除恶，发放有关扫黑除恶信息公开信或资料3万份，确保扫黑除恶工作深入每家每户；在集镇、学校、单位等人员较为密集的地方张贴宣传画500多份，共悬挂横幅400多条，利用宣传车不定时在全镇范围内进行宣传，在政府空墙上设置固定的大型宣传标语10处。在2019年度综治工作考核中获评长沙市红旗乡镇和平安乡镇，综治民调位列宁乡市第三。安全生产方面，落实安全生产领导责任制，开展安全生产领域“大排查大体检大整治”工作。2019年，共排查安全隐患178处，整改178处，整改率100%。

【成立老粮仓镇商会】 2019年7月18日，老粮仓镇组织400余名在外企业家在宁乡六中大礼堂召开粮仓镇商会成立大会。市政协副主席、工商联主席曾含玲出席。经过长期发展，老粮仓镇涌现一大批业绩突出的创业者和企业家。老粮仓镇商会会员所从事的行业，主要包括黄金珠宝首饰加工销售、农产品贸易、食品加工、硬质合金、建筑建材、规划装饰等，业务遍布全国各地，年产值超过300亿元。会议表决通过商会章程，选举产生商会会长、执行会长、监事长、秘书长、办公室主任、常务副会长和副会长，谢建新当选为会长。北京银行宁乡分行与老粮仓镇商会举行签约仪式，加强合作推动发展。湖南农帮主农业有限公司、株洲广胜硬质合金有限公司、长沙原仓农业开发有限公司分别与老粮仓镇政府签约，助推乡村振兴和旅游产业发展。老粮仓镇商会向当地5名贫困学子和1名困难退役军人捐赠爱心款，宁乡黄金珠宝商会向老粮仓镇五保户爱心基金捐赠现金5万元。会议号召全体会员争做家乡各项事业建设和社会和谐的积极支持者、重要参与者和特别贡献者，齐心协力建设宁乡一流、全省知名的示范性基层商会。

【措住房安全保障】 2019年，老粮仓镇严格按照市委市政府要求，多次召开会议部署，制定切实可行的《老粮仓镇2019年住房安全保障实施方案》。由镇党委书记带队联村领导，逐村逐户摸底存在安全问题的住房。对全镇3700多户四类重点对象房屋做鉴定，邀请第三方机构对957户危改户进行安全质量大排查，掌握第一手详细信息，精准分析、分类施策。采取新建改造、修缮加固、投亲靠友、集中安置等方式，针对不同情况柔性处理，直面群众做工作，保障住房安全。镇村多方筹资，充分动员群众热心帮工，发动乡友企业爱心捐助，主动联系市征地服务中心开展门窗家具爱心捐赠。2019年，通过村级民主评议和三级公示确定四类重点对象危改户21户，全部竣工验收；镇村自筹资金改建和修缮四类重点对象危房38户，镇域范围危房基本实现动态清零。（张馨艺）

流沙河镇

【概况】 流沙河镇辖11个行政村，2个居委会，316个村民小组，总面积140.57平方千米，耕地面积4988公顷，总人口7.2万人，其中城镇人口1.2万人。有市办高中1所，镇办中学3所，民办小学14所，镇办中心幼儿园1所，有中心医院一座，是标准一级甲等医院。2019年，流沙河镇实现地区生产总值28.3亿元，增长25.08%；规模工业总产值15115.69万元，增长32.85%；固定资产投资12.4亿元，增长29.16%；社会消费品零售总额6.5亿元，比2018年增长12.25%；全年共完成财政税收1168万元，占全年目标任务的106.18%。“五治”工作方面，全年拆除空心房430户，完成改厕6081座，接通率达到96.2%，位列全市第一；倡导垃圾分类减量，共建分拣中心13个，新增垃圾桶21000套，垃圾量相比较往年较减少20%；全面禁止秸秆、垃圾焚烧行为，全年共制止86起，行政处罚4起。“河长制”工作方面，河道巡查常态化，收缴电鱼工具28台，楚江、阳华江、瓦子坪河等水质明显提升，小微水体治理成效明显。严厉打击非法取土采砂，重点对红石、鸿富等村集中高发地段进行打击整治，全年扣押车辆120余台，取缔小型采沙场5处，复绿15处0.7公顷。

2019年度完成窄路加宽、连通工程等农村公路27.289千米；完成老年人体检5208人次，建档立卡贫困户、重残、计生特殊家庭签约服务率达100%；超额完成长沙市健康民生项目、国家项目等八项民生服务项目；设置财政、民政、卫计、农业和综合五大窗口，全年为民办事4000人次。开展残疾人两项补贴清查和专项调查工作，全年累计发放低保、特困供养、临时救助、高龄补贴等资金271.2万元，2024位老人受益；以“福彩圆梦、孤儿助学”“六一慰问”等方式助学258人；加强社保基金监管，清理重复领取社保资金20人；医保缴费率达97%；养老保险征缴560万元。

2019年，湖南省爱国卫生运动委员会发文授予流沙河镇“湖南省卫生乡镇”称号。4月24日，长沙市人民政府办公厅发文，确定流沙河镇为第二批长沙市特色小（城）镇。

【项目建设】 2019年，流沙河镇共新开工、续建和筹备各类项目15个，完成投资2亿元。集镇垃圾中转站及污水管网项目建成投入运行，污水处理率达100%；流沙巷公路及花林公路提质改造项目建成通车，兴石公路路基全线拉通，长冲桥、绸树铺桥完成重建，草冲河完成灾后修缮；闽宏石材恢复运营，年税收100万元以上；宁乡市人民医院流沙河分院项目加速推进；山林小学与南雅中学、五强集团联谊共建，实现提质改造。正大集团宁乡50万头生猪产业链项目签约落户，流沙河牧业资源场第三分区建成投产，赤塅村花猪保护中心建成投入运营，花猪雕塑、文化广场等花猪元素点缀集镇主要位置。

【乡村振兴】 2019年，流沙河镇全力防控非洲猪瘟，力保花猪种源；培育种植大户等新型经营主体近200个，水稻规模种植面积1066.7公顷。全年共计收购烟叶8838担，生产总收入1500多万元，为村（社区）集体性收入增加90多万元，获宁乡市烟叶生产规模奖、收购奖等奖项；村级集体经营收入10万元以上的村7个，5-10万元的村6个，全面实现去薄脱壳；培育合兴村为长沙市级示范村，流沙河社区为宁乡市示范村。

【脱贫攻坚】 2019年，流沙河镇坚持健康、教育、金融、产业等多方面精准帮扶，申请义务教育阶段助学458人，春季“雨露计划”享受254人，对4名义务教育阶段学生实施送教上门；完成40户建档立卡贫困户危房改造，确保贫困户不住危房；完成金融扶贫小额信贷贴息30户103.7万元；实施产业扶贫项目8个，覆盖“四跟四走”建档立卡贫困户1164户、自主发展产业342户；创建市级就业扶贫车间2家，安排建档立卡劳动力35人次，申请就业交通补贴163人次，公益性岗位50个；开展“千企联千户”活动，企业爱心人士对全镇53户深度贫困户帮扶全覆盖。

【基层治理】 2019年，流沙河镇综治维稳方面，建设村级巡查队伍，开展“红袖章巡防”，实现“一村一辅警”全覆盖；建立微信“三级塔群”工作机制，及时化解基层矛盾，全年共调处各类矛盾纠纷154件，调处成功率为95%；12345市民热线受理办结工单457件，满意率达94%。安全生产方面，全年完成执法检查129家次，取缔烟花爆竹经营门店10家，关停非煤矿山2座，党政领导带队检查完成带队检查104次，镇域全年未发生安全生产责任事故。食品安全方面，全年取缔校园周边流动摊贩3

处，对全镇学校食堂、校内及周边31家饮食店进行春、秋两季食品安全专项检查，下达整改通知48份，全部整改到位形成闭环。申报农村聚餐624例，无农村聚餐中毒事故。

（欧阳广）

青山桥镇

【概况】 青山桥镇位于宁乡西部，地处长沙、娄底、湘潭三市交界。因楚江之上有古桥而得名。镇域面积138平方千米，下辖8个村1个社区，人口5.4万人。省道311、209在集镇呈十字形交汇。

开展扫黑除恶党日活动，签订承诺书1839份。举办党务骨干培训班、流动党员培训班、村（社区）下辖支部书记培训班，共计培训党员800余名。高标准发展党员16名，争创“五星”村1个，创建宁乡市示范“五化”党支部2个；指导田坪村通过软弱涣散村党组织验收。全年共受理、发现问题线索45件次，其中本级受理6件，上级部门交办34件，主动发现5次。处置方式为初步核实12人次，函询5件次，了结6件次，谈话、谈话函询20人。督查通报9期，通报干部26人次、单位1个、现象3个。给予党纪、政纪处分5人，组织处理18人。

2019年，完成固定资产投资7.28亿元，完成年度任务的101%。完成规模工业产值1.98亿元，社会消费品零售总额2.6亿元。一般公共预算收入1415万元，完成年度任务的96.92%。地方一般公共预算收入625万元，完成年度任务的101.96%。产业项目建设方面，完成石塘坳处险工程，青山商贸城建设有序推进，天岳山饮用水生产基地一期水厂已建成投产，总投资1.6亿元的青山木本粮油加速推进，完成省道209提质改造项目，心田中学、造福小学修缮工程完工投入使用，青山桥中小教学楼及附属工程项目完成前期准备工作，硬化提质农村公路38千米。

持续推进办事程序优化，公开办事程序，简化办理流程，方便群众办理各项业务，实现“最多跑一次”的目标。对全镇290户低保户571人足额发放最低生活保障金229万余元；对512户516人农村“三无”人员发放五保金436万余元。社会救助准确及时，全年救济124户，共发放救济资金17万余元。城乡养保、医保稳步推进，缴费比例超额完成任务。严抓非洲猪瘟防控，设立8个非洲猪瘟防控临时消毒哨卡，处理疑似疫情263起。

【精准扶贫】 2019年，青山桥镇全面落实帮扶责任，配强驻村帮扶队伍，严管扶贫专项资金申报、摸底、核查。精准落实各项扶贫政策，帮助贫困学生申请春季教育助学708名。对27户贫困户实行危房改造。为52户贫困户提供公益性岗位，对72人实行金融贴息贷款，为137户366名贫困人口实行社会兜底保障。探索打造特色扶贫产业，突出输血与造血相结合，激发贫困户内生动力，以“镇村+企业（合作社）+贫困户”模式带动群众脱贫致富。打造就业扶贫车间3家，解决32名贫困户就业问题。探索自身产业扶贫发展模式，实施康庭中药材种植、田坪红薯种植等“四跟四走”项目6个。发展养蜂、养猪、养鸡等产业，逐步实现贫困户长期增收。全年实现精准脱贫30户79人，受到省市检查，得到肯定。

【环境治理】 2019年，青山桥镇以“五治”工作为抓手，不断提升群众认识，建设宜居新农村。全年完成空心房拆除651余户，完成目标任务超过430%，实现土地增减挂钩80公顷。完成改厕4200余座，完成既定目标任务的105%。新建垃圾分拣中心5个，5个村成功创建垃圾分类示范村，竹峰村成功创建省级卫生村。加强农村水生态建设，完善“河长”制三级责任保障体系，打造青山桥社区小微水体示范片，修复河道2千米，山塘20座。完成8处黑臭水体治理。加大对非法挖山洗砂的打击力度，有效遏制挖山洗砂现象。开展公路专项整治5次，以省道311、209等两条主要公路沿线居民房前屋后乱堆乱摆问题为重点，拆除沿线空心房屋、违章棚架，清理沙堆土堆和生活垃圾。

【基层治理】 2019年，青山桥镇深入落实“316”工作机制，成功调处各类矛盾纠纷530余起，包括重大疑难复杂纠纷51起，为群众维权16次，挽回损失600余万元。把信访矛盾化解在基层，重点围绕中药材产业发展、矿山退出、水库移民、农机员清退等领域的问题，想对策、出举措，较好的解决、化解群体性上访、联名上访问题。化解历史遗留问题，围绕民生发展和群众诉求，解决省道311沿线拆迁等多件民本民生突出问题。集中力量处理解决多年上访未得到解决的陈年积案3件。办好群众身边的小事，对群众拨打12345热线的400余个诉求逐一进行实地调查处理回复。2019年青山桥镇在长沙市纪委及以上越级信访件数量直线下降，被作典型推介，被评为无进京信访、无赴省集访、无群体性事件“三无”乡镇。

（杨　威）

横市镇

【概况】 横市镇位于宁乡市中北部，东连宁乡市黄材镇，北邻宁乡市老粮仓镇。总面积124.12平方千米，耕地面积2500公顷，其中水田面积2360公顷，山地面积12345公顷。2019年辖11个村和1个社区，总人口5.7万人。

2019年，横市镇围绕“建设现代农业强镇、打造湘中物流重镇”的定位，突出“基层治理强化年、产业发展突破年、重点工作提升年、要素保障改革年”四大主题，统筹推进各项工作，全年实现税收收入1455万元，其中完成宁乡市本级任务717万元；完成规模工业总产值7.2亿元；完成固定资产投资11.4亿元；完成社会零售品消费额6.3亿元。

开展“不忘初心、牢记使命”主题教育活动，开展问题排查整治；合金、界头成功创评“五星”村党组织，两新工党组织成功创评长沙市“五化”示范党支部；开展党员“政治生日”活动重温入党初心；各党支部每月一次主题党日活动多姿多彩；加强年轻干部培养，35岁以下年轻干部在机关中层骨干占比71%；发挥党建引领商会，党建带动妇建、团建作用，团结一切力量促发展。全面落实党风廉政建设“两个责任”，驰而不息抓作风，全年立案4起，办结2起，办信办结1起，进行提醒谈话76人次，问责11人，处理违纪违法支村“两委”成员5人，是全市两个纪委“零”信访乡镇之一。以问题为导向，对市委巡察组反馈的49条意见建立台账，实行清单销号制管理，全部完成整改到位。

推进2019年度全镇医保、养保收缴工作，养保收缴、认证、稽核等工作位居全市前列；发放各项惠民惠农补贴2149.6万元，涉及5万余人次；完成城乡低保年审新增共计376户，752人，特困供养年审447户，455人；受理各类民政临时性救助140多人次，救助金额达16万元；积极排查地灾隐患，组织抗灾演练，转移群众200余人，确保安全度汛；完成妇女两癌筛查、优生检测送检、老年人免费体检等任务；完成2019年计生奖扶调查审核工作。

【农业生产】 2019年，横市镇种植烟叶520公顷，种植规模宁乡市第一，烟叶总收入2466万元，获宁乡市烟叶规模稳控奖、烟叶质量效益综合奖，黄金叶专业合作社获宁乡市优秀烟叶合作社奖；水稻种植2200公顷，蔬菜、特色水果种植333公顷，红薯、玉米种植200公顷；关圣村探索手工红薯粉加工项目，实现村集体经济和107户贫困户增收近100万元；望北峰、泉柳、社区、向阳、云山、仁桥等村产业结构调整200公顷，农民人均增收1800元；获批长沙市农产品质量安全管理标准化示范乡镇。农村合作社发展动力进一步激活，向阳村茅栗合作社与湖南西周源农林发展公司合作建设桓林小苗地被基地，云山村水云山土地合作社与省农科院合作开发吊瓜子、八月炸项目，界头村土地合作社与湘粤农业公司合作建设无花果基地项目。新成立农村合作社11家，村级集体经济预计增收200多万元。云山村被列为长沙市美丽乡村示范村、乡村振兴示范村，泉柳村被列为宁乡市乡村振兴示范村；望北峰村被纳入长沙市12个壮大村级集体经济示范村，关圣村完成“去壳脱薄”。

【项目招商】 2019年，横市镇新引进工业项目2个，联系湖南协优易机械工业有限公司落户经开区，投资1亿元；雅致包装厂投资1000万元，建成投产；鑫宇机械厂、星星包装厂、钰凌雅俊电子厂追加投资，进行改扩建。工业项目品类由单一的烟花鞭炮制造逐步向烟花鞭炮、电子、包装、特色农产品加工等多品类发展。全年启动基础项目建设8个，启动粮食储备库智能化升级项目，建设数字粮仓；沩江流域综合治理涉水工程基本完工；横市中学易址搬迁项目开工建设；滩山完小等5所学校完成标准化建设；横市卫生院住院楼建设项目启动报批手续；向阳、云山、社区3个村（社区）卫生室完成建设。全年共黑化、硬化农村公路34千米，其中，仁桥硬化村、组级公路7.2千米；望北峰、云山获评长沙市“四好”农村公路示范村，3条公路获评“四好”农村公路示范路；新增农村饮水安全自来水入户720户；山塘整修及新建共23口，其中界头村投资88万新建牛房心骨干山塘；高标准渠道护砌12千米，清淤疏浚6000多米；金丰九旬桥竣工通车。

【人居环境整治】 2019年，横市镇入选长沙市“城乡人居环境整治”星级乡镇候选名单；稳步推进垃圾分类减量，新打造长沙市级6个垃圾分类示范村，垃圾分类减量率达70%；改厕、治房超额完成任务；完成全镇9处废弃砂场覆绿工作；完成畜禽养殖退养任务；耗资20万对镇域内的5处黑臭水体、沟渠进行清理，小微水体管护示范片区（泉柳羊咀片）和样板河（铁冲河）创建工作完成。

【矛盾化解】 2019年，横市镇应诉行政案件3起，处理遗留问题14起；积极处置国有闲置资产，对铁冲水泥厂进行土地公开招租；对因集镇开发涉及的建房群众国土手续办理问题进行全面梳理，解决办理土地使用证26件。开展矛盾纠纷大排查、大调解，突出矛调中心和村级调解作用，2019年共调解矛盾纠纷105件，调解成功率98%；切实做好重点人员的信访代理工作，全年未出现1例越级上访现象。建立网格化管理和社会管控机制，召开户主会200余次，摸排处置有效线索58条。重视12345市民服务热线工作，全年通过12345热线平台签收工单283件，按时办结率100%，群众回访满意率98%，位居全市街道乡镇前列；设置群众信访接待室、群众问询接待岗，重视民声受理，提升服务群众能力，全市民意满意度调查排名提升6个名次。

【社会治理】 2019年，横市镇开展企业安全生产检查工作200余次。加大对路边摊、马路市场整治，排查治理安全隐患400余处，立案处罚8起，全镇31家高危企业未发生1起安全生产事故。持续推进扫黑除恶，通过横幅、宣传栏、村村响等形式广泛动员，形成全民参与氛围，办结上级部门扫黑除恶交办件9件，在全镇各村社区及部门单位、企业开展“认清黑恶势力，主动检举揭发”活动，畅通举报渠道，坚持摸排深挖。严格综合执法态势，成立镇村联合社会治安巡防队，切实加强治安巡防；打击各类违规挖沙、采砂行为32次，扣留各类采砂交通车辆45台和各类手工采砂工具若干，拘留非法采砂2人；提前部署，多重监测，防控疑似非洲猪瘟疫情；做好集镇管理工作，建立日常巡查机制，劝导流动摊贩55处，开展集中整治13次；禁毒工作扎实有效，民调满意度100分，在长沙市排名上升120个名次。

【横市镇举办精准扶贫爱心赶集活动】 1月30日—2月15日，横市镇开展2019迎新春“精准扶贫赶集年货会”“2019欢度元宵”等多次精准扶贫爱心赶集活动，组织各村（社区）贫困户销售自产农、副产品。吸引252户贫困户参与，销售农产品、农副产品近50万元。活动情况被《长沙晚报》《新湖南》人民网相继报道，2月26日，《新闻联播》栏目中对横市镇消费扶贫工作进行报道，取得良好的社会反响。2019年横市镇完成近4000户四类对象房屋危险性鉴定，21户危房改建户全部竣工并通过验收；完成9个扶贫产业项目的立项及实施；6家扶贫车间为贫困劳动力提供62个就业岗位；就业技能培训培养就业技能人才达200人；扶贫专项招聘会达成就业意向300余人次。对“两不愁、三保障”大排查、大整改，全年脱贫60户119人。

（张莹灿）

2019年2月15日，横市镇“2019欢度元宵”精准扶贫爱心赶集活动现场

黄材镇

【概况】 2019年，黄材镇完成一般公共预算收入12661.34万元。其中，一般公共预算补助收入8919.29万元，税收收入2478万元，其他非税收入1264.05万元。实现固定资产投资164613万元，实现社会消费品零售总额43429.4亿元。完成沩滨中学、井冲中学、黄绢小学、月山小学和石龙洞小学提质改造。完成崔坪、新桥标准化卫生室创建。全镇低保、优抚、特困供养、医疗救助、临时救助等社会保障资金及时足额发放到位。助残优惠政策全面落实。全镇42户危房改造全部竣工。加强卫健服务管理，开展计划生育“百日行”服务活动，收取社会抚养费56万元，立案32起，移送非诉案件2起，免费优生检查347对，免费产前筛查340例，“两癌”筛查2170例，无创检测456对。开展“一村一品”文化建设，群众自编自导自演的花鼓戏等地方特色文化节目亮点纷呈，建成炭河里村农民文化广场，崔坪村成功创建长沙市综合文化服务示范村。开展脱贫攻坚、村级财务、扫黑除恶和涉农资金等专项督查，对责任落实不到位的单位下发督办函17件，对工作落实不力、违规违纪的镇村干部，共提醒谈话30人次，追查问责17人次，党纪处分11人。

【旅游业】 2019年，黄材镇新建青铜工艺品展示大楼，旅游体验效果不断增强，炭河里青铜科普基地入选第十二批湖南省科技普及基地。投资1.8亿的西周源田园综合体项目的苗木基地、花卉超市建成营业，田园景区加紧推进。《炭河千古情》演出539场，接待游客超210万人次，营业收入超1亿元。千佛洞接待游客5.5万人次，比2018年增长28%。龙泉漂流接待游客3.1万人次，同比增长30%。

【农业产业发展】 2019年，黄材镇域内有村级专业合作社17家，以红薯、辣椒、栀子花等农产品为重点培育产业。村级集体经济不断壮大，17个村（社区）全部“去薄脱空”。完成种植结构调整610.2公顷，黄材百亩荷花园、塅溪将军故里荷花园、月山红薯产业园、龙泉猕猴桃基地、新桥千亩油菜基地、松溪华塘鱼和栀子花基地基本成型。

【城镇建设】 2019年，黄材镇组建村民建房管理中心，规范建房用地审批，全年审批307户有序建房。推进路长制工作，主干道更加干净整洁、安全有序。集中开展“四好公路”创建工作，对黄龙公路、黄祖沩等旅游干线多次开展集中治理。完成灰黄加油站主体建设，已投入运营。完成省道327黄材段建设。完成农村公路“窄改宽”19.1千米，建成双投公路9.6千米，市规公路1.7千米。进一步规范集镇车辆停靠、门店经营、广告招牌和门前三包等管理，集镇面貌整体提升。

【人居环境改善】 2019年，黄材镇推进无害化厕所建设。推进垃圾分类，健全回收利用体系。聘请137名保洁员，配备92辆垃圾上门回收车，建成17个垃圾分拣中心，发放26224个带有分类标识的垃圾桶。全镇河湖水库水质均达到Ⅲ类以上标准；开展河道治理、河坡绿化，投入近300万元疏通河道近8千米；严厉打击非法采砂洗砂、电鱼毒鱼等违法行为。拆除“空心房”750栋。开展示范屋场建设，试点集中居住，创建黄材村“大屋垸子”屋场。倡导文明祭祀，实施“鲜花换鞭炮”活动，免费发放鲜花2万多束；积极倡导“婚事新办、丧事简办、余事不办”，开展日常巡查58余次，成功劝导42起宴请。

【生态环境治理】 2019年，黄材镇有序推进沩水河流域治理。做好胜溪电解锰厂污染土地修复项目的前期准备工作。开展集中式饮用水源保护区巡查工作，协助市环保局关停一家大型酒店。强化镇污水处理厂的日常监管，确保污水处理厂正常运行。推进植绿护绿工作，在塅溪河等沿岸种植苗木1万余株。集中整治裸露黄土，覆绿控绿40.4公顷。创建沩滨村金马组小微水体示范区。

【精准脱贫】 2019年，黄材镇全部完成54户102人的脱贫任务。严格落实健康扶贫政策。全镇1546户贫困户均享受到政府代缴新农合政策，65岁以上和患慢性病贫困人口免费健康体检率达95%，推行“先诊疗后付费”和“一站式结算”，确保贫困人口住院费用报销比例85%以上。严格落实教育扶贫政策。2019年春季教育助学补助贫困学生820人次，雨露计划春秋两季共补助240人次。严格落实产业扶贫政策。自主发展产业项目、“四跟四走”项目、省定重点项目有序推进。严格落实就业扶贫政策。提供公益性岗位47个；组织专场招聘会2场，200余贫困劳动力达成就业意向；组织电工、育婴员、叉车司机、导游四期技能培训。严格落实金融扶贫政策。2019年金融贴息贷款惠及404余人，贷款金额1473.4万元，财政贴息金额149786.24元。

【社会治理】 2019年，黄材镇扎实开展校车、消防、食品领域“打非治违”集中整治行动，全年未发生一起安全生产事故。扫黑除恶专项斗争扎实开展，选优配强驻村辅警，重整镇应急处突大队，必备警用装备全部配备到位。在全市率先试点建设综治中心。打造“阳光信访”，面对面答复信访群众，切实解决群众合理诉求。深化基层民主协商制度，镇村干部深入全镇102个网格中召开屋场会，2019年全镇共调处各类矛盾纠纷269起，其中成功调处269起，调处成功率为100%；办理12345市民服务热线工单249件次，办结249件次，办结率100%；受理信访案件共27件次，其中群众来信9起，网上投诉3起，群众来访15起，办结率100%。

【政务服务优化】 2019年，黄材镇创建服务型政府，全年累计接待群众9000余人次，接受业务咨询3100余人次，受理事项6187件，便捷的行政举措和优质的热情服务，实现群众办事“零”投诉。深化“一件事一次办”改革，按照“只进一扇门、最多跑一次”的标准，公开办事清单，提高群众办事便捷度。安装调试“无证明城市系统”，2019年全镇通过“无证明城市系统”开具各类证明785张，切实做到减证便民。扎实做好“出生一件事一次办”，政务中心、派出所打破壁垒，创新服务方式，实现不见面办理新生儿户籍、不见面购买医疗保险。（高佩婷）

沩山乡

【概况】 2019年，沩山乡坚持“带好队、扫好地、泡好茶、安好家”的发展理念，着力打造“千年茶旅、康养沩山”旅游品牌，依托自身优势，抢抓发展机遇，抓好党组织队伍建设，提升乡村人居环境，在特色产业发展中实现新突破，较好完成全年各项目标任务。2019年，沩山乡完成一般公共预算本级收入6338.71万元，其中税收收入完成172万元，完成年度任务的102.38%，补助收入完成5955.84万元。加强党建工作，定期召开党建工作专题会议；选优配齐支村两委干部，调整村党总支书记1名、村干部2名；每月开展青年干部读书会，提升干部队伍履职能力；开展扫黑除恶专项斗争和软弱涣散党组织排查整顿；推进“不忘初心、牢记使命”主题教育。创新“支部建在产业上、党员聚在产业上、群众富在产业上”的思路，各村（社区）成立特色产业合作社；党建引领，助推脱贫攻坚，12月同庆村精准扶贫省检顺利通过。建立党委中心组学习制度，开展习近平新时代中国特色社会主义思想专题学习14次，组织乡村干部系统学习6次；每月由党委书记主持开展青年干部读书学习活动。在《新湖南》等各类媒体发表文章50多篇，宣传沩山正能量；围绕庆祝中华人民共和国成立70周年，开展“广场舞比赛”“歌唱祖国”等系列活动，传播文明风气和正能量；制定《沩山乡网络发言人制度》《沩山乡重大突发事件舆情应对处置机制》，明确专人专责，网络舆情迅速反应及时处置。制定并下发《沩山乡新时代文明实践所和村（社区）实践站建设工作实施方案》，建设规范化站所6个，志愿服务队32支，志愿服务基地2个；开展文明实践活动64次，1800多人次参与，全乡范围内形成争当文明实践志愿者的良好风尚。2019年，沩山乡召开扫黑除恶专题会议、学习共计12次，坚持落实领导接访制度，领导接访日共计接待群众23人次，帮助来访群众解决实际问题5个，引导群众网上信访6人次。排查矛盾纠纷86起，其中成功调处84起，矛盾纠纷调处成功率达98%；构建乡、村、组三级塔群，为群众解疑答惑，确保乡域稳定。加大禁毒宣传力度，开展“6.26”国际禁毒日宣传活动，发放宣传资料2000余份，悬挂横幅10条，设置大型展板2块，开展禁毒知识专题讲座4次，“星城园丁APP”禁毒签名活动参与人数超过3300人次。党小组长带领落实群防群治工作，连续2年民调工作排名宁乡市第二，2019年保持平安乡镇（省级）称号。

【脱贫攻坚】 2019年，沩山乡坚持产业、就业、爱心助跑三大扶贫举措，坚决打赢脱贫攻坚战。建立例会制度，党员干部每月学业务，党政领导集中学习9次，组织各村支村两委、部门单位成员、结对帮扶干部分批开展精准扶贫业务培训20余次；发展茶叶种植、小水果、养蜂等“四跟四走”项目和自主发展产业项目，邀请农技专家上门开展黄桃、养蜂、茶叶等种养植技术培训18期，提升贫困户产业发展能力，实现有劳动能力、有产业发展意愿的户子100%发展产业；为中老年就业困难者提供20个公益性岗位，扶贫车间4家，就业45人，就业率达90.2%，户均就业增收1万元以上；2019年全乡实现产业扶贫364户、滴灌式扶贫24户、教育扶贫284户、“雨露计划”56户。

【避暑产业】 2019年4月，沩山乡结合沩山的自然条件、天气优势、基础设施等，以“千年茶旅、康养沩山”为发展定位，以全域旅游为前进方向，抢抓发展机遇，发展避暑旅游产业，高标准打造省内“避暑胜地”，成立沩山避暑协会，设计旅游标识、开发微信小程序、进行门店评星和宣传推广。全年累计接纳避暑游客16.7万余人次，比2018年增长271%。

【人居环境】 2019年，沩山乡对照

农村人居环境“洁、净、美”的整治目标，坚持以问题为导向，集中力量解决突出问题，持续开展“五治”工作，优化农村人居环境，“一户多宅”、“空心房”和建新未拆旧房的拆除倒地工作目标为90户，已成功拆除空心房147户，完成率达到163%；无害化厕所改建目标为1000座，实际完成1180座，完成率118%。注重发挥农民群众主体作用，聘请老党员、志愿者成立人居环境督导队伍，带动村民参与，建立政府、村集体和村民共谋、共建、共管、共评、共享机制，形成“五治”合力，完成“国家卫生乡”复检，获评长沙市人居环境“四星级”乡镇。

【沩山首届茶旅文化节】 2019年3月31日，湖南省宁乡市沩山首届茶旅文化节暨沩山风景名胜区春季旅游推介会在沩山国家级风景名胜区密印景区举行。宁乡市人民政府、市委网信办、市文化旅游广电体育局、市公安局、沩山风景名胜区管理委员会、沩山乡、黄材镇等相关领导出席启动仪式。沩山首届茶旅文化节以“千年茶旅、康养沩山”为主题，从3月31日—5月30日，为期两个月，举行以春为约、以茶为媒，开展采制春茶、找寻春芳、购置春鲜等一系列活动，让游客体验采茶乐趣，品尝沩山新茶及美食，购买沩山茶及土特产，欣赏采茶秀、舞龙等文艺演出。

【沩山首届康养避暑文化节】 2019年6月22日，以“康养沩山·避暑圣地”为主题的湖南省长沙宁乡市沩山首届康养避暑文化节开幕式在沩山国家级风景名胜区密印景区举行。宁乡沩山风景名胜区党工委书记蒋改平、沩山乡党委书记邓旺华介绍沩山首届康养避暑节活动的相关情况，宁乡市副市长贺立权致辞，湖南省民政厅副厅长杨薇宣布文化节开幕。举办康养避暑文化节旨在认真贯彻落实宁乡市委、市政府关于全域旅游、精准扶贫、乡村振兴方面的战略部署，推动沩山夏季康养避暑经济的发展，提升沩山风景区旅游人气。活动从6月22日—10月31日，推出以康养沩山·避暑圣地为主题的一日游、二日游产品，还有千叟宴、书画大赛、摄影大赛、擂茶大赛、广场舞比赛等，让游客尽情体验康养避暑文化的魅力。

【张宏益调研沩水源村】 4月12日，市委常委、市委组织部部长张宏益到宁乡市沩水源村调研精准扶贫、乡村振兴和扫黑除恶相关工作。张宏益现场见证沩水源村与金井茶业公司产业扶贫项目签约，为茶叶加工厂揭牌，并前往黄桃基地实地查看产业基地带动精准扶贫户就业和增收相关情况。近年来，沩水源村坚持“以党建引领精准扶贫”的工作思路，践行“支部建在产业上、党员聚在产业上、群众富在产业上”，扶贫工作成效明显。张宏益对沩水源村村容村貌的喜人变化和产业项目的发展成果表示肯定。他强调，下一步要在产业发展上再提升，强化规划引领，重视市场运作，因地制宜发展小微特色产业。在乡村振兴上再发力，完善基础设施，以治水、治厕为重点把“五治”推向深入；强化人才培养，在培养未来接班人、产业领军人上下功夫。在基层组织上再加强，发挥党员作用，强化作风建设，规范项目管理。他要求，要提升思想认识，将扫黑除恶专项斗争不断推向深入，营造安全幸福的乡村环境。

【中央一号文件落实情况督察组到沩山督查】 11月6日，中央督察组自然资源部巡视员李志刚、自然资源部综合司改革协调处副处长黄维维、中国自然资源经济研究院副研究员岳永兵、省委农办主任、省农业农村厅党组书记、厅长袁延文等一行到沩山督查中央一号文件落实情况，长沙市副市长李蔚和长沙市、宁乡市相关部门负责人陪同调研督查。李志刚一行先后走访沩水源村、农户经营的民宿、湘茗公司的茶园、茶文化体验馆，通过详细听取汇报、实地走访、个别访谈、集中座谈等形式，详细了解乡村新型经营主体、乡村民宿发展及村部基层党建服务建设情况。调研组对沩山乡推动乡村振兴战略实施所做工作和取得的成效给予充分肯定，并对下阶段工作提出要求和建议。

【湖南沩山第二届康养年俗文化节开幕】 12月7日，“楚沩之夜 相约沩山”湖南沩山第二届康养年俗文化节在密印景区开幕，1200多名游客参加开幕式。宁乡市人民政府副调研员周明山、沩山风景名胜区党工委书记蒋改平致辞、沩山乡乡长刘飞出席活动。本届康养年俗文化节从开幕当天起至2020年1月7日历时一个月，期间将开展“沐灰汤温泉、游炭河古

2019年11月26日，中央一号文件落实情况督察组到沩山督查

城、欣赏异域风情、杀沩山年猪、吃年饭、享受年俗文化”等一系列活动，还有宁乡花鼓戏、篝火晚会、沩山美食等丰富内容，让游客感受沩山富足的康养文化，品味风韵醇厚的传统年俗，体验不一样的沩山年味。

（徐　璐）

巷子口镇

【概况】巷子口镇镇域面积105.8平方千米，辖9个村、1个社区，人口4.8万。2019年，巷子口镇围绕建设“历史文化古镇、特色农业大镇、边贸物流重镇、生态宜居美镇”的奋斗目标，突出高质量发展导向，各项目标任务完成。实现工业生产总值13亿元、完成财政税收470万元，完成社会固定资产投资9.5亿元，实现社会零售总额1.2亿元。

党的建设持续加强，全镇42个党组织、广泛听取意见建议，征集班子问题20个，班子成员问题137个，推动解决步行街和同心村庄住户房屋办证、步行街13栋污水管网建设等一批历史遗留问题。建立巡察整改工作制度，镇党委先后召开3次党委会、4次专题会议，5个方面40项巡察问题已全部整改到位并对账销号，建立用制度管人、管事的工作制度。创新开展党员干部“五带头”“联五户”活动，积极推进支部“五化”建设和“五星”村党组织创建，打造巷市支部、黄鹤第一支部、石河支部为宁乡市“五化”示范支部；争创黄鹤村“五星”村党组织。软弱涣散党组织通过整顿验收，获“四星”村党组织的评定，10个村（社区）集体经济收入均达到5万元，其中黄鹤村集体经济收入达到26万元。

2019年，巷子口镇民生支出占财政总支出的82%，完成28项省市重点民生实事。累计发放低保资金279万元，特困供养资金362万元，高龄补贴180万元、残疾人两项补助94.5万元。浓厚尊师重教氛围，募集40余万元用于奖励教学，巷子口中学老师贺芝香被评为“全国模范教师”。举办首届群众文化艺术节，搭建展示群众才艺的平台，评选表彰20名“最美奋斗者”。全镇干部与405家商户联系结对，负责“六大”服务包工作，日常登记办件946件，办结946件，办结率达100%；接受群众电话咨询和现场咨询1285件，群众满意率达100%；无证明城市接件174件，办件174件，政务审批服务平台接件285件，办结285件，办结率达100%；受理1235市民热线113件，满意率97.3%。

【项目建设】2019年，巷子口镇项目建设有序推进，金湾边贸商城项目基本完成，二期18、19号栋建成营业，投入2000余万元完成双狮幼儿园、南轩中学、直田中学、檀树小学维修改造项目，双狮小学新建教师周转房投入使用，枫坪小学改扩建项目主体建设基本完成，巷子口中心医院完成选址、初步设计方案。巷沙流旅游线提质改造完工，教育路实现拓宽、绿化、亮化、黑化，完成危桥改造3座、提质改造2千米、公路窄路加宽7条16.484千米、修复渠道1.1千米，山塘清淤护砌3口、修护河坝2座。

【产业发展】2019年，巷子口镇传统农业提质发展。完成产业结构调整131.5公顷，完成万亩高标准农田建设，粮食产量1.75万吨。湖南沩源里农业科技有限公司获绿色食品认证；非洲猪瘟得到有效防控，全年未出现农产品质量安全事故。小水果产业提质增效。采取“合作社+协会+农户+电商”的产业发展模式，实现小水果产业技术标准统一、品质标准统一、销售网络统一，通过溯源体系和网销平台建设，引导水果产业与市场紧密对接，实现量价齐升。黄桃产量突破35万千克，产值近1000万元。现代服务业加快发展。完善集镇商贸配套，全镇商业氛围更加浓厚；航空基地不断提升飞行培训、青少年航空夏令营等服务能力，游客接待数量不断提升，南轩文化园被长沙市委组织部确定为长沙党员教育培训示范基地、长沙市研学基地。

【三大攻坚战】2019年，巷子口镇脱贫攻坚扎实推进，完成全年67户149人的脱贫任务。投入财政资金250余万元实施7个四跟四走产业扶贫项目，建成扶贫车间4个，举办电工、育婴师等各类培训班6期600余人次，新增贫困劳动力转移就业149人。污染防治成效显著。完成农村改厕2805座，拆除“空心房”254户。打造同心村庄和张家滩2个“五治”示范屋场。河长制全面落实，小微水体得到有效管护。蓝天保卫战持续推进，严厉打击非法采砂洗砂，砂场实现动态清零。完成裸露黄土覆绿7处5公顷。开展“逢十”人居环境大清扫活动，垃圾分类减量实现全覆盖，获评长沙市人居环境整治三星级乡镇。科学管控债务风险，举办财务管理人员培训2期，培训246人，镇本级消减债务860万元。积极防灾减灾，举办防汛抗旱、地灾防治和其他灾害应急救援培训班2期、组织开展应急救援演练14次。加强森林防火宣传和教育，刑拘失火烧山1人，治安拘留煨火土灰1人。扫黑除恶深入人心，开展打击地下六合彩专项行动12次，刑拘2人，治安拘留4人；镇域内企业及生产经营门店实现常态化执法检查，整改安全隐患51处，立案处罚2起，全年未发生一起重大安全事故。

【“巷子花开”同心项目】“巷子花开”同心项目于2019年8月在巷子口镇同心村庄、联花村张家滩美丽屋场开展试点，是宁乡市积极探索新时代统一战线参与乡村振兴、社会治理的新途径，构建统战部统筹牵头、部门协同配合、镇村积极推动、群众主动参与的构架，打造“一平台三基地”，包括：同心汇公益服务平台、新的社会阶层人士统战工作实践创新基地、社会组织实践基地、志愿者素质提升基地。“巷子花开”实施项目化管理和公益服务双重服务模式。项目管理是在就业帮扶、环境保护、党群服务等方面，开展10个专项社会组织服务；公益服务是邀请长沙市群英会，宁乡市环保志愿者协会、汉和公益协会、心理咨询师协会、向日葵爱心协会等8家首批入驻的社会组织，以及其他社会组织或团体，面向居民开展爱心志愿服务。由镇、村、管委会及社会组织协同配合，开展涵盖垃圾处理、勤劳致富、文明新风、志愿服务等八个方面，共50颗星的"村（社区）居民星级评定活动"，居民可根据评星数量到同心超市免费兑换各类生活物资。截至2019年底，"巷子花开"同心项目开展爱心志愿服务60余场次，培养和发展本地志愿者1000余名。创新开展星级评定、物资兑换，共计评星16156颗，兑换近2万元生活物资，培养和发展本地志愿者150名，实现志愿服务常态化。形成政府引导，群众参与，可复制可推广的"巷子花开"志愿服务模式。9月6日，长沙市委常委、统战部长谭小平一行到巷子口镇调研"巷子花开"同心项目。谭小平高度评价巷子口镇"同心村庄"建设取得的成效。（杨军辉）

龙田镇

【概况】龙田镇地处宁乡西部边陲，为长沙、益阳、娄底三市交界之地，距宁乡县城85千米，距娄底市38千米，省道311线和县道104线成"十字"型交叉贯穿东西南北，总面积71.88平方千米，辖5个村、1个社区，人口23206人。全镇共有公共服务中心7处，学校6所，综合性医疗机构1家，集镇广场4处，大型超市2家。污水处理厂1家，压缩式垃圾处理站1座。机关站所共有在职工作人员69人。龙田历史悠久，地形地貌特殊，平均海拔571米，年降水量丰富，2019年1656毫米左右，森林覆盖率超61%，是全省有名的"千年药乡"，玉竹、银杏、天麻、百合、玄参、射干等药材驰名省内外。

2019年，龙田镇完成税收收入615万元，完成年度目标任务（380万元）的161.8%；完成地方一般公共预算收入281万元，完成年度目标任务（160万元）的175.6%；化解政府债务114万元，完成目标任务的228%；实现固定资产投资7.45亿元，实现社会消费品零售额2.66亿元；规模工业总产值3116.7万元，规模工业增加值819.6万元，新增限上商贸企业1家，重点服务业1家，规模工业企业1家。村级集体经济逐步壮大，6个村（社区）全部实现"去薄脱壳"。居民储蓄存储余额3.92亿元，较2018年净增3600余万元。创建长沙市示范化"五化"党支部1个、宁乡市示范化"五化"党支部2个，创建宁乡市"五星"村（社区）党总支2个、"四星"村（社区）党总支2个、"三星"村（社区）党总支2个。推进扫黑除恶专项斗争，开展"打非治违"、安全隐患大排查等专项整治行动，立案5起，共处罚人民币1.4万元。全年无安全生产事故发生。坚持做好"五类人员"的帮教转化工作，保障辖区稳定安全。创建平安村（社区）1个、平安企业1个、平安示范家庭140户，上半年综治民调排名全市第一，全年综合排名全市第四。

落实基层党建主体责任，督促党组织书记落实"第一责任人"责任和班子成员"一岗双责"责任。以推动星级创建为抓手，筑牢基层党建基础，加强党小组建设，派驻35名党建指导员，落实落细"三会一课"、主题党日等组织制度。年内吸收预备党员9名，13名预备党员转正。坚持每月一主题，举办"干部夜校"，通过上台授课、课堂交流、工作实践等环节，培养更多"开口能讲、提笔能写、问策能对、遇事能办"的基层党员干部。通过自查自纠、专项整治、信访举报、上级交办等渠道，受理信访件7件，其中重复件5件，共办结3件。处理问题线索22条，共立案5件，办结5件。给予党内警告处分3人，党内严重警告2人。

筹措资金，帮助43户农户解决住房安全问题。落实重残补助对象251人，走访慰问特困残疾对象22人，为36户残疾人家庭子女争取助学金10万余元。完成妇女"两癌"检查713人，免费产前筛查88人，免费优生检测121人，新生儿免费疾病筛查130人，义务献血68人，各项指标均已超额完成年度任务。新修公路23.4千米，提质改造公路27千米，修复水渠12.5千米，完成镇自来水厂升级改造，完成石屋村630配电网改造，月塘村卫生室完成提质改造，人民群众生产生活条件改善。

办理人大建议和政协提案4件，政府门户网站和微信公众号发布各类政务信息132条，长沙市级以上媒体宣传报道58篇次，政务公开及时高效，政府形象明显提升。

获长沙市人居环境整治"四星级乡镇"、长沙市信访工作"三无"乡镇、宁乡市扫黑除恶专项斗争优秀单位、宁乡市食品安全工作先进单位、宁乡市蓝天保卫战工作先进单位等称号。2019年上半年综治民调排名宁乡市第一，全年综合排名宁乡市排名第四。脱贫攻坚、医疗卫生、垃圾分类减量等工作被学习强国、华声在线、《长沙晚报》、《今日宁乡》等媒体宣传推介，离退休老党员成立"山区讲唱队"，通过小演唱、微党课等方式开展宣讲，这一做法获人民日报"点赞"。

【脱贫攻坚工作】至2019年底，龙田镇共有建档立卡贫困户719户2173人，已脱贫的有676户2077人，其中在2019年脱贫的有24户57人。2019年共摸排出边缘户12户37人，脱贫监测户46户104人，无新增贫困户，无返贫户。镇党委坚决扛起脱贫攻坚政治责任，推进就业扶贫，安排就近入厂就业36人，推介至经开区就业51人，镇域内灵活就业43人，设置公益性岗位安置30人，建档立卡贫困户已有538人实现就业。推进产业扶贫，激发贫困户内生动力，增加贫困户收入，帮助自主发展种养殖产业289户，开展"四跟四走"产业扶贫项目9个，覆盖贫困户317户。加强贫困户兜底保障，低保兜底112户175人，相比2018年增加145人。通过安排公益性岗位和帮助发展产业提高家庭收入。

【人居环境改善】2019年，龙田镇新建迎宾广场和同心村庄文化广场，完成同心村庄场地平整硬化，龙田社区学堂片小微水体市级示范片区创建完成建设，龙田社区黑臭水体整治项目和集镇污水管网建设项目完工，及时拆除户外违规广告、违章建筑和乱搭乱建，整治乱停乱占和店外经营，全力推进集镇环境整治。拆除空心房293处，完成任务数的225%，80公顷土地增减挂钩项目全部完工。利用

2019 年 3 月 29 日，龙田镇举办首届“神奇瓦子寨，浪漫樱花季”活动

广播和宣传车宣传移风易俗政策，6 个村（社区）红白理事会主动履职，进一步浓厚文明风尚。完成改厕 2034 座，新建村级资源分拣中心 3 个，发放分类垃圾桶 11000 个，选聘保洁员 58 名，6 个村（社区）垃圾分类处置体系有效运行。开展集中整治 9 次，检查过境车辆 15000 多台，处罚车辆 50 台 3.2 万元。开展新时代文明实践，群众积极参与环境整治，镇村容貌大为改观。

【项目建设】 2019 年 7 月 16 日，投资 4.5 亿元的三一风电项目在龙田镇月塘村开工建设，年内完成建设上山道路 17.5 千米、升压站 1 个、风机机座 19 个。将瓦子寨郊野公园申报并纳入宁乡市全域旅游“14830”工程。举办首届“神奇瓦子寨，浪漫樱花季”征文、摄影、登山活动。10 月 18 日，龙田镇人民政府与瓦子寨旅游开发有限公司就瓦子寨郊野公园开发正式签约，大手笔投入、高水平设计，规划打造神奇瓦子寨郊野公园，瓦子寨景区一期基础设施建设全力推进。

【胡衡华调研龙田镇工作】 2019 年 7 月 9 日，湖南省委常委、长沙市委书记胡衡华一行到龙田镇横岭村回水组，与基层党组织负责人及党员代表座谈交流。地处宁乡市西部边陲的龙田镇横岭村坚持以“党小组长精干化、阵地建设标准化、党员活动经常化”为标准，以党建促进基层治理。调研过程中，胡衡华强调：基层党组织要把服务群众作为根本落脚点，从一件一件具体的事情做起。当前要以农村“五治”工作为重要抓手，发展新型村级集体经济，形成推动乡村振兴的强大合力。

【举办首届“神奇瓦子寨、浪漫樱花季”活动】 3 月 29 日，龙田镇举办首届“神奇瓦子寨、浪漫樱花季”活动，活动内容包括摄影、征文、登山等。全体机关干部职工，各村（社区）书记、主任，各部门负责人，宁乡市摄影协会部分成员，宁乡市诗散文协会部分成员，摄影、文学、登山爱好者，新闻媒体记者等共 600 余人参与活动，通过活动的开展，达到“以花为媒，繁荣文化，发展旅游，创造品牌，传承文化”的效果。

【龙田镇获长沙市信访工作“三无”乡镇】 2019 年，龙田镇全面贯彻落实上级决策部署，坚持以人民为中心，在经济社会发展全局中，进一步推动落实信访工作属地责任，充分发挥村（社区）信访工作基础性作用，依法及时就地解决群众合理诉求，最大限度维护群众合法权益，人民群众的获得感、幸福感和安全感进一步提升，创建长沙市信访工作“三无”乡镇。全年共接待来访群众 72 人次，成功办理网上信访 4 件，无赴省进京上访，无群体性事件，回应群众关切，办结市长热线“12345”工单 95 件，办结率 100%，满意率 100%。健全辖区矛盾纠纷排查调处信息网队伍，选聘专职调解员 5 名，村（社区）调解员 36 名，排查调处各项矛盾、纠纷 75 起，调解成功 75 起。

（龙友良）

沙田乡

【概况】 沙田乡地处宁乡市西部边陲，属沩山风景名胜区范围，黄龙公路、五七公路、流沙巷公路贯穿乡境，沩江的重要支流涓水河、栀水河蜿蜒流过。乡域面积 74.29 平方千米，辖 6 个行政村（下设 185 个村民小组），总人口 3.6 万人。

2019 年，沙田乡围绕“红色旅游、绿色乡村、金色产业、彩色生活”奋斗目标，全乡上下齐心协力，锐意进取，有序推进各项工作。结合人居环境、垃圾分类减量等工作，在 7 月开展“红色党课进村组”活动，党员群众反响好。开展“不忘初心、牢记使命”主题教育，全程覆盖 33 个支部。抓好村后备干部队伍建设，培养后备干部 2 名；离退休老同志在人居环境整治等工作中发挥余热，宝云村离退休支部创建“五化”示范支部。加强农村党员队伍建设，发展预备党员 10 人，其中大专以上学历 6 人。全面落实党风廉政建设责任制，健全完善廉政风险防控长效机制。严格管控三公经费，降低行政成本。加强政务信息公开，推行“互联网+政务服务”，规范便民服务管理，提高服务办事效率，全年受理各类便民事项 1.5 万余件，办结率 100%。完善报账审签、公务接待、公车管理等制度，机关管理更加规范。认真听取各方面意见，自觉接受乡人大监督，办理人大代表建议和意见 6 件，办复率 100%。有序推进扫黑除恶工作，充分发挥“红袖章治安巡防队”作用，打击涉黑、涉恶、涉毒、涉赌等违法行为。开展专项行动打击地下六合彩，常态化清查邪教人员、涉毒人员、流动人口。开展普法宣传，平安建设成效显著。及时调解矛盾纠纷，减少不稳定因素，共调处矛盾纠纷76件，调解率100%。化解信访积案6起，帮助市相关单位处理信访矛盾纠纷4起。严格落实“党政同责、一岗双责、齐抓共管”的安全生产责任体系，开展各类安全排查70余次，解决安全隐患8处。2019年，获评“中国面点师之乡”、长沙市“文明村镇”等称号。

【红色旅游】 2019年，沙田乡完善配套。依托沙田历史名人，利用烟叶收购站打造独具特色的红色文化教育基地，建成宁乡四髯生平陈列馆、涓水河沿线红色文化长廊，建设12处红色故事雕塑、30处革命诗词展碑、2处公共厕所，建成谢觉哉故居、何叔衡故居生态停车场并投入使用。完成谢觉哉故居产权置换。流沙巷公路提质改造完成，五七公路正抢抓施工建设，预计2020年6月可实现通车。展现何叔衡一生的电视纪录片《何叔衡》在叔衡故居开机拍摄，电影《血铸忠诚》筹拍制作。精心制作《做事不辞牛荷重——学习何叔衡的孺子牛精神》《谢觉哉的三次回乡》等专题党课；传承红色基因，结合群众身边的好党员袁雪松、颜新望等，制作《忠诚与信仰》等5堂微视频；精心设计《老党员的初心故事》等5堂微党课，受到各级领导和党员群众一致好评。编印出版《红色沙田》书刊，开设红色文化“四个一”专题培训班，即“一堂红色党课”“一部红色视频”“一次红色体验”“一场红色讨论”，通过课堂理论教学与现场体验教学相融合。基本形成“故居听讲解、基地上党课、广场重温入党誓词敬献花篮”的精品红色旅游线路。2019年，共接待省、市直单位主题党日活动200多场6万余人次，成功获评省、市爱国主义教育基地、党员教育培训示范基地等称号。

【产业发展】 2019年，沙田乡做强特色农业。壮大集体经济，产业优先，共流转土地183.3公顷，其中沙田栀子花种植6.7公顷、石笋泥鳅养殖2公顷、石笋莲蓬种植13.3公顷、石梅中药材种植46.7公顷。鼓励农民调整种植结构，引导种植烟叶、油菜、富硒有机稻等特色农产品，共种植烟叶16公顷，油菜333.3公顷，建立涓水河核心示范片区，培植特色农业，石梅村获评长沙市乡村振兴示范村。做大“沙田包子”。8月，举办中华发酵面食国际总决赛，吸引国内外17个赛区，共29名个人选手、30个团体代表参加，沙田乡获“中国面点师之乡”的称号，沙田包子品牌影响力不断扩大。“沙田包子”品牌门店在长沙新增260多家。

【脱贫攻坚】 2019年，沙田乡以问题为导向，以“两业”为重点，聚焦“两不愁，三保障”，严格按照精准识别相关程序要求，开展贫困对象动态管理工作以及贫困户增收工作。全年共开发公益性岗位40个，发放小额扶贫贷款97万元，申报扶贫车间5家，验收2家，带动贫困户就业29人，发展“四跟四走”产业8个，省级重点项目1个，覆盖贫困户670户，户均投入约3000元，推进消费扶贫常态化，对接各后盾单位对贫困户农产品进行收购，共收购农产品约60万元，有效带动贫困户发展种养产业的积极性，截至2019年底，全乡864户贫困户稳定脱贫。

【社会事业】 2019年，沙田乡全面完成第四次经济普查工作，各项惠民政策全面落实。全乡共享受低保待遇334户596人，累计发放低保、特困供养人员、医疗救助、重点优抚对象补助、困难残疾人生活补贴等补助资金747万元，发放高龄津贴137.23万元，发放奖扶特扶资金107.23万元。各项民生工程有序实施，群众住房安全有效保障，通过重点援建、投靠亲友、集中供养等方式解决住房问题72户；抓好防汛减灾、消防安全等工作，汛期成功避险1人，确保群众生命财产安全。抓好医院条件改善，新改建村级卫生室2个，完成沙田敬老院康乐桥建设。坚持教育优先，投入资金300万元，完成沙田中学改扩建、樟木小学改扩建等项目，沙田、五里两所中学中考连续7年排名全县前三。

【乡村治理】 2019年，沙田乡出台农村人居环境整治方案，充分发挥农村党员干部群众主体作用，坚持开展“逢十”大清扫活动。推进涓水河流域治理，打造样板河段1个，涓水河纳入省2020年重点流域治理项目。推行垃圾分类减量，新创建石梅、五里、石笋、长冲村4个市垃圾分类示范村；改厕工作稳步推进，旱厕全部清零，无害化厕所改造2100座；开展五里、沙田两个集镇及沿线公路进行集中整治，规范经营商铺300余家、治理乱象2200余起；推进拆违控违工作，组织相关部门集中拆除违章建筑、临时棚屋等12处，整治乱

2019年5月31日，电影纪录片《何叔衡》在何叔衡故居举行开机仪式

象76起；国土卫片整改11处，复耕复绿1.2万余平方米；铁腕打击非法采砂，组织大型治砂集中行动5次，打击挖土取砂行为15起，扣押大型机械设备8台、运输车辆24台，并没收吸沙装备2套，行政处罚1人，查处人工担砂行为270余起，现场训诫210人次，结合对河堤进行生态修复全年动用大型机械分四次对下河采砂27条小路进行清理，树立治砂警示牌65块。完成农村道路硬化13.8千米，提质改造5.5千米，基础设施不断完善，村容村貌明显提升。

【纪录片《何叔衡》开机仪式】2019年5月31日，在全党开展“不忘初心，牢记使命”主题教育之际，由潇湘电影集团公司、宁乡市委宣传部、湖南红网新媒体集团、湖南宁影文化传媒有限公司共同拍摄的纪录片《何叔衡》在沙田乡何叔衡故居举行启动仪式。市委常委、宣传部长彭娟参加活动。何叔衡是中共一大代表中最年长的参会者，是红色政权首任“大法官”，同时也是中共一大代表中最早壮烈牺牲的革命烈士之一。红色主题纪录片《何叔衡》全篇分为三个部分，分别讲述何叔衡近20年的共产主义革命生涯，如何由一个粗布长衫“可当大局”的穷秀才，逐步转变为一个一切为人民“做事不辞牛负重”的革命先驱，继而成为一个“为革命流尽最后一滴血”的坚定革命者的壮烈一生。（曾宪慧）

白马桥街道

【概况】白马桥街道位于宁乡城区南端，总面积22.8平方千米，耕地面积669.13公顷，辖凤形、凤祥、正农、龙江、仁福、白马、白龙7个社区，常住人口8万余人。全年，新引进商贸项目3个，合同引资15.1亿元，项目投入8.6亿元；完成税收入库25730万元，其中完成地方一般预算收入14223万元，实现经济运行总体平稳。

高质量推进党建，全年组织中心组学习14次，专家授课3次；处理网络舆情11起；全面推进党组织“五化”建设。按月召开党建工作例会，突出抓好党员冬春训和党组织书记业务培训，整顿提升凤形、仁福社区党组织，对社区干部进行违法违纪、涉黑涉恶专项排查，查办违纪党员6人；注重干部培养，调整3名社区党组织书记，补选“两委”成员4人，公开选聘社区后备干部9名，发展党员12名。“七一”期间选树表彰优秀共产党员101名，评选“五星”社区1个、十佳小区联合党支部2个、十佳小区党小组长2名、十佳为民服务先锋3名。

聚焦“产业项目建设”、“营商环境优化”，召开优化营商环境推动高质量发展座谈会，新引进新城控股、江西万丰达等企业；激励大众创业、企业创新，评选“创业先锋”50名；持续开展“三抓两促”活动，重点帮促吾悦广场、凤凰新城、碧桂园、珺钰府等地产项目建设，推动正农古街运营；新建滨江中学、龙江小学、金龙小学3所学校，投资640万元完成滨江小学扩建，新增学位6440个，缓解学位紧张状况，破解入学难的困局。深化“放管服”改革，坚持“马上就办”；联合辖区派出所、城管部门，对企业周边治安环境和“乱点、乱象”进行综合治理，打击项目建设中强包强揽、强买强卖、强行阻工事件，为企业营造良好的营商环境和项目建设施工环境，实现经济运行总体平稳。

压实“一对一”结对帮扶责任，注重扶贫与扶志、扶智相结合，对140户贫困户实施精准帮扶，成立扶贫车间1个，发展自主产业33户102人；发挥人大代表、政协委员和社会贤达的作用，汇聚各界力量，引导瑞良电子等8家爱心企业对深度贫困户进行帮扶，助力脱贫攻坚，贫困户石国忠获评宁乡市残疾人脱贫致富先进个人。打好污染防治攻坚战，围绕群众反映强烈的大气、水、土壤等突出问题，推进源头控污和项目治污，重点做好扬尘治理、除臭剿劣、禁燃禁放禁烧、裸露地块覆绿、小微水体整治等工作。先后排查整治大小型餐饮门店餐饮油烟污染160家，提质改造餐饮透明厨房15家，对13家大型餐饮门店全面实施在线监控；开展饮用水源保护，完善辖区内溪渠截污管网建设，畜禽规模养殖退出清零；投资280万元，排查黑臭水体11处，采取“控源、截污、调水、清淤、植绿”五大措施，改善小微水体176处，投资47万元打造青桥小微水体示范点；实施净土保卫战，开展国土绿化行动，取缔清退洗砂场3处、堆沙场5处，制止非法采砂26次，完成覆绿14处1.5万平方米。

以打造环境优美宜居宜业的品质城市为目标，推进城市建管。对接、推进城中村改造和危房户零星棚改，推进龙江路和白马工矿安置小区提质改造；协调推进辖区内“一圈、两场、三道”等项目建设。联合职能部门推进控建拆违，拆除违规搭建172处，面积16206.7平方米；突出市容秩序监管、马路市场整治，以商会为平台，成立白马水果市场分会，创新推动水果市场整治；打造二环南路和白马大道两条文明停车示范路。实施乡村振兴战略，统筹推进社区集体产权制度改革，以“五治”为重点，启动垃圾分类、旱厕清零（458座）、片区清整（150次）等专项行动，专题召开人居环境治理工作基层民主协商对话会，增进共识，不断改善农村人居环境；配发垃圾桶15100余个，完成老宁横路等路段及白龙、白马社区组级公路约35千米道路两厢整治，新建文体广场3处；打造白龙社区乡村振兴示范点，投资近200万元进行农村道路、供水等设施建设；筹资170万元对骨干山塘、渠坝等水利基础设施进行修缮。7月，在白马社区试点推进小微水体治理示范建设。白马社区小微水体治理示范点工程主要包括：每户化粪池及管道建设、三级化粪池建设、人工湿地建设、山塘护砌建设、裸地值绿护绿建设等系列建设工作，实现“三无”（污水无直排、水面无漂浮物、岸边无垃圾）的同时，也为白马社区增添一道道靓丽的乡村景观。补齐公共服务短板，拓宽增收渠道，激发社区发展内生动力，7个社区新型集体经济不断壮大。

围绕“三零”目标创建平安白马，落实应急管理、安全生产“党政同责”“一岗双责”要求，定期进行安全生产大检查、大排查；落实

"316"群众工作新格局，推进民声受理等五个中心建设，发挥人大代表、政协委员和社会贤达在基层民主政治建设和社会治理中的作用，对涉及群众利益且有可能引发信访稳定的重大决策事项，先期进行预测研判和风险评估，主动建言献策，着力构建共创共治共享的社会治理新格局；强化党建引领"五位一体"小区治理模式。开展平安创建、"扫黑除恶"专项斗争、依法治访专项行动，净化社会生态，先后抓获打击处理11人。

实现社会保障全覆盖，全年发放低保、五保、高龄补贴等各类资金180余万元，救助残疾人196人，困难群众118户，资助学生17名，累计发放救助资金40万元；开展健康社区创建，落实家庭医生签约服务，推进免费健康体检和公共卫生服务；全年完成健康体检4885人次，"孕前优生"检查204对，"两癌"筛查500人次，疫苗接种31000针次；在7个社区建成新时代文明实践站，以小区、学校、企业为重点打造一批新时代文明实践基地，通过文明实践主题活动，提升文明素养，倡导全民健身，开展丰富多彩的文娱活动，高规格组织中华人民共和国成立70周年文艺晚会，向主流媒体推送稿件128篇，展示幸福白马发展成果。以"21+3"项民生实事工程为抓手，推进白马大道两厢燃气入户和白龙社区自来水安装，充分发挥群众主体作用，投资2500万元，因地制宜解决一批关系民生的人居环境问题，打造社区人居环境特色亮点，仁福社区通过长沙市卫生村（社区）考核验收；自筹资金500余万元，改造凤形小学食堂餐厅、重修凤形小学教学楼护坡，翻新中心小学腾飞楼，提质改造滨江小学田径场等，学校消防及周边道路交通安全设施，电力、水利、道路等基础实施得到改善。

2019年，白马桥街道获评长沙市文明单位。龙江社区获评长沙市精品社区、长沙市2019年度100个标准化村（社区）综合文化服务中心，仁福社区获评长沙市卫生社区，凤形社区获评长沙市新时代文明实践"夕阳红志愿服务队"先进单位。

【"五位一体"小区治理】 2019年，白马桥街道把党建引领社区、小区管理作为城市基层党建的主要路径，推进党支部"五化"建设、"五星"社区创建、"三零"社区创建，实行"五位一体"小区治理模式，实现小区高质量自治目标。在域内27个小区全部成立联合支部委员会，实现网格党组织全覆盖，形成"街道党工委—社区党总支（支部）—小区联合党支部"纵向管理链条；发动党员带头参加个人自荐与业主推荐，公开选举产生业主委员会、业主监委会，选聘优质物业公司，组建一支在职党员志愿者队伍，形成"党支部引领、业委会自治、监委会监督、志愿服务队参与、物业公司服务"共建共享美好生活的"五位一体"运行机制，不断完善基础设施建设、改善环境卫生、维护治安秩序、和谐邻里关系等方面的综合治理工作。龙江社区被评为长沙市精品社区、宁乡市五星社区。

【"干部联组化解矛盾"活动】 6月19日，白马桥街道启动"百名干部联百组、化解矛盾促发展"主题活动，旨在进一步密切干群关系，化解群众反映突出问题，做好信访工作。按照"领导联社区、社区干部联片、机关干部联组（小区）"工作机制，132名联组（小区）干部通过带案下访、座谈交流、入户走访等途径，以解决问题为导向，落实"两见面、一承诺、一调查、一处理、一答复、一档案、一回访"工作要求，从群众最关心、最直接、最现实的问题入手，紧紧抓住热点、难点问题，深入田间地头与群众零距离接触，面对面沟通交流，倾听群众的呼声、收集群众的诉求，用心用情当好民情信息员、矛盾化解员、平安创建员。建立"三级塔群"工作体系相结合，受理群众反应的问题，对辖区内132个居民小组（小区）进行全面走访。共收集群众意见建议300多条。2019年，白马桥街道解决群众反映突出问题78起，13件信访积案得到初步解决，全年信访及时受理率达100%，解决率达92%。

【白马商会白马大市场分会成立】 白马大市场位于城南白马桥街道，毗邻宁乡市白马桥汽车站，区位优越，交通便利。大市场总占地面积1.1万平方米，有门面约600空，经营零售商铺150余个，其中水果店40余户，南货、百货、日杂等其他零售店110余户。市场内零售商户分散经营，门店垃圾随意倾倒，车辆无序停放，违章搭建严重，占道经营，恶性竞争等现象明显。8月28日，白马商会白马大市场分会选举产生熊海良、陈谷良、叶献忠、王亮、廖灵芝等5人为分会班子成员，廖灵芝为分会会长。9月11日，在白马桥街道、白马商会、凤祥社区、市场商户的共同见证下，白马商会白马大市场分会挂牌成立。分会成立后，市场管理由分会自发管理，散货经营划分指定区域，整顿乱停乱放现象，市场形象有较大改观。

【人居环境整治】 2019年，白马桥街道按照《人居环境整治工作实施方案》要求，以市容秩序为重点，严格执法。落实全域化、网格化城管机制，全年共处理占道设摊经营59件，占用城市道路17件，店外经营88件，污染道路类55件，户外广告类5件，乱倒垃圾类4件，未安装油烟净化设施1件，张贴宣传品2件，洗车场所设置不规范3件，共计234件，罚款220600元；全年拆除违建72处，8103平方米。清明节和中元节期间组织开展"文明祭祀活动"，共计发放宣传资料5000余份、出动宣传车30余次，张贴倡议书350余张，加强对市民文明祭扫的宣传引导。严格落实网格化巡查，加强对燃烧秸秆、垃圾等现象查处，处理违规焚烧垃圾3起，焚烧秸秆30余起，罚款共计2500元。对辖区内餐饮烟油污染问题、露天烧烤问题展开昼夜不间断巡逻执法行动32次，先后查处露天烧烤5家，餐饮油烟污染餐馆8家，并下达整改通知书；对所有未整改商户小煤炉依法予以查扣，共收缴煤炉389余个，散煤5000余块。完善辖区内溪渠截污管网建设，开展饮用水源保护，畜禽规模养殖退出清零。2019年，街道共摸底排查出5

处黑臭水体（凤形社区缠山组黑臭水体、月星组黑臭水体、黄花组黑臭水体；白马社区樟树组黑臭水体、泊香雅境黑臭水体），按照“街道主体、社区负责、居民配合”的原则，制定专项整治方案，明确具体责任人，施行“一体一策，对单销号”，整治过程中，采用“控源、截污、调水、清淤、植绿”五大措施，至年底5处黑臭水体全部整治到位。9月25日，白马桥街道举行基层民主协商对话会，69位民主协商对话会成员就人居环境治理工作展开讨论，并全票投票通过《白马桥街道人居环境治理居民公约》，现场收集意见建议20条。近400名党员参与到社区人居环境提升行动，深入居民家中发放倡议书6000余份。各村社区实行“门前三包”责任，发动群众集中开展环境卫生整治，对辖区内池塘、道路旁的积存垃圾进行大清扫、大清理，形成周评月比季考核年评定长效机制。白马桥街道被评为2019年度“除臭剿劣”攻坚战工作先进单位、2019年度蓝天保卫战工作先进单位。

（喻　军）

历经铺街道

【概况】 历经铺街道位于宁乡市城区东部，西临宁乡市城区，东接长沙，319国道、金洲大道、省道208连接线贯穿境内。2019年，辖9个村（社区），95个村（居）民小组，共有10630户33552人；总面积36.88平方千米，其中耕地面积856公顷，林地面积1184.24公顷，水域面积174公顷。2019年，历经铺街道围绕“凝心聚力、持续发力，共建美丽幸福新东城”主题，各项事业保持向上向好的发展态势。2019年，历经铺街道财政税收入库2.4亿元，固定资产投资完成22.1亿元，社会零售品销售总额完成22.6亿元，工业生产总值完成13.4亿元。2019年年度绩效考核中被宁乡市委、市政府评定为一等单位。

2019年，按照“五化”建设要求，设置党总支12个，党支部46个。东城社区第二党支部、卫生院党支部通过“五化”示范化党支部验收。沙河市场党总支被评为宁乡市党建示范点，并被长沙市委组织部评为“先进基层党组织”。每季度举办一期“廉政大讲堂”，定期开展扶贫领域、惠农资金、项目工程等的监督检查和对村级班子的监督管理；开展各类督查25次，对9名干部进行批评教育和提醒谈话，对4名违反作风纪律的干部进行点名通报，给予党纪处分4人，被评为“宁乡市党风廉政建设先进单位”。2019年，历经铺加大精准脱贫力度，街道内153户贫困户“两不愁三保障”均已达标。全年共脱贫13户36人，对14户有产业发展意愿和产业发展能力的贫困户开展产业帮扶，解决贫困人口就业15人，有就业能力和就业意愿的贫困劳动力实现就业率98%以上。6月，对鉴定为D级危屋的7户精准扶贫户进行征拆，除1户因人口计算问题未拆迁到位外，其余6户已于9月份全部征拆到位。持续加大对中小学教育、医疗卫生等工作的投入力度，投入80余万元对域内中小学和幼儿园进行提质改造，做好新建社区卫生院综合楼的前期准备工作。抓好政务服务中心便民化服务，及时办理手续齐全、符合申领（请）条件的便民事项。共办理包括各类证照、保险等在内的政务服务业务4000多项，发放各类补贴9000余人次，按时办结各类诉求工单200余件。扎实推进计生事业开展，被湖南省计划生育协会评为“2019年全省计划生育基层群众自治先进街道”，被长沙市评为“2018年度全市人口和计划生育工作优秀单位”。

【优化营商环境】 2019年，历经铺街道配合项目工程建设单位协调处理各类纠纷50余起，投入70余万元筹备成立历经铺街道商会，对沙河市场开展为期40天的规范市场秩序宣传劝导整治，为街道内300余名企业家、商户提供各类服务，联合农商银行沩东支行帮助39户商户融资贷款500万元，有效激发街道经济活力，促进实体经济高质量发展。

【征地拆迁与项目工程】 2019年，历经铺街道启动并完成项目征拆5期，共征拆房屋500多套。12户拆迁遗留问题全部清零，为东城片区发展腾足建设用地200公顷，推动宁邦广场、恒大御景半岛、正大广场等项目顺利开工。年内在建项目共15个，东方红郡一期交付使用，宁邦广场、正大广场、美美融城、金沙湾、恒大、美的房产等其他项目加快建设。引进的宁邦·大信新都汇8月31日正式开业。中南艺术学校动工并完成主体工程建设。

【平安建设】 2019年，历经铺街道以“扫黑除恶”专项斗争为契机，以全面创建平安街道为目标，充分发挥各村、社区和部门单位主体作用，统筹各方力量广泛参与社会治理，选优配强村辅警队伍，健全村、社区人民调解委员会队伍，发展壮大“红袖章”志愿者队伍，逐步构建“多元参与、协商共治”的社会治理模式；以基层民兵组织规范化建设为标准，力促民兵整组，组建一支1200人的普通民兵队伍和一支33人的基干民兵队伍，群治群防队伍不断壮大。“扫黑除恶”专项斗争完成中央督查组督查，综治工作在长沙市公众测评中排名宁乡第一，被市委、市政府评定为综治工作“红旗街道”。

【矛盾纠纷处理】 2019年，历经铺街道建立由联村（社区）领导、机关干部、村（社区）治调委员等为成员的信访代理队伍，协调上级和相关职能部门对市交办的2名重点对象提供帮助，上级交办件及网上信访投诉17批次于2019年4月底前全部办结，列入2019年长沙市30个无进京非接待场所登记和去市“零上访”乡镇（街道）之一。调动“五老”及社会贤达等力量，建立人民调解员协会，及时回应群众诉求，注重从征地拆迁、低保评定、危房改建和惠民惠农等涉及群众切身利益方面入手，排查调处各类纠纷178起，满意率98%以上，被评为长沙市信访工作“三无”街道。

【安全工作】 2019年，历经铺街道推进“夯实企业安全生产主体责任年”活动和“大排查、大体检、大整治”三大行动，对多合一场所、劳动密集型企业、施工工地等13个重点场所排查整改安全隐患700多处，对主体责任不落实的企业进行行政立案25起，暂时停产停业整顿6家，取缔企业13家，打击非法生产、经营销售危险化学品行为4起。联合相关部门单位积极消除道路交通安全隐患，排查整改40余条，查处治超车辆30余台次，对1台非法运输危险化学品车辆移交交管站处理，为街道平安发展、人民安居乐业创造良好环境。被宁乡市安全生产委员会评为“2019年度安全生产工作先进单位”。突出食品安全，建立农产品质量安全监管体系，组织进行农产品质量安全培训11次；开展流动摊贩、农村聚餐、学校医院、娱乐场所等重点领域食品安全整治4次，立案处罚15起，取缔食品加工点2处，确保人民群众舌尖上的安全。街道被宁乡市食品安全委员会评为“2019年度食品安全工作先进单位”。通过严格落实森林防火责任制、强化野外用火管理、发放《森林防火小贴士》、及时充实防火物资储备等措施，实现街道全年无森林火灾发生。

【村改社区工作】 2019年，历经铺街道推进村改社区工作，2月20日，中共宁乡市历经铺街道工作委员会、宁乡市历经铺街道办事处联合下发《关于明确做好历经铺村等5个村实施村改社区工作的通知》，明确2019年12月31日前，完善办公室设置、牌匾设置和相关服务组织机构设置等工作。11月14日，宁乡市人民政府下发《关于历经铺街道历经铺村等5个村村改社区工作的批复》，同意撤销历经铺村村民委员会，设立历经铺社区居民委员会；同意撤销大湾岭村村民委员会，设立大湾岭社区居民委员会；同意撤销紫云村村民委员会，设立紫云社区居民委员会；同意撤销净土庵村村民委员会，设立净土庵社区居民委员会；同意撤销群星村村民委员会，设立设立群星社区居民委员会。五个社区管辖范围为原所辖范围，驻地不变，隶属历经铺街道管辖。

【城乡建管】 2019年，历经铺按照强化规划引领和精细建管，文明劝导取得实效，城乡秩序更加规范。4月6日，50多名志愿者在童牧谷开展“拒绝乱扔垃圾、乱摆摊位”文明劝导活动，4月7日《人民日报》头版头条《彰显地方特色 激发家国情怀》报道这一活动。楚沩东路、创业大道两条路段文明停车示范街创建工作成效明显。联合城发集团和国资集团，投入资金2633.6万元对银河路小区和金苑路小区进行提质改造；投入1495万元对金鑫北路、金玉东路提质改造；投资7995.4万元加快对滨江大道项目进行研究建设，既拉动东城片区经济整体发展，也极大方便群众工作生活。

【环境整治】 2019年，历经铺全面启动人居环境大整治行动，创建长沙市垃圾分类示范村2个，5个村（社区）达到验收标准；在童牧谷内建设小微水体示范点1个，全年完成改厕任务933座；拆除违建和棚屋286户共39200平方米，城乡人居环境进一步优化。街道被宁乡市蓝天保卫战工作领导小组办公室评为“宁乡市2019年度蓝天保卫战工作先进单位”；被宁乡市“除臭剿劣”攻坚战指挥部评为“宁乡市2019年度‘除臭剿劣’攻坚战工作先进单位”。

【集体经济发展】 2019年，历经铺对6个村（社区）272.1公顷实行产业结构调整，完成土地流转193.3公顷，落实种植结构调整190公顷。2019年全面消除集体经济薄弱空壳村，南太湖“童牧谷合作社”集体经济年收入60万元以上。全部成立村级土地合作社并完成集体资产成员确认。 （何清军）

城郊街道

【概况】 城郊街道辖东沩、梅家田、怡宁、创业、罗宦、沩丰、石泉7个社区和关心、茶亭寺、石头坑3个村，总面积37平方千米，耕地面积186.48公顷，常住人口8万余人，2019年完成税收2.3046亿元，完成地方一般公共预算收入1.1421亿元，完成工业总产值14.9亿元。

城郊街道行政体制改革。根据机构改革工作要求，以适应街道工作特点和便民服务为需要，整合街道审批、服务、执法力量，设置党政机构6个、直属事业单位3个、执法机构1个，财政所、司法所按原来设置模式不变，构建简约高效的基层管理体制，推进街道职能转变，进一步提升街道公共服务、公共管理、公共安全水平。

2019年，完成税收2.3046亿元，为年度任务的94.07%。其中，地方一般公共预算收入完成1.1421亿元。完成固定资产投入25.6亿元，成功对接新增四上企业18个，完成工业总产值14.9亿元，增速达13.3%。

人居环境提升。完成石头坑村、茶亭寺村137户标准化三级化粪池改造。实施垃圾分类，发放垃圾桶5000个，建设垃圾分拣站2个，添置垃圾分类回收车9台。在市人居环境卫生考核中3次获全市第一名。完成339户老旧小区餐厨油烟净化设施提质改造，推动老旧小区进行清洁能源改造。落实禁燃禁放，辖区内基本杜绝烟花爆竹燃放、秸秆焚烧现象。查处车辆污染行为61起，扬尘控尘效果良好。

除臭剿劣。对白玉河沿线全面清淤除杂，对小规模鸡鸭养殖进行退养，在檀树湾中学建设地埋式三级化粪池。对龙骨坝进行治理，对哑河内污管网进行有效管理，XX04排口全年水质保持在四类以上。杉树溪、和泰家园黑臭水体整治项目工程全面完成。清整52处小微水体，投入4万多元打造石头坑村小微水体示范点。

卫计文教。发放独生子女保健费551人，两癌检查完成598例，优生检测完成141例。举办“我和我的祖国”系列群众文化活动，关爱失亲少年和贫困留守儿童，资助47个贫困学生2.11万元。

脱贫攻坚。教育助学、雨露计划资金及时发放到扶贫明白卡，“滴灌式”支持到户补助项目完成验收，全年完成19户39人贫困人口脱贫。

民生保障。最低生活保障覆盖特困人员435户、低保1162户，发放资金102万元，临时救助58户13万元，大病救助12户4.99万元。申报15个村民小组935人失地农民社保。新增医保119人，新增养老保险21人。发放残疾人补贴31万元。慈善助学15人。

化解矛盾。调处各类矛盾纠纷380起，其中重大疑难复杂纠纷10起。解矫14人，在矫人员20人，其中新入矫11人。办理网上交办信访件156起，接待信访群众136批次，全部答复办理完毕。

平安创建。全国两会、国庆70周年特护期实现零非访、零进京。集中开展“大走访、大宣传、大排查、大整治”活动，摸排出问题255个，所有排查出的问题按办公室、按村（社区）进行交办。践行新使命、忠诚保大庆，严格落实维稳工作责任，全方位排查治安、消防各类隐患，成功组织两次“万人大巡逻”。拆除非法采砂场地3个，关闭非法经营户2家，全年破案8起，打掉涉恶团伙1个。

安全生产。全年街道安全生产零事故。查获一白板肉门店，收缴清查假白酒14件，查封石头坑村一非法槟榔加工窝点。开展校车安全执法检查10次，组织黑校车专项整治行动2次。排查铁路沿线隐患5处。清退不具备生产经营条件单位4家，取缔无危险化学品生产许可证单位1家，清退无证照经营烟花爆竹门店6家。

基层党建扎实推进。抓村（社区）党组织建设，创业社区木佳党支部获评长沙市示范化“五化”党支部，梅家田社区党总支获评宁乡“五星”村（社区）党组织。推进小区党建，嘉诚花园小区、朝庭小区联合党支部被市委组织部评为“十佳小区联合党支部”。开展“不忘初心、牢记使命”读书班——楚沩红色故事主题宣讲活动。参加全市“党建+扫黑除恶”在线答题活动获全市乡镇组第一名。完善村（居）务监督委员会考核办法，沩丰社区居务监督被《湖南日报》《长沙晚报》作为典型宣传推介。进行“提篮子”“打牌子”等专项整治，明察暗访、交叉检查25次，谈话163人次，党风政风建设成效明显。

2019年9月26日，城郊街道举办“不忘初心、牢记使命”主题教育读书班——楚沩红色故事主题宣讲

【文明创建】 2019年，城郊街道以街道、村（居）为单元，以志愿服务为基本形式，打通城乡公共文化服务体系的运行机制、文化科技卫生“三下乡”的工作机制和群众性精神文明创建活动的引导机制，成立新时代文明实践所，设置新时代文明实践志愿服务窗口及文明实践展示区域，提供办公场所，配齐配备办公用品。域内10个村（居）下设新时代文明实践站，形成“一所十站”组织机构。成立城郊街道新时代文明实践志愿服务大队，下设20余个志愿服务中队，注册志愿者1000余人。依托新时代文明实践所（站），整合“天天学习吧”“新时代农民讲习所”、党群服务中心、文化站（文化服务中心、农家书屋）、文化广场、科普活动中心、家长学校、晨晚练体育活动点、“千手爱心”分站等基层阵地，建立街道村级新时代文明实践基地。重点打造理论宣讲、教育服务、文化服务、科技与科普服务、健身体育服务、便民利民服务、文明旅游服务等7类新时代文明实践基地，形成固定的活动场所，配套完善活动设施，突出文明实践功能，实现“一个基地，一个主题，多种使用”。广泛动员街道干职工、村（社区）干部、新时代文明实践所志愿者参与文明停车示范街创建，参与1000余人次。掀起“打造人民北路、宁乡大道停车示范街”的热潮，在宁乡市考评督查中名列第一。投入30万余元，全面加强文明实践所阵地建设和志愿服务活动开展。结合街道基层党建、创建全国文明城市、精准扶贫等阶段性中心工作，按“每月一主题，月月有活动”的要求，村（社区）新时代文明实践站创造性地开展“逢十”大清扫、铲雪除冰道路保畅、义务植树、安全生产隐患排查、精准扶贫、治安巡防、平安创建、垃圾分类、广场舞比赛、树文明新风等文明实践活动。12月11日，湖南省建设新时代文明实践中心试点工作推进会在宁乡召开，省委常委、省委宣传部部长张宏森出席会议，率领与会领导代表参观考察城郊街道新时代文明实践所。

【项目招商与征地拆迁】 2019年，城郊街道招商引资在建项目7个，新引进项目3个，累计完成到位资金21.05亿元。接待客商15人次，飞地招商推荐3家企业至金玉工业园。完成两家工业企业入规。完成经开区城中村项目108户房屋集中签约清零；完成经开区沩水湾小镇项目123户集中签约清零；完成龙溪公租一二期160户国有房屋、渝长厦高铁项目红线内国有房屋集中签约清零。栖霞路、荷塘路、永佳东路、世冠汽车城、城旺家苑、龙溪棚改一期等项目实现全面清零。全年完成项目征地40.31公顷，征拆历史遗留问题全部解决。

【城郊街道获评“百佳业务规范单位”】 2019年，城郊街道获评湖南省信访局颁发的“百佳业务规范单位”称号，是长沙市6个获此荣誉单位的唯一一个乡镇街道。城郊街道各项经济社会事务纷杂，特别是在服务宁乡经开区、城投集团等开发主体中，征地拆迁等涉及群众切身利益的工作尤为繁重。由于政策和历史遗留等原因，各种利益诉求叠加交织，社会稳定所面临的情况十分严峻。为此，城郊街道推进阳光信访、责任信访、法治信访，探索基层矛盾纠纷调解新机制，创新发展新时代“枫桥经验”，着力筑牢“第一道防线”。信访调解机构做到组织机构规范、阵地建设规范、调解制度规范“三个规范”，调解队伍做好热心服务群众、真心化解矛盾、倾心解决困难“三个服务”，信访工作坚持包案到人、坚持部门联动、坚持原则底线“三个坚持”。2018—2019年，街道组织调解各类矛盾纠纷1106件，调处成功1084件，调解成功率98%，其中，重特大事件42件，100%调处成功，5年以上重点信访19件，化解9件，有效促进经济社会的和谐稳定。（杨柏松）

玉潭街道

【概况】 玉潭街道位于宁乡市境东部偏北，面积22.84平方千米，东接宁乡历经铺街道，通往长沙；南邻白马桥街道，通往娄底、涟源、安化；西接菁华铺乡，通往益阳；北连城郊街道，通往望城。2019年，辖八一、楚沩、合安、花明、金星、茆田、南苑、塘湾、通益、文中、香山、新城、新山、新康、学庵15个社区，155个居民联组，常住人口24.4万人。

将政治建设纳入城市基层党建工作总体部署，打造社区各具特色的党员教育教学示范点。全街道14个党总支、87个党支部，直管党员3101人，全年开展党员学习培训3642人次，实现主题教育全覆盖，各党组织共认领民生实事108个，解决问题102个，形成高质量调研报告10份，开展志愿活动106次，参与党员达4219人次。创新玉潭街道“5431”小区党建模式，53个小区成立联合党支部，5300多名在职党员在小区亮明身份，打通服务群众“最后一米”。推进社区党组织硬件建设、队伍结构不断优化，提升基层党组织的向心力、组织力、服务力、战斗力。

高质量完成脱贫任务，脱贫率达98.86%。4月，金星社区举行油菜花节，吸引上万游客，结合扶贫济困农产品展销会，为当地村民创造可观收入。以“花”为主题书写乡村振兴的文章，逐步打造“农趣体验、观光踏青、采风摄影、休闲旅游、文化交流、产品展销”集于一体的休闲旅游模式，形成一张乡村振兴的特色名片。成立农村公共资源交易管理领导小组，对34个公共资源交易项目进行资料审核和备案，成立9个经济合作社，产权制度改革有序推进。全面落实城乡低保、医保、养保、残联、创业就业等惠民政策，新增城镇就业2900多人，向3909户低保户发放低保金235万元。建档立卡、重度残疾、计生特殊家庭家庭医生签约率100%，成功组织251人献血8万多毫升。筹资70万元表彰奖励“玉潭名师”和其他教育先进工作者。

全年规模以上工业总产值36亿元，完成税收入库10.7亿元，全社会固定资产投资40亿元，社会消费品零售总额20.8亿元。启动和推进阳光养老、新城棚改、仁福大道、木鱼巷、龙溪棚改等政投项目10个，格林春天、碧桂园月湖湾、中建亮月湖、亮月湖澜苑等社投项目10多个，完成投入30多亿元。全年征拆房屋609户，完成征地约46.7公顷。招商到位资金2亿元，其中亿元商贸项目1个。力推华夏中小企业园腾笼换鸟，力促楚天科技做大做强，其零部件车间投资8000万元、智能机器人产业基地投入4亿元。致力省会消费次中心，步行街、大润发、人人乐、天虹、豪德等主体商圈成形，现代商贸和服务业、金融、健康养老、餐饮娱乐等综合发展取得新成效。

【项目建设】 2019年，玉潭街道投入1200万元完成茆田小学、步行街居民楼维修等24个民生工程项目，全年新增学位1620个，街道第二社区卫生服务中心11月开始接诊。投入400余万元，打造南苑、新城两个社区示范点和盛翠豪庭、中源花园等多个小区示范点，多次代表宁乡接受省市检查。

【城市建管】 2019年，玉潭街道专项整治散煤门店800余家，联合城管中队处理乱倾倒、焚烧垃圾、餐饮油烟及餐厨垃圾类案件43起、处罚近9万元。拆违控违344户、面积24359平方米，立案42起。开展扫黑除恶行动，派出所共立11类案件39起、破案21起，刑拘35人、治安拘留2人。全年化解3起信访积案和1个信访群体，全年无一例进省到京非访登记。组织调处各类重大医患纠纷15次，成功率100%，处理各类非正常死亡事件10起，各类安保接待19次。督促非法集资公司清退资金0.9亿元。成功调解各类矛盾纠纷610件，共为当事人挽回经济损失1100多万元。创建3个“平安社区”，492户“平安家庭”。

【环境整治】 2019年，玉潭街道完成7000多平方米裸露地块覆绿，治理上十万平方米，清理各类垃圾千余车次。投入近13万元，完成改厕319座。举办垃圾分类宣传活动60余场，出动宣传车180余台次、发放资料5万余册。完成5处黑臭水体整治，开展5次河道整治、清洁行动，清运垃圾50余车，小微水体示范区建设、茆田社区朝阳溪段样板河的创建工作全部完成。完成“厂中厂”“特种设备”等专项整治任务，全年无一例安全生产事故。组织集中培训和警示教育3次，发放资料5万余份，出动宣传车97辆次。开展企业安全生产班组早会突击性检查23次，责令整改安全隐患645处，执法各类案件35起，共处罚金91500元。

【为民服务】 2019年，玉潭街道人大建议、政协提案办复满意率100%；完成3000名工会会员信息采集，新组建8家工会组织；发展团员396名，完善20个智慧团建平台信息录入；为 1000 多名女性提供安康保险服务，调解处理家庭问题 17 起。以政务服务标准化建设为抓手，全面优化街道政务中心和社区便民服务中心办事程序，12345 市民服务热线全年共办理工单 285 件、签收率 100%、回访满意率为 96.14%。

【优化营商环境】 2019 年，玉潭街道全面优化营商环境，走访商户 660 户，协调处理问题 54 个，全年完成市场主体发展工作登记注册 7089 户。5 月 9 日，玉潭街道开展主题为“你的健康，我守护”的健康服务进商圈活动，10 余名医生现场进行高血压、糖尿病及结核病等疾病筛查。将党建、法律、教育、健康、政策“五大服务包”送进豪德商圈、春城万象商圈，解决商圈商户需求，创造更优的软环境。

【“祖国颂”群众合唱比赛】 9 月 9 日，玉潭街道在宁乡大剧院举行“祖国颂”群众合唱比赛，16 支由当地干部、群众组成的合唱队参加比赛，演出进行近 3 个小时，新城社区、新康社区、合安社区三支代表队获一等奖。“祖国颂”红歌合唱比赛拉开玉潭街道庆祝中华人民共和国成立 70 周年“我和我祖国”系列群众文化活动的序幕，系列活动还包括广场舞、文艺汇演、群众摄影大赛、爱国主义公益电影放映等，以歌颂祖国、歌颂党、歌颂家乡、歌颂文明为主题，旨在进一步激发市民爱国、爱家乡的热情，营造团结奋进的发展氛围，积极参与建设文明智慧街区、精彩开放玉潭。

【文明停车示范街创建】 2019 年，玉潭街道深入开展“全民志愿、红动宁乡”“万名红袖章”等新时代文明实践活动，动员 7 万多人次，设置 3000 多处公益广告牌，发放倡议书 5 万余份，开展文明劝导 3 万余次，督促规范车辆违规停放行为 2 万余次。10 月 12 日，玉潭街道启动文明停车示范街创建工作，以花明北路、花明南路、一环北路、二环北路 4 条繁华的街道为创建重点，投入 150 多万元完善 4 条文明停车示范路建设，实行路段包干制度，通过领导带队，机关、社区干部和志愿者共同参与，对市民不文明行为进行劝导，帮助和引导市民安全文明出行，在相关路段现场劝导超 1 万人次，文明理念深入人心，文明程度全面提升。

【玉潭街道为 12 对金婚老人举行庆典】 10 月 20 日，宁乡市玉潭街道新城社区党建文化园里举行金婚庆典，多名居民共同见证。玉潭街道及新城社区、塘湾社区组织，宁乡惠宁社工组织策划、安排，通过前期的预告发布和志愿者招募，从两个社区里选定 12 对金婚老人参与金婚庆典活动。居民们品尝着美味的婚庆蛋糕，现场欢笑声一片。此次活动弘扬爱老助老的优良传统，传播儒睦恭良的和畅家风。

【打造“不忘初心、牢记使命”党建教育示范基地】 2019 年，玉潭街道打造各具特色的党员教育教学示范点，主题教育期间多次进行现场教学，让广大基层党员能够随时感受红色文化、接受党性教育，浓厚主题教育氛围。如新城社区党建文化园、南苑社区红色展厅等，其中南苑社区以习总书记的奋斗历程为主题打造党员示范基地，被纳入宁乡市党性教育系列选点。

【打造新时代文明实践阵地】 2019 年，玉潭街道以新时代文明实践站为切入点，打造盛翠豪庭、中源花园等多个小区示范点，多次代表宁乡市迎接各级各部门的参观检阅。12 月 11 日上午，由湖南省委宣传部部长张宏森一行，带领各市、区、县等主要领导共计 120 余人组成的观摩团调研宁乡市新时代文明实践工作，其中盛翠豪庭新时代文明实践基地作为示范点接受观摩指导，观摩团对小区新时代文明实践基地工作给予高度评价。

（张宁凤）

2019 年 9 月 9 日，玉潭街道 2019 年“祖国颂”群众合唱比赛现场

人　物

责任编辑・高　丽

【夏山清】 湖南宁乡回龙铺镇沿河村人，中共党员，2010 年开始任回龙铺镇沿河村人民调解委员会主任。

2017 年，宁乡遭遇特大洪水，期间他用一条船往返转移 300 多群众，被镇里评为“抗洪模范”。在他的身上，这样的事例还有很多，他用一言一行温暖村里老百姓，在工作岗位上默默奉献，用朴实纯粹的行动，诠释着共产党人精神品格，展现出新时代人民调解员的风范。2018 年一天凌晨，夏山清接到村民电话有人掉沟渠了，他立马过去查看，发现是独居老人陈某，他不顾寒冷将其救上，并安全送回家，村民都说，没有夏主任，只怕老人会冻死在渠道里。在其任职期间，村人民调解委员会多次被评为先进单位，2018 年沿河村人民调解委员会被宁乡市评定为 AAA 级调解组织（最高级）。2019 年 5 月，夏山清与民警在妥善处理好沿河村村民谢某家庭纠纷后，因杨某突然间歇性精神病发作，被杨某用刀刺伤致失血休克、生命垂危。“村里的公路修得怎么样了”，这是他昏迷醒来后的首句话，令在场的人无不感动。住院 37 天后，尚处于恢复过程中的他知道杨家非常困难，也不想让本就困难的村上来承担他的住院费用，便强烈要求出院，不顾领导、同事和家人的劝阻，主动回到工作岗位上。2019 年，夏山清被司法部评为“大排查早调解 护稳定 迎国庆”专项活动表现突出个人。

【周丙坤】 1964 年 3 月出生，1983 年 8 月参加工作，2001 年 6 月加入中国共产党。2002 年 2 月当选为原历经铺乡谭家山村村主任，2012 年 10 月起担任群星村党总支书记。2018 年 12 月 23 日，在群星村资源分拣中心工作时突发疾病，经抢救无效，因公殉职，年仅 54 岁。

周丙坤担任村干部 16 年，牢记初心使命，始终将“让每一名到村部办事的村民，都带着笑脸出去”作为他的服务标准，将满腔热忱投入到农村事业上，为新农村建设奉献毕生精力。他勤勤恳恳、敢于担当，在 2017 年特大洪灾中，带领村干部和群众连续奋战三天三夜，全力转移被困群众、抢救村民物资。他时刻关注贫困家庭，竭尽全力帮助贫困群众渡过难关，为了群众的利益和群星村的发展建设无私奉献、鞠躬尽瘁，直到殉职前还一直工作在农村建设的第一线。他严以律己、廉洁正派，虽然上有 80 多岁身患疾病的老父母，妻子常年吃药，家里并不宽裕，甚至有人说他是“最穷的村支书”，但他从不插手项目工程，牵头负责的金洲大道等 11 个重点工程项目和参与的征地款、失地农民社保分配等工作，都严格按照“四议两公开”进行。近年来，他先后获得“宁乡市优秀共产党员”“宁乡市优秀党务工作者”“宁乡市清廉政风的新风典型”等多项荣誉。在他的带领下，群星村连续三年来被评为“宁乡高新区‘四优四强’活动服务园区发展优质单位”、2018 年被评为宁乡市“‘五星’村（社区）党组织”。2019 年 3 月 18 日，中共长沙市委决定，追授周丙坤“长沙市优秀共产党员”称号。号召全市广大党员干部要向周丙坤学习。

【曾凡云】 楚天科技股份有限公司董事兼执行总裁，国家市场监督管理总局高级研修学院客座教授，中国药科大学工程学院客座教授，中南大学化学化工学院制药工程学位点研究生企业兼职导师。楚天科技是中国医药装备行业的领军企业，研发制造了一大批国家亟需替代进口的医药工业装备。曾凡云从事制药机械技术开发和研究近 40 年，在楚天科技以技术带头人身份带领公司工程师研发产品，开发机器人预灌封生产线、智能化自动化口服液机器人生产整体解决方案，无菌药品注射剂智能化自动化机器人生产线整体解决方案等产品。他发明创新申请专利 84 项，其中发明专利 25 项（包括授权发明专利 13 项）、实用新型专利 59 项，参与由原国家食品药品监督管理总局高级研修学院组织编写的《2010 版 GMP 疑难问题解答》一书，组织编写由上海科学技术出版社出版的现代药物制剂实用新技术丛书之《机器人预灌封注射剂技术与应用》一书。

国家人力资源和社会保障部、中国机械工业联合会 6 月 12 日联合发布《关于表彰全国机械工业先进集体劳动模范和先进工作者的决定》，并于 6 月 25 日上午在北京召开全国机械工业先进集体劳动模范表彰大会，曾凡云被授予“全国机械工业劳动模范”称号，这是湖南省所获得的两个“全国机械工业劳动模范”之一。

【谭斌】 坝塘镇沩乌村人，第 72 集团军某旅四级军士长。在东海海域海上联合登陆作战演习中，一辆两栖战车在海上距岸约 12 千米处失去动力，3 次拖救均告失败，故障战车渗水倾斜，随时可能沉入海底。谭斌主动请战展开生死救援，在极限海况下，在高温缺氧、毒烟充溢环境中，他奋力把战车抢救上岸后，依然坚持驾驶战车加入演习战斗，连续作战 10 多个小时导致昏迷不醒数小时。后该集团军隆重举行表彰大会，谭斌因在大项演训任务中冒着生命危险抢修装备，挽回重大装备财产损失，立一等功，是该旅成立后第一位一等功臣。9 月 18，《人民陆军》头版头条以《勇救战车破浪还》为题，11 月 2 日，CCTV-7 国防军事频道以《陆军海上生死救援同 5 级风浪搏斗 3 个小时成功抢修两栖战车》为题，讲述谭斌在作战演习时惊心动魄的生死救援。11 月 4 日，人民日报微信公众号推出关于谭斌优秀事迹的头条《这就是一等功臣！致敬》报道。

【周白龙】 老粮仓镇金洪村卫生室医生，系中国药理学会会员，曾入围“全国最美乡村医生”候选人，获长沙市第五届慈善奖。参加工作 19 年，他一直扎根于西部山区，成功抢救危重病人 100 多名，为 2000 多人建好健康档案，为 300 多名慢性病患者采取跟踪治疗措施，定期免费体检发药，助力脱贫攻坚，其优质服务深受当地村民欢迎与好评。周白龙还在该村卫生室实行电子病历、电子处方、网上购药等信息化业务管理，精心推进各项公共卫生服务，用心保障村民的基本医疗需求，使全村基本实现了“小病不出村”的目标，该村卫生室和周白龙个人的工作多次获得宁乡市相关部门的表彰。3 月 5 日，2019 年

“湖南好人”2月榜单揭晓，周白龙多年来免费送医送药，帮助村民实现健康脱贫，获评敬业奉献类“湖南好人”。9月，他又入围“中国好人榜”候选人。

【杨四强】1967年8月18日出生于湖南宁乡大成桥，湖南楚兴农业（黄土仑甘泉）开发有限公司董事长。杨四强是宁乡市扶贫帮困协会会长，湖南省肢残协会常务理事，曾获得中国慈善爱心大使、中国民营企业领袖影响人物、中国品牌影响力十大创新企业家、中国改革开放四十年创新杰出人物，其事迹录入了《榜样中国》一书。

杨四强14岁起开始做生意，30岁贷款承包改制的宁乡县液化气公司，2006年成立宁乡楚兴能源有限公司。正当事业处于上升期时，一场突如其来的车祸，让其成为了三级残疾人。遭遇车祸后，他得到了社会上好心人的关心和帮助，像火种深藏在杨四强心里，温暖着他。2013年，杨四强创办残疾人扶贫就业基地，安置了十几名残疾人，都购买了五险。2017年初创办楚兴农业（黄土仑甘泉）开发有限公司，总投资3000余万元、日产量3万吨的“黄土仑甘泉”上线后，以线上线下相结合、实体以及网络平台同步发展的模式进行推广，客户群体覆盖宁乡市各乡镇（街道）、机关单位，并远销北京、杭州等高端消费市场，2017—2018年连续两年成为中国大健康与中国管理科学会议唯一指定贵宾饮用水，“黄土仑甘泉”品牌影响力与日俱增。在公司发展壮大的同时，杨四强热心社会公益活动，先后向社会公益事业捐款、捐献物资200多万元。公司2015年被宁乡市残疾人联合会肢残协会评为扶贫助残爱心单位；2016年“在湖南省第7次全国残疾人活动日”做出突出贡献；2018年被宁乡市人民政府评为扶贫帮困先进企业，2018年被工信部、国资委、发改委、商务部评为“诚信龙头单位”。2019年5月，以“品牌升腾、筑梦中国”为主题的“2019中国品牌发展高峰论坛暨中国品牌人物峰会”在北京召开，杨四强获评“2019中国品牌十大匠心人物”奖。

【贺芝香】女，54岁，高级教师，湖南省宁乡市人，宁乡市巷子口中学语文教师兼班主任。先后获评宁乡市“优秀班主任”、宁乡市“党和人民满意的好老师”、长沙市首届关爱留守学生奖获得者、长沙市“优秀班主任”、长沙市“有突出贡献的党外知识分子”、湖南省“优秀教师”、第四届全国素质教育模范教师、全国课程改革先进个人等荣誉。

贺芝香于1984年8月投身教育事业，至1995年7月，分别在龙田镇七里、月沙、隔山、横岭小学任教，先后担任班主任和大队辅导员11年，送走了6届小学毕业班。1996年7月，调入七里山中学，担任班主任，任教初中语文兼初一或初二两个班的历史，9年时间送走7届初中毕业班。2005年7月至2019年底，在巷子口中学任教并担任班主任，已送走10届初中毕业班。贺芝香把德育、美育等寓于语文教学中，通过听、说、读、写训练渗透感恩教育、人生价值观教育、理想前途教育，特别关注学生的思想动态，注重能力的培养，鼓励学生成长成才，她最开心的事情就是学生成长成才。2019年，国家人力资源社会保障部和教育部联合表彰一批全国教育系统先进集体、全国模范教师，贺芝香获评“全国模范教师”。

【陶子林】1963年出生，宁乡市花明楼人，大学文化，园林工程师，长沙市劳动模范，宁乡县第九届政协委员，宁乡市政协文史调研员，宁乡县梓林花卉苗木专业合作社董事长，花明楼镇富米多超市董事长，花明楼镇商会常务副会长，《宁乡靳水双江陶氏六修族谱》主修，《湖南陶氏总谱》执行主编。从事多年园林苗圃，获省林业厅科技示范户称号，后进入零售商业市场。业余热爱文史工作，从事地方文史调查研究，挖掘了大量具有史料价值的文化资源，在省市文史类刊物发表多篇文章，为保存和传承地方文化发挥了重要作用。

附 录

责任编辑·姜小平 高 丽

政府工作报告

2020年1月1日在宁乡市第一届人民代表大会第四次会议上
宁乡市人民政府市长付旭明

各位代表：

现在，我代表市人民政府向大会报告工作，请予审议，并请各位政协委员和其他列席人员提出意见。

一、2019年工作回顾

2019年，我们在长沙市委、市政府和宁乡市委的坚强领导下，在市人大、市政协的监督支持下，高举习近平新时代中国特色社会主义思想伟大旗帜，全面贯彻中共十九大和十九届二中、三中、四中全会精神，突出城乡人居环境综合整治，聚焦产业项目建设和营商环境优化，紧盯“三大攻坚战”，持续推进“四个打造”，真抓实干、开拓创新，较好地完成了市一届人大二次会议确定的各项目标任务，以扎实的工作成效庆祝中华人民共和国成立70周年。全市地区生产总值增长8.5%（预计数，下同）；地方一般公共预算收入增长13.8%；规模工业增加值增长11.5%；固定资产投资增长10%，产业投资占比60%以上；社会消费品零售总额增长11.6%；全社会研发经费支出占地区生产总值比重达2%；城乡居民人均可支配收入增长9%，城镇登记失业率控制在3%以内。县域经济基本竞争力由全国第28位提升至第25位，再次获评中国全面小康十大示范县市。

一年来，我们主要抓了以下七个方面的工作：

（一）聚焦三大攻坚战。债务风险得到有效防控。积极筹措化债资金，债务总额减少55亿元。获批财政部建制县隐性债务风险防控试点县，争取置换债券41.5亿元，政府隐性债务平均利率降至5.22%，减少利息支出1.8亿元。四家国有平台公司市场化转型稳步推进，实现经营收入78.41亿元、利税8.43亿元。确保了债务总量不增加、偿债资金不断链、“三保”坚实有力。严打非法金融活动，依法处置高风险机构19家，清退资金9000万元。污染防治取得阶段性成效。深入推进“六控十禁”，关停“散乱污”企业131家，整顿混凝土搅拌站21家，提质改造加油站52座，实施垃圾秸秆禁烧、烟花鞭炮禁燃限放，全年优良天数318天，优良率为87.1%。建成经开区回用水厂、高新区工业污水处理厂和3座乡镇污水处理厂，完成城区生活污水处理厂和东城污水处理厂扩容，污水日处理能力达到22.7万吨。新改建化粪池327座，疏浚下水道170千米，整治“四溪一渠”劣Ⅴ类入沩排口108个，基本实现城区化粪池、黑臭水体和劣Ⅴ类排口整治动态清零，饮用水水源地水质100%达标，沩水、靳江水质全年稳定在Ⅲ类以上。整改环保督察反馈问题225个。非煤矿山整治有序推进；治理重金属污染耕地1万亩、调整种植结构9.85万亩。获评首批省级生态文明建设示范市。精准脱贫扎实推进。聚焦落实“两不愁三保障”，狠抓扶贫作风建设，突出产业扶贫和就业扶贫，建成扶贫车间76个，实施产业扶贫项目168个，新增贫困劳动力转移就业420人，改造贫困户危房1578户，新增脱贫960户2108人。对口帮扶新化县、龙山县咱果乡取得新成效。

（二）聚焦振兴实体经济。先进制造业蓬勃发展。确立制造业立市战略，推动制造业向高端化、智能化、绿色化发展。强化招大引强，全年引进产业项目126个，合同引资670亿元。强化创新驱动，举办对话西线工业走廊论坛2期、英才大会4场；新增智能化改造企业（车间）120家、高新技术企业75家，新增专利授权1560件、每万人有效发明专利拥有量达7.6件。强化培优扶强，全年新增规模工业企业73家、税收过千万元企业10家，工业税收增幅达22%；格力大型中央空调建成投产，三一重起年产值突破100亿元，邦普循环建成国家级企业技术中心，星邦重工获评国家小巨人企业。强化园区建设，经开区获批省工业项目承诺制审批改革示范试点，高新区获批省级储能材料特色产业园，园区规模工业增加值贡献率达84%，工业税收贡献率达81%。强化产业链建设，六大产业链规模工业增加值增长16%。成功举办首届宁乡市长质量奖评选活动。圆满完成第四次全国经济普查。现代服务业加快发展。全面实施“14830”全域旅游示范区创建规划，扎实推进灰汤国家旅游度假区和A级旅游景区整改，成功举办年味宁乡等系列节会活动。华强方特盛大开园，宁邦广场建成营业，沩山获评夏季避暑旅游目的地，实现旅游综合收入310亿元。外贸进出口总额首次突破10亿美元。新建商品房销售210万平方米。新增服务业限上企业115家，实现服务业增加值390亿元。现代农业提质发展。全力防控非洲猪瘟，坚定不移推进宁乡花猪百亿产业，深入实施八大工程，新改扩建万头花猪养殖场5家，出栏花猪22万头，宁乡花猪品牌价值达19亿元。科学组织防汛抗旱，成功应对夏秋连旱等极端天气。森林防火和虫病害防治成效明显。生产粮食68万吨、烟叶7.03万担，茶叶、蔬菜、水果等农作物喜获丰收。建成高标准农田2.46万亩、循环农业示范点43个，新认证农产品“三品一标”88个。成功获批国家现代农业产业园、国家农业科技园、国家农村产业融合发展示范园和湖南省农产品标准化示范县。沩山乡获评省农业产业强乡。

（三）聚焦优化营商环境。减税降费落实到位。全年减税降费11亿元，惠及全市2.84万单位纳税人和20.9万自然人，以真金白银为企业和群众带来实实在在的获得感。“三无城市”创新打造。精简证明材料299项，公布“一件事一次办”事项345项，实现“不见面审批”事项590项；推行“三印”免费服务，实施工业企业开办零收费，为企业和群众直接减负8500万元。新增市场主体2.7万户，总数突破10万户。县域营商环境位列全国第34位。要素保障支撑有力。拆迁房屋3229户72.6万平方米，盘活僵尸企业16家、闲置用地23宗1110亩，新批建设用地13000亩，完成第三次国土调查。新建供水管网25千米、燃气管网30千米。新建110kV变电站3座，完成500kV复艾线杆迁，全市供电能力提升至80万千瓦。举办人才招聘活动50场次，为81家企业零成本引进人才近5000人。帮促服务扎实有效。深入开展三抓两促、三比三看和产业项目建设百日大会战，持续掀起产业项目建设热潮。实施营商环境十大专项行动，办结营商环境相关问题115个。深入开展“新官不理旧账”专项整治，解决历史遗留问题5批次98个。

（四）聚焦城市建管升级。城市规划更加精准。强化规划引领，启动国土空间总体规划，编制金洲新城及六大片区规划，完成城市消防、电力和中小学建设布点专项规划。城市建设更加精致。全力推进沩水45.6千米堤防建设，完成沩丰水坝拆除重建和东沩溪、朝阳溪、历泉河防洪闸等防洪工程。长益高速复线、金唐公路二期等重点工程加快推进。文体南路、华强大道、流沙巷公路和老毛公路竣工通车。1121工程稳步推进。有序推进“一圈两场三道”建设，完善15分钟生活圈20个，新改建农贸市场3家、生鲜门店5家、停车场11处，建设“三道”32.9千米。智慧城市建设获评全球智慧城市大会提名奖，综合影响力位列全国百强县第14名。城市管理更加精细。全面启动物业小区垃圾分类和餐厨垃圾收运。创建文明停车示范街10条、市容精品示范路6条；拆除违建11.4万平方米，整治违规广告牌234处，维修市政道路4万平方米，栽植花卉苗木95.5万株。治超工作获省治超办通报表扬，全国文明城市创建通过省级测评，获批全国新时代文明实践中心建设试点县。

（五）聚焦乡村振兴战略。“五治”工作成效明显。整市推进无害化厕所改造，完成改厕10万座，农村群众如厕条件明显改善。全面开展垃圾分类示范村创建，全市垃圾减量35%。深化黑臭水体治理、河湖“清五乱”行动，有效管护小微水体4万处，打造样板河30条，实现河（湖）长制全覆盖。整治非法采砂洗砂点172处。拆除空心房5964户。打造美丽屋场65个，涌现出陈家桥村、靳江村等一批“五治”示范村。大成桥镇入选全国乡村治理示范镇，夏铎铺镇获评国家卫生乡镇，流沙河镇获评省卫生镇。新型村级集体经济不断壮大。稳步推进农村集体产权制度改革，清理核实集体资产22.57亿元。流转土地65万亩，新增土地合作社81家、农业合作社202家，培养新型职业农民3000人，建成供销惠农服务中心（社）223家。全市涉农村（社区）全部实现去薄脱空，59个村集体收入超15万元。基础设施不断完善。处险小型水库9座，加固小型水闸40座，整修山塘168口，清淤维修干渠160千米。新增农村通自来水人口3.9万人。提质农村道路1154千米，改造危桥33座，建成安防工程150千米，成功创建省级四好农村路示范县。持续实施“政府送树、群众栽树”造绿行动，生态复绿8000亩，义务植树300万株。新增节能路灯1.2万盏。避险搬迁安置有序推进。

（六）聚焦增进民生福祉。社会保障不断加强。全年民生支出占财政总支出的76%，28项省市重点民生实事全面完成。新增城镇就业1.12万人，转移农村劳动力就业7450人。城乡低保标准、养老保险基础金分别提升至650元/月、198元/月。完成棚改900户。新增失地农民社保6056人。建成村级居家养老中心4所，提质乡镇敬老院9所。教育投入持续加大。落实市人大关于促进学前教育健康发展的议案，新改建公办幼儿园12所，新增普惠性幼儿园15所3730个学位。完成宁乡一中提质改造。建成标准化学校55所。新建城区学校9所，新增学位12870个。长沙卫职院建成开学。健康宁乡深入推进。建成市人民医院急诊楼，改扩建乡镇卫生院3家、标准化村卫生室29家。成功创建全国健康素养促进示范县，获评全国基层中医药工作先进单位。文体事业日益繁荣。实施文化惠民工程，送戏下乡77场次，放映公益电影4620场次，提质村（社区）综合文化服务中心20家，新建全民健身点80处。成功举办庆祝中华人民共和国成立70周年系列活动。社会治理强力推进。纵深推进“扫黑除恶”专项斗争，深入开展“三贷三霸”和通信网络诈骗犯罪专项打击、娱乐场所黄赌毒专项整治，成功摧毁黑社会性质组织犯罪团伙1个、恶势力犯罪集团3个、恶势力犯罪团伙12个。深入开展禁毒工作，吸毒人群戒断三年未复吸人数同比增长33%。聚焦信访积案和矛盾纠纷化解，积极探索新时代“枫桥经验”宁乡路径，调处各类矛盾纠纷7026件。压实安全生产责任，全年未发生较大及以上安全生产责任事故，事故起数和死亡人数同比下降17.7%、13.3%，获评全省安全生产优秀县。强化食品安全监管，改造透明厨房200家，农村集体聚餐信息化管理、食品生产企业专家体验式预警检查工作获全省推广，野生蘑菇中毒防控工作得到国家卫健委充分肯定。

（七）聚焦政府自身建设。始终坚持以人民为中心的发展理念，深入开展“不忘初心、牢记使命”主题教育，全面落实党风廉政建设和意识形态工作主体责任，政府自身建设取得新进展。实行市领导领办民生建议和重点提案，办理人大代表建议、批评、意见172件，政协提案128件，办复率100%。始终坚持科学、民主、依法决策，审查政府性文件380份，审查备案政府合同873份，办结行政复议39件、化解行政争议5件，市政府没有发生行政败诉案件。深入推进“316”群众工作机制，通过基层民主协商对话、12345市长热线和电视问政等方式，办理群众来电来访来信103844件，回访满意率达98.1%。完成政府系统机构改革。坚持厉行节约，一般性支出同比下降10%。

围绕经济社会发展大局，人民武装、退役军人事务、医疗保障、民族宗教、史志档案、人防、工会、共青团、妇联、残联、科协、工商联、机关后勤、红十字会等工作迈上新台阶；武警、消防、烟草、水文、气象、石油、通信等单位取得新进步；各民主党派、老干、关工委、文联、禁毒协、计生协、老龄协、老科协等工作作出新贡献。

各位代表！过去的一年，奋斗充满艰辛，成绩来之不易。面对复杂多变的经济形势，我们保持定力谋深远，沉着应对、化危为机，巩固了稳中有进的发展态势；面对接踵而至的风险挑战，我们直面问题理旧账，攻坚克难、主动作为，化解了一批长期积累的矛盾风险；面对日益增长的民生期盼，我们坚持尽力而为补短板，不骛虚声、脚踏实地，干成了一些长期以来想干的实事好事。这些成绩的取得是长沙市委、市政府和宁乡市委正确领导的结果，是市人大、市政协和社会各界监督支持的结果，是全市人民奋力拼搏的结果。在此，我代表市人民政府向全市人民，向给予我们支持和监督的人大代表、政协委员、各民主党派、工商联和无党派人士、各人民团体、社会各界人士及离退休老同志，向参与和支持宁乡建设的驻宁单位、武警驻宁部队，向所有关心、支持和参与宁乡建设发展的朋友们、同志们，表示衷心的感谢和崇高的敬意！

在看到成绩的同时，我们也清醒地认识到，发展中还存在不少困难和问题：大项目、好项目还不多，高质量发展动能依然不足；防范化解重大风险压力依然较大；城乡发展不够平衡；城市品质有待提升；民生保障和政府自身建设仍需加强，等等。对于这些发展中的困难、前进中的问题，我们将继续努力，切实加以解决。

二、2020年重点工作

2020年，是全面建成小康社会的决胜之年、“十三五”规划的收官之年，是宁乡全面实施制造业立市的开局之年，也是为“十四五”良好开局打下更好基础的关键之年。集中精力做好今年的工作，意义十分重大。

2020年政府工作的指导思想是：**以习近平新时代中国特色社会主义思想为指导，全面贯彻中共十九大和十九届二中、三中、四中全会精神，深入落实习近平总书记对湖南工作的重要讲话指示精神，以及中央、省委、长沙市委和宁乡市委经济工作会议精神，坚持稳中求进工作总基调，坚持新发展理念，坚持以供给侧结构性改革为主线，坚持以改革开放为动力，坚持走“产业引领、绿色崛起”的高质量发展之路，以“全面小康决胜年”为引领，持续“两个聚焦”，坚决打赢三大攻坚战，协调推进“四个打造”，全面做好“六稳”工作，统筹落实稳增长、促改革、调结构、惠民生、防风险、保稳定，确保全面建成小康社会和“十三五”规划圆满收官。**

全市经济社会发展主要预期目标是：**地区生产总值增长8%；固定资产投资增长9%；社会消费品零售总额增长9%；地方一般公共预算收入增长8%；规模工业增加值增长10%；研究与试验发展经费支出占地区生产总值比重2.3%以上；产业项目投资占固定资产投资比重60%以上；单位地区生产总值能耗下降2%；城乡居民人均可支配收入增长8.5%，城镇登记失业率控制在4%以内；县域经济综合实力持续增强。**

为实现上述目标，我们将着重抓好以下九个方面的工作：

（一）决战决胜全面小康，推动发展跨入新阶段

着力补短板。推动城乡安全饮水全覆盖，启动城乡供水一体化工程，实现城乡饮水安全保障率100%、农村自来水普及率85%以上。推动基层公共服务全覆盖，提高城乡公共服务均等化水平，实施村部建设清零行动，实现村（社区）公共服务中心、村卫生室建设标准化率100%；再下放46项公共服务事项到村（社区），进一步提升群众办事的便捷度。推动社会保障全覆盖，稳步提高城乡低保和特困对象补助标准，抓好重点人群就业工作，全面落实社会兜底保障政策，实现城乡医保参保率95%以上。推动农村危房改造全覆盖，确保“四类重点对象”危房动态清零，实现住房安全保障率100%。推动通村通组公路全覆盖，加大农村公路“双投”力度，实现通村主要道路硬化率100%。推动义务教育全覆盖，确保义务教育阶段适龄儿童入学率100%，全面消除义务教育阶段大班额；加强农村小学建设，加大困难学生资助力度，决不让一个孩子因贫因困辍学失学。

着力强弱项。实施路网通达工程，编制县域路网有效连接规划，适时启动南北横线、长沙外环线建设，有效提升道路通行效率，实现建制村通客车率100%。实施水利提升工程，抓紧推进大坝塘水库和黄材现代化灌区建设前期工作；加快实施黄材水库、洞庭水库除险加固，进一步改善灌溉渠系。实施电力保障工程，围绕电力“630”攻坚，加快建设宁乡南500kV变电站等重点项目，启动配网建设三年行动计划，实现城区电网充分保障、园区电网适度超前、农村电网安全稳定。实施网络信息覆盖工程，加快5G基础设施建设，推动5G应用；推进“村村响”县域一体化工程建设，实现行政村互联网普及率95%以上。

着力抓重点。对照规划指标，聚焦重点攻坚，确保约束性指标坚决完成，预期性指标有更好的结果。着力提高税收质量，力争实现地方税收收入占地方一般公共预算收入比重75%以上；加快发展高新技术产业，实现高新技术产业增加值占GDP比重达21%；大力推进农产品精深加工，实现农产品加工产值与农业总产值之比达200%；推进新型城镇化，以人的城镇化为核心，加快金洲新城建设，推动门业、鞋业、花猪、温泉、避暑、文旅、农旅等特色产业小镇建设，力争城镇化率提升至 65%。

（二）打赢三大攻坚战，夯实发展新基础

有效防范化解债务风险。按照“坚决控、重点防、加速转、确保化”的原则，综合施策、精准发力，加快政府债务化解，确保隐性债务不新增、三类债务总和不增加、偿债资金不断链，牢牢守住不发生债务风险的底线，降低债务风险等级。规范债务管理。严格执行偿债资金集中统一调度和到期债务预警预报机制，确保资金使用不违规，“三保”资金不断炊。有效盘活“三资”。对全市趴账资金、闲置土地、僵尸企业、烂尾楼盘、办公用房、国有门面等进行全面清理，有效有序盘活存量资金、整合优质资源、激活存量资产，力争全年盘活“三资”50 亿元左右。全面完成转型。实现国资监管从管资产向管资本转变，增强转型意识、市场意识、速度意识和风险意识，全面建立现代企业制度，推行市场化用人和绩效考核机制。明确经营目标。支持平台公司引进社会资本，实施股改混改，提升经营效益，增强偿债能力。力争四家平台公司实现经营收入 100 亿元、利税 10 亿元以上。加强政投项目管理。按照战略优先、民生优先、续建优先的原则，严格规范政府投资行为。严打非法金融活动。严厉打击以养老服务为名非法集资和非法传销等金融违法活动，建立早识别、早预警、早发现、早处置的风险防控机制，巩固省级金融安全区创建成果。

全面实现精准脱贫。聚焦全面脱贫决战决胜目标，高质量完成最后一批 879 户 1642 名贫困户的脱贫任务；巩固“四个不脱”长效机制，动态管理深度贫困户，及时将因病因灾等返贫人口纳入帮扶对象，落实“两不愁三保障”，确保所有贫困群众真脱贫、脱真贫、不返贫；加大非贫困村、非贫困户的政策支持力度，探索建立解决相对贫困问题的长效机制。推动脱贫攻坚和乡村振兴战略有机衔接、相互促进，加大产业扶贫和就业扶贫力度，继续实施“双百双千”专项行动，持续巩固扩大脱贫成效。开展脱贫攻坚“三落实”“三精准”“三保障”问题“回头看”，重点整治脱贫工作责任不到位、措施不精准、作风不务实、资金使用不规范等问题，压实结对帮扶、联点帮扶、驻村帮扶责任，确保扶贫措施落到实处。圆满完成新化县和龙山县咱果乡对口帮扶任务。

持续推进污染防治。坚持问题导向、目标导向和结果导向，突出精准治污、科学治污、依法治污，深入开展蓝天、碧水、净土、静音行动。蓝天保卫方面，落实“三级执法、两级巡查”，持续推进“六控十禁”，在监管措施再实化、源头治理再细化、责任落实再强化上下功夫，确保“五气共治”落到实处，全年空气优良率力争达到 90%。碧水攻坚方面，全面启动城乡排水一体化项目建设，新改建乡镇污水处理厂 10 座、管网 40 千米；禁绝非法采砂洗砂行为；巩固除臭剿劣“三个清零”工作成效；强化交界断面水质监控，全面落实河（湖）长制工作责任，确保沩水、靳江水质全年稳定在Ⅲ类以上。土壤治理方面，加快绿色矿山建设，启动垃圾焚烧发电项目前期工作；完成大坝塘石煤矿、胜溪锰厂污染治理；巩固重金属污染耕地种植结构调整成效。噪声防治方面，加强城市声环境功能区管控，严厉查处“小绵羊”炸街、工地夜间施工、商业活动噪音等扰民行为，加强“三考”等重点时段的环境噪声治理。

（三）坚持制造业立市，培育产业新动能

实施制造业立市战略。抓好产业存量优化，抓实“七大工程”，打好产业基础高级化、产业链现代化攻坚战。突出壮大新兴优势产业链。围绕六大产业链部署创新链、打造人才链、完善资金链、配套供应链，积极构建“政产学研金服用”深度融合的产业链生态。大力培育格力电器、中伟新能源、邦普循环、比亚迪电池等百亿企业，推动三一重起跃上两百亿台阶，积极培育先进装备（含智能家电）和新材料（含储能材料）两个千亿级产业集群。突出招大引强。围绕补链延链强链，完善两图两库两池两报告，持续开展“引老乡、回故乡、建家乡”活动，全年新引进工业项目 100 个以上，经开区、高新区各引进世界 500 强企业、投资 50 亿元以上项目 1 个，力争在产业链头部企业的招引上取得新突破。突出项目建设。扎实开展三抓两促、机关干部挂职企业帮扶、市长企业家接待日等活动，促项目建设、促效益提升。坚持“两个毫不动摇”，落实支持民营企业发展的一揽子政策，构建亲清新型政商关系。全年新续建投资过千万元项目 200 个、竣工投产项目 150 个以上，完成产业投资 400 亿元以上，确保比亚迪电池建成投产。

实施创新驱动发展战略。支持制造业优化升级。以智能制造为主攻方向，大力支持传统制造业实施数字化、网络化、智能化、绿色化、服务化改造升级，全年新增智能工厂（车间）30 家、数字工厂 1 家、灯塔工厂 1 家、小巨人企业 30 家。发展数字经济，积极探索区块链技术与产业融合发展；在“三智一自主”和七大应用场景中找准宁乡定位，加快未来战略性产业布局。培育科创动能。加快政府、企业与高校科研院所战略合作协议落实落地，推动科研成果转化。全年新增专利授权 1500 件，转化科研成果 200 项，实现技术交易额 12 亿元。打造科创平台。充分发挥生物制造、装备制造、新材料、食品及农产品加工专家委员会指导作用，支持十大创新平台建设，新增国家级企业技术中心、工程研究中心、院士工作站各 1 家。完善人才、招商、创新和企业服务中心建设，引进一批科技领军和高技能人才，打造一批创新型团队，争创省级创新型县（市）。

推进企业降本增效。进一步落实减税降费政策，着力降低企业用地、用电、用水、用气、用工和物流成本，加大先进制造业本地产品采购补贴力度，加大首台（套）装备的本地推广力度，精准实施先进制造业装备补贴；用好净增流动资金贷款、设备抵押贷款和知识产权质押类贷款贴息政策，发挥好产业基金、转贷应急周转资金、融资担保等金融工具作用，防止金融机构对企业盲目抽贷断贷惜贷，缓解企业融资难融资贵。全力推进企业入规、升高、上市，全年新增规模工业企业70家、高新技术企业70家、税收过千万元企业10家，重点培育上市后备企业20家，新增上市企业2家。

促进园区提质增效。坚守“两主一特”“一主一特”产业定位，树立以亩均投资、亩均产值、亩均税收论英雄的鲜明导向，推动园区特色化、差异化发展。理顺园区管理体制，加强园区资源整合，支持园区调规扩区，完善园区基础设施，进一步推动政策和资源向园区倾斜。支持园区开展标准地、承诺制、容缺预审、先建后验等改革，推动园区“退二优二、退二进三”，进一步做优做强做大园区经济。

（四）实施乡村振兴战略，开创三农工作新局面

保障重要农产品有效供给。突出宁乡花猪和优质水稻两大主导产业发展，进一步理顺国家现代农业产业园管理体制，加快实施宁乡花猪百亿产业发展规划，以恢复生猪产能为重点，积极推进保种繁育、扩量提质等八大工程，确保年出栏花猪50万头以上。落实粮食安全行政首长责任制，守住耕地保护红线，遏制耕地抛荒行为，巩固产粮大县地位。推广使用农业新机具和新技术，农机综合作业水平提高至80%，争创全国水稻生产全程机械化示范县。加强动植物疫病防控和防汛抗旱工作，切实增强防灾避灾抗灾减灾综合能力。

提高现代农业效益。加快农业供给侧结构性改革，大力调整农业产业结构，重点发展有机茶叶等八大特色产业，坚持走绿色化、优质化、标准化、品牌化现代农业之路；培养新型职业农民，大力发展种养大户、家庭农场和农民合作社。全年生产粮食68万吨、烟叶9万担，种植茶叶5.7万亩、油茶13万亩、蔬菜6.8万亩；实施“六大强农行动”，建设好国家农业科技园，实现农产品加工业总产值500亿元，新增国家级农业产业化龙头企业1家。

推进农业农村改革。建立健全城乡融合发展体制机制，深化农村集体产权制度和“三权分置”改革，以土地经营权入股组建土地合作社，实现“一村一社”全覆盖。推动农业保险产品服务创新，优化农业风险分担机制；创新金融支农政策，统筹整合涉农资金，加大“三农”财政投入。以夏铎铺、历经铺两个片区为试点，开展全域土地综合整治，盘活村级集体土地资源；支持大成桥镇继续深化国家农村综合改革试点。建立独立核算的新型村级集体经济组织，力争实现所有村集体年收入过10万元、30万元以上的特色强村25个以上。

持续推进人居环境综合整治。以“五治”为抓手，全面推进全域洁净、秩序整治、设施夯实、乡风文明，争创全国农村人居环境综合整治成效明显激励县。深化垃圾精准分类，巩固长效机制，推广湿垃圾集中处理模式，力争涉农村（社区）全部创建长沙市垃圾分类示范村，实现垃圾减量40%以上。完成实用性村庄规划编制，管控好农村建房秩序，抓好农村集居点建设；探索规划控制区内高标准统规统建村民集居点，缓解规划控制区内村民建房实际困难；因地制宜整治庭院秩序和屋场环境，打造一批美丽庭院和宜居村庄；着力推进乡村振兴“一廊一带一片”建设，继续推进乡村振兴示范镇村建设。建立无害化厕所长效管护机制，改厕8000座，确保农村中小学改厕清零；新建一批分散式污水处理设施，强化城乡小微水体治理管护。加快新时代文明实践中心站所建设，培育文明乡风、淳朴民风、良好家风，圆满完成新时代文明实践中心建设全国试点工作。

（五）推动消费升级，树立宁乡品牌新形象

实施品牌和质量强市战略。发挥品牌引领作用，打响宁乡制造、宁乡美食、宁乡文旅、宁乡环境品牌，让世界爱上宁乡造。实施品牌创建，着力增品种、提品质、创品牌，新增注册商标2000件，争创中国驰名商标、国家地理标志各1件。加快品牌推广，广泛推介“好产品、宁乡造”，鼓励宁乡产品拓展国内外市场，持续提高宁乡产品市场占有率和品牌影响力，全年实现外贸进出口总额12亿美元。推动质量强市，支持企业开展产品质量在线检测和质量追溯体系建设，全面提升质量管控能力；鼓励企业参与国家、行业标准制定；发挥市长质量奖示范引领作用，争创省长质量奖。

培育拓展消费增长点。做强文旅消费，持续推进“14830”工程，发挥少奇故里、华强方特、炭河古城等重点景区引领作用，进一步盘活景区资源，引进知名品牌，丰富旅游产品。加快推进文旅项目建设，力促大汉道林古镇、数字王国·绿洲开园营业。打响“心宁之乡、美好时光”旅游品牌，全方位宣传推介宁乡旅游产品。传承红色基因，讲好红色故事，建设花明楼、沙田红色文化旅游小镇。拓展夜间消费，打造“一河、三街、三镇、十场”夜间经济示范片。做大农旅消费，促进乡村民宿、休闲农业、研学旅游等特色旅游发展，力争实现旅游综合收入350亿元。培育体育消费，启动文体中心二期和体育公园建设前期工作，完善户外运动设施，加大机关、学校和企事业单位文体设施向社会开放共享力度；积极承办大型文体赛事，培育文体消费新热点。促进养老消费，加快建设玉园养老中心，推动医养结合，加大面向社区的养老服务供给。繁荣假日消费，举办系列消费节会，着力激发假日消费活力。

推进产业深度融合。依靠市场机制和现代科技创新，积极发展工业设计、会计审计、现代物流等，推动生产性服务业与先进制造业深度融合，向专业化和价值链终端延伸。加快布局“四新经济”，积极发展总部经济和楼宇经济，大力培育文化创意产业。提质改造人民路和步行街商圈，力促吾悦广场和翡翠湖广场建成开业，推动生活性服务业向高品质和多样化升级。推动农业“接二连三”，大力发展都市农业、观光农业和农产品深加工业，实现一二三产深度融合发展。推动农村消费升级，释放农村消费潜力，推动工业品下乡、农产品进城双向流动。全年新增服务业限上企业120家。实现电子商务交易额26亿元。

（六）加快品质宁乡建设，打造创新创业新高地

坚持规划引领。高质量完成“十四五”规划、国土空间规划、城市发展规划和金洲新城控制性详规编制。完善城区道路、绿地和给排水等专项规划；加快出台乡村振兴规划；进一步优化“三区三线”和“三生空间”，推进多规合一、多测合一，实现一张图纸管控、一个平台协同、一张表格审批、一套机制保障。

坚持项目带动。加快“一轨、两防、三高、四桥、五路、六大片区”建设。一轨，即加快启动长宁轨道交通一期建设，将宁乡深度融入长沙的夙愿变为现实。两防，即按照50年一遇的防洪标准，全面建成沩水防洪堤和城市防洪圈。三高，即协调推进渝长厦高铁、宁韶高速和长益复线建设，加快融入中部地区交通网络。四桥，即改建沙河桥、汽车桥、南门桥，新建发展路沩水大桥，推进“一江两岸”协调发展。五路，即启动发展路、普瑞西路、欧洲路延伸线、工业大道玉菁段和五巷公路建设，完善互联互通交通体系。六大片区，即进一步完善高铁片区、金洲片区、沩东片区、白马片区、沩水湾片区、中央大街片区的顶层设计，理顺管理体制，创新开发模式，加快片区征拆清零和项目招商；率先启动曾家河一期综合开发；加快高铁新城、金洲新城起步区建设，全面启动高铁站场和高新区产教融合中心、云起小镇、官桥河风光带和关山古镇二期建设。

坚持四城同创。实施素质、配套、环境、管理提升行动，争创全国文明城市、国家全域旅游示范区、国家园林城市和国家生态文明建设示范市。实施素质提升行动。对标全国文明城市测评体系，突出整治占道停车和闯红灯、不排队、随手扔等不文明行为，着力提升市民文明素养。实施配套提升行动。组织实施棚改1260户，新建公租房2978套，加快推进老旧小区改造；切实做好稳地价、稳房价、稳预期工作，促进建筑业和房地产市场稳定健康发展。新建燃气管网30千米、供水管网20千米。进一步完善交通标志、公共厕所等城市基础设施配套。实施环境提升行动。启动生态廊道建设，加强金洲湖湿地管理，加快园林绿化精细化微改造，力争人均公共绿地达9平方米，城区绿化覆盖率提升至40%；加强“一圈两场三道”建设，有效改善城市人居环境。实施管理提升行动。强力推进控建拆违，全面加强小区综合管理，稳步提升市政物业、环卫保洁服务水平。实行“四个最严”食品安全监管，食品抽检达到每千人6批次，合格率稳定在97%以上，确保人民群众舌尖上的安全。

（七）优化营商环境，激发市场新活力

深化“放管服”改革。全力推动“一件事一次办”跨部门联办、跨区域通办，优化升级智能导办。公布乡镇权力清单和责任清单，落实中介服务清单和特别程序清单，实现清单之外无权力、无审批、无收费。巩固“三无城市”“三先三后”改革成果，积极稳妥推进领照即开业、交房即交证、交地即开工改革。加快智慧医疗、智慧教育和智慧社区建设，构建“智慧宁乡一网共建、政务服务一网通办、城市运营一网统管、各类媒体一网融合”新格局，争创国家新型智慧城市试点县。

着力强化要素保障。强力推进国土、林业违法违规问题整改，坚决遏制新增；盘活存量土地，推进增减挂钩、增存挂钩、增违挂钩，切实保障项目用地，全年新增建设用地1万亩。依法规范流程、推进阳光拆迁，综合施策“拔钉”、确保片区清零，全年拆迁3000户、腾地1.4万亩。深化政银企合作，不断加大金融业支持实体经济发展力度，全年新增贷款150亿元。坚持引进与培养并重，定期定向组织招聘活动，鼓励本地职业院校开展实用型技能人才订单式培养，缓解企业用工难。

促进市场主体发展。狠抓效能提速、实体经济降本、企业家权益保护和政策落地，强化“新官不理旧账”专项治理，打造“三化四最”营商环境金字招牌，营造市场化、法治化、国际化的营商环境和流程最优、效率最高、成本最低、服务最好的政务服务环境。深化商事制度改革，推行证照分离和全程电子化登记，推进“双随机、一公开”和审慎包容监管，全年新增市场主体1万户，其中新增企业5000家。

（八）加强平安宁乡建设，探索社会治理新格局

坚决守住安全生产红线。持续开展“强执法防事故”和“打非治违”专项行动，全面整治危险化学品、道路交通运输等十三个重点领域的顽瘴固疾，全面落实地方属地责任、行业监管责任和企业主体责任，确保不发生较大及以上安全生产责任事故。加强应急救援队伍建设，强化应急联动管理，提高应急处突能力。着力提升社会治理水平。完善党委领导、政府负责、民主协商、社会协同、公众参与、法治保障、科学支撑的社会治理体系；支持大成桥镇开展全国乡村治理示范镇试点；实施村（社区）辅警兼任治调主任和民兵营长制度，深化“互联网+群防群治”，健全乡村治安防控体系和信访积案化解机制。推进社会治理体系、治理布局和治理方式现代化，发挥“城市快警”快速反应作用，有序推进二维码标准地址、“雪亮工程”建设，扎实推进平安示范单位创建，进一步提升人民群众的安全感和满意度。纵深推进扫黑除恶斗争。聚焦扫黑除恶专项斗争“深挖根治”决战决胜目标要求，始终保持高压态势，重点整治工程建设领域强揽工程、强买强卖、垄断运输、煽动闹事，重拳打击欺行霸市、操纵经营、套路贷以及网上黑恶势力，确保在破案攻坚、“打伞破网”“打财断血”、行业治理上取得新突破。全面加强禁毒工作，控增量减存量，坚决打赢新时代禁毒工作人民战争。加强退役军人事务管理和国防动员工作，争创省级双拥模范城“五连冠”。扎实做好第七次全国人口普查工作。

（九）办好重点民生实事，共享发展新成果

坚持以人民为中心，聚焦民生“七有”，补齐民生短板，办好民生实事。一是建立防范拖欠农民工工资长效机制；新增城镇就业9000人，确保零就业家庭动态清零。二是启动市委党校和长沙幼儿师范专科学校建设；新改建中小学14所，新增学位22700个；推进集团化办学，促进教育资源优质均衡发展；进一步办好老年大学。三是扎实推进县域紧密型医共体建设试点，落实分级诊疗制度；市人民医院流沙河分院建成开业，市妇幼保健院完成主体建设，新改建5家乡镇卫生院和20家标准化村卫生室。四是提质改造农村公路770千米、建设安防工程200千米，加固危桥25座，争创全国农村公路管养体制改革示范县。五是建成市社会福利中心、玉潭综合养老服务中心和10家社区居家养老服务中心，新增床位600张。六是打造示范性综合文化服务中心20家，新增文体设施50处。七是完成省市农村安全饮水巩固提升建设任务。八是新建停车位2830个、自行车道5千米。九是新增失地农民社保2000人。十是实施农村适龄妇女“两癌”免费检查4万人次、孕产妇免费产前筛查8500人次。

三、推进政府治理现代化

坚持依法行政，深化法治政府建设。始终坚持党的领导，依法接受人大法律监督、工作监督，主动接受政协民主监督，认真执行人大及其常委会的各项决定、决议，高质量办好人大代表建议和政协提案。认真听取人大代表、政协委员、民主党派、工商联、无党派人士和人民团体的意见建议。坚持科学、民主、依法决策，严格落实决策启动、公众参与、专家论证和风险评估法定程序；贯彻落实法律顾问制度、规范性文件合法性审查制度和重大决策报告制度，把依法行政贯穿于政府工作全过程。

坚持为民施政，深化服务政府建设。牢记全心全意为人民服务的根本宗旨，忠实践行权为民所用、情为民所系、利为民所谋。通过12345市长热线、电视问政和屋场夜话，问政于民、问需于民、问计于民，全方位倾听群众呼声，高质量回应群众关切，高效率解决群众身边的操心事、烦心事和揪心事，有效保障人民群众对政府工作的知情权、参与权和监督权。

坚持高效理政，深化效能政府建设。突出抓落实、善作为、敢担当，弘扬诚实守信、真抓实干的工作作风，以踏石留印、抓铁有痕的韧劲，确保工作一抓到底、抓出实效。持续治理“庸懒散”，坚决打通“肠梗阻”，常态化开展督查问效，确保政府系统政令畅通、令行禁止。

坚持从严治政，深化廉洁政府建设。全面落实从严治党主体责任，认真履行“一岗双责”，以自我革命精神推进党风廉政建设。坚决贯彻中央八项规定及实施细则精神，切实整治形式主义官僚主义新动向新表现；坚持厉行节约、反对浪费，牢固树立过紧日子的思想，力争一般性支出同比再下降10%。巩固深化“不忘初心、牢记使命”主题教育成果，引导工作人员守纪律、讲规矩、清正廉洁做表率，永葆为民务实清廉的政府形象。

功崇惟志，业广惟勤。各位代表、同志们，蓝图已经绘就，关键在于落实。让我们更加紧密地团结在以习近平为核心的党中央周围，在宁乡市委的坚强领导下，团结带领全市人民，不忘初心、牢记使命，为全面建成小康社会、实现高质量发展、谱写建设更加富饶美丽幸福的现代化宁乡新篇章而努力奋斗！

【名词解释】

1.“四个打造”：即打造内陆开放高地、西线工业走廊、全域旅游景区和美好生活家园。P1

2.“三保”：即保工资、保运转和保基本民生。P2

3.“四溪一渠”：即东沩溪、化龙溪、朝阳溪、正农溪和民兵渠。P2

4.“两不愁三保障”：即不愁吃、不愁穿，义务教育、基本医疗、住房安全有保障。P3

5.“14830”：即创建1个全域旅游示范区，打造4个核心旅游区，提质8个A级景区，培育30个乡村旅游示范点。P4

6. 八大工程：即宁乡花猪保种繁育、扩量提质、生态养殖、精深加工、市场营销、品牌提升、富民增收、政策保障八大工程。P4

7.“三品一标”：即无公害农产品、绿色食品、有机农产品和农产品地理标志。P4

8.“三无城市”：即无证明城市、无收费园区、无跑腿审批。P4

9.“三印”：即打印、复印、印章。P4

10.“一圈两场三道”：一圈，即15分钟生活圈；两场，即停车场、农贸市场；三道，即人行道、自行车道、历史文化步道。P5

11.“五治”：即治厕、治垃圾、治水、治房、治风。P6

12.“清五乱”：即清理河湖乱占、乱采、乱堆、乱建、乱排。P6

13.“三贷三霸”：即“套路贷”“校园贷”、非法高利放贷和村霸、市霸、行霸。P7

14.“316”群众工作机制：即建立“领导联点、十联十到”“赋权到镇、强责到村”“乡镇吹哨、部门报到”三大工作机制；构建“1+5+29+N”常态化为民服务体系；实施编印《群众工作指引》、公开领导电话、撤除行政中心门禁系统、开设《问政宁乡》电视栏目、倾听群众呼声办好民生实事、开展专项监督专项巡察等六项工作举措。P8

15.“两个聚焦”：即聚焦产业项目建设、聚焦营商环境优化。P10

16.“六稳”：即稳就业、稳金融、稳外贸、稳外资、稳投资、稳预期。P10

17.“四类重点对象”：即建档立卡贫困户、低保户、农村分散供养特困人员、贫困残疾人家庭。P11

18.“双投”：即政府投料、群众投工的农村公路建设模式。P11

19.“630”攻坚：即到2020年6月30日，建成一批、开工一批、储备一批电网建设项目，确保2020年电力顺利迎峰度夏。P12

20. 三类债务：即政府债券、政府隐性债务、关注类债务。P12

21.“四个不脱”：即脱贫不脱政策、脱贫不脱责任、脱贫不脱帮扶、脱贫不脱监管。P13

22.“双百双千”专项行动：即2019年开始，启动扶贫产业项目100个，新建扶贫车间100个，确保1000户深度贫困户如期脱贫，完成1000栋危房户改造。P13

23.“三落实”“三精准”“三保障”：即责任、政

策、工作落实，识别、帮扶、退出精准，义务教育、基本医疗、住房安全保障。P13

24. “五气共治”：即汽车尾气、渣土扬尘、油烟气体、燃气、工业废气统筹治理。P14

25. “三考”：即高考、学考、中考。P14

26. “七大工程”：即新旧动能转换、科技创新引领、市场主体培育、开放高地构筑、优秀人才聚集、营商环境优化、载体提质升级工程。P14

27. 两图两库两池两报告：即产业全景图、现状图，产业链客商库、项目库，资金池、人才池，产业发展报告、产业招商报告。P15

28. 灯塔工厂：即规模化应用第四次工业革命技术的真实生产场所/工厂。P15

29. “三智一自主”：即智能装备、智能汽车、智能终端和信息安全及自主可控。P15

30. 七大应用场景：即长沙市提出打造智能网联汽车、工业互联网、智慧城市、智慧医疗、移动支付、分享经济、区块链等应用场景。P15

31. “两主一特”：即经开区坚持以智能家电为主导的先进装备制造、以储能材料和绿色建材为主导的新材料，以食品饮料产业为特色的产业发展定位。P16

32. “一主一特”：即高新区坚持以先进装备制造业为主导、以先进储能材料产业为特色的产业发展定位。P16

33. 八大特色产业：即花猪牧业、优质水稻、有机茶叶、有机蔬菜、高山水果、休闲农业、烟叶、油茶等八大农业特色产业。P17

34. “六大强农行动”：即品牌强农、特色强农、质量强农、产业融合强农、科技强农、开放强农行动。P17

35. “一廊一带一片”：即高标准打造陈家桥-贺家湾-湘都-鹊山-青龙寨乡村振兴示范走廊、S208沿线休闲农业乡村振兴示范带和双江口-金洲田园综合体乡村振兴示范片。P18

36. “一河、三街、三镇、十场”：一河，即沩水特色夜间旅游聚集区；三街，即正龙仿古风情街、新康路美食街、一环路娱乐街；三镇，即灰汤温泉、炭河古城、方特神画夜间经济重镇；十场，即奥特莱斯、人人乐、春城万象、步行街、大润发、宁邦广场、东沩广场、财富广场、翡翠湖广场、吾悦广场。P19

37. “四新经济”：即推动新技术、新产业、新业态、新模式经济发展。P20

38. “三区三线”“三生空间”：“三区”即生态、农业、城镇三类空间，“三线”即生态保护红线、永久基本农田和城镇开发边界三条控制线，“三生空间”即生态空间、生活空间、生产空间。P20

39. “四个最严”：即最严谨标准、最严格监管、最严厉处罚、最严肃问责。P22

40. “三先三后”：即对工业项目采取先建后验、先批后核、先拨后审的管理模式。P22

41. 民生“七有”：即学有所教、幼有所育、劳有所得、病有所医、老有所养、住有所居、弱有所扶。P24

统计资料

表 1　2019 年宁乡市国民经济和社会发展主要指标统计表

单位：万元

指标 \ 时间	2018 年	2019 年	2019 年比 2018 年增长（±%）
GDP 总值（现行价）	9618155	10691033	9.1
一产业	1009281	1115427	3.5
二产业	4125926	4557331	10.7
其中：工业	3738243	4147730	11.4
三产业	4482948	5018275	8.6
规模以上工业总产值	15076440	16375701	8.6
农业总产值（现行价）	1647665	1884090	3.4
财政总收入	806000	880252	9.2
其中：公共财政预算收入	473116	538088	13.8
财政总支出	959796	1052147	9.6
社会消费品零售总额	3601671	4014344	11.5
全社会固定资产投资总额	8537234	9408032	10.2
金融部门存款余额	7348165	8232909	12.0
其中：城乡居民储蓄余额	4237957	4814520	13.6
金融部门贷款余额	7162273	8342707	16.5
农村居民人均可支配收入（元）	26985	29338	8.7
在岗职工年平均工资（元）	79735	82375	3.3
城镇居民人均可支配收入（元）	43269	46900	8.4

表 2　2019 年各乡镇面积、区划和人口情况统计表

乡镇（街道）	面积（平方千米）	社区（个）	村（个）	年末总户数（户）	年末总人口（人）	男性（人）	女性（人）	城镇人口（人）	乡村人口（人）
合计	2906	68	210	452007	1428939	723240	705699	674563	754376
玉潭	22.84	15	0	29785	75300	37015	38285	75300	0
白马桥	20.44	7	0	10504	27217	13434	13783	27217	0
历经铺	36.88	9	0	10641	33456	16080	17376	33456	0
城郊	37.42	6	4	13072	34296	16863	17433	34296	0
道林	135.11	1	8	18774	56033	28753	27280	22358	33675
花明楼	113.56	1	8	17441	51133	25800	25333	22524	28609
东湖塘	131.68	1	7	15375	49067	25123	23944	21110	27957

续表 2

乡镇（街道）	面积（平方千米）	社区（个）	村（个）	年末总户数（户）	年末总人口（人）	男性（人）	女性（人）	城镇人口（人）	乡村人口（人）
夏铎铺	103.25	3	6	12608	44989	22164	22825	44989	0
双江口	155.04	4	13	26369	87244	44748	42496	44520	42724
煤炭坝	72.60	1	6	16453	49723	25474	24249	20894	28829
坝塘	163.71	1	13	21965	71902	36527	35375	12450	59452
灰汤	210.90	2	16	30538	99950	50354	49596	23671	76279
双凫铺	87.98	1	7	13184	41462	21109	20353	16648	24814
老粮仓	121.99	2	8	19829	64842	33333	31509	22549	42293
流沙河	140.60	2	11	21790	70532	36442	34090	28621	41911
巷子口	105.73	1	9	13757	46396	23667	22729	16180	30216
龙田	71.88	1	5	7548	23211	11965	11246	7905	15306
横市	124.12	1	11	16773	56435	28813	27622	21575	34860
回龙铺	71.89	1	6	12985	42612	21211	21401	31518	11094
黄材	219.01	1	16	19581	66658	34029	32629	23865	42793
大成桥	58.79	1	7	10607	34711	17395	17316	23514	11197
青山桥	132.32	1	8	16474	51765	26529	25236	17726	34039
金洲	61.31	2	4	10961	34334	16873	17461	34334	0
大屯营	106.47	1	6	13782	45937	23143	22794	22894	23043
资福	88.54	1	7	12284	39529	20262	19267	4548	34981
菁华铺	65.76	0	6	10584	36592	18251	18341	19901	16691
喻家坳	96.64	0	8	12656	40453	20702	19751	0	40453
沙田	74.29	0	6	10223	35159	17998	17161	0	35159
沩山	75.17	1	4	5464	18001	9183	8818	0	18001

表 3　　2019 年各乡镇耕地面积、粮食、生猪统计表

乡镇	耕地面积（万亩）	水田面积（万亩）	稻谷播种面积（万亩）	稻谷产量（万吨）
合计	134.63	109.97	144.75	63.08
玉潭	0.18	0.11	0.08	0.04
白马桥	0.69	0.60	0.70	0.31
历经铺	1.41	1.04	1.73	0.74
城郊	0.47	0.28	0.37	0.16
道林	6.57	5.66	7.51	3.23
花明楼	5.90	5.06	6.78	2.96
东湖塘	5.90	5.06	6.49	2.85
夏铎铺	4.34	3.22	5.72	2.41

续表 3

乡镇	耕地面积（万亩）	水田面积（万亩）	稻谷播种面积（万亩）	稻谷产量（万吨）
双江口	11.74	8.91	13.77	5.72
煤炭坝	3.54	2.85	3.10	1.41
坝塘	8.27	7.34	10.30	4.47
灰汤	10.21	8.61	13.58	5.73
双凫铺	4.25	3.39	1.44	0.70
老粮仓	6.15	5.25	8.15	3.43
流沙河	7.34	5.81	8.71	3.81
巷子口	4.16	3.39	2.83	1.43
龙田	2.13	1.93	1.36	0.70
横市	5.38	4.33	5.77	2.47
回龙铺	4.41	4.08	5.57	2.41
黄材	5.08	3.88	4.05	1.87
大成桥	3.66	3.10	3.55	1.55
青山桥	5.22	4.20	5.12	2.22
金洲	2.93	2.53	3.85	1.69
大屯营	5.88	4.88	7.49	3.24
资福	4.85	3.84	5.28	2.26
菁华铺	3.76	2.97	2.89	1.39
喻家坳	5.22	3.81	5.64	2.38
沙田	3.41	2.87	2.21	1.13
沩山	1.57	0.99	0.75	0.38

表 4　　2019 年各乡镇综合经济指标统计表

单位：万元

乡镇	生产总值（GDP）	农业总产值	规模以上工业总产值	社会消费品零售总额	全社会固定资产投资
合计	7671556	1884090	3794985	4037908	4186643
玉潭	1077173	3400	360196	1325112	421881
白马桥	497132	31238	40804	198656	286148
历经铺	532993	37858	135737	414280	230824
城郊	458500	31363	149301	158923	297156
道林	181576	66401	11510	89473	111246
花明楼	280506	64133	44053	86474	177121
东湖塘	138893	66166	7543	61437	139196
夏铎铺	730301	56058	1072685	146667	187841
双江口	260031	142408	70962	106567	161528
煤炭坝	392718	60135	747219	107096	225478

续表 4

乡镇	生产总值（GDP）	农业总产值	规模以上工业总产值	社会消费品零售总额	全社会固定资产投资
坝塘	210614	132871	29895	93688	80725
灰汤	357139	165180	6619	157207	242287
双凫铺	348813	65032	222594	78866	88330
老粮仓	141956	66548	2962	80986	92889
流沙河	124291	95559	15116	120467	123180
巷子口	106712	42683	158528	54903	95248
龙田	65896	32756	3764	50389	78389
横市	193179	65227	72564	91385	113609
回龙铺	189648	70763	308263	62592	74105
黄材	173351	92781	0	91018	152071
大成桥	183487	64104	63504	54865	154088
青山桥	117223	68880	19812	78314	70010
金洲	176186	53208	123227	49925	203412
大屯营	166815	67068	18900	55005	64338
资福	78077	58794	0	46594	74988
菁华铺	168966	50071	32866	53672	10100
喻家坳	187809	71059	34348	57638	141230
沙田	57847	34269	6951	36832	71642
沩山	73724	28077	35062	28877	17583

说明：GDP、规模以上工业总产值、全社会固定资产投资不包含经开区和高新区数据。

表 5　　2019 年宁乡市一般公共预算收入和支出表

单位：万元

指标名称	2018 年	2019 年	2019 年比 2018 年（±%）
公共财政预算收入	806000	880252	9.21
#营业税	126	910	-86.15
增值税	320954	310808	3.26
企业所得税	139300	132790	4.90
公共财政预算支出	1052147	959796	9.62
#一般公共服务	115341	121222	-4.85
社会保障和就业	145527	135385	7.49
科学技术	23544	19809	18.86
教育支出	183933	170203	8.07
农林水事务	164829	151858	8.54

表 6　　2019 年宁乡市居民消费价格指数统计表

	以上年价格为 100		以上年价格为 100
居民消费价格总指数	102.9	三、居住	100.6
一、食品烟酒	107.6	四、生活用品及服务	100.6
#粮食	100.6	五、交通和通信	98.3
畜肉类	132.5	六、教育文化和娱乐	103.2
菜	106.6	七、医疗保健	102.0
二、衣着	101.3	八、其他用品和服务	103.9

表 7　　2019 年宁乡市金融情况表

单位：亿元

指标名称	2018 年	2019 年	2019 年比 2018 年（±%）
一、金融业			
金融机构存款余额（本外币）	739.56	831.44	11.05%
住户存款	423.82	481.47	11.97%
金融机构贷款余额（本外币）	716.22	834.27	14.15%
#短期贷款	173.49	171.93	-0.91%
中长期贷款余额	537.96	653.18	17.64%

表 8　　2019 年宁乡市交通运输情况

指标名称	计量单位	2018 年	2019 年	2019 年比 2018 年（±%）
辖区内通车千米里程	千米	12235.5	16451.5	34.46
货运量	万吨	568	584	2.82
货运周转量	亿吨千米	3.7	3.8	2.70
客运量	万人次	842	920	9.26
客运周转量	亿人千米	3.9	4.3	10.26
国道、省道、干线公路	千米	565.22	565.2	0.00
县道	千米	514.58	514.6	0.00
乡道	千米	425.27	425.3	0.00
桥梁	座	548	581	6.02
高速公路	千米	171.934	171.9	0.00
境内铁路里程	千米	68	84	23.53

表 9　　2019 年旅游业情况

指标名称	计量单位	2018 年	2019 年	2019 年比 2018 年增长（±%）
接待游客总数	万人次	2210.90	2300.55	+4.05
接待境外游客（含港澳台）	万人次	46.194	—	—

续表 9

指标名称	计量单位	2018 年	2019 年	2019 年比 2018 年增长（±%）
旅游总收入	亿元	302.69	310.26	+2.50
外汇收入	亿元	6.88	—	—
旅行社总数	个	4	4	0
风景名胜区	个	1	1	0
5A 级景区数	个	1	1	0
4A 级景区数	个	3	3	0

表 10　　2019 年文化体育事业发展情况

指标名称	计量单位	2018 年	2019 年	2019 年比 2018 年增长（±%）
公共图书馆	个	1	1	0
藏书量	万册	25.4883	26.5437	4.14
群众文艺团队	个	420	420	0
全年公益演出	场	96	77	-19.79
全年公益电影放映	场	4500	4500	0
文化馆个数	个	1	1	0
文化馆面积	平方米	3500	3500	0
文化广场个数	个	220	250	13.64
文化广场面积	平方米	332000	359780	8.37
体育场馆个数	个	15	15	0
体育场馆面积	平方米	2445115	2445115	0
体育协会	个	20	21	5
年内举办运动文体活动场次	场	60	55	-8.33

表 11　　2019 年教育事业情况

指标名称	计量单位	2018 年	2019 年	2019 年比 2018 年（±%）
一、中等专业学校	所	7	9	
1. 中等专业招生数	人	6486	5321	
2. 中等专业毕业生数	人	1903	2229	
3. 中等专业学校在校学生数	人	13330	14125	
4. 中等专业学校教职工数	人	767	972	
二、普通中学学校	所	85	86	101.18
1. 普通中学招生数	人	20144	20059	99.58
2. 普通中学毕业生数	人	21832	21630	99.07
3. 普通中学在校学生数	人	63911	63351	99.12
4. 普通中学教职工数	人	5379	5297（806）	98.48
三、小学学校	所	216	223	103.24

续表 11

指标名称	计量单位	2018 年	2019 年	2019 年比 2018 年（±%）
1. 小学在校学生数	人	80264	81954	102.11
2. 小学教职工数	人	3897	4330（1056）	111.11
四、特殊学校	所	1	1	100.00
1. 特殊学校在校学生数	人	130	154	118.46
2. 特殊学校教职工数	人	36	39	108.33
五、幼儿园	所	285	327	
1. 幼儿园在园幼儿数	人	35922	39855	
2. 幼儿园教职工数	人	3023	3472	
六、学龄儿童入学率	%	100	100	100.00
其中：女童入学率	%	100	100	100.00
农村学龄儿童入学率	%	100	100	100.00
七、初中入学率	%	100	100	100.00
初中巩固率	%	94.75	94.76	100.01
初中升学率	%	97.62	97.65	100.03
八、高中入学率	%	96.93	97.02	100.09
高中阶段缀学率	%	2.92	2.91	99.66
大学升学率	%	85.65	86.17	
高考参考人数	人	10202	10622	
九、农村中小学危房改造面积	平方米	8252	9158	
十、农村现代远程教育普及率	平方米	94.5%	100%	

表 12　2019 年民政工作和社会救助情况

指标名称	计量单位	2018 年	2019 年	2019 年比 2018 年（±%）
登记结婚数	对	7681	7108	-7.4%
登记离婚数	对	3574	3584	+0.2%
各类收养性社会福利单位床位数	张	50	50	—
各类收养性社会福利单位收养人员数	人	6	5	-0.17%
财政预算安排“低保资金”	万元	60	1950	+3150%
社会救济总人数	人	27876	26998	-3.1%
居民最低生活保障人数	人	16622	16047	-3.5%
其中：城镇居民最低生活保障人数	人	1451	1115	-23.16%
农村居民最低生活保障人数	人	15171	14931	-1.6%
农村“三无”人员低保	人	11191	10892	-2.7%
其他特困人员低保	人	63	59	-6.3%
接受社会捐赠资金	万元	1773.99	1553.68	-0.12%
销售社会福利彩票	万元	15500	13900	-0.001%

续表 12

指标名称	计量单位	2018 年	2019 年	2019 年比 2018 年（±%）
基本养老服务补贴覆盖率	%	100	100	—
已发放基本养老服务补贴人数	人	796	578	-0.003%

表 13　　2019 年宁乡市科技发展情况

指标名称	计量	2018 年	2019 年	2019 年比 2018 年增长（±%）
高新技术企业数	个	236	246	4.24%
高新技术企业总产值	亿元	836.99	1061.1	26.78%
高新技术企业增加值	亿元	178.47	252.1	41.26%
全年申请专利数	件	2417	2528	4.6%
当年获专利授权数	件	1496	1571	5.01%
其中：发明专利数	件	134	153	14.18%

组织机构及其负责人

中国共产党宁乡市委员会

书 记　　周 辉
副书记　　付旭明
　　刘永红（9月止）
常 委　　周 辉
　　付旭明
　　刘永红（9月止）
　　张 武（1月止）
　　王湘云
　　彭 娟（女）
　　刘 强（1月任）
　　彭 韬
　　刘俊武
　　钟利仁（女）
　　李佑明
　　郑 旗（挂职）
　　刘继帅
　　蒋 君（9月任）

市委工作机构

市委办公室
主 任　　彭 韬（9月止）
　　蒋 君（9月任）
副主任　　廖金鹏（6月任，9月止）
　　黎国希（常务，3月止）
　　潘志武
　　彭 舜（3月任）
　　詹爱芝（女，兼，4月止）
　　黄 煌（11月任）
　　陈科军（兼，9月止）
　　刘庆丰（挂职）
　　杨平辉（女，挂职）
市委政策研究室
主 任　　彭 舜（3月止）
　　谭永华（3月任）
副主任　　王艳杰（4月止）
　　欧明星（女，4月任）
　　王 强
市委督查室
主 任　　彭灿军（12月止）
市委保密办（保密局）
主 任（局长）
　　杨平辉（女，3月任）
副局长　　戴 懿（女，11月止）
市委接待办
主 任　　詹爱芝（女，4月止）
副主任　　资贝贝（女，9月止）
　　李 双（女，12月任）
市委深改办
主 任　　彭 韬
　　（兼，3月任，9月止）
　　蒋 君（9月任）
副主任　　杨 云（4月任）
市委直属机关工作委员会
书 记　　彭 韬（兼，9月止）
　　蒋 君（9月任）
副书记　　刘胜光（3月止）
　　龚文生（12月任）
纪工委书记　　范献军
委 员　　周姝香（女）
　　钟炳权（兼）
市委外事办
主 任　　刘胜光（3月任）
市委财经办
主 任　　谭永华（兼，3月任）

市委组织部
部 长　　李佑明
副部长　　王 辉（女，常务）
　　谢 政
　　邹素武
　　周泽秋（3月改任专职）
　　陈杰文（兼）
　　唐朝晖（兼）
市委基层办
主 任　　邹素武
常务副主任　　刘 蜜
市委非公有制经济组织和社会组织工作委员会
书 记　　邹素武
副书记　　吴山川（4月止）
　　宋汝明
　　赖 屿（4月任）
市人才服务中心
局 长　　彭 丹（女）
副局长　　高开程（9月止）
　　娄湘蜀（9月任）
市委党员教育中心
主 任　　王 毅
市委老干局
副局长　　蒋才良（9月止）
　　卢 敏（女，9月止）
　　金章国（9月改任专职）
市绩效办
主 任　　唐朝晖
副主任　　贺 虎（9月止）
　　高开程（9月任）

市委宣传部
部 长　　彭 娟（女）
常务副部长　　汤命强（3月止）
　　彭海华（4月任）
副部长　　黄志刚
　　陈 浩
　　周宇燕（4月任）
市文明办
主 任　　陈 浩
副主任　　童纪源

市委统战部
部 长　　钟利仁（女）
副部长　　肖玉华（常务）
　　李 杰
　　刘志强
　　姜跃兵
市归侨侨眷联合会
主 席　　周常青（女，10月任）
市民族宗教事务局
局 长　　姜跃兵
副局长　　谢志强
市新的社会阶层人士服务中心
主 任　　王丹丹（女，10月任）

市委政法委员会
书 记　　刘俊武
副书记　　邹志平（3月任）
　　潘顺秋（3月止）
　　梁正文
　　刘文军
　　陈甘泉
　　沈新宇（5月任）
纪检监察组长　　周杰文
委 员　　杨建兵（3月任）
　　王义飞（3月任）
　　丁旭文（3月任）
　　李春香（3月任）
　　邓铭心（3月任，6月止）

市网格化综合服务中心
主　任　　俞　刚（3月任）

市委网络安全和信息化委员会办公室
主　任　　邓利良（3月任）
副主任　　王　珺（女，3月任）

市委机构编制委员会办公室
主　任　　陈伟平
副主任　　梁继荣
　　　　　严和平
事业单位登记管理局局长
　　　　　廖凯平
监督检查科科长
　　　　　喻国栋
机构编制电子政务中心主任
　　　　　廖杜娃（女）

市委巡察工作领导小组办公室
主　任　　符灿阳
副主任　　奉旨亨
　　　　　陈　龙（5月任）
市委巡察组
组　长　　刘洪涛
　　　　　龚文生
　　　　　伍学军
　　　　　周国宁（女）
副组长　　刘亚飞
　　　　　谢志国
　　　　　刘争科
　　　　　毛文彪

直属事业单位

市委党校
校　长　　刘永红（9月止）
常务副校长　胡志平（12月止）
副校长　　贺俊军
　　　　　（5月任，主持工作）
　　　　　朱锡宁（女）

市融媒体中心
党组书记、主任
　　　　　易光辉（3月止）
　　　　　杨新貌（3月任）
党组成员、总编
　　　　　张益华（3月任）
党组成员 、副主任
　　　　　杨　洋（女，3月止）
　　　　　刘志勇（5月止）
　　　　　欧朝波（11月止）
　　　　　袁　文（3月任）
　　　　　叶　超（3月任）
副主任　　贺小平（3月任）

部门所属事业单位

市档案馆
馆　长　　彭智勇
副馆长　　杨旺兴（4月止）
　　　　　姜小平
　　　　　姜治国（10月任）

宁乡市人民代表大会常务委员会

主　任　　喻亚军
副主任　　周泽祥
　　　　　熊志扬
　　　　　闵志平
　　　　　刘骥扬
　　　　　张　莹（女）
委　员（按姓氏笔画排序）
　　　　　王　辉（女）
　　　　　王碧泉（4月辞）
　　　　　邓　英（女）
　　　　　左立平（12月辞）
　　　　　朱爱英（女）
　　　　　刘义军
　　　　　刘　陵（女）
　　　　　刘　敏（女）
　　　　　汤命强
　　　　　李拥华（女）
　　　　　杨正文
　　　　　杨靓雯
　　　　　（女，4月补，12月辞）
　　　　　杨　斌
　　　　　何赞兵
　　　　　张立全（4月补）
　　　　　罗建宇
　　　　　罗桂华
　　　　　周旭文
　　　　　周顺全
　　　　　赵聪明（女）
　　　　　钟建军
　　　　　洪敏强（女）
　　　　　夏国勋（4月辞）
　　　　　陶文英（女）
　　　　　彭泽华
　　　　　喻宏建（4月补）
　　　　　喻林义（女）
　　　　　释贤心
　　　　　蔡石姣（4月辞）
　　　　　蔡跃武（6月辞）
　　　　　黎正明
　　　　　潘继斌

市人大工作机构

办公室
主　任　　杨正文
副主任　　郑小玲

选举任免联络工作委员会
主　任　　杨　斌
副主任　　何　平

民族华侨外事委员会
主任委员　　汤命强
副主任委员　朱　灵

监察和司法委员会（法制委员会）
主任委员　　罗桂华
副主任委员　刘　涌

财政经济委员会（预算工作委员会）
主任委员　　黎正明
副主任委员　王　旭

教育科学文化卫生委员会
主任委员　　何赞兵（12月止）
　　　　　　易光辉（12月任）
副主任委员　邬明华

环境与资源保护委员会
主任委员　　左立平
副主任委员　刘利兵

农业与农村委员会
主任委员　　周旭文
副主任委员　蔡运辉

社会建设委员会
主任委员　　喻宏建
副主任委员　荆红叶

宁乡市人民政府

市委副书记、市长
　　　　　　付旭明
市委常委、常务副市长
　　　　　　王湘云
副市长　　　冯智君

陈德奇
文　平
贺立权
黄　勇
李　磊
副调研员　周明山
吴国强
孔秋生
胡　长
副县级干部　黎庆华（12 月退休）
袁德强
刘志勇
张向荣
王寿龙
刘润乾

市政府工作部门

市人民政府办公室

主　任　陈永胜
副主任（常务）
徐志平
副主任　王万军
彭晓静（女）
范建强
刘　霞（女）
吴麒麟
谭　瑛（女）
贺俊军（6 月止）
周兵山
邹铁军
市纪委监委驻市政府办纪检组长
刘建威
市人民政府督查室
主　任　张建元（11 月止）
邓伟雄（11 月任）
市人民政府研究室
主　任　贺俊军（6 月止）
刘孟雄（6 月任）
市政府发展研究中心
主　任　孙姣姣（女，10 月任）

市发展和改革局

党组书记、局长
刘寄华
党组副书记、副局长
肖知义（10 月止）
党组成员、副局长
叶刚毅
王　凯
胡闻天（5 月止）
张湘华
文建华
副局长　杨红秀
党组成员　周　苗（女，5 月任）

市教育局

党委书记、局长
戴晓成
党委副书记、副局长
文玉华（女）
党委委员、市纪委监委驻教育局纪检监察组组长　何　欣
党委委员、副局长
曾曙光
党委委员　曹金花（女）
党委委员、副局长
喻汉科
宁乡教育工会主席
刘国强

市科学技术局

党组书记　黎国希（3 月任，12 月止）
局　长　戴碧锋（3 月任，12 月止）
主任科员　李旭东
党组成员、副局长
黄建龙（1 月任，5 月止）
党组成员、副局长
黄胜男（3 月止）
党组成员　桂建科
主任科员　黄建龙（6 月任，12 月止）

市工业和信息化局

局　长、党组书记
胡　浪（4 月止）
胡君安（4 月任）
副局长、副书记
邓志强
主任科员　肖　敏（4 月任）
副局长　曾卉敏（女）
党组成员、工会主席
曹正旺

市公安局

党委书记、局长
黄　勇
副书记、政委
陈魁昱
副书记、常务副局长
肖学强（5 月止）
副书记、副局长
刘志良
市纪委监委驻公安局纪检监察组组长、党委委员　刘兴华（5 月任）
党委委员　林山清
党委委员、副局长
沈新宇（5 月止）
曾宁汉
张浩平
党委委员、副政委、政工室主任
贺　任
傅　涛（5 月任）

市民政局

党组书记、局长
潘志国
党组副书记、副局长
胡跃波
局领导（主任科员）
喻湘波
党组成员、副局长
姜得意
市救助管理站
党支部书记　曾志军
站　长　肖　华
市社会救助局
党支部书记　赵国良
局　长　李新华

市司法局

党组书记、局长
刘海波
主任科员　许利军
党组成员、政工室主任
黄海泉（4 月任）
党组成员、副局长
钟海军
吴泽平（4 月任）

市财政局

党组书记、局长
王春林
党组成员、市纪委派驻纪检组长
成素芬（女）
党组成员、副局长
陈拥军
赵文波
殷文肆（5 月任）
党组成员、总会计师
李　珍（女，6 月任）
国有资产事务中心
主　任　左立平（11 月任）
副主任　彭　波（5 月任）

陶茂强

财政事务中心

主　任　　陈映霞（女）

乡镇财政资金监管中心

主　任　　贺　洲

国库集中支付中心

主　任　　刘　颖

政府采购事务中心

主　任　　张启文

财政预决算（投资）评审中心

主　任　　周喜良（女）

财政统发工资中心

主　任　　彭　晖（女）

市人力资源和社会保障局

党组书记、局长

陈杰文

党组副书记、副局长

丁　健

党组成员、副局长

刘甲初

姜安民

孙　树（女）

副主任科员　洪方圆（女，5月止）

杨旺兴（5月任）

市自然资源局

党组副书记、局长

罗亿清（3月任）

党组书记　李命文（3月任）

党组副书记、副局长

汤照武

党组成员、机关党委书记

彭德强（3月任，5月止）

党组成员、副局长

朱洪波（5月任）

党组成员、副局长

龙俊武（3月任，5月止）

党组成员、市纪委监委派驻纪检监察组组长

罗文斌（5月任）

党组成员、副局长

彭宏献

党组成员、副局长

黄志雄（5月任）

党组成员、副局长

邓四红（3月任，5月止）

党组成员、副局长

潘　冠（5月任）

党组成员、副局长

周伏良（3月任，5月止）

市住房和城乡建设局（人民防空办公室）

党组书记、局长

陈科军

党组副书记、人防办主任

黄立志

党组副书记、副局长

杨文辉

党组副书记、副局长

何昊强

党组成员、纪检组长

盛治国

班子成员、人防办副主任

隆志申

党组成员、副局长

孟友良

人防办副主任

夏晓红

党组成员、总工程师

殷习军

市交通运输局

党组书记、局长

杨瑞祥（3月止）

党组副书记、局长

杨瑞祥（3月任）

党组书记　何春章（3月任）

党组副书记、副局长

邹海洋（3月任）

市纪委、监委派驻市交通运输局纪检监察组组长

杨旺斌

党组成员、副局长

黎正文（3月任）

何永胜

党组成员　欧阳涌滨

聂新桥（3月任）

胡思佳（3月止）

欧跃武（3月止）

党组成员、副局长

易国强（挂职，3月止）

市路政执法局

党支部书记、局长

胡思佳（兼，3月止）

支部副书记　李庆超

副局长　周小妮（女）

朱志为

市公共交通事务中心

主　任　　张　鹏（11月任）

市交通建设质量监督站

支部书记　吴　娟（女）

市水利局

党组书记、局长

陶文良

党组成员、副局长

王智勇

刘建兵（5月止）

朱拥政（5月止）

喻起宏（5月止）

熊佑武（5月任）

主任科员　罗君辉（6月任）

蒋建国（6月任）

副主任科员　邹建新（6月任）

市防汛抗旱指挥部办公室

主　任　　唐喜华

市水利技术服务中心

主　任　　杨一帆

市河长制工作事务中心

主　任　　彭　杜（女）

韶山灌区宁乡市花明楼管理所

所　长　　黄学良

田坪水库管理所

所　长　　谭　爽

洞庭水库管理所

所　长　　刘国强

市农业农村局

党组书记、局长

叶　辉（3月任）

党组副书记、副局长

陈新德

党组成员、市纪委监委驻市农业农村局纪检监察组组长

袁　欣

党组成员、副局长

肖海燕

党组成员、副局长、农技推广中心主任

罗德辉

党组成员、总农艺师

唐志尧

党组成员、副局长

黎　毅

市委农村工作领导小组办公室专职副主任

陈有余（女，10月任）

市商务局

党组书记、局长

刘晴明

党组成员、副局长

李文斌

李赛超（女）

党组成员、主任科员
徐建军

市文化旅游广电体育局
党组副书记、局长
文　斌
党组书记　朱跃辉
正科职主任科员
黄蓉晖（女）
党组成员、副局长，兼文化市场综合执法局局长
谭光荣
党组成员、副局长
赵胜强
杨瑞兰（女）
谷超俊（女）
党组成员、副局长，兼局机关支部书记
吴　婧（女）
党组成员　周向波
李乔生

市卫生健康局
党委书记、局长
王东波（7月免）
蒋　宇（11月任）
副书记、副局长
刘亮平
党委委员、纪检组长
彭立平（5月任）
党委委员、副局长
陈再强
姜　萍（女）
马志强
徐红斌
袁新华
党委委员　李　建（女）
张胜全（3月任）
王力支（3月任）

市审计局
党组书记、局长
洪瑞强（女，5月离任）
张四明（女，11月任）
党组成员、副局长
尹　胜
党组成员、副局长
周景云
总审计师　邹群英（女）
党组成员　谭元清（女，3月任）
政府投资审计中心主任
杨轶彬（女）

市退役军人事务局
党组书记、局长
彭荣杰（3月任）
党组成员、副局长
金　华（3月任）
党组成员、副局长
唐　军（11月止）
党组成员、副局长
张　燕（11月任）

市应急管理局
党组书记、局长
徐鹏飞
党组副书记、副局长
杨皎锋
党组成员、副局长
颜　剑
欧阳练兵
陈　勇
党组成员　戴　文

市市场监管局
党组书记、局长
姜小鹏
党组副书记、副局长
郑　强
童羽飞（女，4月止）
容胜强（5月任）
邓启洪
王建新
刘万祥
罗剑斌（5月止）
魏　忠（5月止）
党组成员、市纪委监委派驻纪检监察组组长
容胜强（4月止）
姜赛男（女，4月任）
党组成员、总工程师
张家泽

市统计局
党组书记　熊海军
局　长　段志斌
党组成员、副局长
闵爱辉（女）
刘志扬
统计普查中心主任
刘志红

市城市管理和综合执法局
党组书记、局长
成　亮
党组副书记、副局长
杨向东
张建良
党组成员、副局长
肖村安
黎艳阳
刘爱军（女）
黄献文
市市容环境卫生维护中心
党委书记、主任
肖村安
市园林绿化维护中心
主　任　贺随超
书　记　黄献文
市市场服务中心
主　任　赵雪军
书　记　赵石坚
市市政设施维护中心
书记、主任　李厚阳

市行政审批服务局
党组副书记、局长
刘宇雄（3月任）
党组书记　匡乐红（3月任）
副局长　陈竞芳（女，4月任）
党组成员、副局长
陈　康（4月任）
李大志（4月任）

市信访局
党组书记、局长
姜　伟（3月止）
邹铁军（3月任）
党组成员、副局长
谢　文（女）
唐　华
张勇波
党组成员　杨青兰（女）

市林业局
党组书记、局长
张永胜
党组副书记（挂职）、森林公安局局长
秦岳坤
党组成员、副局长
易建芳（女）
青小华
党组成员　杨志国（3月任）
金洲湖国家湿地公园管理处主任
姚建武（11月止）

张建元（11 月任）
山林权属管理办公室主任
杨志国（3 月止）

市医疗保障局
党组书记、局长
蒋　宇（3 月任，11 月止）
局　长　张超明（11 月任）
副局长　夏美善（3 月任）
党组成员、副局长
杨　洋（3 月任）
市医疗保障事务中心
主　任　谢宴朋（3 月任）

直属事业单位

市金融事务中心
党组书记、主任
卢志平
党组成员、副主任
周　海
王彬晖

市征地服务中心
党组书记、主任
高建阳（10 月止）
张慧明（10 月任）
党组成员　陶择富
党组成员、副主任
喻应军
副主任　黄　焜（5 月任）

市数据资源中心
主　任　姜佳宏
副主任　成志强
杨小龙
廖杜娃（女）

市投资促进服务中心
主　任　邓新华
党组书记　刘旺球
党组副书记、副主任
严万军
党组成员，副主任
程再文
宋光玉
童铁军
孙建国
孙刚强
吴建龙
副主任　朱爱英
党组成员，副主任
易鹏志

市供销合作社联合社
党组书记、主任
王　坚
党组成员、副主任
唐文兵
副主任　曾志超
党组成员　李志坚（5 月止）
党组成员、监事会主任
熊灿辉（5 月任）

部门管理事业单位

市机关后勤服务中心
主　任　谢建华
副主任　文　珍（女）
姜伟兵
隆命洪
陈　湘（女）

市招商引资服务中心
主　任　李贺钊
副主任　张淑文
副主任　李海燕（女）

部门所属事业单位

市能源事务中心
主　任　周定兴（2 月止）
易光辉（5 月任，10 月止）
副主任　陈放军
潘　虎（5 月任）

市住房保障服务中心
主　任　张四明（女，11 月止）
胡铁强（11 月任）
副主任　谢宇波（11 月止）
刘　华（11 月止）
何建武
刘志成
邓向前

市公路养护中心
党总支部书记、主任
易国强（6 月任）
副主任　胡建云（4 月任）
陶湘军（4 月任）
邓勇强（4 月任）
易　志（4 月任）
党总支部委员
吴志凡
刘　毅

市烟叶生产指导管理办公室
主　任　丁新军
副主任　洪国华
谢志远
喻起宏（5 月任）

市畜牧水产事务中心
主　任　杨一帆（4 月任，6 月止）
周海滨（6 月任）
副主任　杨伟斌（4 月任，6 月免）
李志坚（6 月任）
欧腊梅
（女，4 月任，6 月止）
李夕英（女，6 月任）
张英杰（11 月任）

市农村集体经济发展中心
主　任　苏剑波（11 月免）
贺　虎（11 月任）
副主任　袁庆阳（4 月任）
周永清（4 月任）
刘轶苏（4 月任）
周立军（4 月任）

其他事业单位

长沙市黄材水库灌区管理局
党委书记　肖水平
局　长　廖金鹏（5 月止）
陶文良（9 月任）
党委副书记　朱拥政（4 月任）
副局长　姜念东（4 月止）
易福乔
黎　明
徐海华

湖南长沙灰汤温泉国际旅游度假区管理局
党组书记　李志敏（5 月止）
党组副书记、局长
易怀念
党组副书记　欧子强
党组成员、副局长
李　龙
招商引资科科长
周宇燕（女，兼，4 月止）
地热资源科科长
江　波（女，兼）

规划建设科科长
周　勇（6月任）
办公室副主任
朱学清
地热资源科副科长
潘　虎（4月止）
陈　灿（6月任）
计划财务科副科长
陈小琼（女）
招商引资科副科长
欧明星（4月止）
周　然（6月任）
规划建设科副科长
邓向前（11月止）
李智勇（4月任）

宁乡沩山风景名胜区管理委员会

党组书记　蒋政平
主　任　饶世坤
党工委副书记兼纪工委书记
陶春雷
副主任　喻立新
刘　洪

湖南宁乡国家农业科技园区管理委员会

党组书记　陈小平（女）
党组副书记、主任
陶向荣
党组成员、副主任
卢浩明
杨　鹏
戴　奇

市城发投资控股集团有限公司

董事长　姚福平
总经理　高波良（8月止）
监事长　谢继韩
纪副总经理检组长
黄勇华
陶　泉
庞建新
党组成员　胡携春
工会主席　谢建明

市国资投资控股集团有限公司

党组书记、董事长
曾　辉
党组副书记、总经理
陈小文
党组成员、监事长
黄德安（4月免）
党组成员、纪检组长
邱国华
党组成员、副总经理
李逢钦（6月免）
钟　伟

湖南宁乡香山国家森林公园管理处

党组书记　邹铁军（3月止）
郝德芳（5月任）
党组副书记、主任
王　娟（女）
党组成员、副主任
胡华武
刘　军（3月止）
谢晓南（5月任）
彭　华

宁乡市沩东新城管理委员会

党组书记　陈科军（10月止）
党组副书记、管委会主任
何　冰（女，5月任）
党组成员、纪工委书记
谭　果
党组成员、管委会副主任
刘寿华
唐超群

炭河里遗址管理处

主　任　张赞辉（3月任）
副主任　熊　胜
黄　奎

中国人民政治协商会议宁乡市委员会

主　席　刘永红（9月任）
副主席　彭曦明（女）
李　纯（女）
杨志武（驻会）
曾含玲（女）
胡　宇（女）
秘书长　左志华（10月止）
苏剑波（10月任）
常　委（按姓氏笔画排名）
于子长
马　莹（女）
王应军
王建存
王　茜（女）
王晓彬
王智勇
文玉华（女）
左志华
龙国安
付　丹（女）
皮　涛
成五一
向胜利
刘望平
刘清波
许东山
李志强
李　杰
杨红秀（女，12月止）
杨建新
杨　柳（女）
杨柏松
何红兵
何　鑫（女）
邹庆林
沈新宇
宋美纯（女）
陈有余（女）
欧阳立
罗新文
周国勇
周常青（女）
胡令强
胡均平
段志斌
姜佳宏
姜配良（女）
贺小平
贺永中
袁雪梅（女）
唐亚星
唐春艳（女）
陶海英（女）
黄忠于
黄海文
彭世坚（10月止）
喻文定（女）
喻宏建（3月止）
喻昭强
释如焰（女）
谢　红（女）
谢建华
谢科军
黎清华
颜丽华（女）
戴事雄
戴　瑶（女）

市政协工作机构

办公室
副主任　　曾勇备（女）
　　　　　李雨璇（女）

经济科技委员会
主　任　　欧阳立
副主任　　罗新华

提案法制委员会
主　任　　周名生
主任科员　向灿芳

文教卫体委员会
主　任　　孙意谋
副主任　　喻　波

群团联络委员会
主　任　　肖立云
主任科员　张文兵

人口资源环境委员会
主　任　　何友良

2019年3月至12月（组织机构改革后）

办公室
主　任　　左志华（3月至10月）
　　　　　苏剑波（10月任）
副主任　　李雨璇（女）

委员学习联络委员会
主　任　　肖立云
副主任　　陈季青
主任科员　张文兵

提案委员会
主　任　　周名生
副主任　　张建良
主任科员　向灿芳

经济科技和外事委员会
主　任　　欧阳立
副主任　　罗新华

文教卫体和文史委员会
主　任　　孙意谋
副主任　　喻　波

社会法制和民族宗教委员会
主　任　　潘顺秋
副主任　　凌金玉

中国共产党宁乡市纪律检查委员会

书　记　　刘　强（2月任）
副书记　　陈志武
　　　　　肖水平（11月止）
　　　　　张　毅
　　　　　冯　毅（11月任）
纪委常委　刘　强（2月任）
　　　　　陈志武
　　　　　肖水平（11月止）
　　　　　张　毅
　　　　　冯　毅（11月任）
　　　　　廖国珍
　　　　　郑香平
　　　　　罗建宇
　　　　　夏新华
　　　　　胡齐华（9月任）

宁乡市监察委员会
主　任　　刘　强（4月任）
副主任　　陈志武
　　　　　肖水平（12月止）
　　　　　张　毅
　　　　　冯　毅（12月任）
委　员　　廖国珍
　　　　　郑香平
　　　　　夏新华
　　　　　戴文平
　　　　　蒋泽云（12月任）

纪委监委内设机构
办公室主任　胡齐华（9月止）
组织部部长　周良兴（11月止）
党风政风监督室主任
　　　　　黄贵春
信访室主任　熊坤朋
案件监督管理室主任
　　　　　吴素婵
第一纪检监察室主任
　　　　　曾志坚
第二纪检监察室主任
　　　　　陈红兵
第三纪检监察室主任
　　　　　喻小平（5月止）
第四纪检监察室主任
　　　　　曾海鑫
第六纪检监察室主任
　　　　　丁尚军
案件审理室主任
　　　　　蒋泽云（9月止）
干部监督室主任
　　　　　李　俊

纪委监委派驻机构
驻市委办纪检监察组组长
　　　　　王赛楠
驻市政府办纪检监察组组长
　　　　　刘建威
驻市委组织部纪检监察组组长
　　　　　姜　玲
驻市委政法委机关纪检监察组组长
　　　　　周杰文
原驻市发改局纪检监察组组长
　　　　　姜赛男（4月止）
驻市市监局纪检监察组组长
　　　　　姜赛男（4月任）
驻市教育局纪检监察组组长
　　　　　何　欣
原驻市城乡规建局纪检监察组组长
　　　　　盛治国（4月止）
驻市住房和城乡建设局纪检监察组组长
　　　　　盛治国（4月任）
驻市财政局纪检监察组组长
　　　　　成素芬
驻市交运局纪检监察组组长
　　　　　杨旺斌
原驻市水务局纪检监察组组长
　　　　　彭立平（4月止）
驻市卫生健康局纪检监察组组长
　　　　　彭立平（4月任）
原驻市农业局纪检监察组组长
　　　　　袁　欣（4月止）
驻市农业农村局纪检监察组组长
　　　　　袁　欣（4月任）
原驻市城管局纪检监察组组长
　　　　　罗文斌（4月止）
驻市自然资源局纪检监察组组长
　　　　　罗文斌（4月任）
驻市公安局纪检监察组组长
　　　　　刘兴华（4月任）
原驻市食品药品工商质量监督管理局纪检监察组组长
　　　　　容胜强（4月止）

宁乡市人民法院

党组书记、院长
　　　　　吴　欣
党组副书记、副院长

张罗文
副院长　　贺永中
党组成员、副院长
刘舟舟（女）
党组成员　　胡敬阳

宁乡市人民检察院

党组书记、检察长
钟孝明
党组成员、副检察长
易为志
李　闽
陈卓平
副检察长　　喻昭强
党组成员、机关总支书记
周文武
党组成员、工会主席
谢旭辉
检察委员会专职委员
钟晓利（女）
周　勇

开发区

宁乡经济技术开发区

党工委书记、宁乡市委书记
周　辉
党工委副书记、管委会主任
张　毅（1月任）
党工委副书记
黄　瑶
党工委委员、管委会副主任
刘　辉
党工委委员、纪工委书记
洪　健（7月任）
党工委委员、纪工委书记
刘颖鹏（7月止）
管委会副主任
黄　梁
党工委委员　　吴　宏（挂职，8月止）
总工会主席　　王子进

宁乡高新技术产业园区

宁乡市委常委、党工委书记
郑　旗
党工委副书记、管委会主任
苏继桃
党工委副书记、纪工委书记
欧立新（3月止）
党工委委员、管委会副主任
喻　晓
刘　颖
党工委委员、纪工委书记
姜　伟（3月任）
管委会副主任
潘剑灵（6月任）

金玉工业集中区

党组书记、董事长
蒋平波
党组副书记、总经理
吴宝林
党组成员、监事长
周兵才
党组成员、纪检组长
林卫平
党组成员、副总经理
贺胜军
陈湘楹

民主党派·社会团体

民进宁乡市工委

民进宁乡市工委主委
张超明
民进宁乡市工委副主委
朱爱英
民进宁乡市工委委员
杨红菊
易爱华
李跃明
杨柏松
张　帅

中国农工民主党宁乡基层工作委员会

主任委员　　谢文军
副主任委员　　贺小平
曾含玲
隆习军
李拥华
李伟力
刘　陵

市总工会

主　席　　周泽祥（兼）
党组书记、副主席
张立金
主任科员　　邹利红（女）
王京湘（女）
党组成员、副主席
刘为良
陈桂荣（6月止）
党组成员　　张怡汉
挂职副主席　　曾中镛
兼职副主席　　胡逖飞
唐少锋
彭　卓
经费审查委员会主任
王智茹（女）
女职工委员会主任
张宏伟（女）

共青团宁乡市委员会

书　记　　黎　宁
副书记　　郭　婷
张　玮

市妇女联合会

党组书记、主席
喻林义（女）
党组成员、副主席
周常青（女，10月止）
资贝贝（女，10月任）
副主席　　周建新（女）

市工商业联合会

市政协副主席、工商联主席
曾含玲（女）
市委统战部副部长、工商联党组书记
李　杰
党组成员、副主席
杨　艳（女）
莫华军
党组成员　　宋海波
党组成员、秘书长
周伏良（6月任，12月止）
阳凤斌（12月任）

市科学技术协会

主　席　　王泽良
党组书记　　何友良（3月任）
胡利元（3月止）
党组成员、副主席
张爱群（女）
谭菊初

市残疾人联合会

党组书记、理事长
张平飞（女）
党组成员、副理事长
刘学武
谢宇波

市红十字会

会　长　　钟利仁
常务副会长　陈敏芳

市文学艺术界联合会

主　席　杨罗先

垂直管理单位

长沙市生态环境局宁乡分局

党组书记、局长
　　李联明
党组成员、副局长
　　陈絮飞（女）
　　张　华
　　杨　华

国家税务总局宁乡市税务局

党委书记、局长
　　李宇奇
党委副书记、副局长
　　姜　楠
党委委员、副局长
　　严　明
　　曹卫平
　　陈红辉
　　曾向明
　　杨万玄
　　赖　红（女）
党委委员、纪检组长
　　刘以人

市烟草专卖局

党组书记、局长、经理
　　李　帆
党组成员、副局长
　　廖　文（8 月止）
　　柳灿辉（8 月任）
党组成员、纪检组长
　　黄国强
党组成员、副经理
　　荣方勇

气象局

局长、党组书记
　　张森文
副局长　崔剑峰
　　陈向晖

国网宁乡市供电公司

总经理　马恒智
党委书记　周　艺
副总经理　黄　纬
　　罗　宁（8 月止）
　　蔡　荣（8 月任）
纪委书记　蔡　荣（8 月止）
　　曹　漾（8 月任）

中国邮政集团公司湖南省宁乡市分公司

总经理　邱博力（5 月任）
党委书记　刘建军
副总经理、工会主席
　　张　丽（女）
副总经理　李峰彪
　　薛　冰

湖南省新华书店有限责任公司宁乡市分公司

支部书记、经理
　　郑劲松
副经理　黄艳红
副经理、纪检组长
　　杨长海
副经理、工会主席
　　彭正洪

水文局

副局长　黄　旺（10 月止）
　　蔡定桥
　　胡海玉（女，10 月任）
党支部书记　彭　平

中国电信宁乡分公司

党委书记、总经理
　　杨　颖
党委委员、宁乡东区分局总经理
　　罗　坚
党委委员、副总经理
　　王　艳（女）
党委委员、宁乡东区分局副总经理
　　姜建佳
纪委书记、副总经理
　　尹　勇
副总经理　蒋　波

移动通讯宁乡分公司

经　理　王雄辉
副经理　付卉娜
　　刘国华
　　胡雪峰（8 月任）

联通通讯宁乡分公司

总经理　汤周宁
副总经理　李　灿（11 月止）

人民银行宁乡支行

党组书记、行长
　　吴苏林（10 月止）
　　李　旻（10 月任）
党组成员、副行长
　　杨新兵
党组成员、纪检组长
　　廖金明（4 月止）
　　焦　萍（女，4 月任）

农业发展银行宁乡支行

行　长　姜　彪
副行长　黎　明（女，2 月止）
　　李湘琦
　　李　筱（女，4 月任）

工商银行宁乡支行

行　长　何　峰
副行长　汤之方
　　周德强
　　周继红
　　张石良

建设银行宁乡支行

行　长　陈慧君
副行长　杨建军
　　曾永强
　　戴湘华
　　文彦龙

长沙银行宁乡支行

行　长　黄　彦
副行长　冯　杰
行长助理　金　灿
　　刘希路

人寿保险宁乡分公司

经理、党总支书记　谢　屹
副经理、工会主席　肖　凌（女）
经理助理　王　军
　　尹　驰

方正证券宁乡分公司

总经理　黄谷丰
副总经理　艾　兴

教育·卫健系统重点单位

宁乡市职业中专学校

校　长　贺建辉（9月止）
　　　　戴晓成（9月任）
党委书记　易　勇（6月止）
　　　　洪瑞强（女，6月任）
党委副书记　赵　欣
党委委员、副校长、纪委书记
　　　　胡跃波（10月）
党委委员、副校长、团委书记
　　　　郑志刚
校务委员、工会主席、办公室副主任
　　　　汤应如（女，9月任）
校务委员、就业科长
　　　　肖　勇（女，9月任）
校务委员、学生科科长
　　　　卢　炜（10月止）
校务委员、学生科副科长
　　　　喻学军（9月任）
校务委员、总务科副科长
　　　　梁　政（9月任）

宁乡一中

党委副书记校长
　　　　欧阳才
党委书记　蒋鹏海
党委副书记、纪委书记
　　　　彭惠才
党委委员、副校长
　　　　彭建伦
　　　　卢　炜
党委委员、工会主席
　　　　欧铁强

宁乡四中

党委副书记、校长
　　　　刘建军
党委书记　黎卫华

宁乡市疾病预防控制中心

党总支书记、主任
　　　　李雄伟
党总支成员、副主任
　　　　彭智勇
党总支成员、工会主席
　　　　曾　孜（女）

宁乡市中医医院

院　长　杨曙光
党委书记　曾昶明
党委委员、纪委书记
　　　　潘湘华
党委委员、工会主席
　　　　喻先群（女）
党委委员、副院长
　　　　贺林战
　　　　喻爱珍（女）
　　　　李　曦（女）
　　　　张　亮
　　　　文志宁
副院长　王应军
党委委员　岳志平（女）

宁乡市妇幼保健计划生育服务中心

主任（院长）胡雪良
总支书记、副主任（副院长）
　　　　罗湘超
总支副书记、副主任（副院长）
　　　　陈雪莲（女）
总支委员、纪检组长
　　　　蔡　永（女）
副主任（副院长）、总支委员
　　　　张彬彬（女）
　　　　钟瑞香（女）
　　　　李　军（女）
　　　　刘红梅（女）
副主任（副院长）
　　　　文　慧（女）
总支委员、工会主席
　　　　郑欣然
总支委员、工会副主席
　　　　李群林
总支委员　杨桂芳（女）

宁乡市精神病医院

党总支副书记、院长
　　　　文红军
党总支书记、副院长
　　　　喻德明
党总支委员、纪检组长
　　　　刘　明
党总支委员、副院长
　　　　刘正春
　　　　谭　建
　　　　陈国强
党总支委员、工会主席
　　　　陈海燕（女）
副院长　杨兴文

乡镇（街道）

道林镇

党委书记　潘志国（3月止）
　　　　李　纯（3月任）
党委副书记、镇长
　　　　陈　浩（3月止）
　　　　姜　晓（3月任）
党委副书记　谢勇军（3月止）
　　　　彭海波（3月任，10月止）
　　　　陈伟军（10月任）
党委委员、人大主席
　　　　张新华（4月止）
　　　　谢勇军（5月任）
党委委员、政协工作联络处主任、副镇长
　　　　彭海波（3月止）
　　　　刘　军（5月任）
党委委员、纪委书记
　　　　周　竟
党委委员、组织委员
　　　　荆红叶（女，3月止）
　　　　邹　培（11月任）
党委委员、副镇长
　　　　张文宏
　　　　张亚光
副镇长　孟曙光
人大副主席　谭　饶（11月止）
　　　　胡超群（11月任）

大屯营镇

党委书记　蒋　宇（4月止）
　　　　曹一航（5月任）
党委副书记、镇长
　　　　曹一航（5月止）
　　　　周术林（5月任）
党委副书记　傅大成（11月止）
　　　　卢文敏（11月任）
党委委员、人大主席
　　　　文　献
党委委员、副镇长、政协联络工作负责人
　　　　袁　琳
党委委员、纪委书记
　　　　袁胜泉
党委委员、组织部长
　　　　胡智勇
党委委员、副镇长
　　　　胡志卓（6月止）
　　　　戴彬文

周霞林（女，6月任）
副镇长　郭郁资（女）
人大副主席　周霞林（女，6月止）
喻闲军（6月任）

花明楼镇
党委书记　文　昊
党委副书记、镇长
张新灿
党委副书记　陈伟军（9月止）
文　勇（9月任）
党委委员、人大主席
杨望伟（7月止）
黄颖娟（7月任）
党委委员、政协联络工作负责人、副镇长
贺实余
党委委员、纪委书记
刘　智
党委委员、组织委员
文　勇（9月止）
宋轩宏（11月止）
党委委员、副镇长
李记为
熊平原（女，11月止）
易　海（11月任候选人）
副镇长　廖志红（9月止）
李立红（9月任候选人）
人大副主席　李立红（9月止）
李志强（11月任候选人）

东湖塘镇
党委书记　肖冠雄
党委副书记、镇长
贺粤湘
党委副书记　彭海波（10月任）
党委委员、人大主席
李　明
党委委员、政协联络处主任
唐　华
党委委员、纪委书记
李　伟
党委委员、组织委员
龚江波
党委委员、副镇长
艾志军（5月止）
刘伟强
郭顺才
副镇长　杨　黛（女）
陈瀚祥（9月止）
人大副主席　钟广兵（10月止）
何　杰（11月任候选人）

夏铎铺镇
党委书记　李锷华
党委副书记、副镇长
赵曦芝
党委副书记　谭　姣
党委委员、人大主席
杨望伟
党委委员、政协联络工作负责人、副镇长
姚雨秋
党委委员、纪委书记
高谷良
党委委员、组织委员、机关党总支书记
肖　凯
党委委员、副镇长
贺爱中
戴碧江
副镇长　谢　红
人大副主席　刘定江

金洲镇
党委书记　童志国
党委副书记、镇长
谭燎华（女，5月止）
张凤超（5月任）
党委副书记　唐　鹏
党委委员、人大主席
张　征
党委委员、政协联络处负责人、副镇长
张建良（2月止）
欧朝波（11月任）
党委委员、纪委书记
谈　超
党委委员、组织委员
贺湘锋（10月止）
黄巧珍（女，11月任）
主任科员、党委委员、副镇长
任　晖
党委委员、副镇长
刘朝晖
副镇长　李文杰
人大副主席　潘吉斌（10月止）
陶　干（11月任）

双江口镇
党委书记　孙　勇
党委副书记、镇长
刘肯登
党委副书记　贺星宇
党委委员、人大主席
黄荣国
党委委员、政协工作负责人、副镇长
罗灿军
党委委员、纪委书记
胡　冠（5月任）
党委委员、组织委员
喻　波
党委委员、副镇长
李湘辉
谢智芳（11月任）
副镇长　王　林（女）
人大副主席　李术光

菁华铺乡
党委书记　黎国君
党委副书记、乡长
杨靓雯（女）
党委副书记　马海潮
党委委员、人大主席
易　维
党委委员、政协联络工作负责人、副乡长
黄　尚
党委委员、纪委书记
刘德民
党委委员、组织委员
罗　杰
党委委员、副乡长
喻　斌
张仕明
副乡长　陈　樱（女）
范警元（女，11月任）
人大副主席　张寿平

煤炭坝镇
党委书记　宋　强
党委副书记、镇长
贺　伟（3月止）
胡　浪（7月任）
党委副书记　陈有余（女，10月止）
傅大成（11月任）
党委委员、人大主席
李　庆（女，5月止）
周泽文（7月任）
党委委员、副镇长、政协联络工作负责人
黄　剑
党委委员、纪委书记

李　智（女）
党委委员、组织委员
周　敏
党委委员、副镇长
陈　勇（11月止）
贺达勋
潘吉斌（11月任）
副镇长　杨大林
任　惟（女，10月止）
人大副主席　张跃明（11月止）
贺利江（11月任）

回龙铺镇

党委书记　张湘桥
党委副书记、镇长
潘　杰
党委副书记　冯　亮
党委委员、人大主席
蒋建国（5月止）
刘俐华（女，6月任）
党委委员、政协联络处主任
程再强（6月止）
喻建华（11月任）
主任科员　刘永强
党委委员、纪委书记
高令香（女，5月止）
刘湘兵（6月任）
党委委员、组织委员
代会平
党委委员、副镇长
唐文滔（5月止）
姜小平
贺胜军
副镇长　邹建伟（5月止）
李茂桥（5月任）
人大副主席　胡志敏（11月止）
袁学文（11月任）

坝塘镇

党委书记　田奇晖（女）
党委副书记、镇长
蒋建华
党委副书记　张建军（6月止）
党委委员、人大主席
隆友鹏
党委委员、政联工作负责人、副镇长
李新剑
党委委员、纪委书记
彭　敏
党委委员、组织委员
凌金玉（女，3月止）
陈森林（6月任）
党委委员、副镇长
周国强（6月任）
周志华
王啸岚
副镇长　易爱媛（女）
刘俐锋（女）
人大副主席　何德明（11月止）
付炎兵（12月任）

资福镇

党委书记　罗集华
党委副书记、镇长
周全国
党委副书记　谭新华
党委委员、人大主席
钟建军
主任科员　黄光辉
党委委员、纪委书记
陈　健
党委委员、组织委员
任　纯
党委委员、副镇长
喻拥军
黄志明
副镇长　邹建伟
人大副主席　张　华

灰汤镇

党委书记　邹志平（3月止）
黄　果（5月任）
党委副书记、镇长
黄　果（5月止）
徐　文（10月任）
党委副书记　熊佑武（5月止）
吴东跃（10月任）
党委委员、人大主席
徐　文（10月止）
周　勇（10月任）
党委委员、政联工作负责人、副镇长
喻尽忠
党委委员、纪委书记
吴东跃（10月止）
张永强（11月任）
党委委员、组织委员
潘海军
党委委员、副镇长
周宇燕（4月止）
江　波
易　海（11月止）
熊平原（11月任）
副镇长　李茂桥（4月止）
邹　鑫（5月止）
唐　强
肖再平（11月任）
刘甲波（11月任）
姚星明（12月任）
人大副主席　谢智芳（11月止）
郑　志（11月任）

双凫铺镇

党委书记　何　冰（女，5月止）
李志勇（5月任）
党委副书记、镇长
欧旭东
党委副书记　周步云（3月止）
王玉元（女，3月任）
党委委员、人大主席
戴文明（6月止）
钟云华（6月任）
党委委员、政协联络处主任、副镇长
肖福仓
党委委员、纪委委员
贺朝前（1月止）
胡　赞（5月任）
党委委员、组织委员
贺军辉
党委委员、副镇长
王有为
党委委员、副镇长、武装部部长
周典范
副镇长　李友明（女）
人大副主席　陈伏文（11月止）
刘映登（11月任）

大成桥镇

党委书记　彭海华（3月止）
贺　伟（3月任）
党委副书记、镇长
胡铁强（10月止）
杨伟军（10月任）
党委副书记　邓　毅
党委委员、人大主席
黄红卫（3月止）
贺湘锋（10月任）
党委委员、政协联络处主任、副镇长
商利军（女）
党委委员、纪委书记
刘湘兵（6月止）
卢利平（6月任）
党委委员、组织委员
唐可夫
党委委员、副镇长

姚雨秋（11月止）
刘德民（6月止）
吴海兵（11月任）
何德明（11月任）
副镇长　李志光
李　聪（11月任）
人大副主席　吴海兵（11月止）
邹钢国（11月任）

喻家坳乡
党委书记　王　军
党委副书记、乡长
龙凤明
党委副书记　刘伟强
党委委员、人大主席
刘南科
党委委员、政协联络处主任
喻胜祥（5月止）
姜念东（5月任）
党委委员、纪委书记
李　勇
党委委员、组织委员
张云开（5月止）
姜　顺（11月任）
党委委员、副乡长
张智勇
谢　明（11月止）
张跃明（11月任）
副乡长　李国武
陈迎明（11月止）
人大副主席　何　丹（5月止）
廖　娜（女，7月任）

老粮仓镇
党委书记　孙　勇（3月止）
颜志强（3月任）
党委副书记、镇长
朱洪波（5月止）
熊建兵（5月任）
党委副书记　张子亿
党委委员、人大主席
钟云华（5月止）
邓铭心（5月任）
党委委员、政协联络处主任、副镇长
马子文
党委委员、纪委书记
卢利平（5月止）
刘勋鑫（5月任）
党委委员、组织部长
胡胜兰（女）
党委委员、副镇长、武装部长
钟朝辉
党委委员、副镇长
王和平（5月任）
副镇长　龚　峻
人大副主席　刘定江（12月止）
熊季兵（12月任）

流沙河镇
党委书记　陈　鑫
镇长　余树强
党委副书记　陈　敏
党委委员、人大主席
周宏斌
党委委员、副镇长、政协联络处主任
陈　勇
党委委员、纪委书记
谢　鹏
党委委员、组织委员
张宁博
党委委员、副镇长
尹拥军
彭春明
副镇长　彭占平
人大副主席　姚美全

青山桥镇
党委书记　杨新貌（3月止）
党委副书记、镇长
李洪波
党委副书记　胡志辉（5月止）
周　曙（5月任）
党委委员、人大主席
谢海军（4月止）
胡志辉（6月任）
党委委员、副镇长、政联办主任
周　曙（5月止）
张　俊（11月任）
党委委员、纪委书记
陶虚谷
党委委员、组织委员
蔡　敏（女）
党委委员、副镇长
李　华（4月止）
钟广兵（11月任）
党委委员、副镇长
邓　博
副镇长　陈　胜（10月止）
吴利民（11月任）
人大副主席　熊少华（4月任）

横市镇
党委书记　贺向阳
党委副书记、镇长
周海滨（5月止）
王宁波（11月任）
党委副书记、镇长候选人
王宁波（5月任，11月止）
党委副书记　左志华
党委委员、人大主席
沈迪斌
党委委员、政协联络工作负责人、副镇长
尹红波
党委委员、纪委书记
谢　宇
党委委员、组织委员
黎　宇（10月止）
李　佳（女，11月任）
党委委员、副镇长
蔡志伏
张　俊（11月止）
胡志敏（11月任）
副镇长　姚正端（1月止）
杨　政（11月止）
喻亚雄（11月任）
人大副主席　喻亚雄（4月止）
王治国（11月任）

黄材镇
党委书记　叶　辉（3月止）
罗　健（6月任）
党委副书记、镇长
戴永星
党委副书记　杨伟军（10月止）
张　炜（11月任）
党委委员、人大主席
贾命春
党委委员、政联处主任
卢跃文
党委委员、纪委书记
汤红英（11月止）
党委委员、组织委员
颜顶元
党委委员、副镇长
唐业华
邓　坤（6月止）
谭　饶（11月任）
副镇长　李干群（11月止）
邹　彦（11月任）
人大副主席　卢学科（11月止）
廖振兴（11月任）

沩山乡

党委书记　黎国君（3月止）
　　　　　邓旺华（3月任）
党委副书记、乡长
　　　　　刘　飞
党委副书记　王艳杰（5月任）
党委委员、人大主席
　　　　　方国胜
党委委员、政协联络处主任、副乡长
　　　　　戴奔奇
党委委员、纪委书记
　　　　　周国强（6月止）
　　　　　邓　坤（6月任）
党委委员、组织委员
　　　　　彭　波（5月止）
　　　　　颜晓明（5月任）
党委委员、副乡长
　　　　　王　科
　　　　　易开明
副乡长　陈建舟
人大副主席　颜晓明（5月止）
　　　　　夏　笑（5月任）

巷子口镇

党委书记　唐　正（3月任）
党委副书记、镇长
　　　　　唐　正（3月止）
　　　　　吴山川（5月任）
党委副书记　严　玲（女）
党委委员、人大主席
　　　　　胡铁文
党委委员、政协联络工作负责人、副镇长
　　　　　陈天亮
主任科员　戴凯军（4月任）
党委委员、纪委书记
　　　　　王晓东（5月止）
　　　　　何银志（5月任）
党委委员、组织委员
　　　　　李建华
党委委员、副镇长
　　　　　陈义军
　　　　　贺爱中（11月止）
　　　　　陈伏文（11月任）
副镇长　戴凯军（4月止）
　　　　　邓　真（5月任）
人大副主席　肖再平（11月止）
　　　　　胡德华（11月任）

龙田镇

党委书记　熊佑新
党委副书记、镇长
　　　　　陶　浊
党委副书记　张　炜（11月止）
　　　　　刘金文（11月任）
党委委员、人大主席
　　　　　袁国命（5月止）
　　　　　肖永忠（5月任）
党委委员、副镇长、政协工作联络负责人
　　　　　叶　超（3月止）
党委委员、纪委书记
　　　　　荣　毅
党委委员、组织委员
　　　　　刘赛兰（女）
党委委员、副镇长
　　　　　邓智勇（6月止）
　　　　　邹　培（11月止）
　　　　　成小平（11月任）
　　　　　易大扬（11月任）
副镇长　张湘明（女，11月止）
　　　　　李千群（11月任）
人大副主席　易大扬（11月止）
　　　　　周铁军（11月任）

沙田乡

党委书记　颜志强（3月止）
　　　　　贺志亮（6月任）
党委副书记、乡长
　　　　　贺志亮（6月止）
　　　　　胡志卓（6月任）
党委委员、人大主席
　　　　　谈江波
党委委员、政联处主任、副乡长
　　　　　张　燕（11月止）
　　　　　曾亮明（11月任）
党委委员、纪委书记
　　　　　何　丹（5月任）
党委委员、组织委员
　　　　　黄巧珍（女，11月止）
　　　　　谢　明（11月任）
党委委员、副乡长
　　　　　肖正乾（6月止）
　　　　　黄　勇（11月任）
　　　　　谢腾云（11月任）
副乡长　黄　勇（11月止）
　　　　　卢学科（11月任）
人大副主席　彭占平（11月止）
　　　　　廖文武（11月任）

白马桥街道

党工委书记　欧正坤
党工委副书记、办事处主任
　　　　　文再明
党工委副书记
　　　　　阳凤斌（11月止）
　　　　　陈立波（11月任）
党工委委员、人大工委主任
　　　　　张红斌
党工委委员、政协联络处主任、办事处副主任
　　　　　谢意鹏
党工委委员、纪工委书记
　　　　　陈立波（11月止）
　　　　　汤红英（女，11月任）
党工委委员、组织委员
　　　　　胡艳红（女）
党工委委员　胡　鹏
党工委委员、办事处副主任
　　　　　戴克难
　　　　　黄勇强
　　　　　夏宏春

历经铺街道

党工委书记　石启明（3月任）
党工委副书记、办事处主任
　　　　　张慧明（10月止）
党工委副书记、办事处主任
　　　　　蔡友良
党工委副书记、主任科员
　　　　　张建军（6月任）
党工委委员、人大工委主任
　　　　　何卫斌
主任科员　钟正元
党工委委员、纪工委书记
　　　　　龚学军
党工委委员、组织委员
　　　　　杨述红（女）
党工委委员、办事处副主任
　　　　　刘志江
党工委委员、办事处副主任
　　　　　周清洋
党工委委员、办事处副主
　　　　　郭顺才
办事处副主任
　　　　　杨　柳（女，6月任）
人大工委副主任
　　　　　邓智勇（5月任）
副主任科员　李新征（6月任）

城郊街道

党工委书记　谭正林（9月止）
　　　　　高建阳（10月任）

办事处主任　罗　健（6月止）
　　　　　　彭海龙（6月任）
党工委副书记
　　　　　　袁　义
党工委委员、人大工委主任
　　　　　　张凤超（6月止）
　　　　　　袁国命（6月任）
党工委委员、办事处副主任
　　　　　　秦　军（5月任）
主任科员　　黄腾飞
党工委委员、纪工委书记
　　　　　　黄向明（5月止）
　　　　　　喻小平（6月任）
党工委委员、组织委员
　　　　　　熊灿辉（6月止）
　　　　　　张云开（6月任）
党工委委员、办事处副主任
　　　　　　贺再春
　　　　　　李加强

办事处副主任
　　　　　　杨　柳（女，5月止）
　　　　　　王晓东（5月任）
人大工委副主任
　　　　　　彭　波（女，5月任，10月止）

玉潭街道

党工委书记　王海潮（9月止）
　　　　　　喻　尚（10月任）
党工委副书记、办事处主任
　　　　　　朱文祥
党工委副书记
　　　　　　彭荣杰（5月止）
　　　　　　周良兴（12月任）
党工委委员、人大工委主任
　　　　　　易　维（5月止）
　　　　　　李　庆（5月任）

党工委委员、政协联络处主任、办事处副主任
　　　　　　袁署山
党工委委员、组织委员
　　　　　　黎灿辉（女，5月止）
　　　　　　邹　鑫（5月任）
党工委委员、纪工委书记
　　　　　　曾跃武（4月止）
　　　　　　肖正乾（5月任）
党工委委员、办事处副主任
　　　　　　谭新华（5月止）
　　　　　　刘巡湘
　　　　　　李逢钦（5月任）
办事处副主任
　　　　　　周术林（5月止）
　　　　　　王　书
党工委委员、人大工委副主任
　　　　　　冯伏坚（4月任）
副主任科员　刘志坚（5月任）

索 引

说明：

一、本索引把年鉴的条目（统计资料、表格、概况、综述、彩页除外）用主题分析方法，按汉语拼音字母顺序排列。

二、类目、分目、专稿标题用黑体字表明。

三、索引名称后的阿拉伯数字表示内容所在的页码，拉丁字母（a、b、c）表示栏别（从左至右分1、2、3栏）。

K

L